Manfred Kappeler/Gundula Barsch/
Katrin Gaffron/Ekkehard Hayner/
Peter Leinen/Sabina Ulbricht

Jugendliche und Drogen

Manfred Kappeler/Gundula Barsch/
Katrin Gaffron/Ekkehard Hayner/
Peter Leinen/Sabina Ulbricht

Jugendliche und Drogen

Ergebnisse einer Längsschnittuntersuchung in Ost-Berlin nach der Maueröffnung

Leske + Budrich, Opladen 1999

Gedruckt auf säurefreiem und altersbeständigem Papier.

Die Deutsche Bibliothek – CIP-Einheitsaufnahme

Jugendliche und Drogen: Ergebnisse einer Längsschnittuntersuchung in Ost-Berlin nach der Maueröffnung / von Kappeler, Manfred ... u.a. – Opladen : Leske + Budrich, 1999

ISBN 978-3-8100-2239-4 ISBN 978-3-322-95091-8 (eBook)
DOI 10.1007/978-3-322-95091-8

Satz: Leske + Budrich, Opladen

Inhalt

1 Statt einer Einleitung: Die Verwandlung eines Forschungsberichts[1] in ein Lese-Buch für eine breitere Fachöffentlichkeit

Berichte über die Ergebnisse quantitativer empirischer Sozialforschung haben selbst auf solche LeserInnen eine abschreckende Wirkung, die von der Sache her hochmotiviert sind und mit Neugier und gespannter Erwartung auf „wissenschaftlich gesicherte Erkenntnisse“ hoffen, mit denen sie in ihrer beruflichen Praxis etwas anfangen können.

Ein Forschungsbericht muß Auskunft geben über die theoretischen Grundlagen, die Methoden der Erhebung und der Auswertung, er muß das Datenmaterial aufgearbeitet präsentieren und über die Bildung der Kategorien und Relationen zu Auswertung und Interpretation informieren. Das alles muß dokumentiert werden, damit die Wege der Untersuchung und der Erkenntnis nachvollziehbar werden. Ein Forschungsbericht dokumentiert notwendigerweise eine Fülle von statistisch aufbereiteten und in Tabellen und Graphiken dargestellten Daten in der Gestalt von Prozentzahlen und mathematisch ermittelten Maßzahlen, anhand derer Unterschiede, Zusammenhänge und Bewegungen deutlich werden.

Bei einer Längsschnittstudie ist der Darstellungsaufwand besonders hoch. Hier kommt es ja gerade darauf an, wie sich von Befragung zu Befragung (in unserem Falle in einem Zeitraum von 5 Jahren) die Antworten der Befragten verändert haben oder sich gleichgeblieben sind. Die im Zeitverlauf sichtbar werdenden Bewegungen spiegeln sich in den Veränderungen im Datenmaterial und diese sind der materielle Ausgangspunkt für eine retrospektive Überprüfung der Relevanz der Untersuchungsfragen, die den Forschungsprozeß initiiert haben, und der wissenschaftlichen Interpretation der Ergebnisse.

Diese notwendig pedantische und mit einer Dominanz der Zahlen im wahrsten Sinne des Wortes umständliche Präsentation von Forschungsprozessen und -ergebnissen produziert bei den LeserInnen Ermüdungserschei-

---

1 Es handelt sich um den Abschlußbericht zum Forschungsprojekt „Die Karriere des illegalisierten Drogenkonsums als soziales Problem in den neuen Bundesländern – Veränderungen und Entwicklungen von Wissen, Einstellungen und Handlungsweisen bezüglich legalisierten und insbesondere illegalisierten Drogen unter den Jugendlichen in Ostberlin in der Nach-Wende-Zeit 1990 bis 1995“, der im November 1996 der Deutschen Forschungsgemeinschaft, die das Projekt gefördert hat, übersandt wurde (Forschungsgruppe Jugend und Drogen 1996).

nungen und einen kaum zu vermeidenden „Langeweile-Effekt“. Der Kopf schwirrt einem/einer vor lauter Zahlen, die immer beziehungsloser zu werden scheinen, und schließlich wird nur noch nach Forschungsfragen und den fertigen Interpretationen und möglichen Konsequenzen für die Praxis sozialpädagogischer Arbeit gesucht, die nicht zu unrecht in den Zusammenfassungen nach jedem Kapitel und im Gesamtresümée vermutet werden. Leider geht bei dieser Art der Lektüre der Zusammenhang zwischen den initiierenden Fragestellungen oder mit anderen Worten ausgedrückt dem Erkenntnisinteresse der ForscherInnen und den Resultaten der Forschung leicht verloren. Bei einer Längsschnittuntersuchung führt die Konzentration der LeserInnen auf die „Ergebnisse“ zur Vernachlässigung der wesentlichen Qualität solcher Forschung, die in der Abbildung von Prozessen besteht und Dynamiken deutlich machen kann, die über das willkürlich gesetzte Ende des Untersuchungszeitraumes hinausweisen und damit Grundlagen für die Planung und Gestaltung zukünftiger Praxis bereitstellen können.

Mit dem vorliegenden Text haben wir den Versuch unternommen, aus einem Forschungsbericht ein Lese-Buch – also ein Buch, das man mit Interesse und Vergnügen lesen kann – zu machen. Dabei handelt es sich um das Unterfangen, für eine wissenschaftliche Untersuchung auf sozial-empirischer Grundlage einen Stil des Schreibens zu finden, der sich *zwischen* feuilletonistisch-journalistischen Schreibweisen auf der einen und einer buchhalterischen Aneinanderreihung empirischer Untersuchungsbefunde auf der anderen Seite bewegt. Daß die qualitative empirische Sozialforschung diese Darstellungsprobleme kaum kennt, hängt mit dem erzählenden Charakter ihrer Befunde zusammen, die sich schon ohne sekundäre Bearbeitung in einer quasi literarischen Form, die freilich durch die Forschungsmethoden hervorgebracht wird, „von selbst“ präsentieren. Während die qualitative Sozialforschung mit ihren animierenden und aktivierenden Methoden das „sich selbst erzählende Leben“ zum Vorschein bringt, produziert die quantitative Sozialforschung mit ihren Methoden eine abstrakte Ebene der Verallgemeinerung, so daß entsprechend hervorgebrachte Befunde auf einer Metaebene zum „wirklichen Leben“ angesiedelt sind, von der sie quasi übersetzt werden müssen durch die Interpretation ihrer Bedeutungen, über die dann wieder gestritten werden kann und wird.

Dies mag wie ein mit großem Aufwand beschrittener „Umweg“ erscheinen. Wenn es, wie in unserem Falle, um Entwicklungen auf der Mikro-, Meso- und Makroebene geht, die zudem nur im Kontext umfassender historischer und gesellschaftlicher Veränderungen verstehbar werden, reicht die notwendig „kleine Zahl“ qualitativer empirischer Forschung nicht aus. Um nun die Resultate empirischer Sozialforschung von ihrer verallgemeinernden Meta-Ebene „herunterzuholen“ in die alltägliche sozialpädagogische Praxis und für das professionelle Handeln in konkreten Situationen „verwendbar“ zu machen, bedürfte es idealerweise einer Kombination quantitativer und qualitativer Methoden im Forschungsprozeß. Mit dem Versuch so eine Verbindung herzustellen sind wir leider an der bornierten Dominanz einer Forschungspolitik des BMFT gescheitert, die sich „Drogen- und Suchtforschung" immer noch *nur* als quantitative und klinische Forschung vorstellen kann, die dazu ganz überwiegend noch im psychiatrischen Bereich angesiedelt ist.

Wir sind also darauf verwiesen, die Ergebnisse unserer quantitativen Längsschnittstudie mit den im Forschungsteam versammelten Praxis-Wissen und Problemverständnis aus Ost und West wieder „einzufangen" und mit den Szenarien von Jugendkultur und pädagogischer Sucht-Prävention, wie sie gegenwärtig existieren, in Verbindung zu bringen.

Sigmund Freud, der für die literarischen Qualitäten seiner wissenschaftlichen Sprache 1932 den Goethe-Preis der Stadt Frankfurt bekam – Thomas Mann hielt die Laudatio –, hatte unsere Darstellungsprobleme nicht. Sein „Material" bestand aus den Lebensgeschichten seiner Patientinnen und Patienten, die selbst aus einem literarisch gebildeten Publikum kamen und das Nachdenken über ihre „Krankheitsgeschichten" in der Form des wissenschaftlichen Essays geradezu nahelegten. Außerdem sprach er mit einer Zunge, nämlich der seinen, während wir in diesem Text mit allen im Forschungsteam versammelten Zungen reden, also verschiedene Sprachstile in einem Text vereinigen müssen. Aber wir wollen auch nicht den Goethe-Preis, sondern einen Text, mit dem die LeserInnen, vor allem die Professionellen in der Jugendarbeit, „etwas anfangen können", d.h. Anregungen zur Selbstreflexion und Ermutigung zu neuen Sichtweisen und Wegen im Umgang mit Jugendlichen bekommen, die es sich nicht einfach verbieten lassen, psychoaktive Substanzen zu gebrauchen.

Dieses Buch ist nicht nach einem strengen wissenschaftlichen Schema konzipiert. Seine Systematik besteht aus einer Mischung von Chronologie des Projektverlaufs (z.B. die eher literarische Darstellung der ungewöhnlichen Entstehungsbedingungen), theoretischen Erörterungen von Begriffen und Kategorien, erziehungswissenschaftlichen und sozialisationstheoretischen Überlegungen (vor allem zum Verhältnis von Jugendlichen und Erwachsenen und zu den Lebensbedingungen von DDR-Jugendlichen zur Zeit der „Wende"), forschungsmethodischen Ausführungen und dem materiellen Kern des Ganzen: den Ergebnissen der Längsschnittuntersuchung in drei großen Kapiteln über

- Verfügbarkeit und Konsum von illegalisierten Drogen,
- die drogenbezogene Kommunikation der Jugendlichen mit diversen Erwachsenen und mit Gleichaltrigen,
- die Entwicklung von Einstellungen zum Umgang mit illegalisierten Drogen.

In einem Schlußkapitel werden schließlich unsere Folgerungen für einen anderen sozialpädagogischen Umgang mit Jugendlichen, die sich für verbotene psychoaktive Substanzen interessieren, vorgestellt.

2 Vom Café in der Leipziger Straße in Ostberlin zur Deutschen Forschungsgemeinschaft in Bonn: Die Geschichte eines deutsch-deutschen Forschungsprojektes

M.K. trifft G.B.

Frühjahr 1990. Vor der Humboldt-Universität sind die Denkmale der Gründer und Namensgeber Wilhelm und Alexander von ihrer Winter-Verschalung befreit. M.K. ist hier mit Kai verabredet, Sozialpädagoge in der Westberliner Drogenarbeit, der auf einem Treffen zwischen „DrogenarbeiterInnen" aus beiden zu diesem Zeitpunkt noch nicht vereinigten Stadthälften G.B. kennengelernt hat, Suchtforscherin aus der Akademie der Wissenschaften der DDR und Wissenschaftliche Mitarbeiterin in einer Psychiatrischen Klinik in Ostberlin. Sie ist Mitinitiatorin eines Vereins, der sich im Kontext der Bürgerbewegung seit dem Fall der Mauer darum bemüht, Kinder und Jugendliche vor den Wirkungen der erwarteten „Drogenwelle" aus dem Westen zu schützen. Um für diese präventive Arbeit eine wissenschaftliche Grundlage zu bekommen, hat G.B. eine umfangreiche Befragung von ca. 2000 Ostberliner SchülerInnen geplant, die sie zusammen mit einer wissenschaftlichen Mitarbeiterin von einem Institut für Wirkstofforschung der Humboldt-Universität durchführen möchte. Welche Einstellungen und Erwartungen haben Jugendliche in Ost-Berlin im Hinblick auf verbotene Drogen, die bislang im DDR-Alltag für sie nicht erreichbar waren, mit welchen Erwachsenen und Gleichaltrigen reden sie über die illegalen Stoffe und was ist der Inhalt dieser Kommunikation? Von solchen und anderen „Erkenntnisinteressen" erzählt G.B. Kai auf dem Treffen und von ihrer Suche nach möglichen KooperantInnen in West-Berlin, die vielleicht unter dort lebenden Jugendlichen mit einem abgestimmten Fragebogen eine zeitidentische Befragung durchführen könnten, um einen Vergleich zwischen Ost- und West-Jugendlichen zu ermöglichen. Kai kannte M.K. (Professor am sozialpädagogischen Institut der Technischen Universität und dort u.a. für die Fragen des Drogenkonsums unter Jugendlichen zuständig) aus seinem erziehungswissenschaftlichen Diplomstudium und aus der Praxis der Drogenarbeit und Drogenpolitik in West-Berlin und vermittelte den ersten Kontakt zwischen den beiden in einem Café in der Leipziger Straße, in dem es gutes Eis geben sollte und tatsächlich auch gab.

Auf dem Weg von den Humboldts, bei denen Kai M.K. abholte, zum Treffpunkt erzählte Kai genauer von den Erwartungen der Ostberliner Wissenschaftlerin. Bei M.K. bewirkte das eine Mischung von Skepsis und Neugier auf der Grundlage einer prinzipiellen Bereitschaft zur Kooperation mit

WissenschaftlerInnen und PädagogInnen in Ost-Berlin und der übrigen DDR. Die Skepsis bezog sich auf die Sichtweisen und drogenpolitischen Einstellungen der „Ossis“ und wurde durch eine Vorsicht genährt, die dem Wunsch entsprang, sich nicht funktionalisieren zu lassen. Die Neugier war sozusagen ganzheitlich: Was sind das für Frauen, die so aktiv und selbstbewußt ein prekäres Thema aufgreifen und Arbeitskontakte mit „Wessis“ suchen? Was haben sie für eine Geschichte in der DDR, in welchen Kontexten sind sie mit solchen Aufgaben und Funktionen betraut? Welche Sichtweisen zum politischen und pädagogischen Umgang mit Jugendlichen, die illegale Drogen konsumieren, haben sie und wie beurteilen sie die Bedeutung dieses Drogenkonsums für die Jugendlichen? Was sind die Motive ihres Engagements und wird sich eine Ebene der Annäherung finden lassen?

Welche Verständigungsprobleme PädagogInnen aus der DDR und der BRD bei identischer „Muttersprache“ miteinander haben können, wenn es um scheinbar klar definierte Sachverhalte ging, hatte M.K. in verschiedenen Begegnungen mit KollegInnen von der pädagogischen Sektion der Humboldt-Universität, mit denen zu diesem Zeitpunkt gerade eine erste gemeinsame Lehrveranstaltung geplant wurde, bereits erfahren.

Dieses erste Treffen verlief in der Wahrnehmung M.K.'s dann ganz unkompliziert, sicher auch mit Hilfe der moderierenden Fähigkeiten von Kai, der einfach das unter „Wessis“ in der Westberliner Szene an der Universität und in der Praxis übliche „Du“ schon bei der Vorstellung einführte und damit gleich die akademischen Titel (Frau Doktor/Herr Professor) vom Tisch wischte. G.B. erklärte M.K. gleich zu ihrem Gast (es wurde vor der Währungsunion noch mit Ost-Geld bezahlt), legte ihren fertigen Fragebogen und die Ergebnisse der Statusuntersuchung auf den Tisch und fragte ohne Umstände, ob er Möglichkeiten sehe, mit StudentInnen aus seinem Institut an Westberliner Schulen 2000 SchülerInnen zu befragen, die Ergebnisse auszuwerten und mit den ihrigen zu vergleichen. M.K. hatte den Eindruck, G.B. glaube, daß sei mit den Möglichkeiten eines West-Profs eine Kleinigkeit und bedürfte nur der Bereitschaft zur Zusammenarbeit. Ihren fertigen Fragebogen hielt sie offenbar für ein „objektives Erhebungsinstrument“ und das Ziel, nämlich „Prävention des Konsums von illegalen Drogen“ über jeden Zweifel erhaben. Die Kollegin vom Institut für Wirkstoffuntersuchung der Akademie sekundierte diesen Vorstellungen von G.B. und hatte für diesen Zugang zum Thema, wie es schien, wissenschaftlich „gesicherte“ pharmakologische Grundlagen, die ihren Ausdruck in der Zusammenfassung der verbotenen Substanzen als „Rauschgifte“ fanden. Daß diese „Klarheiten“ seiner Gesprächspartnerinnen M.K. nicht verschreckten bzw. von einer Fortführung des Kontakte abhielten, lag an der deutlichen Bereitschaft, um nicht zu sagen der Begeisterung von G.B., sich in dieser politischen Umbruchsituation im Interesse von Jugendlichen zu engagieren, aus der relativen Ghettosituation des DDR-Wissenschaftsbetriebs auszubrechen und sich Themen zuzuwenden, die in der DDR bislang allenfalls in der ideologischen Nutzbarkeit für die Auseinandersetzung mit dem „Klassenfeind“ im Westen aufgegriffen werden durften. Wenn es Möglichkeiten der inhaltlichen Annäherung gäbe, und die schienen ihm gerade in diesem direkten „Zugriff" auf das Thema zu liegen, konnte sich, so dachte M.K., aus diesem Engagement, in dem sich beide trafen, eine tragfähige Zusammenarbeit über die alten Grenzen hinweg entwickeln, eine Zusammenarbeit, die in dieser im Zentrum und an der Nahtstelle der umstürzenden politischen Ereignisse in Deutschland liegenden Stadt für jeden Menschen mit einem offenen Blick sowieso entstehen mußte.

So gesehen war dieser Kontakt für ihn ein glücklicher Zufall, denn, das wußte er, viele Menschen, die bereit waren, sich mit dem „Drogenthema" ernsthaft zu befassen, gab es zu diesem Zeitpunkt in der DDR nicht. Er bat sich Fragebogen und die Ergebnisse der Statusuntersuchung zu einem genaueren Bedenken aus und es wurde ein nächstes Treffen, diesmal an der Technischen Universität in West-Berlin, in Aussicht gestellt.

G.B. trifft M.K.

Es ist Juni 1990. G.B. ist mit M.K. in einem Café in der Leipziger Straße in Ostberlin verabredet. Sie will mit ihm über das Forschungsprojekt „Jugend und Drogen in Ostberlin" sprechen – eine Zeitreihenstudie, die sie initiiert und entwickelt hat und für die die Ergebnisse der Statusuntersuchung nunmehr vorliegen. Ihre Erwartungen an dieses Gespräch sind ambivalent. Die Unbefangenheit, mit der sie anfangs Westberliner DrogenexpertInnen begegnete, ist längst einer Unsicherheit und Skepsis gewichen. Aber auch diesmal wird sie sich nicht von Kleinmut überwältigen lassen, schließlich kommt sie nicht als Bittstellerin. Sie hat einem zukünftigen Kooperationspartner durchaus etwas zu bieten!

Die Rahmenbedingungen für G.B.'s Arbeit haben sich nach Öffnung der Grenzen im Herbst 1989 gravierend verändert. Mit den Erschütterungen des politischen Systems der DDR waren auch die Verkrustungen, die die sozialwissenschaftliche Forschung bis dahin geknebelt hatten, aufgebrochen: Plötzlich war es nicht mehr suspekt, vom sozialen Alkoholproblem der DDR zu sprechen – erstmals war ein entsprechend argumentierender Artikel von ihr ohne ideologische Debatten und Korrekturwünsche in der soziologischen DDR-Fachzeitschrift erschienen; die aus zwei Personen bestehende sozialwissenschaftliche Forschungsgruppe, die in der damaligen Forschungsklinik „Wilhelm Griesinger" Asyl gefunden hatte, mußte nicht mehr darüber nachsinnen, wie an der notwendigen Ministerratsgenehmigung vorbei eine empirische Untersuchung zu DDR-Trinksitten durchgeführt werden könnte. Nicht mehr gegängelt durch den „Plan der Gesellschaftswissenschaften", der festlegte, welche sozialwissenschaftlichen Themen zu beforschen und damit zugelassen waren, war eine problemaufdeckende, praktisch relevante Forschung scheinbar nur noch von der Kreativität, dem Elan und dem Fleiß der ForscherInnen abhängig.

Mitgerissen von der Aufbruchsstimmung, die so viele ergriff, die in der politischen Krise des DDR-Systems die Chance eines Neubeginns sahen, hatte sie die Zeit seit dem Herbst beherzt genutzt. Zwar war sie nach dem Ausstieg ihres Kollegen plötzlich auf sich allein gestellt. Von ihren ehemaligen KollegInnen des Institutes für Soziologie und Sozialpolitik der Akademie der Wissenschaften der DDR hatte sie aber ein solides Startkapital bekommen, um eine Untersuchung zu den Prozessen der Konfrontation mit, der Hinwendung zu und der Aufnahme von bisher nicht gekannten Drogen durch eine jugendliche Bevölkerung durchführen zu können. Dieses Thema bewegte seit der Grenzöffnung die Öffentlichkeit; insbesondere LehrerInnen, MedizinerInnen und Eltern suchten angespannt nach Wegen, um der drohenden „Drogenwelle aus dem Westen“ begegnen zu können. Auf diese Bedürfnisse wollte G.B. mit ihrer Studie reagieren und als Sozialwissenschaftlerin endlich etwas in die Praxis einbringen – ein Wunsch, der in ihrer beruflichen Entwicklung bisher viel zu kurz gekommen war. Sie entschloß sich also, das erarbeitete theoretische Konzept und die empirischen Vorarbeiten einer Studie zum Hineinwachsen Jugendlicher in die DDR-Trinkkultur so zu ändern, daß in den Fokus nunmehr die Auseinandersetzung Jugendlicher mit illegalisiertem Drogenkonsum rückte. Die KollegInnen des Akademieinstitutes hatten sie sowohl inhaltlich als auch in bezug auf eine methodisch korrekte Umsetzung einer solchen Untersuchung beraten. Das gab ihr Sicherheit, um mit dem Untersuchungskonzept und dessen Ergebnissen selbstbewußt umzugehen.

Den Ideen folgten Wochen, in denen sie mehr als 1600 Befragungen durchführte, deren Daten aufbereitete und auswertete. Nun lagen also die Ergebnisse vor und wurden allgemein beachtet – nicht nur von den LehrerInnen der Schulen, die ihr couragiert den Zugang zu den zu befragenden SchülerInnen vermittelten, ohne auf eine Genehmigung „von oben“ zu warten. Interesse fand diese Forschung auch bei zentralen Gremien der DDR-Volksbildung, dem Ministerium für Gesundheitswesen der DDR und sogar bei der gemeinsamen ExpertInnengruppe aus Drogenfachleuten Ost- und Westberlins.

In ihren Spaß an der Arbeit, der sie auch durch Gefühle von Überforderung und persönlichen Verzicht trug, mischte sich im Sommer 1990 erste Ernüchterung: Die Bevölkerung der DDR entschied sich für die Wiedervereinigung mit der BRD. Vor diesem Hintergrund hatte der ärztliche Direktor in einem vertraulichen Gespräch G.B., die von ihrer Gegenwart vollständig vereinnahmt war, die möglichen Konsequenzen dieser Entwicklung aufgezeigt. Für die Zukunft schien es fraglich, ob es ihm noch möglich sein würde, die schützenden Rahmenbedingungen für eine sozialwissenschaftliche Forschung aufrechtzuerhalten. Er selbst, der durch seine internationale Arbeit um die Unverzichtbarkeit eines solchen Denkansatzes in der Alkoholismusforschung wußte, hatte sie mit seiner Autorität schon unter DDR-Bedingungen vor Angriffen ärztlicher KollegInnen schützen müssen, die eine solche Arbeitsgruppe in einer psychiatrischen Klinik als fehlplaziert wahrnahmen. Mit der Wiedervereinigung zeichnete sich nunmehr ab, daß die Klinik ihren Status als Forschungsklinik überhaupt verlieren und zu einer reinen Versorgungsinstitution herabgestuft werden würde. Das bedeutete für G.B., daß zu ihrer inhaltlichen Arbeit nunmehr das Bemühen um eine neue institutionelle Etablierung der Forschungsarbeit kommen mußte. Die alte wissenschaftliche Heimat konnte diese Forschung nicht beherbergen, denn auch für das Institut für Soziologie und Sozialpolitik der Akademie der Wissenschaften der DDR war die Auflösung bereits absehbar. Es mußte ein ganz anderer institutioneller Rahmen her. Dieser war, bedingt durch die längere Konfrontation mit einem Rauschgiftszenarium, im Westteil zu suchen. An diesen also sollte G.B. den Anschluß schaffen.

Aber wie sollte sie den Anschluß an eine Forschungslandschaft erhalten, in der bereits Jahre zu diesem Thema gearbeitet wurde. Sie konnte weder auf einen stützenden institutionellen Rahmen, noch auf entsprechende fachliche Reputation zurückgreifen. Vielmehr hatte sie sich mit der Statusuntersuchung erstmals auf eigene wissenschaftliche Füße gewagt. Deshalb schienen ihr die Schuhe auch viel zu groß, in denen sie nun gehen sollte. Wenn sie ihre Ideen jedoch in die Vereinigung hinüberretten wollte, konnte sie sich weder Kleinmut noch Fatalismus leisten. Sie mußte es versuchen.

Die ersten Erfahrungen bei der Suche nach möglichen Kooperations- und DiskussionspartnerInnen waren mehr als ernüchternd. Es störte sie, daß das Arrangement der Gesprächsrunde so angelegt war, daß Ostberliner KollegInnen durch „West-ExpertInnen" schulmeisterlich die Sicht- auf und die Interpretationsmuster für die „rollenden Drogenwellen" dargelegt bekamen. Es störte G.B. die subtile Art, mit der „mann" die davon abweichenden Prognosen und die theoretischen Positionen, auf die sie sich dabei bezog, mit ihrem Alter und ihren mangelnden Erfahrungen väterlich wohlwollend entschuldigte. G.B. konnte zu diesem Zeitpunkt noch nicht wissen, daß es für die gestandenen Männer in Forschung und Lehre ungewohnt war, der mädchenhaften Frau den Status einer Wissenschaftlerin zusprechen zu sollen – vielleicht hatten beide Seiten die Verschiedenartigkeit der biografischen Entwicklungen von Frauen in Ost und West noch nicht entdeckt!

Auch der nächste Versuch einer Kontaktaufnahme endete für G.B. frustrierend. Ihre bereits vorliegenden Forschungsergebnisse und die darauf aufbauende Perspektive einer Zeitreihe hatten das Interesse eines Westberliner Forschungsinstitutes geweckt. Mit Freude folgte sie dessen Einladung. Bei Ihrer freundlichen Aufnahme lernte G.B. diese Einrichtung kennen, wurde einer Reihe von KollegInnen vorgestellt und es schien, als wäre alles stimmig. Und dennoch waren da die störenden Zwischentöne – das Bedauern darüber, daß die DDR-Forschung bei der Vereinigung keine Chance haben würde und die selbstgefällige Präsentation einer technischen Ausstattung mit Computern und Kopierern, durch die Forschungsergebnisse in kurzer Zeit, in bester Qualität und in vielfacher Ausführung dargelegt werden konnten. Die vermittelte Botschaft war mehr als klar: In Anbetracht des kleinen Rechners, an dem G.B. arbeitete und dessen Segmente aus mühsam ersparten Devisen beschafft und in einem selbstgefertigten Gehäuse installiert worden waren, konnte es keinen Zweifel über die Aussichtslosigkeit eines eigenen Anspruches geben. Der Aufbruch G.B.'s von diesem Treffen war mehr als überstürzt...

Nun also das Treffen mit M.K., einem Professor an einer der Universitäten in Westberlin. Diesmal hatte sich G.B. besser gewappnet. Sie hatte sich auf diese Zusammenkunft nur deshalb eingelassen, weil K.P. ihr glaubhaft versicherte, daß sie in ihm auf einen fachlich höchst kompetenten und menschlich angenehmen Menschen treffen würde, der zudem ein „68er“ war.

K.P., den G.B. bei einem Treffen von Drogenhilfeeinrichtungen Westberlins kennengelernt hatte, genoß ihr Vertrauen. Sie mochte seine offene Art; in den Gesprächen über Ereignisse, die G.B. in der DDR und K.P. in der BRD als VertreterInnen einer Generation erlebt hatten, waren sich beide nicht nur näher gekommen, sondern hatten auch vorsichtig und feinfühlig einen ehrlichen Umgang miteinander erprobt. Deshalb hatte G.B. auch die Zugehörigkeit zu „den 68ern“ als Kriterium für Vertrauenswürdigkeit zurückgewiesen – alle ihre bisherigen Gesprächspartner hatten schließlich auch auf einen entsprechende biografischen Hintergrund verwiesen. K.P. argumentierte dagegen nicht nur mit dem Berufsverbot, durch das M.K. erst vor wenigen Jahren einen Lehrstuhl an der Universität erhalten konnte; auch sein dichter Rauschebart würde schon äußerlich den Unterschied verdeutlichen... Die letzten Zweifel waren beseitigt, als K.P. versprach, bei dem Treffen dabei zu sein und das Gespräch moderieren zu helfen. Dennoch hatte G.B. sicherheitshalber noch eine Kollegin mitgebracht, die sie inzwischen im Zuge ihres Engagements in der Bürgerbewegung „Eltern und Jugendliche gegen Drogenmißbrauch e.V.“ kennengelernt hatte und die mit ihrer persönlichen Ausstrahlung eher eine gestandene Wissenschaftlerin präsentieren konnte. Schließlich war auch der Ort des Treffens nicht zufällig in einem Café gewählt – hier würde keine Seite einen Hausvorteil haben.

Nun also saß G.B. M.K. gegenüber. Er schien wenig Zeit zu haben. Schon nach wenigen begrüßenden Worten bat er, zum Kern dieses Treffens zu kommen. Wenn sie auch gern noch etwas Zeit gehabt hätte, um im Gesicht ihres Gegenübers zu forschen, traf sich diese Direktheit auch mit ihrer Art, gerade und nicht immer sehr diplomatisch auf ein Ziel zuzugehen. Also ergriff sie das Wort und erzählte von ihrer Arbeit – von den Fragestellungen, die sie verfolgte, den theoretischen Vorannahmen, dem empirischen Herangehen und schließlich von den ersten Ergebnissen, die sie als Forschungsbericht präsentieren konnte. Sie hatte sich dabei in Eifer geredet und gar nicht mehr auf die Reaktion ihres Gesprächspartners geachtet. Deshalb war sie jetzt, da sie geendet hatte, irritiert darüber, daß M.K. nicht ihre Begeisterung teilte und nicht sofort ihr Angebot zu einer Vergleichsuntersuchung in Westberlin aufgriff. Sie konnte sich diese Reserviertheit nicht erklären, mußte doch jeder die historisch unwiederbringliche Chance sehen, die in diesem Projekt lag. Daran gemessen war die Zusicherung von M.K., die Unterlagen in Ruhe zu prüfen und sich wieder melden zu wollen, enttäuschend. Von wegen „68er“ – G.B. hatte schon bei der Begrüßung gesehen, daß M.K. seinen Rauschebart, der ihr von K.P. als Echtheitszeugnis angekündigt worden war, abgenommen hatte.

Sie bestand darauf, die Rechnung des gemeinsamen Cafébesuches zu bezahlen. Schließlich kam sie nicht als Bittstellerin, sondern hatte einem zukünftigen Kooperationspartner etwas zu bieten...

Chaos und Ordnung – wie K.G. die Etablierung des Forschungsprojektes in der „Wende-Zeit“ erlebte

In den turbulenten Tagen des November 1989 unterschrieb K.G. in der Zentralklinik für Neurologie und Psychiatrie „Wilhelm Griesinger“ in Ostberlin einen Arbeitsvertrag als wissenschaftliche Mitarbeiterin mit der Arbeitsaufgabe „Mitwirkung in der Betreuung Alkoholkranker und Bearbeitung von wissenschaftlichen Themen auf dem Gebiet der Alkoholismusforschung“ – festgelegter Arbeitsbeginn, noch entsprechend langfristiger DDR-Planwirtschaft: 1.9.1990.

Die Zentralklinik für Neurologie und Psychiatrie war die führende Forschungseinrichtung der DDR auf dem Gebiet der Alkoholismusforschung und begann Ende der 80er Jahre, auch sozialwissenschaftlichen Ansätzen zur Untersuchung des Alkohol- und Medikamentenmißbrauchs in der DDR Raum zu geben. Bei K.G.'s Arbeitsbeginn im September 1990 hatte sich die Soziologin G.B., die sich mit sozialwissenschaftlichen Ansätzen in der Alkoholismusforschung befaßt hatte, nach Öffnung der innerdeutschen Grenze und der unmittelbar danach vielfach geäußerten Befürchtung einer „Drogenwelle“, bereits dem Thema „Illegalisierte Drogen“ zugewandt. K.G. sollte sich nun fortan zusammen mit einer ebenfalls neuen Kollegin unter der Leitung von G.B. diesem Thema widmen – die Forschungsstelle „Suchtprävention“ war gegründet.

Innerhalb der Zentralklinik hatte die Forschungsstelle einen vollkommen autonomen Status. Ihr kleines Büro lag unmittelbar neben dem des Ärztlichen Direktors – diese Lage verlieh ihr den Anstrich einer kleinen, aber wichtigen Abteilung.

Nicht nur der Status als sozialwissenschaftliches Forschungsteam machte die drei Soziologinnen innerhalb der Klinik zu Exoten, sondern auch ihre Klientel. Entsprechend den westeuropäischen Erfahrungen, nach denen sich illegalisierter Drogenkonsum vor allem unter Jugendlichen zu verbreiten beginnt, richteten sie ihr Augenmerk auf diese Gruppe. Ihr Anliegen war es, im Vorfeld der etwaigen Etablierung eines Schwarzmarktes für illegalisierte Drogen zu untersuchen, wie bereit Jugendliche sind, illegalisierte Drogen zu nehmen, was sie überhaupt über diese Drogen wissen, welche Einstellungen Jugendliche gegenüber dem Konsum illegalisierter Drogen haben. Gleichzeitig sollten präventive Strategien gegenüber süchtigem Verhalten entwickelt werden. Es wurde angestrebt, möglichst einen Querschnitt von Jugendlichen abzubilden, daher schien es am sinnvollsten die empirischen Erhebungen in Schulen durchzuführen. Soziologisch orientierte Forschung über ganz „normale“ Schuljugendliche, angesiedelt an einer Klinik für Neurologie und Psychiatrie – eine skurrile Situation.

Fortan gestaltete es sich sehr schwierig, die Forschungsarbeit personell abzusichern. Der Arbeitsvertrag von K.G. wurde bei Aufnahme ihrer Tätigkeit auf ein halbes Jahr befristet. Infolge der Auflösung aller Forschungskapazitäten an der Klinik und der Umwandlung von einer Forschungsklinik in eine Versorgungsklinik wurde ihr Arbeitsvertrag nicht verlängert.

Durch die zur damaligen Zeit günstigen Bedingungen für Arbeitsbeschaffungsmaßnahmen bot sich die Chance nach kurzer Zeit der Arbeitslosigkeit, in der die Forschungsarbeit „ehrenamtlich" weitergeführt wurde, für weitere zwei Jahre an der Untersuchung zu arbeiten. Die Beschäftigungsstelle des Forschungsteams war nun das Gesundheitsamt Marzahn, wenngleich die Untersuchungen nicht auf den Stadtbezirk Marzahn begrenzt blieben, sondern in verschiedenen Stadtbezirken Ostberlins durchgeführt wurden; der Arbeitsort war weiterhin das Wilhelm-Griesinger-Krankenhaus.

Aus den Bemühungen, Möglichkeiten für eine Vergleichsuntersuchung in Westberlin zu finden, entwickelte sich die Zusammenarbeit zwischen G.B. und M.K. vom Institut für Sozialpädagogik der TU Berlin, die in ein von der DFG finanziertes gemeinsames Projekt mündete. Da die drei Ostberliner Kolleginnen noch über ABM-Stellen abgesichert waren, wurden die zunächst von der DFG bewilligten zwei Stellen nach BAT-Ost mit zwei Westberliner Sozialpädagogen besetzt. Für die Verwaltung dieser DFG-Mittel mußte ein anderer Träger in Ostberlin gefunden werden, da in dem nun vergrößerten Team der Wunsch bestand, die soziologische/erziehungswissenschaftliche Forschung aus dem medizinischem Umfeld des Wilhelm-Griesinger-Krankenhauses zu lösen. Der junge Ostberliner „Förderverein für Jugend- und -sozialarbeit" übernahm fortan die Verwaltung dieser Sachmittel. Darüber hinaus hatte die DFG die Finanzierung von zwei studentischen Hilfskräften bewilligt. So wurde die Projektarbeit ab 1992 zunächst einmal über eine Mischfinanzierung aus ABM- und DFG-Mitteln aufrechterhalten.

Nach zwei Jahren ABM mußten Mitte 1993 für zwei Ostberliner Teamkolleginnen neue Finanzierungsmöglichkeiten geschaffen werden. Zusätzlich zu den beiden Stellen, die die DFG bereits ein Jahr finanziert hatte, wurde für zwei weitere Stellen eine Zwischenfinanzierung für sechs Monate beantragt. Die DFG genehmigte diese Stellen nach BAT-West. Die Verwaltung dieser Mittel wurde von der TU Berlin übernommen. Später wurde noch einmal eine Gesamtfinanzierung von zwei Jahren sowie eine – über die übliche Förderungspraxis der DFG von insgesamt vier Jahren hinausgehende – weitere Verlängerung um ein halbes Jahr beantragt.

Die Anträge überzeugten die Gutachter der DFG und so konnten vier MitarbeiterInnen – zwei West-Kollegen nach BAT-Ost, zwei Ost-Kolleginnen nach BAT-West – auf halben Stellen drei weitere Jahre an dem Forschungsthema arbeiten. Insgesamt konnten so über verschiedene Finanzierungsformen über sechs Jahre Veränderungen im Umgang von Jugendlichen mit Drogen vor dem Hintergrund des gesellschaftlichen Wandels in den neuen Bundesländern untersucht werden.

Aus den ersten Begegnungen wurde eine dauerhafte Zusammenarbeit

Die besondere Chance der Zusammenarbeit von WissenschaftlerInnen aus Ost und West bestand von Beginn an im Zusammenführen von Erfahrungen und Kenntnissen aus beiden Teilen Deutschlands. Eingebracht wurden Verständnis und Sichtweisen auf die gesellschaftliche Realität in der DDR, speziell in Hinblick auf den Alltag von Jugendlichen. Diese wurden bereichert durch die wissenschaftlich aufgearbeiteten Erfahrungen sozialpädagogischer Praxis mit Jugendlichen in der alten Bundesrepublik, unter denen seit Beginn der 70er Jahre der Konsum illegalisierter Drogen zunehmend zu einem gesellschaftlichen Problem (gemacht) wurde.

Die im Zuge der Arbeit an dem bereits laufenden Forschungsprojekt entwickelten intensiven und gegenseitig bereichernden Arbeitsbeziehungen zwischen der Forschungsgruppe am Wilhelm-Griesinger-Krankenhaus und dem Institut für Sozialpädagogik an der Technischen Universität Berlin begründeten den Entschluß, sich bei einer weiteren Fortführung des Projekts stärker um Rahmenbedingungen zu bemühen, die die unmittelbare Zusammenarbeit zwischen ost- und westdeutschen KollegInnen absichern und damit den Prozeß des gegenseitigen Lernens untersetzen und fördern könnten. Mit diesen Intentionen wurde durch die ProjektleiterInnen Dr. Gundula Barsch (Ost-Berlin) und Prof. Dr. Manfred Kappeler (West-Berlin) erfolgreich ein Antrag auf Förderung des Forschungsvorhabens bei der Deutschen Forschungsgemeinschaft gestellt. Der Antrag wurde genehmigt, so daß die Realisierung des Vorhabens materiell gesichert war.

Mit dem Prozeß der Etablierung der DFG-geförderten Forschungsgruppe war zugleich ein nochmaliges Aufgreifen und Diskutieren der konzeptionellen Grundideen und der Methodik des Forschungsprojektes verbunden.

Die Forschungsgruppe war über den größten Zeitraum ihrer Arbeit hinweg paritätisch durch Ost- und West-KollegInnen besetzt. Diese Zusammensetzung und der entwickelte kollegiale Arbeitsstil gewährleisteten eine Ost-West-Kooperation, die nicht nur deklariert war, sondern auf einem, von allen Beteiligten als fruchtbar erlebten, hohen theoretisch-methodischen und organisatorischen Niveau entwickelt werden konnte. An entscheidenden Punkten der inhaltlich-konzeptionellen Ausgestaltung des Forschungsprojekts (z.B. bezüglich der Freizeitbedürfnisse, -gewohnheiten und -möglichkeiten von Jugendlichen, der Bedeutung der Familie in Ost- und Westdeutschland, dem Einfluß der alt-bundesrepublikanischen Drogenpolitik, der Rolle der Medien u.a.) konnten die jeweils relevanten Informationen aus beiden Blickwinkeln eingebracht und aus dieser doppelten Perspektive kritisch hinterfragt werden. Dies stieß intensive Lernprozesse auf beiden Seiten an, die bei der Auswertung der erhobenen Daten, bei der Überarbeitung des Fragebogens für die jeweils nächste Erhebung und schließlich in der Fertigstellung des Forschungsberichtes und der Erarbeitung des vorliegenden Textes relevant wurden.

3 Zum historischen Kontext: Drogenkonsum und Drogenpolitik in zwei deutschen Staaten

3.1 Drogennaivität ostdeutscher Couleur

Die Grundidee des Forschungsvorhabens wurde im wesentlichen 1989/1990 erarbeitet. Danach sollten zum forschungsleitenden Thema die besonderen Einstellungs- und Handlungsmuster der ostdeutschen Bevölkerung zu „Drogen" und „Sucht" werden. Unter dem Eindruck irrationaler Reaktionen der DDR-Bevölkerung in der Auseinandersetzung mit dem Thema „illegalisierte Drogen" drängte sich für deren Beschreibung der Begriff „Drogennaivität" auf. Er sollte darauf verweisen, daß die Bevölkerung Ostdeutschlands in ihrem Verhalten die Folgen von Desinformation, Verdrängung, Tabuisierung und politischem Mißbrauch der Drogenthematik verinnerlicht hatte und diese in Debatten und in ihrem Handeln mehr oder weniger stark präsentierte.

3.1.1 Zur historischen Ausgangssituation

Viele Reaktionen der DDR-Bevölkerung auf das Thema illegalisierte Drogen werden vor dem Hintergrund verständlich, daß es in der DDR keine Zugangsmöglichkeiten zu diesen Drogen gab. Insofern fehlten nicht nur persönliche Erfahrungen mit illegalisiertem Drogenkonsum, sondern auch ein klassisches Rauschmittelszenarium, wie es seit Jahren in der BRD inszeniert wird.[1] Erschwert wurde die Aneignung einer differenzierten Sicht auf das Drogenthema zugleich durch das stark kalvinistisch geprägte Menschenbild, das in der DDR nicht nur propagiert, sondern auch mit vielen Aspekten in die Lebensweise der Menschen übernommen wurde. In diesem wird der Konsum psycho-aktiver Substanzen in einer einseitigen, ahistorischen Sichtweise zu den Phänomenen Rausch und Drogenkonsum gesehen: Rausch wird ausschließlich als Delirium und Zerstörung bewertet. Mehrdimensionale Zusammenhänge werden in den Auseinandersetzungen nicht zugelassen und bleiben deshalb weitgehend ausgeblendet. Dieses Wahrnehmungsmuster findet sich auch in Argumentationen wieder, wonach besonders mit illegalisierten

---

1 Mit Rauschmittelszenarium soll vor allem die gesellschaftliche Inszenierung von „Drogenproblemen" bezeichnet werden, an der ein großer Teil der sozialen Eliten der Gesellschaft profitabel beteiligt ist: PolitikerInnen, sogenannte ExpertInnen, JournalistInnen, JuristInnen, WissenschaftlerInnen, MedizinerInnen, Polizei usw.

Drogen ausschließlich extreme Gefährdungen wie Abhängigkeit, Siechtum und Tod verbunden seien. Ausgeklammert werden damit die möglichen positiven Impulse von Drogenkonsum und dessen soziale Funktionalität in kulturellen Zusammenhängen, die historisch jeweils unterschiedliche Erscheinungsweisen haben, aber in allen Völkern und zu allen Zeiten auffindbar sind. Indem die Komplexität der Bedeutungen von Drogenkonsum negiert wurde, mußte in der DDR die öffentliche Auseinandersetzung zum Drogenkonsum – soweit sie überhaupt stattfand – überaus einseitig bleiben: Den Griff zu Rauschmitteln verband man im wesentlichen mit dem ökonomischen, ethischen und gesundheitlichen Ruin der oder des einzelnen, der sich mit seinem Handeln darüberhinaus auch noch seiner gesellschaftlichen Verantwortung gegenüber dem sozialistischen Staat entzog. Auf das negativistische Verständnis von Rausch als „Flucht aus dem Alltag" ging auch die Vorstellung zurück, daß mit dem „Vorankommen" der gesellschaftlichen Entwicklung zunehmend soziale Verhältnisse entstehen würden, in denen es keine Gründe für Perspektivlosigkeit und damit für individuelle „Fluchten" gäbe. Deshalb würde der Umgang mit Rauschmitteln den Menschen auch immer fremder.

In solchen ideologischen Argumentationsmustern verfangen, mußten staatliche Institutionen folgerichtig die exzessive Nutzung von Alkohol und Tabletten durch DDR-BürgerInnen und die daraus resultierenden sozialen Probleme in großem Umfang tabuisieren. Mit dieser „Politisierung" war auch einer Auseinandersetzung über den Umfang und die Form von sozial funktionalem und dysfunktionalem Drogenkonsum sowie über Bewältigungsstrategien bei Drogenproblemen die Legitimität entzogen.

Die stark vereinfachenden Erklärungsmuster mündeten vielmehr im politischen Mißbrauch des Drogenthemas: Illegalisierte Drogen galten der politischen DDR-Führung als Indiz für die „Dekadenz der kapitalistischen Gesellschaft", welche die Menschen zur Flucht ins Delirium treibe – ein Übel, das für das „fortschrittlichere" gesellschaftliche System nicht relevant sei. Diese propagandistische Funktionalisierung des Drogenthemas blieb in der DDR-Bevölkerung unwidersprochen. Die öffentliche Meinungsbildung zu Drogen gehörte sogar zu den wenigen Politikfeldern, in denen sich ein eher solidarischer Konsens zwischen der politischen Führung und der Bevölkerung herausbilden konnte.

Die einseitige Wahrnehmung von Drogenkonsum begründete schließlich auch die starke Individualisierung von Drogenproblemen: Wenn Drogenkonsum, in der DDR i.d.R. exzessiver Alkoholkonsum, ein individuelles Handicap war, dann argumentierte man in der Regel mit defizitären Persönlichkeitsstrukturen oder psychischen Prädispositionen, die als medizinische Probleme durch das Gesundheitswesen zu beheben seien. Formen der Drogenhilfe außerhalb von staatlich organisierten Gesundheitseinrichtungen (z.B. Selbsthilfe, kirchliche Suchtkrankenhilfe) wurden kaum oder nur in Anbindung an eine staatliche medizinische Problembearbeitung zugelassen. Bedingt durch die in der DDR-Gesellschaft erst spät entwickelte Bereitschaft,

Drogenprobleme und den damit verbundenen Handlungsdruck wahrzunehmen, begann man erst Ende der 80er Jahre, Vorstellungen zu einem System der Suchtkrankenhilfe zu entwickeln. Deshalb existierte in der DDR weder ein umfassendes Netz noch eine differenzierte Palette von Drogenhilfeeinrichtungen – eine Tatsache, die die vermeintliche Nichtexistenz von Drogenproblemen zu belegen schien. Die Einstellungs- und Handlungsmuster der ostdeutschen Bevölkerung zum Thema Drogen wurden schließlich auch dadurch geprägt, daß die verordnete Tabuisierung von Drogenproblemen eine unterlassene bzw. unzureichend-einseitige „Aufklärung“ und „Wissensvermittlung“ zu Drogen zur Folge hatte. Auch für die Qualifizierung von Fachkräften fehlten entsprechend notwendige gesellschaftliche Rahmenbedingungen.

Dieser, sehr akzentuiert zusammengefaßte, Umgang mit drogenrelevanten Sachverhalten war wesentlich an der Herausbildung von Drogennaivität in der DDR-Bevölkerung beteiligt.

3.1.2 Drogennaivität in Ostdeutschland – eine initiierende Idee für das Forschungsprojekt

Als ein wichtiger Begriff für unsere Forschungsarbeit sollte „Drogennaivität“ simplifizierte, oberflächlich-einseitige Vorstellungen über die historische Entwicklung, die sozialen Funktionen, die Wirkungen und die Folgen des Konsums psycho-aktiver Substanzen verdeutlichen, die in den gesellschaftlichen „Konsens“ und in das individuelle Bewußtsein übernommen werden. Nach diesem Verständnis ist Drogennaivität gekoppelt mit der Unfähigkeit, Sachverhalte, die in Zusammenhang mit Drogenkonsum stehen, aus mehr als einer Perspektive zu sehen. In drogennaiven Wahrnehmungs- und Erklärungsmustern dominieren vielmehr einfache Kausalschemata, durch die einzelnen Erscheinungsformen eine überragende Bedeutung zugeschrieben wird. Komplexere Varianten der Wahrnehmung und Erklärung können kaum oder nur gegen Widerstand angenommen werden.

Drogennaivität führt zu einer selektiven Auswahl empirischer Fakten, durch die drogennaive Erklärungsmuster nicht relativiert, sondern bekräftigt werden. Fakten, die solchen Erklärungsmustern nicht entsprechen oder ihnen gar widersprechen, werden entweder ausgeblendet oder, wenn dies nicht möglich ist, emotionsgeladen bestritten bzw. in ihrer Bedeutung so uminterpretiert, daß sie letztlich in das vorgegebene Schema passen.

In diesem Forschungsprojekt wird Drogennaivität als Resultat eines ideologisierten Umgangs mit Wissen und Kenntnissen zum Drogenthema in der Gesellschaft verstanden.

Sie wirkt blockierend auf einen notwendigen Prozeß der umfassenden Aneignung von Wissen und Kenntnissen und verhindert damit auch weiterhin eine dezidierte Auseinandersetzung mit entsprechenden Fragestellungen.

Eine differenzierte Diskussion dieser gesellschaftlich bedeutsamen Thematik muß vielmehr mit emotionsgeladenen, irrationalen und abwehrenden Reaktionen rechnen.

Zu den wesentlichen Grundannahmen, mit denen der Begriff Drogennaivität für die wissenschaftliche Arbeit definiert wurde, gehört das Verständnis, daß in modernen Gesellschaften Drogennaivität kulturell und sozialstrukturell variabel ausgeprägt ist. Es wurde davon ausgegangen, daß sie nicht nur historisch gewachsen ist, sondern ihre Ursachen ganz wesentlich auch in massiven ökonomischen und politischen Interessen (z.B. bestimmter Teile der Drogenwirtschaft, des Repressionsapparates oder aber eines bestimmten Bereichs des Drogenhilfesystems) findet. Je dominanter dieser Interessenhintergrund wird, desto mehr verliert Drogennaivität den Anspruch, ein subjektiv unbefangenes Verständnis der Drogenthematik zu sein.

Richtungsweisend für die Arbeit im Forschungsprojekt war schließlich die Annahme, daß Drogennaivität in ihrer Konsequenz einen sozialen Erkenntnis- und Reifungsprozeß verhindert oder erschwert und damit Profanisierung und Respektlosigkeit im Umgang mit psycho-aktiven Substanzen fördert. U.E. trägt Drogennaivität durch ihre Wirkungen auf Drogenpolitik und individuelles Handeln wesentlich zur Herausbildung problematischer Drogenkonsumformen bei.

3.1.3 Deutsch-deutsche Vereinigung und die Chancen für eine Überwindung von Drogennaivität

Mit dieser Definition erfaßte der Begriff Drogennaivität wesentliche Einstellungs- und Handlungsmuster der ostdeutschen Bevölkerung, die unmittelbar nach der Wende zum Drogenthema auffindbar waren (vgl. Barsch 1990 und 1991). Da sich die Drogennaivität in der DDR-Bevölkerung über einen historisch langen Zeitraum entwickelte und festigte, konnten wir davon ausgehen, daß für ihre Überwindung eine längere Zeitspanne notwendig sein würde. Vor diesem Hintergrund zeichnete sich ab, daß Drogennaivität zu einer wesentlichen Determinante des Transformationsprozesses werden würde, mit dem wesentliche westdeutsche Einstellungs- und Handlungsmuster auch auf den ostdeutschen Drogenbereich (Polizei, Justiz, Prävention, Therapie usw.) übertragen werden. Die Drogennaivität der ostdeutschen Bevölkerung würde den ökonomischen, politischen und sozialen Verlauf dieses Prozesses auf spezifische Weise prägen.

Angesichts der Tatsache, daß die Alten Bundesländer einen bereits über zwanzig Jahren währenden Erfahrungsvorsprung im Umgang mit illegalisiertem Drogenkonsum, zu Drogenproblemen und ein Rauschmittelszenarium in die Vereinigung beider deutscher Staaten einbringen konnten, wurden von den ostdeutschen Teammitgliedern zunächst wesentliche Impulse für eine Normalisierung der Drogendiskussion in der ostdeutschen Gesellschaft erwartet. Diese Hoffnung wich beim genaueren Einblick in die Realität des westdeutschen Umgangs mit dem Drogenthema bald einer Ernüchterung, verbunden mit der folgenreichen Erkenntnis, daß es sich dabei ebenfalls um „Drogennaivität", eben um ihre westdeutsche Variante handelt. In der Erkenntnis der je spezifischen Drogennaivität in der DDR und der BRD bestand eine wichtige gemeinsame Ausgangsbasis für die Initiierung dieses Ost/West-Forschungsvorhabens.

Die Hoffnungen des Forschungsteams richteten sich nunmehr darauf, daß über den Prozeß der Normalisierung in Ostdeutschland ein nichtrepressives allgemeines gesellschaftliches Klima entstehen könnte, durch das solche Drogenkonsumformen, die die Hauptkultur zunächst als abweichend, nicht normal und/oder pathologisch wahrnimmt und sanktioniert, mehr und mehr von dieser toleriert (vgl. Cohen 1992, S. 50) und schließlich auch akzeptiert werden könnte. Diese Normalisierung könnte damit zu einer Veränderung des gesellschaftlichen Umgangs mit Drogenkonsumformen, DrogenkonsumentInnen und Drogenproblemen überleiten, aus der sich für die Gesellschaft und für die Entwicklung eines emanzipierten Umgangs mit Drogen durch den einzelnen wesentliche Impulse ergeben könnten:

- Über eine Normalisierung würden große Teile der Drogengebrauchskultur sichtbar (vgl. van Vliet 1992, S. 65). Bekannt werden auf diese Weise nicht nur DrogenkonsumentInnen, die an der Entwicklung eines emanzipierten Umgangs mit Substanzen zumindest zeitweise gescheitert sind und deshalb die bestehenden Drogenhilfesysteme in Anspruch nehmen. Durch die Öffentlichkeit können auch jene KonsumentInnen wahrgenommen werden, die geeignete Fähigkeiten zur Kontrolle ihres Drogenkonsums entwickelt haben und von einem situationsangemessenen, genußorientierten Drogenkonsum profitieren.
- Einseitige und gegeneinander abgeschottete Kommunikationsprozesse um Erfahrungen mit illegalisierten Drogenkonsumformen können aufgebrochen sowie Idealisierungen auf der einen und Dramatisierungen auf der anderen Seite bearbeitet werden. Auf diese Weise ergeben sich wesentliche Anstöße für eine Entmythologisierung des Drogenkonsums, die zu einer realitätsbezogeneren Bearbeitung des Drogenthemas überleiten können.
- Wissen und Kenntnisse, Fähigkeiten und Fertigkeiten, Regeln und Rituale, mit denen negative Auswirkungen des Drogenkonsums vermindert oder abgewendet und funktionale Formen des Drogenkonsums entwikkelt werden können, würden schneller und klarer kommunizierbar (vgl. ebenda, S. 51). Für die Entwicklung entsprechender Erfahrungsbestände würden nicht nur subkulturelle Erfahrungen und Fähigkeiten zur Verfügung stehen. Es könnten dafür vielmehr Wissen und Kenntnisse aus allen Bereichen der Gesellschaft herangezogen werden.
- Im Prozeß der Entwicklung emanzipierter Umgangsformen mit Drogen entfiele der durch Kriminalisierung, Stigmatisierung und Etikettierung

erzeugte Druck, Probleme und Hilfebedürfnisse im Umgang mit Drogen verdrängen zu müssen oder aber bei der Suche nach einer Lösung für lange Zeit auf sich selbst gestellt zu sein. Schwierigkeiten bei der Umsetzung funktionaler Drogenkonsumformen würden vielmehr unproblematisch, rasch und rechtzeitig signalisierbar, so daß eine Zuspitzung und Eskalation vermieden werden könnte (vgl. ebenda). Auch hierzu ließen sich Unterstützungsleistungen aus verschiedenen Bereichen der Gesellschaft heranziehen.

– Ein nicht mehr illegalisierter Drogenkonsum würde als „nur noch" abweichendes Verhalten im Zuge einer Normalisierung um erhebliche Bedeutungszuschreibungen reduziert. Damit können wesentliche Motivationen für den Drogenkonsum in bestimmten risikoreichen Applikationsformen entfallen, Konsumdruck innerhalb defensiv abweichender sozialer Bezüge aufgehoben und eine Regulierung des Drogengebrauchs im Rahmen von „normalisierten", sozial integrierenden Modellen erfolgen (vgl. ebenda, S. 52).

Mit der Wende und der Vereinigung beider deutscher Staaten erhofften wir eine Möglichkeit, im Zuge der allgemeinen ökonomischen, politischen und sozialen Veränderungen der Gesellschaft die bis dato vorliegende Drogennaivität aufzulösen, zumindest aber zu wandeln und in bezug auf das soziale Phänomen „Drogenkonsum" zu einer Normalisierung in Ost und West zu kommen.

In das Zentrum des Interesses rückte deshalb die Frage, ob und wie sich diese Drogennaivität im Zuge der Transformationsprozesse in den neuen Bundesländern wandeln bzw. auflösen würde (vgl. Barsch/Kappeler 1992 und 1993). Damit war auch die Erwartung gekoppelt, daß von dem Wandel in Ostdeutschland auch positive Verstärkungen auf den zu dieser Zeit gerade in Bewegung kommenden „Drogendiskurs" in der BRD ausgehen könnten.

3.2 Drogennaivität westdeutscher Couleur

Die Kolleginnen aus der DDR verbanden mit ihrem Begriff von „Drogennaivität" anfangs die Vorstellung/Erwartung, in der BRD auf dem Hintergrund einer 25jährigen Erfahrung und Auseinandersetzung mit Drogenkonsum und Drogenpolitik einen angemessenen praktischen Umgang mit sogenannten Drogenproblemen auf der Grundlage wissenschaftlicher Erkenntnisse und reflektierter Sichtweisen anzutreffen und sich aneignen zu können. Sie erwarteten im Westen also das Gegenteil von Naivität, wenn man unter Naivität ein unreflektiertes Fühlen, Denken und Handeln versteht im Gegensatz zu einem durch Reflexion und Bewußtsein bestimmten Fühlen, Denken und Handeln.

Daß sich die einfache Gegenüberstellung von DDR gleich Drogennaivität und BRD gleich reflektiertes Bewußtsein und aufgeklärte Sicht auf Drogenkonsum und -konsumentInnen nicht halten ließ, gehörte zu den ersten einschneidenden Erfahrungen der Kolleginnen aus Ost-Berlin mit dem System von Drogenhilfe und Drogenpolitik im Westen. Dieses System zeigte sich ihnen schon bald als von ideologischen Auseinandersetzungen, von Macht- und Ordnungspolitik, von sozialer Diskriminierung und Ausgrenzung der KonsumentInnen verbotener Stoffe, von Interessenkonflikten und drogenpolitischer Opposition bestimmt und vielfältig zerrissen und verstrickt. In dieser pluralistischen Gemengelage einen eigenen Standpunkt zu entwickeln, um mit ihm den bemühten Vereinnahmungsversuchen westdeutscher ExpertInnen und Institutionen widerstehen zu können, und in der politischen Umbruchsituation der „Wende" einen halbwegs selbständigen Zugang zu den Phänomenen von Drogenkonsum und Drogenpolitik zu finden, war nicht einfach. Diese „Unabhängigkeit" konnten sie nur erreichen, wenn es ihnen gelang, sich von der „Drogennaivität" der DDR-Gesellschaft zu emanzipieren und gleichzeitig eine distanziert-kritische Position zum „Drogenraffinement" westdeutscher Provenienz einzunehmen. Dies erwies sich als die entscheidende Herausforderung für das Forschungsprojekt.

Die drogenpolitische und fachliche Auseinandersetzung in der BRD hatte um 1990 eine enorme Zuspitzung erfahren, die sich in einer scharfen Polarisierung der Sichtweisen auf Drogenkonsum und der drogenpolitischen Standpunkte äußerte. Einer drogenpolitischen „großen Koalition" – quer durch alle sozialen Schichten der Bevölkerung und weitgehend unabhängig von Alter, Geschlecht, Parteienzugehörigkeit und religiösen bzw. weltanschaulichen Erkenntnissen/Standpunkten –, die die Aufrechterhaltung der Trennung von psychoaktiven Substanzen in verbotene Drogen und erlaubte Genußmittel mit dem Ziel einer „drogenfreien Gesellschaft" (Abstinenzparadigma) und ausgerüstet mit dem Betäubungsmittelgesetz (BtMG) und dem nationalen Rauschgiftbekämpfungsplan (NRBP) militant vertrat, stand eine vergleichsweise kleine, aber argumentativ starke und mehr und mehr öffentlichkeitswirksame Gruppe von KritikerInnen aus Wissenschaft und Praxis gegenüber. Sie verband sich mit der gerade entstehenden Selbstorganisation der um ihre Menschen- und Bürgerrechte kämpfenden kriminalisierten KonsumentInnen der verbotenen Stoffe – dies alles im Kontext des Zusammenhangs von intravenösem Heroin-Konsum, HIV-Infektion und Aids-Erkrankung, aus dem sich ein Zusammengehen der Aids-Hilfen, der Selbstorganisation und der drogenpolitischen Opposition in Praxis und Politik entwickelte. Von heute aus gesehen arbeitete dieses Bündnis sehr erfolgreich an der Veränderung der tradierten Sichtweisen und Handlungsmuster:

- Die in jeder Hinsicht kontraproduktiven Folgen einer die Stoffe und ihre KonsumentInnen dämonisierenden repressiven Drogenpolitik wurden allmählich Gegenstand eines alle Bereiche und Ebenen von Drogenpolitik und Hilfesystemen umfassenden öffentlichen Diskurses.
- Der „Königsweg" der Drogenhilfe, die stationäre Langzeittherapie, wurde gebrochen durch die, wenn auch zögerliche und restriktive, Einführung der Substitution (Methadon-Programme).

- Das „Abstinenzparadigma“ als ideologische Grundlage des gesamten Hilfe-Systems und der dominanten Politik wurde konfrontiert mit ersten Ansätzen sogenannter suchtbegleitender und niedrigschwelliger Ansätze, die sich in der Folge zur „Akzeptierenden Drogenarbeit“ entwickelten.
- Einige wesentliche Änderungen des BtMG konnten durchgesetzt werden: die Legalisierung der Substitution und des „Spritzentausches“ und die Entschärfung der Anerkennungsvorschriften für stationäre Therapieeinrichtungen mit dem Verzicht auf die haftmäßige „Einschränkung der freien Lebensführung“ für die im Rahmen eines Strafverfahrens zugewiesenen Verurteilten.
- Das Betäubungsmittelgesetz selbst als gesetzlicher Ausdruck und rechtliche Grundlage der offiziellen Drogenpolitik mit all seinen komplexen Wirkungen für das Leben der KonsumentInnen und für die professionelle Drogenhilfe geriet zunehmend in die Kritik.
- Weitere „Zugeständnisse“, etwa die „kontrollierende Heroinabgabe an sogenannte Langzeitabhängige“ und sogenannte Fixerstuben, Druckräume, Gesundheitsräume stehen heute unmittelbar bevor.
- Auch die sogenannte Trennung des Drogenmarktes durch eine faktische Legalisierung des Cannabis-Handels und -konsums ist gegenwärtig zumindestens denkbar geworden.

Die immer wieder beklagte und als „Glaubenskrieg“ diffamierte öffentliche Auseinandersetzung hat sich – auch in ihren polarisierenden Formen – als Essential einer demokratischen Gesellschaft bewährt. Ein wichtiger Unterschied zur „allumfassenden Drogennaivität“ in der DDR war demnach nicht ein reflektiertes und bewußtes Verständnis der Bedeutungen des Konsums von psychoaktiven Substanzen als dominantes Bewußtsein in der BRD, sondern die Möglichkeit und die Fähigkeit einer „kleinen radikalen Minderheit“, differenziertere Sichtweisen gegenüber einer „großen radikalen Mehrheit“ in einer demokratisch verfaßten Gesellschaft gegen alle Versuche der Behinderung öffentlich zur Anhörung und schließlich auch mehr und mehr zur Geltung zu bringen.

Dies allerdings mit einer wesentlichen Einschränkung. Während sich die professionelle Drogenhilfe im Verein mit der Selbstorganisation der BtMG-Verfolgten und der Aids-Hilfe gegenüber der Politik mit immer differenzierteren Unterstützungsmöglichkeiten und Hilfeangeboten für abhängige GebraucherInnen, besonders solchen mit einer langen sogenannten Suchtkarriere, durchsetzen konnten und können (wofür das offensichtliche Versagen der Drogenpolitik der Bundesregierung gegenüber dieser Zielgruppe professioneller Hilfe eine wichtige Bedingung war und ist), verhärten sich gegenüber den experimentierfreudigen, psychoaktiven Substanzen ausprobierenden Jugendlichen die Positionen. Ihnen gegenüber wird die Abstinenzforderung mit all den dämonisierenden und diskriminierenden Behauptungen vertreten, die gegenüber den sogenannten LangzeitkonsumentInnen schon gescheitert sind.

Hier zeigt sich, daß bezogen auf die Zielgruppe unserer Untersuchung, nämlich die heranwachsenden Mädchen und Jungen, sich trotz aller Bewegungen auf der Ebene der professionellen Drogenhilfe ideologisch wenig geändert hat. Die tradierte spezifische „BRD-Drogennaivität" bestimmt im Verhältnis zwischen den Generationen und hier besonders im gesamten Feld der Erziehung (von den Elternhäusern oder anderen Orten der primären Erziehung, über die Kindertagesstätten, Horte, Schulen und die erzieherischen Hilfen nach dem KJHG bis hinein in die außerschulische Kinder- und Jugendarbeit) die Sichtweisen und Handlungen der großen Mehrheit der erziehenden Erwachsenen. Das gesamte Spektrum der Erziehung von Kindern und Jugendlichen wird von allen möglichen SpezialistInnen als Bereich „präventiver Arbeit" reklamiert und „Primärprävention" vom Neugeborenen bis hin zum Adoleszenten und Post-Adoleszenten wird mit der angeblich von jedem Konsum verbotener psychoaktiver Substanzen ausgehenden Suchtgefahr/ Drogengefährdung legitimiert. In diesem Kontext müssen sich inzwischen alle Formen der Kinder- und Jugendarbeit als „sucht-präventiv" ausweisen, wenn sie öffentliche Mittel in Anspruch nehmen wollen. Sie müssen solche pauschalen und lebensfremden Bedingungen akzeptieren/erfüllen wie die kategorische Forderung öffentlicher Träger der Jugendhilfe, daß die Räume der Jugendarbeit „drogenfreie Räume" zu sein haben, womit einer sozialpädagogischen Thematisierung des Drogenkonsums gerade mit solchen Jugendlichen, die sich ihre Neugierde und ihr Experimentieren mit psychoaktiven Substanzen nicht verbieten lassen wollen (und auf die Kommunikation mit ihnen kommt es ja gerade an), der Boden entzogen wird.

Freilich ist die in den „Präventionskonzepten" zum Vorschein kommende „BRD-Drogennaivität" nicht vergleichbar mit der oben beschriebenen „DDR-Drogennaivität". Die naiven Auffassungen von DDR-BürgerInnen über die Bedeutung des Drogenkonsums waren gekennzeichnet von den Naivitäts-Attributen wie „arglos", „ahnungslos", bis hin zu „leichtgläubig", „einfältig" und „töricht", wie sie die Lexika übereinstimmend aufzählen, als Ausdruck simpler Phantasien, die dem Fehlen von Praxis geschuldet sind und sich an Abenteuerberichten aus der unerreichbaren exotisch-dekadenten Welt des bürgerlichen und kapitalistischen Westens entzünden konnten.

Die nach wie vor mit der Dämonisierung jeglichen Konsums illegalisierter Drogen und den daraus resultierenden Substanz- und Abstinenzparadigmen arbeitenden „Präventionskonzepte" im Westen können nicht im Sinne einer „vertrauensvollen Harmlosigkeit aus einem Mangel an Reflexion" (Stichwort „Naivität" in „Historisches Wörterbuch der Philosophie", Probst/ Leenhouwers 1984) als naiv verstanden werden. Schließlich handelt es sich hier um resistente Sichtweisen, die alle Möglichkeiten einer Öffnung, die ihnen im öffentlichen Diskurs seit vielen Jahren angeboten wurden und werden, zurückweisen. Dagegen hat die DDR-Drogennaivität den Charakter von „Unbefangenheit", der aus dem Fehlen alternativer Sichtweisen und aus dem Fehlen von Praxis resultiert. Aus dieser einfachen Perspektive erscheinen die einmal tradierten Auffassungen als „natürlich", d.h. der Sache selbst inhärent. Während die „Drogennaivität" in der DDR in ihrer „Unbefangenheit" offen war und nach unserer Erfahrung immer noch offen ist für andere als die gewohnten/tradierten Sichtweisen und sich mit intellektuellem Staunen und emotionaler Bereitschaft auf ungewohnte Denkansätze zur Bedeutung von Drogen und Drogenkonsum einlassen kann („ach – so kann man das auch sehen..."), dominiert im Westen eine im Verlaufe von zwei Jahrzehnten entstandene und im BtMG kulminierende symbolische Drogenpolitik, die eine verfestigte und sehr komplexe Angst-Abwehr-Haltung bei der großen Mehrheit der erziehenden Erwachsenen hervorgebracht hat, die ihre tiefsitzenden Ressentiments nur schwer überwinden können.

Der Bezug zum Naiven ergibt sich hier aus der Gefühlsverhaftetheit des Vor-Urteils als Re-Sentiment, worunter wir einen gegenüber neuen, anderen Erfahrungen und Denkmöglichkeiten resistenten Komplex von negativ akzentuierten Gefühlen verstehen. Das Substantiv „Ressentiment" ist von dem Verb „ressentir" abgeleitet und bezeichnet ein nachhaltiges und nachwirkendes, in der Regel negatives Empfinden (vgl. Stichwort „Ressentiment" in „Historisches Wörterbuch der Philosophie", Probst 1987), in dem sich Angst, Besorgnis, Aggression, Beleidigtsein und Bedürfnis nach Rache verdichten. Das Ressentiment hat seine Wurzel in verletzten, nicht reflektierten Gefühlen, die eine Komponente von Naivität sind. Es fehlt dem Ressentiment aber die andere wesentliche Komponente von Naivität: Die aus „Unbefangenheit" resultierende Offenheit, die Möglichkeit des Staunens beim Wechsel der Perspektive. Für Nietzsche ist das Ressentiment in Anlehnung an Montaigne der Kern der asketischen – wir fügen hinzu: der pädagogischen – Moral. Er analysiert das Ressentiment als einen hinterlistigen Willen zur Macht, der sich in der Forderung nach einem asketischen Leben verberge: „Denn ein asketisches Leben ist ein Selbstwiderspruch: hier herrscht ein Ressentiment sondergleichen, das eines ungesättigten Instinktes und Machtwillens, der Herr werden möchte, nicht über Etwas im Leben, sondern über das Leben selbst" (Nietzsche 1968, S. 381). Mit dem Ressentiment werde die *indirekte Machtergreifung über das Leben der Anderen* angestrebt, indem aus ihm „Werte" geboren werden, die für alle verbindlich sein sollen. Vom Ressentiment geleitete Menschen sind nach Nietzsche „weder aufrichtig, noch naiv, noch mit sich selbst ehrlich", sie haben eine „schielende Seele". Die „Gutheit" ergebe sich für den Ressentiment geleiteten Menschen aus der Projektion der „Bosheit" auf den Anderen, er brauche den Bösen „als Grundbegriff, von dem aus er sich als Nachbild und Gegenstück nun auch noch einen ‚Guten' ausdenkt – sich selbst!" (ebenda)

Noch schärfer als Nietzsche beurteilt Max Scheler die Funktion des Ressentiments. Der „Kern der bürgerlichen Moral", die „Erhebung des Nützlichkeitswertes über den Lebenswert überhaupt", sei aus den ressentimentgeborenen Werturteilen entstanden. Die bürgerliche Moral sei das Ressentiment „der partiell Toten über die Lebendigen" (Scheler 1955, S. 33f.).

Daß bei der Beurteilung des Konsums von verbotenen Drogen klassische bürgerliche Moralvorstellungen eine entscheidende Rolle spielen, ist kaum zu übersehen, und daß bei der Beurteilung der Bedürfnisse und des Handelns von Jugendlichen der „Nützlichkeitswert“ dieses Handelns an den sogenannten „Entwicklungsaufgaben“, mit deren Bewältigung eine imaginierte sogenannte Normalbiographie erreicht werden soll, gemessen werden und daß alle Bedürfnisse und alle Handlungen, die diesen „Weg ins Leben“ gefährden könnten, als „Risikobereitschaft“ und „Risikoverhalten“ klassifiziert werden, zeigt, daß wir uns mit den sich inflationär entwickelnden Präventionsforderungen und -strategien im Hinblick auf den Drogenkonsum von Jugendlichen im Kern des von Nietzsche und Scheler analysierten Konfliktes befinden. Der Konsum von illegalisierten Drogen und alles, was mit ihm zusammenhängt, wird heute zur Hauptgefährdung der in dieser Gesellschaft Heranwachsenden erklärt, und bei allen Präventionstheorien und -konzepten nimmt der Drogenkonsum den ersten Platz in der Hierarchie der Gefahren ein, vor denen „die Jugend“ geschützt werden soll. Das deutet darauf hin, daß die im Generationenverhältnis wirkenden Ressentiments in den dämonisierten Drogen ihren symbolischen Ausdruck gefunden haben und im „Kampf gegen die Drogengefahr“ der moderne Generationenkonflikt ausgetragen wird, in dem die dominante Kultur der Gesellschaft der Erwachsenen „Herr werden will“ über das zukünftige Leben, „nicht über Etwas vom Leben, sondern über das Leben selbst“ (Nietzsche). Deshalb der unverändert offensive und in seinen „theoretischen Grundlagen“ vom Ressentiment bestimmte Charakter von „Prävention“, der nach wie vor differenzierte Sichtweisen zur Bedeutung des Drogenkonsums, die nicht aus einem sozialpädagogischen „Defizitblick“ hergeleitet sind, verhindert und damit die Entwicklung eines selbstverantwortlichen und kulturell entfalteten Umgangs mit psychoaktiven Substanzen durch Jugendliche im Prozeß des Heranwachsens blockiert.

Freilich, einige Komponenten des von Nietzsche und Scheler analysierten Ressentiments finden sich auch in der „Drogennaivität“ der DDR, wie Gundula Barsch in ihrer Anwendung der Weber'schen Kategorie der „innerweltlichen Askese“ bei der Analyse sozialistischer „Nüchternheitsideologien“ gezeigt hat (Barsch 1996a, S. 94ff.). Allerdings fehlte dieser Naivität die der westlichen eigene, in der Identifikation mit der staatlichen Ordnungspolitik erworbene „Resistenz“ und machtpolitische Verstricktheit. Die DDR-Drogennaivität war bestimmt durch die „Benommenheit von den Dingen“ (vgl. Fink 1976, S. 98ff.) – was in unserem Falle die scheinbare „Selbstverständlichkeit“ der Bedeutung von Drogenkonsum meint, im Sinne von Naivität als „natürlicher Einstellung“, die aus dem nichtreflektierten Gefühl resultiert. Der von den Dingen – man könnte auch sagen vom Augenschein oder von der zur Form geronnenen Praxis – *benommene* Mensch, ist nur offen für die Dinge wie sie ihm erscheinen bzw. präsentiert werden, aber er sieht nicht die „Offenheit der Dinge“ (Fink), weil er auf eine *einzige* Perspektive festgelegt ist. Fink spricht in diesem Zusammenhang von der Naivität eines „nivellierten Seins-Verständnisses“, dem ein „ebenso nivelliertes Wahrheitsverständnis“ entspreche. Solchem Wahrheitsverständnis liegt ein naiver Wirklichkeitsbegriff zugrunde, dem das Wirkliche identisch ist mit dem Wahrgenommenen. Das auf das Wahrgenommene reduzierte Bild von der Wirklichkeit fixiert den Blick auf die Oberfläche der Erscheinungen und bewirkt ein Nicht-mehr-Sehen der „Offenheit der Dinge".

Auf dieser Ebene ist der Unterschied der DDR-Drogennaivität zur BRD-Drogennaivität das Ergebnis eines naiven Wirklichkeitsverständnisses, das mit neuen Erfahrungen und dem Aufzeigen anderer, bisher unbekannter Sichtweisen, sich in Bewegung bringen läßt, während umgekehrt die BRD-Drogennaivität, die aus einer geronnenen Praxis resultiert, sich seit 25 Jahren gegen andere vorhandene und zugängliche Sichtweisen verschließt und sich zum Ressentiment verfestigt hat.

Mit unserer Untersuchung, die sich gegen das Ressentiment wendet, haben wir uns im „Osten" in einer doppelt „glücklichen" Ausgangsposition befunden. Erstens gab es 1989/90 beim Fall der innerdeutschen Grenze „das Drogenproblem" – nämlich den „verelendeten Fixer" der offenen Szene in den großen und kleinen Metropolen – nicht und folglich konnte es in der ehemaligen DDR nicht um Substitution, HIV-Prävention, Harm-Reduction etc. gehen, sondern nur und ausschließlich um unsere Fragestellung: Wie werden DDR-Jugendliche in der nun möglichen und wahrscheinlichen „Konfrontation" mit verbotenen psychoaktiven Substanzen sich verhalten? Und wie werden erwachsene Bezugspersonen auf die Annäherung von Jugendlichen an das „Drogenthema" reagieren? Zweitens war die von uns angenommene und auch angetroffene „Drogennaivität" offen für neue/andere, nicht dämonisierende Sichtweisen, die wir mit unseren Forschungsergebnissen begründen und anbieten woll(t)en und konnten. Da, wo wir während des Forschungsprozesses mit Professionellen im Erziehungssektor Kontakt haben konnten, hat sich unsere positive Erwartung bestätigt. Diese „glückliche" Ausgangsposition ist aber inzwischen durch das aus der alten BRD massiv und flächendeckend in die neuen Bundesländer transferierte drogenpolitische Ressentiment, das in den seither vergangenen Jahren deutlich an Einfluß auf das Fühlen, Denken und Handeln von dortigen Erziehenden gewonnen hat, überlagert worden. Das anfangs von uns angetroffene „naive Wirklichkeitsverständnis", mit seiner Offenheit und Neugier auf neue Sichtweisen, hat sich seitdem zunehmend in Angst und Abwehr verwandelt.

Zu den wichtigen konstituierenden Bedingungen unseres Ost-West-Forschungsteams gehörte die Klärung der jeweiligen Ausgangsbedingungen/ Kontexte, die wir mit dem Begriff von „Drogennaivität", wie wir ihn hier erläutert haben, herbeiführen konnten.

4 Zur theoretischen Grundlegung der Forschungsarbeit

Vor dem Hintergrund der drogenpolitischen Rahmenbedingungen in Ost- und Westdeutschland stellte sich als Anspruch und Ziel des Forschungsteams, im Rahmen einer Zeitreihenuntersuchung die Prozesse der Konfrontation mit, der Hinwendung zu und der Aufnahme von bisher nicht gekannten Drogen durch eine drogennaive Bevölkerung wissenschaftlich zu begleiten. Da die notwendigen theoretischen Grundlagen für das Vorhaben unter dem Druck der Grenzöffnung zu entwickeln waren, wollten die initiierenden ostdeutschen Kolleginnen die theoretische Grundlegung durch die Suche nach Ansätzen und Traditionen in der westdeutschen Drogenforschung abkürzen, um daran in der weiteren konzeptionellen Arbeit anzuknüpfen.

4.1 Die westdeutsche Drogenforschung im Visier

Ein Überblick über diese Forschungen verdeutlichte, daß sich die wissenschaftlichen Arbeiten mehrheitlich in Abhängigkeit von aktuellen praktischen und/oder theoretisch definierten Drogenproblemen jeweils bestimmten Ausschnitten/Aspekten einer Gesamtthematik zuwenden und für diese spezielle theoretische Modelle entwickeln: In der Zeit der kulturellen Durchsetzung unbekannter Formen illegalisierten Drogenkonsums standen vorrangig die Verbreitungsmechanismen und das epidemiologische Ausmaß dieses sozialen Phänomens im Mittelpunkt der Aufmerksamkeit (vgl. u.a. Quensel/ Quensel 1970, Pankow 1970, Schwarz 1972). In der Etappe verstärkter Kontrollversuche durch eine strafrechtliche Verfolgung der DrogenkonsumentInnen rückte nicht nur der von der Öffentlichkeit als bedrohlich erlebte Zusammenhang von Drogenkonsum und Delinquenz in das Interesse (vgl. Kreuzer 1975, Scheerer 1982). Durch die Beschreibung besonderer Merkmale wurde zugleich angestrebt, Risikogruppen in der Gesellschaft orten und gezielt betreuen/kontrollieren zu können (vgl. u.a. Hurrelmann u.a. 1988 und Hurrelmann/Holler 1990). Bedingt durch den Risikofaktor AIDS, der rasch das Gesamtgeschehen zum intravenösen Drogenkonsum beeinflußte, beschäftigen sich schließlich neuere Arbeiten zum einen mit der konkreten Ausgestaltung der nationalen Drogenpolitik und deren Konsequenzen für die körperliche, psychische und soziale Situation von Drogenkonsumenten (vgl. u.a. Kleiber/Pant 1992, Blauth u.a. 1995). Zum anderen wird den Auswirkungen dysfunktionaler quantitativer und qualitativer Relationen zwischen Unterstützungs- und Therapiebedürfnissen und entsprechenden Angeboten nachgegangen. In der Folge rückt mehr und mehr die Effizienz von Hilfe- und Therapiemodellen in den Mittelpunkt wissenschaftlicher Arbeiten (vgl. u.a. Zenker u.a. 1992, Weber/Schneider 1992, Heckmann u.a. 1993, Raschke/Kalke 1993). Eine systematische philosophische, ideologiekritische und politikwissenschaftliche Auseinandersetzung mit drogenrelevanten Fragestellungen beschränkte sich lange auf wenige Ansätze, die zudem kaum den Grundtenor der Debatten beeinflussen konnten (vgl. u.a. Amendt/Stiehler 1972, Amendt 1981, Behr 1982, Mader/Strotzka 1980). Diese wurden insbesondere mit der Etablierung akzeptierender Ansätze in der Drogenarbeit Ende der 80er Jahre politisch und wissenschaftlich interessant und entwickelten sich in den 90er Jahren zu einem relevanten Faktor für den Entwurf eines neuen konzeptionellen Rahmens, für die Entwicklung theoretisch fruchtbarer Perspektiven in bezug auf die Wahrnehmung und Analyse des Umgangs mit psycho-aktiven Substanzen und für Bearbeitungsszenarien zu Drogenproblemen (vgl. u.a. Schmidt-Semisch 1992, Hartwig 1995).

Die westdeutsche Drogenforschung ist allerdings bis heute dadurch geprägt, daß meist unter extremem Problem-, Handlungs- und Zeitdruck themenspezifische Theorie- und Praxismodelle erarbeitet werden, die teilweise eine kurzfristige und partikularistische Sicht der Dinge und einen entsprechenden Pragmatismus begünstigen oder erzwingen. Durch diesen werden teils bewußt, teils unbewußt die tieferen Ursachen, die größeren Zusammenhänge und die Konsequenzen für zukünftige Entwicklungen vernachlässigt oder können nicht den ihnen angemessenen Stellenwert finden. Arbeiten, die über diese Detailansätze hinausgehen und sich um eine allgemeinere Einordnung und Erklärung von „Drogenkonsum" und „Drogenproblemen" bemühen, bilden eher die Ausnahme (vgl. u.a. Welck/Legnaro 1981, Kappeler 1991).

Neben der vielfach partikularistischen Sichtweise ist die Drogenforschung zugleich durch eine Dichotomie bei der Bearbeitung der Drogenthematik gekennzeichnet. Diese ist eine Konsequenz methodologischer Vorentscheidungen, die sich akzentuiert wie folgt beschreiben lassen:

Eine der vorherrschenden Forschungsrichtungen ist weitgehend von den Anfangsimpulsen der Medizin geprägt und untersucht unmittelbar den Phänomenbereich des Drogenkonsums. Davon ausgehend steht im Mittelpunkt des Interesses der individuelle Umgang mit Drogen, für dessen Erklärung im wesentlichen individualpsychologische Ansätze und Anregungen aus der Sozialpsychologie zugrundegelegt werden. Mit der dominanten Basisthese dieser Forschungsansätze wird von einer überragenden Bedeutung von Problemdruck/Defiziten für das Zustandekommen des Drogenkonsums ausgegangen und Drogenkonsum als Symptom einer Grundstörung rezipiert (vgl. u.a. Wanke 1971, Ladewig u.a. 1979, Heckmann 1980, Stosberg 1981, Kastner/

Silbereisen 1984).[1] Ziel dieser Forschungen ist es, Veränderungen in den Problemlagen, Risiken für das Entstehen von Sozialisationsdefiziten sowie erkennbare besondere Risikobelastungen insbesondere bei Jugendlichen aufzuzeigen, um davon ausgehend präventiv zu intervenieren (vgl. u.a. Bäuerle 1981, Malhotra 1984, Hurrelmann/Vogt 1985, Hurrelmann 1989, Renn 1990).

Eine andere Forschungsrichtung ordnet Drogenkonsum in verschiedene soziale, in der Regel aber defizitäre Situationen und Strukturen ein, als deren Bewältigungsmuster der Gebrauch von Drogen gesehen und erklärt wird. Wenngleich mit dieser Sichtweise gesellschaftliche Einflußfaktoren auf Drogenkonsum fokussiert werden sollen, bleiben diese Ansätze in ihren wesentlichen Mustern ebenfalls bei individualisierenden Sichtweisen stehen und können trotz der Hinweise auf gesellschaftliche Ursachen des Problems verhältnismäßig wenig über den Zusammenhang zwischen individuellem Drogenkonsum, subkulturellen Lebensstilen und gesellschaftlichen Bedingungen aufzeigen (vgl. u.a. Reuband 1990 und Gerdes/v. Wolffersdorf-Ehlert 1974).

Impulse zu einer Bearbeitung der Defizite des referierten Paradigmas ergeben sich mit der Aneignung der traditionell durch die Medizin und Psychologie besetzten Drogenforschung als Feld sozialwissenschaftlicher Forschung. Dazu gehören insbesondere Forschungsansätze, die ihre grundlegenden Ausgangsthesen aus den Theorien des abweichenden Verhaltens ableiten und beispielsweise die Kontrolltheorie (vgl. Hirschi 1973), die differenzielle Assoziationstheorie (vgl. Sutherland 1947), die soziokulturelle Lerntheorie (vgl. Sutherland 1968) und den Labeling Approach (vgl. Becker 1967) auf ihre Erklärungskraft für Drogenkonsum prüfen (vgl. u.a. Reuband 1980, Schmerl 1984, Reuband 1990). Wenngleich sich diese Ansätze von den traditionellen, individuell ausgerichteten Erklärungsmodellen lösen und soziale Faktoren für das Zustandekommen von Drogenkonsum und Drogenproblemen in den Vordergrund stellen, bleiben sie in Detailfragen stecken.

Die Mängel beider Ansätze haben dazu geführt, daß sich die verschiedenen Forschungstraditionen mißtrauisch gegenüberstehen. Die Dichotomie in den Sichtweisen und Forschungslinien wird, wie fast immer bei der Bearbeitung des Drogenthemas, emotional besetzt und zum Teil mit ideologischen Vorhaltungen beantwortet: Die eine Arbeitsrichtung muß sich den Vorwurf einer „individualisierenden" Sichtweise, mit der gesellschaftliche Ursachen unhinterfragt und unbearbeitet bleiben, ebenso gefallen lassen wie den Verdacht, durch ihre Problemlösungsangebote in Form von Anpassungsleistungen der und des einzelnen an beliebige gesellschaftliche Gegebenheiten Herrschaftsdenken zu untersetzen, zu praktizieren und damit bestehende soziale Verhältnisse zu zementieren. Umgekehrt müssen sich sozialkritische Ansätze mit Vorwürfen auseinandersetzen, zur „Politisierung" des Drogenthemas bei-

1 Mit diesem pathologisierenden Erklärungsmuster, das gegenwärtig noch immer das Gros der Forschungen auf dem Gebiet des Drogenkonsums dominiert, hat sich Reuband (1990, S. 21ff.) kritisch auseinandergesetzt.

zutragen und Drogenprobleme zu benutzen, um „... in einer Beliebigkeit eigene politische und gesellschaftliche Vorstellungen zu transportieren" (Reuband 1990, S. 24).

Übersehen werden in diesen teilweise erbittert geführten Auseinandersetzungen, daß aus jeder Forschungsrichtung Fragen aufgeworfen werden, die wichtig und unverzichtbar sind für das Verständnis des Drogenkonsums, der nur als ein komplexes soziales Phänomen zu begreifen ist. Das Dilemma besteht eher darin, daß kein übergreifendes Modell entwickelt oder allgemein akzeptiert worden ist, das die Integration der verschiedenartigen Ansätze zur Erklärung des Drogenkonsums erlaubt. Über die Entwicklung eines theoretischen Modells, mit dem die Interdependenzen von individuellen Merkmalen des Drogenkonsums und der damit in Zusammenhang stehenden sozialen Situationen erklärt werden, könnte der Brückenschlag zwischen den verschiedenen Forschungstraditionen geleistet werden. Dieser wäre die Voraussetzung für die dringend notwendige Integration von Ansätzen, die von verschiedenen Betrachtungsebenen ausgehen. Voraussetzung für den Erfolg eines solchen Anliegens ist die immer wieder zu betonende und zu akzeptierende Einsicht, daß es zwischen den verschiedenen Disziplinen keine überschneidungsfreien Grenzziehungen geben kann, sondern jeder Ansatz als Schwerpunktsetzung zu einem Ganzen zu verstehen ist, das systematisch bearbeitet werden muß. Angesichts der zahlreichen praktischen Fragestellungen und der nach wie vor vorhandenen Leerstellen in der Erklärung bestimmter Formen des Drogenkonsums ist mehr als zuvor der herrschaftsfreie Diskurs gefragt, in welchem sich verschiedene Disziplinen und Ansätze jenseits paradigmatischer Erstarrung gegenseitig befruchten und aus ideologischen Verstrickungen befreien.

Dieser Einblick in die westdeutsche Drogenforschungslandschaft zeigt, daß es in dem angestrebten Projekt nicht darum gehen konnte, eine in sich geschlossene, vollständige theoretische Ausgangsbasis zu erarbeiten, mit der die komplexen Problemstellungen in bezug auf den Konsum von Drogen in ihrer ganzen Breite abgehandelt werden können. Das Forschungsvorhaben mußte sich vielmehr damit bescheiden, Reaktionen auf die Konfrontation und den möglichen Umgang mit psycho-aktiven Substanzen sowie die Entwicklung des Drogenkonsums in der Bevölkerung Ostdeutschlands empirisch zu begleiten, aufzuarbeiten und verstehbar werden zu lassen. Aus den Mängeln westdeutscher Drogenforschung lernend zeichnete sich allerdings auch ab, daß es weder unter Zugrundelegen individual- oder sozialpsychologischer Ansätze noch mit einem Rückgriff auf Erklärungsmuster zu subkulturellen Zusammenhängen, abweichenden Verhaltensweisen und defizitären Gesellschaftsstrukturen gelingen würde, diese Entwicklungen angemessen zu beschreiben. Vielmehr mußten dafür die oben genannten Paradigmen verlassen werden.

Nach dieser Recherche zur westdeutschen Drogenforschung wandte sich der Blick den wenigen ostdeutschen Forschungslinien zu, die im Rahmen der Alkoholforschung entwickelt worden waren. Den Zielen und Denkansätzen des Forschungsteams kamen dabei die bis Mitte der 60er Jahre in der DDR am Lehrstuhl für Sozialmedizin in Halle entwickelten Ideen einer Trinksittenforschung am nächsten. Diese nahm das Trinkverhalten ausdrücklich als ein soziales Phänomen wahr, das nur durch seine Einbindung in die Lebensweise und in den Lebensstil der Menschen verständlich wird.

Dieser Ansatz präsentierte eine weitgehende Ablösung von den in der DDR ansonsten stark vertretenen biomedizinischen Ansätzen.

Auf der Basis dieser ostdeutschen theoretischen Positionen und der kritischen Rezeption westdeutscher Forschungsansätze wurde eine Sichtweise erarbeitet, die wir mit diesem Buch der Fachöffentlichkeit präsentieren.

4.2 Drogenkonsum als kulturelles Phänomen – zum konzeptionellen Ansatz des Forschungsprojektes

Ausgangspunkt und Gemeinsamkeit aller Bestimmungen von Drogenkonsum ist seine Definition als Verwendung psycho-aktiver Substanzen, um Wachbewußtseinszustände zu verändern. In Abhängigkeit von dem verwendeten Drogenbegriff gibt es zugleich eine mehr oder weniger große Einigkeit darüber, daß die Wirkungen von Drogen nicht nur als Veränderungen des Bewußtseins zu benennen sind. Dies gilt in der Regel nur für bestimmte Konsumformen und insbesondere für die Verwendung von Halluzinogenen (vgl. Welck/Legnaro 1981, S. 13). Die Wirkungen psycho-aktiver Substanzen sind vielmehr differenzierter und sehr nuanciert zu beschreiben. Mit einer Drogeneinnahme können Veränderungen der Befindlichkeit, der Stimmung und Wahrnehmung bis zu ekstatischen sowie verschiedenen Trunkenheits- und Rauschzuständen provoziert werden. Einverständnis herrscht auch darüber, daß Drogenkonsum bezogen auf ein biografisches Intervall unterschiedlich intensive Formen annehmen kann. So können je nach Konsumintervallen und den dabei konsumierten Mengen ProbiererInnen, GelegenheitsgebraucherInnen, gesetzte Grenzen sporadisch überschreitende MißbraucherInnen, IntensivkonsumentInnen und abhängige KonsumentInnen unterschieden werden.

4.2.1 Das Substanz-Paradigma

Eine Vielzahl von Erklärungen für Drogenkonsum bleibt jedoch bei der Wahrnehmung und Untersuchung dieser substanzbezogenen materiellen Seite des Drogenkonsums stehen. Fragen nach der Verfügbarkeit einer Droge, nach Ausmaß und Verbreitung des Drogenkonsums in der Bevölkerung (Alter, Geschlecht, Anteil der KonsumentInnen in bestimmten Bevölkerungsgruppen), nach der Häufigkeit des Konsums, nach Menge und Dauer von Konsumepisoden rücken mit einer solchen Sichtweise in den Mittelpunkt des Interesses und prägen Forschungsstrategien, die dem „ruheversprechenden Substanz-Paradigma" (Quensel 1991, S. 11) verpflichtet sind.

Die Übereinstimmung in den Erklärungsmustern für Drogenkonsum endet allerdings, wenn das „Substanz-Paradigma“[2] durch den Entwurf neuer Bedeutungshorizonte aufgelöst und Fragen wie die nach dem Stellenwert von Drogenkonsum in spezifischen Realitäten, der Bedeutung von Ritualisierungen, der Einstellung zu Drogenkonsum und Rauschzuständen u.ä. geklärt werden sollen.

Insbesondere psychiatrische und psychopathologische Erklärungen interpretieren Drogenkonsum als durch die Pharmakologie der psycho-aktiven Stoffe und/oder als durch pharmakologisch initiierte Lernprozesse determiniert und stellen eine darüber hinausgehende Sinnhaftigkeit dieses Verhaltens infrage. Medizinische Diagnosen wie „Kontrollverlust“ und „Abstinenzverlust“, nach wie vor debattierte biomedizinische Erklärungsansätze für problematische Formen des Drogenkonsums, die folgerichtig mit der Suche nach suchtheilenden Substanzen einhergehen[3], und aktuelle Forschungen zu prädisponierenden Genstrukturen bei Drogenabhängigen verweisen darauf, daß diese eindimensionalen Erklärungsschemata zu Drogenkonsum nichts von ihrer Aktualität verloren haben.

4.2.2 Drogenkonsum als ziel- und zweckgerichtete Handlung

Diese substanzfokussierten Deutungsmuster von Drogenkonsum werden durch Erklärungsansätze aufgebrochen, die Drogenkonsum als zielgerichtete und zweckrationale Handlung verstehen und die Ähnlichkeit mit anderen menschlichen Handlungen ausdrücklich betonen (vgl. u.a. Welck/Legnaro 1981, S. 80, Fahrenkrug 1984, S. 19, Krauss 1985, S. 24).[4] Damit ist dem

---

2 Die mit dem Substanz-Paradigma verbundene Mythologisierung psycho-aktiver Stoffe ist beispielhaft in der durch Vogel formulierten Definition von Drogen angelegt: „Wir sprechen von suchterzeugenden Giften dann, wenn sie beim Süchtigen ein übermäßiges Verlangen nach einem Gift erzeugen, eine Tendenz zur Erhöhung der Dosis mit sich bringen und zu einer psychischen oder körperlichen Abhängigkeit von der Giftwirkung führen, welche die Grundlage der Entziehungserscheinungen bildet“ (Vogel 1981, S. 1).

3 Diese biomedizinischen Ansätze leben gegenwärtig nicht nur in Zusammenhang mit der von einem israelischen Psychiater entwickelten Drogentherapie „Urod“ auf, bei der unter Narkose im „Turbo-Tempo“ von sechs Stunden ein Entzug erfolgt und bei der im Anschluß daran durch eine medikamentöse Therapie mit Opiatblockern die individuellen Drogenprobleme endgültig beseitigt werden sollen (vgl. Der Spiegel Nr. 48 vom 27.11.1995, S. 1-3). Mit der gleichen Grundidee berichten unter der Überschrift „Vorbeugende Spritze gegen Drogensucht“ Wissenschaftler über eine vorbeugende Schutzimpfung, die in Tierexperimenten die Kokainaufnahme im Gehirn stoppt und die Droge im Blut bindet. Auf diese Weise würde sich die Aussicht auf ein Antidrogenvakzin eröffnen (vgl. Georgescu 1995, S. 2).

4 Diese Erklärungsangebote wurden teilweise über die kritische Auseinandersetzung mit Aversionstechniken zur Behandlung von Drogenabhängigkeit aus der Psychologie und Medizin heraus entwickelt. Enttarnt als barbarische Konsequenz monokau-

Drogenkonsum nicht nur der Beigeschmack des Exotischen genommen. Herausgestellt wird auf diese Weise zugleich, daß Drogenkonsum dem Selbstverständnis und dem Verständnis anderer durchaus zugänglich ist (vgl. Krauss 1985, S. 25ff.), wenn beachtet wird, daß

- die jeweils mit dem Drogenkonsum verfolgten Ziele individuell zu deuten sind,
- die Ziele, die eine Person mit ihrem Drogenkonsum verfolgt, situationsspezifisch sind und sich im Verlaufe einer Konsumkarriere ändern können. Das schließt ein, daß sich die Gründe für einen wiederholten Konsum neu strukturieren können, wenn als weitere Einflußfaktoren längerfristige Konsequenzen des Drogenkonsums hinzukommen (z.B. körperliche Entzugserscheinungen, sanktionierte Reaktionen des sozialen Umfeldes).
- auch der Verzicht oder das Unterlassen des Drogenkonsums als eine zielgerichtete Handlung aufzufassen ist, die sich im Konflikt zwischen dem kontrollierten und dem kontrollierenden Handlungsplan bewegt.

Dieses Definitionsangebot läßt sehr unterschiedliche Deutungen der Sinnhaftigkeit des Drogenkonsums zu und erlaubt, für seine Erklärung auf der individuellen Ebene komplexe Rekonstruktionen eines beabsichtigten Handelns vorzunehmen.

Dieser Sichtweise folgend hat Franzkowiak aus einer Reihe zersplitterter Einzelrichtungen und -studien zur Motiv- und Wirkungsforschung des Alkoholtrinkens beispielsweise die folgenden sechs großen Funktionsbereiche zusammengetragen. Er erhebt mit seiner Zusammenstellung der Erklärungsmöglichkeiten für Drogenkonsum keinen Anspruch auf Vollständigkeit. Eine Reihe der von ihm genannten Bestimmungen dürften auch für Verwendungsformen anderer psycho-aktiver Substanzen zutreffend sein (vgl. z.B. zu den Funktionen des Rauchens Hess 1987, S. 144-146):

„*(1) Leistungsbeweis*
als – männliche – Kraftprobe mit Spielcharakter oder zu kompensatorischen Zwecken. So können individuell empfundene Defizite oder Unzulässigkeiten durch demonstrative Leistungsnachweise beim Umgang mit Alkohol subjektiv vergessen gemacht werden. Dazu gehört auch generöses ‚einen ausgeben‘ u.a.

(2) Soziale Anerkennung
Alkoholkonsum als Teilfunktion, um soziale Anerkennung zu erreichen oder zu demonstrieren. Die Vielfalt persönlich anzueignender Trinkkultur kann zu fast allen Nutzen und Funktionen mit dem Ziel sozialer Anerkennung beitragen.

(3) Soziale Anpassung
Stärkung und Unterstützung der tatsächlichen oder erstrebten Zugehörigkeit zu Gruppen. Alkohol als Verbindungsglied zu anderen, (noch) Fremden oder kleinster gemeinsamer sozio-kultureller Nenner.

---

saler Vorstellungen zu Lernprozessen in Zusammenhang mit der Verwendung von Drogen galt es, dieser Therapieform und dem darauf basierenden Ideenkonstrukt alternative Erklärungsmuster entgegenzustellen (vgl. Krauss 1985).

(4) Entspannung und Erleichterung
Belastungen und inneren Druck besänftigen oder loswerden, Erleichterung und Wärme auskosten, Verstand und Gefühl im gemeinsamen Dritten Alkohol vereinen, Auflockerung.

(5) Probleme und Umwelt ausschalten sowie Betäubung
Einsatz zur Reduktion von Wahrnehmung und Empfindungen, um mit Sorgen, Belastungen, auch Langeweile fertigzuwerden. Trinken als Weg, von persönlichen Miseren abzulenken, sich dem grauen Alltag zu entreißen und nicht bei Sinnen sein zu müssen.

(6) Kontakterleichterung
Physiologische und zeremonielle Enthemmung und Erleichterung der Kontaktaufnahme. Auflockerung und konventionelles Losbinden in Unterhaltungen, Wartesituationen etc.

Die Funktionsbereiche schließen einander nicht aus, wechselseitige Überlappungen sind aus der Alltagserfahrung bekannt und machen auch den Reiz des Alkoholkonsums aus. Dieser Reiz, das subjektive Risikomoment fehlt in der vorliegenden Zusammenstellung. Im Alkoholkonsum verbergen sich nicht allein soziales Anpassungs- oder situativ abgestimmtes Bewältigungshandeln. Das trinkende Individuum agiert im Alkoholkonsum auch eine Freiheitssehnsucht aus. ... Wer Alkohol trinkt, kann sich immer auch auf das riskante Spiel des kontrollierten Loslassens, der paradoxen Echtheit und Ehrlichkeit einstellen" (Franzkowiak 1985, S. 85f.).[5]

Auch sozialpädagogische Näherungen an die Drogenproblematik bewegen sich vielfach in einem Denkmuster, mit dem die Funktionalität des Drogenkonsums bei der Bewältigung defizitärer Lebenssituationen in den Mittelpunkt der Aufmerksamkeit rückt:

„Sucht bezeichnet die (überflüssige) Abhängigkeit von Stoffen, Substanzen oder Tätigkeiten. Das eigentliche Gefährdungspotential liegt nicht in den Stoffen (Drogen) oder den Tätigkeiten als solchen, sondern in der Abhängigkeit von dem körperlichen, psychischen und sozialen Stadium der Befindlichkeit, das mit ihnen assoziiert wird: in einem illusionären und illusionierenden Lebensgefühl, das die Flucht aus einer Versagenssituation, einem unbefriedigenden Lebenszustand, einer Belastungskonstellation usw. ermöglicht. Es handelt sich um einen nicht mehr beliebig steuerbaren und beeinflußbaren Drang, ein solches Lebensgefühl herzustellen, von dem ein Mensch abhängig werden kann" (Hurrelmann 1989, S. 16).

---

5 Hurrelmann hat diese Funktionen mit Bezug auf die spezifische Lebenssituation von Jugendlichen und für die Verwendung illegalisierter Drogen spezifiziert: „Drogenkonsum
- kann der bewußten Verletzung von gesellschaftlichen bzw. elterlichen Wertvorstellungen dienen;
- kann der Demonstration und Antizipation des Erwachsenenalters dienen;
- kann eine Spielart exzessiven Verhaltens und jugendtypischer Ausdruck des Mangels an Selbstkontrolle sein;
- kann eine Zugangsmöglichkeit zu Freundesgruppen eröffnen;
- kann Teilhabe an subkulturellen Lebensstilen symbolisieren;
- kann ein Mittel der Lösung von frustrierenden Situationen im Alltag sein;
- kann Notfallreaktion auf Entwicklungsstörungen sein;
- kann ein Ersatzziel für nicht einlösbare Anforderungen an die Entwicklung sein;
- kann Ausdrucksmittel für sozialen Protest und gesellschaftliche Strukturkritik sein" (Hurrelmann 1989, S. 19).

Möglicherweise findet ein individualisierendes und defizitäres Erklärungsmuster in diesem Berufszweig auch deshalb besonderen Zuspruch, weil die beruflich-professionelle Orientierung der Sozialpädagogik genuin auf eine pädagogisch-erzieherische Bearbeitung von Problemlagen ausgerichtet ist (vgl. Ferchhoff 1989, S. 116). Allerdings trägt eine solche Sichtweise stets die Gefahr in sich, alle, auch die sozial verursachten Probleme als pädagogisch zu bearbeitende individuelle Konflikte zu definieren und damit deren Wahrnehmung wie auch den Zugang zu den KlientInnen zu pädagogisieren. Ein solches sozialpädagogisches Wahrnehmungsschema verleitet dazu, mehr oder weniger stark auf das „ruheversprechende Substanz-Paradigma" zurückzugreifen und diesem letztlich zu erliegen.[6]

4.2.3 Soziale Erklärungsansätze für Drogenkonsum

Die Definition des Drogenkonsums als ziel- und zweckgerichtete Handlung bietet zugleich Anknüpfungspunkte, mit denen die Ebene der Erscheinungsformen des Drogenkonsums und damit das Betrachtungsniveau des Substanz-Paradigmas verlassen und soziale Dimensionen sowie die Wechselwirkungen und Vermittlungsglieder zwischen unmittelbar Individuellem und Gesellschaftlichem in das Erklärungsmuster einbezogen werden können. Dies erscheint insbesondere deshalb notwendig, weil die Analyse individueller Handlungsmuster darauf verweist, daß Menschen Drogen einerseits nicht nur wegen deren chemisch wirkenden Bestandteilen konsumieren, und andererseits der beliebigen Nutzung nicht nur die pharmakologische Beschaffenheit der jeweiligen Substanzen entgegensteht. Schon die Vielfalt der Gestaltungsmöglichkeiten des Drogenkonsums läßt beispielsweise die Bedeutung der mit Drogen verbundenen Symbole und Mythen für ihren Konsum sichtbar werden. Die Merkmale des Drogenkonsums bleiben offensichtlich immer auch mit der Art und Weise verbunden, in der die jeweiligen Substanzen konsumiert werden.[7] Dabei sind Geschmack, psycho-aktive Wirkung und Zeremonie der Verwendung oftmals

---

6 Eine weitere Gefahr, die auch für das sozialarbeiterische Wirken im Drogenbereich gilt, ergibt sich aus seiner faktisch entpolitisierenden Wirkung: „Je weiter aber die Sozialpädagogen angesichts ihrer strukturellen Abgeschnittenheit von den gesellschaftlich-politischen Verursachungsbereichen sozialer Probleme pädagogisch arbeiten, desto mehr tragen sie zumindest der Tendenz nach, zu deren Perpetuierung bei. Je pädagogisch qualifizierter und beruflich professioneller Sozialpädagogik die negativen Folgeerscheinungen an den Nahtstellen zwischen objektiven Lebensverhältnissen bzw. Lebenslagen und subjektiven Verarbeitungsmöglichkeiten und -chancen aufgreift, mildert oder kompensatorisch löst, desto stärker verhindert sie möglicherweise eine öffentliche und politische Artikulation dieser Probleme. In diesem Sinne kann man auch davon sprechen, daß beruflich-professionelle Sozialarbeit entpolitisierend wirkt" (Ferchhoff 1989, S. 117).

7 Wohl deshalb formulierten Welck und Legnaro (1981, S. 19) in Anlehnung an Marx sinngemäß: Nicht so sehr was konsumiert wird, sondern das Wie läßt die Prinzipien einer Kultur deutlich werden.

kaum voneinander zu trennen. Sie verschmelzen vielmehr zu einer Einheit, die zu einem Teil der Kultur der oder des einzelnen wie auch der Kultur des sozialen Beziehungsgeflechtes werden kann.[8] Drogenkonsum unterliegt Tabus und Verboten, kann Generationen- und Geschlechterverhältnisse strukturieren und wird durch Sinngebungen und Bedeutungszuschreibungen aktiv ausgestaltet. Auch die Prozesse der Wahrnehmung, Interpretation und Entwicklung des eigenen wie auch des fremden Drogenkonsums ergeben sich nicht aus dem Gebrauch von Substanzen mit einer bestimmten Pharmakologie, sondern müssen im Sozialisationsprozeß erlernt und entwickelt werden.

Deutlich wird, daß Drogenkonsum nicht nur als eine menschliche Handlung zu beschreiben ist, die der Veränderung von Wachbewußtseinszuständen dient. Drogenkonsum ist vielmehr mannigfaltig sozial determiniert und geprägt. Deshalb standen im Forschungsprojekt die Bedeutungszuweisungen für Drogenkonsum, die sich aus den konkreten sozialen Bezügen einer Gesellschaft ergeben, im Mittelpunkt des Interesses.

4.2.4 Die theoretische Sichtweise von Drogenkonsum bei der Arbeit im Forschungsprojekt

In der wissenschaftlichen Arbeit wurde Drogenkonsum als soziales Phänomen[9] und damit als „... Bestandteil und Ausdrucksform des gesellschaftlich organisierten Verhältnisses von Menschen zur Natur und der Menschen un-

---

8 Die für Außenstehende schwer nachzuvollziehende „Schußgeilheit" von intravenös konsumierenden OpiatgebraucherInnen verweist besonders eindrücklich auf diese Zusammenhänge.

9 Sozialwissenschaftliche Darstellungen nutzen den Begriff des „Sozialen" auf sehr verschiedene Art und Weise. So steht „Soziales" oft für abstrakt-allgemeine Sachverhalte, die in allen geschichtlich vorliegenden Gesellschaften gegeben sind, für interpersonelles Verhalten oder aber für das gesellschaftliche Leben der Menschen überhaupt. Hier soll Soziales als ein integraler Bestandteil in der Komplexität von Politischem, Ökonomischem, Technischem und Ideologischem in einer Gesellschaft betrachtet werden. Damit kann Soziales nicht isoliert von einem gesellschaftlichen Gesamtsystem und losgelöst von konkret-historisch und sozialökonomisch vorliegenden Verhältnissen bestimmt werden. Konkret-historische sozialökonomische Faktoren bilden vielmehr die Grundlage für ein vielfältiges Geflecht von Beziehungen zwischen den Menschen und zwischen Mensch und Natur und geben der subjektiven Aneignung und Ausgestaltung durch den einzelnen ein Gerüst, das nicht beliebig veränderbar ist. Der so strukturierte Handlungsrahmen der Individuen bringt bei relativ gleichartigen Lebensbedingungen im massenhaften Umfang in der Tendenz verwandte und vergleichbare Lebensauffassungen, Ziele, Bestrebungen und Lebensstile hervor. Davon ausgehend kann der einzelne – im Sinne von Emile Durkheims These zum Dualismus Soziales-Individuelles – auch als soziale Persönlichkeit, als homo sociologicus wahrgenommen und betrachtet werden.
Der hier verwendete Begriff des Sozialen zielt auf diese wesentlichen, notwendigen und wiederholbaren Charakteristika. Diese repräsentieren die für eine konkret-historische Gesellschaft typischen Qualitäten von Phänomenen, die wiederum in Abhängigkeit von der Entwicklung der Gesellschaft durch Veränderlichkeit und Kontinuität geprägt sind.

tereinander" (Kappeler 1991, S. 23) aufgefaßt und in seinen Beziehungen zur Lebensweise dargestellt.[10]

Ein solcher Ansatz bot die Gewähr, über das Substanz-Paradigma hinauszugehen. Dem Verständnis des Drogenkonsums sollten neue Bedeutungsmuster hinzufügt werden, indem der an die Physis des Individuums gebundene Drogenkonsum als individuelle Verkörperung eines historischen gesellschaftlichen Prozesses wahrgenommen und bezüglich seiner sozialen Dimensionen untersucht wird.

Im Verständnis des Forschungsteams beinhaltet Drogenkonsum die für eine Gesellschaft charakteristischen Arten und Weisen sozialen Handelns, die sich auf die Verwendung solcher Stoffe beziehen, die in biologischer Hinsicht psycho-aktiv wirken und/oder kulturell als Drogen/Rauschmittel/Genußmittel bestimmt werden. Zum Drogenkonsum gehören neben Gebrauchsarten von Drogen auch die Formen der Bereitstellung von psycho-aktiven Substanzen (beispielsweise als Waren, die auf dem offiziellen Markt oder aber auf dem illegalisierten Schwarzmarkt erhältlich sind, als Produkte aus eigenem Anbau oder eigener Herstellung), die Formen der Zubereitung der Drogen (naturbelassen, manuell oder industriell aufbereitet, unter Laborbedingungen entworfen und hergestellt), die konkreten Ausgestaltungen der Situationen, in denen Drogen verwendet werden, und die Bedeutungsinhalte, die dem Drogenkonsum zugesprochen werden. So verstanden erschließt sich Drogenkonsum als komplexe sozio-kulturelle Handlung, die in übergreifende historisch gewachsene Mentalitätsstrukturen und kollektive Verhaltensmuster eingebettet ist. Die Formen des Drogenkonsums sind damit abhängig von den konkreten, historisch gewordenen gesellschaftlichen Verhältnissen. Sie werden wesentlich durch Traditionen und gesellschaftlich vererbte und verfügbare Kenntnisse vermittelt.

Mit Drogenkonsum läßt sich ein relativ kohärentes, wenn auch sich kontinuierlich veränderndes Set von Ideen, Einstellungen, Herangehensweisen, Praktiken und Ritualen beschreiben. Er stellt sich als soziales Phänomen dar, für das zum einen eine spezifische soziale Qualität innerhalb einer Gesellschaft abstrahiert und zum anderen eine alters-, geschlechts-, gruppen- und schichtspezifische Differenzierung herausgestellt werden kann. Als wesentliche Unterscheidungskriterien wurden folgende Merkmale bestimmt:

- Art der verwendeten Drogen, im Sinne von Auswahl aus allen, für den Menschen verträglichen und konkret-historisch verfügbaren psycho-aktiven Substanzen[11] sowie deren präferierte oder übliche Zusammenstellungen in Art, Applikationsform und Menge,

---

10 Hübner beschreibt beispielsweise den Alkoholkonsum der Arbeiter um die Jahrhundertwende als wesentlich durch die Reproduktionsbedingungen dieser Klasse geprägt. Durch eine besondere Strukturierung und Schwerpunktsetzung gaben diese den bereits genannten allgemeinen Funktionsbestimmungen des Alkoholtrinkens eine spezifische soziale Qualität, die in dieser sozialen Klasse massenhaft aufzufinden war (vgl. Hübner 1985, S. 16ff.).

11 Mit der Hexenverfolgung wurde ältestes, wenn auch immer geächtetes Wissen zur Wirkung und Verwendung psycho-aktiver Substanzen soweit ausgerottet, daß heute

- Formen der Beschaffung von Drogen im Sinne des Verfügbarwerdens durch Produktion, Distribution und Zirkulation (z.B. Kauf als Ware auf dem freien Markt, legalisierte oder illegalisierte Beschaffung über soziale Netzwerke, legalisierte oder illegalisierte industrielle Produktion bzw. Eigenherstellung),
- Gelegenheiten/Begleitaktivitäten/Situationen/Kontext, in denen die Verwendung von Drogen als gefordert, akzeptiert, toleriert oder sanktioniert wahrgenommen wird (z.B. im Rahmen religiöser Rituale, als Teil von Festen oder Mahlzeiten, als Zeichen der Gastlichkeit, als Begleitaktivität informeller Parties, heimliches Verwenden in Subgruppen, Individualhandlung), mit dem Drogenkonsum verbundenes und erwartetes Verhalten (z.B. Soziabilität, soziale Distanzminderung, Exhibitionismus, Feindseligkeit, Blackout, Schuldgefühle, Stupor) sowie kulturelle Integriertheit des Umgangs mit der jeweiligen Droge, seine Ritualisierung und normative Verdichtung (z.B. Restriktionen bezüglich Zeit, Ort und Art der Verwendung von Drogen)[12],
- Wert und Wertschätzung, die der Verwendung von Drogen und den damit erzeugten Wachbewußtseins- und Ekstasezuständen in den sozialen Bezügen zugeschrieben wird (u.a. Umgang mit Grenzen in der Alltagswelt und mit Grenzüberschreitung/Transzendenz in Form von Ablehnung, Zustimmung, Zuschreibung verminderter Zurechnungsfähigkeit oder Entschuldigungsgrund für abweichendes Verhalten, kognitive und affektive Bedeutungen der Verwendung von Drogen im Sinne von Inhalten, die über die beweisbaren physiologischen Wirkungen hinausgehen, Drogenkonsum als Werkzeug revolutionärer Visionen, als Reise zum Mittelpunkt des Ichs u.ä.),
- Umfang und Qualität der Kommunikationsprozesse, die in Beziehung zum Umgang mit Drogen stehen, und des dazu formulierten und gedul-

---

nur mühsam versucht werden kann, Einzelhinweise zu einem Gesamtbild zusammenzusetzen. Auf diese Weise sind eine Vielzahl dem Menschen durchaus zuträglicher Drogen zwar weiterhin in der Natur vorhanden, aber faktisch nicht mehr verfügbar.

12 Hinweise, die das Nachdenken zu diesen Aspekten der Drogenkonsumweisen anregen, liefert beispielsweise Pittmann, der bezüglich des Umgangs von Gesellschaften mit Alkohol und den dazu verankerten soziokulturellen Einstellungen, Traditionen, Sitten und Bräuchen die Kulturen unterscheidet in:
- Abstinenzkulturen: Der Gebrauch von Alkohol wird prinzipiell abgelehnt (z.B. bei den Religionsgemeinschaften der Mohammedaner und Hindus).
- Permissivkulturen: Es gibt eine bewilligende Einstellung zum Alkoholkonsum mit deutlicher gesellschaftlicher Ablehnung von Konsumexzessen.
- funktionsgestörte Permissivkulturen: Es gibt eine bewilligende Einstellung gegenüber dem Alkoholkonsum mit weitgehender Duldung devianter Konsumformen. In diesen Gesellschaften ist ausgiebiges Alkoholtrinken mit Exzessen verbreitet.
- Ambivalenzkulturen: Es gibt eine gewisse Ambivalenzhaltung zum Alkoholkonsum. Während es auf der einen Seite gewisse Konsumtabus gibt (z.B. während der Arbeitszeit), wird auf der anderen Seite in anderen sozialen Situationen in rascher Folge eine beträchtliche Menge an Alkohol konsumiert. (Vgl. Pittmann/Tate 1974).

deten Alltagswissens (u.a. Rolle von Mediatoren wie Kirche, Medien, Medizin),
- soziale Kontrollreaktionen und Politikmaßnahmen in diesem Bereich.

Diese Unterscheidungsmerkmale verdeutlichen, daß Drogenkonsum eng mit den Lebensweisen[13] verbunden ist. Er stellt sich damit zugleich als Teil der Kultur dar, der sich in der Art und Weise der Verwendung bestimmter, mit psycho-aktiven Substanzen in Verbindung stehender Güter und Dienstleistungen (z.B. Gastronomie, Veranstaltungswesen), wie auch in den sozialen Beziehungen, die man durch die Verwendung von Drogen bestätigen kann, äußert.[14]

Die Art und Weise des Drogenkonsums wird als kulturhistorisch gewachsen aufgefaßt. Wenngleich sie über eine nicht unbeachtliche historische

---

13 Ein Blick auf den bisherigen Stand der Forschung zeigt, daß es keineswegs eine einheitliche Verwendung des Lebensweise- und Lebensstil-Begriffs gibt, sondern diese durch eine Fülle unterschiedlichster Konzeptionen, Forschungsansätze und -interessen ausgefüllt werden. Hier wird der Begriff Lebensweise gebraucht, um auf die Verhaltensregelmäßigkeiten zu verweisen, die das Individuum als Mitglied benennbarer sozialer Gruppierungen (Geschlecht, Alter, soziale Zugehörigkeit) mit jeweils spezifischen Handlungsmöglichkeiten und -restriktionen ausweisen. Insofern wird von den individuellen Unterschieden in den Lebensstilen der Menschen abstrahiert und das gesellschaftlich Bedeutsame ihrer Lebenstätigkeiten und der dabei eingegangenen Beziehungen, also das gesellschaftliche Wesen individuellen Lebens herausgestellt. Die Lebensweise ist die durch objektive Lebensbedingungen bestimmte, historisch gewachsene, für die Angehörigen bestimmter Klassen, Schichten und Gruppierungen typische Struktur von Lebenstätigkeiten und dabei eingegangener Beziehungen der Menschen zur Befriedigung ihrer materiellen und geistig-kulturellen Bedürfnisse durch Aneignung und Veränderung ihrer Lebensbedingungen. Der Schwerpunkt der Betrachtung liegt damit auf der relativ invarianten Verknüpfung von objektiver Ressourcenlage, subjektiven Identitäten und Wahrnehmungen sowie der Nutzung der objektiven Ressourcen für weitgehend präformierte Lebensziele.
Der Begriff Lebensstil setzt dagegen direkter am Konzept der Individualisierung an und hebt die Bedeutung einer eigenverantwortlichen, an differenzierten Wertmaßstäben und Lebenszielen ausgerichteten Lebensführung besonders heraus. In Lebensstil-Konzepten wird davon ausgegangen, daß sich horizontale Lebensbereiche aus ihrer allgemeinen oder klassen- bzw. schichtspezifischen Vorbestimmtheit herauslösen und eine größere Eigendynamik und Variationsbreite in Hinblick auf die individuelle Lebensgestaltung entwickeln. Die Vervielfältigung von Lebensplänen und deren Realisierung werden damit nicht nur Ausdruck komplexer und spezifischer gewordener objektiver Lebenslagen, sondern auch Folge unterschiedlicher Prioritäten in vergleichbaren Lebenslagen. Auf diese Weise eröffnen sich der wahrgenommenen Verantwortlichkeit und Entscheidbarkeit bezüglich des persönlichen Verhaltens neue Dimensionen (vgl. Diewald 1990, S. 4f.). Mit dem Lebensstil-Begriff rücken die abnehmenden gesellschaftlichen Vorgaben und Verbindlichkeiten und die dadurch neu entstehenden Handlungsspielräume des Wählens bzw. Wählen-Könnens in den Mittelpunkt des Interesses. In diesem Sinn wird der Lebensstil-Begriff auch in dieser Arbeit verwendet.

14 Mit dieser Bestimmung von Drogenkonsumweisen wird davon ausgegangen, daß diese in ihren Bedeutungen, Wirkungen und Problematisierungen nur verstanden werden können, wenn das soziale Umfeld in die Betrachtungen einbezogen wird.

Eigendynamik verfügt und sich beispielsweise nicht mit der Geschwindigkeit von politischen Maßnahmen verändert, beeinflussen gesellschaftliche Modernisierungsprozesse dennoch deren Stabilität. Die gesellschaftlichen Determinanten wirken dabei nicht egalitär. Sie wirken vielmehr für eine Gesellschaft insgesamt, davon ausgehend aber für Generationen, Männer und Frauen, für eine soziale Gruppe, Schicht und für ein Individuum jeweils mit einer typischen Dynamik. Diese kann sich bereits allein durch die unterschiedliche Geschwindigkeit, mit der Modernisierungsprozesse jeweils[15] relevant werden, ergeben. Durch die Entwicklungen bilden sich immer wieder neue Lebensweisen und damit zusammenhängend neue Formen des Drogenkonsums heraus, die durch kulturhistorische und sozialökonomische Bedingungen gekennzeichnet sind und auch Verschlechterungen in der sozialen Lage der DrogengebraucherInnen beinhalten können (z.B. durch eine plötzliche Verbotspolitik gegenüber bestimmten Formen des Drogenkonsums).

Die Arten und Weisen des Drogenkonsums einer Gesellschaft werden in einem vielschichtigen und komplexen Prozeß individuell und gruppenspezifisch angeeignet, gebrochen, neu strukturiert und erscheinen auf der Meso- und Mikroebene der Gesellschaft mit gruppenspezifischer bzw. individueller Ausprägung. Dieser Prozeß gestaltet sich keineswegs geradlinig, sondern mit einer enormen tatsächlichen, in Teilen aber auch konstruierten Widersprüchlichkeit. Wenngleich beispielsweise für die individuelle Verwendung von Drogen auch individuelle Präferenzen eine Rolle spielen, gestattet der gesellschaftlich gesetzte Rahmen jedoch nicht jedem, diese in Gewohnheiten, Vorlieben und neuen Regeln auszuleben. Vielmehr ist dem einzelnen in Abhängigkeit von seiner Einordnung in gesellschaftliche Beziehungen auf sehr unterschiedliche Weise erlaubt, vorgeschrieben, ermöglicht oder abgefordert, auf Drogen als Mittel der Bedürfnisbefriedigung zurückzugreifen.

Auch die Fähigkeit, Risiken managen zu können und die Chance, genußorientiert und ungehindert bzw. ungestraft an bestimmten Formen des Drogenkonsums zu partizipieren, wird wesentlich von der gesellschaftlichen Stellung des einzelnen (von seiner wirtschaftlichen Lage, von den Möglich-

---

15 In der sozialstrukturellen Forschung zeichnet sich gegenwärtig ein Paradigmenwechsel ab (vgl. Diewald 1990). Begründet mit Individualisierungs- und Pluralisierungstendenzen in der modernen Gesellschaft, mit wohlfahrtsstaatlichen Regulierungen und der damit verbundenen Auflösung traditioneller sozialer Differenzierungskriterien rücken in den Mittelpunkt der Betrachtungen nicht mehr Klassen und Schichten, sondern Lebensmilieus, von denen der Lebensstil der Menschen und damit ihre sozialstrukturelle Einordnung in die Gesellschaft weit gravierender geprägt werde, als durch soziale Merkmale ihrer Klassen- und Schichtzugehörigkeit (vgl. u.a. Beck 1986, Hradil 1987, Berger/Hradil 1990).
Wir schließen uns den Sichtweisen an, die von einer zweifellos starken Zergliederung der Gesellschaft in sehr viele Soziallagen und damit von einer großen sozialstrukturellen Vielfältigkeit und Unübersichtlichkeit ausgehen. Dennoch besitzen nach wie vor objektive Merkmale wie Beruf, Einkommen und Bildung, die nur bedingt individuell beeinflußbar sind, eine prägende Kraft für die soziale Lage des einzelnen und schaffen relativ geschlossene Lebenswelten (vgl. u.a. Joas 1988, Scheuch 1996).

keiten und Chancen der Teilhabe an Bildung, Kultur, politischem Einfluß) und den vom individuellen Lebensstil abhängigen spezifischen Reproduktionserfordernissen bestimmt. Zum Tragen kommen auf diese Weise nicht nur sozial unterschiedliche, sondern auch sozial typische Zugangsweisen zu Informationen, Bildung und anderen kulturellen Leistungen der Gesellschaft. Schließlich wird die Zugehörigkeit zum Geschlecht, zu bestimmten Altersgruppen sowie zu sozialen Gruppen und Schichten auch durch einen gemeinsamen kulturellen Kontext hergestellt und ausgewiesen. Bei der Durchsetzung von Gruppeninteressen spielen solche Gemeinsamkeiten eine wichtige Rolle[16] und sind für die Herausbildung und Weiterentwicklung von Umgangsformen mit Drogen von großer Bedeutung. Nachvollziehbar wird damit, daß Drogenkonsum wesentlich durch die sich im Laufe eines Lebens verändernde Statuszugehörigkeit und die soziale Lage der DrogengebraucherInnen bestimmt wird. Drogenkonsum ist in diesem Sinne eine sozial determinierte Handlung, die in Form, Funktion und Wirkung nach den jeweiligen spezifischen sozialen Situationen variiert und nur in Zusammenhang mit dem Wertesystem und den Formen der sozialen Organisation verstanden werden kann.

Allerdings wird Drogenkonsum nicht vollständig dadurch determiniert.[17] In ihm können sowohl schichtgebundene als auch schichtübergreifende Aspekte offenkundig werden, als auch sehr individualisierte Konsumformen, die auf den besonderen Lebensstil des einzelnen zurückgehen und von den gesellschafts- oder schichttypischen Mustern abweichen.

Deutlich wird, daß Drogenkonsum nicht auf ausschließlich individuelle oder gruppenspezifische Entscheidungsprozesse reduziert werden kann, für die sich grenzenlose Gestaltungsspielräume erschließen und für die es beliebige Aneignungsmöglichkeiten gibt. Im Gegenteil. Die gesellschaftlichen Verhältnisse halten keine frei wählbaren Konsumalternativen bereit, sondern strukturieren diverse Anpassungsmechanismen und -zwänge. Infolgedessen sind die Formen des Drogenkonsums keine zufälligen Erscheinungen, die sich im Lebensstil des einzelnen oder der Gruppe beliebig und spontan manifestieren, sondern das Ergebnis von vielfältigen Wechselwirkungen, die aus den Beziehungen entstehen, die die Menschen bei der Verwendung von Drogen in ihrem tagtäglichen Leben eingehen. Diese Wirkungen können sich ergänzen oder auch begrenzen und sogar einander ausschließen. Einmal eta-

16 So dienen Kulturelemente beispielsweise dazu, andere ein- und auszugrenzen; sie haben ihre eigene Geschichte und sind durch die Historie der Aneignungs- und Konkurrenzprozesse um die Stellung von Gruppen und Schichten innerhalb einer Gesellschaft geprägt (vgl. Köhler 1991, S. 10).

17 Schicht- und Gruppenzugehörigkeiten beinhalten sehr verschiedene soziale Gegebenheiten (u.a. beruflicher Status, Einkommen, Bildungsabschlüsse), die in ihrer Wirkung auf kulturelle Äußerungen sehr unterschiedliche Größen darstellen, „... die jede für sich die kulturelle Teilhabe der einzelnen prägen und von denen nicht erwartet werden kann, daß sie zu trennscharfen, absoluten Klassifikationen ... führen" (Köhler 1991, S. 11).

blierte Drogenkonsumformen werden zugleich durch kurz- und längerfristige Veränderungen in den unmittelbaren persönlichen Arbeits- und Lebensumständen und auch durch Wandlungen in den sozialen und ökonomischen Bedingungen der Gesellschaft getestet, in Frage gestellt und in der Regel den neuen Bedingungen mehr oder weniger schnell angepaßt.

Diese definitorischen Vorarbeiten gaben dem Forschungsteam die Zuversicht, die theoretische Fundierung und konzeptionelle Ausgestaltung einer sozialen und zeitgemäßen Entwicklung eines sozialpädagogischen Umgangs mit KonsumentInnen illegalisierter Drogen, vor allem von Jugendlichen, in einer Art vorantreiben zu können, die der Komplexität und der Interdependenz der Verhältnisse Rechnung trägt sowie der *Bewältigung* der Problemlagen und nicht nur deren Management verpflichtet ist.

5 Von den „Drogen-Ängsten" der Erwachsenen

Im sozialpädagogischen Alltag machen wir immer wieder die Erfahrung, daß die allermeisten Erwachsenen, die als Eltern, als LehrerInnen, als AusbilderInnen, als ErzieherInnen für Jugendliche Verantwortung tragen und sich um die Entwicklung von Jugendlichen sorgen, bezogen auf einen möglichen Konsum verbotener Drogen durch die ihrer Liebe und Fürsorge anvertrauten Mädchen und Jungen mit starken Ängsten, die sich bis zur Panik steigern können, reagieren. Ein sachliches Gespräch, eine ruhige Annäherung an dieses Thema ist gegenwärtig zwischen Jugendlichen und Erwachsenen kaum möglich. Illegalisierter Drogenkonsum wird von vielen Erziehenden offensichtlich gleichgesetzt mit Abhängigkeit und Sucht. Der erste Kontakt mit den verbotenen Stoffen wird als „Einstieg in eine Drogenkarriere" gewertet, die als geradezu zwangsläufiger Weg in die Heroin-Abhängigkeit gesehen wird. Die Drogenkarriere wird symbolisiert im journalistisch kolportierten „Schicksal" der „Christiane F." und ihrer FreundInnen und im toten Fixer in der Bahnhofstoilette, ein Bild, das die Medien seit vielen Jahren der Öffentlichkeit immer wieder präsentieren.

Im Bewußtsein der meisten erziehenden Erwachsenen werden illegalisierte Drogen und ihre Wirkungen immer noch dämonisiert. Es werden diesen Stoffen Eigenschaften zugeschrieben, die vor allem die „unreifen" Jugendlichen im Nu unterjochen, ihnen ihren freien Willen rauben, sie zu durch und durch fremdbestimmten Wesen machen, so daß sie nur noch dem zwanghaften Impuls ihres süchtigen Verlangens folgen können. Daß so denkende Erwachsene vor jedem illegalisierten Drogenkonsum ihrer Kinder große Angst haben, daß sie bei den unbestimmtesten Bestätigungen ihrer mißtrauischen Befürchtungen in Panik geraten, ist nicht verwunderlich. Leider haben diese aus Sorge und Angst überschießenden Reaktionen, deren Absicht es ist, die Jugendlichen zu schützen, in der Regel eine fatale Wirkung, die oft genug die befürchteten Probleme erst produziert. Wir werden in dem Kapitel über „Kommunikation" (Kapitel 9) ausführlich auf solche Wirkungen eingehen.

Da eine von Angst, Abwehr und Mißtrauen bestimmte Erziehung in Sachen Drogenkonsum sich kontraproduktiv für das Erlernen eines subjektiv verantwortlichen Umgangs mit psychoaktiven Substanzen auswirkt, sollen hier die Hintergründe dieser Haltung auf einer allgemeineren Ebene kurz betrachtet werden. Zur Illustration zunächst eine erlebte Geschichte aus einem Gymnasium einer deutschen Großstadt:

Während einer Klassenfahrt in die österreichischen Alpen feierte eine Schülerin ihren vierzehnten Geburtstag. Als besonderen Gag für ihre kleine Feier mit ein paar Freundinnen hat sie sich ein bißchen Haschisch für den Geburtstagstee mitgenommen, mit dem sie (unsere Interpretation) ein selbstorganisiertes Initiationsritual veranstaltete, denn das Mädchen gehörte nicht einmal zu einer Gruppe von „ProbiererInnen", die es an dieser Schule natürlich ebenso gab wie an jeder anderen Oberschule in der Bundesrepublik. Nachdem die zur Geburtstagsfeier eingeladenen Mädchen ihren Tee getrunken hatten, erzählte ihnen das Geburtstagskind vom Haschisch im Tee. Wirkungen verspürte keines der Mädchen. Set, Setting und Stoffmenge ließen das wohl auch nicht zu, aber eine Teetrinkerin berichtete ihrer Mutter nach Hause von der „Haschisch-Party". Die Mutter verlangte sofort vom Schulleiter Konsequenzen gegen die „Verführerin". Der Schulleiter entschied, daß die Jugendliche die Klassenreise abbrechen und nach Hause zurückkehren mußte und suspendierte sie bis zur „Klärung der Angelegenheit" vom Unterricht. Als die Schulklasse von der Reise zurückgekehrt war, beriefen die von der panischen Mutter informierten Elternsprecher einen Elternabend ein, auf dem die Lehrerin wegen Vernachlässigung ihrer Aufsichtspflicht kritisiert wurde und die Mehrheit der Eltern verlangte, das „Haschisch-Mädchen" müsse von der Schule verwiesen werden, um ihren negativen Einfluß auf die MitschülerInnen ein für alle mal zu unterbinden und öffentlich ein Exempel zu statuieren. Als die Eltern des Mädchens sich weigerten, dieses Ansinnen freiwillig zu erfüllen, drohte der Schulleiter mit einer Meldung an die Kriminalpolizei und die Elternvertreter mit einer Diskussion des Falles in der Schulkonferenz. Unter diesem Druck – der Vater hatte einen leitenden Posten im öffentlichen Dienst und fürchtete Konsequenzen für seinen Ruf und seine Karriere – wurde das todunglückliche Mädchen in einen entfernten Stadtteil in eine andere Schule versetzt. Dieses Ereignis rief bei einer Reihe von SchülerInnen der älteren Jahrgangsstufe heftige Proteste hervor. Sie solidarisierten sich mit dem diskriminierten und bestraften Mädchen, veröffentlichten in der Schülerzeitung Proteste und kleine Artikel über die positiven Wirkungen und die Harmlosigkeit von Cannabis (anonym allerdings), worauf der Schulleiter die Ausgabe beschlagnahmte und mit dem Verbot der selbstredigierten Zeitschrift drohte. Die Schülervertretung hielt Versammlungen ab, auf denen über Drogenkonsum und Gesellschaft diskutiert wurde und beschloß, den von der Schulleitung eingesetzten „Drogenkontakt-Lehrer", der sich in dem Konflikt für „konsequentes Durchgreifen" gegenüber der „Drogenszene an der Schule" aussprach, wegen Inkompetenz zu boykottieren. Dieser von den Erwachsenen inszenierte Konflikt hatte auf das jugendkulturelle Umfeld dieses Gymnasiums geradezu eine organisierende Wirkung, die die Protest-motivierten Jugendlichen unterstützte, eine „Szene" herauszubilden, in der es bei einzelnen Jugendlichen auch zu problematischen Konsumformen mit illegalisierten Drogen kam. Eltern, LehrerInnen und Schulleitung hatten den

Drogenkonsum der Jugendlichen durch ihr Handeln zu dem Problem gemacht, das sie mit ihrem Handeln eigentlich bekämpfen wollten.

Solche Konflikte über den Drogengebrauch von SchülerInnen, bei dem es sich ganz überwiegend um vermuteten oder tatsächlichen Cannabis-Konsum handelt, sind, trotz aller Diskussionen in der Öffentlichkeit, immer noch an der Tagesordnung. Erst vor kurzem mußte sich einer der Autoren als Vater auf einem Elternabend im Gymnasium das Verdikt der geschätzten Klassenlehrerin anhören: „Wer mit diesem Dreckszeug an unserer Schule erwischt wird, fliegt!" Diese von ihren SchülerInnen in ihrer Fachkompetenz und auch als Pädagogin anerkannte Lehrerin erfuhr nichts von den Erfahrungen, die ein gutes Dutzend ihrer SchülerInnen schon längst mit Cannabis machten, und infolgedessen waren ihre pädagogischen Möglichkeiten bezogen auf den Umgang der Jugendlichen mit psychoaktiven Substanzen gleich Null. Im Gegenteil: Es gehörte durchaus zum altersspezifischen „Sport" einiger Jugendlicher, die Schule mit Vergnügen hinters Licht zu führen und in ihrer Lächerlichkeit bloßzustellen.

Es ist nicht unsere Absicht, uns über die Sorgen und Ängste der erziehenden Erwachsenen, vor allem der Mütter und der Väter, zu mokieren. Sofern wir Kinder haben, sind uns diese Gefühle aus eigener Erfahrung bekannt. Gerade deshalb ist es uns wichtig, die hinter diesem unter pädagogischen Gesichtspunkten kontraproduktiven Fühlen, Denken und Handeln wirkende Dynamik zu erkennen.

Der Konsum verbotener psychoaktiver Substanzen wird in unserer Gesellschaft vor allem als problematisches Handeln, als „Risikoverhalten" von Jugendlichen, vorwiegend von Jungen, bewertet. Die oben kurz erwähnte Dämonisierung der Drogen korrespondiert mit dem Status der „Unreife", der Jugendlichen zugeschrieben wird: Weil sie noch nicht über ausreichende Lebenserfahrung verfügen, können sie die Konsequenzen von „Risikoverhalten" – bei dem in der herrschenden Auffassung der illegalisierte Drogenkonsum an erster Stelle steht – angeblich nicht überblicken. Hinzu kommt der Verdacht, daß sie darüber hinaus nicht in der Lage seien, situativen „Versuchungen", vor allem im Kreise von Gleichaltrigen, zu widerstehen, daß sie individuell noch wenig gefestigt und ohne ausdifferenzierte Identität „Opfer des Gruppendrucks" werden. Diese vermuteten „Gefährdungen" bekommen ihre große Bedeutung für die Ängste von Erwachsenen in ihrer Relation zu den sogenannten Entwicklungsaufgaben, die Jugendliche „auf dem Wege zum Erwachsensein" – oder soziologisch ausgedrückt: in der „Statuspassage Jugend" – zu bewältigen haben: Schulabschluß, Berufsausbildung bzw. Studium, Heterosexualität als „normale" sexuelle Orientierung und darauf gründend Partnerschaft bzw. Familie, auf der Basis ökonomischer Selbständigkeit. Diese sogenannte Normalbiographie, zu der heute Hunderttausende aufgrund gesellschaftlicher Bedingungen von vornherein keine Chance haben (und sich, wenn sie gut sind, von diesem Trugbild auch nicht mehr blenden lassen und sich frühzeitig ihre eigenen verschlungenen Wege suchen), bildet noch immer – und wer wollte es ihnen verdenken? – den selbstverständlichen

Wunschtraum der Erziehenden, vor allem der Eltern. Weil die Erreichung dieser Ziele aber von Leistungsfähigkeit und -bereitschaft abhängt und diese wiederum von der Identifikation mit den von den Erwachsenen und den Erziehungsinstitutionen vorgegebenen „Entwicklungsaufgaben", deren Erfüllung von den Jugendlichen einer permanenten Willensanstrengung bedarf, werden psychoaktive Substanzen, vor allem die verbotenen, als *die Gefährdung* des von den erziehenden Erwachsenen so dringend gewünschten Weges gesehen. Aus der Sicht der Erwachsenen verhindert der Drogenkonsum der Jugendlichen gerade diese geforderte Willensanstrengung, mit der eine abstrakte Leistungs- und Anpassungsbereitschaft, die in der Regel als prinzipiell vorhanden unterstellt wird, in tatsächliche Leistung und Anpassung an die gesellschaftlich dominanten Konventionen (z.B. in der Sexualität) umgesetzt werden soll.

Drogenkonsum, in welcher Form auch immer, kann in diesem Kontext nur als „Drogengefährdung" gedacht und wahrgenommen werden, als eine *Gefährdung* des erhofften und gesellschaftlich sanktionierten Weges, den die Jugendlichen gehen sollen. Drogenkonsum wird als ein die Persönlichkeit zersetzendes Handeln verstanden.

Auf dieser Ebene haben die Ängste der Erziehenden zwei Wurzeln:

1. Die eigene, nicht überprüfte, kaum noch realistische Identifikation mit dem Konstrukt der Normalbiographie, die allein für die Kinder, für die heranwachsende Generation „Erfolg" und „Zufriedenheit", wenn schon nicht unbedingt „Glück", gewährleisten könne und
2. die epochale Sozialerfahrung, daß Jugendlichen, die diesen vorgezeichneten Weg, aus welchen Gründen auch immer, nicht gehen können oder wollen, Diskriminierung und Ausgrenzung droht, deren Wirkungen auf die Erziehenden zurückfallen, in der Form von Schuldgefühlen und von Scham und als unabsehbare materielle Belastung noch obendrein. Nur sehr wenige Eltern bringen die geistige Souveränität und die moralische Kraft auf, mit Kindern, die gegenüber den gesellschaftlichen Anforderungen „versagen" oder diese Anforderungen ablehnen und bewußt einen nonkonformistischen Weg gehen, solidarisch zu sein. So war es schon bei Christian Buddenbrook und bei dem „Kleinen Johann" in Thomas Manns berühmten Roman vom „Verfall einer bürgerlichen Familie" und so ist es heute, am Ende dieses Jahrhunderts, noch immer, und was die Anzahl solcher Lebenswege anbetrifft in ausgeweitetem Maße.

Unter diesen quasi gesellschaftlich produzierten Ängsten von Erziehenden vor den „katastrophalen Wirkungen" des Drogenkonsums liegen aber noch andere, tiefer sitzende Ängste und Ursachen, die vielleicht noch bedeutender sind, weil sie mit Daten, Fakten, soziologischen Befunden, wie sie z.B. Becks „Risikogesellschaft" (1986) und diverse Jugendstudien liefern, mit sachlichen, quasi objektiven Argumenten nicht angehbar sind: das beziehungsdynamische Geschehen zwischen Jugendlichen in Pubertät und Adoleszenz und

Erwachsenen, in erster Linie den Eltern. Es handelt sich um eine Dynamik der Ablösung auf beiden Seiten. Die Heranwachsenden müssen – in der Regel – nach einem Leben in kindlich unbewußter Abhängigkeit, die im besten Falle Geborgenheit war, sich lösen, den berühmten „eigenen Weg“ suchen und finden, Selbst-bewußtsein entwickeln. Die erziehenden Erwachsenen müssen das emotional zulassen können, mehr noch, diese Bewegung, die ihr Kind von ihnen tendenziell wegführt, wohlwollend unterstützen – sie müssen ihr Kind loslassen können, das 12/13 Jahre lang ihren eigenen Alltag, den eigenen Lebensrhythmus so sehr bestimmt hat. Auf die geschlechtsspezifischen Unterschiede, die im patriarchalen Geschlechterverhältnis auch die Beziehungen von Männern und Frauen zu ihren gemeinsamen Kindern prägen, kann hier nur verwiesen werden.

Nicht nur die Kinder müssen/sollen sich emanzipieren von den Eltern, auch diese müssen sich in einem übertragenen Sinne von jenen emanzipieren: Wenn die Kinder aus dem Haus sind, fängt auch für sie ein neues Leben an, das sie gestalten müssen.

Gegenüber den Heranwachsenden ist die von den Erwachsenen/Eltern/Gesellschaft erhobene Forderung nach „Selbständigkeit“ aber hoch ambivalent, denn sie liefert die Wege und Ziele dieser verlangten Bewegung gleich mit, wie oben bereits ausgeführt. Die Forderung/Erwartung lautet also: Werde selbständig, aber in den Lebensformen, die von uns, von der Gesellschaft akzeptiert sind, mit anderen Worten, es wird ganz selbstverständlich die Anerkennung und tätige Übernahme des „Konsenses“, als den sich die Dominanzkultur ausgibt, verlangt. Rückübertragen in die Alltagsdynamik einer Familie mit heranwachsenden Kindern heißt das auf der Seite der Erwachsenen, daß sie von ihren pubertierenden Kindern auf der Basis des in der Kindheit (angeblich) praktizierten Vertrauens, das auch schon immer sehr einseitig gewichtet war, Auskunft über ihre Bedürfnisse, Wünsche und konkreten Bewegungen in Richtung „Selbständigkeit“ verlangen, in aller Regel aber erleben müssen, daß mit diesen Bewegungen ein „Sich-Abschotten“, ein „Sich-Distanzieren“ verbunden ist und das Bestehen auf Geheimnissen, oder anders ausgedrückt auf einen auch von den bislang nächsten Bezugspersonen zu respektierenden „Intimbereich“ – aus dem nur absolut freiwillig berichtet wird. Und dieser „Geheimbezirk“, der offensichtlich das psychodynamische Zentrum des sich entwickelnden Selbst-Bewußtseins ist, beinhaltet nun ausgerechnet die Bedürfnisse, Wünsche und Erfahrungen, die in unserer Kultur immer noch prekär sind, die Liebes- und Rauschbedürfnisse, den „Hunger“ nach neuem, die Erfahrungen der Kindheit transzendierenden sinnlichen Erleben, wie es in den sich dynamisierenden sexuellen Wünschen und Phantasien, in der Lust zu reisen, innere und äußere Begrenzungen zu überwinden, wozu auch die Neugier auf die Wirkung psychoaktiver Substanzen gehört, zum Ausdruck kommt.

Der Ort zur Entdeckung und zum Erleben dieser neuen aufregenden Möglichkeiten des Lebens, die im Bewußtsein der Jugendlichen das „Selbständigsein“ als Qualität ausmachen, ist nicht die Familie, kann die Familie nicht sein, denn diese präsentiert das „immer schon Vorhandene", die Grenzen des kindlichen Lebens, die es zu überwinden gilt. Auch die als „Erwachsenheit" in diesem Rahmen vorgeführten Lebensformen von Liebe, Partnerschaft, Ehe, von Familie selbst, von der geschlechtsspezifischen Arbeitsteilung, vom Umgang mit Zeit und Geld haben in der Regel kaum Anreiz- und Aufforderungscharakter für die Jugendlichen, die den gelebten Alltag der meisten Erwachsenen in ihrem Umfeld eher als „spießig" erleben, ihn in gewisser Weise sogar unabhängig von der Lebensqualität dieses Alltags als Modell für die eigene Zukunft tendenziell ablehnen müssen, um sich den inneren Raum für ihre eigenen Bewegungen und Erfahrungen zu schaffen. Dies widerspricht nicht den Ergebnissen der meisten Jugendstudien, z.B. der letzten Shell-Studie (Jugendwerk der Deutschen Shell 1997), die eine weitgehende Übereinstimmung der befragten Jugendlichen mit den in der sogenannten Normalbiographie verdichteten gesellschaftlichen Vorstellungen vom Erwachsensein belegen. Es handelt sich dabei lediglich um eine abgefragte summarische Einstellung, die nichts über die Ausgestaltung dieser abstrakten Lebensformen sagt und vor allem nichts widerspiegelt von den Alltagskonflikten um „Spiel-Räume", Geheimnisse, Bewegungsfreiheiten und ihre jeweiligen konkreten Anlässe.

Die Herkunftsfamilie verliert notwendig an Bedeutung, vor allem bezogen auf alle Fragen des aktuellen Lebensstils der Mädchen und Jungen, die in den jugendkulturellen Zusammenhängen der Gleichaltrigen, in der peergroup, in der Clique entwickelt und entschieden werden. Die Bewegung in Richtung Selbst-Ständigkeit führt unweigerlich zu einer Distanzierung, in vielen Fällen zur schroffen Ablehnung und sogar zum Bruch mit der tradierten Kultur der Herkunftsfamilie und ihres gesellschaftlichen Kontextes.

Die neuen sexuellen Erfahrungen, die Erfahrungen mit Drogen, mit Musik etc. werden also in von der Familie getrennten und gegen die Neugier der Erwachsenen abgeschirmten Räumen gemacht, aus denen kaum eine freiwillige, mitteilsame, an der Kommunikation mit den Erwachsenen interessierte „Berichterstattung" erfolgt. Und genau hier hat die Dynamik, deren problematische Wirkungen auf die „drogenbezogene" Kommunikation wir mit unseren Befunden belegen können (s.u.), ihre Wurzeln.

Die „Geheimniskrämerei" der Jugendlichen und die übergriffige „Neugierde" der Erwachsenen verstärken sich gegenseitig. Das Bestehen der Heranwachsenden auf einem eigenen „intimen Bereich" wird von vielen Erziehenden als Entzug des gewohnten Vertrauens, d.h. der bislang praktizierten kindlichen Offenheit, erlebt und nicht als notwendige Bedingung für eine „Entwicklung zur Selbständigkeit" verstanden. Was die Eltern unbewußt als Kränkung erleben, als Zurückweisung, als Mißachtung ihrer liebevollen Zuwendung, erscheint in ihrem Bewußtsein als Beleg für ihre berechtigte Sorge und Anteilnahme, denn „warum muß das Kind uns etwas verbergen, wenn es nichts zu verbergen hätte?" Hier entsteht die Angst vor dem Unbekannten im Erleben und in den Bewegungen des Kindes. Sie läßt die Nachfragen drängender werden: Wo kommst Du her? Wo warst Du solange? Mit wem hast

Du Dich getroffen? Was hast Du die ganze Zeit gemacht? Oder: Wo willst Du schon wieder hin? Mit wem triffst Du Dich? Wann kommst Du nach Hause? – Tonfall, Mimik und Gestik drücken Kränkung, Unzufriedenheit und Besorgnis aus und schaffen eine Atmosphäre, der sich Jugendliche durch widerwillig gegebene oberflächliche „Auskünfte“ schnell zu entziehen suchen, oder die sie einfach mit protestierendem Gemurmel, „was das schon wieder soll“, verlassen. Die Wirkung des von den Erwachsenen schließlich als „Verweigerung“ erlebten aggressiven Zugeknöpftseins der Jugendlichen konstatieren die Eltern als das was sie tatsächlich ist: als zunehmenden Kontrollverlust über die Bewegungen ihres heranwachsenden Kindes, der mit verstärkten, in der Regel ergebnislosen und den Konflikt dynamisierenden Kontrollbemühungen und wachsenden Ängsten beantwortet wird. Der ängstlich-besorgte Blick wird geleitet von Miß-trauen, wo Ver-trauen notwendig wäre, notwendiger denn je. Jede in diesem Alter quasi natürliche Stimmungsschwankung, jedes kleine Nachlassen in der Schule, jede Unmutsäußerung gegenüber Leistungsanforderungen wird als Symptom für „Probleme“ auf dem Weg der Entwicklung gedeutet, und als Ursachen werden die oftmals kaum bekannten Gleichaltrigen, die peer-group, die Clique und der dort praktizierte Lebensstil ausgemacht. Daß zu diesem Lebensstil illegalisierter Drogenkonsum und problematische sexuelle Kontakte gehören könnten, wird befürchtet, und die verklemmten oder aggressiven Nachfragen und Warnungen geben diesen Befürchtungen Ausdruck. Hinzu kommt, daß dieses „Vollquatschen“ von seiten der Erwachsenen oft in der Attitüde des Besserwissens erfolgt, legitimiert mit den in der Öffentlichkeit dominierenden pädagogischen und drogenpolitischen Auffassungen und ohne Bewußtsein für die Doppelmoral, die in der willkürlichen Einteilung der psychoaktiven Substanzen in verbotene und erlaubte Stoffe liegt, durch die das Konsumverhalten der Erwachsenen in den Augen der Jugendlichen diskreditiert wird. Die Mädchen und Jungen wissen, daß die warnenden und pädagogisierenden Erwachsenen keine Ahnung haben von den Wirkungen der Drogen, die sie verteufeln, die Jugendlichen sind sensibel für die doppelte Moral und wenden sich weiter ab, mit einem Gemisch von Schuldgefühlen und Verachtung. Eine Kommunikation, die getragen ist von freiwilliger gegenseitiger Zuwendung und Aufmerksamkeit, in der ohne Angst vor Diskriminierung und erzieherischen Konsequenzen Erfahrungen mitgeteilt und besprochen werden können, hat nach einer solchen Entwicklung keine Chance mehr. Jetzt genügt der kleinste Hinweis auf Kontakt mit verbotenen Stoffen oder auch nur mit anderen Jugendlichen, von denen erzählt oder geglaubt wird, sie seien „Hascher“, „Drogies“ etc., um panische Reaktionen auszulösen, wie sie in der „Schulgeschichte“ am Anfang dieser Ausführungen berichtet wurden.

In der sozialpädagogischen Praxis mit „panischen“ Eltern, LehrerInnen und ErzieherInnen, z.B. in Beratungsstellen, in der Supervision etc., ist es sehr schwierig, die verschiedenen Ebenen dieses „Angst-Abwehr-Syndroms“ anzusprechen, weil sich die subjektiven, aus der Ablösungsdynamik speisenden Ängste der Erziehenden in voller Übereinstimmung mit den in der Öffentlichkeit dominierenden Auffassungen über die Wirkungen und Bedeutungen illegalisierter Drogen befinden. Diese Übereinstimmung legitimiert das von Ängsten bestimmte weitgehend irrationale Fühlen, Denken und Handeln und hat so auch einen fatalen entlastenden Effekt: Ein problematisches erzieherisches Handeln ist von vornherein gerechtfertigt durch den „gesellschaftlichen Konsens“, und ich brauche mich weder durch den Widerspruch meines Kindes noch durch andere, sogenannte wissenschaftliche Auffassungen von „ExpertInnen“ gemüßigt fühlen, mich selbst zu hinterfragen.

Das „Selbständig-Werden“ von Jugendlichen verläuft über die Aneignung von Zeit und Raum, ohne die selbständige Bewegungen kaum möglich sind, und das beinhaltet die eigene Entscheidung über solche sozialen Beziehungen, die nicht, wie die zu den erziehenden Erwachsenen, vorgegeben und fremdbestimmt sind. Zeit und Raum und der sich in diesen Dimensionen des Lebens realisierende frei gewählte Kontakt zu anderen Menschen sind der Kontext, in dem Jugendliche ihre Persönlichkeit, ihre „Individualität“ entwickeln. Erwachsene müssen lernen, daß sie die Bewegungen der Heranwachsenden mit einem Vorschuß an Vertrauen solidarisch und selbstkritisch begleiten können, daß sie bezogen auf bestimmte Erfahrungen ihrer heranwachsenden Kinder Lernende sind, die von unvoreingenommenem Interesse geleitete Fragen stellen können und sich nicht als Besserwissende auf ihre weit zurückliegenden „Erfahrungen“ berufen sollen. Wir Erziehenden müssen lernen, daß den Versuchen der „fürsorglichen Bewahrung“ und der pädagogischen Kontrolle enge Grenzen gesetzt sind, ja, daß dieses Verhalten dazu beitragen kann, die Probleme erst herzustellen, die durch Zuschreibungen, Unwissenheit und Vorurteilsgebundenheit zuvor unterstellt worden sind.

Zu diesem schwierigen Lernprozeß, der unseres Erachtens eine der wesentlichen Voraussetzungen für Fortschritte in der „Drogenerziehung“ ist, möchten wir mit den unten referierten Ergebnissen unseres Forschungsprojektes einen Beitrag leisten.

6 Empirische Sozialforschung mit Praxisrelevanz ?!

Die Zielsetzung unserer mehrjährigen Forschungsarbeit bestand nicht lediglich im Aufzeichnen gesellschaftlicher Entwicklungen bzw. in der detaillierten Analyse des Erwerbs von Wissen, Einstellungen und Handlungsweisen von Jugendlichen bezüglich illegalisierter Drogen, sondern stets auch darin, mit den gewonnenen Ergebnissen zu einer fundierten Reflektion von Drogenerziehung und damit auch zu einer angemessenen (sozial-)pädagogischen Praxis beizutragen. Aber wie kann sozialwissenschaftliche Forschung von Nutzen für die alltägliche pädagogische Handlungspraxis sein, wie kann eine solche Forschung Praxisrelevanz beanspruchen? Daß sie dies keineswegs generell und per se kann, das haben in der Jugendarbeit und anderen sozialen Handlungsfeldern tätige PraktikerInnen mitunter sooft konstatieren müssen, daß sie prinzipiell empirischer Sozialforschung einen Nutzen für ihre Arbeit absprechen mögen.[1]

Im folgenden wird nun zunächst eine kurze Klärung vorgenommen, inwiefern – generell und bezüglich unserer Forschungsarbeit – in Abhängigkeit von der forschungsmethodischen Ausrichtung welche Art von Nutzen bzw. Praxisrelevanz erwartet werden kann. Anschließend stellen wir unser methodisches Vorgehen (das die Reichweite und die Bedeutung unserer in den folgenden Kapiteln präsentierten empirischen Ergebnisse bestimmt) en detail vor. Um LeserInnen, denen die Begrifflichkeit empirischer Sozialforschung eher fremd ist, die Lektüre der Ausführungen zu unserem methodischen Vorgehen und auch der folgenden Kapitel zu erleichtern, findet sich vor dem Abschnitt zu unserer Forschungsmethodik ein kleines Glossar empirisch-methodologischer Begriffe.

6.1 Sozialwissenschaftliche Forschungsmethodik und der Nutzen von Forschungsergebnissen für die pädagogische Praxis

In den Erziehungs- wie generell in den Sozialwissenschaften sind zwei empirische Forschungsstrategien, zwei „Empirietypen“, etabliert, die sich hier am

1 Vgl. bspw. zu entsprechenden Vorbehalten von JugendarbeiterInnen gegenüber Jugendforschung Schäffer 1994.

Beispiel von Befragungen grob folgendermaßen charakterisieren lassen:[2] Im Rahmen einer *quantitativen* (genauer: quantifizierenden) Vorgehensweise wird in aller Regel mit einem standardisierten Erhebungsinstrument gearbeitet, mit einem Fragebogen mit vorformulierten Antwortmöglichkeiten, unter denen die Befragten dann jeweils die für sie zutreffend(st)en auswählen. Auf diese Weise antworten alle Befragten in vergleichbarer Weise auf die gleichen Fragen. Die Auswertung der so erhobenen Daten erfolgt dann mithilfe statistischer Verfahren. Während diese Auswertung relativ unproblematisch ist, liegt eine Schwierigkeit dieser quantitativen Vorgehensweise darin, daß auf diese Weise subjektive Wahrnehmungen und Interpretationen, auf deren Basis die erfaßten „Oberflächen"-Antworten oftmals erst angemessen verstehbar sind, nicht miterhoben werden. Dies ist der Standardisierung geschuldet, die auf diese Weise einen Einblick in die „Tiefe" verhindert, während sie andererseits einen Überblick über die „Breite" von Phänomenen – sehr viele Personen können auf eine solche Art und Weise in vergleichbarer Form befragt werden – ermöglicht (vgl. hierzu Heiligenmann 1989, S. 189, und von Kardorff 1991, S. 7). Ermittelt werden auf eine solche Weise Verteilungen, Mittelwerte und Merkmalszusammenhänge, diese oftmals in der Form „Wenn A, dann mit x-prozentiger Wahrscheinlichkeit B".

Im Rahmen einer *qualitativen* Vorgehensweise wird auf eine Standardisierung und auch mehr oder weniger weitgehend auf eine Vorstrukturierung der Befragung verzichtet. Die InterviewerIn folgt in der oftmals als Vier-Augen-Gespräch stattfindenden Befragung mit ihren Fragen (zumindest teilweise) den Ausführungen der interviewten Person. Auf diese Weise werden in dem Interview die Aspekte thematisiert, die für die befragte Person von Bedeutung sind, ihre Sicht der Dinge, ihre Wahrnehmungen und Interpretationen und bedeutungsvolle Details werden in Erfahrung gebracht. Somit ermöglicht eine solche Vorgehensweise die Erfassung der „Tiefe" solcher sozialer Phänomene wie individuelle Meinungen und Handlungsweisen. Die mit dieser Methodik verbundenen Schwierigkeiten liegen in der Auswertung solcher Interviews, die sich relativ kompliziert gestaltet. Da sowohl der Erhebungsaufwand als auch der Auswertungsaufwand sehr groß ist, ist zwangsläufig im Rahmen qualitativer Forschungsarbeiten eine Beschränkung auf eine eher geringe Anzahl von Befragungen notwendig, so daß über die „Breite" sozialer Phänomene keine Aussage gemacht werden kann. Die Ergebnisse qualitativer Sozialforschung bestehen in sehr detaillierten Einzelfallanalysen oder (bei einer Mehrzahl von Befragungen) mitunter in „Typenlehren" und auch in empirisch fundierten, allerdings nicht statistisch abgesicherten Aussagen über mögliche Zusammenhänge.

---

2 Im folgenden geht es ausdrücklich nicht um eine systematische methodologische Diskussion quantitativer versus qualitativer Sozialforschung, sondern nur um einige bestimmte Aspekte, die für die hier verfolgten Zwecke von Bedeutung sind. Dementsprechend unterbleibt auch eine differenzierte Darstellung der beiden Ansätze.

Welchen Nutzen können nun solche Forschungsergebnisse für die pädagogische Praxis haben? Die Hoffnung, die einst mit der Rezeption quantitativ-empirischer Methoden in die (altbundesdeutschen) Erziehungswissenschaften in den 60er Jahren verbunden war, daß quantitative Forschungsergebnisse in einer Form „Wenn A, dann B" als „Sozialtechnologien" pädagogisches Alltagshandeln anleiten könnten, hat sich nicht erfüllt[3], und eine solche Hoffnung ist auch nicht erfüllbar. Dies liegt zum einen daran, daß der Zustand A, der entsprechend der „technologischen Formel" bei gewünschtem Zielzustand B herzustellen ist, in aller Regel ein vielschichtiges Bedingungsgefüge darstellt, das im Alltagshandeln nicht einfach „produziert" werden kann. Zum anderen liegt dies daran, daß (wie oben erwähnt) entsprechende „technologische Formeln" in aller Regel auch nur „probabilistischen" Charakter haben: Wenn A, dann *mit x-prozentiger Wahrscheinlichkeit* B. Dieser probabilistische Charakter bzw. die „Restwahrscheinlichkeit" ist zum einen der Tatsache geschuldet, daß quantitative Vorgehensweisen die Komplexität psychosozialen Geschehens nicht insgesamt erfassen können. Zum anderen zeigt sich hierin, daß Kinder und Jugendliche, denen pädagogisches Handeln gilt, eben keine „technischen Gegenstände" sind, und daß Erziehung bzw. pädagogische Interaktionen keine technischen Prozesse darstellen, sondern vielmehr Begegnungen von Subjekten mit ihren jeweiligen Wahrnehmungen und Interpretationen. In der „Restwahrscheinlichkeit" zeigt sich so auch die Reflexivität der Subjekte.[4] Aus den genannten Gründen haben solche quantitativen Forschungsergebnisse auch kaum einen prognostischen Wert in einem konkreten Einzelfall. Gleichwohl können solche Forschungsergebnisse auch für die pädagogische Praxis bzw. für dort Tätige von Nutzen sein: Quantitative Sozialforschung bietet Überblicke über die Verbreitung bestimmter sozialer Phänomene, über die „gesellschaftliche Größenordnung" von Phänomenen, denen PraktikerInnen in ihrer Arbeit begegnen, über „statistische Normalitäten" und auch über die Verbreitung von Entwicklungen und Zusammenhängen. Diese Ergebnisse können zwar nicht bruchlos als Handlungsanweisungen für die Alltagspraxis herangezogen werden (s.o.), sie ermöglichen aber eine Vergewisserung und eine Klärung bezüglich der gesellschaftlichen Relevanz der eigenen Tätigkeit und können mitunter auch vor einer unangemessenen Verallgemeinerung eigener Erfahrungen (wie bspw. einem Schluß von einer bestimmten Gruppe von Jugendlichen auf Jugendliche generell) bewahren. Darüberhinaus mögen quantitative Forschungsergebnisse auch die Überprüfung von handlungsleitenden subjektiven Theorien von seiten der in sozialen Handlungsfeldern Tätigen erlauben, womit diesen Ergebnissen dann zwar nicht als Handlungs- oder Problemlösungsanweisung, aber mittelbar über eine entsprechende Reflektion eigener Auffassungen eine Relevanz für die pädagogische Praxis zukommt. Daß solche Forschungser-

---

3 Vgl. dazu König 1982 und Eckerle 1986.

4 Hier muß dieser grobe Hinweis genügen. Genauere Ausführungen hierzu finden sich bei Zedler 1982 und auch in den Beiträgen von König 1982 und Eckerle 1986.

gebnisse für ein angemessenes politisch-administratives Handeln (im sozial-, familien-, jugend-, drogenpolitischen etc. Bereich) oftmals eine wichtige Basis darstellen, sei hier am Rande erwähnt.

Qualitative Forschungsergebnisse in Form von detaillierten Einzelfallanalysen oder in Form von Typologien können für in der pädagogischen Praxis Tätige in folgender Form handlungsrelevantes Wissen bereitstellen und so von einem praktischen Nutzen sein: Die genaue und ganzheitliche Erfassung eines einzelnen oder mehrerer „Fälle" mitsamt den Deutungen, Interpretationen und Sinnzuschreibungen der „untersuchten" Personen läßt oftmals ein psychosoziales Geschehen in angemessen komplexer Weise umfassend deutlich werden. So mögen sich Einflüsse auf bestimmte biografische Entwicklungen, individuelle Verarbeitungsformen von bestimmten äußeren Gegebenheiten, daraus resultierende Handlungsformen etc. relativ genau und als detaillierte Prozesse darstellen lassen – für einen Einzelfall oder, in unterschiedlicher Weise, für mehrere Fälle. Entsprechende Forschungsergebnisse zeigen also detailliert und deutlich, in welcher Form bestimmte Phänomene (Wahrnehmungen, subjektive Verarbeitungen, Interpretationen, Entwicklungsverläufe, Beziehungsdynamiken etc.) auftreten können (ohne daß allerdings etwas über die Verbreitung einer solchen Form ausgesagt werden könnte). Sozial- und JugendarbeiterInnen, LehrerInnen und andere pädagogisch Tätige können solche in ihrer Komplexität ganzheitlich erfaßten und dargestellten Einzelfälle dann mit den konkreten „Einzelfällen", denen sie begegnen, vergleichen und aufgrund von festgestellten Gemeinsamkeiten oder Unterschieden wichtige Anregungen für Verstehen und Handeln erhalten.[5]

6.2 Zum Untersuchungsansatz und zur Relevanz unserer Ergebnisse für die pädagogische Praxis

Im Rahmen der von uns durchgeführten Längsschnittuntersuchung wurden Ostberliner Schülerinnen und Schüler 1990, 1991, 1992, 1993 und 1995 hinsichtlich ihrer Gespräche, ihres Wissens, ihrer Einstellungen und ihrer Erfahrungen bezüglich legalisierter und insbesondere illegalisierter Drogen befragt. Diese Befragungen erfolgten mit Hilfe eines weitgehend standardisierten Fragebogens. Die inferenzstatistische Auswertung der so erhobenen quantitativen Daten ermöglicht Aussagen über generelle Entwicklungen unter den Ostberliner Jugendlichen, die innerhalb des umfaßten Zeitraums eine allgemeinbildende Schule besuchten. (Die Ergebnisse – das sei hier vorweg-

5 Die Weitergabe handlungsrelevanten Wissens in Form von kasuistischen „Lernfällen" hat in der Pädagogik eine lange Tradition. Mit der Rezeption qualitativ-empirischer Methoden in die Erziehungswissenschaften wurde in Form von qualitativen Einzelfallanalysen auch diese Tradition wiederbelebt (vgl. Terhart 1985).

genommen – sind aber über diese Gruppe hinaus von Bedeutung.) Neben den genannten Befragungen Ostberliner SchülerInnen erfolgte 1994 mithilfe des gleichen Fragebogens eine repräsentative Erhebung unter Westberliner SchülerInnen der Sekundarstufen Eins und Zwei. Dies ermöglicht einen Vergleich von Ostberliner Jugendlichen 1995 mit Westberliner Jugendlichen 1994.

Im vorigen Abschnitt mag bereits angeklungen sein, daß eine Kombination quantitativer und qualitativer Vorgehensweisen oftmals eine sinnvolle und fruchtbare Forschungsstrategie darstellt, ermöglicht eine solche Kombination doch die Erfassung sowohl der „Breite" als auch der „Tiefe" der untersuchten Phänomene, so daß dies zu umfassenderen und gleichzeitig zusätzlich gesicherten Ergebnissen führt. Insofern war es uns sehr wichtig, unsere skizzierte quantitative Längsschnittuntersuchung durch qualitative Untersuchungen zu ergänzen. Da (wie bereits in den einleitenden Bemerkungen zu diesem Buch erwähnt) unser Bemühen um eine entsprechende zusätzliche Förderung aufgrund eines überholt-konservativen Verständnisses von Wissenschaft und empirischer Sozialforschung seitens forschungsfördernder Institutionen scheiterte, führten wir in „ehrenamtlichem Rahmen" zusätzlich qualitative Interviews mit Jugendlichen zur Thematik durch. Da dieser „ehrenamtliche Rahmen" allerdings keine systematische Auswertung dieser Interviews erlaubte, sind die Überlegungen, Sichtweisen und Erfahrungen Jugendlicher, von denen wir auf diese Weise Kenntnis erhielten, zwar in die Auswertung unserer quantitativen Daten bzw. in die Interpretation der Befunde eingeflossen – und haben diesbezüglich die in unserer Forschungsgruppe versammelten langjährigen praktischen Erfahrungen in der direkten Arbeit mit drogenkonsumierenden Jugendlichen, in der Aus- und Fortbildung sozialpädagogischer Fachkräfte für bzw. in diesem Bereich und in der Supervision entsprechender Handlungsfelder ergänzt –, eine wirkliche „kombinierte Forschungsstrategie" konnte auf diese Weise aber nicht realisiert werden. Somit haben also die Forschungsergebnisse, die wir in den folgenden Kapiteln vorstellen werden, quantitativen Charakter.

Daß solche quantitativen Forschungsergebnisse nicht bruchlos als Handlungsanweisungen für die pädagogische Praxis rezipierbar sind, wurde oben ausgeführt. Eine wirkliche Praxisrelevanz kommt unseren Ergebnissen in der Weise zu, daß die aufgezeigten Entwicklungen bezüglich Wissen, Einstellungen und Handlungsweisen und die dokumentierten Veränderungen der kommunikativen Interessen und des kommunikativen Handelns von Jugendlichen eine Revision heutiger „drogenpräventiver" Konzeptionen, die auf Abschreckung und Repression oder bestenfalls auf Tabuisierung und das Anbieten sogenannter „funktionaler Äquivalente" als Mittel „im Kampf gegen die Drogensucht" [6] setzen, als zwingend notwendig erscheinen lassen – dies sowohl auf der Ebene institutionalisierter „Präventionsprogramme" als auch im Rahmen von face-to-face-Beziehungen mit Jugendlichen. Insofern beinhalten unsere Forschungsergebnisse zwar keine strikten Handlungsanweisun-

---

6 So der Titel eines in dieser Weise einschlägigen Buches von Bäuerle (1991).

gen, aber wichtige Hinweise und Anregungen für ein angemessenes drogenerzieherisches Handeln und auch eine „wissenschaftliche Legitimation" für ein solches Handeln im konkreten Feld.

Daß diese Ergebnisse auch eine Forderung nach einem anderen Handeln auf drogenpolitischer Ebene darstellen, wird im Schlußkapitel dieses Buches thematisiert.

6.3 Glossar empirisch-methodologischer Begriffe*

Im Rahmen quantitativer Untersuchungen ist es in aller Regel nicht notwendig, alle „Fälle" zu untersuchen, alle Personen der Zielgruppe zu befragen. Es ist vielmehr ausreichend, aus dieser *„Grundgesamtheit"* aller Fälle eine bestimmte Anzahl, eine *„Stichprobe"*, auszuwählen. Wichtig dabei ist, daß die Stichprobe als „typisch", als *„repräsentativ"* für die Grundgesamtheit angesehen werden kann – was von der Art und Weise, wie diese Stichprobe bestimmt wurde, abhängt. Bei der Stichprobenziehung kann darauf geachtet werden, daß bestimmte Merkmale in gleicher Größenordnung enthalten sind wie in der Grundgesamtheit. Diese Merkmale sind dann von vornherein „gesetzt", die Stichprobe entsprechend diesen Merkmalen „geschichtet" oder *„stratifiziert"*. Als solche *„Stratifizierungsmerkmale"* dienten in unserer Untersuchung Klassenstufe, Schulart und Stadtbezirk: Entsprechend den Verhältnissen in der Grundgesamtheit wurde zu Beginn der Stichprobenziehung bspw. festgelegt, wieviel Prozent Marzahner GymnasiastInnen der neunten Klasse in der Stichprobe enthalten sein sollten (vgl. unten).

Von den Ergebnissen, die zunächst nur für die Stichprobe gelten, kann mithilfe der *„Inferenzstatistik"* auf die Grundgesamtheit geschlossen werden. Die Inferenzstatistik (auch „schließende Statistik" genannt) bietet Verfahren und Modelle, mit deren Hilfe abgeschätzt werden kann, ob bestimmte für die Stichprobe geltende Befunde auch in der Grundgesamtheit (also „für alle") gelten – dies über den einzig möglichen Umweg, daß die Wahrscheinlichkeit, daß ein Stichprobenbefund in der Grundgesamtheit *nicht* gilt, bestimmt wird. Liegt diese Wahrscheinlichkeit (auch *„Irrtumswahrscheinlichkeit"* genannt) unter 5 Prozent ($p \leq 0{,}05$), dann gilt dieser Befund als *„signifikant"*, und es ist davon auszugehen, daß er auch in der Grundgesamtheit gilt.

Die einzelnen Felder von Tabellen heißen *„Zellen"*. Sind in diesen Zellen keine Prozentzahlen, sondern absolute Zahlen aufgeführt, dann wird von *„Zellenbesetzungen"* gesprochen. Der Ausgangspunkt für eine statistische Analyse von Zusammenhängen oder Unterschieden sind oftmals Tabellen, in denen die jeweiligen Merkmale bzw. Variablen miteinander in Beziehung gesetzt sind.

---

* Hier werden nun einige empirisch-methodologische Fachbegriffe, die an anderer Stelle von uns benutzt werden und so auch für die weitere Lektüre von Bedeutung sind, erläutert.

Die inferenzstatistische Analyse bezüglich solcher Tabellen erfordert dann eine Mindestanzahl von „Fällen“ für jede Zelle – ansonsten ist eine solche statistische Analyse aufgrund zu geringer Zellenbesetzungen nicht möglich.

Die Befunde, die sich aufgrund der Analyse quantitativer Daten ergeben, bestehen oftmals in *„statistischen Zusammenhängen“*: bestimmte Merkmale gehen in einem bestimmten Ausmaß miteinander einher, sie *„korrelieren“* miteinander. Solche statistischen Zusammenhänge bzw. *„Korrelationen“* dürfen allerdings nicht von vornherein als Kausalitäten (miß-)verstanden werden: ob eines von zwei miteinander korrelierenden Merkmalen wirklich als „Ursache“ des anderen anzusehen ist, bedarf einer sorgfältigen inhaltlich-theoretischen Überprüfung, einer entsprechenden Interpretation.

Bezüglich Korrelationen ist mitunter die Rede von *„positiven“* und *„negativen statistischen Zusammenhängen“*. Die Attribute „positiv“ und „negativ“ stellen hierbei *in keiner Weise inhaltliche Wertungen* dar (etwa im Sinne von wünschenswert oder eben nicht), es handelt sich vielmehr um Beschreibungen des Zusammenhangs im Sinne von gleichsinnig oder gegensinnig: „Je mehr A, desto mehr B“ stellt einen positiven statistischen Zusammenhang dar; „Je mehr A, desto weniger B“ bzw. „Je weniger A, desto mehr B“ einen negativen statistischen Zusammenhang. „Wünschenswert“ mögen negative statistische Zusammenhänge genauso häufig wie positive sein.

Um die Stärke eines statistischen Zusammenhangs in einer Zahl auszudrücken, sind verschiedene statistische Maßzahlen, sogenannte *„Zusammenhangsmaße“*, entwickelt worden. Ein von uns benutztes Zusammenhangsmaß ist *„Cramérs V“*: Nimmt Cramérs V einen relativ hohen Wert an, ist der betreffende – positive oder negative – statistische Zusammenhang stark (wobei eben immer noch zu prüfen ist, ob es sich auch inhaltlich um einen Zusammenhang handelt, s.o.). Nimmt es einen relativ niedrigen Wert an, ist der statistische Zusammenhang nur schwach. Cramérs V liegt immer zwischen 0 und 1. Da diese Maßzahl allerdings oft auch bei „optimalem“ Zusammenhang nicht den Wert 1 annimmt, sondern einen kleineren, ist diese Maßzahl nur geeignet zur Überprüfung, ob ein Zusammenhang stärker oder schwächer ist als ein anderer (und so auch, ob im Zeitverlauf ein Zusammenhang stärker oder schwächer geworden ist). Als einzelne Maßzahl ist „Cramérs V“ kaum aussagekräftig: Ob ein Cramérs V von 0,25 einen starken oder schwachen Zusammenhang beschreibt, läßt sich so nicht sagen. Aussagekräftig ist ein Vergleich zweier oder mehrerer solcher Maßzahlen miteinander. Cramérs V hat dabei den Vorteil, daß es einen sinnvollen Vergleich zweier Zusammenhänge miteinander auch dann erlaubt, wenn die Anzahl der Ausprägungen der Merkmale, die in diese Zusammenhänge einbezogen sind, verschieden sind (wenn also entsprechende Tabellen unterschiedliches Format haben). Für unsere Vergleiche der Zusammenhänge zu verschiedenen Zeitpunkten war dies bspw. hinsichtlich der Frage nach dem Ausmaß der Kommunikation zu illegalisierten Drogen im Freundeskreis wichtig, da wir im Lauf der Zeit die Anzahl der Antwortmöglichkeiten und damit die Anzahl der Merkmalsausprägungen verändert haben (vgl. unten).

Um quantitative Daten auswerten zu können, ist generell zunächst die Bestimmung ihres *„Skalenniveaus"* vonnöten. Andeutungsweise geht es hierbei um folgendes: Mit quantitativen Daten sind in unterschiedlicher Weise arithmetische Operationen (Addieren, Multiplizieren etc.) möglich. Bspw. können die Einkommen verschiedener Personen addiert und diese Summe dann durch die Anzahl der Personen dividiert werden (was das Durchschnittseinkommen ergibt); einen solchen Durchschnitt für Zahlen auszurechnen, mit denen das Geschlecht von Personen kodiert ist (1=weiblich, 2=männlich), ist hingegen unsinnig. Das Skalenniveau von Daten zu bestimmen heißt, zu überprüfen, welche arithmetischen Operationen mit diesen Daten sinnvoll ausgeführt werden können und welche statistischen Modelle dementsprechend zur Auswertung herangezogen werden können. In diesem Zusammenhang ist auch die Rede von *„nominal-"*, *„ordinal-"* oder *„intervallskalierten Daten"*.

Unter *„Erhebungsinstrument"* ist im Falle von Beobachtungen das Beobachtungsschema, in unserem Falle der Fragebogen zu verstehen. Der Fragebogen enthält zwei Arten von Fragen: offene und geschlossene. Bei *„offenen Fragen"* sind keine Antwortmöglichkeiten vorformuliert; die Befragten formulieren ihre Antwort selbst. Bei *„geschlossenen Fragen"* sind die Antwortmöglichkeiten, unter denen die Befragten sich (per Ankreuzen) entscheiden müssen, fest vorgegeben. Solche vorformulierten Antwortmöglichkeiten, unter denen die Befragten dann auswählen können, werden *„Antwortvorgaben"* genannt (was somit nicht meint, daß Befragten ihre konkrete Antwort vorgegeben wird). Die Liste von Antwortvorgaben zu einer Frage stellt mitunter eine Rangreihe dar (wie z.B. „sehr viel – viel – wenig – gar nicht"). So ist mitunter auch von einer *„Skala der Antwortvorgaben"* und von einer entsprechenden *„Skalierung"* (im Sinne der Ausgestaltung einer solchen Rangreihe von Antwortvorgaben) die Rede. (Skala/Skalierung meint hier also etwas anderes als die oben vorgestellten Begriffe Skalenniveau/Bestimmung des Skalenniveaus!)

Die in einem Fragebogen enthaltenen Fragen zielen nicht (mehr oder weniger blind) auf Dinge, die „irgendwie" interessant sind. Diese Fragen sind entsprechend den theoretischen Vorannahmen und den Hypothesen, zu deren Überprüfung die Untersuchung durchgeführt wird, formuliert und in den Fragebogen aufgenommen. Dieser Vorgang der Herleitung von Fragen, das „Übersetzen" der theoretischen Vorannahmen und Hypothesen in konkrete „Forschungsoperationen" in Form solcher Fragen wird *„Operationalisierung"* genannt. Im Rahmen sogenannter *„Sekundäranalysen"* erfolgt die sorgfältige Herstellung einer Verbindung zwischen konkreten Fragen und den zu überprüfenden Hypothesen mitunter erst im nachhinein, bei schon vorliegendem Fragebogen. Dies ist dann sinnvoll, wenn damit von anderen zu anderen Zwecken erhobene Daten zur Überprüfung eigener Hypothesen herangezogen werden können. Einer solchen Vorgehensweise sind allerdings Grenzen gesetzt (nicht alles läßt sich mit allem verbinden).

Oftmals ist es ratsam, einen für eine Untersuchung konstruierten Fragebogen vor der eigentlichen Erhebung in kleinerem Rahmen zu testen, einen sogenannten *„Pretest"* durchzuführen, um bspw. die Verständlichkeit der Fragen für die befragten Personen, die Angemessenheit und Vollständigkeit der Antwortvorgaben bei geschlossenen Fragen etc. zu überprüfen.

Von entscheidender Bedeutung für jede Untersuchung ist die Gültigkeit, die *„Validität"*, der erhobenen Daten. „Stimmen" die Antworten der Befragten, oder hatten sie Gründe, nicht nach bestem Wissen zu antworten? Gab es in der Erhebungssituation, während der Befragung, störende („validitätsgefährdende") Einflüsse, die zu einer Verzerrung der Antworten geführt haben? Stehen die Antworten der Befragten bzw. die erhobenen Daten für das, wofür sie stehen sollen (ist also die Operationalisierung angemessen)? Solche Fragen sind hier von Bedeutung.

In den Erläuterungen zu den Tabellen in den folgenden Kapiteln ist oftmals die Rede von der *„Prozentuierungsbasis"*. Die Tabellen enthalten Prozentzahlen, und mitunter ist es nicht sofort ersichtlich, wie diese Prozentzahlen zu lesen sind bzw. auf was sie sich beziehen. Dies ergibt sich zweifelsfrei aus der jeweils angegebenen Prozentuierungsbasis. Um es möglichst einfach zu sagen: Die Prozentuierungsbasis ist das, was zusammen hundert Prozent ergibt.

6.4 Zum forschungsmethodischen Vorgehen

Wie bereits erwähnt, haben wir Ostberliner Schülerinnen und Schüler 1990, 1991, 1992, 1993 und 1995 mithilfe eines weitgehend standardisierten Fragebogens hinsichtlich ihrer Gespräche, ihres Wissens, ihrer Einstellungen und ihrer Erfahrungen bezüglich legalisierter und insbesondere illegalisierter Drogen befragt. Diese schriftlichen Befragungen erfolgten jeweils in der ersten Jahreshälfte.[7] Die erste Erhebung fand somit noch vor der Währungsunion und so auch vor der Vereinigung der beiden deutschen Staaten statt.

Zu den verschiedenen Zeitpunkten wurden nicht stets dieselben SchülerInnen befragt, vielmehr wurde zu jedem Zeitpunkt aus der Grundgesamtheit aller Ostberliner SchülerInnen jeweils eine neue repräsentative Stichprobe gezogen. Dieses Vorgehen wurde dem Versuch einer Befragung stets identischer Personen zu den verschiedenen Zeitpunkten (Panel-Verfahren) vorgezogen. Zwar bietet ein solches Panel-Verfahren den Vorteil, auch *individuelle* Entwicklungen deutlich werden zu lassen, es ist allerdings in besonderer Weise mit dem Problem von Stichprobenausfällen, deren Akkumulation im Lauf der Zeit die Repräsentativität gefährden kann, behaftet. Dieses Risiko akkumulierender Stichprobenausfälle war aufgrund der erwartbaren, aber zunächst nicht konkret prognostizierbaren gesellschaftlichen Veränderungen

7 1991 fand die Erhebung im Januar, zu allen anderen Zeitpunkten in den Frühjahrsmonaten statt. Dementsprechend erfolgte die Untersuchung 1990 während des Schuljahres 1989/90, die Untersuchung 1991 während des Schuljahres 1990/91, usw.

besonders groß. Darüberhinaus hätte im Rahmen eines Panel-Verfahrens die Anonymität der Befragten nicht garantiert werden können – was insbesondere bei Fragen nach illegalisierten Handlungsweisen die Validität der erhobenen Daten als sehr fraglich hätte erscheinen lassen.[8]

Neben den genannten Befragungen Ostberliner SchülerInnen erfolgte 1994 mithilfe des gleichen Fragebogens eine repräsentative Erhebung unter Westberliner SchülerInnen der Sekundarstufen Eins und Zwei. Dies ermöglicht einen Vergleich von Ostberliner Jugendlichen 1995 mit Westberliner Jugendlichen 1994, wobei ein solcher Vergleich insbesondere hinsichtlich des Wissens um Erwerbsmöglichkeiten illegalisierter Drogen und hinsichtlich indirekter und direkter Erfahrungen der Jugendlichen mit entsprechenden Substanzen von großem Interesse ist.[9]

Im Rahmen der erhebungszeitpunktbezogenen Auswertungen, die Jahr für Jahr von uns vorgenommen wurden, wurde jeweils eine Informationsschrift für die LehrerInnen der Schulen, die in die Erhebung einbezogen waren, verfaßt. Diese Informationsschriften enthielten wichtige Ergebnisse der Befragung, die für ein Nachdenken über ein angemessenes drogenerzieherisches Handeln dienlich waren.[10] Auch SchülerInnen, die uns nach einer Befragung nach einer Darstellung der Ergebnisse fragten, konnten wir auf diese jeweils relativ bald vorliegenden Informationsschriften hinweisen. Eine solche Rückmeldung an die Schulen war uns auch als Ausdruck dessen, daß wir diejenigen, die uns die Gelegenheit zur Befragung gewährt hatten, auch nach einer erfolgten Befragung weiterhin als Kooperationspartner ernst nehmen, wichtig. Als Nebeneffekt hatten diese Rückmeldungen sicherlich auch positiven Einfluß auf die Bereitschaft von Schulen, eventuell zu späteren Zeitpunkten nochmals eine Befragung durchführen zu lassen.

Im folgenden finden sich nun detaillierte Ausführungen zum jeweiligen Vorgehen bei der Stichprobenziehung, zum Erhebungsinstrument, zur Erhebungssituation und zur Auswertung der erhobenen Daten. Anschließend wird die Darstellung der Befunde in diesem Buch erläutert, wobei die entsprechenden Hinweise eine „Lesehilfe“ zu den folgenden Kapiteln darstellen.

---

8 Ein von uns unternommener, letztlich aber nicht erfolgreicher Versuch, im Rahmen unserer Erhebungen ein „Quasi-Panel-Verfahren“ so zu etablieren, daß die Anonymität der Befragten auch uns gegenüber garantiert blieb, ist im „Forschungsbericht zur Längsschnittuntersuchung“ (Forschungsgruppe Jugend und Drogen 1996) beschrieben.

9 Eine Befragung Ostberliner und Westberliner Jugendlicher zum gleichen Zeitpunkt war aus organisatorisch-ökonomischen Gründen leider nicht möglich. Die Befragung Westberliner SchülerInnen 1994 ermöglicht aber überhaupt einen Ost-West-Vergleich, bei dem allerdings der unterschiedliche Erhebungszeitpunkt stets zu berücksichtigen ist.

10 Die in diesen Informationsschriften enthaltenen Ergebnisse bezogen sich stets auf alle zu einem Erhebungszeitpunkt befragten SchülerInnen. Eine Auswertung hinsichtlich einzelner Schulen wurde nicht vorgenommen.

6.4.1 Die Stichproben

6.4.1.1 Zur Ziehung der Stichproben

Zu jedem der Erhebungszeitpunkte 1990, 1991, 1992, 1993 und 1995 wurde (wie bereits erwähnt) aus der jeweiligen Grundgesamtheit aller Ostberliner SchülerInnen an öffentlichen allgemeinbildenden Schulen eine neue repräsentative Stichprobe gezogen. Diese Stichproben waren entsprechend des uns jeweils vorliegenden Zahlenmaterials der Schulverwaltung stratifiziert. Als Stratifizierungsmerkmale wurden dabei – soweit möglich – Stadtbezirk, Schulart und Klassenstufe herangezogen. Die Ziehung der Stichproben erfolgte dann jeweils als mehrstufiges Klumpenauswahlverfahren, wobei entsprechend dem aufgrund der Stratifizierungsmerkmale und der anvisierten Stichprobengröße konstruierten Stichprobenplan per Zufallsverfahren bestimmte Schulen ausgewählt und an diesen Schulen dann bestimmte Klassen identifiziert wurden. Aus organisatorisch-ökonomischen Gründen wurde dabei so vorgegangen, daß an einer ausgewählten Schule, entsprechend den Erfordernissen des Stichprobenplans, auf möglichst vielen Klassenstufen je eine Klasse befragt wurde. Auf diese Weise ergab es sich, daß an Schulen mitunter ein ganzer Klassenzug (eine siebte Klasse, eine achte Klasse, eine neunte Klasse usf.) befragt wurde. Waren in einer Schule mehrere Klassen der gleichen Stufe anzutreffen, dann wurde die Auswahl unter diesen Parallelklassen der Schule überlassen – die schulischen Erfordernisse, denen auf diese Weise Rechnung getragen wurde, stellen keine Verzerrung dar. Für den Fall, daß eine ausgewählte Schule eine Absage erteilen sollte, wurde bereits bei der Ziehung für jede ausgeloste Schule auf gleiche Weise eine Ersatzschule bestimmt.

Da während des Untersuchungszeitraums das Schulsystem in Ostberlin umorganisiert wurde und uns auch nicht zu jedem Zeitpunkt ein gleichermaßen detailliertes Zahlenmaterial der Schulverwaltung zu den Verhältnissen in der Grundgesamtheit vorlag, variierte dieses prinzipielle Vorgehen zu den verschiedenen Zeitpunkten folgendermaßen:

1990 und *1991* bestand das Schulsystem in Ostberlin aus den (nach westdeutschen Maßstäben gesamtschulartigen) Polytechnischen Oberschulen (7. bis 10. Klasse) und Erweiterten Oberschulen (11. und 12. Klasse). Da dieses aus der DDR-Zeit weitergeführte Schulsystem im Prinzip nur aus einer „Schulart" bestand, bzw. da eine Unterscheidung von POS und EOS mit der Differenzierung nach Klassenstufen zusammenfiel, wurde zu diesen Zeitpunkten die Stichprobe entsprechend der Verteilung der SchülerInnen auf die Ostberliner Bezirke und auf die verschiedenen Klassenstufen in der Grundgesamtheit stratifiziert. Dann wurden Schulen und Klassen wie beschrieben ausgewählt. Befragt wurden somit zu diesen Zeitpunkten SchülerInnen der siebten bis zwölften Klassen in allen elf Ostberliner Bezirken.

Ab *1992* erfolgte die Befragung aus ökonomisch-organisatorischen Erwägungen nur noch in vier ausgewählten Ostberliner Bezirken. Zu diesem

Zeitpunkt war die Stichprobenziehung mit einer besonderen Schwierigkeit behaftet: Mit dem Schuljahr 1991/92 wurde das Schulsystem in Ostberlin nach westlichen Prinzipien umorganisiert, das klassische „dreigliedrige" Schulsystem, erweitert um die Gesamtschulen als eine vierte Schulart, hielt Einzug. Dieser Umbruch führte dazu, daß zu Beginn des Jahres 1992 von behördlicher Seite zwar nach Bezirk und Schulart, nicht jedoch zusätzlich auch nach Klassenstufe differenziertes Zahlenmaterial über alle BesucherInnen öffentlicher allgemeinbildender Schulen in Ostberlin zu erhalten war. Somit fehlte 1992 (anders als in den Vorjahren und auch anders als in den Folgejahren) die Voraussetzung, die Stichprobe nicht nur entsprechend der Verteilung der SchülerInnen auf die verschiedenen Bezirke und (erstmals) auf die verschiedenen Schularten, sondern zusätzlich auch entsprechend der Altersverteilung zu stratifizieren. Daher erfolgte 1992 die Stichprobenziehung folgendermaßen:

Zunächst wurden die insgesamt elf Ostberliner Stadtbezirke entsprechend gleichartiger Wohnmilieus zu vier Gruppen zusammengefaßt. Eine gleichartige Struktur weisen zum einen Marzahn, Hellersdorf und Hohenschönhausen auf; diese Bezirke sind *randstädtische Neubaugebiete* und bestehen fast ausschließlich aus Wohnhochhäusern bzw. Wohnblöcken (sog. Trabantenstädte). Treptow, Weißensee, Pankow und Köpenick stellen *siedlungsartige Randgebiete* mit gewachsener Struktur dar, vorwiegend aus Ein- und Mehrfamilienhäusern bestehend. Die Bezirke Prenzlauer Berg, Mitte und Friedrichshain stellen vorrangig *innerstädtische Altbaugebiete* dar. Lichtenberg läßt sich überwiegend als *innerstädtisches Neubaugebiet* charakterisieren und hat damit einen Sonderstatus unter den Ostberliner Bezirken.

Nachdem festgestellt worden war, wieviele Klassen welcher Schulart aus jeder dieser vier Stadtbezirk-Gruppen in die Untersuchung einzubeziehen waren, wurde jeder dieser Klassen eine Klassenstufe zufällig zugelost. Da zu diesem Zeitpunkt bereits abzusehen war, daß die Befragung der SchülerInnen entgegen ursprünglicher Planungen erst gegen Ende des Schuljahres würde stattfinden können[11] und damit die Erreichbarkeit der zwölften Klassen (zu dem damaligen Zeitpunkt die Abiturklassen) als sehr fraglich erschien, wurden in dieses Losverfahren die Klassenstufen 7 bis 11, nicht jedoch die Klassenstufe 12 einbezogen. Mit diesem Schritt stand schließlich fest, wieviele Klassen welcher Stufe welcher Schulart in welcher Bezirksgruppe in die Erhebung einzubeziehen waren.

Dann wurde per Losverfahren aus jeder der vier Gruppen, zu denen die Bezirke zusammengefaßt wurden, ein Bezirk ausgewählt, in dem die Erhebung durchgeführt wurde. Befragt wurden so schließlich SchülerInnen in Köpenick, Marzahn, Prenzlauer Berg und eben in Lichtenberg. Die Auswahl von konkreten Schulen und Klassen und somit von SchülerInnen erfolgte dann in der eingangs skizzierten Weise.

---

11 Die Befragung erfolgte im Mai/Juni 1992. Die von uns nicht beabsichtigte Verschiebung auf diesen relativ späten Termin war eine Folge bürokratischer Hemmnisse.

Zu den Zeitpunkten *1993* und *1995* lag uns von seiten der Schulverwaltung wieder detailliertes Zahlenmaterial zu der Verteilung aller Ostberliner SchülerInnen auf Bezirke, Klassenstufen und Schularten vor, so daß einer entsprechenden dreifachen Stratifizierung der Stichproben nichts im Wege stand. Die Ziehung erfolgte wie oben skizziert. Die Befragung wurde auch zu diesen Zeitpunkten in den Bezirken Prenzlauer Berg, Marzahn, Köpenick und Lichtenberg durchgeführt, wobei die drei erstgenannten wiederum als Vertreter eine Gruppe von Stadtbezirken anzusehen sind. In die Befragung wurden 1993 wieder die 7. bis 12. Klassen einbezogen – 13. Klassen existierten zu diesem Zeitpunkt an Ostberliner Schulen noch nicht. 1995 wurden dann zusätzlich zu den 7. bis 12. Klassen auch die 13. Klassen in die Erhebung einbezogen.

Der *1994* erfolgten Erhebung in *Westberlin* lag ebenfalls eine repräsentative, nach Klassenstufe und Schulart entsprechend den Verhältnissen in der Grundgesamtheit stratifizierte Stichprobe zugrunde. Auf eine zusätzliche Stratifizierung anhand des Stadtbezirks wurde allerdings verzichtet, da für Westberlin weit weniger als für den Ostteil der Stadt eine relativ homogene Sozialstruktur innerhalb der einzelnen Stadtteile zu konstatieren ist.[12] Entsprechend dem eingangs skizzierten Verfahren erfolgte eine zufällige Auswahl von Schulen und dann von Klassen und somit SchülerInnen nach den Vorgaben des erstellten Stichprobenplans.

6.4.1.2 Zum „Erfolg“ der Stichprobenziehungen

1990 und 1991 war eine Stichprobengröße von 800 SchülerInnen anvisiert. Diese Zielgröße wurde zur Erhebung 1992 auf 1400 SchülerInnen erhöht, um sicherzustellen, daß bei einer ab diesem Zeitpunkt möglichen, zusätzlich nach Schulart differenzierenden Analyse erhobener Daten nicht immer wieder inferenzstatistische Überprüfungen an zu geringen Zellenbesetzungen scheitern. Auch 1993 war eine Befragung von 1400 SchülerInnen geplant. Für die Befragung in Westberlin 1994 schien eine Stichprobengröße von 1000 SchülerInnen ausreichend. Diese Zahl wurde dann aufgrund der bereits vorliegenden Erfahrungen auch bei der Erstellung des Stichprobenplans für die Erhebung 1995 (die wie geschildert wieder in Ostberlin stattfand) zugrundegelegt.

Da die Befragung der SchülerInnen stets klassenweise erfolgte, wurden diese jeweils anvisierten Stichprobenumfänge bei keiner der Erhebungen ganz exakt erreicht. Wenn der Stichprobenplan bspw. vorsah, 29 AchtklässlerInnen von Hauptschulen in Marzahn zu befragen, so wurden (entsprechend den gesammelten Erfahrungen mit Klassenstärken, die für die einzelnen

12 Gleichwohl gibt es auch zwischen Westberliner Bezirken deutliche sozialstrukturelle Unterschiede. Im übrigen ist die starke sozialstrukturelle Binnenhomogenität der Ostberliner Bezirke seit der Wende – und das heißt auch während des Verlaufs unserer Untersuchung – bereits in Auflösung begriffen.

Schulen nicht bekannt waren) zwei entsprechende Klassen – und damit dann womöglich 36, womöglich aber auch nur 27 SchülerInnen – in die Befragung einbezogen. So wurden 1990 insgesamt 865, 1991 848, 1992 1258, 1993 2009, 1994 in Westberlin 977 und 1995 999 Schülerinnen und Schüler befragt.

Zu den verschiedenen Untersuchungszeitpunkten besuchten in Ostberlin jeweils etwa 50.000 bis 80.000 Jugendliche siebte oder höhere Klassen an allgemeinbildenden öffentlichen Schulen.[13] In Westberlin waren dies 1994 etwa 87.000 Jugendliche. Aufgrund des vergleichsweise sehr großen Umfangs der Stichproben (der eine nach mehreren Kriterien gleichzeitig differenzierende Analyse ermöglichte) wurde also jeweils *mindestens* jede neunzigste SchülerIn (1993 sogar etwa jede 34. SchülerIn) in die Erhebung einbezogen.

Die klassenweise Befragung der SchülerInnen hatte nun nicht nur zur Folge, daß der jeweils anvisierte Stichprobenumfang nicht exakt erreicht wurde (was hier nicht problematisch ist), sondern daß ferner – wie dies auch dem präsentierten Beispiel zu entnehmen ist – die entsprechend der mehrfachen Stratifizierung vorgegebenen Besetzungen der jeweiligen Zellen der Stichproben oftmals verfehlt wurden. Eine entsprechende Korrektur hätte nach den Erhebungen darin bestehen können, daß unter den den jeweiligen Zellen der Stichprobe zugehörigen Fragebögen per Losverfahren wiederum einige ausgewählt und nicht in die Auswertung einbezogen worden wären und so insgesamt die den Verhältnissen in der Grundgesamtheit entsprechenden Relationen zwischen den Zellenbesetzungen (wieder-)hergestellt worden wären. Um dies zu bewerkstelligen, wurde jedoch eine andere Vorgehensweise gewählt: eine rechnerische Umgewichtung der einzelnen „Fälle" entsprechend den Verhältnissen in der Grundgesamtheit, die anders als die erstgenannte Vorgehensweise die Einbeziehung sämtlicher erhobener Daten in die Auswertung ermöglichte.

Da bereits mit Ziehung der Stichproben für jede ausgewählte Schule und damit für jede ausgewählte Schulklasse ein Ersatz bestimmt wurde, stellten die wenigen Fälle, in denen sich eine Schule nicht zu einer Kooperation in der Lage sah, keine Ausfälle in der Stichprobe dar, konnte doch die Befragung dann jeweils an der als Ersatz vorgesehenen Schule durchgeführt werden. Daß mitunter einzelne SchülerInnen, die in die Erhebung einbezogenen Schulklassen angehörten, aufgrund von fehlenden Einverständniserklärungen der Eltern[14], aufgrund ihres Fehlens in der Schule am Tage der Befragung

---

13 Der Anstieg der Zahl Ostberliner SchülerInnen von etwa 50.000 1990 auf etwa 80.000 1995 ist durch die Veränderungen im Ostberliner Schulsystem innerhalb dieses Zeitraums bedingt. Vgl. zu diesen Veränderungen die Ausführungen weiter unten in Kapitel 7.2.

14 Entsprechend einer Auflage der zuständigen Berliner Senatsverwaltung für Schule waren jeweils diejenigen noch nicht volljährigen SchülerInnen, von deren Eltern kein schriftliches Einverständnis zur Teilnahme vorlag, von der Befragung ausgeschlossen.

und in sehr seltenen Fällen auch aufgrund von Verweigerungen nicht an der Befragung teilnahmen, stellt angesichts der geringen Anzahl dieser „Ausfälle“ keine Gefährdung der Repräsentativität dar.

Wie oben dargelegt, wurden 1990 und 1991 sowie auch 1993 7. bis 12. Klassen, 1992 7. bis 11. Klassen und 1994 und 1995 dann 7. bis 13. Klassen in die Erhebung einbezogen. Es sei bereits an dieser Stelle darauf hingewiesen, daß die damit gegebene unterschiedliche Altersstruktur der Stichproben bei der Auswertung selbstverständlich berücksichtigt wurde. (Vgl. dazu unten Abschnitt 6.4.4.)

6.4.2 Das Erhebungsinstrument

Weiter oben wurden die Entstehungs- und die äußeren Rahmenbedingungen dieses Forschungsprojekts dargelegt. Aufgrund der geschilderten Umstände war es nicht möglich, zur ersten Erhebung 1990 einen Fragebogen in „lehrbuchmäßiger“ Weise zu entwickeln: Eine sehr genaue umfassende Operationalisierung von Fragestellungen bzw. von Frage- und Antwortformulierungen und ein Pretest des entwickelten Instruments mitsamt einer eventuell anschließenden Überarbeitung hätten den Verzicht auf eine Erhebung wenige Monate nach Maueröffnung bedeutet. In dieser Situation wurde ein möglicherweise mit einigen Unzulänglichkeiten behafteter Fragebogen bewußt in Kauf genommen. Die sorgfältige Verbindung von theoretischen Grundannahmen und im Erhebungsinstrument enthaltenen Fragestellungen bzw. die Entwicklung von Hypothesen erfolgte teilweise im nachhinein auf quasi sekundäranalytischem Wege.

Der in der Statusuntersuchung 1990 verwendete Fragebogen wies einige technische Unzulänglichkeiten auf (wie etwa mit Antwortvorgaben einhergehende schiefe Skalierungen[15]), was zu späteren Erhebungszeitpunkten korrigiert wurde. Zudem wurden entsprechend dem grundsätzlichen Anliegen, durch ein anpassungsfähiges Instrumentarium realen Veränderungen Rechnung zu tragen, im Lauf der Zeit mitunter Frage- oder Antwortformulierungen im Fragebogen leicht geändert. Ferner wurden aufgrund realer Veränderungen und aufgrund neuer Erkenntnisinteressen unsererseits bei möglichen Mehrfachantworten zu bestimmten Fragen mitunter die Kataloge der Antwortvorgaben modifiziert und auch zu bestimmten Zeitpunkten neue, zusätzliche Fragen in das Erhebungsinstrument aufgenommen. Zusammengefaßt heißt dies, daß nicht zu Beginn der Längsschnittuntersuchung ein Fragebogen konstruiert wurde, der dann ungeachtet realer Veränderungen, weiterer

15 So waren etwa zur Frage nach dem Ausmaß der Kommunikation im Freundeskreis anfangs nur die drei Antwortmöglichkeiten „viel“, „wenig“ und „gar nicht“ vorgegeben. Da dies den SchülerInnen tendenziell nahelegte, mit dem Ankreuzen der mittleren Kategorie von „wenig“ Kommunikation zu berichten, erfolgte später eine Ergänzung um eine vierte Antwortvorgabe „sehr viel“.

Erfahrungen mit dem Instrument und weiterer Erkenntnisinteressen wieder und wieder in unveränderter Form eingesetzt worden wäre, sondern daß das Erhebungsinstrument im Lauf der Zeit – unter der Vorgabe der Kompatibilität der verschiedenen Formen und mithin der Vergleichbarkeit der jeweils erhobenen Daten – immer weiterentwickelt wurde. Erläuterungen zu konkreten Veränderungen des Fragebogens im Lauf der Zeit erfolgen weiter unten jeweils mit der Präsentation der entsprechenden Befunde. Der Fragebogen ist in seiner jüngsten Form in der Anlage enthalten.[16]

Zum Ende des Fragebogens hatten die SchülerInnen die Gelegenheit, Schwierigkeiten mit den an sie gerichteten Fragen mitzuteilen. Während 1990 6,1% der befragten Ostberliner SchülerInnen angaben, daß ihnen die Beantwortung der Fragen insgesamt schwer gefallen ist, taten dies zu allen späteren Zeitpunkten (1991 bis 1995) etwa gleichbleibend 1,5-2% der Befragten. Gleichzeitig stieg von 1991 bis 1995 der Anteil der SchülerInnen, die nach eigener Aussage keinerlei Schwierigkeiten mit den Fragen bzw. Antworten hatten, kontinuierlich von 38,5 auf 54,7% an, während gleichzeitig der Anteil derjenigen, denen die Antworten zum Teil schwergefallen sind, kontinuierlich von 59,8 auf 43,8% zurückging.[17] Eine genauere Betrachtung zeigte 1992, daß es sich bei den Fragen, deren Beantwortung den SchülerInnen Schwierigkeiten bereitete, mitunter um Wissensfragen, vor allem aber um die im Erhebungsinstrument enthaltenen offenen Meinungsfragen handelte. Schwierigkeiten bei der Beantwortung dieser Fragen mögen darauf zurückzuführen sein, daß die Betreffenden – das waren 1992 eher die Jüngeren – sich noch nicht mit den in diesen Fragen enthaltenen Aspekten auseinandergesetzt haben. Die für die verschiedenen Zeitpunkte genannten Zahlen bezüglich etwaigen Schwierigkeiten bei der Beantwortung lassen bereits hier deutlich werden, daß im Lauf der Zeit zunehmend entsprechende Auseinandersetzungen von und unter Jugendlichen stattgefunden haben.

Insgesamt kann der Fragebogen aufgrund dieser Hinweise von seiten der Befragten als dem Wissen und den Fähigkeiten der SchülerInnen adäquat eingeschätzt werden.

Ebenfalls erfaßt wurde die Bereitschaft der jeweils befragten Jugendlichen, an einer Wiederholungsuntersuchung teilzunehmen. Der Anteil derjenigen, die eine nochmalige Befragung befürworteten, lag zu jedem Zeitpunkt in etwa bei 60%. Etwa ein Drittel der SchülerInnen zeigten sich jeweils indifferent. Nur jeweils 2 bis 4% lehnten eine nochmalige Befragung ab (das waren 1992 eher die Älteren).[18] Dies kann auch als Hinweis darauf gewertet werden, daß die Auseinandersetzung mit dem Fragebogen für die SchülerInnen interessant war – was unseren Eindrücken in der Erhebungssituation entspricht.

---

16 Im „Forschungsbericht zur Längsschnittuntersuchung" (Forschungsgruppe Jugend und Drogen 1996) ist der Fragebogen in seiner jeweils gültigen Form für alle Erhebungszeitpunkte dokumentiert.

17 Die hier referierten Prozentzahlen beziehen sich der Vergleichbarkeit wegen jeweils auf die Siebt- bis ElftklässlerInnen.

18 Vgl. Fußnote 17.

6.4.3 Die Erhebungssituation

Die Befragungen der SchülerInnen erfolgten klassenweise an den Schulen, wobei nach Vorabsprache jeweils eine bestimmte Unterrichtsstunde im Klassenraum zur Verfügung stand. Sämtliche Befragungen wurden von den MitarbeiterInnen des Forschungsprojekts persönlich durchgeführt. Die SchülerInnen waren über unser Kommen stets informiert, wobei sie und auch ihre FachlehrerInnen mitunter allerdings keine Befragung, sondern eine „Drogenberatung" erwarteten.

Zu Beginn der Befragungen wurden die SchülerInnen jeweils kurz über das Untersuchungsziel informiert, auf die Anonymität der Befragung wie auf die Freiwilligkeit der Teilnahme wurde besonders hingewiesen. Nach Verteilung der Fragebögen und einer kurzen generellen Erklärung zum Ausfüllen wurden die Jugendlichen dann gebeten, die Bögen jeweils eigenständig und unabhängig voneinander zu bearbeiten (worauf auch während des Ausfüllens geachtet wurde). Gleichzeitig wurden die SchülerInnen darauf hingewiesen, daß es keine „richtigen" und „falschen" Antworten ihrerseits zu den vorgelegten Fragen gibt, so daß das Ausfüllen des Fragebogens keinen „Test" darstellt, wie sie ihn aus ihrem Schulalltag kennen. (Dieser Hinweis war wichtig, da allein der Ort der Befragung den Jugendlichen eine solche Übertragung nahelegen mochte.) Für den Fall etwaiger Fragen, die sich für die SchülerInnen während des Ausfüllens des Fragebogens ergaben, waren sie gebeten, sich an die Mitarbeiterin bzw. den Mitarbeiter des Forschungsprojekts (und nicht an MitschülerInnen oder an eine anwesende Lehrperson) zu wenden. Solche Fragen wurden dann leise am Sitzplatz der jeweiligen SchülerIn geklärt (soweit eine Klärung keine Verzerrung darstellte), ohne daß die anderen SchülerInnen dadurch gestört wurden. Daß die Jugendlichen sich während des Ausfüllens vor der etwaigen Neugierde ihrer jeweiligen FachlehrerInnen sicher fühlen konnten, wurde dadurch bewerkstelligt, daß anwesende Lehrpersonen ihrerseits von uns gebeten wurden, einen (anderen) Fragebogen zur gleichen Thematik auszufüllen.[19]

Der Zeitrahmen einer ganzen Unterrichtsstunde war dem Umfang des Fragebogens angemessen. Viele SchülerInnen hatten ihren Fragebogen erst kurz vor oder mit dem Ende einer Stunde vollständig ausgefüllt.

Die Jugendlichen zeigten sich generell und immer wieder sehr interessiert und kooperativ, was sicherlich mit der Thematik unserer Befragung in Zusammenhang stand und was auch darin zum Ausdruck kam, daß die SchülerInnen in den meisten Fällen sehr aufmerksam und ernsthaft bemüht den Fragebogen durcharbeiteten (was ihnen auch oftmals sichtbar einige Anstrengung abverlangte). Da es zudem kaum zu Störungen etwa von seiten einzelner SchülerInnen oder auch von seiten „hilfreicher" LehrerInnen kam, läßt sich für die reale Erhebungssituation konstatieren, daß sie keine validitätsgefährdenden Einflüsse aufweist.

---

19 Hier ist anzumerken, daß nicht in jedem Fall eine Lehrperson während der Befragung im Klassenraum anwesend war.

6.4.4 Zur Auswertung der erhobenen Daten

Die inferenzstatistische Auswertung der erhobenen Daten zielte auf die Feststellung von Kontinuitäten und von Veränderungen unter den SchülerInnen in Ostberlin im Zeitverlauf. Dementsprechend wurden die zu den verschiedenen Zeitpunkten erhobenen Daten hinsichtlich von Häufigkeiten ebenso wie hinsichtlich von Unterschieden zwischen bestimmten Gruppen oder hinsichtlich von Merkmalszusammenhängen und deren Stärke miteinander verglichen. Da (wie in Abschnitt 6.4.1.1 dargelegt) 1992 anders als zu den anderen Erhebungszeitpunkten nur SchülerInnen der 7. bis 11. Klassen befragt wurden, *sind in die vergleichende Auswertung der Untersuchungszeitpunkte 1990, 1991, 1992, 1993 und 1995 für alle Zeitpunkte stets nur die 7. bis 11. Klassen* (mitunter auch nur die 8. bis 11. Klassen) *einbezogen* – außer im Rahmen jener Betrachtungen, bei denen eine zugrundeliegende *Altersdifferenzierung* die Einbeziehung auch der höheren Klassen ermöglicht.

Verglichen wurden ebenso die Ostberliner Jugendlichen 1995 mit den Westberliner Jugendlichen 1994. Da zu diesen beiden Zeitpunkten in der jeweiligen Stadthälfte SchülerInnen der 7. bis 13. Klasse befragt wurden, *sind in diese Ost-West-Vergleiche stets die 7. bis 13. Klassen einbezogen.*

Um auch die Antworten der SchülerInnen auf die im Erhebungsinstrument enthaltenen offenen Fragen einer statistischen Auswertung zugänglich zu machen, wurde für jede dieser Fragen anhand der vorliegenden Antworten ein dem Spektrum dieser Antworten jeweils adäquates Kategoriensystem entwickelt. Mit der entsprechenden Einordnung und Kodierung der Antworten konnten diese dann als nominalskalierte quantitative Daten behandelt werden.

Da außer der Variable Lebensalter sämtliche erhobenen Daten höchstens Ordinalskalenniveau aufweisen, war eine Heranziehung komplexer multivariater statistischer Modelle zur Auswertung generell nicht möglich. So waren auch Modelle zur Zeitreihenanalyse nicht verwendbar. Die inferenzstatistische Überprüfung von Unterschieden oder Zusammenhängen zu bestimmten Zeitpunkten wie zu verschiedenen Zeitpunkten erfolgte ausschließlich mithilfe verteilungsfreier, nichtparametrischer, statistischer Modelle, insbesondere mithilfe von Chi-Quadrat-Verfahren. Da die Heranziehung dieser nichtparametrischen Modelle keine gleichen Stichprobengrößen zu den verschiedenen Zeitpunkten voraussetzt, konnte auf eine rechnerische Angleichung der Stichprobengrößen (mithilfe einer Umgewichtung ähnlich der oben unter 6.4.1.2 genannten) verzichtet werden.

Die verwendeten inferenzstatistischen Verfahren gehen in ihren Modellannahmen von unendlich großen Grundgesamtheiten aus. Da im Rahmen unserer Untersuchung aus begrenzten Grundgesamtheiten sehr große Stichproben gezogen wurden (so daß die Stichproben deutlich mehr als ein Hundertstel der jeweiligen Grundgesamtheit umfassen, s.o.), wurden mit der Benutzung dieser Modelle Irrtumswahrscheinlichkeiten tendenziell überschätzt. Dies spricht gewissermaßen zusätzlich für die präsentierten Befunde, für die ein Signifikanzniveau von $p \leq 0{,}05$ entsprechend dieser Verfahren gilt.

Um die empirischen Befunde, die einer Zeit eines dramatischen gesellschaftlichen Umbruchs zugehören, angemessen einordnen, bewerten, interpretieren zu können, war eine intensive Auseinandersetzung unsererseits mit den gesellschaftlichen Veränderungen und den damit einhergehenden Veränderungen der Lebenswelten ostdeutscher Jugendlicher vonnöten. Dazu haben wir andere empirische Untersuchungen mit einem entsprechenden Fokus herangezogen. (Eine detaillierte Erfassung der Veränderungen für Jugendliche war im Rahmen unserer Untersuchung nicht zusätzlich leistbar, wenngleich auch Daten unserer Untersuchung diesbezüglich Hinweise liefern.)

Daß bei der Interpretation der Befunde generell in befruchtender interdisziplinärer Weise verschiedene theoretische Sichtweisen zusammentrafen, war durch die Zusammensetzung des Forschungsteams (in dem ErziehungswissenschaftlerInnen und SoziologInnen aus Ost- und Westdeutschland zusammenarbeiteten, die – wie weiter oben bereits erwähnt – in verschiedener Weise auch über umfangreiche eigene praktische Erfahrungen in der Jugend-, der Jugendsozial- und der Drogenarbeit verfügten) gegeben. Ein gemeinsames theoretisches Vorverständnis bestand dabei darin, daß Drogenkonsum – legalisierter wie illegalisierter – prinzipiell kulturell eingebettet ist und auch nur von dieser kulturellen Einbettung her angemessen verstehbar ist.

6.4.5 Zur Darstellung der Befunde

Um die nun folgenden Kapitel, in denen die empirischen Befunde und interpretative Bewertungen dieser Befunde präsentiert werden, einigermaßen lesbar zu gestalten, haben wir den Text weitestgehend von Zahlen befreit und diese Zahlen in Tabellen (mitunter auch in Grafiken) „ausgelagert". In dem laufenden Text werden dann unter Verweis auf die entsprechende Tabelle, in denen die zugrundeliegenden Zahlen enthalten sind, Unterschiede zwischen bestimmten Gruppen und auch Zusammenhänge zwischen bestimmten Merkmalen (zu bestimmten Zeitpunkten wie zu unterschiedlichen Zeitpunkten) benannt. Dabei sind *generell die im Text benannten Befunde auf einem Niveau von* $p \leq 0{,}05$ *signifikant* – ohne daß dies immer wieder betont wird. In wenigen Ausnahmefällen sind auch nichtsignifikante Befunde im Text dargestellt; in diesen Fällen ist dann allerdings die Nichtsignifikanz deutlich hervorgehoben!

Da nicht die in den Tabellen enthaltenen Prozentzahlen, sondern die von uns überprüften Unterschiede zwischen solchen Prozentzahlen signifikant oder nichtsignifikant sind, ist es nicht möglich, den Tabellen selbst signifikante Befunde zu entnehmen. Im Text sind jedoch die den Tabellen zugehörigen signifikanten Befunde nahezu vollständig dargestellt. Von uns ermittelte statistische Zusammenhangsmaße sind stets dann (und nur dann) als Zusatz unter einer jeweiligen Tabelle aufgeführt, wenn sie signifikant sind.

Daß der Text fortlaufend lesbar ist, ohne einen Blick auf die Tabellen zu richten, mag Leserinnen und Lesern nahelegen, die Ausführungen in ebendieser Weise zur Kenntnis zu nehmen. Wir möchten jedoch dazu ermuntern, den Verweisen auf die Tabellen jeweils nachzugehen und diesen Tabellen ebenfalls Aufmerksamkeit zu schenken (auch wenn es etwas mühsam ist, sich mit „dürrem Zahlengeklapper“ zu befassen), da nur auf diese Weise jeweilige Größenordnungen zu erfassen sind, so daß dann auch die Bedeutung von Signifikanzen bewertet werden kann. Ferner werden mit den erläuternden Zusätzen zu den Tabellen Veränderungen von Frage- und Antwortformulierungen im Fragebogen im Lauf der Zeit genau dargestellt, was Leserinnen und Lesern ebenfalls eine kritische Bewertung der präsentierten Befunde ermöglicht.

Weiter oben wurde bereits darauf hingewiesen, daß den vergleichenden Betrachtungen der Ostberliner SchülerInnen zu den verschiedenen Erhebungszeitpunkten (d.h. den Vergleichen der 1990, 1991, 1992, 1993 und 1995 erhobenen Daten) von wenigen Ausnahmen abgesehen stets die 7.-11. Klassen zugrundeliegen. Diese Ausnahmen bestehen darin, daß bezüglich mancher Fragen nur jeweils die 8. bis 11. Klassen der verschiedenen Untersuchungszeitpunkte miteinander verglichen werden konnten, da diese Fragen zu manchen Zeitpunkten nur von SchülerInnen achter und höherer Klassen beantwortet wurden, und daß bei altersdifferenzierenden Betrachtungen auch die befragten SchülerInnen zwölfter und dreizehnter Klassen einbezogen werden konnten. Wenn nun in den folgenden Kapiteln Ostberliner SchülerInnen verschiedener Zeitpunkte miteinander verglichen werden, so handelt es sich immer um Siebt- bis ElftklässlerInnen, es sei denn, es ist ausdrücklich anders vermerkt! Solche Vermerke sind sowohl im Text als auch nochmals in den Erläuterungen zu den jeweiligen Tabellen enthalten.

Ebenso wurde weiter oben bereits darauf hingewiesen, daß Ost-West-Vergleichen – genauer: den vergleichenden Betrachtungen Ostberliner SchülerInnen 1995 mit Westberliner SchülerInnen 1994 – stets die 7. bis 13. Klassen zugrundeliegen. Mitunter werden die Daten der jüngsten Erhebung 1995 in Ostberlin in den folgenden Kapiteln auch separat (d.h. nicht mit anderen Erhebungen vergleichend) dargestellt. Auch dann sind neben den 7. bis 11. auch die 12. und 13. Klassen einbezogen, worauf ebenfalls sowohl im Text als auch in den Erläuterungen zu den Tabellen hingewiesen wird. (Ein Blick auf die Tabellen kann also auch diesbezüglich hilfreich sein und schnell Klarheit verschaffen.)

7 Die Veränderungen der Lebenssituationen Ostberliner Jugendlicher im gesellschaftlichen Wandel

Die Darstellung der Lebenssituation Jugendlicher in Ostdeutschland in Zeiten des politischen und wirtschaftlichen Umbruchs ab 1989 sowie der Vergleich mit westdeutschen Jugendlichen sind derzeit vielfach Inhalt sozialwissenschaftlicher Publikationen. Auch die Aufarbeitung der bis dato kaum öffentlich zugänglichen Forschungen zu Jugend in der DDR, fast ausschließlich durch das Zentralinstitut für Jugendforschung (ZIJ) Leipzig realisiert, bieten in diesem Rahmen oftmals eine Ausgangs- bzw. Vergleichsmöglichkeit, auf deren Basis Nach-Wende-Ergebnisse eingeordnet und diskutiert werden.

Wir haben bereits in vorhergehenden Kapiteln beschrieben, daß Drogenkonsum Jugendlicher keine aus ihren Lebenszusammenhängen herausgelöste Handlung ist. Drogenkonsum ist ein Teil der altersspezifischen Zusammenhänge, in denen sich Jugendliche bewegen, und ein Aspekt jugendkultureller Ausdrucksformen. Um diesem Konzept von Drogenkonsum Rechnung zu tragen, wird in den folgenden Abschnitten auf den Fokus „Illegalisierte Drogen" verzichtet, um der Schilderung der konkreten Lebenssituationen ostdeutscher Jugendlicher Platz einzuräumen. Wir werden uns dabei auf die Lebensbereiche Familie, Schule und freie Zeit konzentrieren. Die diesbezüglichen Befunde unserer Untersuchung werden in den jeweiligen Abschnitten eingeordnet.

Die Befragten unserer Untersuchung, welche in den 70er bzw. Anfang der 80er Jahre geboren wurden, verfügen über andere historische Erfahrungsmuster als ihre Eltern. Während die Mütter und Väter, zum großen Teil zwischen 1950 und 1960 geboren, eine Phase des „Aufwärts" und der Stabilisierung in der DDR gestalteten und erlebten, dort privat und beruflich ihren Platz finden konnten, wuchsen ihre Kinder bereits mit der in den 70er Jahren beginnenden Krise auf (vgl. Lange 1991, S. 184ff.). Das relativ stabile soziale Netz der DDR, welches aus der Substanz der maroden Wirtschaft finanziert wurde, konnte nicht mehr über zunehmende wirtschaftliche, ökologische und soziale Probleme hinwegtäuschen. Die unter Jugendlichen in den 80er Jahren verbreitete Sensibilität für globale Probleme, die Wahrnehmung der Disfunktionalität von Sozialisationsinstanzen, die Diskrepanz zwischen Alltag und Medien wurde zwar teilweise auch von Erwachsenen reflektiert, jedoch aufgrund ihrer unterschiedlichen Lebenspositionen nicht so radikal hinterfragt.

Der generationstheoretische Ansatz von K. Mannheim (1928) postuliert einen besonders starken Widerhall großer zeitgeschichtlicher Ereignisse in den gruppenspezifischen Verarbeitungsformen derjenigen Generationen, die sich zum Zeitpunkt der Ereignisse in einer politisch sensiblen Entwicklungsphase befinden. Demnach ist zu vermuten, daß die Generation ostdeutscher Jugendlicher, die den Zusammenbruch der DDR und deren Anschluß an die alten Bundesländer bewußt miterlebten, aufgrund der gemeinsamen Erfahrungen ein spezifisches Generationsprofil entwickeln, welches sie deutlich von den Älteren, welche die Vereinigung z.T. als Erfüllung einer historischen Mission verstanden, und von den Jüngeren, die in ein vereinigtes Deutschland hineinwachsen, unterscheidet (vgl. Behnken u.a. 1991). Aufgabe dieses Kapitels wird es sein, diesen verbindenden Erfahrungen unserer Befragten, also der gesellschaftlichen Entwicklung in Ostdeutschland seit Mitte der 80er Jahre, nachzuspüren.

Dabei ist zu beachten, daß die ostdeutsche Jugend ebenso wenig existiert wie die westdeutsche Jugend. Innerhalb einer Generation treten zahlreiche Differenzierungen hervor, z.B. zwischen männlicher und weiblicher Kindheit/Jugend, zwischen dem Aufwachsen im städtischen und ländlichen Raum, zwischen Kindern/Jugendlichen unterschiedlicher sozio-kultureller Herkunft (Arbeiter-, Intellektuellenfamilien usw.). Wir können also keineswegs von der Schilderung der gesellschaftlichen Entwicklung in Ostdeutschland eindeutig auf den Alltag von Jugendlichen schließen, da die vielfältigen Brechungen entsprechend der konkreten Lebenssituation sich unserer Perspektive entziehen. Wir haben versucht, dieses Manko annähernd auszugleichen, indem wir Ergebnisse zeitgeschichtlicher Forschungen zur Darstellung der Veränderungen in den Lebenswelten Jugendlicher herangezogen haben.

7.1 Sozialer Wandel in der Familie

7.1.1 Die Familie als wichtige Sozialisationsinstanz in der DDR in den 80er Jahren

Familie war in der DDR bis zum Ende der 80er Jahre ein bevorzugter Ort der Realisierung und Reproduktion des individuellen Wohlbefindens für die Familienmitglieder, der nicht unmittelbar staatlicher Kontrolle unterlag, und galt gleichzeitig als wichtiger sozialer Wert. Breite Teile der Bevölkerung lebten sehr auf ihre Familien orientiert. Trotzdem war seit Mitte der 70er Jahre ein Wandel der traditionellen Familienformen zu beobachten. Die Anzahl der Eheschließungen ging zurück, gleichzeitig nahm die Häufigkeit der Ehescheidungen zu. Ursache dafür waren die veränderten Ansprüche an Partnerschaft und Ehe. Durch den hohen Anteil berufstätiger Frauen verlor die materielle Abhängigkeit vom Mann als Hauptternährer an Bedeutung. Demgegenüber stiegen die Erwartungen der PartnerInnen an Verläßlichkeit, gegenseitige Liebe und Treue sowie ein harmonisches Miteinander. Seit den 80er Jahren nahm die Anzahl der nichtehelichen Gemeinschaften als auf Dauer angelegte Lebensform zu. Auch ein Großteil der Kinder wurden nunmehr nichtehelich geboren. Durch die Aufnahme neuer Partnerschaftsbeziehungen nach Ehescheidungen bzw. Trennungen in nichtehelichen Gemeinschaften entwikkelten sich familiale Strukturen, die heute unter dem Begriff der „Patchworkfamilie“ zusammengefaßt werden. Obwohl von seiten des Staates immense Anstrengungen unternommen wurden, die soziale Infrastruktur (Kinderkrippen, Kindergärten, Schulen, Haushaltstage, Erziehungsjahr, zinslose Ehekredite, bevorzugte Versorgung junger Familien mit Wohnraum usw.) auszubauen, war der seit den 60er Jahren zu verzeichnende Geburtenrückgang nicht aufzuhalten. In vielen Familien erwies sich der angestrebte Kinderwunsch (1985: 2,1 Kinder) höher als der dann tatsächlich realisierte (1988: 1,7 Kinder; vgl. Autorenkollektiv 1988, S. 267ff.). Die fast 100%ige Erwerbstätigkeit der Frauen, fast ausnahmslos in Vollzeit, sowie ihr Wunsch nach verantwortungsvollen Berufsaufgaben ließen sich für einen Großteil von ihnen nicht mit mehr als zwei Kindern vereinbaren. Auch die wachsenden individuellen Bedürfnisse bei Männern und Frauen nach mehr selbstbestimmbaren Freiräumen, Muße und Erholung sowie eine zunehmende Konsumorientierung begünstigten diese Entwicklungen.

Familie in der DDR, in der Literatur oft charakterisiert als psychosozialer Rückzugsraum bzw. als „Nische“ (vgl. Keiser 1991, S. 39), bot die Möglichkeit, das offizielle Ziel der Einbeziehung und Unterordnung familialer Erziehung unter die Ziele politischer Institutionen partiell zu umgehen. Innerhalb des Familienrahmens war es möglich, nach individuell akzeptablen Arrangements zu suchen, um private Interessen durchzusetzen, ohne dabei Konflikte zur politisch-ideologischen Linie des Staates zu provozieren. Diese besonderen Umstände ließen Familie vielfach als Gegenwelt zum öffentlichen Leben erscheinen, insbesondere wenn es sich um Individualisierungsbestrebungen der einzelnen Familienmitglieder bzw. um Durchsetzung ihrer Interessen handelte, und prägten das Verhältnis zwischen Heranwachsenden und ihren Eltern.

Aufgrund der sich kontinuierlich verschlechternden Versorgungssituation mit Lebensmitteln und Konsumgütern in den 80er Jahren und den daraus resultierenden wachsenden Anforderungen bzw. notwendigen Anstrengungen in den Familien bei der Erledigung alltäglicher Organisationsaufgaben wurde die Kluft zwischen den Erwartungen der Familienmitglieder aneinander bzw. an ihr Zusammenleben auf der einen und der tatsächlich lebbaren Familienrealität auf der anderen Seite immer größer. Mußten auf der einen Seite tagtäglich mit einem hohen Zeitaufwand anstehende Reproduktionsaufgaben für die Familie bewältigt werden, entwickelten sich auf der anderen Seite zunehmend Bedürfnisse nach individueller Entwicklung, mehr Freizeit und Muße (vgl. Autorenkollektiv 1988, S. 276ff.). Dies werden auch die Jugendlichen gespürt haben, die zum großen Teil durch die Übernahme täglich anfallender Arbeiten im Haushalt relativ frühzeitig MitorganisatorInnen des Familienalltages wurden. Frauen erreichten durch ihre fast ausnahmslos ganztägige Berufstätigkeit ein hohes Maß an Selbständigkeit und beruflicher Selbstverwirklichung, zusätzlich blieb ihnen jedoch die traditionelle Aufgabe als weitgehend Alleinverantwortliche für Erziehung sowie Versorgung der Familie erhalten. Die in der DDR geltende juristische Gleichberechtigung von Mann und Frau setzte sich im Familien- und Arbeitsalltag nur sehr langsam durch. Nach Abbau sozialer Geschlechterunterschiede in den 50er und 60er Jahren blieben geschlechtstypische Sozialisierungsmechanismen bis zum Ende der DDR weitgehend erhalten. Obwohl die gleichberechtigte Stellung von Mann und Frau auch bei der Erledigung der Familienpflichten kontinuierlich gefordert wurde (vgl. Parteiprogramm der SED 1976, S. 54), richtete sich der Großteil sozialpolitischer Maßnahmen an die Frauen bzw. deren Entlastung und nicht konsequent auch an die Männer: „Bezahlte Freistellung bei Erkrankung des Kindes oder nach dem Wochenurlaub kann in begründeten Fällen auch vom Ehemann ... in Anspruch genommen werden“ (Autorenkollektiv 1988, S. 326).

Obwohl Heranwachsenden nicht verborgen blieb, mit welchen, meist aufreibenden, Schwierigkeiten Eltern nach einem vollen Arbeitstag die alltägliche Versorgung der Familie gewährleisten mußten und für ihre eigenen Bedürfnisse oftmals kaum freie Zeit zur Verfügung hatten, existierten unter den Jugendlichen oftmals problementblößte idealisierte Lebens- und Partnerschaftsvorstellungen, in denen Werte wie Harmonie, Gemeinschaft sowie lebenslange Liebe einen festen Platz einnahmen (vgl. Neunter Jugendbericht 1994, S. 230ff.).

Das Zentralinstitut für Jugendforschung in Leipzig (ZIJ) stellte 1981 bei einer Befragung von Lehrlingen fest, daß sich Jugendliche in ihren Einstellungen kaum von ihren Eltern distanzierten.

Weitere Untersuchungen dieser Einrichtung bestätigten ein bis in die 80er Jahre feststellbares hohes Maß der Übereinstimmung zwischen Eltern und Jugendlichen bei der Wahl von Freundschaften, bei Geldausgaben, Kleidung, Freizeitgestaltung, Umweltschutz, Religion, Gleichberechtigung und auch bei Liebes- bzw. Partnerbeziehungen. Konfliktsituationen mit den Eltern wurden von den Heranwachsenden häufiger in bezug auf schulische Leistungen, Ordnung oder abendliche Aktivitäten reflektiert (vgl. Melzer/Schmidt 1991).

Die Eltern wurden von mehr als zwei Dritteln der Jugendlichen als Vorbild anerkannt, insbesondere ihre Beratungskompetenz zu beruflichen Perspektiven wurde sehr hoch bewertet. Dies ließ ForscherInnen zu der Schlußfolgerung gelangen, daß in der DDR kaum innerfamiliale Generationskonflikte existierten (vgl. Seiring 1994).

Diese Argumentation erscheint uns stark verkürzt: Konflikte in der Familie müssen u.E. nicht zwingend solche manifesten Ausdrucksformen annehmen, die das Erwachsenen-Jugendlichen-Verhältnis infrage stellen bzw. die hier angesprochene Vorbild-Funktion der Eltern aufheben. Nach unserer

Meinung haben dominantere gesellschaftliche Probleme in der DDR und die Vereinnahmungsbemühungen des Staates gegenüber der Jugend vorhandene Generationskonflikte stark überlagert und sie für Jugendliche nicht zu vordringlichen Sorgen werden lassen. Probleme wurden von Heranwachsenden weniger auf der Ebene des „alltäglichen Kleinkriegs" um unterschiedliche Lebensstile der Eltern und der Jugendlichen, um die Verschiedenheit ihrer Werteorientierungen u.ä. wahrgenommen, was jedoch nicht gleichzeitig bedeutet, daß solche Konflikte nicht existierten.

Die Untersuchungsergebnisse der Jugendforschung in der DDR zeigen weiterhin, daß die bis in die 70er Jahre zu beobachtenden normkonvergenten Trends zwischen Jugend und Staat sich zunehmend in normdivergente Trends wandelten. Dies drückte sich u.a. in einer wachsenden Distanz der Jugendlichen zu gesellschaftlichen Forderungen sowie zu FDJ, SED und Armee aus. Auch die Bedürfnisstruktur der jeweils 12-16Jährigen unterlag seit Mitte der 70er Jahre bedeutenden Wandlungsprozessen. So belegen Forschungen zunehmende Bestrebungen nach Selbstbestimmung, Selbstverwirklichung, Lebensgenuß und Entspannung und nach materiellen Werten und einen hohen Bedarf nach informellen Sozialkontakten (vgl. Hennig/ Friedrich 1991). Inwieweit diese Entwicklungen, denen die gesamtgesellschaftliche Situation nicht annähernd folgen konnte, auch das Familienklima beeinflußten, kann an dieser Stelle wegen fehlender Untersuchungen nicht ausgeführt werden. Es ist jedoch zu vermuten, daß durch die besondere Funktion von Familie in der DDR als Raum informeller Kommunikation Eltern ihren Kindern frühzeitig zutrauten, offizielle und private Lebenswelt unterschiedlich zu managen. Diese offene, weitgehend sanktionsfreie Kommunikationsatmosphäre, die sich ausschließlich innerhalb der Familie entwickeln konnte, läßt sich durch einige Ergebnisse der ZIJ-Studien „Geschichtsbewußtsein Jugendlicher 1988" und „Familie 1988" für den Aspekte politischer Sozialisation beschreiben: Danach ist das Interesse von Eltern am politischen Standpunkt ihrer Kinder und deren gesellschaftlichen Aktivitäten seit den 70er Jahren kontinuierlich gesunken. Die Befunde der o.g. Untersuchungen zeigen außerdem eine höhere Meinungskonformität zu politischen Fragen innerhalb der Familie, d.h. zwischen Eltern und Jugendlichen, als zwischen gesellschaftlichen Erziehungsträgern und Jugendlichen. Die Haltungen der Eltern bzw. ihre Verbundenheit mit der DDR korrelieren eng mit dem Meinungsbild der Jugendlichen dazu (vgl. Keiser 1991, S. 39ff.).

Die besondere Anforderung an die Menschen in der DDR, in der Öffentlichkeit die offiziell propagierte Linie zu vertreten und nur im Privatbereich eine eigene, von offiziellen Vorgaben abweichende Meinung entwickeln und äußern zu dürfen, machte eine solche Vertrauensgemeinschaft wie Familie notwendig. Diese in der DDR wichtige Funktion der Familie mag auch dazu beigetragen haben, daß Familie in den Zukunftsplänen DDR-Jugendlicher einen zentralen Wert darstellte.

7.1.2 Die Familiensituation in der DDR nach dem Fall der Mauer

Die große Bedeutung von Familie auf dem Gebiet der DDR blieb auch nach 1989 erhalten. Obwohl ForscherInnen im deutsch-deutschen Vergleich 1990 bei der Wahrnehmung der Familie als psychosozialer Bezugsgruppe zwischen ost- und westdeutschen Jugendlichen große Ähnlichkeiten feststellen konnten, wurden auch Unterschiede sichtbar. Eltern haben für Mädchen und Jungen im Osten Deutschlands immer noch eine größere Bedeutung als meinungsbildende und beratende Bezugspersonen (vgl. Behnken u.a. 1991). Auch unter den seit 1989 veränderten Lebensbedingungen blieb zunächst ein relativ hohes Maß der Übereinstimmung zwischen Eltern und ihren Kindern, die sich nun unter den schwierigen neuen Bedingungen zurechtfinden mußten, erhalten (vgl. Seiring 1994). Diese Neuorganisation des Lebens als generationsübergreifende Aufgabe verstärkte das Aufeinanderangewiesensein der Familienmitglieder.

Die Bedeutung von Familie in der unmittelbaren Nach-Wendezeit zeigen einige Ergebnisse der „Schülerstudie '90" (Behnken u.a. 1991):

- In Ostfamilien wurden die Bedürfnisse der Jugendlichen nach Geborgenheit, Sicherheit und Hilfe etwas stärker als im Westen befriedigt.
- Von den befragten Ostjugendlichen gaben 63% an, in tägliche Pflichten des Familienalltags einbezogen zu sein, von den Westjugendlichen sagten dies nur 38%.
- Familie wurde besonders von den ostdeutschen Mädchen als die zentrale Bezugsinstanz angesehen. Sie waren zum einen durch Arbeitsverpflichtungen im Familienalltag stark gebunden, andererseits schätzten sie Mutter und Vater als Ratgeber in persönlichen Fragen hoch ein.

Die im Februar und März 1991 entstandenen Aufsätze von 360 Kindern und Jugendlichen der neuen Bundesländer über ihre damalige Lebenssituation (vgl. Jugendwerk der Deutschen Shell 1992, Band 3) spiegelten ähnliche Inhalte wider wie vergleichbare Arbeiten ein Jahr zuvor. Die bereits 1990 vielfach geäußerten Ängste und Sorgen bezüglich der Arbeitslosigkeit und der Sicherung familialer Lebensbedingungen fanden sich auch in den Arbeiten von 1991 wieder. Was 1990 an Befürchtungen und Ängsten nur in den Vorstellungen existiert hatte, war nunmehr bereits erlebbare Realität: Arbeitslosigkeit und die Sorge um den Arbeitsplatz der Eltern wurden in jedem der Aufsätze thematisiert. Die Themen „Arbeit" und „Geld" waren die von den Jugendlichen beschriebenen dominierenden Probleme des Familienalltags. Mit steigenden Lebenshaltungskosten wurde die Sicherung der materiellen Lebensbedingungen der Familie als herausragendes Problem reflektiert. Ein Teil der Jugendlichen verwies auf Verbesserungen der Lebensbedingungen für die Familie, ein weitaus größerer Teil beschrieb Diskrepanzen zwischen der Einkommensentwicklung der Eltern und der allgemeinen Preisentwicklung (Mieten, Versicherungen etc.).

An dieser Stelle darf nicht unerwähnt bleiben, daß sich die Bedeutung von Geld mit dem Beitritt der DDR zur BRD grundlegend verändert hat. Die finanzielle Situation in den Familien entscheidet heute sehr viel stärker als in der DDR über die Teilhabe am öffentlichen Leben. Außerdem wirkt das im Vergleich zur DDR wesentlich umfangreichere Warenangebot und die manipulative Beeinflussung durch die Werbung kontinuierlich auf die Herausbildung neuer Bedürfnisse und verstärkt das Gefühl, nicht über ausreichende finanzielle Ressourcen zu verfügen (vgl. Jugendwerk der Deutschen Shell 1992, Band 3, S. 294f.).

Vor dem Hintergrund zunehmender Arbeitslosigkeit und damit einhergehenden unterschiedlichen finanziellen Familienbudgets interessierte uns der Beschäftigungsstatus der Eltern der von uns befragten Jugendlichen:

1995 gaben nur 4,1% der SchülerInnen an, daß der Vater arbeitslos sei. Dem steht gegenüber, daß in der von uns durchgeführten Untersuchung im Westteil der Stadt Berlin 1994 mit 7,1% deutlich mehr Befragte diesen Beschäftigungsstatus beim Vater angaben (vgl. Tabelle 7-1). Eine ähnlich hohe Rate wäre auch im Ostteil Berlins zu erwarten gewesen. Die AutorInnen der INFO-Studie stießen auf ein ähnliches Phänomen. Ihnen war es jedoch möglich, die Antworten der befragten Jugendlichen mit denen der Eltern abzugleichen, und sie gelangten zu folgender Einschätzung: „Die Angaben der SchülerInnen zur Berufstätigkeit der Eltern unterscheiden sich z.T. beträchtlich von denen der Eltern selbst. Dabei erscheinen die Eltern zuverlässiger. Die SchülerInnen machen häufiger keine Angabe, sie geben die Arbeitslosigkeit der Eltern weit seltener an und besonders unter den Jüngeren kennen wahrscheinlich viele den Erwerbsstatus der Eltern nicht genau“ (INFO 1996, S. 12). Dieses Antwortverhalten der SchülerInnen, bei dem offensichtlich regelmäßig der Erwerbsstatus „arbeitslos“ im Vergleich zur tatsächlichen Arbeitslosenstatistik unterrepräsentiert erscheint, kann auch ein Hinweis auf Schamgefühle der Jugendlichen sein, den wenig soziales Ansehen versprechenden Status ihres Vaters/ihrer Mutter während einer Befragung preiszugeben.

Tabelle 7-1: Frage: Wie arbeiten Deine Mutter und Dein Vater?

	Mutter		Vater	
	Ost 1995	West 1994	Ost 1995	West 1994
Ganztagsbeschäftigung	76,9	39,3	87,4	77,5
Teilzeitarbeit	11,6	32,4	6,2	9,8
arbeitslos	7,5	7,3	4,1	7,0
nicht erwerbstätig	4,0	21	2,2	5,7

Angaben in Prozent. Prozentuierungsbasis ist die jeweilige Spalte.

Insbesondere bei den Angaben zur Ganztagsbeschäftigung der Mütter in Ost- bzw. Westberlin unterscheiden sich die Angaben in unseren Untersuchungsgruppen. So liegt der Anteil der ganztagsarbeitenden Mütter im Ostteil Berlins fast doppelt so hoch wie im Westteil. Obwohl anzunehmen ist, daß diese Angaben eher den traditionellen Arbeitsmarktverhältnissen vor der Wende entsprechen, wird von uns vermutet, daß Ganztagsbeschäftigung von der Mehrzahl der Frauen im Osten nach wie vor angestrebt wird und Teilzeitarbeit für viele Frauen eine „Lösung zweiter Wahl“ bleibt.

In den o.g. Aufsätzen von 1991 wurde von den Jugendlichen außerdem zunehmende Hektik und Streß im Alltag der Familie, d.h. weniger freie Zeit füreinander sowie umfangreiche tägliche Pflichten im Haushalt, beschrieben. Dies schien vor allem ein Problem der damals 12-14jährigen zu sein. Als Belastung empfanden es Jugendliche auch, wenn ein Elternteil in Westdeutschland arbeiten oder sich dort qualifizieren mußte und die Familie dadurch getrennt war. Auch Verunsicherung und Ängste im Zusammenhang mit zunehmender Kriminalität wurden von den Jugendlichen reflektiert (vgl. Jugendwerk der Deutschen Shell 1992, Band 3, S. 296).

Die Einschätzung der familialen Lebenssituation blieb trotz aller Problembeladenheit der SchülerInnen-Aufsätze ambivalent. Prägten einerseits Themen wie Angst vor Arbeitslosigkeit der Eltern, Unsicherheit oder zunehmende Hektik im Familienalltag den Inhalt der Aufsätze, wurden andererseits auch Verbesserungen der materiellen Lebensbedingungen seit der Wende sowie die vielfältigen Reisemöglichkeiten thematisiert. Ausschließlich positive Bewertungen gaben jedoch nur wenige Jugendlichen ab (vgl. Jugendwerk der Deutschen Shell 1992, Band 3, S. 298).

Als spezifische, in besonderem Maße durch Probleme belastete Gruppe kristallisierten sich in den Aufsätzen der Jugendlichen die Familien mit nur einem Elternteil heraus. Dies sind in unserer Gesellschaft zum überwiegenden Teil alleinerziehende Mütter. Da sie häufig nicht nur für die Erziehung der Kinder Verantwortung tragen, sondern für den materiellen Lebensunterhalt der Familie allein aufkommen müssen, dominierten in den entsprechenden Aufsätzen der Mädchen und Jungen Ängste vor dem Verlust des Arbeitsplatzes der Mutter (seltener: des Vaters) und damit die Sorge um die Absicherung des Lebensunterhalts. In den Genuß der positiven Seiten der Vereinigung Deutschlands kommen diese Jugendlichen aufgrund der materiellen Einschränkungen deutlich weniger. Die Situation in diesen Familie scheint erheblich schwieriger, problembeladener und für die Jugendlichen psychisch belastender zu sein als in vollständigen Familien (vgl. Jugendwerk der Deutschen Shell 1992, Band 3, S. 300ff.). Diese oftmals schwierige Situation von Einelternfamilien spiegelte sich im Rahmen unserer Untersuchung jedoch nicht, wie vermutet, in einer höheren Reflektion von Familienkonflikten seitens der betroffenen Jugendlichen wider. Es sind zwar tendenziell häufigere Nennungen von Problemen in Einelternfamilien durch die Befragten zu verzeichnen, signifikante Unterschiede zwischen Eineltern- und Komplettfamilien zeigten sich jedoch nur zum Untersuchungszeitpunkt 1993 (vgl. zu den Nennungen von Familienkonflikten die folgende Tabelle 7-2).

Konflikte in der Familie wurden im Rahmen unserer Untersuchung u.a. durch eine offene Frage nach den vordringlichsten Sorgen der Jugendlichen erfaßt.[1] Erstaunlicherweise deutet sich im Vergleich der Untersuchungen 1992 zu 1995 insgesamt ein eher abnehmender Trend der Reflektion von Familienkonflikten durch die Jugendlichen an (vgl. Tabelle 7-2).

Tabelle 7-2: Frage: Was sind gegenwärtig Deine größten Sorgen?

	1992	1993	1995a	1995b
Schule	49	60	60	61
Familienkonflikte	23	17	19	17
Liebe/Sexualität	18	15	13	13
Freundeskreis	11	6	8	7
Lehrstelle/Beruf	11	15	17	22
allg. Zukunftsangst	11	7	9	9
Geld	8	10	10	10
Umwelt	–	6	3	3
Gesundheit	–	4	5	4
eigener Körper	3	2	3	3
Leistungsdruck	2	2	2	3
persönliche Drogenprobleme	–	2	4	4
Gewalt	–	3	2	2

Angaben in Prozent. Die Prozentzahlen stellen jeweils den Anteil derjenigen, die von entsprechenden Sorgen berichtet haben, unter den SchülerInnen dar, die zum jeweiligen Untersuchungszeitpunkt überhaupt Sorgen genannt haben. In der Tabelle sind nur Kategorien aufgeführt, die von mindestens 2% der SchülerInnen genannt wurden. 1995b 7.-13. Klasse, sonst 7.-11. Klasse.

Vom „Ausreißer“ 1992 abgesehen kann als holzschnittartige Einteilung für unsere Untersuchung über den gesamten Erhebungszeitraum gelten, daß drei Viertel der Befragten bei ihren Eltern und etwa ein Viertel der Jugendlichen bei einem alleinerziehenden Elternteil wohnen. Wenn von alleinerziehenden Elternteilen gesprochen wird, sind in der Regel Mütter gemeint, auch wenn sich in den letzten Jahren ein leichter Trend zu mehr alleinerziehenden Vä-

1 Seit 1992 wurden die SchülerInnen über eine offene Frage zu ihren Sorgen befragt. 1992 nannten 43% der befragten SchülerInnen Sorgen, 1993 bereits 75% und 1995 sogar 78%. Der starke Anstieg von 1992 zu 1995 ist allerdings (auch) auf eine Änderung der Frageformulierung zurückzuführen. 1992 war die Frage nach den Sorgen an die vorhergehende Frage des Fragebogens gekoppelt. Der Wortlaut der Frage lautete: „Wenn Du weniger zufrieden bist, was sind gegenwärtig Deine größten Sorgen?“. Die dieser Frage vorgeschaltete Frage: „Wie würdest Du Dein Leben beurteilen, das Du gegenwärtig führst?“ mit den Antwortmöglichkeiten „sehr zufrieden“, „zufrieden“, „teils/teils“, „nicht so zufrieden“, „unzufrieden“ wurde somit zur Filterfrage. 1993 und 1995 fragten wir: „Was sind gegenwärtig Deine größten Sorgen?“, damit wurde der Bezug zur vorherigen Frage aufgehoben.

tern bemerkbar macht. Gemischte Wohnformen, bei denen die Kinder beispielsweise 'mal bei der Mutter und dann zeitweise beim Vater leben, waren in unseren Antwortvorgaben nicht berücksichtigt. In diesem Fall mußten sich die SchülerInnen für ein Item entscheiden (vgl. Tabelle 7-3).

Tabelle 7-3: Frage: Bei wem wohnst Du?

	1990	1991	1992	1993	1995
nur bei meiner Mutter	22	20	16	21	21
nur bei meinem Vater	1	1	2	2	2
bei meinen Eltern	77	78	81	76	75
bei Großeltern/Verwandten	–	0	1	0	1
in einem Heim	–	2	1	1	1
eigene Wohnung/ Wohngemeinschaft	–	–	–	0	1

Angaben in Prozent. Prozentuierungsbasis ist die jeweilige Spalte. Bei Aufaddierungen zeigen sich eventuell Rundungsfehler.

Eine Analyse zu familialen Lebenslagen und Kommunikation im Rahmen einer Studie zu Freizeit- und Medienwelten von 13-18jährigen in den neuen Bundesländern kommt im Frühjahr 1992 zu ähnlichen Ergebnissen wie die bisher erwähnten Studien. Danach sind Eltern als GesprächspartnerInnen und Bezugspersonen weiterhin stark gefragt. Ihr Einfluß und die zuerkannte Kompetenz für verschiedene Tätigkeits- und Lebensbereiche der Jugendlichen wird mit zunehmendem Alter der Jugendlichen und den beobachtbaren Ablösungsprozessen jedoch geringer bewertet: Im Freizeitbereich sind Mütter und Väter immer seltener als AnsprechpartnerInnen gefragt (vgl. Keiser 1993).

Unsere Untersuchungsreihe zeigte zusätzlich folgendes: Die Entwicklungen von 1991 bis 1995 lassen erkennen, daß immer mehr Jugendliche den überwiegenden Teil der Freizeit nicht mehr mit den Eltern verbringen. Zu jedem Untersuchungszeitpunkt nahm die Bedeutung von FreundInnen als FreizeitpartnerInnen zu (vgl. Tabelle 7-4). Unter Berücksichtigung des Alters der Jugendlichen kann von einer wachsenden Bedeutung von FreundInnen im Freizeitbereich mit zunehmendem Alter gesprochen werden. Innerhalb der Altersgruppen lassen die Befunde erkennen, daß in wachsendem Maße auch jüngere Mädchen und Jungen ihre Freizeit weitgehend ohne ihre Eltern gestalteten.

Dagegen zeigen verschiedene, nach der Wende durchgeführte Untersuchungen, daß in Bereichen wie Schule, Berufsbildung und Politik ostdeutsche Mütter und Väter weiterhin in starkem Maße Orientierungspersonen waren. Insbesondere bei Entscheidungen zu beruflichen Perspektiven hatten Eltern, unabhängig vom Alter ihrer Kinder, nach wie vor erheblichen Einfluß (vgl. Keiser 1993). Mütter und Väter in Ostdeutschland sind auch 1997 noch für einen Großteil ihrer Kinder Vorbilder. Zu diesem Schluß kommt die Shell-Studie 1997, nach der insbesondere ostdeutsche Mädchen ihre Mütter als Vorbild anerkennen. Zwei Drittel der Mädchen aus den neuen Bundesländern, die ein Vorbild benennen, gaben eine Person aus dem unmittelbaren Familienkreis und besonders häufig die Mutter an (vgl. Jugendwerk der Deutschen Shell 1997, S. 358ff.).

Tabelle 7-4: Frage: Mit wem verbringst Du den überwiegenden Teil Deiner Freizeit?

	1991	1992	1993	1995
allein**	31	26	22	23
mit den Eltern	28	23	21	18
nur mit meiner Freundin/meinem Freund	47	52	49	50
mit mehreren Freundinnen/Freunden*	59	60	59	64
mit Leuten, die ich nur flüchtig kenne	1	2	4	4
mit anderen**	3	4	8	7

Angaben in Prozent. Mehrfachantworten waren möglich. Die Frage wurde zum Untersuchungszeitpunkt 1991 eingeführt.
** Signifikante Unterschiede zwischen erstem und letztem Untersuchungszeitpunkt (p< 0,05).*
*** Hochsignifikante Unterschiede zwischen erstem und letztem Untersuchungszeitpunkt (p<0,01).*

Die Einschätzung des Familienklimas durch die von uns befragten Jugendlichen zu unterschiedlichen Untersuchungszeitpunkten zeigt: Der überwiegende Teil der Mädchen und Jungen reflektierte grundsätzlich Zufriedenheit mit dem Zusammenleben in der Familie. Nachdenkenswert erscheint uns der Befund, daß immerhin 7% der von uns befragten SchülerInnen 1995 angaben, sich selten bzw. nie zu Hause wohlzufühlen. Obwohl die SchülerInnen der Anonymität der Befragung vertrauen konnten, ist es nach unserer Meinung für Jugendliche nicht einfach, sich selbst und auch anderen gegenüber ihre Befindlichkeit in der Herkunftsfamilie als stark problembeladen einzuschätzen.

Etwa die Hälfte der Jugendlichen schätzte ein, sich in schwierigen Situationen auf ihre Eltern verlassen zu können. Ein Zehntel dagegen fühlte sich, wenn es mal „brenzlig" wird, von den Eltern verlassen. Außerdem war sich ein nicht geringer Teil der SchülerInnen unsicher, ob Mutter und Vater in schwierigen Lebenssituationen zu ihnen halten würden. Insgesamt wurde damit von einem Viertel der Befragten Unsicherheit signalisiert, ob die Eltern in problematischen Momenten zu ihnen stehen würden (vgl. Grafik 7-1).

Betrachtet man die Antworten nach dem Zusammenleben der Jugendlichen mit ihren Familie unter altersspezifischen Aspekten, so zeigen die Ergebnisse, daß Jugendliche mit zunehmendem Alter ein größeres Interesse ihrer Eltern an sich wahrnehmen. Bei der altersdifferenzierten Betrachtung der Ergebnisse fällt die Gruppe der 15- und 16jährigen SchülerInnen auf. Diese waren häufiger als die VertreterInnen anderer Altersgruppen der Ansicht:

- sich bei Problemen nicht immer auf die Eltern verlassen zu können,
- Probleme nicht mit ihren Eltern besprechen zu können,
- daß sich ihre Eltern nicht so häufig Zeit für sie nehmen.

Grafik 7-1: Wie würdest Du das Zusammenleben zwischen Dir und Deinen Eltern einschätzen? – Untersuchungszeitpunkt 1995

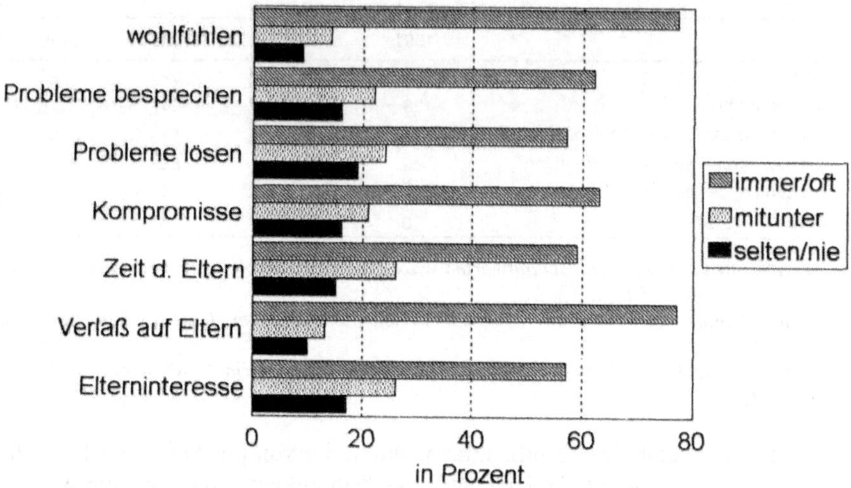

Wortlaut der Items: „Ich fühle mich zu Hause wohl."/„Ich kann mit meinen Eltern über meine Probleme sprechen."/„Probleme in der Familie lösen wir gemeinsam."/„Wir versuchen Lösungen zu finden, die allen gerecht werden."/„Meine Eltern nehmen sich für mich Zeit."/„Ich kann mich bei Schwierigkeiten auf meine Eltern verlassen."/„Meine Eltern interessieren sich für alles, was ich mache." Zusammengefaßte Ausprägungen.

Durch eine Skalenänderung lassen sich bei dieser Frage nur die Untersuchungszeitpunkte 1993 und 1995 miteinander vergleichen. Es deutet sich an, daß zunehmend weniger Jugendliche mit der Atmosphäre zu Hause zufrieden sind. Teilten 1993 noch 80% aller befragten Mädchen und Jungen die Meinung, sich „oft" zu Hause wohlzufühlen, waren es 1995 nur noch 75%. Immer weniger Jugendliche sehen die Möglichkeit, mit ihren Eltern Probleme zu besprechen. Waren 1993 noch 65% der Befragten der Ansicht, ihre Probleme „meistens" mit den Eltern bereden zu können, meinten dies zwei Jahre später nur noch 60% (vgl. Grafik 7-2). Es scheint, daß die Veränderungen und die mit diesen einhergehende Neuverteilung von Verantwortung innerhalb der Familie nach der Wende zunächst ein in dieser Zeit starkes Verantwortlichkeitsgefühl der Familienmitglieder füreinander produzierte, daß aber 1995 bereits diese Verantwortlichkeit weniger stark die innerfamiliären Verhältnisse prägt und die Familienmitglieder sich zunehmend auf „eigenen Pfaden" bewegen.

Grafik 7-2: Wie würdest Du das Zusammenleben zwischen Dir und Deinen Eltern einschätzen?

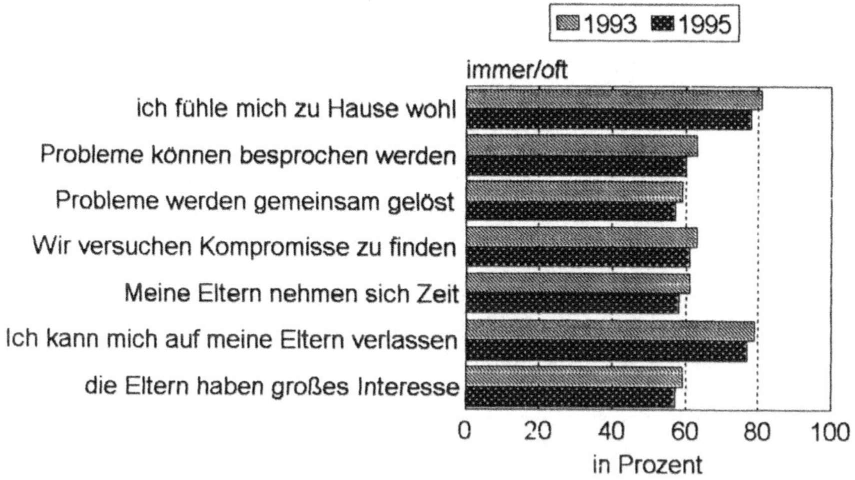

Die Angaben beziehen sich auf die zusammengefaßten Ausprägungen „immer" und „oft". Weitere Aupräqungen waren „mitunter", „selten" und „nie".

Das Phänomen zunehmender Nichtplanbarkeit sowie Unüberschaubaukeit von Zukunft scheint das Einanderverstehen von Jugendlichen und Erwachsenen zu erschweren, obwohl gerade diese Situation eine breite Kommunikation zwischen den Generationen erfordern würde. Dies ist keine ostdeutsche Besonderheit. Von der anhaltenden Beschäftigungskrise sind die Jugendlichen in ganz Deutschland betroffen (wenngleich in regional unterschiedlichem Ausmaß); für sie wird die mehr als prekäre Situation auf dem Arbeitsmarkt auch in Form der Ausbildungsmisere oftmals konkret erfahrbar. Dazu kommend und scheinbar zum vorher Gesagten in Widerspruch stehend, präsentiert sich den Heranwachsenden eine zum Teil verwirrende Vielfalt biographischer Möglichkeiten. Dies steht im krassen Gegensatz zur gesellschaftlich stark vorstrukturierten Abfolge der einzelnen Lebensabschnitte in der DDR, welche die Lebensplanung der Elterngeneration weitgehend prägte. Erfahrungen von Eltern sind immer weniger ungebrochen für das zukünftige Leben der Jugendlichen verwendbar. Das verläßliche Modell einer bis vor wenigen Jahren noch auszumachenden weitgehenden Kongruenz von Lebensläufen der Eltern- und Jugendlichengeneration hat an Gültigkeit verloren. Die Planbarkeit von Lebensläufen nimmt immer weiter ab, auch innerhalb einer Generation werden Biographien immer seltener deckungsgleich in der Abfolge der Lebensabschnitte sein.

Befragt nach ihren Sorgen nannten zum Untersuchungszeitpunkt 1995 17,4% der Jugendlichen u.a. Familienkonflikte (vgl. oben Tabelle 7-2). Meist sind es die jüngeren Mädchen und Jungen, die solche Sorgen angaben. Themen wie Schulabschluß, Berufsausbildung und Zukunft waren dagegen eher Probleme der älteren Jugendlichen. Sie führen jedoch offenbar nicht zu für die Heranwachsenden bedeutsamen innerfamilialen Konfliktsituationen. Mit zunehmendem Alter entwickeln Jugendliche mitunter auch eine Generosität gegenüber ihren Eltern, die es ihnen möglich macht, o.g. Probleme auf einer sachlichen Ebene im Familienalltag zu verhandeln. Das Hineinwachsen in ihre Erwachsenenrolle läßt sie souveräner werden. Alltägliche Probleme bis hin zu wichtigen (Lebens-)Entscheidungen werden zunehmend selbständiger erkannt und bearbeitet. Die „innere“ Ablösung vom Elternhaus ist oft schon lange erreicht, bevor Jugendliche auch die materielle Unabhängigkeit von ihren Eltern erlangen.

Die These, daß Mädchen in ihrer Adoleszenz eher Konflikte in der Familie feststellen, wird sowohl 1993 als auch 1995 durch unsere Untersuchungsergebnisse bestätigt. Mädchen verweisen doppelt so häufig wie Jungen auf Spannungen in der Familie. Dieser starke Unterschied könnte ein Hinweis auf nach wie vor bestehende traditionelle geschlechtsrollentypische Sozialisationsmuster sein: Einhergehend damit, daß Mädchen nach wie vor andere Pflicht- und Verantwortungszuweisungen erhalten als Jungen, wird von Töchtern erwartet, daß sie sich stärker um die Belange in der Familie kümmern und sich für diese einsetzen. Dementsprechend sorgen sich Mädchen eher als Jungen um die Stimmung innerhalb der Familie.

Trotz ambivalenter Einschätzungen der familialen Lebenssituation durch Jugendliche in unserer Untersuchungsreihe wie in den anderen hier angeführten Untersuchungen sind in den Beziehungsstrukturen der Familien in Ostdeutschland seit der deutschen Vereinigung zwar Veränderungen, jedoch keine krassen Brüche auszumachen. Vor allem die Beschäftigungssituation der Eltern und die damit verbundene Hoffnung und Sorge, gerichtet auf die Sicherung der Lebensgrundlagen, werden von den Jugendlichen als entscheidende Indikatoren für die Einschätzung der Familienbeziehungen herangezogen. Diese Themen nehmen in den Reflektionen der Jugendlichen zu ihrer Lebenssituation breiten Raum ein und haben auch nachhaltigen Einfluß auf das Familienklima, dies vor allem, wenn die Teilhabe an den positiven Aspekten der deutschen Vereinigung nur in unbefriedigendem Maße möglich ist. In diesem Zusammenhang verunsichert vor allem der Verlust der Möglichkeit, den beruflichen Werdegang planen zu können. Schwer kalkulierbare Ausbildungschancen und im Anschluß daran wenig aussichtsreiche Möglichkeiten auf dem Arbeitsmarkt lassen sich als neue jugendspezifische Probleme in Ostdeutschland charakterisieren, die womöglich auch innerfamilialen Konfliktstoff bergen. Wir nehmen an, daß die Mehrzahl ostdeutscher Mütter und Väter für ihre Kinder eine möglichst „geradlinige Ausbildung“ wünscht. Der in diesem Sinn dabei von einem Teil der Eltern ausgeübte Druck auf ihre heranwachsenden Kinder, sich auf Leistung und Bildungsziel zu konzentrieren, läßt sich zum Teil aus der eigenen Unsicherheit, sich in der neuen Vielfalt der Berufsbildungswege zurechtzufinden und damit so umzugehen, daß ihren Kindern eine angemessene Ausbildungs- und Berufsberatung zuteil wird, erklären.

Trotz des breiten Spektrums an Sorgen, die von den Jugendlichen reflektiert wurden, ist die allgemeine Zufriedenheit mit ihrem Leben recht hoch. Zu jedem Untersuchungszeitpunkt signalisierten ungefähr zwei Drittel der SchülerInnen Lebenszufriedenheit. Dennoch hat von 1991 bis 1995 der Anteil derer, die nicht so zufrieden sind, um 6 Prozentpunkte zugenommen (vgl. Tabelle 7-5).

Tabelle 7-5: Frage: Wie würdest Du Dein Leben beurteilen, das Du gegenwärtig führst?

	1991	1992	1993	1995
sehr zufrieden, zufrieden	68	67	63	62
teils/teils, nicht so zufrieden, unzufrieden	32	33	37	38

Angaben in Prozent. Antwortvorgaben wurden zusammengefaßt. Prozentuierungsbasis ist die jeweilige Spalte.

Die Frage wurde seit 1991 gestellt. In dieser Auswertung sind nur die Klassenstufen 8-11 enthalten, da 1991 den 7. Klassen die Frage nicht gestellt wurde.

Unserer Vermutung, daß sich verschiedene Altersgruppen in ihrer Lebenszufriedenheit unterscheiden würden, hat sich nicht bestätigt. Wir nahmen an, daß mit zunehmendem Alter und der damit verbundenen umfangreicheren Reflektion von Problemen die allgemeine Lebenszufriedenheit abnehmen würde. Der an dieser Stelle nicht aufgefundene Zusammenhang könnte ein Hinweis darauf sein, daß Jugendliche trotz der von ihnen zahlreich wahrgenommenen Probleme erfolgreich eine Balance zwischen den sich eröffnenden Handlungsspielräumen und den durch die Anforderungen einer „Selbststrukturierung" des Lebens mit all seinen Unwägbarkeiten provozierten Handlungsdruck gefunden haben.

7.2 Schule im Wandel

Die von uns befragten Jugendlichen verbrachten (oder verbringen noch immer) einen Großteil ihrer Lebenszeit und ihrer verfügbaren Alltagszeit in und mit der Institution Schule. Dieser wichtige Teil der Lebenswelt Jugendlicher wurde im Vereinigungsprozeß Veränderungen unterworfen, welche die meisten Befragten als SchülerInnen bewußt miterlebten. Der folgende Abschnitt soll einen kurzen Überblick über die Veränderungen des Ostberliner Schulsystems seit 1989 und die damit verbundenen Auswirkungen auf die SchülerInnen geben. Dabei wird zunächst das DDR-Schulsystem am Ende der 80er Jahre skizziert.[2]

2 Es wird kein bewertender Vergleich der Schulsysteme beider deutscher Staaten vorgenommen.

7.2.1 Unerfüllte Versprechungen: Das DDR-Schulsystem am Ende der 80er Jahre

Als Hauptmerkmale des Bildungssystems der DDR lassen sich dessen Zentralisierung und bildungspolitisch vereinheitlichende Tendenzen (Gleichheitsanspruch), der hohe Anspruch an die Vermittlung naturwissenschaftlich begründeten Wissens sowie die ideologische Vereinnahmung durch die SED-Führung nennen.

Die DDR verstand sich selbst als eine Gesellschaft, in welcher Bildung von Klassen- und Standesschranken befreit war. Diese Gleichheitsideologie fand ihre institutionelle Umsetzung in einem zentralisierten Bildungssystem[3], welches stark formalisierte Laufbahnen hervorbrachte. Sieht man von einigen fremdsprachlichen oder naturwissenschaftlichen Spezialschulen sowie den Sonderschulen für leistungsschwächere SchülerInnen ab, gab es für SchülerInnen zur einheitlichen zehnklassigen „Polytechnischen Oberschule“ (POS) keine Alternative. Zum Zentralabitur[4] führte im Anschluß an die POS die „Erweiterte Oberschule“ (EOS) innerhalb von zwei Jahren oder eine Berufsausbildung mit Abitur innerhalb von drei Jahren.[5] Auch die möglichen weiteren Etappen einer Bildungslaufbahn (Lehre, Studium, für männliche Jugendliche zwischen Abitur und Studienanfang gelegener Militärdienst) folgten in Reihenfolge und jeweiliger Dauer einer allgemeingültigen zeitlichen Regie.

Die Schule übernahm hierbei die Rolle der Berufslenkung. Entsprechend des volkswirtschaftlichen Bedarfs wurden die SchülerInnen schon früh auf einzelne Berufsrichtungen orientiert. Hierzu gehörte auch das Anwerben von Berufssoldaten der NVA. Für männliche Jugendliche bedeutete dies nicht selten, einem starken Druck durch einzelne LehrerInnen oder die Schulleitung ausgesetzt zu sein, sich für einen militärischen Beruf zu entscheiden. Die Delegierung von der POS zur EOS regelte den Zugang zu höherer Bildung, welcher innerhalb des DDR-Schulsystems nur relativ wenigen Schüle-

---

3 Die Leitung und die Kontrolle des Schulsystems oblag dem Ministerium für Volksbildung, 1963-1989 von Margot Honecker geführt. Durch die nachgeordneten Hierarchieebenen (Bezirks-, Kreis-, Stadtbezirksschulräte) hatte das Ministerium direkten Durchgriff auf jede einzelne Schule.

4 In der DDR wurde die zweijährige Abiturstufe in allen EOS nach einem allgemeingültigen Lehrplan durchgeführt. Es gab kein Leistungsklassen- bzw. Kurssystem, alle AbiturientInnen hatten die gleichen Unterrichtsfächer und hatten die gleichen Prüfungsaufgaben zu bestehen.

5 Hierbei darf nicht übersehen werden, daß es unter nominell gleichen Schulen durchaus auch Unterschiede gab, z.B. Klassenzüge mit speziellen Fächerprofilen (erweiterter Russisch- oder Musikunterricht), Schulen mit breiterem Fremdsprachenangebot, „unvollständige“ POS mit Zubringerfunktion für andere Oberschulen v.a. im ländlichen Raum. Neben der EOS und der Berufsausbildung mit Abitur konnte in der DDR über 22 Wege ein Abitur erworben werden, u.a. durch Volkshochschulen, durch Fachabitur an Hochschulen, an Offiziershochschulen (vgl. Neunter Jugendbericht 1994). Dennoch muß, im Vergleich zur BRD, von einem eingeschränkten Zugang zu höherer Bildung in der DDR ausgegangen werden.

rInnen vorbehalten war: Beispielsweise betrug der Anteil des Altersjahrganges, der an einer EOS das Abitur ablegte, 1990 ca. 9%, ca. 5% absolvierten die Berufsausbildung mit Abitur (vgl. Rost/Wessel 1992).[6]

Resümierend ist festzustellen, daß die mangelnde Differenzierung und Individualisierung von Bildungslaufbahnen für die einzelnen SchülerInnen ein hohes Maß an Sicherheit für die eigene Zukunft mit sich brachte. Ausbildungs- und späterer Arbeitsplatz waren garantiert, auch wenn es nicht im „eigentlichen“ Traumberuf war. Andererseits gab es eine starke Einengung der Biographien Jugendlicher auf die Möglichkeiten des vorgegebenen Rahmens, was sich z.B. eindrücklich in der planwirtschaftlichen Quotierung von Abitur- und Studienplätzen manifestierte.

Anders als in der BRD blieb in der DDR die Schule gegenüber neuen „Moden“ der Pädagogik weitestgehend resistent. In den Schulen wurde einheitlich nach, seit 1965 in Grundstrukturen nahezu unveränderten, detailliert ausgearbeiteten Lehrplänen gelehrt (abgesehen von einzelnen Veränderungen in wissenschaftlich-technischen Fächern). Oberstes Primat war die Vermittlung des wissenschaftlich aufgearbeiteten Lehrstoffs, Vermittlung sozialer Kompetenzen war kaum Bestandteil des Unterrichts. Dies stand jedoch nach offizieller Meinung nicht im Widerspruch zur Erziehungsaufgabe der Schulen. Gerade die Vermittlung der wissenschaftlichen Inhalte sollte eine erzieherische Funktion des Fachunterrichts im Sinne der objektivistischen Wissenschaftstheorie des Marxismus-Leninismus garantieren (vgl. Tiedke 1994). Methodenvielfalt war dabei nicht anzutreffen, der Frontalunterricht war die dominierende Lehrmethode.

Polytechnische Fächer („Schulgarten“, „Werken“, später „Produktive Arbeit“ und „Einführung in die sozialistische Produktion“) ab der ersten Klasse dienten einerseits zur frühzeitigen Heranführung an Arbeit, ließen den SchülerInnen aber auch andererseits Gelegenheit, praktische Fähigkeiten zu erlernen und zu demonstrieren (vgl. Neunter Jugendbericht 1994).

Interessanterweise hatten auch in der DDR, ebenso wie in der BRD, die Mädchen mehr Schulerfolg als die Jungen (vgl. ebenda).

Spätestens in den 80er Jahren wurde offensichtlich, daß die DDR in Bezug auf moderne Technologien die internationale Entwicklung verpaßt hatte.[7] Es kam jedoch nur zu zaghaften Versuchen, durch eine verstärkte Leistungsdifferenzierung hochqualifizierten wissenschaftlichen Nachwuchs zu fördern, z.B. in den naturwissenschaftlichen Spezialschulen, extracurricular in den „Stationen für Junge Naturforscher und Techniker“, in Arbeitsgemeinschaf-

---

6 Seit Beginn der Bildungsreform lag in der alten Bundesrepublik der Mindestanteil der AbiturientInnen am jeweiligen Altersjahrgang bei ca. einem Drittel.

7 Hier sei angemerkt, daß der verpaßte Anschluß an die internationale Entwicklung von Forschung und Technik v.a. der Organisation von Forschung und der, aufgrund des planwirtschaftlichen Managements der Industrie- und anderen Betriebe, schleppenden bzw. fehlenden Verwertung der Forschungsergebnisse für die volkswirtschaftliche Produktion in der DDR geschuldet war – und daher nicht vorrangig als Versagen des DDR-Schulsystems gewertet werden kann.

ten oder im fakultativen Unterricht. Im Unterrichtsalltag überwog das „Alle müssen durchkommen“ mit einer niedrig gehaltenenen „Sitzenbleiberquote“, was systematisch die Leistungsstärkeren unter- und die Leistungsschwächeren überforderte. In diesem Zusammenhang ist die relativ hohe Zahl (5-8%) von SchülerInnen, welche die Schule vorzeitig verließen bzw. zurückgestellt wurden, zu nennen (vgl. ebenda).

Trotz der Einheitsschule und der Anstrengungen, Arbeiter- und Bauernkindern Zugang zu den Hochschulen zu verschaffen, scheiterte das DDR-Bildungssystem an dieser Aufgabe. Die spezielle Förderung der Arbeiter- und Bauernkinder wurde seit den 70er Jahre weniger intensiv betrieben, da von seiten des Ministeriums für Volksbildung davon ausgegangen wurde, daß die Einheitsschule für alle SchülerInnen gleiche Voraussetzungen für Lernerfolge biete. Völlig vernachlässigt wurden die qua Bildungsschicht der Eltern differierenden häuslichen Anregungspotentiale. Die LehrerInnenschaft verstärkte dies noch, da keine diesbezüglich kompensatorischen Methoden angewendet wurden. Insgesamt führte das zu deutlich schlechteren Schulnoten bei Kindern von Arbeitern und Bauern gegenüber Funktionärs- und Akademikerkindern (vgl. Neunter Jugendbericht 1994).

Entsprechend entwickelte sich der Zugang zu höherer Bildung: 1954 stammten 54% aller DDR-Studierenden aus Arbeiter- und Bauernfamilien, 1989, nach einem kontinuierlichen Rückgang seit Mitte der 60er Jahre, nur noch 10%. In der BRD betrug diese Zahl 1954 5%, 1982 15% (vgl. Geißler 1990). Der Anteil von AbiturientInnen aus den Schichten der „Intelligenz“ stieg in der DDR von 27% (1973) auf 58% (1990), während der Anteil der AbiturientInnen aus Facharbeiterfamilien im gleichen Zeitraum bei 13% stagnierte (vgl. Rost/Wessel 1992). Auch unter Berücksichtigung dessen, daß sich das Verhältnis der Schichten zahlenmäßig geändert hat[8], ist somit zu konstatieren, daß sich schleichend und im Gegensatz zur offiziellen Gleichheitsbehauptung eine, v.a. kulturell vermittelte, Entwicklung zur Reproduktion der Klassen und Schichten vollzog: Zunehmend erlernten Arbeiterkinder Arbeiterberufe, während Kinder von Eltern aus den Schichten der „Intelligenz“ ein Studium anstrebten. Die Zuordnung von Bildungschancen qua sozialer Herkunft ging jedoch nicht mit einer entsprechenden Verteilung von materiellem Besitz einher. Arbeit in „Intelligenzberufen“ wurde nicht oder lediglich geringfügig besser entlohnt als Tätigkeiten, die mit einer niedrigeren Qualifikation ausgeübt werden konnten. Da es somit kaum materielle Anreize für die Erlangung einer höheren Bildung gab, wurde diese v.a. von den

---

8 Analog der Entwicklung in anderen modernen Industriegesellschaften verschob sich auch in der DDR das Verhältnis der Klassen und Schichten zueinander. 1985 gehörten von der Gesamtheit der Berufstätigen 75% der Arbeiterklasse, 7% der Klasse der Genossenschaftsbauern und 15% der Schicht der Intelligenz an. Das entspricht einem Anwachsen des Anteils der Intelligenz um 10 Prozentpunkte und einer Verringerung des Anteils der Genossenschaftsbauern um 5 Prozentpunkte seit 1965. Der Anteil der Arbeiterklasse blieb im gleichen Zeitraum ungefähr gleich (vgl. Autorenkollektiv 1988).

Jugendlichen angestrebt, die entsprechende Werteorientierungen über die Herkunftsfamilie vermittelt bekamen.[9]

Verstärkend wirkte sich die Verknappung der attraktiven Positionen seit den 80er Jahren aus, so daß wir von einer zunehmenden sozialen Schließung der DDR-Gesellschaft ausgehen können.[10]

Schule in der DDR war gekennzeichnet durch eine starke ideologische Vereinnahmung durch die SED-Führung. Die Schule sollte bei den SchülerInnen „kommunistische Überzeugungen und Verhaltensweisen" erzeugen (vgl. Parteiprogramm der SED 1989). Aus der herrschenden Staatsideologie wurde das oberste Erziehungsziel, die „allseitig gebildete sozialistische Persönlichkeit", abgeleitet, in Unterrichtsfächern wie Staatsbürgerkunde, Geschichte, Musik, Geographie, Wehrkunde wurde einseitig ideologisch ausgerichtetes Wissen vermittelt, Russisch wurde als obligatorische Fremdsprache gelehrt. Die sozialistischen Jugend- und Kinderorganisationen der DDR (FDJ, Pionierorganisation) waren integraler Bestandteil der DDR-Schule. Hauptamtliche Funktionäre dieser Organisationen (PionierleiterInnen) waren in jeder Schule angestellt, um extracurriculare Freizeitangebote zu organisieren. Ausschließlich über die Gremien dieser Organisationen konnten die SchülerInnen in sehr begrenztem Umfang und nur bei außerunterrichtlichen Aktivitäten von einem Mitbestimmungsrecht Gebrauch machen. U.a. mit Hilfe der FDJ und der Pionierorganisation gelang es, den Schulalltag im Sinne der SED-Führung zu ritualisieren. Fahnenappell, Pionier- und FDJ-Nachmittage, Meldungen an die Lehrenden vor jeder Schulstunde strukturierten den Ablauf.

Andere extracurriculare Maßnahmen wie das sozialistische Initiationsritual Jugendweihe, das FDJ-Studienjahr oder die vormilitärische Ausbildung in der „Gesellschaft für Sport und Technik" (GST) dienten als politische Schulungsformen und verlangten von den SchülerInnen beständig Loyalitätsbekundungen gegenüber der SED-Führung.

Tatsächlich wurden immer wieder gerade diese Veranstaltungsformen und insbesondere die vormilitärische Ausbildung (GST, Wehrkundeunterricht) zu Konfliktfeldern zwischen der Schulleitung und solchen Eltern bzw. SchülerInnen, die sich dem vereinnahmenden Charakter der Maßnahmen widersetzten. In derartigen Fällen reagierte die Schule meist mit Restriktionen. Wer an den politischen Veranstaltungen nicht teilnahm, den Kinder- und Ju-

---

9 Die Verteilung von Bildungschancen wurde von den meisten Jugendlichen aus Arbeiter- und Bauernfamilien nicht als Benachteiligung erlebt. Zum einen lag dies an den geringen Unterschieden zwischen den Berufsgruppen bei der Entlohnung, zum anderen an der beschriebenen (alltags-)kulturellen Vermittlung der Reproduktion der Klassen und Schichten, die es den Heranwachsenden nahelegte, in der Klasse bzw. Schicht der Eltern zu „verbleiben". Zusätzlich muß das, im Vergleich zu kapitalistischen Gesellschaften, höhere Prestige der Arbeiter- und landwirtschaftlichen Berufe bedacht werden.

10 Ebenso uneingelöst blieb das bildungspolitische Versprechen, den Unterschied zwischen städtischem und ländlichem Raum zu eliminieren. An den Übergangszahlen zum Abitur zeigte sich auch in den späten 80er Jahren noch eine geringere Beteiligung der Landkinder an höherer Bildung (vgl. Neunter Jugendbericht 1994).

gendorganisationen nicht beitrat oder nicht gewillt war, politische Dogmen unhinterfragt zu akzeptieren, hatte mit Konsequenzen für seine Bildungslaufbahn zu rechnen, v.a. an den Stellen, an denen das vereinheitlichende Bildungssystem Privilegien verteilen und differenzieren mußte: Die Übergangsempfehlung des Klassenlehrers zur EOS, die Erteilung des gewünschten Studienplatzes, in seltenen Fällen sogar der Verbleib auf der EOS wurden von dem politischen Wohlverhalten des/der Heranwachsenden abhängig gemacht. Bei männlichen Jugendlichen erhielt darüber hinaus der Wehrdienst eine wesentliche Bedeutung. Für den Erhalt besonders gefragter Studienplätze war die Bereitschaft zu einem mindestens dreijährigen NVA-Dienst praktisch Voraussetzung. SchülerInnen, die eine höhere Bildung anstrebten, waren also im hohen Maße gezwungen, sich dem schulischen System anzupassen.[11]

Der größte Teil der SchülerInnen und deren Eltern ertrug jedoch die Vereinnahmung durch die politische Führung stillschweigend. Das subjektive Erleben des Schulalltags und der extracurricularen Veranstaltungen war bei den einzelnen SchülerInnen, trotz des einheitlichen Schulsystems, unterschiedlich: Abhängig von der Person des Pionierleiters/der Pionierleiterin konnten die Aktivitäten der Kinder- und Jugendorganisationen faszinierend und abwechslungsreich oder aber langweilig und indoktrinierend sein. Es gab zu den Angeboten der staatlichen Organisationen kaum Alternativen, so daß Jugendliche in der DDR einen Großteil ihrer Zeit, die sie nicht mit der Familie verbrachten, in und mit diesen Organisationen verbrachten. In dem vorgegebenen Rahmen richteten sich viele Jungen und Mädchen ein und erlebten die (aufregenden) Jahre ihrer Jugend unter Nutzung der zur Verfügung gestellten Ressourcen. Die in der FDJ gelebte Jugendzeit führte häufig dazu, daß der politisch vereinnahmende Charakter dieser Organisation subjektiv nicht erlebt wurde oder in den Hintergrund trat.

Betrachten wir die Entwicklung der DDR in den 80er Jahren, bleibt festzustellen, daß das DDR-Bildungssystem trotz dieser massiven ideologischen Vereinnahmung die Formung loyaler Untertanen nicht gewährleisten konnte.

Dies liegt zum einen an der vielfältigen Brechung des ideologischen Anspruchs durch den Unterrichtsalltag: Viele LehrerInnen übernahmen die politischen Aufgaben nur unwillig, unterlagen doch auch sie vielfältigen Kontrollen durch die Schulleitung und die Schulaufsicht. Entsprechend wenig engagiert und überzeugend agierten sie vor den SchülerInnen. Die übermäßige Stoffülle des Lehrplans, insbesondere in naturwissenschaftlichen Disziplinen, förderte darüber hinaus die starke fachliche Orientierung der LehrerInnen. Sie verstanden sich zum großen Teil als VermittlerInnen von fachspezi-

11 Beim Umgang mit der DDR-Geschichte treffen wir immer wieder auf Ambivalenzen, welche die scheinbaren Eindeutigkeiten infragestellen. So auch hier: Es gab, wenn auch wenige, Beispiele für einen politisch liberaleren Zugang zur höheren Bildung, z.B. SchülerInnen, die sich gesellschaftlichen Anforderungen widersetzten und dennoch begehrte Studienplätze erhielten. Dies macht den Spielraum deutlich, den einzelne EntscheidungsträgerInnen innerhalb des Bildungssystems partiell besaßen und je nach politischer Einstellung nutzten.

fischen Kenntnissen und waren daher bemüht, die politischen Anteile im Unterricht so gering wie möglich zu halten (vgl. Tillmann 1993).

Zum anderen wurde spätestens in der zweiten Hälfte der 80er Jahre der Widerspruch zwischen gesellschaftlicher Realität und verkündetem Anspruch derart offensichtlich, daß die ideologische Überfrachtung der Schule vermehrt Desinteresse und Widerstand der SchülerInnen hervorrief. Im Freundeskreis und in der Familie wurden die ideologischen Inhalte des Unterrichts als unglaubhaft disqualifiziert, widersprachen sie doch den alltäglichen Erfahrungen und den Meldungen der „Westmedien".

Die selbst noch am Ende der DDR starke Beteiligung der Jugendlichen an FDJ- oder GST-Aktivitäten entsprach der beschriebenen Entwicklung: Die Mädchen und Jungen nutzten die Ressourcen der Organisationen und definierten diese eigensinnig um, ohne die den Organisationen zugrunde liegende Ideologie anzunehmen. Sie bestimmten selber, welche Musik im FDJ-Jugendklub gespielt wurde, und hielten sich dabei nur selten an die staatlich verordnete Quote, welche das Verhältnis von gespielter DDR- und westlicher Musik regeln sollte. Viele Jugendliche traten in die GST ein, da man als deren Mitglied schnell und preiswert den Führerschein erwerben konnte, worauf man sonst mehrere Jahre warten mußte. Nach dem Erhalt des Führerscheins verließen die Jugendlichen dann die GST.

Der IX. Pädagogische Kongreß im Sommer 1989 machte überdeutlich, daß das DDR-Schulsystem auf diese Entwicklungen nicht reagieren konnte. Im Vorfeld dieses Kongresses wurden innerhalb der LehrerInnenschaft Zweifel an der praktizierten Bildungspolitik der SED rege diskutiert. Doch während die Menschen sich zahlreich mit dem Gedanken befaßten, das Land zu verlassen, klopfte sich die delegierte PädagogInnen-Elite unter der Führung Margot Honeckers auf die Schulter und bekräftigte das Erziehungsideal einer „allseitig gebildeten sozialistischen Persönlichkeit". Anregungen kritischer DDR-PädagogInnen wurden ignoriert oder mit den repressiven Methoden des Obrigkeitsstaates beantwortet. Damit offenbarte die Führung der DDR-Volksbildung ihre Reformunwilligkeit und verwies unfreiwillig auf die Notwendigkeit umfassender politischer Veränderungen.

7.2.2 Die Entwicklung nach dem Fall der Mauer

7.2.2.1 Einholen ohne Überholen: Das Westberliner Schulsystem wird übernommen

Mit der gesellschaftlichen Umwälzung in der DDR schien es möglich, das Schulsystem grundlegend zu reformieren.[12] Zahlreiche basisdemokratische

12 Margot Honecker trat am 2. November 1989 von ihrem Amt als Ministerin für Volksbildung zurück, ihr Amt wurde von Hans-Heinz Emons übernommen. Nach

Gruppen, die sich z.T. neu konstituierten, z.T. auch schon seit längerem unter dem Dach der Kirche bestanden, diskutierten darüber, auf welche Weise eine Demokratisierung der Volksbildung zu erreichen sei. Der schnelle politische Zusammenbruch der „alten" DDR begünstigte die ungeheuer phantasiereiche und kreative Debatte. Alles schien möglich zu sein; reformpädagogische Ansätze wurden wiederentdeckt; Ziel waren Schulstrukturen, die sowohl Individualität und Kreativität als auch soziales Engagement fördern sollten. Die regionalen „Runden Tische" zu Bildung, Erziehung und Jugendfragen leisteten einen nicht zu unterschätzenden Beitrag zur Etablierung neuer Schulstrukturen. Sie gaben der öffentlichen Meinung eine quasi-institutionelle Form und ermöglichten eine noch nicht dagewesene öffentliche Kontrolle (vgl. Neunter Jugendbericht 1994).

LehrerInnen und Schulverwaltung beteiligten sich an dieser Diskussion kaum. Politisch und moralisch häufig diskreditiert, pauschalen Verurteilungen der Öffentlichkeit ausgesetzt sowie in den Monaten nach dem Anschluß der DDR an die BRD mit Unsicherheiten bezüglich der Anerkennung der Abschlüsse und der Weiterbeschäftigung konfrontiert, gelang es der LehrerInnenschaft nicht, eine aktive Rolle bei der Umstrukturierung der DDR-Schule zu übernehmen.[13] In welchem Maße die Schulverwaltung auf den Druck „von unten" reagieren mußte, illustriert die Abschaffung des schulpflichtigen Samstags. Noch auf dem Pädagogischen Kongreß im Juni 1989 wurde die Einführung einer „5-Tage-Schulwoche" abgelehnt. Da es aber die Eltern im November und Dezember vorzogen, mit der ganzen Familie das „Begrüßungsgeld" in westdeutschen Städten abzuholen, und die Kinder daher reihenweise am Sonnabend nicht in der Schule erschienen, wurde der schulpflichtige Sonnabend kurz vor Weihnachten 1989 abgeschafft. Zuvor hatten bereits einzelne Schulen den Samstag zum unterrichtsfreien Tag erklärt.

Am schnellsten und effektivsten wurde die Schule aus der ideologischen Vereinnahmung befreit: Bereits Anfang November 1989 wurde das Fach Wehrkunde eingestellt und der Lehrplan für Staatsbürgerkundeunterricht aufgehoben. Ab Anfang 1990 konnte Russisch als erste Fremdsprache abgewählt und durch andere Sprachen ersetzt werden. Die ideologischen Ausrichtungen verschwanden zu großen Teilen ersatzlos aus den Lehrplänen, mit ihnen z.T. auch die alten Lehrbücher, so daß im Unterricht improvisiert werden mußte. Mit dem Schuljahr 1990/91 wurde Gesellschaftskunde als Fach für die Klassenstufen 7-12 sowie ein neuer Geschichtslehrgang eingerichtet.

---

der Volkskammerwahl am 18.3.1990 wurde der parteilose Hans-Joachim Meyer auf Vorschlag der CDU Minister für Bildung und Wissenschaft.

13 An dieser (und auch an späterer) Stelle sei darauf hingewiesen, daß viele LehrerInnen die sich nach der Wende bietenden Freiräume aktiv nutzten, um neue Lehrmethoden auszuprobieren, welche die SchülerInnen stärker in die Unterrichtsgestaltung einbeziehen. In Fragen der Entwicklung neuer Schulstrukturen jedoch kamen kaum Vorschläge aus der Institution Schule, vielmehr wurden verschiedenste Veränderungsvorstellungen an die Schule herangetragen und z.T. ohne Mitsprache der dort Beschäftigten umgesetzt.

Die polytechnischen Anteile wurden im großen Umfang, auch aufgrund der Situation in den vormaligen Ausbildungsbetrieben, eingestellt. Die Schule wurde von Pionierorganisation und FDJ getrennt, was schlagartig den Schulalltag der SchülerInnen veränderte und das Ende dieser Organisationen einleitete.

Schwieriger gestaltete sich die Änderung der schulischen Grundstrukturen. Zwar wurden neue Wege zum Abitur eröffnet (schrittweises Abrücken von zweijähriger Abiturstufe durch Leistungsklassen, vereinfachte Zugangsvoraussetzungen) und ab dem Schuljahr 1990/91 Schulen in freier Trägerschaft ermöglicht. Die Lehrpläne für den Fachunterricht verloren ihren „Quasi-Gesetzescharakter“ und sollten lediglich den Rahmen des Lehrstoffes abbilden. Spätestens mit der Volkskammerwahl im März 1990 waren jedoch die politischen Weichen in Richtung einer raschen Vereinigung Deutschlands und eines Übergangs der bildungspolitischen Verantwortung an die sich neu konstituierenden Länder gestellt. Im Hinblick auf die nahe Vereinigung wurden die anstehenden Probleme einer umfassenden Schulreform von der Schulverwaltung ausgesessen (vgl. Richter/Fischer 1993).

Im Einigungsvertrag (August 1990) wurde das Schulsystem im „Beitrittsgebiet“ nur beiläufig behandelt und dessen Veränderung in die Verantwortung der Länder, jedoch „auf der Basis des Hamburger Abkommens und der weiteren einschlägigen Vereinbarungen der Kultusministerkonferenz“ (Artikel 37, Abschnitt (4)), gegeben. Die neuen Bundesländer gingen daraufhin bildungspolitisch unterschiedliche Wege und verfaßten in Anlehnung an die Modelle der jeweiligen westlichen Partnerbundesländer eigene Schulgesetze. Dieser Prozeß führte dazu, daß in den neuen Bundesländern erst mit dem Schuljahr 1991/92 verbindliche schulpolitische Vorgaben in Kraft gesetzt wurden. Bis dahin galten die Übergangsregelungen der letzten DDR-Regierung.

In Berlin war mit der beschlossenen Vereinigung von West- und Ostberlin zu einem Bundesland eine besondere Situation gegeben. Es war möglich, das Westberliner Schul- und Schulverfassungsgesetz mit dem Schuljahr 1991/92 als einheitliche Rechtsgrundlage auch für den Ostteil der Stadt zu übernehmen. Diesen Schritt erlebten viele Menschen in Ost- und Westberlin als Überstülpen eines veränderungswürdigen Schulsystems[14] und als Abwürgen einer bildungspolitischen Debatte von unten. In einer Repräsentativbefragung der ostdeutschen Bevölkerung (IFS-Umfrage 1991) begrüßten die Mehrheit der ostdeutschen Eltern von SchülerInnen den Abschied von der DDR-Einheitsschule, 57% unter ihnen sprachen sich jedoch gegen eine kritiklose Übernahme des westdeutschen Schulsystems ohne Berücksichtigung der ostdeutschen Elternwünsche aus.[15]

---

14 Siehe dazu die aktuelle schulpolitische Diskussion über die Rolle der Hauptschule als faktische „Restschule“, Akzeptanzprobleme der Gesamtschule sowie die Entwicklung des Gymnasiums zu einer „Gesamtschule“ im Sinne des Wortes.

15 Vgl.: Schule im Spiegel der öffentlichen Meinung. Ausgewählte Ergebnisse der siebten Repräsentativbefragung der bundesdeutschen Bevölkerung. In: Deutsche Lehrerzeitung, 39. Jg., 15/1992, S.3.

Mit dem Schuljahr 1991/92 wurden in Ostberlin die POS und EOS durch Grund-, Haupt-, Real- und Gesamtschulen (davon ein Drittel mit gymnasialer Oberstufe) sowie Gymnasien ersetzt. Es wurde also auch das Nebeneinander von Gesamtschule und dreigliedrigem Schulsystem übernommen. Nach einem gemeinsamen 6-jährigen Grundschulbesuch können seitdem die Kinder ab der 7. Klasse entsprechend dem Elternwunsch verschiedene Schulformen der Sekundarstufe I wählen und damit unterschiedliche Abschlüsse erreichen. Es kann mit dem Schuljahr 1991/92 von einem vorläufigen Abschluß der Umstrukturierung des Ostberliner Schulsystems gesprochen werden.

7.2.2.2 Lernen im Chaos oder Alles beim Alten? Wie hat sich der für die Ostberliner SchülerInnen erlebbare Schulalltag verändert?

Die raschen politischen Entwicklungen im Herbst 1989 sowie die schnell eingeleiteten curricularen und strukturellen Veränderungen in den ersten Monaten nach dem Mauerfall trafen die Jugendlichen ähnlich unvorbereitet wie die LehrerInnenschaft.

Mit dem Wegfall der FDJ- und Pionieraktivitäten, des schulpflichtigen Samstags sowie ganzer Schulfächer wurde Zeit, die vorher von der Schule reglementiert wurde, für die SchülerInnen frei verfügbar. Dieses Mehr an Freizeit, aber auch ein Mehr an Verantwortung für die eigene Zeit ist für die Mädchen und Jungen ein ganz wesentlicher Aspekt der Schulumwandlung gewesen. Dies erlebten die SchülerInnen durchaus nicht nur positiv, gingen doch mit dem Wegfall der extracurricularen Aktivitäten der Schulen wichtige Ressourcen für die Ausübung von Hobbies und für jugendkulturelle Veranstaltungen verloren. In den Familien, in denen, wie in der DDR üblich, beide Elternteile berufstätig waren, mußten neue Zeitarrangements gefunden werden, da die Kinder weit weniger von den Schulen und den anderen Organisationen beaufsichtigt wurden.

Als wohl gravierendste Entwicklung innerhalb des Schulsystems kann der Autoritätsverlust der LehrerInnen gegenüber der SchülerInnenschaft betrachtet werden. Die LehrerInnen standen dem gesellschaftlichen Umbruch größtenteils ratlos gegenüber. Hinzu kam, daß sich viele LehrerInnen durch ihr Verhalten vor der „Wende“ politisch und moralisch diskreditiert hatten und nun teilweise gezwungen waren, zu ihren früheren Aussagen völlig konträre Wissensinhalte zu vermitteln. Die SchülerInnen ahnten, daß von diesen LehrerInnen keine Antworten auf ihre Fragen zu erwarten waren und fragten erst gar nicht. Überhaupt ist es erstaunlich, daß zwischen LehrerInnen und SchülerInnen kaum Diskussionen über frühere Indoktrinationsversuche oder ideologisch gefärbten Unterricht geführt wurden. Es kam zu einer eigentümlichen Generösität der SchülerInnen gegenüber ihren verunsicherten LehrerInnen (vgl. Richter/Fischer 1993).

Besonders belastete LehrerInnen wurden auf Druck der Eltern aus dem Schuldienst entlassen, gleichzeitig tauchten aber auch bis zur Volkskammerwahl die „Modrow-LehrerInnen"[16] im Schuldienst auf. Diese LehrerInnen wurden zwar größtenteils mit den politischen und fachlichen Überprüfungen ab 1991 aus dem Schuldienst wieder entlassen. Zunächst verstärkte ihre Einstellung jedoch das Gefühl von Chaos und fehlender Orientierung an den Schulen.

SchülerInnen stellten frühere Selbstverständlichkeiten zunehmend in Frage (z.B. Pünktlichkeit, Disziplin im Klassenraum) und setzten damit LehrerInnen unter Legitimationsdruck.

Im Fachunterricht mußte improvisiert werden. Die alten Lehrpläne hatten nur noch Rahmencharakter, viele Inhalte mußten entfernt werden, wobei nur die alten Unterrichtsmaterialien und Bücher zur Verfügung standen. Nicht wenige LehrerInnen setzten diese Widersprüche kreativ um und experimentierten mit neuen Unterrichtsformen, welche die SchülerInnen stärker mit in die Unterrichtsgestaltung einbezogen.

Auch für das Schuljahr 1990/91 war der organisatorische Vorlauf so kurz, daß Improvisation den schulischen Alltag bestimmte. Die Schulleitungen wurden mit Beginn des Schuljahrs ausgewechselt. Zunehmend wurden Medien und Bücher aus westdeutschen Verlagen verwendet, die für die SchülerInnen genauso neu waren wie für die LehrerInnen.

War das erste Jahr nach dem Mauerfall v.a. durch Verunsicherung der LehrerInnen, aber auch durch neue Offenheit und Interaktionsformen in der Schule gekennzeichnet, bestimmte im zweiten Jahr das Bemühen der Schulverwaltung um die Angleichung des Ostberliner Schulsystems an das Westberlins die Atmosphäre an den Schulen.

Im Zuge dieser Anpassung wurde die LehrerInnenschaft auf ihre persönliche und fachliche Eignung für das „neue" Schulsystem von der Schulverwaltung überprüft. Die Überprüfung durch die von Westberliner PolitikerInnen und BeamtInnen dominierte Behörde sorgte für erhebliche soziale Verunsicherung unter den LehrerInnen, da die Kriterien, nach denen von der Schulverwaltung überprüft wurde, wenig eindeutig waren. Unsicher war die Anerkennung von Berufsabschlüssen und Dienstjahren sowie die Bewertung gesellschaftlichen Engagements in der DDR. Hinzu kam, daß aus rein wirtschaftlichen Notwendigkeiten nicht alle LehrerInnen übernommen werden konnten. Daher vermuteten nicht wenige LehrerInnen, daß die Überprüfung nur dazu dienen sollte, den durch finanzielle Zwänge motivierten Stellenabbau durch Diskreditierung des/der einzelnen LehrerIn moralisch zu legitimieren. Die damalige Diskussion wurde mit starken Überzeichnungen und Pauschalverurteilungen (einerseits der Verweis auf eine kollektive Mittäterschaft aller DDR-LehrerInnen, andererseits der Vorwurf einer „Siegermentalität")

---

16 Hans Modrow war der letzte der SED angehörende Ministerpräsident der DDR. Er regierte von November 1989 bis zur Volkskammerwahl im März 1990. Während seiner Regierungszeit konnten zahlreiche LehrerInnen, die zuvor im SED-Leitungsapparat, beim Ministerium für Staatssicherheit, in der Armee oder in anderen gesellschaftlichen Institutionen gearbeitet hatten, in den Schuldienst zurückkehren.

geführt und machte eine gründliche Reflexion über Schule in der DDR sowie über Möglichkeiten einer demokratischen Schulreform unmöglich.

Viele LehrerInnen reagierten auf die enorme Unsicherheit mit Fatalismus und Resignation. Aus Angst vor der Überprüfung enthielten sie sich einer Wertung der politischen Entwicklungen gegenüber den SchülerInnen und vermieden solche Diskussionen.

Daß eine derartig mit sich selbst beschäftigte LehrerInnenschaft nicht dazu in der Lage war, Innovationen in der Unterrichtsgestaltung voranzutreiben, ist verständlich. Gemessen an den Vormonaten stagnierte bis zum Frühjahr 1991 die für die SchülerInnen erlebbare Umgestaltung der Schulen.

Die SchülerInnen nahmen die Unsicherheiten der LehrerInnen wahr. Es kam an verschiedenen Schulen zu Solidarisierungsaktionen der Jugendlichen mit LehrerInnen, denen eine Kündigung drohte. Ansonsten erlebten die Mädchen und Jungen, ebenso wie ihre Eltern, die Überprüfungen der LehrerInnen als passive ZuschauerInnen ohne Einfluß auf das Ergebnis.[17]

Im Frühjahr 1991 standen die SchülerInnen ab der Klassenstufe 6 und ihre Eltern vor der schwierigen Aufgabe, den Schultyp für das kommende Schuljahr zu wählen. Neu für die ostdeutschen Familien war, daß der Elternwunsch das ausschlaggebende Kriterium für die Schulwahl war.

Daß damit eine Entscheidung über die Lebensperspektive getroffen wird, war sowohl den Eltern als auch den SchülerInnen klar. Bei einer Befragung im Spätherbst 1991 unter Ostberliner SchülerInnen nannten ca. 90% als vorwiegenden Grund für ihre Schulwahl die Möglichkeit eines qualitativ hohen Abschlusses und die guten Einstiegschancen ins Berufsleben (vgl. Rost/ Wessel 1992).

Um so schwieriger war für die SchülerInnen und deren Eltern die Entscheidung. Sowohl sie als auch die LehrerInnen, die selber noch nicht wußten, in welcher Schulform sie ab dem Schuljahr 1991/92 lehren würden, verfügten über wenig Informationen und keinerlei Erfahrungen mit den neuen Schultypen. Wie wenig Einfluß die Empfehlung der Grundschule für die Entscheidung hatte, zeigt die o.g. Umfrage: Von weniger als einem Drittel der SchülerInnen wurde der Empfehlung der Grundschule eine wichtige Bedeutung beigemessen.

Es ist interessant, wie sich die Ostberliner SchülerInnen und ihre Eltern entschieden. Verglichen mit den Schwierigkeiten in der DDR stellte sich die Schulwahl als ungeheuer liberaler Zugang zu höherer Bildung dar. Entsprechend wählten im Frühjahr 1991 die SchülerInnen zu 44% das Gymnasium und zu 44% die Gesamtschule[18] und damit beinahe zu zwei Dritteln Schulen mit einem Abiturabschluß. Dies entsprach einem höheren Wunsch nach Ab-

---

17 Die meist erfolglosen Solidarisierungsaktionen mit bestimmten LehrerInnen waren für viele Mädchen und Jungen (und auch für ihre Eltern) die ersten Erfahrungen mit der Westberliner Bürokratie und dürften bei nicht wenigen unter ihnen zur Ernüchterung bezüglich der Möglichkeiten, in der „neuen“ Gesellschaft am politischen Entscheidungsprozeß teilhaben zu können, geführt haben.

18 Von den Gesamtschulen Ostberlins verfügt ein Drittel über eine gymnasiale Oberstufe.

iturabschluß als unter der Westberliner SchülerInnenschaft (vgl. ebenda) und ist eventuell einem entsprechenden Nachholbedarf in Ostberlin geschuldet. Eher ist jedoch zu vermuten, daß die Ostberliner Eltern, die die Unsicherheiten auf dem Arbeitsmarkt unmittelbar erlebten und für die diese Erfahrungen völlig neuartig waren, besonderen Wert auf ein hohes Ausbildungsniveau ihrer Kinder legten. Entsprechend und im Vergleich zu Westberlin gering war die Anmeldequote für Realschulen (11%) und Hauptschule (1%). Doch bereits mit den Anmeldungen für das Schuljahr 1992/93 und damit überraschend schnell haben sich Ost- und Westberliner Familien bezüglich ihres Schulwahlverhaltens angeglichen (vgl. Gruschka/Tiedke 1992).

Für die SchülerInnen ergaben sich mit Beginn des Schuljahr 1991/92 und mit dem Besuch der neuen Schulform einschneidende Veränderungen des Schulalltags: z.T. erheblich längere Schulwege, neue KlassenkameradInnen, unbekannte LehrerInnen, größere Klassen[19], andere Fächer oder andere Inhalte, Möglichkeiten, in Schülervertretungen mitzuwirken.

Es ist daher von Interesse, wie die SchülerInnen die neue Schule wahrnahmen. Aufschluß darüber gibt eine parallel durchgeführte schriftliche Befragung von 1000 LehrerInnen und 1300 SchülerInnen der Sekundarstufe I in Ostberlin am Ende des Schuljahrs 1991/92 von Riedel, Griwatz, Leutert und Westphal:

Über zwei Drittel der befragten SchülerInnen fanden die differenzierte Mittelstufe vollkommen oder überwiegend gut, nur jede/r Achte äußerte sich ablehnend. Reservierter gaben sie sich bei der Frage, ob nach der Vereinigung an ihrer Schule die Verbesserungen überwiegen würden. Jede/r vierte Befragte verneinte das. Vermißt wurden u.a. die Freizeitangebote der Schule, was sich durch die starken finanziellen Einsparungen bei der Jugendarbeit in den letzten Jahren noch verstärkt haben dürfte.

Die sozialen Beziehungen sowohl zu den MitschülerInnen als auch zu den LehrerInnen wurden als überwiegend gut eingeschätzt.[20] Allerdings erlebten die SchülerInnen untereinander eine stärkere Konkurrenz als früher.

Die SchülerInnen können nach ihrer Aussage in der Schule nur wenig mitbestimmen; viele Themen, die sie bewegen, können sie nicht ansprechen. Die Bedeutung der Schule ergibt sich für die meisten SchülerInnen aus dem erreichbaren Abschluß, dem vermittelten Wissen und dem Zusammensein

---

19 Im Schnitt lag 1988 die Klassenstärke an Ostberliner Oberschulen in den Klassenstufen 7-10 bei 22,1 SchülerInnen. Bei einer im Frühjahr 1992 in der Sekundarstufe I in Ostberlin durchgeführten Lehrer- und Schülerbefragung unterrichteten 71% der LehrerInnen in Klassen mit über 27 SchülerInnen, 38% sogar in Klassen mit über 30 SchülerInnen (vgl. Riedel u.a. 1994, S. 30).

20 Dies deckt sich mit den Ergebnissen des Neunten Jugendberichts. Die befragten Ostberliner SchülerInnen gaben an, daß die LehrerInnen eher unterstützend als autoritär agieren. Ein Vertrauensverlust gegenüber den LehrerInnen ist bei den SchülerInnen kaum zu verzeichnen. Die Beziehungen zu den MitschülerInnen werden größtenteils als gut eingeschätzt, wobei die Leistungsschwächeren eher eine kalte und gleichgültige Atmosphäre angeben (vgl. Neunter Jugendbericht 1994, S. 131 ff.).

mit FreundInnen. Nur 14% der Befragten hatten keine Angst, den Leistungsanforderungen nicht gerecht zu werden. Die Akzeptanz der gewählten Schulform ist bei GymnasiastInnen am höchsten und bei HauptschülerInnen am niedrigsten. HauptschülerInnen gaben häufiger als die anderen ein hohes Konfliktpotential und eine geringe soziale Integration in ihrer Schule sowie wenig interessante Unterrichtsinhalte an (vgl. Riedel u.a. 1994, S. 44ff.).[21]

Wie erlebten die SchülerInnen den Unterrichtsalltag in der neuen Schulform? Befragt, wie LehrerInnen auf Störungen reagieren, nahmen die SchülerInnen neben dem Ermahnen das „Disziplinieren" (Ausgrenzen, Unterdrücken) des/der störenden SchülerIn als häufigste Reaktion des/der LehrerIn wahr. Von einer gemeinschaftlichen Konfliktbewältigung wurde nicht berichtet (vgl. ebenda, S. 66ff.). Die erlebten Unterrichtsmethoden waren v.a. Stillarbeit, fragenentwickelndes Unterrichtsgespräch sowie Lehrervortrag, mithin lehrpersonenzentrierte Methoden. Es wurden aber auch gelegentliche Erfahrungen mit schüleraktivierenden Unterrichtsformen (Partner-, Gruppenarbeit, Schülerdiskussion) gemacht, v.a. in Fächern, in denen eine Verarbeitung der Probleme des gesellschaftlichen Umbruchs möglich ist (Sozialkunde, Deutschunterricht). Scheuen sich die LehrerInnen gerade bei der Bearbeitung dieser Themen vor der Anwendung lehrpersonenzentrierter Methoden, da sie keine Stellung beziehen wollen? (Vgl. dazu ebenfalls Riedel u.a. 1994, S. 134ff.)

Die von den SchülerInnen gewünschten Unterrichtsmethoden waren v.a. kooperativ geprägte (Partner-, Gruppenarbeit, Schülerdiskussion), während lehrpersonenzentrierte Gestaltungsformen (Stillarbeit, Lehrervortrag, Unterrichtsgespräch) deutlich weniger gewünscht wurden als sie real erlebbar waren (vgl. ebenda, S. 142ff.). Die meisten SchülerInnen wünschten sich, selber bestimmen zu können, was Thema des Unterrichts ist. Sie vermißten im Unterricht Themen, mit denen sie im Alltag unmittelbar oder durch die Medien konfrontiert werden: politische und gesellschaftliche Probleme (Tagespolitik, Umwelt, Drogen, Gewalt), jugendliche Lebenswelt (Sexualität, Weltanschauung, Jugend-, Berufswahl- und Schulprobleme) sowie Hobbies. Dieser Befund ist für die weiteren Betrachtungen, v.a. für diejenigen im Kapitel 9 zur Kommunikation, von Bedeutung: Der Unterricht bietet also für die Mehrzahl der SchülerInnen keine Gelegenheit, sich über Aspekte von Drogenkonsum auszutauschen. Es ist daher zu vermuten, daß auch die LehrerInnen von den Jugendlichen nicht als kompetente und vertrauenswürdige GesprächspartnerInnen akzeptiert werden, wenn sie Fragen zu illegalisierten Drogen haben oder wenn sie eigene Erfahrungen mit solchen Substanzen besprechen möchten (vgl. dazu Kapitel 9).

---

21 Auch hier eine Ergänzung aus dem Neunten Jugendbericht: Gewalt an den Schulen wird von Ostberliner SchülerInnen insgesamt nicht häufiger als von Westberliner AlterskameradInnen und auch nicht zunehmend erlebt. Es kann hierbei deutliche Unterschiede zwischen einzelnen Schulen und den verschiedenen Schulformen geben. Besonders problembehaftet scheint auch diesbezüglich der Alltag an den Hauptschulen zu sein (vgl. ebenda, S. 134 ff.).

Aus den Untersuchungen des Neunten Jugendberichts ergab sich jedoch eine positive Bewertung der neuen Mitwirkungsmöglichkeiten am Schulalltag durch die SchülerInnen. Einschränkend wurde darauf hingewiesen, daß die Vorschläge der SchülerInnen zu oft nicht realisiert werden und daß sich zu wenige SchülerInnen aktiv beteiligen (vgl. Neunter Jugendbericht 1994, S. 136ff.).

7.2.2.3 Unauffällige Kontinuitäten

Diese Ergebnisse illustrieren einige Entwicklungen, die auf den ersten Blick nicht auffallen: Jedes moderne Schulsystem hat mit widersprüchlichen Anforderungen zu kämpfen: Leistungsorientierung und -differenzierung, soziale Integration der SchülerInnen in die Gesellschaft, optimale Förderung von SchülerInnen unterschiedlichsten Leistungsvermögens. Das Berliner Schulsystem nach 1991 bietet als Lösung u.a. eine weitaus stärkere Leistungsdifferenzierung und einen liberaleren Zugang zu höherer Bildung als die DDR-Schule an. Mit der Leistungsdifferenzierung geht die Vorstrukturierung von Lebensperspektiven in Form der erreichbaren Schulabschlüsse einher. Dies war den Ostberliner SchülerInnen bei der Wahl der Schule im Frühjahr 1991 bewußt und führte zu den niedrigen Anmeldungszahlen für Haupt- und Realschule. Besonders die Wahl der Hauptschule dürfte in den wenigsten Fällen eine „freiwillige“ Entscheidung gewesen sein. Daher wird diese Schulform von den SchülerInnen am wenigsten akzeptiert und als konfliktbehaftet erlebt. Doch auch innerhalb der einzelnen Schulformen führen Differenzierungsprozesse (z.B. Probezeit) zu einem höheren Leistungsdruck, als es in der DDR-Schule üblich war. Die SchülerInnen reflektierten dies in ihren Bemerkungen über den Konkurrenzdruck in der Klasse und der Angst, den Leistungsanforderungen nicht gewachsen zu sein. Bourdieu (1989) hat belegt, daß Bildungschancen je nach sozialer Herkunft und damit verfügbarem kulturellen Kapital äußerst unterschiedlich verteilt sind. Die Vermutung liegt nahe, daß vor allem SchülerInnen aus höheren, bildungsnahen Schichten von dem differenzierten Schulsystem und dem liberalen Zugang zu höherer Bildung profitieren. Im Schuljahr 1991/92 vorgenommene Untersuchungen unter Ostberliner Eltern bestätigen diese Annahme eindrucksvoll: Je höher der Bildungsabschluß der Eltern ist, desto höheren Wert legen sie darauf, daß ihre Kinder die allgemeinbildende Schule mit dem Abitur abschließen werden (vgl. Rost/Wessel 1992). Diese Tendenz, die sich bereits in der DDR zunehmend zeigte, setzte sich unter dem neuen Bildungssystem fort und verstärkt sich mit der Differenzierung der Schulformen. Die aktuelle Schul- und Hochschulpolitik wird diese Tendenz weiter verschärfen. Es wird eine der Hauptaufgaben künftiger Schulreformen sein, diese Zuordnung von Bildungschancen qua sozialer Herkunft zu durchbrechen.

Auch unter anderen Gesichtspunkten lassen sich Kontinuitäten zwischen dem „alten“ und dem „neuen“ Schulsystem finden. Das Prinzip der staatlichen Pflichtschule blieb unangetastet, wenn auch die Verantwortlichkeit von der DDR-Zentralregierung auf die Länder überging.

Die Rollenverteilung zwischen LehrerInnen und SchülerInnen hat sich grundsätzlich nicht verändert: LehrerInnen bestimmen entsprechend dem curricular Vorgegebenen, was mit welcher Zielsetzung unterrichtet wird, sie verteilen Noten, die ihrerseits den Zugang zu höherer Bildung und die Aussichten auf dem Arbeitsmarkt reglementieren. Die Unterrichtsmethoden sind mit der Konzentration auf lehrpersonenzentrierte Lehrformen relativ stabil geblieben. Eine erstaunliche Kontinuität findet sich auch im Verhalten nicht weniger LehrerInnen, die sich sowohl in der DDR als auch nach der Wende lediglich als WissensvermittlerInnen begreifen. Früher geschah dies als Abgrenzung gegenüber der ideologischen Vereinnahmung des Unterrichts. Heute scheint dies eher Ausdruck von Rollenverunsicherung bei den Lehrenden zu sein. Sie sind unsicher, ob sie politische oder moralische Werte im Unterricht vermitteln dürfen oder fühlen sich dazu, auch aufgrund ihrer Vergangenheit, nicht in der Lage. Die öffentlichkeitswirksame Debatte um fehlende verbindende Werte in der ostdeutschen Gesellschaft der 90er Jahre und die damit einhergehende diskriminierende Inszenierung einer „latent gewaltbereiten und gefährdeten" Jugend führten zu massiven Schuldzuweisungen an die LehrerInnen. Viele Lehrende, die an den Schulen tatsächlich eine negative Veränderung des Verhaltens der SchülerInnen und eine Häufung der Konflikte mit den SchülerInnen im Schulalltag erleben, neigen dazu, die Ursachen für diese Entwicklung außerhalb der Institution Schule anzusiedeln.[22] Sie fühlen sich dieser Entwicklung gegenüber machtlos und wehren sich gegen die öffentliche Schuldzuweisung mit dem Hinweis darauf, daß sie nur Wissen zu vermitteln hätten.

Erklärbar wird die Stabilität in der Methodik und im Verhalten der LehrerInnen, wenn man die hohe personelle Kontinuität im ostdeutschen Bildungssystem bedenkt. Zwar wurden die Schulleitungen ausgetauscht, aufgrund der sehr wenigen Neueinstellungen und dem kaum vorhandenen Ost-West-Transfer von Lehrenden kann jedoch davon ausgegangen werden, daß nahezu alle LehrerInnen der heutigen Schulen Ostberlins auch schon zu DDR-Zeiten unterrichteten – eine für die „Wendezeit" bemerkenswerte Stabilität der Beschäftigungsverhältnisse.

Trotz des subjektiven Erlebens der LehrerInnen und SchülerInnen von einem rasanten Wandel im Schulalltag ist die Institution Schule, verglichen mit den anderen Umwälzungen in der DDR-Gesellschaft, eher ein Ort der Stabilität geblieben (vgl. Tillmann 1994).

22 Vgl. dazu Riedel u.a. 1994, S. 60 ff.

7.2.2.4 Unsere Untersuchungsergebnisse zur Schule

Im folgenden werden wir die Ergebnisse unserer Untersuchung, welche im engen inhaltlichen Zusammenhang zu den beschriebenen Veränderungen in der Schule stehen, präsentieren.

Wir haben mit unserem Fragebogen die SchülerInnen nicht direkt nach Einschätzungen des Schulalltags befragt. Dennoch machten die Jugendlichen deutlich, daß sie ein konfliktreiches Verhältnis zur Institution Schule haben: Auf unsere Frage „Was sind gegenwärtig Deine größten Sorgen?“ wurde zu jedem Zeitpunkt am häufigsten die Schule genannt.[23]

Die sekundäre Sozialisationsinstanz Schule ist immer noch geprägt vom traditionellen Jugendbild des Gratifikationsaufschubs, des „jetzt auf etwas verzichten, jetzt etwas lernen, um später etwas zu erreichen“. Im Gegensatz dazu ist das jugendliche Leben außerhalb der Schule gegenwartsorientiert und nach dem Bild des „Jetztleben, weil man nicht richtig weiß, was kommt“ strukturiert (vgl. Böhnisch 1992, S. 154ff.). Die Jugendlichen müssen mit diesem Widerspruch zurechtkommen. Die von Erwachsenen bestimmte Schule ist für die Jugendlichen neben alltäglichen Jugendzusammenhängen und der Familie die Instanz, welche Zeiteinteilung, Aufenthalt, Denken, Arbeitsbelastungen im Alltag entscheidend beeinflußt.

Für die Mehrheit der SchülerInnen ist die Schule ein Belastungsfaktor. Das Thema Schule beinhaltet die Angst vor der nächsten Klassenarbeit, Bedenken zur Güte des Abschlusses hinsichtlich der Chancen auf dem Arbeitsmarkt, die Sorge, den Schulabschluß überhaupt zu bestehen, aber auch die Mühsal des frühen Aufstehens, die „Zeitverschwendung“, welche die Schule für einige Jugendliche bedeutet, oder etwa Probleme mit MitschülerInnen. Die Bandbreite erstreckt sich über unangenehme Pflichterfüllung bis hin zur existentiellen Bedrohung. In der Nennung von Schule als Sorge spiegelt sich ein Großteil der Jugendprobleme der heutigen Zeit wider. Die Verschärfung der Situation auf dem Arbeits- und Ausbildungsmarkt hat mit Sicherheit dazu beigetragen, daß die Nennungen von 49% 1992 auf 60% 1995 angestiegen sind. Für die SchülerInnen wird es immer wichtiger, einen guten Schulabschluß zu erlangen, um überhaupt eine Chance auf einen Ausbildungsplatz zu haben. Gerade 1995 war insbesondere für die SchulabgängerInnen ein problematisches Jahr, was von ihnen auch sehr deutlich reflektiert wurde. So nennen 1995 gerade die SchülerInnen, die 17 Jahre oder älter sind, eher Schulsorgen als jüngere. 1992 gab diese Altersgruppe noch am seltensten Schulsorgen an (vgl. Grafik 7-3). Das Wissen um die höhere Bedeutung von Abschlüssen für den späteren Status und Lebensstandard und ein daraus re-

23 Siehe im vorhergehenden Abschnitt 7.1 (Sozialer Wandel in der Familie) die Tabelle 7-2. Schule wurde 1992 von 49%, 1993 und 1995 von jeweils 60% der SchülerInnen, die Sorgen angaben, genannt.

sultierendes Konkurrenzdenken scheint somit an den Schulen eine zunehmend problematische Atmosphäre zu schaffen.[24]

Die Häufigkeit der Nennungen Westberliner SchülerInnen hinsichtlich ihrer Schulsorgen liegen 1994 mit 53% zwischen der 92er und der 93er Befragung in Ostberlin. Auch für diese Jugendlichen zeigt sich also die hohe Bedeutung der Schulabschlüsse für die Lebensperspektiven, insbesondere in Zeiten knapper Ausbildungs- und Arbeitsplätze. Zu bedenken ist allerdings, daß Westberliner Jugendliche seit Beginn ihrer frühesten Kindheit auf eine Leistungsgesellschaft eingestellt sind und so vermutlich die dadurch hervorgerufenen Streßsituationen tendenziell besser verarbeiten können als die Ostberliner SchülerInnen.

Grafik 7-3: „Schulsorgen" differenziert nach Alter im Zeitverlauf

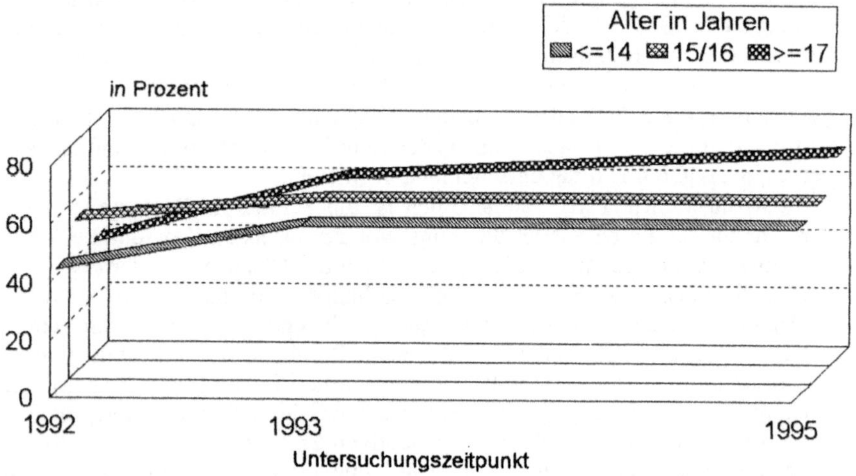

Entsprechend der Entwicklung der Schulsorgen werden auch immer häufiger Sorgen um einen späteren Arbeits- oder Ausbildungsplatz genannt.[25] Daß jede/r fünfte der von uns befragten SchülerInnen 1995 diese Sorge nennt, spiegelt die Brisanz der jetzigen Situation wider. Die Häufigkeit der Nennungen hat sich seit 1992 nahezu verdoppelt. Für viele Jugendliche ist diese Lebensphase somit alles andere als eine Zeit, in der sie sich in einem „Schonraum" entwickeln und ausprobieren können. Sie erleben im Gegensatz zur Situation

24 Vgl. hierzu auch die Untersuchungen von Riedel u.a. 1994 und den Neunten Jugendbericht 1994.

25 Siehe im vorhergehenden Abschnitt 7.1 (Sozialer Wandel in der Familie) die Tabelle 7-2. Lehrstelle/Beruf wurde 1992 von 11%, 1993 von 15% und 1995 von 17% (bzw. bei Einbeziehung der 12. und 13. Klassen von 22%) der SchülerInnen, die Sorgen angaben, genannt.

in der DDR die Gefahr der beruflichen Perspektivlosigkeit. Wenn es auch in der DDR eine nur bedingt frei wählbare berufliche Zukunft gab, so doch zumindest eine sichere. Die staatspolitische Hofierung der DDR-Jugend bedeutete immer auch die Garantie eines sicheren Arbeitsplatzes, wenn dieses „Kümmern" auch in vereinnahmender, funktionalisierender Absicht erfolgte (vgl. Kappeler 1995a, S. 260).

Hinsichtlich der Sorgen um einen Ausbildungs- bzw. Arbeitsplatz unterscheiden sich die Nennungen der Ostberliner SchülerInnen von 1995 und die der Westberliner SchülerInnen von 1994 deutlich voneinander: 22% der Erstgenannten verweisen auf entsprechende Sorgen, gegenüber 13% der Zweitgenannten. Auch wenn man die Verschlechterung der Lage zwischen 1994 und 1995 in Betracht zieht, scheinen Ostberliner SchülerInnen diese Mangelsituation als eine größere Bedrohung zu empfinden. Westberliner SchülerInnen können unter Umständen an dieser Stelle bessere Bewältigungsstrategien entwickeln. Ähnlich wie es sich schon beim Punkt Schule angedeutet hat, zeigt sich auch an dieser Stelle, daß Erfahrungen mit Arbeitslosigkeit und fehlenden Ausbildungsplätzen in Westberliner Familien sich insofern „positiv" auswirken, daß dieser Mangel für die SchülerInnen subjektiv eine geringere Bedrohung darstellt.

7.3 Veränderungen von Strukturen und Bedeutungen der freien Zeit

7.3.1 Was hatte das FDJ-Studienjahr mit der „BRAVO" zu tun? Freie Zeit in der DDR

Mit einer eigenständigen Jugendzeit ist in Gesellschaften, die keinen rituellen oder institutionalisierten Übergang zum Erwachsenenleben organisieren, das Erproben und Finden eines eigenen Lebensstils als Entwicklungsaufgabe verbunden. Diesen Prozeß gestalten Jugendliche expressiv durch Betonung und Ausleben ihrer Individualität, häufig in Differenz zur dominanten Mehrheits-(Erwachsenen-)Kultur. Voraussetzungen dafür sind frei verfügbare Zeit und soziale geographische Räume, die von den Jugendlichen angeeignet werden können und in denen sie ein Artikulationsfeld für ihre Bedürfnisse, Lebenslagen und das spontane Handeln in der Gleichaltrigengruppe finden.

7.3.1.1 Die staatliche Lenkung der freien Zeit

In der DDR waren solche offenen und damit aneignungsfähigen Räume, die dem reglementierenden Einfluß der Erwachsenen entzogen waren, kaum vorhanden. Berufsausbildung und Schule stellten stark verregelte Räume mit sehr geringen Freiheitsgraden dar, so daß das Individuierungsbedürfnis der

Jugendlichen fast nur im Freizeitverhalten seinen Ausdruck finden konnte. Aber auch in den Freizeitbereichen waren die Mädchen und Jungen mit dem bevormundenden Interesse des SED-Staates an seiner Jugend konfrontiert.

Bereits 1974 wurde die Organisation von Freizeitgestaltung für alle Jugendlichen, unabhängig von deren Mitgliedschaft, zur politischen Hauptaufgabe der „Freien Deutschen Jugend" (FDJ) erklärt (vgl. Kappeler 1995a).

Die staatliche Reaktion wurde notwendig, da die Schule und die bestehenden Massenorganisationen[26] die gesellschaftliche Einbindung der Jugendlichen nicht mehr im beabsichtigten Umfang gewährleisten konnten und die Jungen und Mädchen einen Großteil ihrer freien Zeit außerhalb dieser Organisationen verbrachten. Eine Ursache dafür war, daß sich vor dem Hintergrund der Internationalisierungsprozesse im Freizeit- und Medienbereich unter DDR-Jugendlichen Bedürfnisse nach einem ausdifferenzierten Freizeit- und Konsumangebot entwickelten, welche wegen der fehlenden Ressourcen nicht einmal minimal befriedigt werden konnten (vgl. Neunter Jugendbericht 1994).

Folglich mußte die FDJ landesweit zusätzlich zum Bestehenden sozialräumliche Infrastruktur für Freizeitaktivitäten bereitstellen. Während es 1971 nur ungefähr 1700 Jugendklubs gab, unterhielt die FDJ am Anfang der 80er Jahre rund 5700 (vgl. Kappeler 1995a). Am Ende der DDR verwaltete die FDJ 15 000 Jugendklubs, 250 zentrale Jugendklubhäuser und 2300 Schulklubs (vgl. Akademie der Wissenschaften 1990, S. 42f.). In diesen fand neben Discos ein breitgefächertes Kulturprogramm (Arbeitsgemeinschaften/Zirkel zu verschiedenen Themen, Lesungen, Theatergruppen usw.) statt.

Mit der Monopolisierung öffentlicher Veranstaltungen in ihrer Zuständigkeit verband die FDJ die Absicht einer ideologischen Indoktrination der Jugendlichen. Die FDJ sollte die Erziehung der Kinder und Jugendlichen im Sinne des allgemeingültigen Erziehungszieles, der „allseitig entwickelten sozialistischen Persönlichkeit", als dritte Erziehungssäule neben Elternhaus und Schule altersgemäß betreiben. Dieser Anspruch war in den einzelnen Einrichtungen umzusetzen. Dazu gehörte u.a. auch die Organisierung und ideologische Vorbereitung des sozialistischen Initiationsrituals „Jugendweihe" und die Durchführung des „FDJ-Studienjahres" als extracurriculare Veranstaltungen an den Schulen.

Die zunehmende Freizeitorientierung der FDJ seit Mitte der 70er Jahre stellte in der Konsequenz jedoch eine erhebliche Lockerung der öffentlichen Jugendarbeit dar, galt es ja nun, Jugendliche mit attraktiven Angeboten in die staatlichen Jugendorganisationen einzubinden.

Schon aus Ermangelung anderer Möglichkeiten wurden die Angebote von den Mädchen und Jungen stark und gern genutzt, sie bemerkten die ideo-

26 Das Spektrum der für Jugendliche relevanten Organisationen reichte von den politischen Parteien über die „Deutsch-Sowjetische Freundschaft" (DSF) und die FDJ zu Sportvereinen unter der Schirmherrschaft des „Deutschen Turn- und Sportbundes" (DTSB), dem „Kulturbund" und militärischen Organisationen wie der „Gesellschaft für Sport und Technik" (GST).

logische Vereinnahmung nicht oder scherten sich nicht darum, solange diese nicht allzu vordergründig betrieben wurde.[27] Auf jeden Fall mußten sie sich mit den gegebenen Rahmenbedingungen arrangieren. Das bedeutete u.a. die Beschränkung von Eigeninitiative durch das Kontrollbedürfnis der FDJ-Funktionäre, oder daß „heikle" politische Themen von den Jugendlichen im Beisein der MitarbeiterInnen der jeweiligen Einrichtung nicht besprochen wurden.[28]

Dennoch bleibt festzustellen, daß der staatliche Lenkungsanspruch bezüglich der Freizeitgestaltung der Jugendlichen nicht eingelöst wurde. Zwar frequentierten sehr viele Jugendliche die Veranstaltungen der FDJ, gemessen am Zeitbudget des/der Einzelnen war dies aber nur eine geringe Zeit (vgl. Neunter Jugendbericht 1994). Da öffentlich nutzbare Ressourcen zur Freizeitgestaltung im Vergleich zur damaligen BRD nur im geringen Umfang verfügbar waren, verbrachten die Jugendlichen im stärkeren Maße ihre Freizeit mit der Familie (vgl. ebenda). Diese stärkere Bezogenheit auf die Herkunftsfamilie hatte ihre Ursache v.a. auch in deren Nischenwirkung (vgl. die Ausführungen im obigen Abschnitt 7.1 zum sozialen Wandel in der Familie).

7.3.1.2 Die Bedürfnisse der Jugendlichen versus staatliche Vereinnahmung

Mit der wirtschaftlichen Krise verschärfte sich der Widerspruch zwischen den Bedürfnissen der Jugendlichen und dem staatlichen Kontroll- und Versorgungsanspruch. Zentrale jugendpolitische Versprechungen konnte die DDR-Führung nicht mehr einhalten. So war es für SchulabgängerInnen nicht sicher, daß sie einen ihrem Leistungsniveau und den eigenen Vorstellungen entsprechenden Arbeits- bzw. Ausbildungsplatz erhielten. Die soziale Schließung der Gesellschaft (vgl. den vorhergehenden Abschnitt 7.2 zur Umwandlung des Schulsystems) sowie die Tatsache, daß das Beschäftigungssystem

---

27 Die Jugendlichen bestimmten z.T. „mit den Füßen" über das, was in „ihren" Klubs gemacht wurde: Bei stark ideologisch gefärbten Veranstaltungen leerten sich die Räume, da sie, anders als in Schule und Ausbildung, nicht durch Anwesenheitspflicht zur Teilnahme gezwungen werden konnten. Folglich waren die MitarbeiterInnen der entsprechenden Einrichtungen gezwungen, die Bedürfnisse und Interessen der Jungen und Mädchen zum Programm der Einrichtung zu machen und ideologische Inhalte sparsam zu thematisieren.

28 Hier muß angemerkt werden, daß diese Darstellung insofern etwas holzschnittartig ist, als daß es genügend Beispiele für Einrichtungen gibt, in denen engagierte MitarbeiterInnen sich bemühten, mit den Jugendlichen in einen wirklichen Kontakt zu kommen, d.h. sich für deren konkrete Lebenssituation interessierten und dabei auch offene politische Diskussionen nicht mieden. Tatsächlich gab es in der außerschulischen Jugendarbeit, verglichen mit den starren Institutionen der Schul- und Berufsausbildung, dafür wesentlich mehr Freiräume. Aber auch in den beschriebenen Einrichtungen gab es Grenzen, spätestens dann, wenn die zuständigen Hierarchieebenen des SED-Staat einen Kontrollverlust über „ihre" Jugend befürchteten.

die Grenzen seiner Aufnahmekapazität längst erreicht hatte, hatte dazu geführt, daß sich die Berufsperspektiven für den/die Einzelne/n erheblich verengten.[29]

Spätestens seit Mitte der 80er Jahre erlebten Jugendliche die Kluft zwischen offiziell propagiertem Anspruch und gesellschaftlicher Realität intensiv und wandten sich von staatlichen Vereinnahmungsbemühungen ab.[30] Zeitreihen des Zentralinstituts für Jugendforschung Leipzig (ZIJ) belegen einen rapiden Rückgang der Verbundenheit Jugendlicher mit der DDR seit 1985, zeitlich parallel also zur beginnenden Politik der Öffnung unter M. Gorbatschow in der Sowjetunion (vgl. Behnken u.a. 1991, S.60ff.).

Gleichzeitig und z.T. bedingt durch diesen Loyalitätsverlust hatten sich die Bedürfnisse der Jugendlichen in der DDR gewandelt. Seit Mitte der 70er Jahre, so belegen es Studien des ZIJ Leipzig, hat das Streben der Jugendlichen nach Selbstbestimmung, Selbstverwirklichung und sozialer Anerkennung stetig zugenommen. Auch die Bedeutung von hedonistischen und materiellen Werten, von Mode, Luxus und Erlebnisstreben war gestiegen (vgl. Friedrich 1990, S. 34ff.). Dieser Trend war auch bei Jugendlichen in den westlichen Industrieländern zu beobachten. Die Internationalisierungsprozesse im Freizeit- und Kulturbereich machten also vor der Staatsgrenze der DDR nicht halt und erfaßten auch ihre Jugendlichen, wenn auch zeitlich verzögert.

Großen Einfluß darauf hatten die westdeutschen Medien, die von den Menschen in der DDR häufig genutzt wurden und deren Informationen eine

---

29 Hier muß auf die Bedeutung von informellen Netzwerken hingewiesen werden, welche denjenigen mit „Beziehungen" zu politischen o.a. gesellschaftlichen Eliten der DDR weitaus höhere Chancen auf eine gewünschte Positionierung im Gesellschaftsgefüge einräumten als anderen. Außerdem muß hinzugefügt werden, daß die beschriebene Entwicklung für Kinder aus „Intelligenzfamilien" durch einen gegenläufigen Trend „gemildert" wurde: Seit den 70er Jahren, mit dem Wegfall einer massiven Förderung von Arbeiter- und Bauernkindern, wurde der Zugang zu höherer Bildung staatlicherseits immer seltener von der sozialen Herkunft abhängig gemacht. Das führte dazu, daß Kinder aus „Intelligenzfamilien", die in den 50er und 60er Jahren diesbezüglich zugunsten der Arbeiter- und Bauernkinder stark benachteiligt wurden, zum Ende der DDR leichter als die entsprechenden Vorgängergenerationen die EOS und die Hochschulen erreichen konnten.

30 Selbstverständlich ging die gesellschaftliche Entwicklung auch an den MitarbeiterInnen der Jugendeinrichtungen nicht spurlos vorbei. Viele von ihnen nahmen ebenso Abstand von der offiziellen Propaganda und trugen dazu bei, daß sich innerhalb ihrer Einrichtung eine alltagskulturelle Entideologisierung vollzog. Sinnbildlich wurde dies u.a. bei den Wahlen zum FDJ-Aktiv in den jeweiligen Einrichtungen. Da dies konzeptuell gefordert war, mußten Jugendliche gefunden werden, die bereit waren, für ein Jahr eine Funktion im Aktiv (z.B. Kultur- oder SportfunktionärIn) zu übernehmen. Gewonnen wurden die Mädchen und Jungen meist nur mit dem Versprechen, daß sie sowieso nichts zu entscheiden hätten und daher auch nichts tun müßten.

höhere Glaubwürdigkeit zuerkannt wurde als denen der DDR-Medien.[31] Westliche Medien hatten in den 80er Jahren zumindest auf den Gebieten Hörfunk und Fernsehen auch in der DDR die Kommunikationshoheit gewonnen. Unter den Jugendlichen erfreuten sich u.a. die Musiksendungen (z.B. „Rockpalast“, „Formel Eins“) und die Vorabendserien der westlichen Fernsehprogramme sowie die westlichen Radiostationen großer Beliebtheit. Durch die Erleichterungen im Reiseverkehr ab Mitte der 80er Jahre hatten nicht wenige DDR-Jugendliche Kontakt zu Gleichaltrigen in der BRD und kannten deren Printmedien, insbesondere die „BRAVO“. Solche Zeitschriften wurden untereinander weitergegeben und besaßen eine hohe Attraktivität bei den Mädchen und Jungen. Jugendkulturelle Stile westlicher Prägung (Popper, Punks, Heavies, Grufties usw.) fanden auch unter DDR-Jugendlichen zahlreiche Anhänger und führten zu einer Ausdifferenzierung der Jugendkulturen.

Betrachten wir die Freizeitinteressen der DDR-Jugendlichen am Ende der 80er Jahre[32], so erscheinen sie ähnlich strukturiert wie die ihrer damaligen AltersgenossInnen in Westdeutschland: Musikrezeption und gemeinsames Erleben mit Gleichaltrigen (Unterhaltung, Geselligkeit, außeralltägliche Erlebnisse wie Diskotheken- oder Jugendklubbesuch) wurden favorisiert. Auf mittleren Plätzen folgten sportliche Aktivitäten, Kino, Gaststättenbesuche, Lesen und Fernsehen, während kreative Aktivitäten im künstlerischen und technischen Bereich, Theater-, Museums-, Ausstellungsbesuche sowie politische Bildungsveranstaltungen im hinteren Bereich rangierten.

Die ungenügenden materiellen Ressourcen

Die Jugendpolitik der DDR hatte der starken Orientierung auf erlebnisorientierte Freizeitbeschäftigung und dem gewachsenen Individuierungsbestreben der Jugendlichen nur wenig zu bieten.

Die Bedürfnisse der Jugendlichen trafen auf die Grenzen der zentral verwalteten Wirtschaft; es fehlten Güter und Leistungen für den Freizeitbereich und eine entsprechende Industrie. Es gab eine wenig differenzierte Medienlandschaft für Jugendliche: einen, bis zur Wende ideologisch überfrachteten, Radiosender für Jugendliche („DT64“) mit beliebten Musikspezialsendungen[33], eine ständig vergriffene Jugendzeitschrift („neues leben“), eine Comicserie („Mosaik“), eine Tageszeitung („Junge Welt“), die vom Zentralrat der FDJ herausgegeben wurde und einseitig ideologisch ausgerichtet war.

---

31 Bezeichnend ist die Umschreibung im Volksmund für den Raum Dresden, in welchem Westmedien nicht oder nur selten empfangen werden konnten und deren BewohnerInnen somit auf die Informationen der DDR-Medien angewiesen waren: „Tal der Ahnungslosen“.

32 Der Neunte Jugendbericht (1994, S. 167) nimmt eine relative Stabilität der Struktur der Freizeitinteressen ostdeutscher Jugendlicher in den 70er und 80er Jahren an.

33 Diese Musikspezialsendungen waren seit Mitte der 80er Jahre auf ausdifferenzierte Jugendkulturszenen ausgerichtet und verstärkten somit noch die Differenzierungsbestrebungen der Jugendlichen.

Schallplatten waren nur in limitierter Anzahl käuflich, die beliebtesten waren die Nachpressungen von Platten westlicher Stars und selten zu haben. Güter der Unterhaltungselektronik waren vergleichsweise teuer[34] und daher für die Jugendlichen kaum erschwinglich. Computer oder CD-Player waren für DDR-Jugendliche nicht käuflich. Trotz dieser Mangelerscheinungen nahm, ähnlich wie in Westdeutschland, in den 80er Jahren die Präsenz der Unterhaltungselektronik im Alltag der Jugendlichen stark zu, nahezu jede/r Jugendliche hatte Zugang zu Fernsehgeräten und Kassettenrecordern (vgl. Behnken u.a. 1991).[35]

Für die Bedürfnisse der Jugendlichen, durch Bekleidung die eigene Individualität zu betonen, reichte das Angebot der „Jugendmode"[36] nicht aus. Längst waren westliche Bekleidungsgegenstände für die meisten der Jungen und Mädchen attraktiver geworden.

Es entwickelten sich an den Rändern öffentlicher Räume informelle Tauschbeziehungen, um an die begehrten Güter (Kleidung, westliche Schallplatten, Zeitschriften usw.) zu gelangen. Oft wurden auch entsprechende Konsumartikel selbst geschaffen (z.B. modische Accessoires, Mitschnitte von Bands), um sie auf den informellen Märkten anzubieten. Von offizieller Seite mußten diese Tauschbeziehungen größtenteils toleriert werden, da es keine Möglichkeit gab, diese Bedürfnisse durch den staatlichen Handel auch nur minimal zu befriedigen.

Raum zum Leben – Auseinandersetzung um die sozialräumlichen Ressourcen

Weitaus spannungsreicher gestaltete sich hingegen das Verhältnis zwischen Jugendlichen und staatlicher Bevormundung, wenn es um die Verwendung öffentlicher und halböffentlicher Räume ging. Spätestens seit Ende der 70er Jahre stellte der Peer-Kontext auch für DDR-Jugendliche eine gewichtige Sozialisationsinstanz dar (vgl. Neunter Jugendbericht 1994). In den Gleichaltri-

---

34 Der Preis für eine unbespielte Kassette betrug beispielsweise 20,– Mark.

35 Da die Geräte für die Jungen und Mädchen kaum bezahlbar waren, wurden sie meist von den Eltern o.a. Verwandten bezahlt. An dieser Stelle lohnt sich ein Blick auf die Entwicklung des Initiationsrituals Jugendweihe. Staatlicherseits wurde der vereinnahmende Charakter der Jugendweihe, welcher in dem Gelöbnis der Jugendlichen, dem Staat treu zu dienen, gipfelte, nicht aufgegeben. Von seiten der Jugendlichen und deren Verwandten wurde dem Ritual in den 80er Jahren eine andere Gewichtung gegeben. Jugendweihe war ein wichtiges Familienfest und Anlaß für reiche Beschenkungen. Jugendweihe in den späten 80er Jahren war somit ein Symbol für eine säkularisierte DDR. Das hohle Pathos der SED-Funktionäre wurde generös hingenommen, hatte aber auf der Ebene des konkreten Handelns keine Bedeutung. Vielmehr hatte sich, entgegen der Propaganda, eine Konsumorientierung westlicher Couleur in der Bevölkerung entwickelt, die ebenfalls bei Jugendweihefeiern augenfällig wurde. Die Jungen und Mädchen wurden teilweise mit Geld und jugendtypischen Konsumartikeln (Moped, Kassettenrekorder usw.) überhäuft.

36 Speziell für Jugendliche eingerichtete Bekleidungsläden der staatlichen Handelsorganisation (HO) trugen diesen Namen.

gengruppen „geht es um Auseinandersetzungen, Identitätsbildung durch Abgrenzung gegenüber Erwachsenen und anderen Kindern und Jugendlichen und nicht zu vergessen um Partnersuche. ... Der Peer-Kontext ermöglicht Ablösung vom System der Familie, wo Emotionalität und partikularistische Rollenanforderungen die Beziehungen steuern sowie Eingliederung in gesellschaftliche Teilsysteme mit ihren Leistungsanforderungen gemäß universalistischen Kriterien" (ebenda, S. 163).

Mit der gewachsenen Bedeutung der Gleichaltrigen standen den Jugendlichen zunehmend Alternativen zur institutionalisierten Freizeitgestaltung der FDJ zur Verfügung. Vor allem in diesen privaten und halböffentlichen Räumen konnten die Jugendlichen ihren Interessen nachgehen und sinnliche Erfahrungen sammeln, ohne ideologisch belästigt zu werden. Ähnlich wie in der alten Bundesrepublik war der Gleichaltrigenzusammenhang bevorzugter Raum für die „Erledigung" jugendtypischer Entwicklungsaufgaben: Ausdifferenzierung individueller bzw. gruppentypischer Musikinteressen und Bekleidungsstile, Experimentieren mit Drogen (Alkohol, Nikotin) und Finden eines eigenen Konsumstils, Eroberung neuer Räume[37], erste selbstgestaltete Reisen[38] und Feiern.

In diesem Rahmen kam der Partnersuche eine große Bedeutung zu. „Jugendliche in der DDR gingen relativ früh feste Partnerbeziehungen ein, was gleichermaßen für männliche und weibliche Jugendliche der Fall war. Über die Hälfte der 16jährigen Mädchen hatte in den achtziger Jahren eine feste Liebesbeziehung. Innerhalb dieser Liebesbeziehungen kam es schnell zu sexuellen Kontakten einschließlich Geschlechtsverkehr. ... 99% der männlichen und weiblichen Jugendlichen tolerierten den vorehelichen Geschlechtsverkehr und praktizierten ihn auch" (Neunter Jugendbericht 1994, S. 231). Das Durchschnittsalter beim ersten Geschlechtsverkehr lag bei Frauen und Männern gleich bei ungefähr 17 Jahren. Der erste Geschlechtsverkehr fand meist mit einer/m gleichaltrigen und sexuell ebenfalls unerfahrenen PartnerIn und

---

37 Große Bedeutung hatte für DDR-Jugendliche der Besitz eines Mopeds, da die eigene Motorisierung das Kompensieren der infrastrukturellen Mängel im Heimatort ermöglichte. V.a. im ländlichen Raum war der „fahrbare Untersatz" häufig Voraussetzung für eine Partizipation an jugendkulturellen Freizeitstrukturen. Zu den Räumen, die „erobert" wurden, zählte im starken Maße auch (wenig verregelter) Naturraum.

38 Die FDJ unterhielt ein Jugendreisebüro, welches aufgrund der begrenzten Kapazitäten für die meisten Jugendlichen keine Alternative zum selbstorganisierten Urlaub bieten konnte. Eine einschneidende räumliche Erfahrung für DDR-Jugendliche waren die Beschränkungen der Reisefreiheit. Im Inland standen für spontane Reisen nicht genügend Ressourcen zur Verfügung; für Campingplätze und Jugendherbergen waren meist Voranmeldungen nötig. Mit noch größeren Schwierigkeiten waren Auslandsreisen verbunden. Das kapitalistische Ausland war unerreichbar und auch die Reisen in die sozialistischen Länder waren, mit Ausnahme der Tschechoslowakei, visapflichtig. Dennoch setzten sich in jedem Sommer Tausende von Jugendlichen per Bahn, Auto, Fahrrad oder als TramperIn Richtung Rumänien, Bulgarien, Ungarn, Tschechoslowakei in Bewegung, um nichtalltägliche Urlaubserfahrungen machen zu können.

in einer festen Partnerschaft statt. Die Befunde machen deutlich, daß für die Jugendlichen Liebe und Sexualität eng zusammengehörten (vgl. ebenda). Das änderte sich auch nicht durch die, erst in der zweiten Hälfte der 80er Jahre beginnende, Auseinandersetzung mit AIDS. Ebenso wurde die Wahl der Verhütungsmethode kaum von der Diskussion um AIDS beeinflußt: Die Pille blieb das bevorzugte Mittel. Verhütung war auch in der DDR überwiegend Frauensache (vgl. Weller 1992).

Es kann vermutet werden, daß ostdeutsche Jugendliche, u.a. aufgrund der geringeren Relevanz der AIDS-Thematik in der DDR, unbefangener mit der Sexualität umgegangen sind als ihre westdeutschen AltersgefährtInnen. Für sie hatten religiös geprägte Einstellungen, die reglementierend auf das Verhalten in puncto Sexualität einwirken, lediglich marginalen Einfluß. Die kostenlose Abgabe von Verhütungsmitteln ab dem 16. Lebensjahr – allerdings nur an weibliche Jugendliche –, die Möglichkeit eines straffreien Schwangerschaftsabbruchs in den ersten drei Monaten der Schwangerschaft sowie die großzügigen staatlichen Unterstützungsleistungen für alleinerziehende Mütter bildeten gesellschaftliche Rahmenbedingungen, die es insbesondere den jungen Frauen ermöglichte, sexuelle Erfahrungen zu machen, die nicht von der Angst vor einer ungewollten Schwangerschaft geprägt waren (vgl. Neunter Jugendbericht 1994, S. 222).

Die frühe Bindung in festen Partnerschaften ging einher mit einem hohen Stellenwert, den Familie für die Lebensperspektive der Jugendlichen besaß. Mithin orientierten sich die Jugendlichen an dem ihnen vertrauten Modell, welches gesellschaftlich anerkannt war und gleichzeitig die meisten Freiheitsgrade vom staatlichen Einfluß versprach – der Familiennische.

Der starke Bezug auf die Gleichaltrigengruppe und die damit verbundenen entinstitutionalisierten Freizeitformen und jugendkulturellen Differenzierungsbestrebungen verunsicherte die DDR-Führung in ihrem Kontrollbedürfnis. Sie reagierte auf das gestiegene Bedürfnis nach erlebnisorientierter Freizeit mit dem Ausbau von sozialräumlichen Kapazitäten für „offene" Freizeitformen (auf den Ausbau der Jugendklubs wurde weiter oben bereits hingewiesen).

Für das spontane Gruppenhandeln und das Ausleben von Individualität standen den Jugendlichen in der DDR jedoch keine öffentlichen Räume zur Verfügung, in denen sie selbstbestimmt und geschützt vor institutioneller Kontrolle agieren konnten. Immer mehr Jugendliche konnten sich nicht mehr mit den Grenzen arrangieren, die in den FDJ-Einrichtungen gesetzt waren. Für ihr Bedürfnis nach Individuierung waren die möglichen Räume zu eng (vgl. Kappeler 1995a).

Besonders die AnhängerInnen einiger jugendkultureller Gruppen (Punks, Skins, Blueser) sowie Jugendliche, die der politischen Opposition nahestanden, wandten sich von den verregelten offiziellen Jugendräumen ab. Sie demonstrierten meist bereits mit ihrem Outfit ihre Selbstabgrenzung von den staatlich dominierten Zusammenhängen. Diese jugendkulturellen Gruppen wurden bald Gegenstand von Sicherheitspolitik, ihr Rückzug aus den verregelten Räumen wurde staatlicherseits als Abkehr vom Sozialismus gewertet und dadurch politisiert. Mit polizeilichen und geheimdienstlichen Repressalien, Benachteiligungen in Ausbildung und Schule sowie der Abstempelung als „asozial“[39] reagierte der Obrigkeitsstaat auf nonkonformistische jugendkulturelle Individuierungsbestrebungen in der Öffentlichkeit. Nicht selten verstärkten sich individuelle Selbstabgrenzung und gesellschaftliche Ausgrenzung zu existenziellen Krisen oder, besonders seit Mitte der 80er Jahre, zum Antrag auf Ausreise aus der DDR, da ansonsten keine Möglichkeit für eine individuelle Lebensgestaltung gesehen wurde.

Dabei waren die Grenzen des öffentlichen Raums stets umkämpft. Jugendliche eigneten sich staatlich verregelte Räume an und definierten die dort herrschenden Regeln alltagskulturell um. Die staatlich vorgegebene Quote von einheimischer gegenüber westlicher Discomusik wurde beispielsweise in den wenigsten Jugendklubs eingehalten, es dominierte die Musikrichtung, die bei den meisten der BesucherInnen gerade „in“ war. Ebenso ignoriert wurden häufig die Bestimmungen des Jugendschutzgesetzes, welche den Drogenkonsum (v.a. Alkohol, Nikotin) und die Einlaßpraxis in den Einrichtungen regeln sollten. Einige Jugendklubs mußten sich auch nonkonformistischen jugendkulturellen Gruppen (Grufties, Heavies) öffnen, da deren Ausgrenzung nicht mehr möglich war.

Andererseits wurde immer wieder von Jugendlichen privater Raum zu öffentlichem Raum gemacht, so z.B. bei Konzerten von Bands auf Privatveranstaltungen, bei denen manchmal AnhängerInnen aus dem gesamten DDR-Gebiet anwesend waren. Derartige Veranstaltungskonzepte waren für die von Auftrittsverboten bedrohten oder gerade betroffenen einheimischen Bands der nonkonformistischen Jugendkulturen oft die einzig mögliche Auftrittsform. Auch oppositionelle Jugendgruppen (v.a. Junge Gemeinden, Umweltgruppen, Menschenrechtsgruppen, Kampagnen gegen die Wehrpflicht und für einen zivilen Ersatzdienst), die sich meist unter dem Dach der Kirche zusammenfanden und in den letzten Jahren der DDR regen Zulauf (auch von nicht religiös gebundenen Jugendlichen) hatten, versuchten auf verschiedenen Wegen (offene Veranstaltungen, Fahrraddemos, Flugblätter, offene Briefe) Zugang zum öffentlichen Raum zu erlangen und eine Gegenöffentlichkeit herzustellen. Selbst die ausreisewilligen DDR-BürgerInnen fanden im öffentlichen Raum eine Möglichkeit, miteinander zu kommunizieren: Sie grüßten sich und andere Eingeweihte mit einer Schleife an der Autoantenne.

Bei anhaltender Repression durch die staatlichen Sozialisationsinstanzen und die Sicherheitskräfte gegen nonkonformistische Jugendliche machte die DDR-Führung am Ende der 80er Jahre weitere Zugeständnisse an die erlebnishungrige Jugend. So gaben beispielsweise westliche Popstars in verschie-

39 Dieses furchtbare Wort wurde in DDR-Gesetzestexten und in öffentlichen Auseinandersetzungen mit nonkonformistischen Gruppen verwendet und gelangte so mit all seinen stigmatisierenden Aspekten wieder in die Umgangssprache und damit in das Denken und Fühlen der BürgerInnen (vgl. Kappeler 1995a).

denen Städten der DDR stark frequentierte Großkonzerte, Bands der einheimischen Independent-Szene durften unter der Rubrik „Die anderen Bands“ Schallplatten aufnehmen, welche durch den staatlichen Handel vertrieben wurden. Spätestens mit der Massenflucht von DDR-Jugendlichen im Sommer und Herbst 1989 wurde jedoch deutlich, daß die Jugend sich von der DDR distanziert hatte.

7.3.2 Einheit oder Koexistenz? Jugend in Ost und West zwischen Wende und Vereinigung

Die erste vergleichende Schülerstudie nach der politischen Wende in der DDR, die im Mai und Juni 1990 in Sachsen-Anhalt und Nordrhein-Westfalen durchgeführt wurde und bei welcher SchülerInnen der Schulstufen 7, 9 und 11 befragt wurden, gab einen Blick auf die Unterschiede zwischen den Jugendphasen in Ost- und Westdeutschland frei. Sie zeigte auf, mit welchen Voraussetzungen die DDR-Jugendlichen in den Prozeß der Vereinigung der beiden deutschen Gesellschaften gehen würden. Von Interesse war diesbezüglich auch, ob der oben beschriebene Trend zur zunehmenden Selbstbestimmung und Selbstverwirklichung unter ostdeutschen Jugendlichen, der seit Mitte der 70er Jahre beobachtet wurde, sich weiter fortgesetzt hatte und welchen Einfluß die politischen Ereignisse der vorangegangenen Monate darauf hatten.

Bei den Untersuchungsergebnissen überwogen überraschenderweise die Gemeinsamkeiten: Die Jugendlichen in Ost und West legten ebenso großen Wert auf eine selbständige Lebensgestaltung und formulierten für ihr Leben gleiche Prioritäten. Übereinstimmend bekundeten sie die große Bedeutung von zentralen Lebenswerten wie gute FreundInnen, beruflicher Erfolg, eigene Familie, Selbstverwirklichung und Unabhängigkeit. Sie waren in ähnlichem Maße an intensivem Gleichaltrigenkontakt und an einem erlebnisorientierten Jugendleben interessiert. Für jeweils über 80% der ost- und westdeutschen SchülerInnen stellte Freizeit einen zentralen Lebenswert dar.

80-90% der SchülerInnen in Ost und West wollten sich in Fragen der PartnerInnen- und Freundeskreiswahl, des Musikgeschmacks, der Wohnbereichgestaltung und der Taschengeldverwendung auf das eigene Urteil verlassen. Auch bei der Freizeitgestaltung[40] und der Mediennutzung[41] überwogen

40 Die größten Unterschiede gab es in der Nutzung von Diskotheken und Gaststätten, die von den ostdeutschen SchülerInnen häufiger und zeitlich eher besucht wurden, und in einem stärkeren Besuch von Sportveranstaltungen durch westdeutsche SchülerInnen. Letzteres ist auf das größere Angebot an Sportveranstaltungen in Westdeutschland zurückzuführen. Für die beiden anderen Befunde machen die AutorInnen der Studie den Mangel an alternativen Räumen, in denen die ostdeutschen Jugendlichen unter sich sein können, verantwortlich (vgl. Behnken u.a. 1991, S. 139).

die Gemeinsamkeiten. Die Bedeutung der peers wurde ähnlich hoch bewertet und nahm mit steigendem Alter der Jugendlichen jeweils zu.[42]

Expressive Gruppenstile, Fankulturen und politische Orientierungen waren bei ostdeutschen Jugendlichen ebenso differenziert vorzufinden wie bei den westdeutschen, wobei die ostdeutschen SchülerInnen durch die Wendeerlebnisse stärker politisiert erschienen. Sogar Selbst- und Partnerwunschbilder waren bei beiden Gruppen nahezu identisch. In Vereinen und Organisationen waren die beiden deutschen Jugenden trotz der sehr unterschiedlichen Organisationslandschaften in gleichem Maße organisiert; es überwogen dabei jeweils Sportvereine und kirchliche Gruppen (vgl. zu alldem Behnken u.a. 1991).

Aus der vergleichenden Perspektive heraus konnte die Studie aber auch Unterschiede in der Ausgestaltung der Jugendphasen in Ost- und Westdeutschland deutlich machen. Die AutorInnen konstatierten für die DDR ein eingeschränktes Jugendmoratorium, wobei Moratorium als Zeit zum „Jungsein“ und zur Erledigung jugendtypischer Aufgaben verstanden wird. Ein Jugendmoratorium ist umso ausgedehnter und differenzierter, je mehr Alltags- und Lebenszeit, je mehr materielle oder symbolische Ressourcen den Jugendlichen zur Verfügung stehen (vgl. ebenda, S. 165).

Alltags- und Lebenszeit waren für DDR-Jugendliche weitaus stärker verregelt als für die westdeutschen AltersgefährtInnen. Ostdeutsche Jugendliche waren in familiale Pflichten stärker eingebunden,[43] verwandten mehr Zeit für private Reproduktionsarbeiten und mußten einen hohen Anteil an verregelter Zeit durch die Schule hinnehmen. Selbst nach den Umwandlungen an den Schulen ab Anfang 1990, welche ein Mehr an verfügbarer Zeit mit sich brachten, hatten die DDR-SchülerInnen weniger freie Zeit als die westdeutschen Jugendlichen: 44% vs. 63% hatten mehr als 5 Stunden freie Zeit pro Tag. DDR-SchülerInnen durchliefen schneller die Schule als die westdeutschen, sie waren in der 11. Klasse durchschnittlich fast ein Jahr jünger. Auch Ehe und Elternschaft wollten DDR-Jugendliche durchschnittlich zwei Jahre früher erreichen. Hier zeichnet sich deutlich die DDR-Normalbiographie ab, welche den einzelnen Jugendlichen eine zwar eingeengte, aber planbare Zukunft versprach. Klar strukturierte Schritte führten ohne Umwege zur Er-

---

41 Dies gilt nur für die Bereiche, wo unter den Jugendlichen in Ost und West ein ähnlicher Ausstattungsgrad besteht. So gaben westdeutsche Jugendliche wesentlich häufiger den Gebrauch von PC-Spielen, Video und CD-Player an (vgl. Behnken u.a. 1991, S. 136f.).

42 65% der ostdeutschen und 72% der westdeutschen SchülerInnen gaben an, sich regelmäßig bzw. öfter in informellen Cliquen zu treffen. In Westdeutschland ließen sich hierbei keine bedeutenden Unterschiede zwischen Mädchen und Jungen feststellen, während in Ostdeutschland sich die Mädchen seltener in Gleichaltrigenbezügen aufhielten als Jungen (bezüglich der genannten Ausprägungen 55% versus 68%), was u.a. durch stärkeres Eingebundensein der Mädchen in die familialen Pflichten begründet ist (vgl. Behnken u.a. 1991, S. 147 f.).

43 63% der ostdeutschen und 38% der westdeutschen Jugendlichen gaben tägliche Pflichten in der Familie an, wobei hier jeweils die Mädchen stärker als die Jungen eingebunden sind (Ost: 72% vs. 57% , West: 43% vs. 33%; vgl. Behnken u.a. 1991).

werbsarbeit und zur Familiengründung und machten die Jugendphase zu einer überschaubaren Statuspassage.

Auch in der materiellen Ressourcenlage hatten die westdeutschen SchülerInnen gegenüber den ostdeutschen Vorteile zum Zeitpunkt 1990. Sie erhielten wesentlich mehr Taschengeld, wobei die Differenz mit dem Alter noch zunahm, besaßen häufiger Unterhaltungselektronik, hatten eher ein eigenes Zimmer und konnten auf ein differenzierteres öffentliches Angebot für Jugendliche zurückgreifen (vgl. zu alldem Behnken u.a. 1991).

Eine Einheit bei den Werten und Orientierungen bei gleichzeitiger Diskrepanz in den lebenszeitlichen, alltagszeitlichen und materiellen Ressourcen stellte das Resümee der „Schülerstudie '90“ dar. Durch die erwartete Angleichung der Ressourcen schien sich die Vereinigung der beiden deutschen Staaten zumindest unter Jugendlichen relativ unproblematisch zu vollziehen.

7.3.3 Freizeit ohne Grenzen? Das Freizeitverhalten der Ostberliner Jugendlichen nach dem Mauerfall im Spiegel unserer Untersuchung

Bevor wir die Ergebnisse unserer Befragung referieren, möchten wir noch einiges zum Wandel der freien Zeit ostdeutscher Jugendlicher im vereinigten Deutschland anmerken.

Mit dem Zusammenbruch der DDR ergaben sich für Jugendliche neue Möglichkeiten. Durch die Umstrukturierung der Schul- und Ausbildungssysteme wurde für die SchülerInnen zusätzliche Zeit verfügbar und es eröffneten sich Möglichkeiten einer individualisierten Bildungs- und Lebenslaufplanung. Die reglementierenden Rahmenbedingungen und Zwänge, mit denen staatlicherseits auf Individualisierungsbestrebungen reagiert wurde, fielen weg. Bisher verregelte Räume konnten von Jugendlichen angeeignet werden, z.B. gründeten sich autonome Jugendzentren, leerstehende Häuser wurden vielfach besetzt.

Reisefreiheit und die sich nach der Währungsunion etablierenden marktwirtschaftlichen Bedingungen im Freizeit- und Kulturbereich bildeten das Pendant zur bereits vorhandenen Konsum- und Erlebnisorientierung der DDR-Jugend und fanden sofort rege NutzerInnen. Beispielsweise fand in den Wohnungen der ostdeutschen Familien und besonders in den Kinder- und Jugendzimmern eine rasche Modernisierung der elektronischen Unterhaltungsgeräte statt. Vor allem die in der DDR nicht erhältlichen Geräte (PC, Videorecorder) hielten schnell Einzug in die ostdeutschen Haushalte (vgl. Neunter Jugendbericht 1994).[44] Der Trend ging also rasch in Richtung einer zunehmend individuellen Nutzung der Unterhaltungselektronik.

---

44 Zugang zu Videorecordern hatten 1987 5%, zu Personalcomputern 0% der ostdeutschen Jugendlichen. 1992 waren es 58% bzw. 44%. Einen eigenen Besitz der Geräte

Es kann im Vergleich zur DDR von einer Ausweitung der Jugendphase nach der politischen Wende ausgegangen werden. Zum einen hat sich für viele Jugendliche der Austritt aus der Jugendphase verzögert, es gibt somit immer ältere Jugendliche. Gründe hierfür sind die zunehmende Individualisierung der Bildungslaufbahnen mit z.T. erheblich späterem Eintritt in das Berufsleben sowie die spätere Familiengründung. Zum anderen ist das Alter der Mädchen und Jungen bei Eintritt in die Jugendphase gesunken. Kinder sind heute früher kulturell eigenständig, entscheiden selbst über ihr Aussehen, ihr Ausgehverhalten und haben früher eine politische Meinung (vgl. zu alldem Neunter Jugendbericht 1994). Mit der Ausweitung der Jugendphase steht den Jugendlichen heute mehr Lebenszeit zum „Jungsein" zur Verfügung.

Gleichzeitig sind aber Entwicklungen zu konstatieren, die sich begrenzend auf die Freizeitmöglichkeiten ostdeutscher Jugendlicher auswirken. Die meisten Freizeitaktivitäten der Schule (Schulklubs, Arbeitsgemeinschaften, verschiedene Ferienbeschäftigungen für Schulkinder) wurden bereits 1990 eingestellt. Öffentliche Freizeiteinrichtungen (Jugendklubs, Sporteinrichtungen usw.) wurden aus der staatlichen bzw. betrieblichen Trägerschaft entlassen und häufig nicht in kommunaler Verantwortung weitergeführt. Ein Großteil der Infrastruktur brach damit für die Jugendlichen weg. Zwar gründete sich nach der Wende eine schier unübersehbare Anzahl von selbstorganisierten Initiativen und Vereinen, diese konnten aber aufgrund der prekären Beschäftigungsverhältnisse der darin tätigen MitarbeiterInnen keine stabilen Versorgungsstrukturen bilden. Wir müssen bei den öffentlichen Freizeiteinrichtungen von einer deutlichen Unterversorgung der Jugendlichen in den neuen Bundesländern ausgehen, was auch von den Mädchen und Jungen v.a. im Hinblick auf Jugendzentren und Sportstätten reflektiert wurde. Besonders vermißt wurden derartige Einrichtungen, in denen Expressivität und Erlebnisse möglich sind, in Wohnnähe (vgl. Neunter Jugendbericht 1994).

Teilweise haben neue kommerzielle Kultur- und Freizeiteinrichtungen (Videotheken, Spielotheken, Diskotheken usw.) die Lücken geschlossen. Dies bedeutet jedoch auch, daß Jugendliche ihre Freizeitaktivitäten zunehmend selbst finanzieren müssen. Es war eine neue verbindende Erfahrung der ostdeutschen Jugendlichen, daß die Verfügung über materielle Ressourcen den Zugang zu jugendkulturellen Erlebniswelten strukturiert. Auf diesem Gebiet waren (und sind noch immer) ostdeutsche Jugendliche gegenüber ihren westdeutschen AltersgefährtInnen benachteiligt. Sie verfügen über weniger Taschengeld, was die Haupteinnahmequelle der Heranwachsenden darstellt (vgl. ebenda). Jugendliche in den neuen Ländern können sich somit in einem geringeren Maße am expandierenden Freizeit- und Kulturmarkt aktiv beteiligen.

Auch die alltagszeitlichen Ressourcen gestalten sich für Mädchen und Jungen in Ostdeutschland ungünstiger. Sie hatten im Durchschnitt weniger

---

gaben 1992 bei Videorecordern 8%, bei Personalcomputern 30% der Jugendlichen in den neuen Bundesländern an (vgl. Neunter Jugendbericht 1994).

Freizeit pro Tag als die westdeutschen Jugendlichen, was der stärkeren Einbindung der ostdeutschen Jugendlichen, insbesondere der Mädchen, in familiäre Pflichten geschuldet ist (vgl. ebenda).

Daß diese Ungleichheiten bisher die Veränderungen im Vereinigungsprozeß überdauert haben, macht die Shell-Studie '97 deutlich: Das Freizeitverhalten der Jugendlichen in Ost und West hat sich weitestgehend angeglichen. Größere Unterschiede bestehen jedoch bei ressourcenintensiven Tätigkeiten (Ausgehen, Einkaufen, Sport treiben), welche von westdeutschen Jugendlichen stärker ausgeübt werden. Die AutorInnen verweisen daher auf die grenzsetzende Wirkung, welche die knapperen finanziellen und zeitlichen Ressourcen für die Freizeitplanung ostdeutscher Jugendlicher haben (vgl. Jugendwerk der Deutschen Shell 1997).

Paradoxerweise könnten den DDR-Jugendlichen in gewisser Hinsicht die einengenden DDR-Verhältnisse fehlen. Mit den Ideologisierungsversuchen und mißtrauischen Reaktionen auf nonkonformistische Lebensstile demonstrierte die DDR-Führung ihr großes Interesse an „ihrer" Jugend. Dadurch war es den Mädchen und Jungen möglich, mit geringen symbolischen Handlungen ihre Distanz zur propagierten Kultur öffentlich zu machen. Somit hatte die staatliche Sanktion auch durchaus identitätsstiftende Wirkung. Wenn jedoch, wie in der vereinigten Bundesrepublik, Jugendlichkeit zunehmend zur generationsübergreifenden Norm wird und die staatliche oder verbandliche Jugendarbeit sich lockert, wird es für Jugendliche immer schwerer, auf eigene Wege zu bestehen und Differenzen zur dominanten Mehrheitskultur sichtbar zu machen (vgl. Kappeler 1995a).

Vor diesem Problem stehen heute Jugendliche in Ost und West gleichermaßen. Verschärft wird dies von der Kultur- und Freizeitindustrie, welche mit einer gigantischen Bedürfnismanipulation und einem ständigen output von neuen Stilen mit teilweise sehr kurzer Halbwertzeit die aktiven Anteile der Jugendlichen an ihrer Alltagskultur zu verdrängen scheint. Die kulturelle Identität der Jugendlichen scheint bedroht und im hohen Maße manipuliert zu sein, da sie nichts mehr selbst gestalten können, was nicht schon massenmedial inszeniert wurde. Das dadurch vermittelte „anything goes" macht es Jugendlichen schwer, Reibungspunkte zum Bestehenden und gesellschaftlich Vorstrukturierten auszumachen, an denen sich die eigene Individualität herausbilden und artikulieren ließe.

Trotz dieser Risiken, welche die expandierende Freizeitindustrie für die Herausbildung unabhängiger und eigenständiger Jugendkulturen mit sich bringt, besteht wenig Grund zur Schwarzmalerei. Die allzu pessimistische Sicht leugnet die aktive Seite des Konsums von Massenkultur. Der Konsum Jugendlicher hat immer auch kreative Momente und ist eingebettet in die Lebensrealität Jugendlicher (vgl. Willis 1991). Je nach eigenen Lebensumständen und Auseinandersetzungen mit diesen deuten die Jugendlichen die Bestimmungen der Konsumgüter um. So wird beispielsweise ein kritisches Kaufverhalten beibehalten, obwohl die Jungen und Mädchen massenweise Werbefernsehen konsumieren. Die Spots werden gecovert, zweckentfremdet und ihrer eigentlichen Botschaft beraubt (vgl. ebenda). Erst die Bedingungen des Konsums lassen die Kulturwaren lebendig werden. „Die Kulturwaren sind der Katalysator, nicht das Produkt: Sie sind eine Zwischenstufe, nicht ihre letzte Bestimmung“ (ebenda, S. 37).

Sinnlich wird dies beispielsweise bei Technoparties umgesetzt: Versatzstücke verfügbarer Titel der Populärkultur werden gesampelt und mit einem neuen „beat“ verknüpft. So entstehen „tracks“ völlig anderer Qualität, die häufig nur für eine Party Gültigkeit haben.

Paul Willis zieht hinsichtlich der Massenkultur ein positives Fazit: „Die kulturelle Welt ist weitaus vielfältiger, als es sich die Theoretiker der Massenkultur je erträumt haben. Die Individuen und Gruppen reagieren unterschiedlich und einfallsreich und mit ihren eigenen elementaren Ästhetiken auf ein ganzes Spektrum kultureller Massen-‚inputs‘, von der Musik bis zu Stil und Mode, von der Werbung bis zum Film und zum Fernsehen“ (ebenda, S. 160).

Es gehört zu den großen Anpassungsleistungen der ostdeutschen Jugendlichen, daß sie bereits nach kurzer Partizipation am differenzierten Kultur- und Freizeitmarkt mit seinen manipulativen Effekten ein ähnlich eigenständiges Freizeitverhalten wie ihre westdeutschen AltersgefährtInnen entwickelten.[45]

Wir werden jetzt unsere Befragungsergebnisse zu folgenden Schwerpunkten darstellen:

- die Art der Freizeitbeschäftigung,
- die bevorzugten FreizeitpartnerInnen,
- die Herkunft und Zusammensetzung des Freundeskreises,
- Probleme und Belastungen von Jugendlichen im Hinblick auf ihre Freizeit.

Bei der Interpretation der Befunde müssen wir die Sonderstellung Berlins in der DDR beachten. Anders als im ostdeutschen ländlichen Raum war das Freizeitangebot an Jugendliche in Berlin reichhaltiger und differenzierter. Nach der Wende konnten die Jugendlichen Ostberlins die Angebote einer westdeutschen Großstadt mitnutzen. Freilich mußten sie dazu kulturelle Hürden überwinden, z.T. waren die Räume in Westberlin auch schon von den dort ansässigen Jugendlichen „besetzt“. Es bleibt jedoch zu konstatieren, daß die Ressourcenlage im Bereich der öffentlichen und kommerziellen Jugendeinrichtungen in Ostberlin deutlich besser war und ist als im übrigen Ostdeutschland.[46]

---

45 Siehe hierzu die Ergebnisse des Neunten Jugendberichts 1994 und der Shell-Studie ’97.

46 Dennoch mangelt es in vielen Stadtgebieten an wohnortnahen öffentlichen Jugendeinrichtungen. Zahlreiche Jugendklubs haben nach der Wende zumachen müssen, andere befinden sich in prekären Finanzierungsmodalitäten (z.B. bei gestrichener Regelfinanzierung eine Finanzierung über das Sonderprogramm „Jugend mit Zukunft“).

7.3.3.1 Freizeitaktivitäten

Die Rangfolge der bevorzugten Freizeitgestaltung stellte sich zum letzten Untersuchungszeitpunkt 1995 wie folgt dar[47]: Musikhören, mit der FreundIn zusammensein, einfach so mit anderen zusammensein, Beschäftigung mit Hobbys, fernsehen, lesen von Büchern und Fachzeitschriften, Sport treiben, ausruhen ohne etwas zu tun, Besuch von Diskotheken, lesen von Illustrierten und Comics, Besuch von Kneipen/Cafés, ins Kino gehen, besuchen von Jugendeinrichtungen. Im Zeitverlauf zeigte sich ein deutlicher Abwärtstrend bei den Nennungen der meisten von uns abgefragten Freizeitaktivitäten. Als über alle Untersuchungszeitpunkte relativ stabile Größen erwiesen sich nur „Musik hören“ und „Bücher, Fachzeitschriften lesen“ (vgl. Tabelle 7-6).

Tabelle 7-6: Frage: Was machst Du in Deiner Freizeit?

Als „häufige“ a) Freizeitbetätigungen wurden genannt:	1990	1991	1992	1993	1995
Fernsehen**	66	51	48	43	38
Bücher, Fachzeitschriften lesen	37	41	40	37	39
Comics, Illustrierte lesen**	b)	34	23	17	14
Musik hören	86	84	83	83	85
ins Kino gehen	13	12	8	9	10
ausruhen, ohne etwas zu tun**	28	19	20	22	21
mit der Freundin/dem Freund zusammen sein	b)	b)	66	65	66
einfach so mit anderen zusammensein**	66	61	57	45	51
Sport treiben	37	42	37	38	35
Besuch von Jugendeinrichtungen	b)	b)	b)	12	12
Besuch von Cafés/Kneipen**	b)	7	9	12	12
zur Disko gehen**	35	28	17	20	21
Beschäftigung mit anderen Hobbys	43	34	57	46	45

Angaben in Prozent. Die Prozentzahlen stellen jeweils den Anteil derjenigen, die die betreffende Freizeitaktivität häufig betreiben, unter den SchülerInnen des jeweiligen Untersuchungszeitpunkts dar. In dieser Auswertung sind nur die Klassenstufen 8-11 enthalten, da den SiebtklässlerInnen die Frage 1990 nicht und 1991 nicht in vergleichbarer Weise gestellt wurde.

a) Neben der Ausprägung „häufig“ waren „manchmal“ und „nie“ vorgegeben.
b) Item wurde zu diesem Zeitpunkt nicht erhoben.
** Hochsignifikante Unterschiede zwischen erstem und letztem Untersuchungszeitpunkt (p(0,01).

Musikmedien sind *die* jugendtypischen Medien schlechthin. Musikhören ist der gemeinsame Nenner von Jugendlichen; die Wahl der Stilrichtung gibt den Jugendlichen die Möglichkeit, sich jugendkulturellen Zusammenhängen

47 Die Angaben beziehen sich auf die Antwortvorgabe: „ich mache in meiner Freizeit häufig...“.

zuzuordnen, sich von anderen Jugendlichen bzw. den Eltern abzugrenzen. Die Untersuchungen zum Neunten Jugendbericht ergaben, daß ostdeutsche Jugendliche stärker als ihre westdeutschen AltersgefährtInnen das Radio als Ganztagsmedium nutzen. 85% von ihnen hatten einen oder mehrere Lieblingssender, wobei dies bis 1990 v.a. westliche Sender waren. Bis 1992 hatte sich diese Präferenz verändert: Ostdeutsche Jugendliche hörten nun deutlich lieber einheimische Sender (vgl. Neunter Jugendbericht 1994).

Medien wie Fernsehen, Comics und Illustrierte wurden 1995 im Vergleich zu 1990 in etwa nur noch halb so oft genannt. Eine wesentliche Ursache für die anfänglich hohen Nennungen spielte sicherlich das Nachholbedürfnis der Jugendlichen auf diesem Gebiet. Die Nennungen von Büchern und Fachzeitschriften waren relativ stabil, das Angebot an Büchern ist zwar deutlich größer geworden, dafür gab es aber auch einen überproportionalen Preisanstieg. Die AutorInnen des Neunten Jugendberichts konstatieren, daß sich der Zeitumfang, den ostdeutsche Jugendliche für das Lesen verschiedener Printmedien (Illustrierte, Belletristik) aufwenden, nach einer anfänglichen Such- und Probierphase weitgehend den Werten der Vorwendezeit angeglichen hat. Tageszeitungen verloren, vermutlich auch aufgrund der höheren Bedeutung audiovisueller Medien, deutlich an Zuspruch, während Sachbücher etwas häufiger gelesen wurden als zu DDR-Zeiten.

Nicht zielgerichtete Freizeitaktivitäten mit oder ohne FreundInnen wurden 1995 fast um ein Drittel weniger genannt als am Beginn unserer Untersuchung. Bezüglich Kinobesuchen gab es eine signifkante Abnahme der Nennungen von 1990 bis zum Tiefststand 1992, seitdem gab es wieder einen leichten Anstieg. Einen ähnlichen Verlauf zeichnen die Zahlen der Diskothekenbesuche. Hier deutet sich der Umbruch vom staatlich subventionierten hin zu einem kommerziellen Angebot an, das für viele Jugendliche aufgrund der begrenzten finanziellen Mittel seltener oder gar nicht nutzbar ist.

Generell läßt sich erkennen, daß die Art und Weise der Freizeitgestaltung der Jugendlichen vom Alter abhängig ist. So wurden 1995 der Besuch von Kneipen/Cafés, Kinos, Diskotheken, das Lesen von Büchern, das Musikhören und das Zusammensein mit der FreundIn verstärkt von den Älteren als häufige Freizeitbetätigungen angegeben. Die Jüngeren nannten häufiger das Lesen von Illustrierten und das Fernsehen.

Eine deutliche Veränderung der Altersabhängigkeit im Zeitverlauf gab es bei der Nennung von Diskothekenbesuchen. 1990 wurden Diskotheken von allen Altersgruppen noch relativ gleich stark frequentiert. 1991 wurden häufige Besuche öfter von jüngeren SchülerInnen angegeben. Ab 1992 waren es dann eher die Älteren, die häufige Besuche nannten. Insbesondere bei der Gruppe derjenigen, die zu den jeweiligen Untersuchungszeitpunkten 14 Jahre oder jünger waren, ist ein gravierender Einschnitt zu verzeichnen, während der Rückgang der Nennungen bei den anderen Altersgruppen nicht so stark war (vgl. die diesbezüglichen Nennungen der Ausprägung „häufig“ in Grafik 7-4).

Hinsichtlich der Kinobesuche gab es einen gegenläufigen Trend. Unter denjenigen SchülerInnen, die jeweils 17 Jahre oder älter waren, verringerte sich der Anteil der häufigen Besuche von knapp 25% 1990 um fast die Hälfte auf 13% 1995. Demgegenüber waren die Nennungen in den anderen Altersklassen relativ stabil (vgl. die diesbezüglichen Nennungen der Ausprägung „häufig" in Grafik 7-5).

Grafik 7-4: Häufige Diskothekenbesuche der verschiedenen Altersklassen im Zeitverlauf

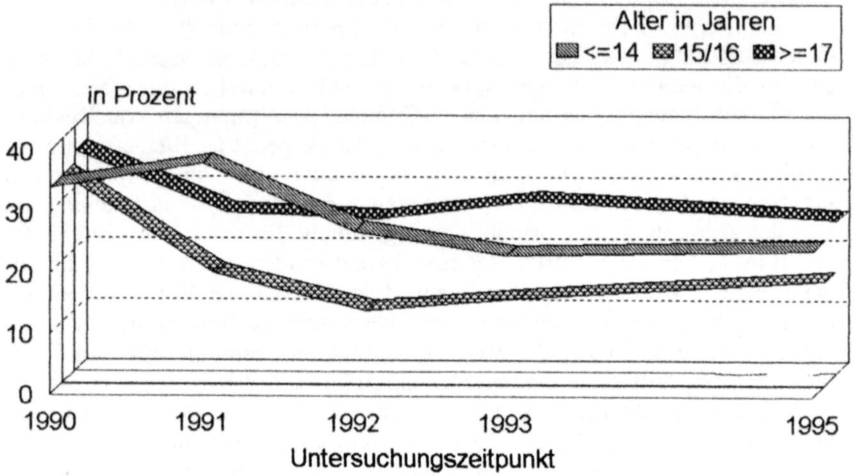

Deutliche Unterschiede bei der Freizeitgestaltung zeigen sich auch zwischen *Jungen und Mädchen.* So spielten 1995 das Zusammensein mit dem/der FreundIn, Musikhören, der Besuch von Kneipen/Cafés, das Lesen von Büchern für Mädchen eine größere Rolle. Die Jungen hingegen sahen mehr fern, gingen eher zum Sport, in Jugendeinrichtungen, betrieben mehr Hobbies und lasen mehr Comics/Illustrierte.

Im Zeitverlauf ergeben sich bei drei der von uns abgefragten Freizeitbetätigungen Veränderungen hinsichtlich der Abhängigkeit vom Geschlecht (vgl. Tabelle 7-7):

- Diskotheken waren 1990 noch eindeutig eine Domäne der weiblichen Jugendlichen. Bis 1995 ergab sich eine Angleichung zwischen den Geschlechtern.
- Analog zu den Nennungen von Diskothekenbesuchen verlief die Entwicklung der Nennungen von Kinobesuchen.
- Das Lesen von Illustrierten und Comics hingegen wurde zunehmend eher von männlichen Jugendlichen angegeben.

Grafik 7-5: Häufige Kinobesuche der verschiedenen Altersklassen im Zeitverlauf

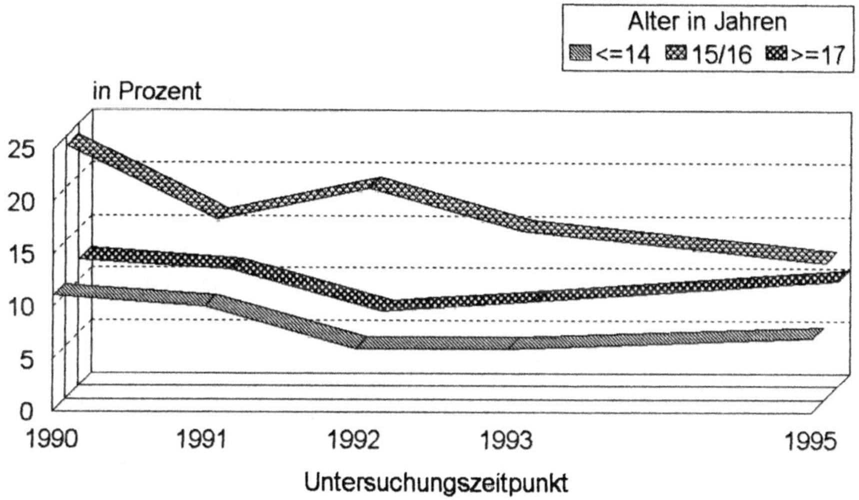

Tabelle 7-7: Frage: Was machst Du in Deiner Freizeit?

Als „häufige" [a] Freizeitbetätigungen wurden genannt:

		1990	1991	1992	1993	1994
Comics, Illustrierte lesen	weiblich	–	37	25	17	12
	männlich	–	33	21	17	18
Ins Kino gehen	weiblich	17	14	10	11	10
	männlich	10	9	6	6	10
Zur Disko gehen	weiblich	35	28	17	20	21
	männlich	26	24	16	15	22

Angaben in Prozent. Die Prozentzahlen stellen jeweils den Anteil derjenigen, die die betreffende Freizeitaktivität häufig betreiben, unter den Mädchen/jungen Frauen bzw. den Jungen/jungen Männern des jeweiligen Untersuchungszeitpunkts dar. In dieser Auswertung sind nur die Klassenstufen 8-11 enthalten, da den SiebtklässlerInnen die Frage 1990 nicht und 1991 nicht in vergleichbarer Weise gestellt wurde.

a) Neben der Ausprägung „häufig" waren „manchmal" und „nie" vorgegeben.

Die Analyse der Freizeitaktivitäten differenziert nach Wohnmilieu ergibt für 1995 eine Polarisierung zwischen innerstädtischen Altbaugebieten (Prenzlauer Berg) und randstädtischen Neubaugebieten (Marzahn). Die Jugendlichen aus dem Prenzlauer Berg gaben eher an, häufig Bücher zu lesen, in Kinos zu gehen, Jugendeinrichtungen zu nutzen oder Kneipen und Cafés zu besuchen. Die MarzahnerInnen hingegen sahen häufiger fern. Dies deckt sich mit den Beobachtungen, die Böhnisch (1993) bei Jugendlichen aus randstädtischen Neubaugebieten gemacht hat. Viele dieser Jugendlichen aus Gebieten mit wenig Freizeitangeboten vertreiben sich oft mit Fernsehen und Video ihre Langeweile. Einiges deutet darauf hin, daß vor allem in dieser Gruppe die „VielseherInnen" anzutreffen sind. Aufgrund mangelnder familiärer und örtlicher Anregungen, fehlender Mobilität durch schlechte Anbindung der öffentlichen Nahverkehrsmittel und zu große Entfernungen zu den Stadtzentren bieten Medien „Ersatz" für eine abwechslungsreiche Freizeitgestaltung im sozialen Nahraum.

Die Nutzung von Medien ermöglicht den Jugendlichen, die „Enge der äußeren und oft auch inneren Welt durch die fiktive Überschreitung aller räumlichen und emotionalen Grenzen mit Hilfe von TV und Video zu bewältigen" und die verregelte Struktur der vorfindbaren Lebensweisen durch eine stärkere „symbolische Lebenspraxis" zu beantworten (vgl. Lessing 1984, S. 455ff.).

Jugendliche, die mit ihren Eltern in Neubausiedlungen wohnen und mitunter – je nach Familiensituation und sozialräumlicher Orientierung – wenig Kontakt zu Gleichaltrigen haben, erleben in Medienwelten stets präsente „Partner", die sie immer beachten, ernst nehmen, einbeziehen und ihnen das Gefühl suggerieren, „dabei zu sein", „nichts zu verpassen". Je isolierter die Wohnsituation und je größer die Kontaktprobleme zu Gleichaltrigen sind, desto deutlicher tritt die „Fenster"-Funktion des Mediums Fernsehen als „parasoziale" Ausbruchsmöglichkeit hervor (vgl. Böhnisch 1993, S. 73).

Wir können aber nicht davon ausgehen, daß die SchülerInnen aus randstädtischen Neubaugebieten (Marzahn) im starken Maße derartig isoliert leben. Unsere Befunde zu den Freizeitaktivitäten sprechen zwar dafür, unter ihnen mehr Jugendliche mit solchen Problemen zu vermuten als unter den anderen Befragten. Es gibt in unserer Untersuchung jedoch keine Hinweise auf besondere Kontaktprobleme von Marzahner Jugendlichen zu Gleichaltrigen im Vergleich zu Jugendlichen anderer Bezirke. Im Gegensatz zu vielen Neubaugebieten westdeutscher Großstädte (wie etwa die Gropiusstadt in West-Berlin) war Marzahn aufgrund der im Vergleich zum DDR-Altbau komfortablen Wohnungen vor der Wende ein attraktives Wohngebiet. Seit der Wende vollzieht sich jedoch in den östlichen Bezirken von Berlin ein Sozialstrukturwandel. Die innerstädtischen Altbaugebiete haben durch die verstärkte Sanierung, verbesserte Einkaufsmöglichkeiten und der Verbesserung des Kulturangebots deutlich an Attraktivität gewonnen. Vor allem die MieterInnen der Mittelschicht verlassen die randstädtischen Neubaugebiete, nachdem sich die Mieten erhöht haben, bei der wohnortnahen Infrastruktur jedoch keine wesentlichen Veränderungen eingetreten sind.

In der Analyse des Zeitverlaufs werden die Wirkungen dieses Wandels auf die Freizeitaktivitäten der Jugendlichen deutlich. 1990 gab es bezüglich der Wohnmilieus keine nennenswerten Unterschiede hinsichtlich der Freizeitaktivitäten der Jugendlichen. Ab 1992 zeigen sich dann erste Spuren eines Umbruchs. Insbesondere beim Fernsehen, beim Lesen von Büchern und Fachzeitschriften sowie beim Besuch von Kneipen und Cafés wird ein Trend zu einer Polarisierung zwischen Marzahn als randstädtischem Neubaugebiet und dem Prenzlauer Berg als innerstädtischem Altbaugebiet erkennbar (vgl. die diesbezüglichen Nennungen der Ausprägung „häufig" in den Grafiken 7-6 bis 7-8).

Grafik 7-6: Häufiger TV-Konsum von Jugendlichen verschiedener Wohnmilieus im Zeitverlauf

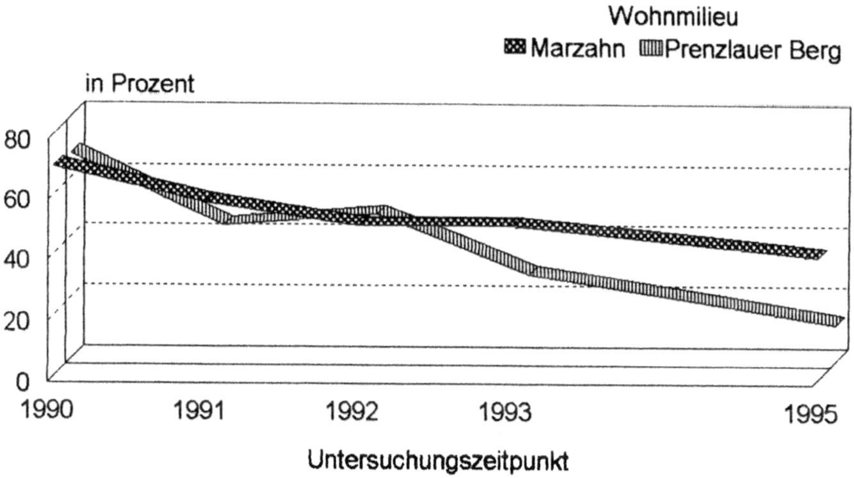

Grafik 7-7: Häufiges Bücherlesen differenziert nach Wohnmilieu

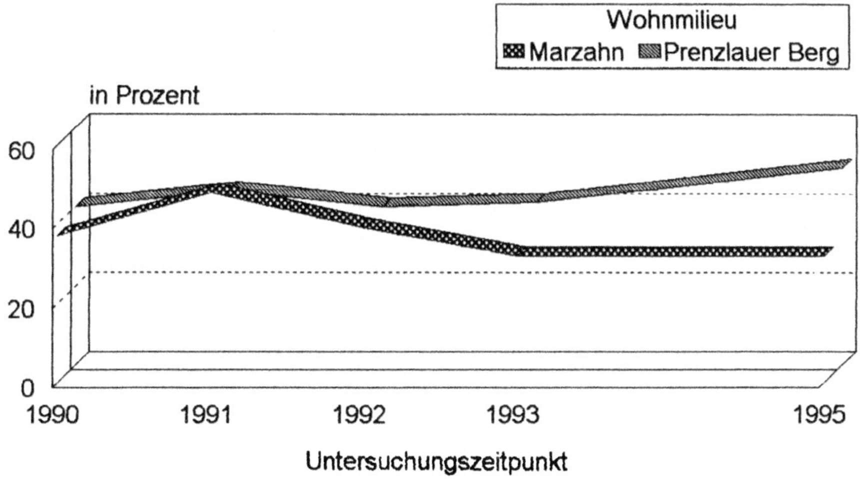

Grafik 7-8: Häufiger Besuch von Kneipen differenziert nach Wohnmilieu

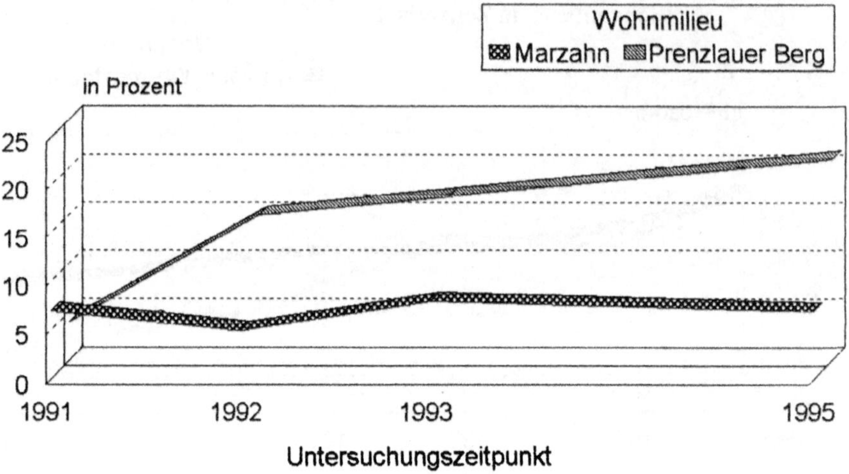

Ein Ost-West-Vergleich läßt erkennen, daß Westberliner SchülerInnen mehr Sport treiben, Ostberliner SchülerInnen hingegen relativ häufig Diskotheken und Jugendeinrichtungen besuchen.

In der Literatur finden sich Hinweise auf eine stärkere Peergrouporientierung der Jugendlichen aus den alten gegenüber Jugendlichen aus den neuen Bundesländern: „Jugendliche in den neuen Bundesländern sind weniger stark in Gleichaltrigengruppen integriert als Jugendliche in den alten Bundesländern. Sie haben seltener eine ‚beste Freundin' oder einen ‚besten Freund', gehören seltener jugendlichen Freundesgruppen an und sind deutlich weniger in Vereinen und Jugendgruppen organisiert" (Neunter Jugendbericht 1994, S. 53). Bezogen auf die Frage der bevorzugten Freizeitaktivitäten läßt sich dieser Befund mit unseren Daten (die sich allerdings nur auf Jugendliche aus Berlin beziehen) nicht bestätigen. Das Verbringen der freien Zeit mit der Freundin bzw. dem Freund oder mit FreundInnen hat für die SchülerInnen in Ost- wie Westberlin eine ähnlich hohe Bedeutung.

7.3.3.2 FreizeitpartnerInnen

Die freie Zeit verbringen die Jugendlichen in erster Linie mit ihren FreundInnen oder mit ihrem Freund bzw. ihrer Freundin. Allein oder mit den Eltern wird die freie Zeit seltener verbracht. Dies gilt für alle Untersuchungszeitpunkte von 1991 bis 1995 (vgl. Tabelle 7-8). Verschoben haben sich allerdings die Gewichtungen. So sanken die Nennungen der Eltern als FreizeitpartnerInnen um etwa ein Drittel im Zeitraum von 1991 bis 1995 von 28% auf 18%. Einen ähnlichen Verlauf nahmen die Aussagen der SchülerInnen, ihre freie Zeit überwiegend allein zu verbringen. Gleichzeitig erhöhte sich der Anteil derjenigen, die auf FreundInnen oder auf flüchtige Bekannte als FreizeitpartnerInnen verweisen. Dieser Befund ist ein Indiz für eine zunehmende Gleichaltrigenorientierung Ostberliner SchülerInnen. Die hohe Bedeutung von dyadischen Beziehungen zur besten Freundin/zum besten Freund bzw. zur festen Partnerin/zum festen Partner bleibt dabei über den gesamten Untersuchungszeitraum erhalten. Es ist zu vermuten, daß mit steigendem Alter die Häufigkeit der sexuellen Paarbeziehungen wächst, bei gleichzeitiger (geringer) Abnahme der nichtsexuellen Freundschaftsbeziehungen (vgl. Neunter Jugendbericht 1994, S. 50).

Tabelle 7-8: Frage: Mit wem verbringst Du den überwiegenden Teil Deiner Freizeit?

	1991	1992	1993	1995
allein**	31	26	22	23
mit den Eltern**	28	23	21	18
nur mit meiner Freundin/meinem Freund	47	52	49	50
mit mehreren Freundinnen/Freunden*	59	60	59	64
mit Leuten, die ich nur flüchtig kenne**	1	2	4	4
mit anderen**	3	4	8	7

Angaben in Prozent. Mehrfachantworten waren möglich. Die Frage wurde zum Untersuchungszeitpunkt 1991 eingeführt.

* Signifikante Unterschiede zwischen erstem und letztem Untersuchungszeitpunkt (p(0,05).

** Hochsignifikante Unterschiede zwischen erstem und letztem Untersuchungszeitpunkt (p(0,01).

Zu jedem Untersuchungszeitpunkt wuchs mit zunehmendem Alter die Bedeutung von FreundInnen als FreizeitpartnerInnen. Auch ein geschlechtsspezifischer Unterschied bezüglich der FreizeitpartnerInnen zeigt sich über alle Untersuchungszeitpunkte: Die feste Freundin bzw. der feste Freund wurde jeweils häufiger von den Mädchen als von den Jungen als bevorzugte FreizeitpartnerIn genannt. Dies deckt sich mit anderen Forschungsergebnissen (vgl. Neunter Jugendbericht 1994). Überraschend ist jedoch, daß sich Mädchen zu allen Untersuchungszeitpunkten ebenso häufig wie Jungen in Gleichaltrigengruppen aufhielten, war dies doch stets eine männliche Domäne. Diese Angleichung im Freizeitverhalten von Jungen und Mädchen weist darauf hin, daß die stärkere Orientierung der Mädchen/jungen Frauen auf Innenräume (gegenüber einer relativ starken Außenraumorientierung von Jungen/jungen Männer) schwindet. Wohnmilieuspezifische Unterschiede sind nicht zu verzeichnen.

Die dezidierte Frage nach den FreizeitpartnerInnen gibt für die Untersuchungszeitpunkte 1994/1995 keinen Hinweis auf eine stärkere Peergrouporientierung der Westberliner gegenüber den Ostberliner SchülerInnen. Es waren sogar eher Ostberliner als Westberliner SchülerInnen, die angaben, ihre freie Zeit überwiegend mit Gleichaltrigen zu verbringen, wohingegen Westberliner Befragte häufiger ihre Eltern als FreizeitpartnerInnen nannten und eher als Ostberliner SchülerInnen ihre freie Zeit alleine verbrachten. Ostberliner SchülerInnen zeigten sich also am Ende unserer Untersuchung ebenso stark peergruppenorientiert wie ihre Westberliner AltersgefährtInnen. Dies ist umso bemerkenswerter, wenn wir uns noch einmal einige Effekte des Vereinigungsprozesses vergegenwärtigen. Ostdeutsche Jugendliche können nicht auf gewachsene Jugendorganisationsstrukturen zurückgreifen, da mit der Wende die Vereins- und Organisationslandschaft Ostdeutschlands zerschlagen wurde. 1993 waren in den neuen Bundesländern nur 25% derjenigen, die 16 Jahre oder jünger waren, in Vereinen organisiert, in den alten Bundesländern waren es 57% (vgl. Neunter Jugendbericht 1994). Die Veränderungen in den Lebenswelten der ostdeutschen SchülerInnen bewirkten häufig den Zerfall von bestehenden Freundesgruppen: Familien zogen aus Beschäftigungsgründen nach Westdeutschland, Jugendtreffpunkte (Klubs, Arbeitsgemeinschaften, Vereine) verschwanden, die Umwandlung der Einheitsschule brachte die Auflösung von Klassenverbänden mit sich.

Daß die zunehmende Gleichaltrigenorientierung der Ostberliner Jugendlichen auch eine hohe Bedeutsamkeit für die Entwicklung von Einstellungen und Verhaltensweisen zu illegalisierten Drogen hat, wird am Ende dieses Kapitels ausgeführt. Dort wird auch auf die entsprechenden Befunde in den anderen Kapiteln verwiesen.

7.3.3.3 Freundeskreis

Geschlechtszusammensetzung des Freundeskreises

Die Geschlechtszusammensetzung des Freundeskreises ist bei der Mehrheit der Jugendlichen gemischt; ein etwas kleinerer Teil hat einen überwiegend gleichgeschlechtlichen und nur wenige einen überwiegend andersgeschlechtlichen Freundeskreis. An den Proportionen der Zusammensetzungen ändert sich im Zeitverlauf wenig (vgl. Tabelle 7-9). Etwas angestiegen ist der Anteil der andersgeschlechtlichen Freundeskreise.

Tabelle 7-9: Frage: Wie setzt sich Dein Freundeskreis zusammen?

	1991	1992	1993	1995
überwiegend gleichgeschlechtlich[a)]	28	45	45	43
überwiegend andersgeschlechtlich[a)]	5	6	6	8
halbe/halbe[a)]	57	50	49	50

Angaben in Prozent. Prozentuierungsbasis ist die jeweilige Spalte. Bei Aufaddierungen zeigen sich eventuell Rundungsfehler.

a) Die Befragten sollten eine der folgenden Ausprägungen ankreuzen: „nur Mädchen", „überwiegend Mädchen", „halbe/halbe", „überwiegend Jungen", „nur Jungen". Die Antworten von Mädchen/jungen Frauen „nur Mädchen" und „überwiegend Mädchen" wurden zu „überwiegend gleichgeschlechtlich", ihre Antworten „überwiegend Jungen" und „nur Jungen" zu „überwiegend andersgeschlechtlich" zusammengefaßt. Die Zusammenfassungen der Antworten der Jungen/jungen Männer erfolgte entsprechend umgekehrt. 1990 war die Frage nicht im Fragebogen enthalten.

Es waren stets deutlich mehr Mädchen als Jungen, die sich in überwiegend andersgeschlechtlichen Freundeskreisen aufhielten, wobei sich dieser Unterschied von 1991 zu 1995 noch deutlich verstärkte. (1991 waren dies doppelt so viele und 1995 bereits dreimal so viele Mädchen wie Jungen.) Ebenso schienen sich die Mädchen auch etwas häufiger in gemischtgeschlechtlichen Freundeskreisen zu bewegen (signifikante Unterschiede 1991 und 1993). Mädchen sind also seltener „unter sich", während Jungen sich häufiger in überwiegend gleichgeschlechtlichen Freundeskreisen bewegen (dies gilt für alle Untersuchungszeitpunkte außer 1992; vgl. Tabelle 7-10).

Ost- und WestberlinerInnen unterscheiden sich hinsichtlich der geschlechtlichen Zusammensetzung des Freundeskreises nicht voneinander.

Tabelle 7-10: Frage: Wie setzt sich Dein Freundeskreis zusammen?

		1991	1992	1993	1994
Gleichgeschlechtlich[a)]	weiblich	31	43	40	37
	männlich	45	48	51	50
Andersgeschlechtlich[a)]	weiblich	6	6	8	11
	männlich	3	3	3	3
etwa halbe/halbe[a)]	weiblich	63	50	51	52
	männlich	52	48	47	47

Angaben in Prozent. Die Prozentzahlen stellen jeweils den Anteil derjenigen, die eine entsprechende Zusammensetzung ihres Freundeskreises angeben, unter den Mädchen/jungen Frauen bzw. Jungen/jungen Männern des jeweiligen Untersuchungszeitpunktes dar.

a) Vgl. zu diesen zusammengefaßten Antwortvorgaben die Ausführungen zu Tabelle 7-9.

Einzugsgebiet des Freundeskreises

Wir haben die SchülerInnen zum einen gefragt, ob die Mehrheit ihrer FreundInnen aus ihrer Klasse, ihrem Wohngebiet oder aus anderen Bezügen kommen, und zum anderen, in welcher Stadthälfte der überwiegende Teil ihrer jetzigen FreundInnen vor der Maueröffnung gelebt hat. Zielt die erste Frage auf die Möglichkeit der Überwindung sozialräumlicher Grenzen, geht es in der zweiten Frage zusätzlich um das Überschreiten von kulturellen Grenzen.

1993 wie auch 1995 gaben etwa 90% der Jugendlichen an, daß ihre FreundInnen aus ihrer unmittelbaren Umgebung, nämlich ihrer Klasse bzw. ihrem Wohngebiet, kommen.[48]

Ältere Jugendliche sind mobiler und sind stärker in jugendkulturelle Zusammenhänge eingebunden, die unabhängig von Wohngegend und Schule sind. Es überrascht daher nicht, daß mit zunehmendem Alter zu beiden Un-

48 Die Frage lautete: „Woher kennst Du die meisten Deiner Freundinnen/Freunde?" Die Befragten sollten eine der folgenden Vorgaben ankreuzen: „aus meiner Klasse", „nicht aus meiner Klasse, aber aus meinem Wohngebiet", „weder aus meiner Klasse, noch aus meinem Wohngebiet". Aufgrund einer Skalenänderung kann die Frage erst ab 1993 inferenzstatistisch ausgewertet werden.

tersuchungszeitpunkten der Anteil derjenigen, welche die meisten ihrer FreundInnen weder aus der Klasse noch aus dem Wohngebiet kennen, stieg. Dieser Anteil war bei den Mädchen zu beiden Untersuchungszeitpunkten etwa doppelt so hoch wie bei den Jungen.

Die SchülerInnen aus Westberlin wiesen 1994 mit 20% der Befragten einen höheren Anteil derjenigen, welche die Mehrzahl ihrer FreundInnen außerhalb der Klasse und des Wohngebiets haben, auf als die Befragten zu allen Untersuchungszeitpunkten in Ostberlin. Dies könnte sich aus dem breiteren und differenzierteren Angebot an Jugendeinrichtungen in Westberlin sowie aus der häufigeren Zugehörigkeit Westberliner SchülerInnen zu Vereinen (vgl. o.g. Befunde zur Vereinszugehörigkeit ost- und westdeutscher Jugendlicher) erklären, die es den Westberliner Jugendlichen stärker erlaubt, unabhängig von regionaler und schulischer Herkunft Kontakte zu Gleichaltrigen zu knüpfen.

Danach befragt, in welcher Stadthälfte ihre FreundInnen leben, gaben 1995 88% der Jugendlichen an, daß sich ihre Freundeskreise im wesentlichen aus OstberlinerInnen zusammensetzten.[49] 12% der Befragten berichteten, daß ihre FreundInnen zu etwa gleichen Teilen aus dem Ost- und Westteil der Stadt oder aber überwiegend aus Westberlin kommen. 1993 waren es nur 8% der befragten SchülerInnen, die eine nennenswerte Anzahl von FreundInnen in Westberlin hatten. Es ist also eine 50%ige Steigerung innerhalb von zwei Jahren zu verzeichnen. Es ist anzunehmen, daß sich jugendkulturelle Bezüge entwickelt haben, in denen sich im gleichen Maße SchülerInnen aus Ost- und Westberlin bewegen. Dies betrifft beispielsweise Techno-Clubs in beiden Stadthälften. In die Techno-Kultur ist legalisierter und illegalisierter Drogenkonsum (z.B. von „Partydrogen") integriert. Die in diesem Rahmen gemachten Erfahrungen zum Drogenkonsum sind von großer Bedeutung für die Entwicklung von diesbezüglichen Einstellungen und Verhaltensweisen unter den Jugendlichen (vgl. hierzu die Befunde zu Kommunikation in Kapitel 9 und zu Einstellungen in Kapitel 10).

Erstaunlicherweise zeigt sich hier weder 1993 noch 1995 ein Alterszusammenhang. Obwohl davon ausgegangen werden kann, daß die älteren SchülerInnen mobiler sind und gleichzeitig auch „raumergreifender" agieren als die jüngeren, führt dies nicht zu einer nachweisbar höheren Kontaktfreudigkeit zu den Jugendlichen der anderen Stadthälfte. Möglicherweise spielt gerade für die älteren SchülerInnen die „unsichtbare Mauer" und/oder schlechte Erfahrungen mit „WestlerInnen" noch eine größere Rolle, als dies bei den Jüngeren der Fall ist.

Die Vermutung, daß es gerade die Mädchen sind, die sich in den anderen Teil der Stadt begeben, wird durch unsere Befunde bestätigt. So gaben 1995

49 Die Frage lautete „Wo leben Deine Freundinnen/Freunde?" Die SchülerInnen sollten sich für eine der folgenden Antwortvorgaben entscheiden: „nur in Ostberlin/neue Bundesländer", „überwiegend in Ostberlin/neue Bundesländer", „halbe/halbe", „überwiegend in Westberlin/alte Bundesländer", „nur in Westberlin/alte Bundesländer". Aufgrund einer Skalenänderung kann die Frage erst ab 1993 inferenzstatistisch ausgewertet werden.

etwa 16% der Mädchen an, daß ihre FreundInnen etwa zur Hälfte oder mehr aus Westberlin kommen, unter den Jungen waren es nur ungefähr 9%. Auf seiten der Jungen/jungen Männer spielen womöglich Statusunsicherheiten eine größere Rolle spielen als bei Mädchen/jungen Frauen. Diese scheinen eher über Kommunikationskompetenzen zu verfügen, die sie dazu befähigen, die sozialräumlichen Grenzen (vgl. oben) und die (jugend-)kulturellen Differenzen zwischen Ost und West zu überwinden. Dies findet sich auch in den bevorzugten Freizeitaktivitäten wieder: Jungen gaben verstärkt Beschäftigungen an, die in Wohnortnähe ausgeübt werden können (z.B. Sport, Hobbies, Fernsehen; vgl. oben Abschnitt. 7.3.3.1).

Es zeigt sich auch an dieser Stelle wieder eine Differenz zwischen den Befragten aus den Bezirken Marzahn und Prenzlauer Berg, allerdings nur für 1993. Mit 12% der Befragten geben zu diesem Zeitpunkt doppelt so viele SchülerInnen aus dem Prenzlauer Berg Freundschaften zu WestberlinerInnen an wie Befragte aus Marzahn. 1995 läßt sich kein signifikanter Unterschied mehr feststellen. Während die SchülerInnen der Bezirke Prenzlauer Berg und Marzahn sich hinsichtlich ihrer Freizeitpräferenzen bis zum Untersuchungszeitpunkt 1995 immer mehr unterscheiden (vgl. in diesem Abschnitt den Unterpunkt „Freizeitaktivitäten"), haben sie sich bezüglich des Einzugsgebiets ihres Freundeskreises wieder angenähert.

7.3.3.4 Probleme und Belastungen von Jugendlichen

Seit dem Untersuchungszeitpunkt 1992 wurden die SchülerInnen von uns mittels einer offenen Frage zu ihren Sorgen befragt.[50] 13% der Befragten äußerten 1995 Sorgen bezüglich Liebe und Sexualität. In erster Linie hatten die Jugendlichen die Sorge, keine(n) PartnerIn zu finden bzw. ihre(n) aktuelle(n) PartnerIn zu verlieren. Homo- oder Bisexualität wurde von den SchülerInnen nicht thematisiert. Im Zeitverlauf zeigt sich ein abnehmender Trend: Waren 1992 noch 18% der Antworten in die Kategorie „Liebe und Sexualität" einzuordnen, waren es 1993 15% und 1995 dann nur noch etwa 13%. Hier deutet sich eine Verschiebung hin zu den Themen Arbeit/Ausbildung bzw. Schule an (vgl. oben Abschnitt 7.2 „Schule im Wandel").

Auch wenn Liebe und Sexualität für die jeweiligen Altersklassen unterschiedliche Bedeutungen haben, sind die Häufigkeiten der Antworten diesbezüglich in etwa gleich verteilt. Während zu den Untersuchungszeitpunkten 1992 und 1993 Mädchen häufiger als Jungen Sorgen bezüglich Liebe und Sexualität äußerten, ist 1995 dieser Unterschied zwischen den Geschlechtern nicht mehr vorhanden.

Ähnlich wie die Sorgen bezüglich Liebe/Sexualität sind auch die Nennungen von Problemen mit dem Freundeskreis zurückgegangen, von 11% im

---

50 Die Frage und die entsprechenden Antworten sind im Abschnitt 7.1 (Sozialer Wandel in der Familie) vorgestellt. Hier werden nur die im Hinblick auf das Freizeitverhalten Jugendlicher wichtigen Ergebnisse referiert.

Jahre 1992 auf 7% 1995. 1992 wie 1995 zeigen sich signifikante Unterschiede hinsichtlich der Altersverteilung, die 1993 zumindest auch tendenziell bestätigt werden: Es waren jeweils eher die älteren SchülerInnen, die Probleme mit ihren FreundInnen angeben.

Schwierigkeiten in ihrem Freundeskreis haben insbesondere die Mädchen. Sie nannten diesbezügliche Sorgen zu jedem Untersuchungszeitpunkt etwa doppelt so häufig wie die Jungen.

10,3% der 1995 genannten Sorgen bezogen sich auf *„Geldmangel"*. Die Nennungen derartiger Probleme waren während unserer Untersuchung relativ stabil. Wie bereits beschrieben, ist Teilhabe am jugendkulturellen Leben im zunehmenden Maße von den finanziellen Möglichkeiten abhängig. Schätzungen gehen davon aus, daß die Kaufkraft der Jugendlichen zwischen 12 und 21 Jahren in der BRD inzwischen jährlich eine Summe von rund 30 Milliarden Mark erreicht. Angesichts dieses finanziellen Potentials scheinen die Konsummöglichkeiten der Jugendlichen heutzutage fast unbegrenzt. Die Konsumpalette ist breiter, bunter, wechselnder geworden: Die herkömmlichen Konsumartikel, die von Jugendlichen nachgefragt werden – Bekleidung, Autos, Motorräder, Genußmittel – sind noch vielfältiger geworden. Neues ist hinzugekommen: Sportartikel, moderne Unterhaltungs- und Kommunikationselektronik, neue Formen des Reisens ...

Konsum ist heute alltäglicher Bestandteil des Lebens Jugendlicher, seine Attraktivität liegt vor allem im sozialen Status, den er Jugendlichen vermittelt bzw. im sozialen Status, den die Jugendlichen mittels der Konsumartikel herstellen können. Jugendliche machen Konsumartikel zu Symbolen ihres Lebensstils. Entsprechende Trends werden wiederum von der Industrie aufgegriffen und mit einem massiven Marketing vorangetrieben. Die Jugendlichen in den neuen Bundesländern sind, ebenso wie bereits vor ihnen ihre westdeutschen AltersgefährtInnen, für die Industrie sehr schnell in zweifacher Hinsicht interessant geworden: zum einen als ernstzunehmende KonsumentInnen und zum anderen als TrendsetterInnen auch für ältere KonsumentInnen. Diese Entwicklung hat dazu geführt, daß oft schon normale jugendkulturelle Ansprüche von einem üblichen Taschengeld nicht mehr bezahlt werden können. Für viele Jugendliche stellt sich die Frage, wie diesem chronischen Geldmangel entgegenzuwirken ist. Schülerjobs sind rar und gerade für die Jüngeren oft nicht erreichbar. Das Phänomen des „Jacken abziehens"[51] ist sicherlich auch in diesem Zusammenhang zu sehen.

Auch die Entscheidung für oder gegen einen Drogenkonsum ist für Jugendliche mitunter eine Frage der finanziellen Möglichkeiten. Die Kosten für gelegentlichen Alkoholkonsum sind für viele Jugendliche nicht so problematisch, da auf preiswerte Alkoholika zurückgegriffen werden kann. Hinzu kom-

---

51 Der Begriff „Jacken abziehen" beschreibt eine Form von Diebstahl unter Jugendlichen. Unter Androhung von Gewalt werden Jugendliche von anderen Jugendlichen gezwungen, hochwertige Kleidungsstücke (z.B. Lederjacken, Sportschuhe usw.) herauszugeben.

men Anlässe, an denen Erwachsene Alkohol finanzieren, etwa zu Feiern, zum Essen u.ä. Problematischer ist die Finanzierung des Zigarettenkonsums, der in erster Linie selbst bezahlt werden muß. Gerade Jüngere, die regelmäßig rauchen, müssen einen großen Teil ihres Geldes dafür aufwenden. Unter den Bedingungen des Schwarzmarkts sind die Kosten für illegalisierte Drogen unverhältnismäßig hoch. Die Entscheidung Jugendlicher für einen Gebrauch von illegalisierten Drogen schränkt daher die Möglichkeiten anderen Konsums im hohen Maße ein. Insofern ist es nicht verwunderlich, wenn Jugendliche, die häufig Cannabis konsumieren, mehr als doppelt so häufig Geldmangel konstatieren wie Jugendliche, die nie Cannabis konsumieren (vgl. Tabelle 7-11).

Tabelle 7-11: Cannabiskonsum und Geldmangel 1995[b]

	Geldmangel genannt	
	ja	nein
Cannabiskonsum[a)]		
kein Konsum	8	92
häufiger Konsum	19	81

Angaben in Prozent. Prozentuierungsbasis ist die jeweilige Zeile.

a) Befragte, die einen Cannabiskonsum angaben, wurden gebeten, die Häufigkeit ihres Konsums anhand der Antwortvorgaben „einmal", „wenige Male", „häufiger" zu charakterisieren. In der Tabelle werden diejenigen, die 1995 einen häufigen Cannabiskonsum angaben, denjenigen gegenübergestellt, die zu diesem Zeitpunkt einen bisherigen Cannabiskonsum verneinten.

b) Zu geringe Fallzahlen lassen keinen inferenzstatistischen Vergleich zu vorherigen Untersuchungszeitpunkten zu.

Differenziert nach dem Geschlecht wird deutlich, daß insbesondere die Jungen Geldprobleme angeben, obwohl sie über ein etwas höheres Einkommen als Mädchen verfügen.[52] Offenbar benötigen Jungen mehr Geld zur Finanzierung ihres Lebensstils. Ein Grund mag in der größeren Neigung der Jungen zu kostenintensiven Freizeitaktivitäten wie etwa der Beschäftigung mit Computern, motorisierten Zweirädern u.ä. liegen (vgl. Jugendwerk der Deutschen Shell 1992). Denkbar ist auch ein „sorgloserer" Umgang mit Geld seitens der Jungen, sind doch auch die höheren Beträge, die Mädchen für ihr Aussehen aufwenden, etwa für Kleidung und Kosmetika, zu berücksichtigen.

Die dargestellten Veränderungen in den Lebensverhältnissen Ostberliner Jugendlicher skizzieren den gesellschaftlichen und lebensweltlichen Kontext, in welchem diese ihre Einstellungen und Verhaltensweisen zu illegalisierten Drogen entwickelten. In den folgenden Kapiteln wird gezeigt, daß einige der beschriebenen Entwicklungen diesbezüglich von besonderer Bedeutung sind. Hervorzuheben ist hierbei die im Verlauf der Untersuchung stärker werdende

52 Eigenangaben zufolge verfügen Jungen über ein höheres Taschengeld als Mädchen. Zugleich ist in der Altersgruppe der 13-16jährigen das Taschengeld die Haupt-Einnahme-Quelle (vgl. Jugendwerk der Deutschen Shell 1992).

Gleichaltrigenorientierung der Jugendlichen bei gleichzeitigem Bedeutungsverlust erwachsener Bezugspersonen für die Gestaltung freier Zeit. Mit der wachsenden Einbindung in jugendkulturelle Bezüge, welche auch lebenszeitlich immer früher zu konstatieren ist, ist es Jungen und Mädchen im verstärkten Maße möglich, unabhängig von Erwachsenen Erfahrungen mit legalisierten und illegalisierten Drogen zu sammeln (vgl. hierzu die Befunde zu Drogenkonsum und Verfügbarkeit in Kapitel 8). Somit bildet die stärkere Orientierung auf Gleichaltrigenbezüge eine Voraussetzung für das Ansteigen von eigenen Erfahrungen Jugendlicher mit illegalisierten Drogen, die den traditionellen abschreckenden Darstellungen von Erwachsenen widersprechen, und ist damit von großer Bedeutsamkeit für die Kommunikation und die Einstellungsbildung der SchülerInnen zum illegalisierten Drogenkonsum (vgl. hierzu die Befunde zur Kommunikation in Kapitel 9 und zu den Einstellungen in Kapitel 10).

8 Entdramatisierung: Verfügbarkeit und Konsum von illegalisierten Drogen sind eingebettet in jugendkulturelle Zusammenhänge

8.1 Begriffe und hypothetische Grundannahmen

Die nachfolgenden theoretischen Überlegungen zum Begriff „Drogenkonsum“ als soziales Handeln betreffen nicht nur den unmittelbaren Konsum von Drogen, sondern den Umgang mit Drogen insgesamt, die kommunikative Auseinandersetzung mit dem Thema „Drogen“ sowie die Entwicklung von Einstellungen und Handlungsweisen.

„Drogen“ definieren wir als psychoaktive Substanzen, d.h. als Stoffe, die auf das Zentralnervensystem wirken. „Drogen in diesem Sinne sind alle Stoffe, Mittel, Substanzen, die auf Grund ihrer chemischen Natur Strukturen oder Funktionen im lebenden Organismus verändern, wobei sich diese Veränderungen insbesondere in den Sinnesempfindungen, in der Stimmungslage, im Bewußtsein oder in anderen psychischen Bereichen oder im Verhalten bemerkbar machen“ (Vogt/Scheerer 1989, S. 5f). In der Umgangssprache werden unter „Drogen“ oft nur die verbotenen Substanzen, wie Heroin, Kokain, LSD und Cannabisprodukte verstanden. In Abgrenzung zu diesen illegalen Substanzen spricht man dann noch von „Genußmitteln“, zu denen die legalen Drogen Alkohol, Tabak, Kaffee, Tee gerechnet werden.

Wir verwenden in unseren Ausführungen die Begriffe „legalisierte“ und „illegalisierte“ Drogen. Damit wollen wir verdeutlichen, daß die gesetzliche Prohibition einzelner Substanzen weder aus einer tatsächlichen Gefährlichkeit bzw. der potentiellen Wirkungsweise auf den menschlichen Organismus resultiert, noch sich an der faktischen kulturellen Integration in die Gesellschaft orientiert, sondern sich hauptsächlich an den jeweils herrschenden Interessen, insbesondere ökonomischen und politischen Interessen, ausrichtet. Diese herrschenden Interessen können sich wandeln, d.h. auch die Prohibition der einen oder anderen Droge kann ein zeitlich gebundenes Phänomen sein.

Drogenkonsum verstehen wir als soziales Handeln im Sinne der Handlungstheorie Max Webers: „Handeln soll ... ein menschliches Verhalten heißen, wenn und insofern als der oder die Handelnden mit ihm einen subjektiven Sinn verbinden. Soziales Handeln aber soll ein solches Handeln heißen, welches seinem von dem oder den Handelnden gemeinten Sinn nach auf das Verhalten anderer bezogen wird und daran in seinem Ablauf orientiert ist“ (Weber 1960, S. 3f.). Drogenkonsum als gesellschaftlich vermitteltes soziales

Handeln ist das Produkt eines Interaktionsprozesses zwischen dem Individuum und seinem sozialen Umfeld.[1]

Die Unterscheidung in legalisierten und illegalisierten Drogenkonsum entsteht nicht in diesem Interaktionsprozeß, sondern vollzieht sich als willkürliche politische Setzung aus den jeweils herrschenden Interessen heraus.

Vor dem Hintergrund gesamtgesellschaftlicher Einstellungen und Werthaltungen gegenüber Drogen – formellen und informellen Regelungen des Umgangs mit Drogen – ist Drogenkonsum in verschiedene Bedingungsgefüge eingebettet:

Illegalisierter Drogenkonsum als soziales Handeln umfaßt die Auseinandersetzung der Akteure mit der sozialen Situation der Illegalität und Tabuisierung, aber auch der Zugangs- und damit Konsummöglichkeiten dieser Drogen. Die Illegalität von Drogen bedingt die unberechenbare Qualität des Stoffes und steuert letztendlich die Bedingungen des Konsums (z.B. in bezug auf Applikationsformen). Für die KonsumentInnen illegalisierter Drogen bedeutet die Kriminalisierung ihres Handelns Diskriminierung, Ausgrenzung und Drohung des Entzugs der Freiheit – damit Verfolgung, psychische Belastung und Zerstörung von Lebensräumen und -chancen. Im Prozeß der Annäherung an das Thema „illegalisierte Drogen" entwickeln sich Motivationen, die in einem Verhalten ausgedrückt werden, das Repressionen zwangsläufig einkalkuliert. Die Androhung negativer Sanktionen für den Fall des Konsums beeinflußt in differenzierter Weise die Entscheidung für oder gegen das Ausprobieren einer Droge, das heißt aber nicht, daß die Androhung negativer Sanktionen notwendigerweise determinierend für eine Entscheidung ist.

Legalisierter Drogenkonsum als soziales Handeln ist dagegen in ein qualitativ anderes Bedingungsgefüge integriert: Mit der gesellschaftlichen und gesetzlichen Akzeptanz erhalten die legalisierten Drogen eine anerkannte soziale Funktionalität. Durch die Legalität können sich Einstellungen und Verhalten zu legalisierten Drogen im Verlauf der Sozialisation ohne vergleichbare Repressionserwartungen entwickeln. Staatliche Kontrolle bezieht sich hier im wesentlichen auf die im Jugendschutzgesetz verankerten Einschränkungen in der freien Verkäuflichkeit gegenüber Kindern und Jugendlichen.

Notwendige Voraussetzung für den Konsum einer Droge ist, daß die Droge dem Individuum verfügbar ist oder verfügbar gemacht wird. Einen erheblichen Einfluß darauf, ob jemand eine verfügbare Droge konsumiert, hat die spezifische kulturelle Einbindung des Individuums.

Wir gehen davon aus, daß innerhalb der Gesellschaft mit ihrer grundlegenden Wertestruktur sehr unterschiedliche Gruppierungen, „Teil"- oder „Subkulturen", existieren, die auch im Umgang mit Drogen sehr unterschiedlichen Wertsetzungen folgen.

Der Subkulturansatz geht nach Lamnek davon aus, daß in einer Gesellschaft Normen, Werte und Symbole nicht für alle Gesellschaftsmitglieder

---

1 Vgl. hierzu die Ausführungen in Kapitel 4.2.4 „Die theoretische Sichtweise des Drogenkonsums bei der Arbeit am Forschungsprojekt".

gleich gelten oder gleiche Bedeutung haben. Vielmehr sind solche großen komplexen Gebilde in sich strukturiert durch verschiedene Subsysteme, die sich untereinander nicht zuletzt auch dadurch unterscheiden können, daß in ihnen unterschiedlich nuancierte Werte und Normen gelten. Diese Werte und Normen können selbst mehr oder weniger mit den Normen des übergeordneten Ganzen übereinstimmen, sich aber auch relativ stark von ihnen abheben. Es gibt aber immer auch einige Basiswerte und -normen, die von der dominanten Kultur übernommen werden, was die Zugehörigkeit zum Gesamtsystem ausmacht. (Vgl. Lamnek 1990, S. 143.)

Neuere Entwicklungen in bezug auf Jugendliche zeigen jedoch – so Krafeld – daß die Zuordnung von Jugendgruppen zu sozialen Milieus, die bislang das Verständnis von Subkulturen als abgeleitete Kulturen begründet hatte, sich verflüchtigt. Jugendkulturen nehmen heute immer mehr substantielle sinnstiftende zentrale Funktionen für die Lebensbewältigung Jugendlicher ein, statt wie früher ergänzende gesellschaftliche Teilfunktionen beim Übergang zum Erwachsenenstatus zu erfüllen. Heutige soziokulturelle Orientierungssysteme für Jugendliche sind nicht mehr subkulturelle Bewegungen, sondern Jugendkulturen, die ein breites Spektrum jeweils generationspezifisch angeeigneter, entwickelter und ausgeprägter Stile, Verständnismuster u.ä. zur gesamten eigenen personellen Entfaltung umfassen. Jede Generation findet heute spezifische Lebensbedingungen vor, die sich von denen vorgängiger Generationen so gravierend unterscheiden, daß auch deren Handlungsmuster für den Umgang mit heutiger Realität offensichtlich unzulänglich geworden ist. Damit entfaltet sich eine Diversifikation von Lebensstilen. Der Lebensstil erhält im Prozeß der Individualisierung und Pluralisierung des Lebens eine zentrale identitätsstiftende Funktion. Im Prozeß der Stilschöpfung erfolgt ein Neuordnen von Objekten aus dem Alltagszusammenhang. Aus ihrem ursprünglichen Zusammenhang herausgenommen, werden sie verfremdet in neuen jugendkulturellen Bedeutungszusammenhängen wiederverwendet. (Vgl. Krafeld 1992.)

Zu beachten ist darüber hinaus die aktuelle soziale Bindung eines Individuums in verschiedene Bezugsgruppen. Je nach Einbindung in die Gruppe erfolgt eine Identifikation mit den Gruppennormen. Da aber das Individuum andererseits im Schnittpunkt vieler sozialer Kreise mit heterogenen Vorstellungen – auch über akzeptierten und nicht akzeptierten Drogenkonsum – steht, bedeutet Konformität mit den Normen der einen Bezugsgruppe oft zur gleichen Zeit Abweichung von denen der anderen. (Vgl. Vogt/Scheerer 1989.)

Wir gehen davon aus, daß innerhalb dieser Gesellschaft in verschiedenen Teilpopulationen unterschiedlichster Drogengebrauch praktiziert wird. Die gruppenspezifischen Drogenvariationen sind insofern oftmals nur Akzentverlagerungen, die unterschiedliche Präferenzen in bezug auf psychoaktive Substanzen offenbaren.

Darüber hinaus sind in der Dominanzkultur dieser Gesellschaft widersprüchliche Werte angelegt: das gleichzeitige Propagieren hedonistischer und puritanischer Werte ist ein zentraler Widerspruch in dieser Gesellschaft, mit dem sich Individuen auseinandersetzen müssen. Danach ist es geradezu ein „Muß“, in bestimmtem Maße Drogen zu nehmen, um Gesundheit, Kreativität, Leistungsfähigkeit zu fördern. Insofern scheinen insbesondere die Teilkulturen, die den Konsum illegalisierter Drogen in ihre Lebensphilosophie integrieren, nicht nur unterschiedliche Drogen zu präferieren, sondern solche Werte der Gesamtkultur besonders zu betonen, die in ihr angelegt, aber bisher nur bedingt offengelegt sind. (Vgl. Quensel 1985.)

Insbesondere die Heranwachsenden müssen sich mit diesen widersprüchlichen Signalen der Dominanzkultur auseinandersetzen. Von Jugendlichen wird diese Widersprüchlichkeit insbesondere in bezug auf illegalisierten Drogenkonsum wahrgenommen.

Im Drogenkonsum von Jugendlichen sehen wir auch „einen Versuch, bestimmte sinnliche Erlebnisqualitäten zu gewinnen bzw. zurückzugewinnen, die ihnen sonst nicht zugänglich sind bzw. ihnen systematisch vorenthalten werden. ... Der Drogenkonsum von Jugendlichen hat eine brisante Mischung von vielen Bedeutungen: Widerstand in der Form der Verweigerung gegenüber gesellschaftlichen Anforderungen, die sich als hohl erwiesen haben (Leistungsanforderungen ohne persönlichen Ertrag), Verletzungen des Legalitätsprinzips, Versuch der subjektiven Selbstbehauptung gegenüber der staatlichen Autorität und als Provokation von Erwachsenen, mit denen man sich im Clinch befindet, bewußter Ausdruck des Andersseinwollens, also der Versuch der Identitätsfindung, Aneignung von neuen sinnlichen Erlebnisqualitäten“. (Kappeler 1991, S. 329.)[2]

Ausgangspunkt unserer Überlegungen im Hinblick auf die Entwicklung von Drogenkonsum unter Jugendlichen in den neuen Bundesländern ist die Tatsache, daß mit der Öffnung der innerdeutschen Grenze und der Währungsunion sich für die BürgerInnen der DDR potentielle Zugangsmöglichkeiten auf illegalisierte Drogen eröffneten.

In der DDR war bis dahin aufgrund der Nicht-Konvertierbarkeit der Währung und der daraus resultierenden Unattraktivität für den internationalen Handel mit illegalisierten Drogen ein Schwarzmarkt kaum existent und diese Drogen fast nicht verfügbar.[3]

---

2 Drogenkonsum als ziel- und zweckgerichtete Handlung wird ausführlich in Kapitel 4 dargelegt.

3 Obgleich der Konsum illegalisierter Drogen in der DDR kaum praktische Relevanz hatte, gab es ein dem Betäubungsmittelgesetz (BtMG) der BRD vergleichbares Suchtmittelgesetz der DDR vom 19.12.1973. Neben Regelungen zu Sicherung und Überwachung des Umgangs mit bestimmten Medikamenten enthielt dieses Gesetz auch Bestimmungen, die den Verkehr mit bestimmten „Suchtmitteln“, insbesondere mit Cannabis, Heroin und LSD verboten. Diese Bestimmungen waren vor allem darauf ausgerichtet, der Entwicklung der DDR zu einem Transitland für illegalisierte Drogen zu begegnen. Es spiegelte aber auch die Angst der Machthaber vor dem Konsum von bestimmten Drogen wider und bot die Möglichkeit der Disziplinierung von Einzelnen bzw. der Repression gegen Subkulturen.

Der Konsum von Drogen beschränkte sich im wesentlichen auf Tabak, Alkohol und Medikamente, wenn man einmal von Tee und Kaffee als klassischen Nüchternheitsdrogen absieht.

In den Grundannahmen unserer Untersuchung für die Begleitung der Entwicklung des Umgangs von Jugendlichen mit Drogen sind wir davon ausgegangen, daß sich mit der Öffnung der innerdeutschen Grenze und der Währungsunion das verfügbare Angebot und die Gelegenheitsstrukturen für Drogenkonsum erweitern, bereits vorhandener legalisierter Drogenkonsum ergänzt bzw. zu einem geringen Teil auch ersetzt wird durch illegalisierten Drogenkonsum. Dabei ist zu beachten, daß einmal verfestigte Konsummuster in der Regel sehr manifest sind und sich nur langsam ändern. Bestimmte Formen von Drogenkonsum, spezifische Konsumrituale haben auch eine spezifische Bedeutung in Gruppenzusammenhängen, die nicht so schnell aufgegeben wird. Das Ausprobieren neuer Drogen und Konsumrituale ist davon abhängig, ob diese auch der gruppenspezifischen Philosophie und dem Lebensstil entsprechen. Insofern sind wir davon ausgegangen, daß die Integration bisher nicht verfügbarer Drogen in die Konsumgewohnheiten bestimmter kultureller Gruppen in den neuen Bundesländern sich über einen längerfristigen Zeitraum vollziehen wird.

Aus diesen Überlegungen heraus stehen folgende Prozesse im Mittelpunkt der Analyse zur Entwicklung des Drogenkonsums unter Jugendlichen in Ostberlin:

- die Verfügbarkeit illegalisierter Drogen:
  - Beobachtungsfelder
  - Angebotsstrukturen
  - Zugangsmöglichkeiten
- der Konsum von Drogen:
  - Konsum legalisierter Drogen
  - Konsum illegalisierter Drogen
  - illegalisierter Konsum im sozialen Umfeld der Jugendlichen
- Zusammenhänge zwischen Verfügbarkeit und Konsum illegalisierter Drogen
- Zusammenhänge zwischen Einstellungen zu illegalisierten Drogen und Probierkonsum
- Drogenkonsum in Abhängigkeit von ausgewählten Aspekten der Lebensweise von Jugendlichen.

Die empirischen Befunde für die einzelnen Sachverhalte werden zuerst im Zeitverlauf für die SchülerInnen der 7.–11. Klasse analysiert. Darüber hinaus werden bei ausgewählten grundlegenden Fragestellungen die Ergebnisse des Untersuchungszeitpunktes 1995 unter Einbeziehung der 12. und 13. Klassen zusätzlich dargestellt. Danach erfolgt eine Analyse der einzelnen Sachverhalte differenziert nach Alter, Geschlecht und Wohnmilieu, sofern sie von Bedeutung sind.

Im Anschluß an die Darlegung der empirischen Befunde zur Entwicklung von Verfügbarkeit und Konsum von Drogen unter SchülerInnen Ostberlins wird eine vergleichende Analyse zum Umgang mit Drogen unter SchülerInnen Westberlins vorgenommen.

8.2 Zusammenfassende Betrachtungen

Unsere Untersuchungsergebnisse dokumentieren für den Verlauf von sechs Jahren nach Öffnung der innerdeutschen Grenze und der Währungsunion hinsichtlich des Umgangs von Jugendlichen mit Drogen keine spektakulären Entwicklungen.

1995 sind illegalisierte Drogen für knapp die Hälfte der 13-19jährigen Jugendlichen Ostberlins verfügbar. Fast ein Viertel der Jugendlichen hat schon mal illegalisierte Drogen probiert.

Eine Angleichung an die Verfügbarkeit für und Konsumerfahrungen von Westberliner Jugendlicher hat sich damit – zumindest zu diesem Zeitpunkt – nicht vollständig vollzogen. Jedoch zeigt unsere Vergleichsuntersuchung unter SchülerInnen in Westberlin – wo seit mehr als 25 Jahren illegalisierte Drogenkulturen existent sind –, daß sich der Erfahrungshintergrund Ost- und Westberliner Jugendlicher nicht gravierend unterscheidet.

Der Konsum illegalisierter Drogen bezieht sich überwiegend auf Cannabisprodukte, sehr viel weniger verbreitet sind daneben sogenannte Partydrogen, wie bspw. Ecstasy oder LSD. Heroin und Kokain haben weder im Ostteil noch im Westteil Berlins – im Unterschied zu ihrem hohen Aufmerksamkeitswert in Präventionsstrategien und öffentlichen Medien – praktische Relevanz.

Für den überwiegenden Teil der SchülerInnen ist das Probieren illegalisierter Drogen eher eine exzeptionelle Erfahrung. Zwei Drittel der Konsumerfahrenen geben einen bzw. wenige Probier- und Experimentierversuche mit illegalisierten Drogen an. Ein Teil der Jugendlichen (ca. 8%) konsumiert insbesondere Cannabis häufiger und hat diesen Konsum als selbstverständlichen Bestandteil in den Lebensalltag integriert.

Die Partydroge Ecstasy ist die einzige illegalisierte Substanz, bei der sich sowohl beim Konsumverhalten der Befragten selbst als auch beim Konsum im Freundeskreis eine etwas weitere Verbreitung unter OstberlinerInnen als unter WestberlinerInnen abzeichnet. Die Technokultur und der darin integrierte Gebrauch von Partydrogen ist eine gemeinsame Nachwende-Erfahrung Ost- und Westberliner Jugendlicher.

In dem von uns untersuchten Zeitabschnitt erweiterten sich die Zugangsmöglichkeiten[4] zu illegalisierten Drogen für Jugendliche Ostberlins kontinu-

4 Zugangsmöglichkeiten zu illegalisierten Drogen wurden erfaßt über die Frage: „Wüßtest Du, wo Du innerhalb von 24 Stunden illegalisierte Drogen bekommen könntest?“ – „ja“/„nein“. Zu beachten ist, daß hier nach dem „Wo“ aber nicht nach dem „Wie“ des Zugangs zu illegalisierten Drogen gefragt wurde. D.h. eine Bejahung

ierlich. Zugangsmöglichkeiten und Angebotsstrukturen verlagerten sich zunehmend in das nähere soziale und territoriale Umfeld von Jugendlichen. Damit verbunden war, daß einerseits die räumliche Nähe zu Westberlin bzw. persönliche Kontakte zu WestberlinerInnen immer weniger Aspekte waren, die eine Nähe zu illegalisierten Drogen begünstigen. Andererseits traten wohnmilieuspezifische Unterschiede[5] im Umgang von Jugendlichen mit illegalisierten Drogen zunehmend in den Hintergrund und wurden überlagert von interessenspezifischen Unterschieden und damit verbundener Integration in spezifische jugendkulturelle Gruppen.

Unsere Untersuchungsergebnisse zu Zusammenhängen von Verfügbarkeit und Konsum belegen, daß sich für die Verteilung und den Konsum illegalisierter Drogen (sub)kulturelle Wege herausbildeten, über die soziale Techniken des Umgangs mit diesen Drogen zugänglich wurden. Jugendliche verschiedener jugendkultureller Szenen, die auch im Ostteil Berlins präsent waren bzw. sind, integrieren den Konsum illegalisierter Drogen in ihre Lebensweise. Nähe und Distanz zu Drogen vermittelt sich am ehesten über die Zugehörigkeit zu diesen Gruppen von Jugendlichen.

Das Alter der KonsumentInnen ist für das Phänomen des Drogenkonsums von besonderer Bedeutung: Für legalisierten Drogenkonsum beginnen sich im Alter von 13 Jahren erste sichtbare Konsummuster zu entwickeln, nach einer Probierphase bilden sich stabile Konsummuster, vereinzelt auf relativ hohem Niveau, heraus.

Erste persönliche Erfahrungen mit illegalisierten Drogen machen Jugendliche häufig ab 15/16 Jahren. Jedoch ist der illegalisierte Drogenkonsum für die meisten Jugendlichen eine längere oder kürzere, aber – wie auch aus anderen Studien ersichtlich ist (vgl. Happel 1991) – für viele eine zeitlich begrenzte Erfahrung.

Die alterspezifischen Untersuchungsergebnisse zum Umgang mit Drogen lassen die Tendenz zu einer immer früheren kulturellen Selbständigkeit von Jugendlichen sowohl im Vergleich mit den Verhältnissen in der ehemaligen DDR als auch im historisch kurzen Abschnitt der Nachwendezeit erkennen – hervorgerufen durch stärkere peer-group-Orientierung bei immer jüngeren

---

der Frage bedeutet nicht, daß in der Realität wirklich die Möglichkeit besteht, sich illegalisierte Drogen auch tatsächlich zu beschaffen. Diese reale Möglichkeit beinhaltet neben dem Wissen, wo es illegalisierte Drogen gibt, auch die sozialen Techniken des Erwerbs (Kontaktaufnahme, Verhalten beim Kauf, soziale Codes der „Szene“ usw.), die mit unserem Fragebogen nicht erfaßt wurden. Um diese Unzulänglichkeiten aufzufangen, wurde das „Du“ in der Fragestellung extra hervorgehoben.

5 Wohnmilieuspezifische Unterschiede beziehen sich auf unterschiedliche räumliche Möglichkeiten in Zusammenhang mit einer mehr oder weniger gut ausgebauten Infrastruktur in den verschiedenen Stadtgebieten Ostberlins. Damit einher geht beispielsweise, daß in innerstädtischen Altbaugebieten mit einer gut ausgebauten soziokulturellen Infrastruktur und weniger starken öffentlichen Kontrolle günstigere Möglichkeiten für die Etablierung von Jugendkulturen – die eventuell auch den Konsum illegalisierter Drogen in ihren Lebensstil mit einbeziehen – gegeben sind als in Neubaugebieten oder siedlungsartigen Randgebieten.

Jugendlichen und damit früher einsetzende Ablöseprozesse von der Herkunftsfamilie.

Zu Beginn des Längsschnittes waren zwischen Mädchen/jungen Frauen einerseits und Jungen/jungen Männern andererseits keine Unterschiede in den Konsummustern bezüglich illegalisierter Drogen zu verzeichnen. Dies mag zurückzuführen sein auf die zu Beginn der Untersuchung nur geringe Verbreitung illegalisierter Drogen insgesamt.

Geschlechtsspezifische Differenzen zwischen Schülerinnen und Schülern im Umgang mit illegalisierten Drogen deuten sich erstmals 1995 in bezug auf die Verfügbarkeit an. Mit einer stärkeren Einbindung von illegalisierten Drogen in den Alltag jugendkultureller Gruppen scheint die (unbewußte) Übernahme der durch gesellschaftliche Normen zugewiesenen Geschlechterrollen in Jugendcliquen unter anderem auch einen unterschiedlichen Umgang mit illegalisierten Drogen zu prägen. Wesentliche Faktoren für diese geschlechtsspezifischen Differenzen sind die unterschiedlichen Rollen und Möglichkeiten der Integration, die männliche und weibliche Jugendliche in peer-groups übernehmen bzw. zugewiesen bekommen. Darüber hinaus sind die sehr unterschiedlichen Möglichkeiten zu beachten, sich als Junge/junger Mann oder als Mädchen/junge Frau frei und ungezwungen in der Stadt insgesamt und an „Szene"-Treffpunkten bewegen zu können. Die Möglichkeiten, sich Räume zu erschließen, sind in diesem Zusammenhang sehr unterschiedlich: Aufgrund geltender Sozialisationsmuster werden Jungen eher auf Außenräume, Mädchen stärker auf Innenräume orientiert. Die stärkere Präsenz von männlichen Jugendlichen in selbstbestimmten, d.h. auch unkontrollierten Außenräumen (Parks, öffentliche Plätze, Straße), in denen eher illegalisierte Drogen erworben werden können und der Konsum weitaus einfacher stattfinden kann als in verregelten Innenräumen, bedingt, daß männliche Jugendliche häufiger Zugangsmöglichkeiten zu illegalisierten Drogen haben.

Die Möglichkeiten des Zugangs zu illegalisierten Drogen erweiterten sich rascher, als diese in praktisches Handeln umgesetzt wurden. Das heißt, nur ein Teil derjenigen Jugendlichen, für die illegalisierte Drogen verfügbar sind, konsumiert diese auch. Insofern sind Verfügbarkeit und Konsum von Drogen in unterschiedliche Bedingungsgefüge einzuordnen: Dort, wo Jugendliche sich treffen, sind neben legalisierten Drogen oftmals auch illegalisierte Drogen verfügbar, ob diese Drogen dann auch konsumiert werden, hängt im wesentlichen von Einstellungen und Handlungsbereitschaften ab.

Darüber hinaus wird der Umgang von Jugendlichen mit illegalisierten Drogen durch die spezifischen Lebensbedingungen der/des Einzelnen beeinflußt. Nähe bzw. Distanz gegenüber Drogen stehen im Zusammenhang mit Freizeitaktivitäten sowie den Beziehungen zur Herkunftsfamilie. Dabei ist Drogenkonsum, in den von der überwiegenden Mehrheit der Jugendlichen praktizierten Konsummustern, zumeist eingebunden in einen umfassenderen Lebensstil, der auch schon vor dem Konsum vorhanden war, und ist somit häufig ein Symbol dieses Lebensstiles, nicht aber dessen Ursache.

Die Freizeitgestaltung von Jugendlichen, die bereits illegalisierte Drogen probiert haben, ist orientiert auf Geselligkeit und das Kennenlernen neuer Leute und scheint somit die Beschäftigung mit verschiedensten Lebensfragen – wozu auch das Experimentieren mit Drogen gehört – zu begünstigen. Im Zuge des Ablöseprozesses von der Herkunftsfamilie kommt der peer-group und, über diese vermittelt, verschiedenen Jugendkulturen eine wesentliche identitätsstiftende Funktion zu.

Jugendliche, die eine größere Nähe zu illegalisierten Drogen haben, damit häufiger einen nach außerhalb der Familie orientierten Lebensstil pflegen, betrachten das Zusammenleben in der Herkunftsfamilie sehr viel kritischer als Jugendliche mit einer größeren Distanz zu Drogen. Dies könnte ein Hinweis darauf sein, daß Jugendliche sich auf der Suche nach neuen Lebensstilen und Lebensweisen in Abgrenzung zu traditionellen gesellschaftlichen Normen und Werten von der engen Bindung an das Elternhaus lösen und sich spezifischen Jugendkulturen zuwenden, die auch den Konsum illegalisierter Drogen als ein Ausprobieren neuer Erfahrungs- und Erlebnisbereiche mit einschließen können.

Jugendliche, die Drogen konsumieren, sind – so zeigen unsere Untersuchungsergebnisse bezüglich Drogenart und Ausmaß des bisherigen Konsums – in ihren Handlungsweisen überwiegend auch darauf bedacht, die physische und psychische Unversehrtheit der eigenen Person zu sichern. Jugendliche zeigen nur in Ausnahmefällen potentiell selbstschädigende Konsummuster. Der Konsum von illegalisierten Drogen bezieht sich überwiegend auf Cannabisprodukte – Heroin und Kokain haben kaum praktische Relevanz. Allerdings ist der Konsum von illegalisierten Drogen insofern als Risiko anzusehen, daß bedingt durch die Bestimmungen im BtMG GebraucherInnen dieser Drogen kriminalisiert werden, was unter Umständen zu Schwierigkeiten in der „normgerechten" sozialen Integration führen kann. Hinzu kommt, daß die Illegalität Schwarzmarktbedingungen schafft, die unreine und kaum kalkulierbare Stoffzusammensetzungen und riskante Applikationstechniken fördern, die zu gesundheitlichen Schäden führen können.

Cannabiskonsum ist für einen Teil der Jugendlichen bereits Normalität, integrierter Teil von Jugendkultur. Die sich dort (z.B. in der Techno-Szene) entwickelnden subkulturellen Sicherheitsnormen verhindern eher als die offizielle Präventionspolitik die vielfach im Zusammenhang mit illegalisiertem Drogenkonsum prophezeiten Exzesse und negativen Folgen.

Von der offiziellen Präventionspolitik gehen für Jugendliche, die mit Drogen experimentieren wollen, die sich Rausch als eine Dimension menschlicher Erfahrung erschließen wollen, kaum stärkende Impulse aus. Allein die (sub)-kulturelle Selbstkontrolle bietet einen minimalen Schutz vor riskanten Dosierungen und Applikationstechniken – insbesondere für ProbiererInnen. Die Zerschlagung von Jugendcliquen, in denen auch Drogen konsumiert werden, und die damit einhergehende Vereinzelung von DrogenkonsumentInnen ist in diesem Zusammenhang ganz besonders kontraproduktiv und wirkt einem möglichst risikoarmen Umgang von Jugendlichen mit Drogen entgegen.

8.3 Verfügbarkeit und Konsum von Drogen – Empirische Ergebnisse

8.3.1 Verfügbarkeit illegalisierter Drogen

Die Entwicklung der Verfügbarkeit illegalisierter Drogen soll durch folgende Aspekte widergespiegelt werden:

- von den Befragten beobachteter Drogenkonsum bei anderen Personen
- die Entwicklung von Angebotsstrukturen für illegalisierte Drogen
- die Entwicklung von Zugangsmöglichkeiten zu illegalisierten Drogen.

8.3.1.1 Beobachtung illegalisierten Drogenkonsums[6]

Im Zeitraum von sechs Jahren ist illegalisierter Drogenkonsum für einen immer größeren Teil der Jugendlichen im unmittelbaren territorialen und sozialen Umfeld durch die Beobachtung des Konsums bei anderen Personen real erfahrbar geworden.

Der Anteil der Jugendlichen, die schon einmal Drogenkonsum bei anderen Personen beobachtet haben, hat sich im Untersuchungszeitraum wesentlich erhöht. (Vgl. Grafik 8-1.)

Da Jugendliche sich anders durch die Stadt bewegen als Erwachsene, haben sie einen geschärfteren Blick für bestimmte, sie interessierende Menschen, Situationen usw., ihnen fallen somit auch stärker solche Verhaltensweisen wie illegalisierter Drogenkonsum auf.

Grafik 8-1: *Frage:* Hast Du schon einmal selbst erlebt, daß jemand illegale Drogen nimmt? – Mit „Ja“ antworteten:

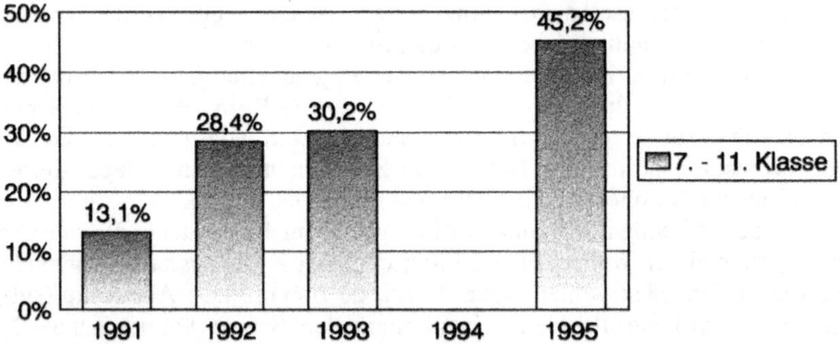

6 Aussagen dazu sind ab 1991 möglich.

1995 haben bereits 48,3% der SchülerInnen der 7.-13. Klasse illegalisierten Drogenkonsum bei anderen Personen beobachtet, 12,8% sind sich bei dieser Frage nicht sicher.[7]

Im Spektrum der beobachteten Applikationsformen hat das Rauchen von Drogen im Zeitverlauf einen immer größeren Raum eingenommen. Es ist davon auszugehen, daß es sich hierbei um die Beobachtung des Konsums von Cannabisprodukten handelt.

Zugenommen hat auch – insbesondere von 1993 zu 1995 – die Beobachtung des Schluckens von Drogen. Eventuell ist dies ein Hinweis auf die Zunahme des Konsums von Designerdrogen, wie bspw. Ecstasy.

Abgenommen hingegen hat die angebliche Beobachtung des Spritzens von Drogen, was auf eine zunehmend realitätsgerechtere Beurteilung beobachteter Sachverhalte durch die Jugendlichen schließen läßt. Eine untergeordnete Rolle im Spektrum der beobachteten Applikationstechniken spielen das Schnupfen sowie das Schnüffeln von Drogen. Hier zeigen sich auch im Zeitverlauf keine wesentlichen Veränderungen. Unsicherheiten, welche Applikationsform beobachtet wurden, werden von den Jugendlichen im Zeitverlauf, insbesondere ab 1993, zunehmend weniger signalisiert. (Vgl. Tab. 8-1.) Jugendliche scheinen somit sicherer in ihrem Urteil geworden zu sein. Die beobachteten Applikationsformen lassen darauf schließen, daß dort, wo sich Jugendliche bewegen, vorrangig Cannabisprodukte sowie in geringerem Maße Designerdrogen präsent sind.

Die von den Befragten beobachteten konsumierenden Personen waren zum Teil Unbekannte, zum Teil gehörten sie zu den Bezugspersonen der Befragten. Im Zeitverlauf hat die Beobachtung des Konsums bei FreundInnen jedoch kontinuierlich zugenommen. Waren es zum Untersuchungszeitpunkt 1992 vor allem unbekannte Personen, bei denen Drogenkonsum beobachtet wurde, hat im Zeitverlauf insbesondere die Beobachtung des Konsums bei FreundInnen sowie in geringerem Maße bei flüchtigen Bekannten zugenommen. Zum Untersuchungszeitpunkt 1995 lassen sich im Spektrum der beobachteten drogenkonsumierenden Personen keine Schwerpunkte mehr erkennen. Illegalisierter Konsum wurde sowohl bei guten FreundInnen, bei FreundInnen, bei flüchtigen Bekannten als auch bei unbekannten Personen beobachtet.

Territorial verlagerten sich die Beobachtungen von Drogenkonsum zunehmend in den Ostteil der Stadt, Beobachtungen im Westteil der Stadt nahmen seit 1992 ab. (Vgl. Tab. 8-1.)

7 Die Antwortmöglichkeiten waren „ja“, „vielleicht, sicher bin ich nicht“, „nein“.

Tabelle 8-1: Hast Du schon einmal selbst erlebt, daß jemand illegale Drogen nimmt?

a) Wie wurden diese Drogen genommen?
b) Bei welchen Leuten hast Du schon einmal beobachten können, daß sie illegale Drogen nehmen?
c) Wo hast Du schon einmal erlebt, daß illegale Drogen genommen wurden?

		1992	1993	1995
a)	geraucht	61,7	67,1	83,7
	gespritzt	38,6	33,4	15,0
	geschluckt	14,1	14,1	28,7
	geschnupft	15,0	12,1	14,6
	geschnüffelt	19,1	17,8	14,7
	ich weiß nicht/bin mir nicht sicher	11,7	7,9	7,8
b)	bei Freunden mit denen ich fast täglich zusammen bin	10,2	16,9	39,2
	bei anderen FreundInnen	15,4	24,0	37,6
	bei flüchtigen Bekannten	16,6	23,1	28,4
	bei mir unbekannten Personen	73,6	62,0	42,0
c)	in Ostberlin/neue Bundesländer	43,7	58,7	80,6
	in Westberlin/alte Bundesländer	73,7	67,9	43,3
	in anderen Ländern	17,2	20,8	26,4

Angaben in Prozent. Die Prozentzahlen stellen von denjenigen Befragten, die bereits Drogenkonsum bei anderen beobachtet haben, jeweils den Anteil derjenigen dar, die angaben sie hätten a) die entsprechende Applikationsform beobachtet, b) bei den entsprechenden Personen bzw. c) an den entsprechenden Orten den Konsum illegalisierter Drogen beobachtet. Mehrfachnennungen waren jeweils möglich.

Die Beobachtungen der Jugendlichen sind wesentlich vom Alter abhängig. Zu allen Untersuchungszeitpunkten wird mit zunehmenden Alter der Jugendlichen auch häufiger angegeben, bereits illegalisierten Drogenkonsum beobachtet zu haben. Mit zunehmenden Alter werden Jugendliche mobiler, eignen sich neue Räume – über ihre bisherigen Bezugspunkte hinaus – an. Insbesondere Jugendliche ab 16 Jahren haben im Vergleich zu den jüngeren Befragten häufiger illegalisierten Drogenkonsum beobachtet. (Vgl. Tab. 8-2.)

Tabelle 8-2: Hast Du schon einmal selbst erlebt, daß jemand illegale Drogen nimmt? – Mit „Ja" antworteten: *)

	13-jährige	14-jährige	15-jährige	16-jährige	17-jährige
1991	5,5	8,7	13,7	18,5	35,3
1992	21,6	23,8	27,0	32,6	53,2
1993	19,8	24,1	33,3	38,5	43,1
1995	27,1	39,8	50,4	58,7	52,8

Angaben in Prozent. Die Prozentzahlen stellen jeweils den Anteil derjenigen Befragten dar, die aus den einzelnen Altersgruppen zu den verschiedenen Untersuchungszeitpunkten bereits Drogenkonsum bei anderen Personen beobachtet haben.
*) Weitere Antwortmöglichkeiten waren: „vielleicht, sicher bin ich nicht" und „nein".

Darüber hinaus nehmen vor dem Hintergrund insgesamt zunehmender Beobachtungen von illegalisiertem Drogenkonsum bei anderen Personen diesbezügliche Erfahrungen auch in den jüngeren Altersgruppen zu. (Vgl. Tab. 8-2.)

8.3.1.2 Die Entwicklung von Angebotsstrukturen für illegalisierte Drogen[8]

Von 1990 bis 1995 ist eine deutliche Zunahme von Angeboten für illegalisierte Drogen zu verzeichnen. (Vgl. Grafik 8-2.)

Grafik 8-2: Frage: Wurden Dir schon 'mal illegale Drogen angeboten? – Mit „Ja" antworteten:

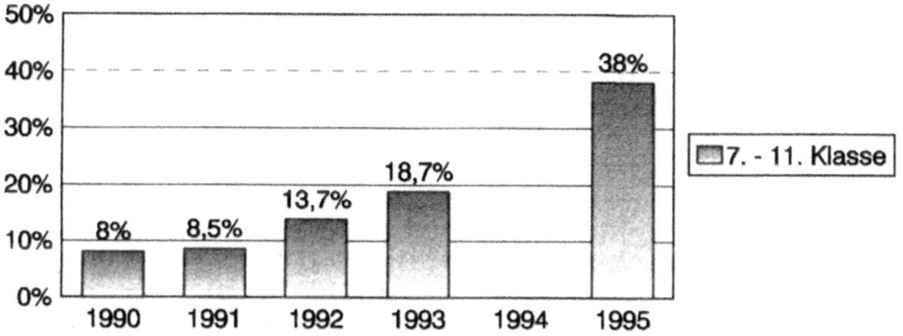

1995 gaben 40,6% der SchülerInnen der 7.-13. Klasse an, daß sie bereits illegalisierte Drogen angeboten bekommen haben.

Das Spektrum der Anbieter hat sich im Zeitverlauf mehr und mehr in das unmittelbare Umfeld der Jugendlichen verlagert: Stark zugenommen haben FreundInnen als AnbieterInnen illegalisierter Drogen, ebenso – wenn auch in etwas geringerem Maße – der beste Freund oder die beste Freundin. (Vgl. Tab. 8-3.)

Bis 1992 waren zunehmend Drogenangebote von flüchtigen Bekannten zu verzeichnen, deren Stellenwert seitdem jedoch nicht weiter zugenommen hat.

Unbekannte Jugendliche oder Erwachsene, von denen die Befragten 1991 und 1992 am häufigsten illegalisierte Drogen angeboten bekommen

8 Angebotsstrukturen umfassen in diesem Zusammenhang verschiedene Aspekte: das Spektrum der Örtlichkeiten, an denen illegalisierte Drogen angeboten werden, und das Spektrum der Personen, die diese Drogen anbieten. In einer Angebotssituation ist auch von entscheidender Bedeutung, welche Droge angeboten wird. An dieser Stelle interessiert uns zunächst, inwieweit Jugendliche bisher überhaupt illegalisierte Drogen angeboten bekommen haben und wer die AnbieterInnen waren. Wie sich Jugendliche dann in der jeweiligen Situation entscheiden würden, ob sie ein Angebot ablehnen oder annehmen würden, welche Umstände dafür eine Rolle spielen, wird in Kapitel 10 analysiert.

haben, verlieren in diesem Zusammenhang immer mehr an Bedeutung. (Vgl. Tab. 8-3.) Das heißt, nicht der unbekannte Dealer „verführt" Jugendliche zum Drogenkonsum, sondern die für Jugendlichen überwiegend relevanten Angebote von illegalisierten Drogen (Cannabis, Ecstasy) werden in den alltäglichen Beziehungen der Jugendlichen vermittelt.

Tabelle 8-3: Von wem wurden Dir illegale Drogen angeboten?

	1991	1992	1993	1995
von dem/r besten Freund/in	5,8	8,8	8,0	23,0
von anderen FreundInnen	23,2	38,0	43,1	66,6
von flüchtigen Bekannten	17,4	31,3	31,2	31,1
von Unbekannten	56,5	43,9	40,4	20,3

Angaben in Prozent. Die Prozentzahlen stellen von denjenigen, die bereits Drogen angeboten bekommen haben, jeweils den Anteil derjenigen Befragten dar, die zu den einzelnen Untersuchungszeitpunkten die entsprechenden Personen als AnbieterInnen illegalisierter Drogen angaben. Mehrfachnennungen sind möglich.

Ein Zusammenhang zur altersspezifischen Entwicklung wird auch bei der Analyse der Angebote von illegalisierten Drogen deutlich: Mit zunehmendem Alter geben Jugendliche eher an, Drogen angeboten bekommen zu haben. Zum letzten Untersuchungszeitpunkt berichten 16Jährige am häufigsten von einem Drogenangebot. Betrachtet man gleiche Altersgruppen im Zeitverlauf, so ist auch hier jeweils ein Anstieg entsprechender Erfahrungen zu verzeichnen. (Vgl. Tab. 8-4.)

Tabelle 8-4: Wurden Dir schon 'mal illegale Drogen angeboten? – Mit „Ja" antworteten:

	13-jährige	14-jährige	15-jährige	16-jährige	17-jährige
1991	4,9	7,9	9,4	12,5	29,4
1992	6,8	10,6	15,4	16,7	27,5
1993	9,1	14,6	19,5	26,4	31,1
1995	18,7	28,9	48,6	52,4	41,2

Angaben in Prozent. Die Prozentzahlen stellen jeweils den Anteil derjenigen Befragten dar, die aus den einzelnen Altersgruppen zu den verschiedenen Untersuchungszeitpunkten bereits illegale Drogen angeboten bekommen haben.

Neben dem Alter der Jugendlichen spielen auch wohnmilieuspezifische Unterschiede in der Entwicklung der Verfügbarkeit von illegalisierten Drogen eine Rolle: Zum Untersuchungszeitpunkt 1993 gaben Befragte aus innerstädtischen Altbaugebieten häufiger als Befragte anderer Stadtgebiete an, bereits illegalisierte Drogen angeboten bekommen zu haben. (Vgl. Tab. 8-5.) Bedingt durch die in innerstädtischen Altbaugebieten eher etablierten jugendkulturellen Szenen wie auch durch die größere Nähe zu Westberlin bzw. die teilweise Abwanderung Westberliner Jugendgruppen (HausbesetzerInnen) in

Ostberliner Altbaugebiete, waren hier anscheinend eher als in den übrigen Stadtgebieten Ostberlins illegalisierte Drogen verfügbar.

Tabelle 8-5: Wurden Dir schon 'mal illegale Drogen angeboten? – Mit „ja" antworteten:

	SchülerInnen aus randstädtischen Neubaugebieten	SchülerInnen aus innerstädtischen Neubaugebieten	SchülerInnen aus siedlungsartigen Randgebieten	SchülerInnen aus innerstädtischen Altbaugebieten
1991	8,3	8,0	8,2	9,7
1992	10,4	20,3	15,3	17,3
1993	13,8	20,9	18,5	26,7
1995	36,2	31,1	43,6	38,8

Angaben in Prozent. Die Prozentzahlen stellen jeweils den Anteil derjenigen Befragten aus den einzelnen Stadtgebieten dar, die zu den einzelnen Untersuchungszeitpunkten bereits illegalisierte Drogen angeboten bekommen haben.

Zum Untersuchungszeitpunkt 1995 lassen sich bei dieser Frage keine signifikanten Unterschiede mehr zwischen Jugendlichen verschiedener Stadtgebiete auffinden (vgl. Tab. 8-5), d.h., die oben beschriebene Verfügbarkeit illegalisierter Drogen ist für Jugendliche verschiedener Wohnmilieus gleichermaßen vorhanden.

8.3.1.3 Zugangsmöglichkeiten zu illegalisierten Drogen[9]

Die Entwicklung der Verfügbarkeit illegalisierter Drogen wird auch durch eine Erweiterung der Zugangsmöglichkeiten charakterisiert. (Vgl. Grafik 8-3.)

Grafik 8-3: Wüßtest Du, wo Du innerhalb von 24 Stunden illegale Drogen bekommen könntest? – Mit „Ja" antworteten:

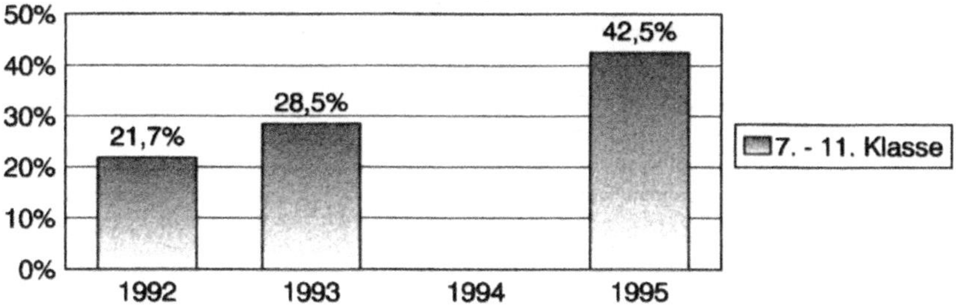

1995 meinten 44,3% der SchülerInnen der 7.-13. Klasse, daß sie wüßten, wo sie sich innerhalb von 24 Stunden illegalisierte Drogen besorgen könnten.

9 Analysen sind dazu ab 1992 möglich. Zur Fragestellung vgl. Fußnote 4.

Zugangsmöglichkeiten zu illegalisierten Drogen eröffnen sich zunehmend auch für jüngere SchülerInnen: 1992 gaben 17Jährige häufiger als die jüngeren Befragten an, daß sie wüßten, wo sie sich innerhalb von 24 Stunden illegalisierte Drogen besorgen könnten. 1995 waren es 15jährige Jugendlichen, die am häufigsten meinten, Zugangsmöglichkeiten zu illegalisierten Drogen zu haben. Die Analyse von Jugendlichen gleichen Alters zu den verschiedenen Untersuchungszeitpunkten zeigt daneben einen Anstieg der Zugangsmöglichkeiten innerhalb jeder einzelnen Altersgruppe. Tendenziell sind illegalisierte Drogen am häufigsten für die 15- und 16jährigen Jugendlichen verfügbar. (Vgl. Tab. 8-6.)

Tabelle 8-6: Wüßtest Du, wo *Du* innerhalb von 24 Stunden illegale Drogen bekommen könntest? – Mit „Ja“ antworteten:

	13-jährige	14-jährige	15-jährige	16-jährige	17-jährige
1992	12,5	19,8	25,8	25,5	31,0
1993	18,7	24,2	32,5	34,4	38,5
1995	24,0	32,4	55,8	53,8	46,9

Angaben in Prozent. Die Prozentzahlen stellen jeweils den Anteil derjenigen Befragten aus den einzelnen Altersgruppen dar, die zu den einzelnen Untersuchungszeitpunkten angaben, daß sie wüßten, wo sie sich innerhalb von 24 Stunden illegalisierte Drogen besorgen könnten.

Geschlechtsspezifische Unterschiede in den Zugangsmöglichkeiten zeigten sich erstmals 1995: Schüler gaben häufiger als Schülerinnen an, sich illegalisierte Drogen besorgen zu können. (Vgl. Tab 8-7.) Hier sind erste Hinweise für unterschiedliche Rollen, die männliche und weibliche Jugendliche in peer-groups übernehmen bzw. zugewiesen bekommen, zu finden. Häufigere Zugangsmöglichkeiten für männliche Jugendliche zu illegalisierten Drogen können sich darüber hinaus daraus ergeben, daß aufgrund geltender Sozialisationsmuster, Jungen sich eher als Mädchen selbstbestimmte Räume erschließen können, in denen auch eher illegalisierte Drogen erworben werden können.

Tabelle 8-7: Wüßtest Du, wo *Du* innerhalb von 24 Stunden illegale Drogen bekommen könntest? – Mit „Ja“ antworteten:

	Weibliche Jugendliche	männliche Jugendliche
1992	22,0	21,1
1993	28,0	29,1
1995	38,8	46,6

Angaben in Prozent. Die Prozentzahlen stellen jeweils den Anteil der weiblichen und männlichen Befragten dar, die zu den einzelnen Untersuchungszeitpunkten angaben, daß sie wüßten, wo sie sich innerhalb von 24 Stunden illegalisierte Drogen besorgen könnten.

Wohnmilieuspezifische Unterschiede lassen sich lediglich für 1993 konstatieren: SchülerInnen aus innerstädtischen Altbaugebieten gaben hier häufiger Zugangsmöglichkeiten an. (Vgl. Tab 8-8.) Parallelen lassen sich zu den Entwicklungen in bezug auf Angebotsstrukturen illegalisierter Drogen ziehen: Gewachsene (sub)kulturelle Nischen und die Nähe zu Westberlin begünstigten eine raschere Entwicklung der Verfügbarkeit in den innerstädtischen Altbaugebieten als in Neubaugebieten oder eher siedlungsartigen Randgebieten. Diese Unterschiede verwischen allerdings zunehmend: zum letzten Untersuchungszeitpunkt 1995 scheint es für Jugendliche der verschiedenen Wohnmilieus gleichermaßen Zugangsmöglichkeiten zu illegalisierten Drogen zu geben. (Vgl. Tab. 8-8.)

Tabelle 8-8: Wüßtest Du, wo *Du* innerhalb von 24 Stunden illegale Drogen bekommen könntest? – Mit „ja“ antworteten:

	SchülerInnen aus randstädtischen Neubaugebieten	SchülerInnen aus innerstädtischen Neubaugebieten	SchülerInnen aus siedlungsartigen Randgebieten	SchülerInnen aus innerstädtischen Altbaugebieten
1992	19,2	27,7	20,9	26,1
1993	25,0	24,7	27,3	38,7
1995	39,0	39,7	47,6	45,3

Angaben in Prozent. Die Prozentzahlen stellen jeweils den Anteil der Befragten aus den verschiedenen Stadtgebieten dar, die zu den einzelnen Untersuchungszeitpunkten angaben, daß sie wüßten, wo sie sich innerhalb von 24 Stunden illegalisierte Drogen besorgen könnten.

Jugendliche, die wüßten, woher sie sich innerhalb von 24 Stunden illegalisierte Drogen besorgen könnten, gaben jeweils häufiger als Nichtwissende an, daß sie ihre Informationen zum Thema „Drogen“ von KlassenfreundInnen, anderen FreundInnen und aus eigenen Beobachtungen beziehen. (Vgl. hierzu auch Kapitel 9.) Dabei wird insbesondere der Zusammenhang zu KlassenfreundInnen als mögliche Informationsquelle von Zugangsmöglichkeiten zu Drogen im Zeitverlauf stärker, was auf eine zunehmende Einbindung des Drogenthemas in den Alltag von Jugendlichen nicht nur im Freizeitbereich, sondern auch im schulischen Umfeld schließen läßt.

Gefragt wurden die Jugendlichen auch nach vermuteten Gelegenheiten, sich illegalisierte Drogen zu besorgen.[10]

Möglichkeiten, sich illegalisierte Drogen zu besorgen, wurden von den befragten Jugendlichen 1991 und 1992 insgesamt stärker in Westberlin als in Ostberlin vermutet. Die Struktur der Zugangsmöglichkeiten, die von Jugend-

10 Durch mehrmaliges Verändern der Fragestellung und der Art der Frage (geschlossen/offen) zu den einzelnen Untersuchungszeitpunkten können hierzu keine inferenzstatistisch gesicherten Aussagen getroffen werden. Eine Auswertung bzw. ein sehr vorsichtiger Vergleich der einzelnen Untersuchungszeitpunkte kann deshalb zu dieser Frage nur auf deskriptivem Niveau erfolgen.

lichen reflektiert wurde, hat sich in diesem Zeitraum nicht wesentlich verändert: Sowohl in Ostberlin als auch in Westberlin boten sich zu diesen Zeitpunkten nach Meinung der Befragten vorrangig in Diskotheken oder auf privaten Feten Gelegenheiten, illegalisierte Drogen zu bekommen. Jedoch ergaben sich für Ost- und Westberlin unterschiedliche Gewichtungen bezüglich der vermuteten Zugangsmöglichkeiten: In der Rangfolge wurden in Westberlin in Diskotheken, danach auf der Straße bzw. auf öffentlichen Plätzen und an dritter Stelle auf privaten Feten Gelegenheiten vermutet, illegalisierte Drogen zu bekommen. In Ostberlin wurden an erster Stelle private Feten, an zweiter Stelle Diskotheken und danach Jugendveranstaltungen (Rockkonzerte) als Möglichkeit gesehen, sich illegalisierte Drogen zu besorgen.

Von denjenigen, die angaben, Zugangsmöglichkeiten zu illegalisierten Drogen zu haben, wurden vor allem Diskotheken, private Feten sowie Kneipen sowohl in Ost- als auch in Westberlin als Orte, an denen man illegalisierte Drogen bekommen könnte, genannt. Insofern hatte sich für „Insider" das Spektrum der Möglichkeiten für die Beschaffung illegalisierter Drogen auch in Ostberlin zum Untersuchungszeitpunkt 1992 im Vergleich zum Vorjahr bereits erweitert.

Ab 1993 wurden die Gelegenheiten, sich illegalisierte Drogen zu besorgen, in offener Form erfragt. Auch hier benannten die Jugendlichen Möglichkeiten sowohl in Ost- als auch in Westberlin. Es waren insbesondere Diskotheken, daneben auch Jugendfreizeiteinrichtungen, Kneipen und Schulen, wo man nach Meinung der Befragten illegalisierte Drogen erhalten könnte. Dabei erfolgten die Nennungen für Ostberlin häufiger als für Westberlin. Darüber hinaus vermuteten die SchülerInnen an Bahnhöfen in Ost- und Westberlin (speziell Bahnhof Zoo) sowie auf bestimmten Straßen (z.B. Ku'damm in Westberlin) und Plätzen (u.a. Alexanderplatz in Ostberlin) Möglichkeiten, sich illegalisierte Drogen zu beschaffen. (Vgl. Tab. 8-9.) Insbesondere im Hinblick auf die letztgenannten Orte ist sicherlich auch die Rolle der Medien zu beachten, die bestimmte Orte skandalisieren und ins Blickfeld des öffentlichen Interesses rücken, was sich in entsprechender Weise auch in den Vorstellungen der Jugendlichen zeigt.

Als Personen, von denen man illegalisierte Drogen erhalten kann, wurden FreundInnen und Bekannte vorrangig aus Ostberlin sowie „Dealer" in beiden Teilen der Stadt genannt. (Vgl. Tab. 8-9.) Mit dem Verweis auf FreundInnen deutet sich auch hier an, daß der Umgang mit Drogen zunehmend in alltägliche normale Beziehungen eingebunden wird.

Jugendliche, die angeben, sie wüßten, woher man sich innerhalb von 24 Stunden illegalisierte Drogen besorgen könnte, bestätigen die breiten Angebotsstrukturen.

Die Ergebnisse weisen darauf hin, daß es für Ostberliner SchülerInnen vielfache Möglichkeiten gibt, sich illegalisierte Drogen zu besorgen, wobei sich diese Gelegenheiten zunehmend mehr auf Ost- als auf Westberlin beziehen. Damit deutet sich an, daß Jugendliche verstärkt in ihrem territorialem und sozialen Umfeld Möglichkeiten sehen, illegalisierte Drogen zu erhalten.

Dort wo Jugendliche sich treffen, insbesondere in ihrer freien Zeit, sind neben legalisierten Drogen oft auch illegalisierte Drogen präsent.

Tabelle 8-9: Welche Gelegenheiten gibt es, sich illegale Drogen zu besorgen? (Untersuchungszeitpunkt 1995)

Diskos in Ostberlin	18,7
FreundInnen in Ostberlin	14,1
Diskos in Westberlin	11,7
Bahnhof Zoo	9,5
Schule	8,9
Dealer in Ostberlin	7,7
Jugendfreizeiteinrichtungen in Ostberlin	7,3
Ku'damm	6,8
Dealer in Westberlin	5,1
FreundInnen in Westberlin	4,0

Angaben in Prozent. Die Prozentzahlen stellen von denjenigen, die sich zum Untersuchungszeitpunkt 1995 überhaupt zu dieser Frage geäußert haben, jeweils den Anteil derjenigen dar, die die entsprechende Gelegenheit nannten. In der Tabelle sind ausgewählte Items aufgeführt.

Dies bestätigt sich auch, wenn man sich anschaut, welche Gelegenheiten, sich illegalisierte Drogen zu besorgen, von denjenigen benannt werden, die bereits illegalisierte Drogen konsumiert haben: ProbiererInnen illegalisierter Drogen geben als Möglichkeiten, Drogen zu erhalten, häufiger als die übrigen Befragten Diskotheken in Ost- und Westberlin sowie Jugendfreizeiteinrichtungen, Dealer, FreundInnen und Bekannte in Ostberlin an.

Die 14jährige Schülerin S. aus Ostberlin beschreibt 1995 die Verfügbarkeit illegalisierter Drogen folgendermaßen: „Och, das (Haschisch – die Verfasserin) kriegt man in Berlin nachgeschmissen, würde ich sagen. Also am Anfang da mußte man mal ein bißchen forschen. Und dann ist mal jemand sitzengeblieben und ist in unsere Klasse gekommen ... „der Haschischdealer". ... also eigentlich hat immer jemand irgendwas dabei, kommt eben darauf an, welche Leute".

Die 15jährige Schülerin U., ebenfalls aus Ostberlin, berichtet: „Also ich selber kauf' nur was von Leuten, die ich lange kenne und wo ich weiß, die bescheißen mich nicht, die verkaufen mir auch kein gestrecktes Zeug und die machen 'nen richtigen Preis. Ich kenn auch welche, die irgendwo im Urlaub was ganz ganz billig angeboten kriegen und dann da kiloweise das einkellern und weiterverkaufen. Das würde ich nicht machen, ich weiß ja nicht, wie das Zeug ist."

8.3.1.4 Zusammenhänge zwischen Beobachtung, Angebot und Zugangsmöglichkeiten in bezug auf illegalisierte Drogen[11]

Betrachtet man die Zusammenhänge zwischen Beobachtungen illegalisierten Drogenkonsums, erhaltenen Angeboten und Zugangsmöglichkeiten unter besonderer Beachtung von beobachteten Personen und AnbieterInnen, so zeigt sich, daß Verfügbarkeit von illegalisierten Drogen zunehmend in Gruppenzusammenhänge eingeordnet ist. Unbekannte Personen verlieren in diesem Zusammenhang in dem von uns betrachteten Zeitraum an Bedeutung, FreundInnen gewinnen dagegen zunehmend an Relevanz. Beobachtung von Drogenkonsum, Drogenangebote und Möglichkeiten des Zugangs zu Drogen sind im Freundeskreis, in der Clique unmittelbar erlebbar.

Zu allen Untersuchungszeitpunkten haben diejenigen, die Drogenkonsum bereits bei anderen erlebt haben, auch häufiger bereits Drogen angeboten bekommen als diejenigen, die noch keinen Drogenkonsum bei anderen beobachtet haben. Jugendliche, die Drogenkonsum bereits bei anderen erlebt haben, erhielten zu allen Untersuchungszeitpunkten Angebote von FreundInnen häufiger als die übrigen Befragten. Umgekehrt haben diejenigen, die bereits Drogen angeboten bekommen haben, insbesondere von FreundInnen Drogen angeboten bekommen haben, häufiger selbst erlebt, daß jemand illegalisierte Drogen nimmmt. Diese Zusammenhänge verstärken sich im Zeitverlauf. (Vgl. Tab. 8-10.)

Tabelle 8-10:

	noch keine Drogen angeboten bekommen[a)]			bereits Drogen angeboten bekommen[b)]			Drogen von FreundInnen angeboten bekommen[c)]		
	1992	1993	1995	1992	1993	1995	1992	1993	1995
Hast Du schon einmal selbst erlebt, daß jemand illegale Drogen nimmt?									
Ja	20,9	19,0	21,3	77,4	79,7	85,4	93,2	91,1	94,2
vielleicht, sicher bin ich nicht	16,9	11,6	18,1	9,5	5,5	7,3	3,4	4,0	2,7
Nein	62,2	69,4	60,5	13,1	14,8	7,3	3,4	4,9	3,1

Angaben in Prozent. Prozentuierungsbasis ist die jeweilige Spalte.

a) Die Frage lautete: „Wurden Die auch schon 'mal illegale Drogen angeboten? – Die Antwortmöglichkeiten waren „ja“ und „nein“. In der Tabelle sind jeweils diejenigen enthalten, die die Frage mit „nein“ beantwortet haben.

b) Die Frage lautete: „Wurden Die auch schon 'mal illegale Drogen angeboten? – Die Antwortmöglichkeiten waren „ja“ und „nein“. In der Tabelle sind jeweils diejenigen enthalten, die die Frage mit „ja“ beantwortet haben.

c) Die Frage lautete: „Wenn ja: Von wem wurden Dir illegale Drogen angeboten? – Antwortmöglichkeiten waren: „von meiner besten Freundin/meinem besten Freund“, „von anderen Freunden“, „von flüchtigen Bekannten“, „von mir unbekannten Jugendlichen/Erwachsenen“, „von anderen, z.B. ...“. In der Tabelle sind jeweils diejenigen enthalten, die „von anderen Freunden“ angegeben haben.

11 Aussagen dazu sind ab 1992 möglich.

Diejenigen, die Drogenkonsum bereits bei anderen Personen beobachtet haben, gaben zu allen Untersuchungszeitpunkten gleichfalls häufiger als die übrigen Befragten an, daß sie wüßten, wo sie sich innerhalb von 24 Stunden illegalisierte Drogen besorgen könnten. Umgekehrt sagten diejenigen, die meinten, Zugangsmöglichkeiten zu illegalisierten Drogen zu haben, häufiger als die Übrigen, daß sie bereits selbst erlebt haben, daß jemand illegalisierte Drogen nimmt. Auch dieser Zusammenhang zwischen eigenen Beobachtungen und Zugangsmöglichkeiten verstärkt sich im Zeitverlauf. (Vgl. Tab. 8-11.) Hier zeigt sich also die oben benannte zunehmende Einbindung der Verfügbarkeit illegalisierter Drogen in Gruppenzusammenhänge.

Tabelle 8-11:

	Zugangsmöglichkeiten*)			keine Zugangsmöglichkeiten*)		
Hast Du schon einmal selbst erlebt, daß jemand illegale Drogen nimmt?	1992	1993	1995	1992	1993	1995
Ja	57,0	58,8	71,7	20,6	19,0	25,4
vielleicht, sicher bin ich nicht	12,8	9,7	13,3	16,5	10,9	14,4
Nein	30,1	31,5	15,0	62,8	70,2	60,3

Angaben in Prozent. Prozentuierungsbasis ist die jeweilige Spalte.

*) Die Frage lautete: „Wüßtest Du, wo Du innerhalb von 24 Stunden illegale Drogen bekommen könntest?“ (Zugangsmöglichkeiten) – Antwortvorgaben „ja“, „nein“.

SchülerInnen, die bereits Drogen angeboten bekommen haben, meinten zu allen Untersuchungszeitpunkten häufiger als die übrigen Befragten, daß sie sich innerhalb von 24 Stunden illegalisierte Drogen besorgen könnten. Insbesondere diejenigen Jugendlichen, die von FreundInnen Drogen angeboten bekommen haben, haben zu allen Untersuchungszeitpunkten häufiger als die übrigen Befragten Zugangsmöglichkeiten zu illegalisierten Drogen. (Vgl. Tab. 8-12.)

Tabelle 8-12:

	Drogenangebot[a]						Angebot von Freunden[b]					
	Ja			Nein			Ja			Nein		
Zugangsmöglichkeiten[c]	1992	1993	1995	1992	1993	1995	1992	1993	1995	1992	1993	1995
Ja	59,2	67,6	77,1	15,7	19,3	21,8	82,8	77,4	83,9	49,0	60,3	64,0
Nein	40,8	32,4	22,9	84,3	80,7	78,2	17,2	22,6	16,1	51,0	39,7	36,0

Angaben in Prozent. Prozentuierungsbasis ist die jeweilige Spalte.

a) Die Frage lautete: „Wurden Dir auch schon ´mal illegale Drogen angeboten?“
b) Die Frage lautete: „Wenn ja: Von wem wurden Dir illegale Drogen angeboten?“
c) Die Frage lautete: „Wüßtest Du, wo Du innerhalb von 24 Stunden illegale Drogen bekommen könntest?“

Dieser Zusammenhang verdeutlicht die Integration illegalisierter Drogen in jugendkulturelle Zusammenhänge: Von FreundInnen werden Drogen angeboten, an FreundInnen können Jugendliche sich wenden, wenn sie sich illegalisierte Drogen besorgen wollen.

8.3.2 Konsum von Drogen

8.3.2.1 Konsum legalisierter Drogen[12]

Legalisierter Drogenkonsum – der Gebrauch von Alkohol und Zigaretten – sind für einen Teil der Jugendlichen fester Bestandteil ihres Lebensstiles. Drei Viertel der befragten Jugendlichen trinken – zumindest gelegentlich – Alkohol, knapp die Hälfte der Befragten raucht mehr oder weniger regelmäßig Zigaretten.

Für das Rauchen von Zigaretten ist in der Entwicklung insbesondere von 1993 zu 1995 eine Zunahme des Anteils der regelmäßigen RaucherInnen zu verzeichnen. (Vgl. Tab. 8-13.)

Tabelle 8-13: Oft ist die Freizeit mit dem Gebrauch von legalen Drogen, die als Genußmittel bezeichnet werden, verbunden. Wie ist das bei Dir?

Ich benutze:		Zigaretten	
	1992	1993	1995
täglich	16,4	16,9	23,5
mehrmals in der Woche	3,9	3,0	5,4
mehrmals im Monat	3,3	3,0	4,5
seltener	7,4	9,4	10,2
nie	69,0	67,7	56,6

Angaben in Prozent. Prozentuierungsbasis ist die jeweilige Spalte.

Der regelmäßige (tägliche) Zigarettenkonsum hat sich vor allem innerhalb der jüngeren Altersgruppen (14/15Jährige) im Zeitverlauf erhöht. (Vgl. Tab. 8-14.) Ein Viertel der Jugendlichen dieser Altersklassen raucht 1995 täglich Zigaretten.

12 Wir gehen an dieser Stelle nur auf den Konsum von Alkohol und Zigaretten ein. Zum Gebrauch von Medikamenten liegen ebenfalls einige empirische Befunde vor, die in unserem Forschungsbericht (vgl. Forschungsgruppe Jugend und Drogen 1996), der der DFG vorliegt, nachgelesen werden können.
Die Verbreitung des Konsums legalisierter Drogen anhand des jeweils eigenen Konsumverhaltens der Befragten kann erst ab 1992 analysiert werden. Zu den Untersuchungszeitpunkten 1990 und 1991 wurde lediglich nach dem Konsum legalisierter Drogen im Freundeskreis der Jugendlichen gefragt.

16jährige Jugendliche geben zu allen Untersuchungszeitpunkten häufiger als die Befragten der übrigen Altersgruppen an, täglich zu rauchen.

Der hohe Anteil von RaucherInnen unter 14- bis 16jährigen Jugendlichen mag darauf zurückzuführen sein, daß Rauchen unter Jugendlichen vielfach immer noch ein positives Image hat – als Zeichen von Erwachsensein, Coolness, Überlegenheit. Diese Symbolik des Rauchens wird massiv unterstützt durch die Werbung der Zigarettenindustrie.

Tabelle 8-14: Oft ist die Freizeit mit dem Gebrauch von legalen Drogen, die als Genußmittel bezeichnet werden, verbunden. Wie ist das bei Dir?

Ich benutze täglich Zigaretten	13-jährige	14-jährige	15-jährige	16-jährige	17-jährige
1992	4,9	13,4	19,8	27,8	20,6
1993	9,7	12,7	20,1	26,2	18,2
1995	7,2	24,5	28,7	34,6	19,6

Angaben in Prozent. Die Prozentzahlen stellen jeweils den Anteil derjenigen Befragten der einzelnen Altersgruppen dar, die zu den verschiedenen Untersuchungszeitpunkten angaben, täglich Zigaretten zu rauchen.

Zwischen männlichen und weiblichen Jugendlichen gibt es hinsichtlich des Konsums von Zigaretten keine signifikanten Unterschiede (23,8% der Mädchen/jungen Frauen und 24,3% der Jungen/jungen Männer rauchen täglich).

Die bevorzugten alkoholischen Getränke unter Jugendlichen sind Bier und Wein, zunehmend auch Spirituosen. Hierbei muß sicherlich berücksichtigt werden, daß es sich dabei vielfach um den Konsum von Mixgetränken handelt, was über unsere empirischen Befunde jedoch nicht belegbar ist.

Für das Konsumverhalten ist im Zeitverlauf festzustellen, daß der Konsum von Alkohol unter den jeweils befragten Jugendlichen insgesamt zugenommen hat. Dabei ist täglicher Konsum von Alkohol jedoch nach wie vor äußerst selten.

Geringfügig zugenommen hat der Konsum von Alkohol mehrmals in der Woche.

Etwas stärker gestiegen ist der Konsum mehrmals im Monat. Die Befragten gaben 1995 häufiger als zu früheren Untersuchungszeitpunkten an, mehrmals im Monat Bier, Wein oder Spirituosen zu trinken. (Vgl. Tab. 8-15.)

Tabelle 8-15: Oft ist die Freizeit mit dem Gebrauch von legalen Drogen, die als Genußmittel bezeichnet werden, verbunden. Wie ist das bei Dir?

Ich benutze:	Bier			Wein/Sekt			Schnaps/Likör		
	1992	1993	1995	1992	1993	1995	1992	1993	1995
täglich	1,5	0,8	1,1	0,4	0,2	0,3	0,3	0,3	0,2
mehrmals in der Woche	4,5	5,1	6,3	1,4	1,8	2,3	0,8	1,4	2,1
Mehrmals im Monat	11,0	10,1	14,0	13,4	13,7	18,7	5,0	7,4	12,5
seltener	24,2	24,1	25,9	50,4	57,3	53,8	23,3	31,9	32,3
nie	58,8	59,9	52,6	34,4	27,0	24,9	70,6	59,0	52,4

Angaben in Prozent. Prozentuierungsbasis ist die jeweilige Spalte.

Umfang und Art und Weise des Alkoholkonsums wird entscheidend durch das Alter geprägt. Als allgemeinen Trend belegen die Analysen innerhalb der einzelnen befragten Altersgruppen, daß sich insgesamt in allen Altersgruppen eine Zunahme des Konsums von Alkohol, insbesondere aber des Konsums von Spirituosen, konstatieren läßt.

Tabelle 8-16: Oft ist die Freizeit mit dem Gebrauch von legalen Drogen, die als Genußmittel bezeichnet werden, verbunden. Wie ist das bei Dir?

	Bier			Wein/Sekt			Schnaps/Likör		
	1992	1993	1995	1992	1993	1995	1992	1993	1995
13-jährige benutzen:									
mehrmals in der Woche*)	1,3	0,5	1,5	1,1	1,0	1,1	0	0,2	1,6
mehrmals im Monat	3,3	2,6	7,0	2,6	4,3	10,1	1,3	2,0	7,3
seltener	17,2	17,1	21,3	40,6	52,5	49,5	10,4	20,0	17,6
nie	78,2	79,8	70,2	55,7	42,2	39,3	88,3	77,8	73,5
14-jährige benutzen:									
mehrmals in der Woche*)	3,9	3,5	4,6	4,2	1,1	2,8	1,0	1,3	0,6
mehrmals im Monat	7,7	8,7	13,7	13,8	11,4	12,1	2,2	4,2	9,0
seltener	22,3	26,9	20,2	46,4	64,9	55,1	21,9	30,7	27,0
nie	66,1	61,0	61,5	35,5	22,6	30,0	74,9	63,8	63,3
15-jährige benutzen:									
mehrmals in der Woche*)	6,0	6,9	9,1	1,8	4,1	4,0	0,9	1,4	8,3
mehrmals im Monat	15,4	13,0	13,0	11,2	18,0	21,1	6,7	11,5	15,3
seltener	22,6	24,8	20,2	55,6	53,8	55,6	23,2	34,5	34,4
nie	56,0	55,3	61,5	31,4	24,1	19,3	69,2	52,6	42,0
16-jährige benutzen:									
mehrmals in der Woche*)	9,0	13,4	15,1	0,4	2,0	2,1	1,3	3,3	1,0
mehrmals im Monat	16,4	12,8	19,5	21,4	19,4	26,3	9,2	10,8	16,3
seltener	32,3	29,7	30,9	55,9	56,6	53,9	33,4	39,1	44,3
nie	42,3	44,0	34,5	22,2	22,1	17,8	56,0	46,9	38,5
17-jährige benutzen:									
mehrmals in der Woche*)	15,5	8,8	5,8	0,6	2,6	3,3	3,3	3,2	1,7
mehrmals im Monat	16,6	15,0	17,5	20,0	18,8	27,2	8,9	10,7	14,2
seltener	23,0	20,4	20,7	62,0	59,3	55,3	27,9	41,7	42,4
nie	45,0	55,8	56,1	17,5	19,3	14,2	59,9	44,3	41,8

Angaben in Prozent. Prozentuierungsbasis ist, für die einzelnen Altersgruppen getrennt, die jeweilige Spalte.

*) Die Antwortvorgaben „täglich" und „mehrmals in der Woche" wurden zusammengefaßt zu „mehrmals in der Woche".

Bezogen auf die Frequenz des Alkoholkonsums trinken 13- und 14-jährige Alkohol fast ausschließlich mehrmals im Monat oder seltener.

Bei 15Jährigen fällt vor allem die Zunahme des Konsums von Wein und Spirituosen auf. Beim Spirituosen-Konsum hat sich sowohl der Gebrauch mehrmals in der Woche als auch der Gebrauch mehrmals im Monat erhöht. Der Anteil derjenigen, die nie Spirituosen trinken, ist von 1992 bis 1995 um 27,2 (!) Prozentpunkte zurückgegangen.

Unter den 16-jährigen der verschiedenen Jahrgänge ist vor allem eine Zunahme des Bierkonsums mehrmals in der Woche sowie des Spirituosenkonsums mehrmals im Monat zu verzeichnen.

Bei 17-jährigen Jugendlichen sind zu den einzelnen Untersuchungszeitpunkten keine gravierenden Veränderungen in den Konsumfrequenzen zu verzeichnen. (Vgl. Tab. 8-16.)

Altersdifferenzierende Betrachtungen lassen ferner folgendes erkennen: Ein regelmäßiger Bierkonsum (mehrmals in der Woche) wird über den gesamten Untersuchungszeitraum häufiger jeweils von den Jugendlichen ab 16 Jahren berichtet. Mehrmaligen Spirituosenkonsum im Monat gaben 1992 eher die 16-jährigen an, 1993 eher die 15-jährigen. 1995 berichteten die 15-jährigen häufiger als die Befragten der übrigen Altersgruppen von Spirituosenkonsum mehrmals in der Woche. Hinter dem vermehrten Konsum von Bier und Spirituosen unter den 15- und 16-jährigen kann sowohl jugendlicher Probierkonsum als auch Imponierverhalten vermutet werden. Nach einer Phase des Probierens und Experimentieren scheint sich unter 17-jährigen Jugendlichen die Frequenz des Alkoholkonsums auf etwas niedrigerem Niveau zu stabilisieren.

Differenzierungen zwischen männlichen und weiblichen Befragten machen deutlich, daß die traditionellen geschlechtsspezifischen Konsummuster sehr manifest sind – allerdings nur in bezug auf Bier und Wein:

Für Bierkonsum gibt es über den gesamten Zeitverlauf deutliche Unterschiede in dem Sinne, daß Jungen/junge Männer häufiger als Mädchen/junge Frauen angeben, mehrmals in der Woche, mehrmals im Monat oder seltener Bier zu trinken. Weibliche Jugendliche sagen dagegen häufiger, sie trinken nie Bier.

Mädchen/junge Frauen geben häufiger als männliche Befragte an, mehrmals im Monat Wein zu trinken. Jungen/junge Männer trinken häufiger nie Wein. Dieser Unterschied ist ebenfalls über den gesamten Zeitverlauf in gleicher Stärke zu beobachten.

Für den Konsum von Spirituosen lassen sich noch 1992 starke Unterschiede zwischen männlichen und weiblichen Befragten konstatieren: Jungen/junge Männer gaben häufiger an, Spirituosen zu trinken als Mädchen/junge Frauen. Zum Untersuchungszeitpunkt 1993 ist dieser Unterschied nur noch schwach ausgeprägt. 1995 haben sich die Konsummuster weiblicher und männlicher Jugendlicher in bezug auf Spirituosen vollständig angeglichen, d.h. während der Spirituosenkonsum insgesamt gestiegen ist, ist insbesondere eine entsprechende Zunahme für weibliche Jugendliche zu verzeichnen. (Vgl. Tab. 8-17.)

Vergleicht man unsere empirischen Befunde mit entsprechenden Untersuchungen in der ehemaligen DDR, ist hier mit der gesellschaftlichen Wende kein Bruch, sondern eher Kontinuität in den Konsummustern von Jugendlichen zu verzeichnen. Zum Ende der achtziger Jahre wurde in der DDR ein steigender Verbrauch von Spirituosen unter Jugendlichen festgestellt, der auf einen verstärkten Konsum von Mixgetränken zurückgeführt wurde. Diese Veränderungen bezogen sich jedoch nicht nur auf die Art des Alkohols, sondern auch auf die Erhöhung der Trinkhäufigkeit. Diese Trends im Alkoholkonsum von Jugendlichen in den 80er Jahren setzen sich anscheinend unbeeinflußt von neuen Konsummöglichkeiten fort.

Tabelle 8-17: Oft ist die Freizeit mit dem Gebrauch von legalen Drogen, die als Genußmittel bezeichnet werden, verbunden. Wie ist das bei Dir?

		Mehrmals in der Woche *)			Mehrmals im Monat			Seltener			Nie		
		1992	1993	1995	1992	1993	1995	1992	1993	1995	1992	1993	1995
Bier	Weiblich	4,3	3,9	4,3	8,5	7,2	9,3	20,1	21,7	23,7	68,1	67,2	62,6
	Männlich	9,2	8,4	10,5	14,9	13,1	19,4	29,1	26,6	28,7	46,7	52,0	41,3
Wein	Weiblich	1,6	2,6	3,4	15,0	15,7	20,1	52,7	59,1	56,4	30,7	22,6	20,2
	Männlich	1,8	1,5	1,8	10,9	11,1	17,3	47,1	55,1	50,6	40,2	32,3	30,3
Schnaps	Weiblich	0,3	1,2	3,0	3,3	6,5	12,6	21,0	34,0	31,4	75,4	58,4	53,0
	Männlich	1,9	2,2	2,7	7,4	8,6	12,5	26,4	29,7	33,4	64,3	59,4	51,4

Angaben in Prozent. Die Prozentzahlen stellen jeweils den Anteil derjenigen männlichen und weiblichen Befragten dar, die zu den einzelnen Untersuchungszeitpunkten den Konsum von Bier, Wein bzw. Schnaps in der entsprechenden Häufigkeit angaben.

*) Die Antwortvorgaben „täglich" und „mehrmals in der Woche" wurden zusammengefaßt zu „mehrmals in der Woche".

Wenngleich auch bei weiblichen Jugendlichen in den achtziger Jahren eine deutliche Zunahme des Alkoholverbrauchs registriert wurde, bestanden doch noch erhebliche Konsumunterschiede zwischen den Geschlechtern. Männliche Jugendliche tranken in der Woche zwei- bis dreimal soviel Alkohol wie weibliche Jugendliche. Männliche Jugendliche bevorzugten etwa gleichermaßen Bier und Spirituosen, weibliche Jugendliche tranken vorzugsweise Spirituosen, gefolgt von Wein. (Vgl. Reißig 1991.) Diese erheblichen geschlechtsspezifischen Unterschiede im Alkoholkonsum sind in dem Maße 1995 nicht mehr sichtbar. Lediglich für Bier läßt sich bei männlichen Jugendlichen ein etwa doppelt so häufiger Konsum feststellen wie bei weiblichen Jugendlichen.

Vor diesem Hintergrund sich eher kontinuierlich fortsetzenden Konsumverhaltens in bezug auf legalisierte Drogen stellt sich die Frage, inwieweit mit einer zunehmenden Verfügbarkeit illegalisierter Drogen der Gebrauch legalisierter Drogen ersetzt oder ergänzt wird durch den Gebrauch illegalisierter Drogen.

8.3.2.2 Konsum illegalisierter Drogen

Aussagen zur Verbreitung des Konsums illegalisierter Drogen ergeben sich einerseits auf Grund des Probierverhaltens der befragten Jugendlichen, andererseits auf Grund der Konsumerfahrungen mit illegalisierten Drogen im Freundeskreis der Befragten.

8.3.2.2.1 Konsumerfahrungen von Jugendlichen[13]

Seit 1990 hat sich unter den jeweils befragten Jugendlichen der Anteil derjenigen, die bereits selbst Konsumerfahrungen mit illegalisierten Drogen haben, deutlich erhöht. (Vgl. Grafik 8-6.)

Grafik 8-4: *Frage:* Hast Du schon einmal illegale Drogen probiert?
– Mit „Ja" antworteten:

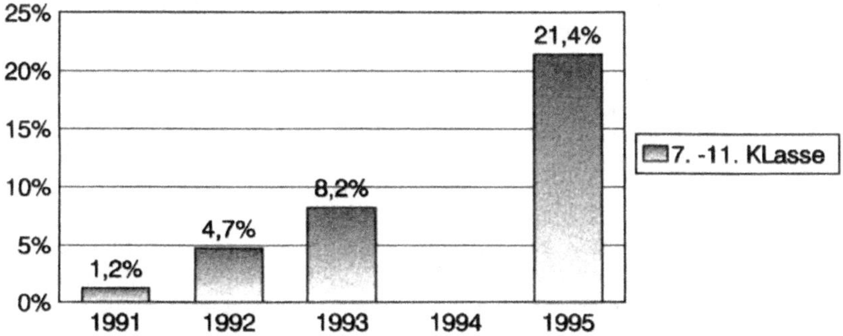

1995 gaben 23,7% der von uns befragten SchülerInnen der 7.-13. Klasse an, bereits illegalisierte Drogen probiert zu haben.

Damit bestätigt sich die These, daß der Anstieg des Konsums illegalisierter Drogen nicht in dem Maße erfolgt, wie sich die Verfügbarkeit entsprechender Substanzen erweitert. Das heißt: eine wachsende Verfügbarkeit von Drogen hat nicht unmittelbar einen entsprechenden Anstieg des Konsums zur Folge. (44,3% der Befragten wüßten, woher sie sich innerhalb von 24 Stunden illegalisierte Drogen besorgen könnten, vgl. Abschnitt 8.3.1.3.)

Die Konsumerfahrungen beziehen sich fast ausschließlich auf den Gebrauch von Cannabis. 1995 gaben 20,2% aller befragten Jugendlichen an, Haschisch bereits probiert zu haben; 4,1% berichten vom Konsum von Marihuana (mit möglichen Doppelnennungen).

Berichteten die Befragten 1992 überwiegend von einmaligem Probieren, hatten 1995 bereits die Hälfte der Cannabiserfahrenen diese Substanz häufiger gebraucht. D.h., zunehmend mehr Jugendliche in Ostberlin nehmen gelegentlich Haschisch oder Marihuana. (Vgl. Tab. 8-18.)

13 Differenzierte Aussagen sind dazu ab 1992 möglich.

Tabelle 8-18: Welche illegalen Rauschmittel hast Du schon 'mal probiert? Wie oft hast Du diese illegalen Rauschmittel probiert?

Konsum von Cannabis	1992	1993	1995
Einmal	86,3	46,2	12,4
Wenige Male	9,3	32,3	37,8
Häufiger	4,4	21,4	49,8

Angaben in Prozent. Prozentuierungsbasis ist die jeweilige Spalte.

Einbezogen in die Tabelle sind diejenigen Befragten, die angaben, Haschisch und/oder Marihuana probiert zu haben.

Hiermit deutet sich an, daß für einen Teil der Ostberliner SchülerInnen Cannabiskonsum eine gewisse Einbindung in den Alltag erfahren hat.

> Die 15jährige Schülerin U. aus Ostberlin berichtet: „Also ich persönlich (konsumiere – die Verfasserin) nicht soviel, also nur dann, wenn jemand was dabei hat und wir sind bei 'nem Kumpel oder so, oder wenn es sich so ergibt – ich schätz' mal so jedes Wochenende. Aber auch manchmal öfter, manchmal einen Tag in der Woche – dann aber auch nicht so viel, so 'ne Tüte ...".
> Die 14jährige Schülerin S. aus Ostberlin beschreibt ihre Erfahrungen folgendermaßen: „Am Anfang war es so: ah neuer Kick, Neues ausprobieren und dann hab' ich's eben probiert, bis es mir eben völlig langweilig wurde und völlig aufwendig. Na und jetzt mach' ich's nur noch, wenn sich ´ne Gelegenheit bietet.

Die Wirkungen von Haschisch oder Marihuana[14] wurden von den Jugendlichen auf Grund ihrer eigenen Erfahrungen insgesamt überwiegend positiv bewertet. Betrachtet man den Untersuchungszeitpunkt 1995 im Vergleich zu 1993, haben sich Berichte über negative Wirkungen sehr verringert zugunsten positiver Erfahrungen. (Vgl. Tab. 8-19.) Mit zunehmender Konsumerfahrung kann der/die Einzelne für sich das günstigste Set und Setting für eine optimale Wirkung anscheinend immer besser einschätzen und steuern, entsprechende Erfahrungen werden in der Gruppe weitergegeben und ausgetauscht.

Neue jugendkulturelle Entwicklungen, wie bspw. die Techno-Szene, die zum Teil den Konsum sogenannter Partydrogen in ihr Szenario einbezieht, spiegeln sich in unserer Untersuchung nicht durch einen verstärkten Gebrauch entsprechender Drogen durch die befragten SchülerInnen wider. 1995 wird vereinzelt über den Konsum von Ecstasy (3,8%), LSD (2,7%) und Speed (2,1%) berichtet; die Veränderungen im Zeitverlauf seit 1992 sind entsprechend geringfügig.

---

14 Die Erfahrungen der Befragten beim Probieren illegalisierter Drogen wurden ab dem Untersuchungszeitpunkt 1993 über einen offenen Indikator erfragt und die spontanen ungestützten Antworten über eine Codierung der Auswertung zugänglich gemacht. Inferenzstatistisch gesicherte Aussagen können für die Untersuchungszeitpunkte 1993 und 1995 allerdings nicht gemacht werden. Eine Auswertung bzw. ein sehr vorsichtiger Vergleich der beiden Untersuchungszeitpunkte kann zu dieser Frage nur auf deskriptivem Niveau erfolgen.

Tabelle 8-19: Wie hast Du Dich beim Probieren der jeweiligen illegalen Rauschmittel gefühlt?

Wirkung von Haschisch/Marihuana:	1993	1995
Positiv	57,4	70,1
Sowohl positiv als auch negativ	9,8	17,0
Negativ	16,0	2,5
Keine Wirkung	16,8	10,4

Angaben in Prozent. Prozentuierungsbasis ist die jeweilige Spalte.

Die illegalisierten Drogen Heroin und Kokain (denen in der Öffentlichkeit oftmals große Aufmerksamkeit gewidmet wird) haben für die Jugendlichen über den gesamten Zeitverlauf hinweg fast keinerlei Bedeutung: 1995 geben jeweils nur 0,3% der Jugendlichen an, Heroin oder Kokain probiert zu haben.

Altersspezifische Differenzierungen machen deutlich, daß Jugendliche mit zunehmendem Alter eher von eigenen Konsumerfahrungen berichteten.

Daneben hat sich im Zeitverlauf auch innerhalb der einzelnen Altersgruppen der Anteil derjenigen, die bereits illegalisierte Drogen probiert haben, erhöht. (Vgl. Tab. 8-20.)

Tabelle 8-20: Hast Du schon einmal illegale Drogen probiert? – Mit „ja“ antworteten:

	13-jährige	14-jährige	15-jährige	16-jährige	17-jährige
1992	1,8	4,0	4,2	5,2	13,2
1993	2,1	6,5	10,7	11,8	11,2
1995	6,1	14,2	28,7	36,1	19,4

Angaben in Prozent. Die Prozentzahlen stellen jeweils den Anteil derjenigen Befragten der verschiedenen Altersgruppen dar, die zu den einzelnen Untersuchungszeitpunkten angaben, bereits illegalisierte Drogen probiert zu haben.

Als weitere Einflußgröße erweist sich das Wohnmilieu: Jugendliche aus innerstädtischen Altbaugebieten berichteten zu allen relevanten Untersuchungszeitpunkten signifikant häufiger von eigenen Konsumerfahrungen als Befragte anderer Stadtgebiete. 1995 sind es neben den Befragten aus innerstädtischen Altbaugebieten auch Jugendliche aus siedlungsartigen Randgebieten, die eher als Jugendliche aus innerstädtischen oder randstädtischen Neubaugebieten eigene Konsumerfahrungen mit illegalisierten Drogen haben. (Vgl. Tab. 8-21.)

Hier setzten sich die im Abschnitt 8.3.1 über die Verfügbarkeit illegalisierter Drogen diskutierten Entwicklungen mit einiger Verzögerung fort: Durch die gewachsenen jugendkulturellen Szenen und Kontakte zu WestberlinerInnen integrierten Jugendliche aus innerstädtischen Altbaugebieten illegalisierte Drogen rascher in ihren Lebensstil als Jugendliche aus den übrigen Stadtgebieten.

Tabelle 8-21: Hast Du schon einmal illegale Drogen probiert? – Mit „ja" antworteten:

	randstädtisches Neubaugebiet	Innerstädtisches Neubaugebiet	Siedlungsartiges Randgebiet	Innerstädtisches Altbaugebiet
1992	2,7	8,9	4,4	8,0
1993	6,7	9,4	6,1	12,8
1995	16,6	20,5	24,8	27,7

Angaben in Prozent. Die Prozentzahlen stellen jeweils den Anteil derjenigen Befragten der verschiedenen Wohnmilieus dar, die zu den einzelnen Untersuchungszeitpunkten angaben, bereits illegalisierte Drogen probiert zu haben.

Tabelle 8-22: Welche illegalen Rauschmittel hast Du schon 'mal probiert? Wie oft hast Du diese illegalen Rauschmittel probiert?

Konsum von Cannabis ⇓	randstädtisches Neubaugebiet	Innerstädtisches Neubaugebiet	Siedlungsartiges Randgebiet	Innerstädtisches Altbaugebiet
1992				
Einmal	80,1	57,0	100,0	100,0
Wenige Male	19,9	14,5	0,0	0,0
Häufiger	0,0	28,5	0,0	0,0
1993				
Einmal	56,6	44,0	24,7	48,9
Wenige Male	33,5	56,0	37,7	19,0
Häufiger	9,9	0,0	37,6	32,1
1995				
Einmal	9,6	14,0	12,7	14,7
Wenige Male	42,4	43,5	38,9	28,9
Häufiger	48,0	42,5	48,4	56,4

Angaben in Prozent. Prozentuierungsbasis ist jeweils die Spalte, getrennt nach einzelnen Untersuchungszeitpunkten.
In die Tabelle wurden nur diejenigen einbezogen, die bereits illegalisierte Drogen probiert haben.

Zunehmend probierten aber auch Jugendliche aus anderen Stadtgebieten illegalisierte Drogen und das Wohnmilieu verlor als Einflußgröße auf ein eventuelles Probieren von Drogen an Bedeutung. Dies wird bestätigt, wenn man ausschließlich Cannabiskonsum unter wohnmilieuspezifischen Gesichtspunkten betrachtet. Unterschiede zeigen sich hier lediglich zum Untersuchungszeitpunkt 1993: Jugendliche aus randstädtischen Neubaugebieten gaben häufiger einmaliges Probieren von Cannabis an, Jugendliche aus innerstädtischen Neubaugebieten berichteten häufiger von mehrmaligem Konsum, Jugendliche aus siedlungsartigen Randgebieten sowie aus innerstädtischen Altbaugebieten gaben dagegen eher als die Befragten aus den übrigen Stadtgebieten an, daß sie Cannabis bereits häufiger probiert haben. Für den Untersuchungszeitpunkt

1995 lassen sich dagegen keinerlei wohnmilieuspezifische Unterschiede in der Häufigkeit von Cannabiskonsum mehr feststellen. (Vgl. Tab. 8-22.)

Somit scheint sich insgesamt eine Angleichung von Erfahrungen im Konsum illegalisierter Drogen in verschiedenen Stadtgebieten Ostberlins vollzogen zu haben.

Zusammenhänge zwischen legalisiertem und illegalisiertem Drogenkonsum[15]

Die Betrachtung der Zusammenhänge zwischen dem jeweils eigenen Konsum von legalisierten und illegalisierten Drogen legt die Vermutung nahe, daß es unter Ostberliner Jugendlichen nicht zu traditionell eher abgeschotteten Szenen von KonsumentInnen illegalisierter Drogen und von AlkoholkonsumentInnen kommt. Dabei muß sicherlich beachtet werden, daß in der von uns untersuchten Population weder exzessiver Konsum illegalisierter Drogen noch exzessiver Alkoholkonsum zu verzeichnen ist.

Tabelle 8-23: Oft ist die Freizeit mit dem Gebrauch von legalen Drogen, die als Genußmittel bezeichnet werden, verbunden. Wie ist das bei Dir?

Ich benutze: ⇒		Mehrmals in der Woche *)	Mehrmals im Monat	Seltener	Nie
Hast Du schon einmal illegale Drogen probiert? ⇓			Bier		
1992	ProbiererInnen illegalisierter Drogen	42,4	15,3	13,2	29,2
	Nicht-ProbiererInnen	4,1	10,8	24,7	60,4
1993	ProbiererInnen illegalisierter Drogen	27,3	35,4	22,2	15,0
	Nicht-ProbiererInnen	4,1	7,9	24,3	63,7
1995	ProbiererInnen illegalisierter Drogen	22,4	35,3	27,0	15,3
	Nicht-ProbiererInnen	3,5	8,3	25,8	62,5
			Wein		
1992	ProbiererInnen illegalisierter Drogen	11,5	32,4	39,6	16,5
	Nicht-ProbiererInnen	1,3	12,5	50,8	35,4
1993	ProbiererInnen illegalisierter Drogen	10,4	26,6	63,9	9,1
	Nicht-ProbiererInnen	1,3	12,5	57,6	28,5
1995	ProbiererInnen illegalisierter Drogen	6,7	32,4	45,0	15,8
	Nicht-ProbiererInnen	1,5	15,3	55,8	27,4
			Schnaps		
1992	ProbiererInnen illegalisierter Drogen	14,7	27,0	32,7	25,6
	Nicht-ProbiererInnen	0,4	3,9	22,6	73,1
1993	ProbiererInnen illegalisierter Drogen	11,5	26,0	38,7	23,8
	Nicht-ProbiererInnen	0,9	5,8	31,3	62,0
1995	ProbiererInnen illegalisierter Drogen	7,9	25,6	41,4	25,1
	Nicht-ProbiererInnen	1,5	9,1	29,9	57,4

Angaben in Prozent. Prozentuierungsbasis ist die jeweilige Zeile.
*) Die Antwortvorgaben „täglich" und „mehrmals in der Woche" wurden zusammengefaßt zu „mehrmals in der Woche".

15 Die entsprechenden Zusammenhänge können ab 1992 analysiert werden.

Zu den einzelnen Untersuchungszeitpunkten zeigen sich jeweils starke Zusammenhänge zwischen dem Probieren illegalisierter Drogen und dem Konsum von Alkohol und Zigaretten.

Diejenigen Befragten, die bereits illegalisierte Drogen probiert hatten, gaben 1992, 1993 und 1995 jeweils häufiger als die übrigen Befragten an, mehrmals in der Woche Bier zu trinken. (Vgl. Tab. 8-23.)

Ein ähnliches Bild ergibt sich für den Konsum von Wein und Spirituosen: Von ProbiererInnen illegalisierter Drogen wird zu den einzelnen Untersuchungszeitpunkten jeweils häufiger als von den übrigen Befragten angegeben, mehrmals in der Woche oder mehrmals im Monat Wein bzw Spirituosen zu trinken. (Vgl. Tab. 8-23.)

Ebenso gibt es zu allen Untersuchungszeitpunkten einen engen Zusammenhang zwischen dem Konsum illegalisierter Drogen und täglichem Zigarettenkonsum. Auch hier gibt es im Zeitverlauf keine Veränderungen. (Vgl. Tab 8-24.)

Tabelle 8-24: Oft ist die Freizeit mit dem Gebrauch von legalen Drogen, die als Genußmittel bezeichnet werden, verbunden. Wie ist das bei Dir?

Ich benutze täglich Zigaretten:	1992	1993	1995
ProbiererInnen illegalisierter Drogen*)	67,9	65,2	64,0
Nicht-ProbiererInnen*)	13,7	12,4	12,7

Angaben in Prozent. Die Prozentzahlen stellen jeweils den Anteil derjenigen ProbiererInnen bzw Nicht-ProbiererInnen dar, die angaben, täglich zu rauchen.

*) Die Frage lautete: „Hast Du schon einmal illegale Drogen probiert?" – Antwortvorgaben „ja"/„nein".

Mit diesen Ergebnissen zum Zusammenhang von legalisiertem und illegalisiertem Drogenkonsum deutet sich an, daß vorhandene Konsummuster einerseits sehr manifest sind, bisheriger Konsum durch neuartige Drogen nicht einfach ersetzt wird, allenfalls ergänzt wird. Andererseits sind Jugendliche neugierig auf die unterschiedlichen Rauschwirkungen der verschiedenen Drogen und es wird mit unterschiedlichen Drogen experimentiert.

8.3.2.2.2 Konsumerfahrungen im Freundeskreis der Befragten[16]

Bei der Analyse des illegalisierten Drogenkonsums im Freundeskreis der Befragten kristallisiert sich wiederum ein sehr differenzierter Umgang von Jugendlichen mit einzelnen illegalisierten Drogen heraus. Ähnlich dem jeweils

16 Aussagen in bezug auf den Konsum von Haschisch, LSD, Kokain und Heroin im Freundeskreis können ab 1990 getroffen werden. Nach dem Konsum von Aufputschmitteln in den Freundeskreisen der Jugendlichen wurde erstmals 1991 gefragt. Der Konsum von Ecstasy im Freundeskreis kann lediglich für 1995 analysiert werden.

eigenen Konsumverhalten der Befragten sind auch im sozialen Umfeld von Jugendlichen überwiegend Cannabisprodukte präsent, daneben Ecstasy, Aufputschmittel und LSD. Vereinzelt wird über den Konsum von Kokain und Heroin im Freundeskreis berichtet.

Im Zeitverlauf ist zu beobachten, daß bis 1993 jeweils nur einige Jugendliche im Freundeskreis der Befragten illegalisierte Drogen konsumierten und sich dieser Konsum überwiegend auf Cannabisprodukte sowie Aufputschmittel bezog. Zum Untersuchungszeitpunkt 1995 hat sich zum einen oftmals das Spektrum der konsumierten Drogen im Freundeskreis der Befragten erweitert. (Vgl. Grafik 8-7.) Zum anderen konstatiert ein kleiner Teil der Befragten eine weite Verbreitung von Cannabisprodukten in ihren Freundeskreisen: 1995 sagen 8,2% der Befragten, daß fast alle ihre FreundInnen Haschisch konsumieren; 4,3% der Befragten geben an, daß fast alle ihre FreundInnen Marihuana konsumieren; 4,2% berichten, daß fast alle FreundInnen Aufputschmittel gebrauchen.

Grafik 8-5: *Frage:* Wenn Du Deinen Freundeskreis betrachtest, wieviele nehmen die folgenden Rauschmittel? – Mit „einige Freunde nehmen folgende Rauschmittel" antworteten:

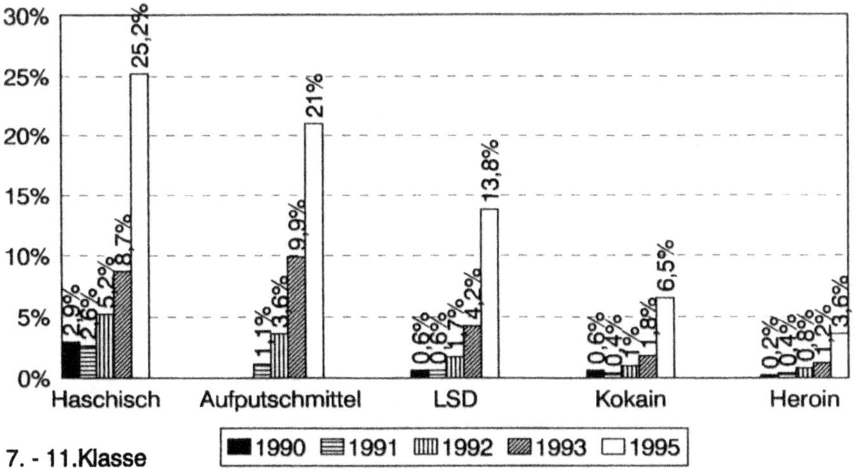

Der Anstieg des Konsums von Aufputschmitteln könnte auf einen zunehmenden Gebrauch entsprechender Substanzen im Zusammenhang mit der Techno-Kultur zurückzuführen sein, wobei sich ein vermehrter Gebrauch entsprechender Drogen im jeweils eigenen Konsumverhalten der Jugendlichen (vgl. Abschnitt 8.3.2.2) nicht widerspiegelt. Neben dem Konsum von Aufputschmitteln im Freundeskreis berichten 1995 18,1% der Befragten vom Ecstasykonsum einiger FreundInnen. 2,1% der Befragten meinen, fast alle FreundInnen würden Ecstasy gebrauchen.

Altersspezifische Differenzierungen machen deutlich, daß 16Jährige am häufigsten vom Haschisch- bzw. Marihuanakonsum fast aller Freunde berichten. Darüber hinaus geben Jugendliche dieser Altersgruppe zu allen Untersuchungszeitpunkten häufiger als Jüngere oder Ältere an, daß einige FreundInnen LSD oder Kokain konsumieren. (Vgl. Tab. 8-25.)

Daß gerade 16jährige vermehrt von Drogenkonsum in ihren Freundeskreisen berichten, könnte damit zusammenhängen, daß Jugendliche dieses Alters sich in einem exzessiven Probierstadium befinden – das bezieht sich nicht nur auf das Experimentieren mit legalisierten, sondern auch mit illegalisierten Drogen.

Tabelle 8-25: Wenn Du Deinen Freundeskreis betrachtest, wieviele nehmen die folgenden Rauschmittel?

		13-jährige	14-jährige	15-jährige	16-jährige	17-jährige
Einige FreundInnen konsumieren Marihuana:						
	1992	1,0	3,8	3,7	5,2	10,7
	1993	1,7	5,7	8,4	10,5	9,8
	1995	4,3	13,8	21,3	24,7	17,4
Fast alle FreundInnen konsumieren Marihuana:						
	1992	0	1,2	0	0,4	1,6
	1993	0	0,8	1,8	1,4	0,8
	1995	0	1,0	4,8	7,8	5,7
Einige FreundInnen konsumieren Haschisch:						
	1992	0,6	3,3	5,0	7,5	14,9
	1993	4,0	7,4	8,2	12,9	13,7
	1995	8,4	20,6	34,0	30,8	34,9
Fast alle FreundInnen konsumieren Haschisch:						
	1992	0	0,6	1,2	2,1	2,5
	1993	0	1,4	3,6	2,2	2,0
	1995	1,6	3,5	10,0	18,0	5,9
Einige FreundInnen konsumieren LSD:						
	1993	0	1,2	5,2	8,5	4,5
	1995	2,2	10,2	19,3	22,1	14,2
Einige FreundInnen konsumieren Kokain:						
	1993	0,3	1,7	3,6	1,8	0,5
	1995	2,2	6,0	7,9	12,0	3,3

Angaben in Prozent. Die Prozentzahlen stellen jeweils den Anteil derjenigen Befragten der jeweiligen Altersgruppe dar, die zu den einzelnen Untersuchungszeitpunkten angaben, daß einige bzw. fast alle FreundInnen die entsprechenden Substanzen konsumieren.

Differenzierungen in bezug auf das Wohnmilieu verdeutlichen auch hier die herausgehobene Bedeutung der innerstädtischen Altbaugebiete im Prozeß der Verbreitung illegalisierter Drogen in Ostberlin: Jugendliche aus innerstädtischen Altbaugebieten berichteten häufiger als die Befragten anderer Stadtgebiete über illegalisierten Drogenkonsum im Freundeskreis. 1992 gaben sie eher an, daß einige ihrer FreundInnen Haschisch konsumieren, 1993 berichteten sie jeweils häufiger davon, daß einige ihrer FreundInnen Haschisch,

Marihuana, LSD und/oder Kokain konsumieren. Darüber hinaus sagten sie zu diesem Untersuchungszeitpunkt eher als die übrigen Befragten, daß fast alle ihrer FreundInnen Haschisch und/oder Marihuana gebrauchen.

Zum Untersuchungszeitpunkt 1995 sind die Zusammenhänge zwischen Wohnmilieu und Drogenkonsum im Freundeskreis der Befragten nur noch schwach ausgeprägt: Jugendliche innerstädtischer Altbaugebiete heben sich hier gegenüber den Befragten anderer Stadtgebiete dadurch ab, daß in ihren Freundeskreisen häufiger einige Haschisch und/oder Kokain konsumieren. Darüber hinaus berichteten Jugendliche aus siedlungsartigen Randgebieten häufiger davon, daß fast alle ihre FreundInnen Marihuana und/oder einige FreundInnen LSD konsumieren. (Vgl. Tab. 8-26.)

Tabelle 8-26: Wenn Du Deinen Freundeskreis betrachtest, wieviele nehmen die folgenden Rauschmittel?

		randstädtisches Neubaugebiet	innerstädtisches Neubaugebiet	siedlungsartiges Randgebiet	innerstädtisches Altbaugebiet
Einige FreundInnen konsumieren Marihuana:					
	1992	2,5	5,4	3,2	6,9
	1993	4,6	6,9	6,9	11,2
	1995	14,9	17,2	13,5	22,2
Fast alle FreundInnen konsumieren Marihuana:					
	1992	0,7	0	1,0	0,4
	1993	0	1,0	1,0	2,8
	1995	2,2	2,0	7,6	3,9
Einige FreundInnen konsumieren Haschisch:					
	1992	2,4	5,5	7,8	8,3
	1993	6,3	5,9	9,6	13,8
	1995	19,6	30,8	23,9	34,7
Fast alle FreundInnen konsumieren Haschisch:					
	1992	0,7	2,7	0,6	2,1
	1993	0,6	3,3	0,6	4,8
	1995	7,1	5,9	11,2	8,1
Einige FreundInnen konsumieren LSD:					
	1993	2,4	5,3	3,1	7,7
	1995	11,9	11,7	19,1	12,4
Einige FreundInnen konsumieren Kokain:					
	1993	0,9	3,6	1,0	3,3
	1995	4,9	5,8	5,4	11,7

Angaben in Prozent. Die Prozentzahlen stellen jeweils den Anteil derjenigen Befragten aus den jeweiligen Wohnmilieus dar, die zu den einzelnen Untersuchungszeitpunkten angaben, daß einige bzw. fast alle FreundInnen die entsprechenden Substanzen konsumieren.

Das bedeutet also nicht, daß der Konsum in den Freundeskreisen der Befragten aus innerstädtischen Altbaugebieten weniger wird, sondern daß auch in anderen Wohnmilieus illegalisierte Drogen in jugendkulturellen Gruppen zunehmend präsent sind.

8.3.3 Illegalisierter Drogenkonsum im Zusammenhang mit Verfügbarkeit sowie Einstellungen und Lebensweise von Jugendlichen

In Abschnitt 8.3.1.4 konnte nachgewiesen werden, daß die Verfügbarkeit illegalisierter Drogen in bestimmte Gruppenzusammenhänge – das soziale Beziehungsgeflecht von Jugendlichen – einzuordnen ist. Im folgenden sollen Verfügbarkeit und Konsumerfahrung in ihren wechselseitigen Zusammenhängen sowie in Abhängigkeit von Einstellungen, verschiedenen Aspekten des Freizeitverhaltens und den Beziehungen zur Herkunftsfamilie betrachtet werden.[17]

8.3.3.1 Zusammenhänge zwischen Probierkonsum und Konsum illegalisierter Drogen im Freundeskreis

Drogen werden von Jugendlichen in der Regel nicht allein probiert, entsprechender Konsum findet nicht isoliert statt, sondern korrespondiert eng mit entsprechenden Erfahrungen im Freundeskreis:

Zu allen Untersuchungszeitpunkten gaben ProbiererInnen illegalisierter Drogen häufiger als die übrigen Befragten an, daß einige bzw. fast alle FreundInnen Cannabisprodukte gebrauchen. Im Zeitverlauf zeigt sich darüber hinaus, daß 1995 ProbiererInnen illegalisierter Drogen häufiger als zu früheren Untersuchungszeitpunkten von Haschischkonsum fast aller FreundInnen berichteten.

ProbiererInnen illegalisierter Drogen sagten darüber hinaus zu allen Untersuchungszeitpunkten häufiger als die übrigen Befragten, daß einige ihrer FreundInnen LSD konsumieren. Im Zeitverlauf betrachtet, gaben KonsumentInnen illegalisierter Drogen 1995 häufiger als zu den übrigen Untersuchungszeitpunkten an, daß einige ihrer FreundInnen LSD nehmen. (Vgl. Tab. 8-27.)

Diese Analysen unterstreichen nochmals, daß unter Jugendlichen überwiegend Cannabisprodukte verbreitet sind, sowie in geringerem Maße sogenannte Partydrogen, wie LSD. Zu anderen Substanzen finden sich keine entsprechenden Zusammenhänge.

17 Die Analyse dieser Zusammenhänge ist ab 1992 möglich

Tabelle 8-27:

		ProbiererInnen[a)]	Nicht-ProbiererInnen[a)]
Einige FreundInnen konsumieren Marihuna[b)]:	1992	33,4	2,4
	1993	37,7	4,3
	1995	43,6	9,1
fast alle FreundInnen konsumieren Marihuana[b)]:	1992	9,2	0,2
	1993	11,1	0,1
	1995	16,1	0,7
einige FreundInnen konsumieren Haschisch[b)]:	1992	36,2	3,6
	1993	41,8	5,7
	1995	51,8	18,0
fast alle FreundInnen konsumieren Haschisch[b)]:	1992	22,1	0
	1993	20,9	0,2
	1995	33,8	1,3
einige FreundInnen konsumieren LSD[b)]:	1993	28,1	2,0
	1995	38,2	7,5

Angaben in Prozent. Die Prozentzahlen stellen jeweils den Anteil derjenigen ProbiererInnen und NichtprobiererInnen illegalisierter Drogen dar, die zu den einzelnen Untersuchungszeitpunkten jeweils angaben, daß einige bzw. fast alle FreundInnen die entsprechenden Substanzen konsumieren.

a) Die Frage lautete: „Hast Du schon einmal illegale Drogen probiert?" – Antwortvorgaben: „ja"/„nein".

b) Die Frage lautete: „Wenn Du Deinen Freundeskreis betrachtest, wieviele nehmen die folgenden Rauschmittel?" – Antwortvorgaben: „keiner", „einige", „fast alle", „ich weiß nicht".

8.3.3.2 Zusammenhänge zwischen Konsumerfahrungen und Verfügbarkeit illegalisierter Drogen

Zusammenhang zwischen Probierkonsum und Beobachtung

Insbesondere für diejenigen Schülerinnen, die bereits selbst illegalisierte Drogen probiert haben, sind entsprechende Drogen im sozialen und territorialen Umfeld präsent:

Von denjenigen Jugendlichen, die bereits illegalisierte Drogen probiert haben, wurde zu allen Untersuchungszeitpunkten häufiger als von den übrigen Befragten Drogenkonsum bei anderen Personen beobachtet. Im Zeitverlauf verändert sich dieser Zusammenhang nicht.

Als Applikationsformen wurden zu allen Untersuchungszeitpunkten von den ProbiererInnen häufiger als von den übrigen Befragten das Rauchen und das Schlucken von illegalisierten Drogen beobachtet. Hier zeigen sich Verbindungen zur Erhöhung des Cannabiskonsums sowie zu LSD- und Ecstasykonsum. Zu allen Untersuchungszeitpunkten gaben die Nicht-ProbiererInnen häufiger an, daß sie nicht wüßten, welche Applikationsform sie beobachtet haben. (Vgl. Tab. 8-28.) Dies werten wir als einen Hinweis darauf, daß bestimmte Beobachtungen vor dem Hintergrund eigener direkter Erfahrungen besser beurteilt und eingeordnet werden können.

ProbiererInnen haben häufiger als Jugendliche, die keine illegalisierten Drogen probiert haben, zu allen Untersuchungszeitpunkten illegalisierten Drogenkonsum bei guten FreundInnen, bei FreundInnen und/oder bei flüchtigen Bekannten beobachtet.

ProbiererInnen haben Drogenkonsum zu allen Untersuchungszeitpunkten eher als die übrigen Befragten in Ostberlin beobachtet. (Vgl. Tab. 8-28.)

Tabelle 8-28:

a) Hast Du schon einmal selbst erlebt, daß jemand illegale Drogen nimmt?

b) Wie wurden diese Drogen genommen?

c) Bei welchen Leuten hast Du schon einmal beobachten können, daß sie illegale Drogen nehmen?

d) Wo hast Du schon einmal erlebt, daß illegale Drogen genommen wurden?

Beobachtet wurde ⇓		ProbiererInnen*)	Nicht-ProbiererInnen*)
a) Drogenkonsum:	1992	92,9	25,4
	1993	90,4	24,3
	1995	96,1	31,8
b) Rauchen von Drogen:	1992	91,8	58,2
	1993	84,9	61,7
	1995	96,2	76,8
Schlucken von Drogen:	1992	30,1	12,2
	1993	21,2	9,7
	1995	45,7	18,9
c) Drogenkonsum bei guten FreundInnen:	1992	49,5	5,0
	1993	47,5	9,3
	1995	62,7	25,5
Drogenkonsum bei FreundInnen	1992	39,1	12,3
	1993	59,1	15,1
	1995	60,8	24,1
Drogenkonsum bei flüchtigen Bekannten:	1992	34,2	14,3
	1993	40,1	19,0
	1995	36,1	23,4
d) Drogenkonsum in Ostberlin:	1992	84,1	38,8
	1993	85,5	51,5
	1995	93,4	73,1

Angaben in Prozent. Die Prozentzahlen stellen jeweils den Anteil derjenigen ProbiererInnen und NichtprobiererInnen illegalisierter Drogen dar, die zu den einzelnen Untersuchungszeitpunkten jeweils angaben, Entsprechendes beobachtet zu haben.

*) Die Frage lautete: „Hast Du schon einmal illegale Drogen probiert?" – Antwortvorgaben: „ja"/„nein".

Zusammenhänge zwischen Probierkonsum und Drogenangebot
Zu allen Untersuchungszeitpunkten gaben Drogen-ProbiererInnen häufiger als die übrigen Befragten an, daß sie bereits Drogen angeboten bekommen haben. In Verbindung mit insgesamt zunehmenden Angeboten an illegalisierten Drogen wird dieser Zusammenhang noch verstärkt. (Vgl. Tab. 8-29.)

Tabelle 8-29: Wurden Dir schon 'mal Drogen angeboten? – Mit „ja" antworteten:

	ProbiererInnen	Nicht-ProbiererInnen
1992	83,1	10,3
1993	89,2	12,3
1995	95,9	22,5

Angaben in Prozent. Die Prozentzahlen stellen jeweils den Anteil derjenigen ProbiererInnen und NichtprobiererInnen illegalisierter Drogen dar, die zu den einzelnen Untersuchungszeitpunkten jeweils angaben, ein Drogenangebot erhalten zu haben.

Drogenangebote bekamen ProbiererInnen illegalisierter Drogen zu allen Untersuchungszeitpunkten weitaus häufiger von FreundInnen (der besten Freundin/dem besten Freund bzw. von anderen FreundInnen) als von flüchtigen Bekannten oder Unbekannten. Im Zeitverlauf verstärkt sich dieser Zusammenhang. (Vgl. Tab. 8-30.)

Tabelle 8-30:

ProbiererInnen illegalisierter Drogen[a)]	1992	1993	1995
Drogenangebot von dem/r besten Freund/in[b)]	19,0	14,3	27,8
Drogenangebot von anderen FreundInnen[b)]	54,9	64,5	81,6
Drogenangebot von flüchtigen Bekannten[b)]	31,7	37,3	30,0
Drogenangebot von Unbekannten[b)]	37,6	30,9	17,7

Angaben in Prozent. Die Prozentzahlen stellen jeweils den Anteil derjenigen ProbiererInnen illegalisierter Drogen dar, die zu den einzelnen Untersuchungszeitpunkten jeweils angaben, ein Drogenangebot von o.g. Personen erhalten zu haben.

a) Die Frage lautete: „Hast Du schon einmal illegale Drogen probiert?" – Antwortvorgaben: „ja"/„nein".
b) Die Frage lautete: „Von wem wurden Dir illegale Drogen angeboten?"

Dieser Zusammenhang zwischen Probierkonsum und dem Drogenangebot von FreundInnen zeigt deutlich, daß erste Drogenerfahrungen nicht duch unbekannte Dealer initiiert werden, sondern erstes Probieren und Experimentieren durch Anregungen von FreundInnen zustande kommt, im Freundeskreis Erfahrungen mit Drogen gesammelt werden.

Zusammenhänge zwischen Probierkonsum und Zugangsmöglichkeiten zu illegalisierten Drogen

Zu allen Untersuchungszeitpunkten gaben Drogen-ProbiererInnen häufiger als die übrigen Befragten an, daß sie wüßten, woher sie sich innerhalb von 24 Stunden illegalisierte Drogen besorgen könnten. Vor dem Hintergrund insgesamt sich erweiternder Zugangsmöglichkeiten verstärkt sich dieser Zusammenhang. (Vgl. Tab. 8-31.)

Tabelle 8-31: Wüßtest Du, wo Du innerhalb von 24 Stunden illegale Drogen bekommen könntest? Mit „ja" antworteten:

	ProbiererInnen*)	Nicht-ProbiererInnen*)
1992	78,3	18,8
1993	80,0	23,6
1995	93,3	23,4

Angaben in Prozent. Die Prozentzahlen stellen jeweils den Anteil derjenigen ProbiererInnen und NichtprobiererInnen illegalisierter Drogen dar, die zu den einzelnen Untersuchungszeitpunkten jeweils angaben, daß sie wüßten, wo sie sich innerhalb von 24 Stunden illegalisierte Drogen besorgen könnten.

*) Die Frage lautete: „Hast Du schon einmal illegale Drogen probiert?" – Antwortvorgaben: „ja"/„nein".

Insgesamt läßt sich somit aus den dargelegten Zusammenhängen zwischen Probierkonsum einerseits sowie Beobachtungen, Angebotstrukturen und Zugangsmöglichkeiten in bezug auf illegalisierte Drogen andererseits konstatieren, daß für Jugendliche, die bereits selbst illegalisierte Drogen probiert haben, diese Drogen auch im unmittelbaren sozialen und territorialen Umfeld verfügbar sind – wobei jedoch nicht, wie bereits in Abschnitt 8.3.2.2 belegt, die Verfügbarkeit von Drogen zwangsläufig zu deren Konsum führt. Ob verfügbare Drogen auch konsumiert werden, hängt im wesentlichen von Einstellungen und Handlungsbereitschaften ab.

8.3.3.3 Zusammenhänge zwischen Probiererfahrungen und Einstellungen[18]

Für Jugendliche verbinden sich mit dem Konsum von Drogen positive Sinnsetzungen, „vernünftige" Absichten und Funktionserwartungen: zum einen können rekreative, stimmungshebende Aspekte eine Rolle spielen, zum anderen kann Drogenkonsum auch ein Versuch sein, mit momentanen Problemen umzugehen.[19]

---

18 Zu den Einstellungen der Befragten insgesamt gegenüber dem Konsum illegalisierter Drogen vgl. Kapitel 10. An dieser Stelle werden lediglich die Einstellungen von ProbiererInnen und NichtprobiererInnen illegalisierter Drogen miteinander verglichen.

19 Daß der Konsum von psychoaktiven Substanzen auch symbolische Funktion hat, ist im Fragebogen nicht berücksichtigt worden, sei hier aber angemerkt.

Als generelle Gründe für Drogenkonsum werden von Jugendlichen, die bereits illegalisierte Drogen probiert haben, häufiger als von den übrigen Befragten zu allen Untersuchungszeitpunkten Motive genannt, die auf Erlebnisstreben und „um mit anderen in Stimmung zu kommen" orientiert sind. Zum Untersuchungszeitpunkt 1992 waren darüber hinaus Langeweile sowie Abgrenzung von gesellschaftlichen Normen Gründe, die von ProbiererInnen häufiger als von den übrigen Befragten angegeben wurden. Hier drückt sich das Bedürfnis nach neuen sinnlichen Erfahrungen aus, die Suche nach der eigenen Identität. Der Konsum von Drogen vermittelt Jugendlichen Erlebnisqualitäten, die ihnen der normgerechte Alltag nicht bietet. Das gemeinsame Konsumieren von Drogen in der Gruppe ermöglicht darüber hinaus auch positive Erfahrungen in der Gestaltung von sozialen Beziehungen.

Jugendliche, die bis zum jeweiligen Befragungszeitpunkt keine illegalisierten Drogen probiert haben, nennen als mögliche Gründe für Drogenkonsum dagegen häufiger als ProbiererInnen zu allen Untersuchungszeitpunkten Motive, die auf Leistungssteigerung („um mehr leisten zu können") und Anerkennung in der peer-group („weil die/der beste Freund/in Drogen nimmt", „um mehr FreundInnen zu haben") gerichtet sind oder durch mangelndes Selbstbewußtsein („weil man nicht Nein-sagen kann") bestimmt werden. Zu den Untersuchungszeitpunkten 1993 und 1995 wird Drogenkonsum von denjenigen, die keine Drogen probiert haben, darüber hinaus häufiger als von den ProbiererInnen als Mittel zur Verdrängung von Problemen („um Probleme vergessen zu können") gesehen. (Vgl. Tab. 8-32.)

Tabelle 8-32:

	ProbiererInnen[b]			Nicht-ProbiererInnen[b]		
Illegale Drogen werden genommen[a]: ⇓	1992	1993	1995	1992	1993	1995
Einfach so / aus Langeweile	36,7	31,4	37,9	23,0	24,6	32,1
Weil man nicht so spießig sein will	23,9	15,7	18,2	13,4	19,4	24,4
Um mit anderen in Stimmung zu kommen	52,7	49,7	69,2	34,7	43,1	52,5
Um etwas Tolles zu erleben	33,7	35,5	63,3	44,1	40,7	45,6
Um Probleme vergessen zu können	77,5	76,9	67,0	86,7	84,0	84,5
Um mehr leisten zu könen	35,2	35,0	40,1	50,5	49,1	59,0
Weil die/der beste Freund/in Drogen nimmt	17,4	24,5	24,3	27,6	32,9	35,8
Um mehr FreundInnen zu haben	8,9	14,1	14,4	21,4	24,4	27,7
Weil man nicht Nein-sagen kann	13,8	17,3	19,5	31,4	31,5	29,7

Angaben in Prozent. Die Prozentzahlen stellen jeweils den Anteil derjenigen ProbiererInnen bzw. Nicht-ProbiererInnen illegalisierter Drogen dar, die zu den einzelnen Untersuchungszeitpunkten den jeweiligen Grund für Drogenkonsum nannten.

a) Die Frage lautete: „Welche Gründe könnte es geben, verbotene Drogen zu nehmen?"
b) Die Frage lautete: „Hast Du schon einmal illegale Drogen probiert?" – Antwortvorgaben: „ja"/„nein".

Nicht-KonsumentInnen betrachten Drogengebrauch somit eher unter den Aspekten Gruppendruck und Beseitigung von etwas „Negativem". Für Jugendliche, die bereits illegalisierte Drogen probiert haben, stehen jedoch Aspekte im Vordergrund, die ein gemeinsames Erleben in der Gruppe unterstreichen, als Ausdruck der Suche nach der eigenen Identität, dem Bedürfnis nach starken sinnlichen Erlebnissen und der Erweiterung ihrer sozialen Beziehungen.

Als Gründe gegen illegalisierten Drogenkonsum wird von ProbiererInnen häufiger als von den übrigen Befragten lediglich „weil Drogen zu teuer sind" (1993 und 1995) genannt, wobei andere negative Aspekte (Gefahr der Abhängigkeit, Kriminalisierung) durchaus auch erwähnt werden.

Von Jugendlichen, die bisher keine illegalisierten Drogen probiert haben, werden eher als von ProbiererInnen illegalisierter Drogen folgende Gründe gegen Drogenkonsum genannt:

- das Verbot von Drogen
- Angst vor Krankheiten bzw. vor HIV-Infektionen
- Gefahr von Abhängigkeit
- Gefahr, kriminell zu werden. (Vgl. Tab. 8-33.)

Tabelle 8-33:

	ProbiererInnen[b)]			Nicht-ProbiererInnen[b)]		
Gründe gegen Drogenkonsum[a)]: ⇓	1992	1993	1995	1992	1993	1995
Weil Drogen so teuer sind	59,0	68,8	72,3	53,7	44,7	60,9
Weil Drogen eigentlich verboten sind	34,1	19,5	29,1	44,1	44,0	44,8
Weil man von Drogen krank werden kann	42,3	46,5	51,6	63,2	73,2	73,7
Weil man dadurch AIDS bekommen kann	46,6	52,7	45,7	67,4	69,3	58,1
Weil man von diesen Mitteln abhängig werden kann	73,3	74,7	73,5	92,1	88,8	91,5
Weil man in ein kriminelles Leben rutschen könnte	62,3	54,3	52,4	82,0	78,5	74,8

Angaben in Prozent. Die Prozentzahlen stellen jeweils den Anteil derjenigen ProbiererInnen bzw. Nicht-ProbiererInnen illegalisierter Drogen dar, die zu den einzelnen Untersuchungszeitpunkten den jeweiligen Grund gegen Drogenkonsum nannten.

a) Die Frage lautete: „Und welche Gründe könnte es geben, keine illegalen Drogen zu nehmen?"

b) Die Frage lautete: „Hast Du schon einmal illegale Drogen probiert?" – Antwortvorgaben: „ja"/„nein".

Die Normen und Werte der offiziellen Drogenpolitik bzw. die herrschende Meinung bezüglich des Umgangs mit Drogen werden von Jugendlichen bei der Beschreibung von Gründen gegen Drogenkonsum mitgedacht und benannt. Eigene Erfahrungen mit illegalisierten Drogen stellen diese Normen und Werte jedoch in Frage, machen die Absurdität der Prohibitionspolitik deutlich und führen vermehrt dazu, die positiven Aspekte des Konsums illegalisierter Drogen in den Mittelpunkt zu rücken. Auf die Einstellungen der

Jugendlichen gegenüber illegalisierten Drogen haben die gängigen Präventionsstrategien, die auf die Abstinenz von illegalisierten Drogen zielen, dann kaum noch Einfluß – insbesondere dann nicht, wenn hier mögliche Spätfolgen problematisiert werden, da für Jugendliche unmittelbare Erlebnismöglichkeiten im Vordergrund stehen.

Somit verwundert nicht, daß ein enger Zusammenhang zwischen persönlichen Konsumerfahrungen und der Reaktion auf ein eventuelles Drogenangebot besteht: Zu allen Untersuchungszeitpunkten sagten diejenigen, die bereits illegalisierte Drogen probiert haben, häufiger als die übrigen Befragten, daß sie ein Drogenangebot von FreundInnen oder Bekannten in Abhängigkeit von der angebotenen Droge annehmen würden. 1995 gaben sie darüber hinaus auch häufiger an, auf ein Drogenangebot auch ohne Einschränkung einzugehen. (Vgl. Tab. 8-34.)

Tabelle 8-34: Reaktion auf ein Drogenangebot [a]

		Ablehnung[b)]	Art der Droge entscheidend[c)]	würde Drogen nehmen[d)]	Unentschlossenheit[e)]
ProbiererInnen[f)]:					
	1992	22,9	62,0	8,1	7,0
	1993	16,3	66,5	4,3	12,9
	1995	7,7	76,2	9,9	6,2
Nicht-ProbiererInnen[f)]:					
	1992	85,9	5,7	0,4	7,9
	1993	86,5	6,7	0,3	6,6
	1995	77,6	12,4	0,1	9,8

Angaben in Prozent. Prozentuierungsbasis ist die jeweilige Zeile.

a) Die Frage lautete: „Was würdest Du wahrscheinlich machen, wenn Dir Freunde oder Bekannte illegale Drogen anbieten würden?“

b) Die Antwortvorgabe lautete: „Ich würde prinzipiell den Gebrauch ablehnen.“

c) Die Antwortvorgabe lautete: „Es kommt darauf an, welche Droge. Die eine würde ich probieren, die andere nicht.“

d) Die Antwortvorgabe lautete: „Ich würde Drogen nehmen.“

e) Die Antwortvorgabe lautete: „Ich weiß nicht recht.“

f) Die Frage lautete: „Hast Du schon einmal illegale Drogen probiert? – Antwortvorgaben: „ja“/„nein“ .

Diese Befunde sind sicherlich kein Indiz für zunehmende Sorglosigkeit gegenüber illegalisierten Drogen, sondern hängen eher mit dem eigenen Erfahrungshintergrund (zu dem auch die Verfügbarkeit von Drogen im Rahmen engerer sozialer Beziehungen gehört) zusammen.

8.3.3.4 Zusammenhänge zwischen Probierkonsum illegalisierter Drogen und ausgewählten Aspekten der Lebensweise von Jugendlichen

In der Lebensphase Jugend sind von den Heranwachsenden eine Fülle von sogenannten Entwicklungsaufgaben zu bewältigen, was Neuorientierungen und das Überwinden von bisherigen Grenzen einschließt. Die Suche nach der eigenen Identität und die notwendige Ablösung vom Elternhaus bedingen Neugierde, Experimentierfreudigkeit, das Infragestellen vorherrschender Normen und Werte. Das Probieren und Experimentieren mit legalisierten und illegalisierten Drogen ist ein aktiver Versuch von Jugendlichen, alterstypische Entwicklungsaufgaben zu bewältigen. Dem gelegentlichen Konsum illegalisierter Drogen in den von uns vorgefundenen Konsummustern kommt durchaus eine sozial integrierende Funktion zu. Drogenkonsum von Jugendlichen ist überwiegend als ein positiver Aspekt auf der Suche nach neuen Erfahrungen zu begreifen und nicht als problematische Reaktion auf entwicklungsbedingte psychische Defizite und Konfliktlagen. Dies verdeutlichen die nachfolgenden Analysen zum Freizeitverhalten von Jugendlichen und den Beziehungen zur Herkunftsfamilie in Abhängigkeit vom Erfahrungshintergrund der Jugendlichen mit illegalisierten Drogen.[20]

Freizeitbeschäftigungen

Nähe und Distanz zu Drogen sind eng verbunden mit spezifischen Formen der Freizeitgestaltung.

SchülerInnen, die bereits illegalisierte Drogen probiert haben, gaben zu allen Untersuchungszeitpunkten eher als die übrigen Befragten an, in ihrer Freizeit häufig mit der Freundin/dem Freund oder „einfach so mit anderen" zusammen zu sein oder Jugendeinrichtungen, Kneipen/Cafés oder Diskotheken zu besuchen.

ProbiererInnen illegalisierter Drogen sagen zu allen Untersuchungszeitpunkten eher als die übrigen Befragten, in ihrer Freizeit nie fernzusehen bzw. nie Bücher/Fachzeitschriften zu lesen, 1993 und 1995 geben sie darüber hinaus eher an, nie Illustrierte, Krimis, Comics zu lesen bzw. sich nie mit Hobbies zu beschäftigen. (Vgl. Tab. 8-35.)

Jugendliche, die bereits illegalisierte Drogen probiert haben, bevorzugen in ihrer Freizeit somit eher Beschäftigungen, die auf das Kennenlernen neuer Leute und den geselligen Kontakt mit Gleichaltrigen orientiert sind.

Jugendliche, die keine eigenen Konsumerfahrungen mit illegalisierten Drogen haben, geben zu allen Untersuchungszeitpunkten häufiger als die Probiererinnen an, sich mit Hobbies zu beschäftigen, fernzusehen, 1995 auch Comics und Illustrierte zu lesen, bevorzugen somit eher individualisierte Freizeitbeschäftigungen. (Vgl. Tab. 8-35.)

---

20 Zu den Lebensbedingungen der Jugendlichen insgesamt vgl. Kapitel 7.

Tabelle 8-35:

		ProbiererInnen[b)]			Nicht-ProbiererInnen[b)]		
Freizeitaktivitäten[a)]: ⇓		1992	1993	1995	1992	1993	1995
Mit dem/r Freund/in zusammensein:	häufig	89,1	82,3	84,7	63,5	61,8	59,2
	nie	1,0	0,5	3,0	7,5	4,6	4,0
Einfach so mit anderen zusammen sein:	häufig	70	62	74	58	40,4	49
	nie	0	5	1	16	8	5
Besuch von Jugendeinrichtungen:	häufig	c)	36,5	25,4	c)	9,9	6,0
	nie	c)	27,3	31,5	c)	54,9	61,6
Besuch von Cafes/Kneipen:	häufig	56,4	39,2	27,2	5,5	7,3	5,3
	nie	17,4	12,2	22,6	78,6	56,9	56,6
Zur Disko gehen:	häufig	47,9	46,9	39,8	13,4	15,1	13,0
	nie	24,0	16,3	18,2	56,1	44,6	42,1
Fernsehen:	häufig	36,6	29,9	32,7	47,5	45,6	41,0
	nie	21,8	4,1	4,6	7,0	0,7	0,6
Bücher/Fachzeitschriften lesen:	häufig	27,1	28,3	39,1	40,0	38,3	36,3
	nie	34,6	19,3	18,9	18,1	8,0	10,1
Comics, Illustrierte lesen:	häufig	25,3	21,1	13,0	25,5	21,5	17,3
	nie	26,2	31,1	37,9	28,1	20,1	22,1
Beschäftigung mit Hobbies:	häufig	50,7	14,3	12,7	11,7	6,7	4,8
	nie	15,9	14,3	12,7	11,7	6,7	4,8

Angaben in Prozent. Die Prozentzahlen stellen jeweils den Anteil derjenigen ProbiererInnen bzw. Nicht-ProbiererInnen illegalisierter Drogen dar, die zu den einzelnen Untersuchungszeitpunkten die verschiedenen Freizeitaktivitäten in der jeweiligen Häufigkeit angaben.

a) Die Frage lautete: „Was machst Du in Deiner Freizeit?“ Aufgeführt sind ausgewählte Items. Die Skalierung war dreistufig: „häufig“, „manchmal“, „nie“.

b) Die Frage lautete: „Hast Du schon einmal illegale Drogen probiert?“ – Antwortvorgaben: „ja“/„nein“ .

c) 1992 war dieses Item im Fragebogen nicht enthalten.

FreizeitpartnerInnen

Entsprechend den unterschiedlichen Freizeitbeschäftigungen wählen Jugendliche auch ihre FreizeitpartnerInnen.

Jugendliche, die bereits illegalisierte Drogen probiert haben, gaben zu allen Untersuchungszeitpunkten häufiger als die übrigen Befragten an:

- ihre Freizeit mit FreundInnen und mit flüchtigen Bekannten zu verbringen, weniger häufig dagegen allein oder mit den Eltern,
- ihre FreundInnen nicht aus der Klasse, eher aus dem Wohngebiet, häufiger weder aus der Klasse noch aus dem Wohngebiet zu kennen,
- daß ihrem Freundeskreis sowohl Mädchen/junge Frauen als auch Jungen/junge Männer angehören.

Jugendliche, die keine Erfahrungen mit illegalisierten Drogen haben, verbringen ihre Freizeit häufiger als ProbiererInnen illegalisierter Drogen allein, mit den Eltern bzw. mit FreundInnen aus der Klasse. (Vgl. Tab. 8-36.)

Tabelle 8-36:

	ProbiererInnen[e]			Nicht-ProbiererInnen[e]		
	1992	1993	1995	1992	1993	1995
Freie Zeit verbringe ich meist[a]:						
Allein	20,7	11,3	15,1	26,4	22,4	25,8
Mit den Eltern	0,8	7,2	9,0	23,9	22,0	20,8
Mit mehreren FreundInnen	69,5	76,0	82,4	59,3	57,0	58,5
Mit Leuten, die ich oft nur flüchtig kenne	4,7	11,8	10,7	1,8	3,3	2,7
Ich kenne meine Freunde[b]:						
Aus meiner Klasse:	b)	12,1	25,1	b)	61,6	66,3
Nicht aus meiner Klasse, aber aus meinem Wohngebiet	b)	53,2	52,8	b)	30,8	23,9
Weder aus meiner Klasse noch aus meinem Wohngebiet	b)	34,7	22,1	b)	7,6	9,8
Meine Freunde leben[c]:						
Überwiegend in Ostberlin/neue Bundesländer	c)	79,1	84,5	c)	92,3	89,3
Überwiegend in Westberlin/alte Bundesländer	c)	2,4	1,6	c)	0,8	0,8
Halbe/halbe	c)	18,5	14,0	c)	6,9	9,9
Mein Freundeskreis besteht[d]:						
Überwiegend aus Mädchen	12,5	6,7	8,8	26,8	23,9	24,2
Überwiegend aus Jungen	32,5	27,3	30,9	24,1	28,4	28,8
Halbe/halbe	55,0	66,0	60,3	49,1	47,7	47,0

Angaben in Prozent. Die Prozentzahlen stellen jeweils den Anteil derjenigen ProbiererInnen bzw. Nicht-ProbiererInnen illegalisierter Drogen dar, die zu den einzelnen Untersuchungszeitpunkten ihre FreizeitpartnerInnen entsprechend charakterisierten.

a) Die Frage lautete: „Mit wem verbringst Du den überwiegenden Teil Deiner Freizeit?" Aufgeführt sind ausgewählte Items.
b) Die Frage lautete: „Woher kennst Du die meisten Deiner Freundinnen/Freunde?" Ein Vergleich mit dem Untersuchungszeitpunkt 1992 ist für diese Frage nicht möglich.
c) Die Frage lautete: „Wo leben Deine Freundinnen/Freunde?" Ein Vergleich mit dem Untersuchungszeitpunkt 1992 ist für diese Frage nicht möglich.
d) Die Frage lautete: „Wie setzt sich Dein Freundeskreis zusammen?"
e) Die Frage lautete: „Hast Du schon einmal illegale Drogen probiert?" – Antwortvorgaben: „ja"/„nein".

Darüber hinaus war zum Untersuchungszeitpunkt 1992 Nähe zu illegalisierten Drogen eng mit Kontakten zu WestberlinerInnen verknüpft. Dieser Zusammenhang verliert im Zeitverlauf jedoch an Bedeutung: ProbiererInnen illegalisierter Drogen gaben 1992 häufiger als die übrigen Befragten an, daß ihre FreundInnen aus Westberlin kamen.[21] 1993 kamen FreundInnen von Drogen-ProbiererInnen häufiger zur Hälfte aus Ostberlin und zur Hälfte aus Westberlin. 1995 gibt es diesbezüglich keine Unterschiede mehr zwischen denjenigen Jugendlichen, die bereits illegalisierte Drogen probiert haben, und den Nicht-ProbiererInnen. (Vgl. Tab. 8-36.)

Hier deutet sich an, daß sich soziale Bezugspunkte von Drogen-ProbiererInnen, die sich zu Beginn der Untersuchung z.T. in den Westteil der Stadt verlagert hatten, wieder stärker in den Ostteil zurückverlagern.

Familienatmosphäre[22]

Jugendliche, die angeben, bereits illegalisierte Drogen probiert zu haben, schätzen das Zusammenleben mit den Eltern sehr viel kritischer ein als Befragte, die keine entsprechenden Erfahrungen haben. (Vgl. Tab. 8-37.)

ProbiererInnen illegalisierter Drogen gaben sowohl 1993 als auch 1995 häufiger als die übrigen Befragten an, daß

- sie sich nur mitunter bzw. selten zu Hause wohlfühlen
- sie nie mit ihren Eltern über ihre Probleme sprechen können
- sie nie Probleme in der Familie gemeinsam lösen
- sie in der Familie nie versuchen, Lösungen zu finden, die allen gerecht werden
- sich die Eltern nie oder nur mitunter Zeit für sie nehmen
- sie sich nie bzw. nur selten bei Schwierigkeiten auf ihre Eltern verlassen können.

(Vgl. Tab. 8-37.)

Für ProbiererInnen illegalisierter Drogen scheinen sich somit konfliktreichere Ablöseprozesse vom Elternhaus zu vollziehen. Vielleicht haben sie aber auch eine kritischere Sicht auf die Beziehungen zur Herkunftsfamilie, da sie sich – auf der Suche nach alternativen Lebensstilen und neuen Erfahrungen – stärker als andere Jugendliche an peer-groups orientieren. Die peer-group-Orientierung von ProbiererInnen illegalisierter Drogen, das bereits stärkere Abgelöstsein von der Herkunftsfamilie, macht es diesen Jugendlichen auch einfacher, einen kritischen Blick auf die Beziehungen zu den Eltern zu werfen als Jugendlichen, die noch eine engere Bindung an die Herkunftsfamilie haben.

---

21 Durch Veränderung der Fragestellung 1993 können zu dieser Frage im Zeitverlauf keine inferenzstatistischen Aussagen getroffen werden. Entsprechend ist bei einem Vergleich der einzelnen Untersuchungszeitpunkte Vorsicht geboten.

22 Zusammenhänge zwischen eigenem Probierkonsum und der Atmosphäre in der Herkunftsfamilie der Befragten können ab 1993 analysiert werden. Die Frage wurde 1992 in den Fragebogen aufgenommen. Zum Untersuchungszeitpunkt 1993 wurde eine Veränderung der Antwortvorgaben vorgenommen, so daß eine inferenzstatistische Analyse ab 1993 möglich ist.

Tabelle 8-37: Wie würdest Du das Zusammenleben zwischen Dir und Deinen Eltern einschätzen?

		Immer	Oft	Mitunter	Selten	Nie
Ich fühle mich zu Hause wohl.						
1993	NichtprobiererInnen*	39,8	44,0	12,1	3,9	1,1
	ProbiererInnen*	23,8	36,9	22,1	14,5	2,7
1995	NichtprobiererInnen*	30,4	47,1	15,9	5,6	1,0
	ProbiererInnen*	20,0	45,8	21,2	9,9	3,2
Ich kann mit meinen Elterm über meine Probleme sprechen.						
1993	NichtprobiererInnen*	37,7	28,2	20,5	9,5	4,1
	ProbiererInnen*	22,4	21,5	28,5	17,5	10,1
1995	NichtprobiererInnen*	34,8	27,7	20,7	12,5	4,3
	ProbiererInnen*	26,5	24,9	23,7	16,8	8,1
Probleme in der Familie lösen wir gemeinsam.						
1993	NichtprobiererInnen*	27,9	23,3	21,4	13,9	4,4
	ProbiererInnen*	17,9	22,0	23,5	19,3	17,4
1995	NichtprobiererInnen*	24,4	34,3	22,6	14,4	4,3
	ProbiererInnen*	17,9	22,5	29,3	18,0	12,2
Wir versuchen Lösungen zu finden, die allen gerecht werden.						
1993	NichtprobiererInnen*	30,5	35,0	21,3	8,7	4,4
	ProbiererInnen*	22,9	21,8	26,6	18,2	10,4
1995	NichtprobiererInnen*	29,2	35,9	20,4	10,8	3,8
	ProbiererInnen*	21,1	28,1	24,5	15,0	11,4
Meine Eltern nehmen sich Zeit für mich.						
1993	NichtprobiererInnen*	23,7	38,8	23,6	11,2	2,6
	ProbiererInnen*	14,2	35,7	25,7	16,2	8,2
1995	NichtprobiererInnen*	20,9	39,4	24,2	12,5	2,9
	ProbiererInnen*	18,7	28,2	32,4	14,8	5,9
Ich kann mich bei Schwierigkeiten auf meine Eltern verlassen.						
1993	NichtprobiererInnen*	49,9	28,5	14,1	4,9	2,7
	ProbiererInnen*	28,9	32,2	23,2	6,4	9,3
1995	NichtprobiererInnen*	47,3	29,6	15,6	4,1	3,4
	ProbiererInnen*	42,2	24,8	18,1	9,4	5,4
Meine Eltern interessieren sich für alles, was ich mache.						
1993	NichtprobiererInnen*	26,4	23,0	25,0	13,3	3,2
	ProbiererInnen*	23,8	29,1	24,1	17,6	5,4
1995	NichtprobiererInnen*	22,4	31,3	29,0	13,8	3,6
	ProbiererInnen*	27,3	27,8	21,0	17,5	6,4

Angaben in Prozent. Prozentuierungsbasis ist jeweils die Zeile.

* Die Frage lautete: „Hast Du schon einmal illegale Drogen probiert?“ – Antwortvorgaben: „ja“/„nein“.

Zufriedenheit
Jugendliche, die bereits illegalisierte Drogen probiert haben, sind mit ihrem Leben weniger zufrieden als die Nicht-ProbiererInnen. Befragte, die über Probierfahrung verfügen, geben häufiger als die übrigen Jugendlichen an, daß sie mit ihrem Leben, das sie gegenwärtig führen, teils/teils, nicht so zufrieden oder unzufrieden sind. Jugendliche, die bis zum jeweiligen Befragungszeitpunkt keine illegalisierten Drogen probiert haben, gaben häufiger als die ProbiererInnen an, daß sie mit ihrem Leben zufrieden sind. (Vgl. Tab. 8-38.)

Tabelle 8-38:

	ProbiererInnen[a)]			Nicht-ProbiererInnen[a)]		
Ich bin mit meinem Leben	1992	1993	1995	1992	1993	1995
Zur Zeit[b)]:						
Sehr zufrieden	17,8	20,0	17,7	24,1	20,3	17,8
Zufrieden	26,7	27,0	36,8	45,6	44,1	46,1
Teils/teils	37,1	32,2	31,0	20,6	26,2	28,9
Nicht so zufrieden	8,4	13,9	6,3	6,6	6,3	4,5
Unzufrieden	10,0	6,9	8,2	3,0	3,2	2,7

Angaben in Prozent. Prozentuierungsbasis ist die jeweilige Spalte.

a) Die Frage lautete: „Hast Du schon einmal illegale Drogen probiert?" – Antwortvorgaben: „ja", „nein".

b) Die Frage lautete: „Wie würdest Du Dein Leben beurteilen, das Du gegenwärtig führst?"

Jugendliche, die bereits Erfahrungen mit illegalisierten Drogen haben, befinden sich vielfach auf der Suche nach alternativen Lebensstilen, nach starken sinnlichen Erfahrungen und bewerten vor diesem Hintergrund ihre gegenwärtige Lebenssituation kritischer als andere Jugendliche.

Zur umfassenderen Beschreibung des Umgangs Jugendlicher mit illegalisierten Drogen möchten wir an dieser Stelle in einem kurzen Exkurs einige Ergebnisse einer qualitativen Studie darstellen. Über zwei Monate wurde Ende 1993 in verschiedenen Jugendfreizeiteinrichtungen (Klubs) eines randstädtischen Neubaugebietes Ostberlins der Umgang von Jugendlichen mit Drogen über teilnehmende Beobachtung analysiert.
„Der Konsum illegalisierter Drogen bezieht sich innerhalb der Woche auf den vereinzelten Gebrauch von Haschisch. Dieser Gebrauch beschränkt sich auf einzelne Gruppen von Jugendlichen, erfolgt jedoch nicht in den Räumlichkeiten der Klubs. Die Jugendlichen experimentieren mit verschiedenen Gebrauchsformen von Haschisch: es werden Joints geraucht, Haschisch wird in Getränken aufgelöst oder der Rauch aus einer Flasche inhaliert. Der Konsum findet zumeist in kleineren Gruppen statt. Die Drogen werden überwiegend von Jungen konsumiert, Mädchen stehen diesem Gebrauch eher ablehnend bzw. zurückhaltend gegenüber.
‚Drogen' sind ein Thema, über das sich die Jugendlichen immer wieder sehr ausführlich unterhalten. Es wird deutlich, daß sie zum Teil über erhebliches Insider-Wissen verfügen, das über das Wissen der MitarbeiterInnen von Jugendfreizeiteinrichtungen und oft auch über das Wissen von Leuten, die sich professionell mit dem Thema be-

schäftigen, weit hinausgeht. Die Jugendlichen tauschen sich über Applikationsformen, Wirkungsweisen und Qualität von Stoffen aus.
Beispielsweise wird vor riskanten Gebrauchsformen, wie das Sniefen bestimmter Stoffe durch die Nase, gewarnt, da diese die Nasenschleimhäute angreifen.
Vom Konsum bestimmter Stoffe, wie z.B. LSD wird abgeraten, da bereits bei anderen erlebt wurde, daß der Gebrauch in einen ‚Horrortrip' führte, zum Teil mit Unfällen verbunden war.
Diese Gespräche sowie das Konsumieren von Drogen überwiegend in Gruppen gewährleistet eine gewisse soziale Kontrolle und trägt auch mit dazu bei, problematische Konsumformen zu vermeiden." (Gaffron/Ulbricht 1994, S. 11)
„An den Wochenenden bzw. bei Veranstaltungen ... spielen unter Jugendlichen vorrangig Haschisch und Ecstasy eine Rolle. Es wird von Jugendlichen auch von Erfahrungen mit anderen Substanzen berichtet, etwa mit LSD oder Kokain. Hier handelt es sich wohl aber mehr um einmalige Konsumerfahrungen.
Handel und Konsum von illegalisierten Drogen ... erfolgen entweder im näheren Umfeld der Klubs oder vor den Klubs. ... Es ist davon auszugehen, daß die Jugendlichen den Konsum illegalisierter Drogen planen, ihn vorrangig auf das Wochenende legen. ... Man spricht auch ab, was konsumiert wird, wer was besorgt und auch wo man konsumiert. ... Während der Abendveranstaltungen in den Klubs werden zwischen den Jugendlichen Absprachen getroffen, etwa wer mit wem hinausgeht – die Jugendlichen setzen auf eine Art Gruppenschutz. ...
Es ist zu vermuten, daß die von den Jugendlichen praktizierten Konsumformen: ‚zwischendurch' und ‚schnell mal draußen', vielleicht auch nicht zum richtigen Zeitpunkt (Bedeutung von set und setting) eher problematisch für sie sind und sich auch nicht in jedem Fall die erhofften Wirkungen der Rauschmittel einstellen.
Der beobachtete Konsum – fast nur bei Jungen, die älter als 16 Jahre sind – läßt darauf schließen, daß man noch auf der Suche ist. Nur wenige Jugendliche sind nur auf eine Droge, etwa Ecstasy, ausschließlich fixiert. Es wurde eher der Eindruck erweckt, daß die Jugendlichen probieren, experimentieren. ...
Aus Gesprächen mit Jugendlichen wurde deutlich, daß zu ihrem Erlebnis mit Rausch weit mehr gehört, als nur die jeweilige Droge. Gerade im Hinblick auf Ecstasy spielt insbesondere die Techno-Musik eine wichtige Rolle. Die Jugendlichen ‚empfinden die Musik unter Ecstasy irgendwie anders, irgendwie intensiver – man kann sich mit dem ganzen Körper hingeben'. ...
Die Jugendlichen in den Klubs sprechen auch mit den SozialarbeiterInnen teilweise sehr offen über ihre Drogenerfahrungen. Sie erwarten keine Wertungen oder gar ‚Insidertips' von ihnen. Es ist weitaus wichtiger für sie, über ihre Erfahrungen, Ängste im Zusammenhang mit Drogen zu reden." (Gaffron/Ulbricht 1994, S. 16f.)

8.4 Jugend Ost – Jugend West – Eine vergleichende Analyse zu Verfügbarkeit und Konsum von Drogen

Abschließend zu diesem Kapitel möchten wir die wichtigsten Untersuchungsergebnisse der Befragung unter SchülerInnen der 7. bis 13. Klasse Ostberlins 1995 und Westberlins 1994[23] zu Verfügbarkeit und Konsum von Drogen in einer vergleichenden Analyse darstellen.

23 Dabei gehen wir davon aus, daß in Westberlin Verfügbarkeit und Konsum illegalisierter Drogen keinen rasanten Entwicklungen unterworfen sind, so daß ein Ver-

Vergleicht man die Ergebnisse zu Verfügbarkeit und Konsum illegalisierter Drogen sechs Jahre nach Öffnung der innerdeutschen Grenze in Ostberlin mit den entsprechenden Gegebenheiten in Westberlin, so zeigt sich, daß sich hier nahezu eine Angleichung vollzogen hat, jedoch ohne die vielfach prophezeiten Exzesse.

Die Analysen machen darüber hinaus auf einige ost- bzw. westspezifische Besonderheiten aufmerksam, weisen aber insgesamt auf einen ähnlichen Umgang von West- und Ostberliner Jugendlichen mit illegalisierten Drogen hin.

8.4.1 Verfügbarkeit illegalisierter Drogen

Betrachtet man Beobachtung, Angebotsstrukturen und Zugangsmöglichkeiten zu illegalisierten Drogen, so deutet sich für Westberlin eine etwas weitere Verfügbarkeit von illegalisierten Drogen unter Jugendlichen an als für Ostberlin.

Beobachtung von Drogenkonsum

48,3% der Ostberliner SchülerInnen haben bereits den Konsum illegalisierter Drogen bei anderen Personen beobachtet, von den Westberliner SchülerInnen gaben dies 55,5% an.

Keine Unterschiede gibt es bei den beobachteten Personen, d.h., in Ost und West beziehen sich Beobachtungen illegalisierten Drogenkonsums durch Jugendliche gleichermaßen auf FreundInnen, Bekannte sowie unbekannte Personen.

Hinsichtlich der beobachteten Applikationsformen wurde sowohl in Ost als auch in West überwiegend das Rauchen von Drogen beobachtet. Darüber hinaus fällt auf, daß OstberlinerInnen sich häufiger als WestberlinerInnen unsicher sind, was sie beobachtet haben. Dies weist auf den größeren Erfahrungshintergrund von Westberliner Jugendlichen hin, der es ihnen erlaubt, Gesehenes besser einordnen zu können.

Angebotsstrukturen für illegalisierte Drogen

40,6% der Ostberliner SchülerInnen gaben 1995 an, bereits illegalisierte Drogen angeboten bekommen zu haben, von den Westberliner Befragten sagten dies 1994 47,8%. OstberlinerInnen haben häufiger sowohl von FreundInnen als auch von flüchtigen Bekannten Angebote erhalten, WestberlinerInnen häufiger von Unbekannten. Dies könnte einerseits auf einen offeneren Umgang mit bestimmten illegalisierten Substanzen in Westberlin (unter den von uns befragten Jugendlichen vor allem mit Cannabis) hinweisen, andererseits auch auf eine größere Professionalisierung des Absatzes für illegalisierte Drogen in Westberlin.

---

gleich der Ergebnisse für Ostberlin von 1995 mit den Befunden der Westberliner Untersuchung von 1994 möglich ist.

Zugangsmöglichkeiten
44,3% der Ostberliner SchülerInnen meinten, daß sie wüßten, wo sie sich innerhalb von 24 Stunden illegalisierte Drogen besorgen könnten, von den befragten WestberlinerInnen sagten dies 1994 51,4%.

WestberlinerInnen beziehen sich, befragt nach Möglichkeiten, sich illegalisierte Drogen zu besorgen, überwiegend nur auf den Westteil der Stadt. Das ist auch ein Indiz dafür, daß Westberliner SchülerInnen sich wesentlich weniger auf den Ostteil der Stadt orientieren als umgekehrt die Ostberliner SchülerInnen auf Westberlin. Insbesondere der Bahnhof Zoo und Diskotheken in Westberlin werden von Westberliner Schülerinnen als Orte benannt, wo man illegalisierte Drogen bekommen kann. Als häufigste Bezugsquelle werden von ihnen jedoch FreundInnen angegeben, daneben auch Bekannte und „Dealer".

Von OstberlinerInnen werden dagegen neben Ostberliner Bezugspunkten auch Orte in Westberlin als mögliche Zugangsquelle zu illegalisierten Drogen genannt. Zur Verdeutlichung werden im folgenden nochmal die Gelegenheiten, sich illegalisierte Drogen zu besorgen, in der Rangfolge ihrer Nennung für Ost- und WestberlinerInnen aufgeschlüsselt. (Vgl. Tab. 8-39.)

Tabelle 8-39: Welche Gelegenheiten gibt es, sich illegale Drogen zu besorgen?

OstberlinerInnen 1995		WestberlinerInnen 1994	
Diskos in Ostberlin	19,5	FreundInnen in Westberlin	18,7
FreundInnen in Ostberlin	14,7	Bahnhof Zoo	14,1
Diskos in Westberlin	11,8	Diskos in Westberlin	11,7
Bahnhof Zoo	11,1	Dealer in Westberlin	9,5
Schule	6,1	Bekannte in Westberlin	8,9
Dealer in Ostberlin	5,9	Ku'damm	7,7
Jugendfreizeiteinrichtungen in Ostberlin	5,6	Cafés in Westberlin	7,3
Ku'damm	4,8	Schule	6,8
Dealer in Westberlin	4,4	Diskos in Ostberlin	5,1
FreundInnen in Westberlin	4,4	Alexanderplatz	4,0

Angaben in Prozent. Die Prozentzahlen stellen von denjenigen, die sich zu den einzelnen Untersuchungszeitpunkten überhaupt zu dieser Frage geäußert haben, jeweils den Anteil derjenigen dar, die die entsprechende Gelegenheit nannten.
In der Tabelle sind ausgewählte Items aufgeführt.

8.4.2 Konsum illegalisierter Drogen

Zwischen Ost- und Westberliner SchülerInnen gibt es hinsichtlich des Probierkonsums keine signifikanten Unterschiede. (26,4% der Westberliner SchülerInnen gaben 1994 an, illegalisierte Drogen – ebenfalls überwiegend Cannabis – probiert zu haben.)

In der Häufigkeit des Cannabiskonsums unterscheiden sich Ost- und Westberliner SchülerInnen nur unwesentlich: (Vgl. Tab 9-40)

Tabelle 8-40: Welche illegalen Rauschmittel hast Du schon 'mal probiert? Wie oft hast Du diese illegalen Rauschmittel probiert?

Konsum von Cannabis	WestberlinerInnen	OstberlinerInnen
Einmal	18,5	13,1
Wenige Male	33,4	43,9
Häufiger	48,2	43,0

Angaben in Prozent. Prozentuierungsbasis ist die Spalte.
Einbezogen in die Tabelle sind diejenigen Befragten, die angaben, Haschisch und/oder Marihuana probiert zu haben.

Den Konsum von Ecstasy gaben OstberlinerInnen etwas häufiger an (3,8%) als die befragten WestberlinerInnen (2,7%). Ecstasy ist somit die einzige illegalisierte Substanz, für die sich unter Ostberliner Jugendlichen eine etwas weitere Verbreitung findet als unter WestberlinerInnen. Ecstasy-Konsum ist eine gemeinsame Nachwendeerfahrung von Jugendlichen in Ost und West, insbesondere in Zusammenhang mit der Techno-Kultur – wobei Teilhabe an der Techno-Kultur nicht heißt, daß Ecstasy konsumiert wird.

Zwischen Ost- und Westberliner ProbiererInnen illegalisierter Drogen gibt es in bezug auf den Konsum legalisierter Drogen keine signifikanten Unterschiede, obwohl in Westberlin die Entwicklung alternativer (illegalisierter) Drogenkulturen stärker durch die Abschottung von Cannabis- und Alkoholszenen geprägt war (und ist). Diese Abgrenzungstendenzen scheinen allerdings ein Phänomen zu sein, was nur auf einen kleinen Teil der GebraucherInnen der jeweiligen Drogen (und wahrscheinlich exzessivere Konsumformen) zutrifft.

Vergleicht man den Konsum illegalisierter Drogen im Freundeskreis der Befragten, zeigen sich zwischen Ost- und Westberliner SchülerInnen folgende Unterschiede: WestberlinerInnen gaben häufiger als OstberlinerInnen an, daß fast alle FreundInnen Haschisch und/oder Marihuana konsumieren sowie einige ihrer FreundInnen Kokain. Dieser Befund verdeutlicht die weitere Verbreitung von Haschisch, Marihuana und in geringerem Umfang auch von Kokain unter Westberliner Jugendlichen.

Ecstasy war 1994 in den Freundeskreisen der Westberliner SchülerInnen weniger verbreitet als 1995 in denen der Ostberliner SchülerInnen: Einige FreundInnen nehmen Ecstasy, sagten 8,6% der WestberlinerInnen (Ostberlin 18,1%). Fast alle FreundInnen konsumieren Ecstasy, meinten in Westberlin 0,8% der Befragten (Ostberlin 2,1%).

Für den Vergleich des Umgangs Ost- und Westberliner Jugendlicher mit illegalisierten Drogen bleibt festzuhalten, daß sich die Verbreitung illegalisierter Drogen in Ostberlin weniger schnell vollzogen hat als vielfach zunächst angenommen. Die vermutete schnelle Etablierung eines Drogenmarktes blieb aus, die Verfügbarkeit erweiterte sich allmählich, der Konsum blieb – wie wir mehrfach ausgeführt haben – hinter der Verfügbarkeit zurück. Die Nähe zu Westberlin begünstigte zunächst die Verfügbarkeit illegalisierter Substanzen für OstberlinerInnen. Aber die wiederholt prophezeiten Exzesse und Verwerfungen gab es nicht. Im Gegenteil: Ostberliner Jugendliche entscheiden sich bewußt für den Konsum bestimmter Substanzen und entwikkeln im Rahmen ihrer sozialen Beziehungen Wege für die Verbreitung – unter den für sie neuartigen Prohibitionsbedingungen mit mehr Vorsicht als Westberliner Jugendliche – generell jedoch nicht anders als diese seit mehr als 25 Jahren.

9 Wer bespricht was wie mit wem? Die Kommunikation Jugendlicher zu illegalisierten Drogen

9.1 Begriff und hypothetische Grundannahme

Unter Kommunikation wird hier der Austausch von Mitteilungen zwischen Personen mitsamt den zugehörigen Wahrnehmungs- und Verarbeitungsprozessen der Beteiligten verstanden. Ein solcher Austausch mag direkt (durch unmittelbares In-Beziehung-Treten) oder indirekt erfolgen, er mag auf verbaler oder nonverbaler Ebene stattfinden und er mag den Beteiligten bewußte und ihnen unbewußte Anteile enthalten.

Kommunikation beinhaltet stets eine gerichtete Informationsübertragung und damit eine Beziehung zwischen einem „Sender“ und einem „Empfänger“. Während sich prinzipiell *jedes* Verhalten als „Kommunikation“ fassen läßt (vgl. Watzlawick u.a. 1990), stehen hier bewußte intentionale verbale Äußerungen von Personen im Zentrum des Interesses: Mitteilungen, die von einer KommunikatorIn (Sender) mit einer bestimmten Absicht an bestimmte andere, diese Mitteilung rezipierende Personen (Empfänger) gerichtet sind.

Solche Mitteilungen sind im Rahmen dieser Untersuchung zu Wissen, Einstellungen und Verhaltensweisen Jugendlicher bezüglich illegalisierter Drogen von großem Interesse, weil der Erwerb von Wissen und Einstellungen (und mit dem Erwerb von Einstellungen auch möglicherweise der Erwerb bestimmter Verhaltensweisen) zwar vorrangig von eigenen direkten Erlebnissen und Erfahrungen, daneben aber auch in großem Maße von Mitteilungen zum Gegenstand abhängig ist. Unter Rückgriff auf kognitivistische Modelle läßt sich der Erwerb von Wissen zu einem bestimmten Gegenstand prinzipiell als ein aktiver konstruktiver Prozeß auf der Basis eigener direkter Erlebnisse oder auf der Basis sprachlicher Vorgaben zu diesem Gegenstand begreifen, wobei neues Wissen entsprechend den Interessen und Zielen der jeweiligen Person mit bereits vorhandenem Vorwissen verknüpft wird (vgl. Mandl u.a. 1986). Einstellungen werden grundsätzlich aufgrund von Erfahrungen erworben wie auch (möglicherweise) verändert. Solche einstellungsbildenden Erfahrungen umfassen positive und negative Erlebnisse unterschiedlichster Art bezüglich des Einstellungsgegenstandes; sie umfassen auch Kommunikationen über den Einstellungsgegenstand. Inwiefern entsprechende Mitteilungen einstellungsbildende Wirkung haben, ist allerdings auch davon abhängig, ob sie *angenommen* werden, wobei die Annahme u.a. von der Glaubwürdigkeit der KommunikatorIn abhängt. Diese Glaubwürdigkeit wiederum ist bestimmt durch die wahrgenommene (bzw. auch aufgrund der emotionalen Bedeutung zuerkannten) Sachkenntnis und die wahrgenommene Objektivität.

Die Kommunikation zu einem bestimmten Gegenstand kann also einstellungsbildend wirken und so auch verhaltenswirksam werden. Allerdings ist generell zu konstatieren, daß „Einstellungen, die durch direkte Interaktion mit dem Einstellungsgegenstand geformt worden sind, einen stärkeren richtenden und dynamischen Einfluß auf nachfolgendes Verhalten ausüben als Einstellungen, die aus externalen Quellen abgeleitet sind" (Bierhoff 1984, S. 208, zit. n. Viebahn 1990, S. 203).[1]

Mitteilungen bzw. Kommunikationen – das sei hier betont – darf entsprechend den bisherigen Ausführungen keineswegs von vorneherein eine bestimmte Wirkung, ein bestimmter Effekt auf seiten des Empfängers unterstellt werden. Vielmehr finden auf seiten der RezipientInnen stets *aktive* Informationsverarbeitungsprozesse mit prinzipiell offenem Ergebnis statt: Welcher Art entsprechend erworbenes Wissen, welcher Art entsprechend erworbene Einstellungen sein werden, ist keineswegs von vorneherein durch die Art der Mitteilung festgelegt, da die Informationsverarbeitungsprozesse von dem (Vor-)Wissen, den (Vor-)Einstellungen, den Interessen und Zielen der RezipientInnen wie auch von ihrer Bewertung der KommunikatorIn beeinflußt werden, wobei der dieser zuerkannten Glaubwürdigkeit besondere Bedeutung zukommt.

Da der Erwerb von Wissen und der Erwerb von Einstellungen auch von verbalen Mitteilungen und Gesprächen abhängt, und da insbesondere für ostdeutsche Jugendliche in aller Regel der Erwerb von Wissen und von Einstellungen zu illegalisierten Drogen zumindest zunächst einmal auf entsprechenden Kommunikationen basiert(e)[2], werden hier diese entsprechenden Kommunikationen der Jugendlichen genauer untersucht, und zwar hinsichtlich ihrer GesprächspartnerInnen zum Thema „Illegalisierte Drogen", hinsichtlich der in Gesprächen mit unterschiedlichen KommunikationspartnerInnen jeweils thematisierten Aspekte wie auch hinsichtlich der von den Jugendlichen aufgrund ihrer Gespräche mit unterschiedlichen Kommunikati-

---

1 Vgl. zum Begriff Einstellung auch die Ausführungen zu Beginn von Kapitel 10.

2 Für westdeutsche wie für ostdeutsche Heranwachsende ist davon auszugehen, daß der Erwerb von Wissen und Einstellungen zu illegalisierten Drogen zumindest zunächst einmal auf entsprechenden Kommunikationen basiert, die etwaigen eigenen Erfahrungen vorausgehen. Wenn hier davon gesprochen wird, daß dies „insbesondere" für ostdeutsche Jugendliche gelte bzw. gegolten habe, so ist hier mitbedacht, daß in der ersten Zeit nach der Wende für die allermeisten ostdeutschen Jugendlichen illegalisierte Drogen ebensowenig ein real erlebbares Phänomen darstellten wie in Vorwendezeiten (diesbezüglich gab es keine sofortige große Veränderung). Zwar hat sich diese „Erlebbarkeit" – und damit eben die Möglichkeit, auf irgendeine Art und Weise eigene direkte oder indirekte Erfahrungen mit illegalisierten Drogen zu machen – etwa für Ostberliner Jugendliche im Laufe der Zeit erhöht und Westberliner Verhältnissen angeglichen, allerdings ist noch bis in die jüngste Zeit hinein ein Unterschied für Jugendliche aus den verschiedenen Stadthälften feststellbar (vgl. Kapitel 8).

onspartnerInnen jeweils erworbenen unterschiedlichen Wissensstandards, Bewertungen und Einstellungen bezüglich illegalisierter Drogen, d.h. hinsichtlich der Wirkungen der Gespräche. Da entsprechende Mitteilungen bzw. Kommunikationen in aller Regel in jugend- und alltagskulturelle, lebensweltliche und beziehungsdynamische Bezüge eingebettet und auch in ihren Wirkungen oftmals nur aus diesen heraus zu verstehen sind, sind dabei diese Bezüge stets mitzubedenken.

Dementsprechend wird hier direkte Kommunikation genauer als *horizontale* und *vertikale* Kommunikation betrachtet. Diese der Betriebssoziologie entlehnten Begriffe machen darauf aufmerksam, daß bei Gesprächen zwischen gleichaltrigen Jugendlichen (horizontale Kommunikation) eher von einer Gleichrangigkeit der Interakteure ausgegangen werden kann, während bei Gesprächen zwischen Jugendlichen und erwachsenen Personen (vertikale Kommunikation) eine solche Gleichrangigkeit in der Regel nicht unterstellt werden darf. Zwar existieren auch in jugendkulturellen Zusammenhängen mitunter deutliche Hierarchien und damit einhergehend ungleiche Machtverteilungen, so daß im Einzelfall auch hier eine Gleichrangigkeit von Interakteuren fraglich erscheinen mag. Gleichwohl lassen sich solche intragenerationellen Statusunterschiede zwischen Jugendlichen nicht mit den intergenerationellen Statusunterschieden zwischen Jugendlichen und Erwachsenen vergleichen, besitzen Erwachsene doch in aller Regel aufgrund von rigiden Rollenmustern und – etwa als Eltern oder auch als LehrerInnen – auch aufgrund von rechtlichen Bestimmungen eine ungleich größere Macht gegenüber Jugendlichen als meinungsführende Jugendliche gegenüber Gleichaltrigen innerhalb bestimmter Gruppen. Dem entsprechend können sich Machtverhältnisse innerhalb von Jugendgruppen rasch verändern, was für die intergenerationellen Macht- und Statusunterschiede gerade nicht gilt. Insofern ist es zulässig, in der hier vorgeschlagenen Weise von horizontaler versus vertikaler Kommunikation zu sprechen. Es wird sich zeigen, daß das jeweilige eher gleichrangige intragenerationelle oder eher ungleichrangige intergenerationelle Verhältnis der Jugendlichen zu ihren KommunikationspartnerInnen mit unterschiedlichen Inhalten, Aspekten, Informationen, die auf unterschiedliche Weise in den jeweiligen Gesprächen thematisiert werden, einhergeht.

Neben der direkten Kommunikation der Jugendlichen zu illegalisierten Drogen interessiert hier ferner auch Massenkommunikation, die u.a. durch einen indirekten Kontakt zwischen Sender und Empfänger sowie die Ausrichtung auf ein nicht genau bestimmtes, diffuses Publikum gekennzeichnet ist und insofern einen unpersönlichen, anonymen Charakter trägt. Es wird der Frage nachgegangen, welche Bedeutung den Massenmedien als Wissensquelle für Jugendliche zu illegalisierten Drogen zukommt.

Zusammenfassend lassen sich die kommunikativen Aspekte, denen im Rahmen dieser Untersuchung Aufmerksamkeit geschenkt wird, mit der Fragestellung: „Wer sagt was zu wem, mit welchem Effekt?“ benennen.

Allerdings ist an dieser Stelle darauf hinzuweisen, daß empirische Daten einerseits zu den GesprächspartnerInnen der Jugendlichen und den von ihnen angegebenen Quellen ihres Wissens zu illegalisierten Drogen („wer mit wem"), andererseits zu den von den Jugendlichen berichteten Eindrücken dieser Gespräche auf sie, zu den von ihnen gewünschten künftigen GesprächspartnerInnen, zu ihrem Wissen und ihren Einstellungen als den möglichen „Effekten" der Kommunikation – genauer: als den Ergebnissen der entsprechenden Verarbeitungsprozesse auf seiten der Jugendlichen – erhoben wurden.[3] Den manifesten Inhalt der Mitteilungen (das „Was") direkt abzufragen war nicht möglich.[4] Dieses „Was" wird von daher sorgfältig aufgrund der sich ergebenden Zusammenhänge erschlossen.

Der hypothetische Ausgangspunkt bzw. die empirisch zu belegende Grundannahme unserer Untersuchung bezüglich der Kommunikation zu illegalisierten Drogen läßt sich nun folgendermaßen umreißen:

Es lassen sich grundsätzlich zwei verschiedene Arten von Mitteilungen an Jugendliche bzw. von Gesprächen von und mit Jugendlichen zu illegalisierten Drogen unterscheiden: Zum einen erhalten Jugendliche Mitteilungen bzw. führen Jugendliche und andere Personen Gespräche, in denen die negativen Aspekte von „Drogen" und „Drogenkonsum" thematisiert werden. Im Rahmen solcher Mitteilungen und Gespräche finden mitunter unhaltbare Überzeichnungen und Dramatisierungen hinsichtlich der Risiken und Gefahren eines Konsums illegalisierter Drogen (bzw. sogar hinsichtlich postulierter Risiken und Gefahren illegalisierter Drogen *an sich*) statt; positive Aspekte werden tabuisiert. Somit ist hier von einem abschreckend-negativen Thematisierungsmodus zu sprechen. Im Rahmen anderer Gespräche zum Thema „Drogen und Drogenkonsum" werden die positiven Aspekte eines Konsums illegalisierter Drogen verhandelt, wobei mitunter ebenfalls Überzeichnungen – hier hinsichtlich positiver Rauscherlebnisse – stattfinden. Im Rahmen dieser durch einen faszinativ-positiven Thematisierungsmodus gekennzeichneten Mitteilungen und Gespräche wird ein Konsum illegalisierter Drogen gänzlich anders bewertet als im Rahmen der erstgenannten.

Nun unterscheiden sich diese beiden Arten von Gesprächen zu illegalisierten Drogen nicht nur hinsichtlich der Thematisierungsmodi, sondern gleichzeitig hinsichtlich der jeweiligen KommunikationspartnerInnen der SchülerInnen: Gespräche, in denen die negativen Aspekte thematisiert und die positiven Aspekte ausgeblendet werden, führen die SchülerInnen vor allem mit erwachsenen Bezugspersonen (Eltern, LehrerInnen) – bzw. führen diese mit jenen. Solche Gespräche finden also vorrangig im Rahmen vertikaler Kommunikation statt. Auch in den Massenmedien finden sich vorran-

---

3 Daß Wissen und Einstellungen *keineswegs ausschließlich* aufgrund von Mitteilungen und Gesprächen erworben werden bzw. wurden, darauf wurde in den Ausführungen weiter oben bereits hingewiesen. Ebensowenig werden die Wünsche von Jugendlichen bezüglich künftiger GesprächspartnerInnen *ausschließlich* von ihren bisherigen Gesprächserfahrungen bestimmt – solche Wünsche sind auch abhängig von lebensweltlichen, jugendkulturellen und beziehungsdynamischen Zusammenhängen. Beides ist hier mitbedacht.

4 Hier zeigen sich die Grenzen des quantitativen Forschungsansatzes.

gig Darstellungen dieser Art. Gespräche hingegen, die umgekehrt die positiven Aspekte, unter Ausblendung negativer Aspekte, zum Inhalt haben, führen die Jugendlichen untereinander, mit Gleichaltrigen; solche Gespräche finden also im Rahmen horizontaler Kommunikation statt.

Da sich die Gespräche nicht nur hinsichtlich des jeweiligen Thematisierungsmodus, sondern auch *systematisch* hinsichtlich der jeweiligen KommunikationspartnerInnen der Jugendlichen unterscheiden, und da darüberhinaus diese skizzierten Gesprächskreise eine gewisse Geschlossenheit derart aufweisen, daß Jugendliche sich entweder vorrangig mit erwachsenen Bezugspersonen oder aber vorrangig mit Gleichaltrigen unterhalten, läßt sich hier von verschiedenen *Kommunikationszusammenhängen* sprechen, innerhalb derer „Drogen“ bzw. „Drogenkonsum“ in nahezu konträrer Weise thematisiert werden. Dabei sind es nun eher die jüngeren Jugendlichen, die sich in vertikalen Kommunikationszusammenhängen (erwachsene Bezugspersonen als GesprächspartnerInnen, Thematisierung der negativen Aspekte in mitunter überzeichnender Weise und Tabuisierung positiver Aspekte) bewegen. Die älteren Jugendlichen und insbesondere auch diejenigen Jugendlichen, die über eigene direkte oder indirekte Erfahrungen mit illegalisierten Drogen verfügen, bewegen sich eher in durch einen faszinativ-positiven Thematisierungsmodus gekennzeichneten horizontalen Kommunikationszusammenhängen (was auch einer stärkeren Gleichaltrigenorientierung der Älteren und einer stärkeren Einbindung in jugendkulturelle Bezüge entspricht).

Dieses bislang hier gezeichnete, statische Bild wird nun allerdings der realen Entwicklung im Zeitverlauf nicht gerecht, weder was die Veränderung der Situation in Ostberlin seit der Öffnung der Mauer noch was die Entwicklung von Jugendlichen betrifft. Dieses hypothetische Bild ist daher in folgender Weise zu „dynamisieren“:

Bei Öffnung der Mauer und auch in der ersten Zeit nach dieser Öffnung gibt es zunächst keinen nennenswerten Konsum illegalisierter Drogen unter Ostberliner Jugendlichen; ein solcher ist für sie auch kaum als reales Phänomen erlebbar. Hingegen gibt es diesbezüglich eine ganz massive Besorgnis von erwachsenen Bezugspersonen, die zu vielen Gesprächen mit Jugendlichen führt, in denen diese vor den oftmals überzeichneten Gefahren gewarnt werden und von einem etwaigen Konsum abgeschreckt werden sollen. Die vor Maueröffnung in der DDR bestehende intergenerationelle Übereinstimmung zwischen Jugendlichen und Erwachsenen in der negativen Bewertung illegalisierter[5] Drogen bzw. in der negativen Bewertung eines Konsums sol-

5 Hier ist anzumerken, daß das Gesetzeswerk der DDR dem bundesrepublikanischen Betäubungsmittelgesetz entsprechende Bestimmungen enthielt und somit die in der BRD und in anderen westeuropäischen Ländern illegalisierten Drogen auch in der DDR illegalisiert waren – ohne daß diesen Substanzen dort allerdings in irgendeiner Weise eine reale Bedeutung zukam. Dementsprechend waren diese Bestimmungen (die generalpräventiven Charakter gegenüber „Einflüssen“ aus dem Westen und im Hinblick auf eine Nutzung des DDR-Territoriums als Transitweg für den internationalen Drogenhandel hatten) vielen BürgerInnen der DDR nicht bekannt.

cher Drogen besteht zunächst auch weiterhin, so daß die Jugendlichen einseitig negativistische Darstellungen Erwachsener bezüglich illegalisierter Drogen nicht zurückweisen.[6] Aufgrund verschiedener, sich überlagernder Entwicklungen bröckelt dieser intergenerationelle Konsens jedoch und löst sich schließlich auf: Die zunehmende Gleichaltrigenorientierung bzw. die abnehmende Familienorientierung der ostdeutschen Jugendlichen (die diesbezüglich ihren westdeutschen AltersgenossInnen ähnlicher werden) und die zunehmende Abgrenzung von ostdeutschen Jugendlichen gegenüber Erwachsenen, die aufgrund des Umbruchs vielfach eigene Orientierungsschwierigkeiten haben und deren Lebensstil in den Augen von Jugendlichen an Glaubwürdigkeit verloren hat, führen dazu, daß die Jugendlichen eine zunehmende Offenheit für Informationen zeigen, die denen der Erwachsenen widersprechen. Gleichzeitig und in zunehmendem Maße werden unter den Jugendlichen auch solche gegenteiligen Informationen zu den für sie in aller Regel neuen Drogen bekannt. Diese Informationen, insbesondere aber zunehmend verfügbare Erfahrungsberichte anderer und womöglich schließlich auch eigene Probiererfahrungen widersprechen den einseitig negativistischen Informationen der Erwachsenen, so daß diesen in zunehmendem Maße von seiten Jugendlicher die Glaubwürdigkeit aberkannt wird und ihre Warnungen mehr und mehr verworfen werden. Für einen Teil der Jugendlichen haben solche von Erwachsenen vorgetragenen Informationen schließlich keine Relevanz mehr, an entsprechenden Gesprächen sind sie nicht mehr interessiert. Stattdessen besprechen sie dieses Thema mit Gleichaltrigen, wobei in diesen Gesprächen andere Aspekte thematisiert und andere Bewertungen vermittelt werden (s.o.). So bilden sich konträre, horizontale Kommunikationszusammenhänge heraus, die im Lauf der Zeit an Verbreitung und Bedeutung gewinnen.

Bezüglich der Entwicklung einer oder eines einzelnen Jugendlichen stellt sich der (hypothetische) Zeitverlauf folgendermaßen dar: Jugendliche, die sich vorrangig in vertikalen Kommunikationszusammenhängen bewegen und entsprechend den dort erhaltenen Informationen, Warnungen und Abschreckungen vor einem Konsum illegalisierter Drogen ein Wissen zu Drogen und Einstellungen zu diesem Themenkomplex erworben haben (was in Vor-Wende- oder in Nach-Wende-Zeiten erfolgt sein mag), werden im Lauf der Zeit zunehmend auch mit gegenteiligen Informationen zu illegalisierten Drogen konfrontiert, wobei diese Informationen eher von Gleichaltrigen stammen (was im Jugendalter von großer Bedeutung ist) und auch Konsumerfahrungsberichte umfassen mögen. Auf welche Weise Jugendliche dann in dieser Situation gegensätzliche Informationen integrieren – ob sie sie integrieren

---

6 Diese in der DDR auch in den achtziger Jahren noch bestehende intergenerationelle Übereinstimmung zwischen Jugendlichen und Erwachsenen bezüglich illegalisierter Drogen ist durchaus erstaunlich, gab es doch auch in der DDR Generationenkonflikte und entsprechende Brüche. Illegalisierte Drogen waren jedoch in die Konfliktualisierungen nicht einbezogen.

(können) oder aber „eine Seite der Medaille“ ausblenden –, welche Informationsquellen sie als glaubwürdig(er) und damit welche Information sie als glaubwürdig erachten, kurzum welches Wissen sie sich aneignen, welche Meinungen, Bewertungen, Einstellungen sie dann weiterhin entwickeln, ist prinzipiell offen. Von Bedeutung sind diesbezüglich allerdings lebensweltliche, jugendkulturelle und beziehungsdynamische Aspekte wie Gleichaltrigenorientierung, Ablösung und Ablösungskonflikte, Glaubwürdigkeitskrise des Lebensstils der Erwachsenen in den Augen von Jugendlichen etc., die eine Erörterung des Themas mit Gleichaltrigen statt mit Erwachsenen nahelegen. Sollten Jugendliche nun zudem eigene direkte oder indirekte positive Erfahrungen mit illegalisierten Drogen machen (eigene Probiererfahrungen, Erfahrungsberichte anderer, Beobachtungen anderer, die solche Drogen konsumieren, ohne in propagierter Weise Schaden zu nehmen), so ist es durchaus rational, wenn sie einseitig negativistischen, überzeichneten Darstellungen Erwachsener keinen Glauben (mehr) schenken und diese Thematik künftig ausschließlich mit Gleichaltrigen statt (auch) mit Erwachsenen erörtern. So gewinnen horizontale Kommunikationszusammenhänge für mehr und mehr Jugendliche eine exklusive Attraktivität.

Daß Jugendliche sich schließlich nur noch innerhalb horizontaler Kommunikationszusammenhänge bewegen, entspricht gleichzeitig der von den Jugendlichen zu vollziehenden Ablösung von den Eltern und stärkeren Orientierung an der Gruppe der Gleichaltrigen und mag sich dementsprechend auch dann ergeben, wenn erwachsenen Bezugspersonen nicht generell eine entsprechende Glaubwürdigkeit aberkannt wird. Für einen solchen Fall ist dann allerdings zu vermuten, daß von den Erwachsenen auf einseitig negativistische Darstellungen mit letztlich unhaltbaren Überzeichnungen verzichtet worden ist, so daß dann die Jugendlichen weitaus eher in der Lage sind, unterschiedliche Informationen zu integrieren statt eine Seite gänzlich zu verwerfen.

Die nun im folgenden präsentierten empirischen Befunde stützen und belegen in hinreichendem Maße dieses hier skizzierte Bild. Dementsprechend sind diese bisher präsentierten Überlegungen nicht nur von großer Bedeutung für das Nachzeichnen gesellschaftlicher Entwicklungen in einer zeitgeschichtlich einmaligen Umbruchsituation, sondern darüberhinaus von großer Relevanz für jedes Bemühen um eine angemessene Drogenerziehung.

In Abschnitt 9.2 werden nun allgemeine Befunde zur Kommunikation der SchülerInnen bezüglich illegalisierter Drogen vorgestellt – „allgemein“ insofern, als daß die Häufigkeiten zu bisherigen GesprächspartnerInnen, zu den Wirkungen der bisherigen Gespräche, zu Wissensquellen und zu künftig gewünschten GesprächspartnerInnen für die verschiedenen Erhebungszeitpunkte zunächst insgesamt und dann auch nach Alter, jedoch nicht nach weiteren Variablen differenzierend betrachtet werden. Dies dient auch der Vorstellung der entsprechenden Fragestellungen und Antwortvorgaben und deren Veränderungen im Zeitverlauf. In Abschnitt 9.3 folgt eine Betrachtung der Zusammenhänge zwischen den bisherigen GesprächspartnerInnen der SchülerInnen zu illegalisierten Drogen und den von den Jugendlichen berichteten Wirkungen solcher Gespräche auf sie. Abschnitt 9.4 beschäftigt sich mit der Frage, aufgrund welcher Gespräche sich Jugendliche Wissen zu illegalisierten Drogen aneignen bzw. welche GesprächspartnerInnen sie als Informations- und Wissensquelle akzeptieren. Daran anschließend werden die Zusammenhänge zwischen den Wissensquellen der SchülerInnen einerseits und der Art ihres Wissens, ihrer Einschätzungen und ihrer Einstellungen zu illegalisierten Drogen andererseits betrachtet (Abschnitt 9.5). Abschnitt 9.6 geht der Frage nach, inwieweit die SchülerInnen sich sowohl mit Gleichaltrigen als auch mit erwachsenen Bezugspersonen zu illegalisierten Drogen unterhalten (möchten), bzw. inwieweit sie sich ausschließlich mit Gleichaltrigen oder ausschließlich mit erwachsenen Bezugspersonen über dieses Thema unterhalten (möchten). In Abschnitt 9.7 erfolgt dann eine Untersuchung der Kommunikation der SchülerInnen zu illegalisierten Drogen in Abhängigkeit von Art und Ausmaß der Integration solcher Substanzen in die Lebenswelten der Jugendlichen. Eine zusammenfassende Betrachtung läßt schließlich das in diesen einzelnen Abschnitten jeweils aspektweise entwickelte Bild, zu dem die Vielzahl empirischer Befunde sich zusammenfügen läßt, nochmals in sehr prägnanter Weise deutlich werden (Abschnitt 9.8).

9.2 Allgemeine Befunde

In dem folgenden Abschnitt werden allgemeine Befunde zur Kommunikation der Befragten über die Thematik „Illegalisierte Drogen“ vorgestellt. Im kleingedruckten Text werden die gestellten Fragen und deren eventuelle Modifizierungen während der Untersuchung erläutert. Im Anschluß an die Darstellung der allgemeinen Befunde folgt eine nach dem Alter der Befragten differenzierte Auswertung des Antwortverhaltens der SchülerInnen[7].

9.2.1 Bisherige GesprächspartnerInnen

Wir befragten die SchülerInnen, ob und mit wem sie sich bisher überhaupt schon einmal über illegalisierte Drogen unterhalten haben.

1990 und 1991 war der Wortlaut der Frage: „Hat mit Dir schon jemand in Ruhe über Probleme gesprochen, die mit illegalen Drogen in Verbindung stehen können?“ Ab 1992 wurde folgende Frage verwendet: „Mit wem hast Du Dich überhaupt schon 'mal über dieses Thema unterhalten?“ Es waren Antwortvorgaben aufgeführt, die von den Befragten

---

7 Eine nach dem Geschlecht der Befragten differenzierte Auswertung befindet sich im „Forschungsbericht zur Längsschnittuntersuchung“. Sie bleibt an dieser Stelle unberücksichtigt, da sie unserer Darstellung keine hier wesentlichen neuen Aspekte hinzufügen kann.

angekreuzt werden konnten. Erst ab 1993 war die Antwortvorgabe „BetreuerIn im Jugendbereich" aufgeführt. Entsprechend der Fragestellung war 1990-91 das Item „Mit mir hat sich noch keiner unterhalten", 1992-95 das Item „Ich habe mich noch nie darüber unterhalten" vorgegeben. Diese Fokussierung der Fragestellung in den Jahren 1990/91 auf Gespräche über problematische Aspekte des Drogengebrauchs sowie ein bestimmtes setting der Unterhaltungen („in Ruhe" sowie Gesprächsinitiative von der/dem angegebenen KommunikationspartnerIn) ist beim Vergleich der Antworthäufigkeiten über den Zeitverlauf zu berücksichtigen.

Tabelle 9-1: Bisherige GesprächspartnerInnen zum Thema „Illegalisierte Drogen":

	1990	1991	1992	1993	1995
Mutter	63	86	73	71	69
Vater	45	72	53	51	48
KlassenfreundIn	33	73	65	61	75
andere FreundIn	25	66	66	65	77
LehrerIn	38	81	44	40	31
JugendbetreuerIn	–	–	–	7	10
andere Personen	–	47	21	14	18
nie unterhalten	–	4	2	2	2

Angaben in Prozent.

Zu allen untersuchten Zeitpunkten hatten sich nur sehr wenige Befragte noch nie über illegalisierte Drogen unterhalten.

Die Eltern waren am Anfang der Untersuchung die meistgenannten GesprächspartnerInnen und wurden über den beobachteten Zeitraum hinweg oft genannt. Konstant blieb auch der Abstand zwischen den Nennungen der Mutter und denen des Vaters als GesprächspartnerIn. Es ist also v.a. die Mutter, die in den Familien die Aufgabe hat, „Problemgespräche" zu führen oder als Ansprechpartnerin der Tochter oder dem Sohn zur Verfügung zu stehen.

Deutlich stieg die Bedeutung Gleichaltriger als GesprächspartnerInnen während der Untersuchung. Illegalisierte Drogen scheinen ein alltägliches Thema unter Jugendlichen geworden zu sein. Jugendliche verfügen somit 1995 sehr viel stärker als 1990 über Alternativen zur Kommunikation mit Erwachsenen.

Die Nennungen der LehrerInnen läßt vermuten, daß das Drogenthema nach anfänglich großem Interesse (und wahrscheinlich hohem Engagement der LehrerInnen – siehe die Nennung 1991) immer seltener im Unterrichtsalltag besprochen wird. Eventuell macht sich hier der Trend bemerkbar, diese Thematik aus Unsicherheit und Angst vor mangelnder Kompetenz lieber den „SpezialistInnen" zu überlassen. Andererseits lassen die veränderten Schulstrukturen (z.B. größere Klassen, veränderte Rolle der KlassenlehrerInnen) derartige Gespräche seltener möglich werden.

Einen generellen „Ausreißer" bildete das Jahr 1991. Dies mag damit zusammenhängen, daß sich zum ersten Male real die Möglichkeit für Jugendliche Ostberlins eröffnete, illegalisierte Drogen zu erwerben.[8] Am Anfang unserer Untersuchung befand sich dementsprechend die Angst vor einer einsetzenden „Drogenwelle“ auf dem Höhepunkt und war Ausgangspunkt vieler von Erwachsenen initiierter Gespräche sowie Unterhaltungen unter Gleichaltrigen. Dies kann erklären, daß sich im Zeitverlauf 1991 als ein Jahr präsentiert, in dem Jugendliche und Erwachsene dem Drogenthema besonders hohe Aufmerksamkeit entgegenbrachten und viel miteinander redeten.[9]

9.2.2 Das Ausmaß der horizontalen Kommunikation

Es interessierte uns, welchen Stellenwert das Thema „Illegalisierte Drogen“ in der alltäglichen Kommunikation unter Gleichaltrigen einnimmt.

Die Jugendlichen wurden daher befragt, wie häufig in ihrem Freundeskreis (ohne Erwachsene) über illegalisierte Drogen gesprochen wird.

In der ersten Untersuchung (1990) wurde die Frage „Sprechen Deine Freunde darüber?“ (über illegalisierte Drogen) gestellt, ab 1991 hieß die Frage „Wird in Deinem Freundeskreis – also ohne Erwachsene – über illegale Drogen gesprochen?“. 1990-92 konnten die Befragten unter drei Antwortmöglichkeiten (viel/wenig/gar nicht) auswählen. Diese Skalierungsform veranlaßte die SchülerInnen tendenziell dazu, mit dem Ankreuzen der mittleren Kategorie von „wenig“ Kommunikation im Freundeskreis zu berichten und wurde daher ab 1993 durch eine 4-stufige Skala ersetzt (neue Ausprägung: „sehr viel“) . Dies ist bei einem Vergleich über den gesamten Zeitverlauf zu berücksichtigen.

Tabelle 9-2:

	1990	1991	1992	1993	1995
Im Freundeskreis wird....					
...sehr viel...	–	–	–	4	10
...viel...	10	16	10	16	26
...wenig...	71	69	69	62	52
...gar nicht...	19	15	22	18	12
....über illegalisierte Drogen gesprochen.					

Angaben in Prozent. Prozentuierungsbasis ist die jeweilige Spalte.

Für jeden Untersuchungszeitpunkt gilt: Die meisten Befragten haben in ihrem Freundeskreis über illegalisierte Drogen gesprochen; dieses Thema nimmt aber keine exponierte Stellung in der alltäglichen Kommunikation der Jugendlichen ein. Im Zeitverlauf deutet sich auch hier eine allmähliche Zunahme der horizontalen Kommunikation an[10], d.h. Jugendliche unterhalten sich immer häufiger ohne Erwachsene über illegalisierte Drogen.

8 Die Untersuchung 1990 wurde noch vor der Währungsunion durchgeführt.

9 Dies zeigt sich auch mit einer Fülle weiterer Befunde. Vgl. dazu weiter unten in diesem Kapitel sowie die in Kapitel 10 referierten Befunde zur Bedeutung des Themas „Illegalisierte Drogen“ für die Jugendlichen.

10 Dies korrespondiert auch mit o.g. Befunden.

1991 gaben mehr SchülerInnen als 1990 und 1992 an, sich „viel" zu unterhalten – ein Hinweis darauf, daß das Drogenthema zu dieser Zeit einen gewissen Sensationswert besaß.

Daß 1995 unter Gleichaltrigen mehr über illegalisierte Drogen gesprochen wurde als 1993, kann aufgrund der Entwicklung des tatsächlichen Drogengebrauchs und der Verbreitung illegalisierter Drogen in den jeweiligen Freundeskreisen[11] nicht verwundern. Illegalisierter Drogengebrauch ist für viele Jugendliche zu einem alltäglich beobachtbaren und kommunizierbaren Phänomen geworden.

9.2.3 Wirkungen der bisher geführten Gespräche

In Gesprächen zu illegalisierten Drogen können unterschiedliche Aspekte und Inhalte thematisiert und verschiedene Bewertungen vermittelt werden. Um diese erschließen zu können, wurden die Jugendlichen befragt, wie die bisher geführten Gespräche auf sie gewirkt haben. Wir können auf diese Weise jedoch nicht vollständig auf die Inhalte der Gespräche schlußfolgern, da die Jugendlichen bei der Bewertung auch stets den alltagskulturellen und beziehungsdynamischen Kontext der Gespräche einbezogen haben.

Die Frage nach den Wirkungen der geführten Gespräche wurde seit Untersuchungsbeginn gestellt, aber zur Erhebung 1992 so weit geändert, daß die 1990er und 1991er Untersuchung in die Auswertung nicht einbezogen werden können. Zur Fragestellung ab 1992 „Wenn Du bereits mit jemanden über illegale Drogen gesprochen hast, wie haben diese Gespräche auf Dich überwiegend gewirkt?" wurden bestimmte Wirkungen vorgegeben und die Befragten wurden gebeten, diese jeweils zu bestätigen oder zu verneinen (vgl. Tab. 9-3). Da es zu jeder Erhebung relativ viele SchülerInnen gab, welche zu einzelnen Items keine Einschätzung abgaben, ohne allerdings die gesamte Frage unbeantwortet zu lassen, addieren sich die Anteile der SchülerInnen, die eine bestimmte Wirkung bestätigten, und der SchülerInnen, die diese Wirkung verneinten, nicht notwendigerweise zu hundert Prozent. Veränderungen gab es bei der Ausprägung „bin neugierig geworden" (1993/ 95). 1992 hieß die Ausprägung „bin neugierig auf die Drogenwirkung geworden". U.a. mit der Einengung der Neugier auf die Drogenwirkung ist die vergleichsweise geringe Nennung dieser Ausprägung 1992 zu erklären.

Tabelle 9-3:

	Wirkung der bisherigen Gespräche:									
	warnend/ abschreckend		neugierig geworden		es war interessant		glaubhaft		wissens-erweiternd	
	Ja	Nein	Ja	Nein	Ja	Nein	Ja	Nein	Ja	Nein
1992	77	17	13	73	74	17	68	17	80	11
1993	70	23	22	68	76	16	74	15	78	13
1995	59	33	33	59	79	15	73	17	76	17

Angaben in Prozent. Prozentuierungsbasis ist die jeweilige Zelle.

11 Vgl. dazu Kapitel 8.

Zu allen drei Zeitpunkten charakterisierte eine jeweilige Mehrheit der SchülerInnen die bisherigen Gespräche als überwiegend glaubhaft, interessant und wissenserweiternd. Dennoch verblieb ein relativ großer Anteil an SchülerInnen, die ihren Gesprächen die Glaubwürdigkeit nicht zuerkannten, 15-17% pro Jahr verneinten dies gar explizit.

Eine eindeutige Entwicklung im Zeitverlauf ist die Abnahme der „warnenden/abschreckenden“ Gespräche bei gleichzeitiger Zunahme der Neugier weckenden Unterhaltungen. Zum einen verweist dieser Befund darauf, daß sich die Mädchen und Jungen immer weniger durch Gespräche abschrecken lassen. Es wird noch gezeigt, welche Erfahrungen und welches Wissen eine solche Entwicklung begünstigen. Zum anderen ist zu schließen, daß die geführten Gespräche auch seltener einseitig die Risiken des Drogenkonsums betonen. Da dieser Trend einer Zunahme von Gesprächen, in denen auch positive Aspekte des Drogengebrauchs behandelt werden, parallel zu einer wachsenden Bedeutung Gleichaltriger als KommunikationspartnerInnen verläuft, liegt es nahe, diese Entwicklungen zueinander in Beziehung zu setzen. Dies wird in späteren Abschnitten des Kapitels geschehen.

9.2.4 Wissensquellen

Wie gerade gezeigt wurde, konnten die jeweils meisten SchülerInnen durch Gespräche ihr Drogenwissen erweitern. Uns interessierte, von welchen GesprächspartnerInnen die Befragten sich ihr Wissen zu illegalisierten Drogen angeeignet haben und welche Rolle diesbezüglich Medien und eigene Beobachtungen spielen.

Tabelle 9-4: Wissensquellen der SchülerInnen zu illegalisierten Drogen:

	1990	1991	1992	1993	1995
Mutter	52	51	38	35	26
Vater	38	38	28	25	20
KlassenfreundIn	23	30	26	24	42
andere FreundIn	23	25	29	34	51
LehrerIn/Unterricht	33	60	53	49	24
JugendbetreuerIn	–	–	–	3	6
DrogenberaterIn	–	–	–	7	7
MedizinerIn	–	7	8	7	4
Kino	–	19	23	17	21
Hörfunk	54	42	27	21	26
Bücher/Broschüren	35	49	50	45	52
Fernsehen	80	84	81	81	76
Zeitung/Zeitschrift	80	81	80	76	74
eigene Beobachtung	–	12	16	23	33
anderes	–	8	9	5	5

Angaben in Prozent.

1990 wurde die Frage „Woher hast Du das meiste, was Du sonst so über Drogen weißt?" gestellt. 1991-95 erschien die Frage modifiziert und mit einem Einleitungssatz im Fragebogen: „Sein Wissen über Drogen hat man nicht nur aus Gesprächen. Woher hast Du das meiste, was Du über illegale Drogen weißt?" Anhand von Antwortvorgaben waren mehrere Antworten möglich. Im Verlaufe der Untersuchung wurde die Vorgabenbatterie mehrfach geändert (s. Tabelle 9-4). Die Ausprägung „Schulunterricht" wurde von 1991-93 vorgeschlagen, 1990 und 1995 wurden „LehrerInnen" angeführt. 1990 wurden Broschüren nicht vorgegeben, die Ausprägung hieß lediglich „Bücher".

Jugendliche bedienten sich über den gesamten Untersuchungszeitraum v.a. der Massenmedien, um Informationen über illegalisierte Drogen zu erlangen. Dies korrespondiert zum einen mit der starken Präsenz der Massenmedien im Alltag der SchülerInnen. Zum anderen mag dies dem Charakter der Massenkommunikation geschuldet sein: Es werden unterschiedliche und z.T. konträre Standpunkte dargestellt. Freilich bietet die massenmediale Aufarbeitung des Drogenthemas viel Klischeehaftes und Skandalierendes, wobei die Risiken des illegalisierten Drogenkonsums meist in den Vordergrund gerückt werden. Den Mädchen und Jungen ist es dennoch möglich, sich anonym zu einigen sie interessierenden Aspekten der Drogenthematik zu informieren – ohne sich den Risiken direkter Kommunikation (Tabuverletzungen, Sanktionen, Ermahnungen usw.) aussetzen zu müssen.

Immer mehr Befragte verwiesen auf einen persönlichen Erfahrungshintergrund, aus welchem sie Drogenwissen geschöpft haben, wobei es sich dabei sowohl um Beobachtungen anderer Personen als auch um eigene Konsumerfahrungen handeln kann. Somit ist für eine während der Untersuchung stetig wachsende Zahl von SchülerInnen der Gebrauch illegalisierter Substanzen zu einem im Alltag erlebbaren Phänomen geworden.[12]

Auffällig ist die Entwicklung bezüglich der nahen Bezugspersonen – den Eltern und den FreundInnen: Die Eltern verloren im Zeitverlauf als Wissensquelle stetig an Bedeutung, obwohl sie weiterhin als GesprächspartnerInnen sehr häufig genannt wurden und anfangs wohl bzgl. Wissensfragen *die* AnsprechpartnerInnen waren. Im selben Zeitraum wurden die Gleichaltrigen immer wichtiger und nahmen den ursprünglichen Platz der Eltern ein. V.a. die FreundInnen außerhalb des Klassenverbandes wurden als Quelle des relevanten Wissens zunehmend genannt. Deutlich ist also, daß die Inhalte, welche unter Jugendlichen besprochen werden, am Ende unserer Untersuchung einen weitaus größeren Einfluß auf das Drogenwissen der Befragten haben als die Inhalte der vertikalen Kommunikation.

„Professionelle SpezialistInnen" (DrogenberaterIn, MedizinerIn, JugendbetreuerIn) haben als bisherige Wissensquelle zum Themenkomplex „Illegalisierte Drogen" kaum Bedeutung für die Jugendlichen. Dies mag zum einen daran liegen, daß entsprechende Suchtpräventionsprogramme nur relativ wenige SchülerInnen erreichen. Andererseits ist konzeptionell bei den meisten Veranstaltungen zur Suchtprävention eine Vermittlung oder ein Austausch von Wissen zu illegalisierten Substanzen nicht vorgesehen.

12 Detaillierter in Kapitel 8.

LehrerInnen verloren im Vergleich der Jahre 1990 und 1995 etwas an Bedeutung für die Drogenkenntnisse ihrer SchülerInnen. Die Ausprägung „Schulunterricht" wurde erwartungsgemäß in den Jahren 1991-93 häufiger genannt.[13] Es deutet sich wie o.g. eine verstärkte Thematisierung der Drogenproblematik in der Schule im Jahre 1991 sowie ein Abflauen dieser Aufmerksamkeit in den Folgejahren an.

9.2.5 Gewünschte GesprächspartnerInnen

Weiterhin war unser Interesse, mit wem sich die Jugendlichen zukünftig unterhalten wollen, wenn sie Fragen zu illegalisierten Drogen haben. Die Antworten auf diese Frage zeigen, welche GesprächspartnerInnen von den SchülerInnen aufgrund ihrer bisherigen Kommunikationserfahrungen akzeptiert werden. Außerdem wird deutlich, welchen Personen die Befragten eine entsprechende Sachkompetenz zugestehen.

Die Frage lautete über den gesamten Untersuchungszeitraum: „Mit wem würdest Du Dich gern ausführlicher unterhalten, wenn Du Fragen zu illegalen Drogen hast?" Auch hier wurden Antwortmöglichkeiten vorgegeben, Mehrfachankreuzungen waren möglich. Die Batterie der Antwortmöglichkeiten wurde mehrmals geändert (s. Tabelle 9-5). Die Ausprägung „Leute, die selbst mal Drogen genommen haben" (1990/91) wurde 1992 geändert („Leute, die selbst Drogen nehmen"). Durch den expliziten Verweis auf aktuelle KonsumentInnen illegalisierter Drogen sanken die Nennungen dieser Ausprägung 1992. Ab 1993 wurde die Ausprägung „Leute, die selbst bereits diese Drogen genommen haben" verwendet.

1991 wurde den SchülerInnen der siebten Klasse diese Frage nicht gestellt. Um eine Vergleichbarkeit der Daten zu erreichen, werden im folgenden bei Vergleichen der Gesprächswünsche zu den verschiedenen Erhebungszeitpunkten, bei welchen keine altersdifferenzierende Betrachtung stattfindet (die hier ebenfalls eine Vergleichbarkeit der Daten der verschiedenen Zeitpunkte gewährleistet), die SiebtklässlerInnen generell nicht mit einbezogen.

Auch hier deutet sich der Bedeutungsverlust erwachsener Bezugspersonen bezüglich der Thematik „Illegalisierte Drogen" im Zeitverlauf an. Eltern wurden 1995 seltener gewünscht als in den Jahren zuvor, mit LehrerInnen wollten über den gesamten Zeitraum nur relativ wenige SchülerInnen sprechen. Hingegen nahm der Anteil derjenigen, die Gespräche mit Gleichaltrigen favorisieren, insgesamt zu und war 1995 am größten. Dieser bekundete

13 1990 und 1995 lautete die entsprechende Antwortvorgabe zur Frage nach den Quellen des bisherigen Wissens „LehrerIn"; 1991, 1992 und 1993 lautete sie „Schulunterricht". Diese beiden Antwortvorgaben sind nicht ganz deckungsgleich, umfaßt „Schulunterricht" doch neben von LehrerInnen eingesetzten Medien und eventuell eingeladenen ReferentInnen auch Informationen, Diskussionsbeiträge und sonstige Äußerungen von MitschülerInnen während des Unterrichts (während andererseits Gespräche zwischen SchülerInnen und LehrerInnen auch außerhalb der eigentlichen Unterrichtsstunden stattfinden mögen). Gleichwohl darf eine prinzipielle Vergleichbarkeit angenommen werden.

Wille korrespondiert mit der tatsächlichen Intensivierung horizontaler Kommunikation (s.o.). Offensichtlich können die Jugendlichen eher mit ihren FreundInnen die interessierenden Aspekte des Drogenthemas bereden als mit erwachsenen Bezugspersonen. Dies mag zum einen am relativ sanktionsfreien Rahmen der Gespräche liegen, welcher in der vertikalen Kommunikation häufig nicht vorhanden ist. So können auch positive Seiten des Drogengebrauchs, eventuell auch eigene Konsumerfahrungen ausgetauscht werden. Zum anderen zeichnete sich schon in o.g. Befunden ab, daß die jugendlichen GesprächspartnerInnen im Vergleich zu den Erwachsenen zunehmend einen anderen Kenntnisstand bezüglich illegalisierter Drogen besitzen[14] und öfter als Wissensquelle genannt wurden. Es ist daher nicht verwunderlich, daß ihnen von den Befragten mehr Kompetenz zugestanden wird.

Tabelle 9-5:

Gewünschte GesprächspartnerInnen	1990	1991	1992	1993	1995
Eltern	37	35	30	28	22
FreundInnen	35	43	34	40	48
LehrerIn	7	18	8	11	8
JugendbetreuerIn	–	–	–	7	9
MedizinerIn	45	37	44	31	36
PolizeibeamtIn	–	–	–	10	7
DrogenberaterIn	57	56	62	43	40
(Ex-)UserInnen	77	75	65	66	71
andere Personen	8	6	3	2	2
kein Interesse	–	5	5	7	5

Angaben in Prozent. SiebtklässlerInnen sind in dieser Tabelle nicht enthalten.

(Ehemalige) DrogenkonsumentInnen standen stetig auf Platz 1 der „Wunschliste". In diesem Wunsch drückt sich neben der Hoffnung auf authentische Informationen und praktische Hinweise sicher auch eine gewisse Neugier und Lust am Sensationellen aus.

Auch professionelle SpezialistInnen wurden, obwohl oder gerade weil sie für das bisherige Drogenwissen der Befragten kaum Bedeutung besitzen, häufig als GesprächspartnerInnen gewünscht. Nicht zu übersehen ist jedoch die Abnahme dieser Nennungen im Zeitverlauf. Eventuell erklärt sich dies aus dem eigenen höheren Kenntnisstand der Jugendlichen.

Die SchülerInnen haben also ein großes Interesse an GesprächspartnerInnen, die aufgrund ihrer Erfahrungen oder ihrer Profession kompetent über die verschiedenen Facetten des Drogenthemas Auskunft geben können. Bemerkenswert ist, daß offensichtlich den FreundInnen zunehmend eine ähnlich hohe bzw. sogar (am Ende unserer Untersuchung im Vergleich zu den professionellen SpezialistInnen) eine höhere Kompetenz zugestanden wird.

---

14 Ausführlich wird dieser Aspekt in Abschnitt 9.5 behandelt.

9.2.6 Das Antwortverhalten der Befragten in Abhängigkeit vom Alter

Einer nach dem Alter der Befragten differenzierten Auswertung liegt die Annahme zugrunde, daß SchülerInnen der verschiedenen Altersstufen unterschiedlich stark in jugendkulturelle Bezüge eingebunden sind. Während die jüngeren Befragten in der Mehrzahl gerade beginnen, jugendkulturelle Räume zu „erobern" und unabhängig von Erwachsenen eigene Lebensstile zu erproben, bewegen sich die Älteren in ihrer Freizeit wesentlich mehr, z.T. ausschließlich in derartigen jugendkulturellen Räumen, in denen sie vielfach illegalisiertem Drogenkonsum begegnen und eventuelle Probiererfahrungen mit psycho-aktiven Substanzen machen können.

Den nachfolgenden Darstellungen liegt eine 3-stufige Alterseinteilung zugrunde: bis einschließlich 14 Jahre, 15/16 Jahre, ab 17 Jahre.

SchülerInnen im Alter von bis zu 14 Jahren hatten 1990 sowohl mit der Mutter als auch mit dem Vater häufiger gesprochen als ihre älteren MitschülerInnen (vgl. Tabelle 9-6). Wir gehen davon aus, daß ein Großteil der vertikalen Kommunikation von den Eltern initiiert wird. Daher scheinen sich die Bemühungen der Eltern kurz nach Mauerfall v.a. auf die jüngeren SchülerInnen bezogen zu haben. 1995 verwiesen besonders die ältesten Befragten auf Gespräche mit den Eltern, was u.a. dem additiven Charakter der Fragestellung geschuldet sein könnte.[15]

Daß ab 1991 die Älteren verstärkt Gespräche mit den LehrerInnen angaben (vgl. Tabelle 9-6), läßt vermuten, daß im Unterricht das Thema „Illegalisierte Drogen" v.a. mit den älteren SchülerInnen besprochen wird.

Deutlich wird (mit Ausreißer 1991) die tendenzielle Zunahme der horizontalen Kommunikation im Zeitverlauf bei allen Altersgruppen. Gleichaltrige wurden für die Jugendlichen, unabhängig welcher Altersgruppe sie zugehören, bezüglich der Thematik „Illegalisierte Drogen" zu den häufigsten GesprächspartnerInnen. Gleichzeitig nimmt die Kommunikation mit den FreundInnen mit steigendem Alter zu: KlassenfreundInnen wurden ab 1991, andere FreundInnen über den gesamten Zeitverlauf am seltensten von den jüngsten Befragten angegeben.

---

15 Die Frage nach den bisherigen GesprächspartnerInnen zielt generell auf *alle* Gespräche zu illegalisierten Drogen, welche die SchülerInnen bis zum jeweiligen Befragungszeitpunkt geführt haben. Jedoch steht dem additiven Charakter der Fragestellung die Tendenz der Befragten entgegen, sich auf aktuelle GesprächspartnerInnen zu beziehen, was sich anhand der Befunde in Abschnitt 9.4 zeigen wird.

Tabelle 9-6:

	1990 Alter der Befragten			1991 Alter der Befragten			1992 Alter der Befragten			1993 Alter der Befragten			1995 Alter der Befragten		
Bisherige GesprächspartnerInnen *:	bis 14	15/ 16	ab 17	bis 14	15/ 16	ab 17	bis 14	15/ 16	ab 17	bis 14	15/ 16	ab 17	bis 14	15/ 16	ab 17
Mutter	68	57	52	86	88	67	76	71	71	73	70	66	67	68	78
Vater	51	38	41	69	76	85	55	51	51	52	52	42	46	48	54
KlassenfreundInnen	32	32	32	67	83	82	61	69	65	58	62	74	69	80	73
andere FreundInnen	19	31	41	57	80	75	58	71	83	58	70	81	69	80	87
LehrerInnen	39	36	22	74	92	86	37	51	53	36	42	51	24	33	44

Angaben in Prozent, Altersangaben in Jahren. Die Prozentzahlen stellen jeweils den Anteil derjenigen, die die/den entsprechende(n) GesprächspartnerIn benannten, innerhalb der einzelnen Altersgruppen im jeweiligen Untersuchungsjahr dar; z.B. gaben 1990 68% der SchülerInnen im Alter bis 14 Jahre und 57% der 15/16-jährigen an, sich bereits mit der Mutter unterhalten zu haben.

* Die Frage lautete: „Mit wem hast Du Dich überhaupt schon 'mal über dieses Thema unterhalten?" (1992-95) bzw. „Hat mit Dir schon jemand in Ruhe über Probleme gesprochen. die mit illegalen Drogen in Verbindung stehen können?" (1990-91). In der Tabelle sind ausgewählte Items aufgeführt.

Nach dem Ausmaß der Gespräche unter FreundInnen zu illegalisierten Drogen befragt, verwiesen die SchülerInnen der verschiedenen Altersklassen zu Beginn unserer Untersuchung auf eine ähnlich intensive horizontale Kommunikation. Ab 1992 läßt sich jedoch beobachten, daß die jüngsten Befragten weniger mit ihren FreundInnen über illegalisierte Drogen redeten als die älteren. Gleichzeitig zeichnet sich jedoch ab, daß unter den bis-14-jährigen und den 15/16-jährigen die Kommunikation zum Drogenthema im Zeitverlauf zunahm. 1995 redeten die 15/16Jährigen am häufigsten „sehr viel" und „viel" im Freundeskreis zu dieser Thematik (vgl. die Tabellen 9-7a und 9-7b).

Ältere Jugendliche haben somit nicht nur häufiger überhaupt mit FreundInnen über illegalisierte Drogen geredet als die jüngeren Befragten, unter ihnen wird auch das Thema intensiver besprochen. Illegalisierte Drogen sind also ein Thema, welches mit dem Hereinwachsen in jugendkulturelle Bezüge an kommunikativer Bedeutung gewinnt und deshalb für die Kommunikation der jüngsten Befragten noch nicht so einen hohen Stellenwert besitzt. Daß sich während unserer Untersuchung das „Eintrittsalter" in die Jugendkulturen gesenkt hat[16], d.h. immer jüngere Mädchen und Jungen zu einer kulturellen Selbstbestimmung tendieren und Lebensstile ausprobieren, in die z.T. ein Konsum illegalisierter Substanzen integriert ist[17], findet ebenfalls Nieder-

16 Dieser Trend wird durch die Jugendindustrie zumindest forciert, indem immer jüngere Altersgruppen als Käuferschichten umworben und erreicht werden.

17 Siehe die altersdifferenzierende Betrachtung des illegalisierten Drogenkonsums unter den Befragten in Kapitel 8.

schlag in o.g. Befunden und steht im engen inhaltlichen Zusammenhang zu den Ergebnissen des vorherigen Kapitels.

Tabelle 9-7 a/b:

Tabelle 9-7a *	1990			1991			1992		
	Alter der Befragten			Alter der Befragten			Alter der Befragten		
	bis 14	15/ 16	ab 17	bis 14	15/ 16	ab 17	bis 14	15/ 16	ab 17
im Freundeskreis wird...									
...*viel* über illeg. Drogen gesprochen	10	10	10	18	14	21	9	9	14
...*wenig* über illeg. Drogen gesprochen	74	68	70	68	72	52	64	72	78
...*gar nicht* über illeg. Drogen gesprochen	16	22	20	13	15	27	27	19	8

Tabelle 9-7b *	1993			1995		
	Alter der Befragten			Alter der Befragten		
	bis 14	15/16	ab 17	bis 14	15/16	ab 17
im Freundeskreis wird...						
...*sehr viel* über illeg. Drogen gesprochen	2	5	5	7	13	8
...*viel* über illeg. Drogen gesprochen	14	18	22	20	31	27
...*wenig* über illeg. Drogen gesprochen	62	62	65	57	46	59
...*gar nicht* über illeg. Drogen gesprochen	22	15	9	16	10	6

Angaben in Prozent, Altersangaben in Jahren. Prozentuierungsbasis ist die jeweilige Spalte. Bei Aufaddierungen zeigen sich möglicherweise Rundungsfehler.

* 1990-92 wurden zur Beantwortung der Frage nach dem Ausmaß der horizontalen Kommunikation nur die drei Antwortvorgaben „viel“, „wenig“, „gar nicht“ angeboten. Dies veranlaßte die SchülerInnen tendenziell dazu, mit dem Ankreuzen der mittleren Kategorie von „wenig“ Kommunikation im Freundeskreis zu berichten. Deshalb wurde ab 1993 eine vierte Antwortvorgabe „sehr viel“ zusätzlich vorgeschlagen. Dies ist bei einem Vergleich über den gesamten Zeitverlauf zu berücksichtigen.

1992 meinten in jeder Altersgruppe mehr als drei Viertel der Befragten, durch die geführten Gespräche gewarnt oder abgeschreckt worden zu sein; diese Nennung nahm in allen Gruppen ab. 1995 verwiesen besonders selten die 15/16Jährigen auf eine solche Wirkung der geführten Gespräche (vgl. Tabelle 9-8a). Die Einschätzung „neugierig geworden“ gaben 1992 Befragte umso öfter, je älter sie waren.[18] Bis 1995 stagnierte die Nennung dieser Ausprägung bei denjenigen, die jeweils 17 Jahre oder älter waren, während sie bei Jüngeren kräftig zunahm. Am Ende der Untersuchung bewerteten die jüngeren SchülerInnen, besonders die 15/16Jährigen, ihre Gespräche häufiger als neugierweckend (vgl. Tabelle 9-8b). Dies ist ein Indiz dafür, daß Mädchen und Jungen, die heute in jugendkulturelle Bezüge hineinwachsen, sich

18 Die Reserviertheit der Jüngeren mag auch an der Formulierung der Ausprägung „neugierig auf die Drogenwirkung geworden“ liegen.

dem Drogenthema unbefangener und mit weniger Angst nähern als die SchülerInnen, die kurz nach Mauerfall begannen, ein kulturell selbstbestimmtes Leben zu führen.[19] Das ist auch der Wandlung der jugendkulturellen Bezüge geschuldet: U.a. mit der Technoszene haben sich im Untersuchungszeitraum qualitativ neue jugendkulturelle Bezüge entwickelt, in die illegalisierter Drogenkonsum fest integriert ist.

Tabelle 9-8 a/b:

Tabelle 9-8a * Wenn Du bereits mit jemanden über illegale Drogen gesprochen hast, wie haben diese Gespräche auf Dich *überwiegend* gewirkt?

	1992 warnend/abschreckend		1993 warnend/abschreckend		1995 warnend/abschreckend	
	ja	nein	ja	nein	ja	nein
Alter der Befragten:						
bis 14 Jahre	78	15	71	21	65	27
15/16 Jahre	77	17	68	25	51	40
ab 17 Jahre	76	23	70	25	66	28
insgesamt	77	17	70	23	59	33

Tabelle 9-8b * Wenn Du bereits mit jemanden über illegale Drogen gesprochen hast, wie haben diese Gespräche auf Dich *überwiegend* gewirkt?

	1992 neugierig geworden**		1993 neugierig geworden		1995 neugierig geworden	
	ja	nein	ja	nein	ja	nein
Alter der Befragten:						
bis 14 Jahre	10	74	24	66	31	60
15/16 Jahre	13	73	21	70	38	55
ab 17 Jahre	25	70	23	71	25	68
insgesamt	13	73	22	68	33	59

Angaben in Prozent, Prozentuierungsbasis ist die jeweilige Zelle.

* Zur Fragestellung ab 1992 „Wenn Du bereits mit jemanden über illegale Drogen gesprochen hast, wie haben diese Gespräche auf Dich überwiegend gewirkt ?“ wurden Antwortmöglichkeiten vorgegeben und die Befragten wurden gebeten, jede dieser Ausprägungen mit „Ja“ oder „Nein“ zu beantworten. Dennoch gab es zu jeder Erhebung relativ viele SchülerInnen, welche zu einzelnen Items keine Einschätzung abgaben, ohne allerdings die gesamte Frage unbeantwortet zu lassen. Dies erklärt, daß sich in den jeweiligen Gruppen die Nennungen für „ja“ und die für „nein“ nicht zu hundert Prozent addieren.

** 1992 war das Item „bin neugierig auf Drogenwirkung geworden“ vorgegeben.

Die mit dem Alter zunehmende Bedeutung jugendkultureller Bezüge sowie das Schwinden des Einflusses der Eltern wird deutlich beim Antwortverhal-

19 Für diese Interpretation lassen sich innerhalb dieses Berichtes zahlreiche Belege finden – vgl. etwa die Befunde zur Gefährlichkeitseinschätzung illegalisierter Substanzen in Kapitel 10 oder die Befunde zu einem eigenen Konsum in Kapitel 8.

ten auf die Frage nach den vorrangigen Wissensquellen. Je älter die Befragten sind, desto seltener gaben sie über den gesamten Zeitraum die Eltern als Wissensquelle an. Parallel dazu wurde der Stellenwert der Eltern für das Drogenwissen der Befragten in allen Altersklassen immer geringer. Im gleichen Maße nahm die Nennung von FreundInnen außerhalb des Klassenverbandes in den einzelnen Altersgruppen von 1990 bis 1995 zu, wobei der Einfluß der FreundInnen auf die Drogenkenntnisse der Befragten mit steigendem Alter zunahm. Daß diesbezüglich die 15/16Jährigen 1995 mit den ältesten SchülerInnen gleichgezogen sind, verdeutlicht noch einmal, daß sich Jugendliche immer früher kulturell verselbständigen und damit FreundInnen außerhalb der Schulbezüge wichtiger werden. Bei der Nennung der KlassenkameradInnen sind solche gravierenden Entwicklungen nicht zu verzeichnen, obwohl auch diese 1995 wesentlich häufiger von allen Altersklassen angegeben wurden als zuvor (Tabelle 9-9).

Je älter die Jugendlichen sind, desto häufiger haben sie zu jedem untersuchten Zeitpunkt ihr Drogenwissen aus Büchern oder Broschüren. 1990 waren es v.a. die ältesten Befragten, die ihr Wissen aus dem Fernsehen und den Zeitungen/Zeitschriften bezogen. Ab 1991 war dieser Unterschied verschwunden, sicherlich auch ein Ergebnis eines Medienangebots, welches differenziert jede Altersgruppe anspricht. Die jüngsten SchülerInnen hatten bis 1993 seltener Zugang zu Drogenkenntnissen aus Kinofilmen, auch dieser Unterschied ist 1995 nicht mehr feststellbar.

Eigene Beobachtungen, aus denen Kenntnisse zu illegalisierten Drogen gewonnen wurden, wurden zu jedem Untersuchungszeitpunkt umso häufiger angegeben, je älter die Mädchen und Jungen waren. Gleichzeitig verwiesen auch hier die Befragten aller Altersgruppen zunehmend auf derartige Beobachtungen (Tabelle 9-9). Dieses Ergebnis korrespondiert mit den Befunden zur steigenden Verfügbarkeit illegalisierter Drogen unter Jugendlichen[20] sowie mit dem schon angesprochenen Trend zur früheren kulturellen Verselbständigung der Jugendlichen, die bewirkt, daß sich die Befragten immer früher in jugendkulturellen Räumen bewegen, in denen illegalisierter Drogengebrauch beobachtbar ist.

Die Befragten der unterschiedlichen Altersgruppen äußerten zu allen Untersuchungszeitpunkten ein ähnlich großes Interesse an weiteren Gesprächen zur Thematik „Illegalisierte Drogen". Während jedoch mit steigendem Alter der Wunsch nach Unterhaltungen mit fremden ExpertInnen, bei denen konkretes Sachwissen erwartet wird, wuchs, waren es v.a. die jüngeren SchülerInnen, die Gespräche mit erwachsenen Bezugspersonen favorisierten. Über den gesamten Untersuchungszeitraum gilt: Je älter die Befragten sind, desto häufiger wollen sie mit MedizinerInnen und (ehemaligen) KonsumentInnen illegalisierter Drogen und desto seltener mit den Eltern sprechen. Der Wunsch nach Unterredungen mit den Eltern nahm in den beiden älteren Altersgruppen kontinuierlich im Zeitverlauf ab, in der jüngsten ist dies in abgeschwächter Form (mit

---

20 Siehe zur Verfügbarkeit von illegalisierten Drogen Kapitel 8.

Ausreißer 1991) ebenfalls zu konstatieren. LehrerInnen wurden 1990, 1992 und 1995 besonders häufig von den jüngsten Mädchen und Jungen als gewünschte GesprächspartnerInnen angegeben (vgl. Tabelle 9-10). Die älteren SchülerInnen, die sich, wie bereits gezeigt, mehr mit Gleichaltrigen über Drogen unterhalten bzw. bereits einmal unterhalten haben, erwarten offensichtlich wesentlich seltener als andere, mit erwachsenen Bezugspersonen interessante Gespräche zu illegalisierten Drogen führen zu können. Ihr verstärkter Wunsch nach GesprächspartnerInnen mit detailliertem Sachwissen legt nahe, daß genau dieses Wissen bei den Eltern und LehrerInnen vermißt wird und sie deshalb diesbezüglich als nicht kompetent eingeschätzt werden.

Tabelle 9-9:

	1990 Alter der Befragten			1991 Alter der Befragten			1992 Alter der Befragten			1993 Alter der Befragten			1995 Alter der Befragten		
Angegebene Wissens-quelle *:	bis 14	15/ 16	ab 17	bis 14	15/ 16	ab 17	bis 14	15/ 16	ab 17	bis 14	15/ 16	ab 17	bis 14	15/ 16	ab 17
Mutter	59	41	36	57	44	15	47	32	26	44	30	20	36	20	13
Vater	42	32	30	42	34	24	33	25	17	32	22	14	30	13	8
KlassenfreundInnen	25	19	18	30	32	9	25	28	23	26	23	28	37	48	34
andere FreundInnen	21	22	28	24	27	33	24	32	42	29	37	51	40	58	58
Bücher/Broschüren	28	38	54	48	50	54	44	55	67	38	50	63	48	50	68
Fernsehen	78	81	92	83	87	85	80	82	73	82	82	78	80	73	75
Zeitung/Zeitschrift	80	77	92	79	83	85	80	82	74	75	77	82	74	73	78
Kino	–	–	–	15	24	18	20	26	28	14	20	23	19	21	23
eigene Beobachtung	–	–	–	10	14	15	12	19	23	18	27	33	23	40	43

Angaben in Prozent, Altersangaben in Jahren. Die Prozentzahlen stellen jeweils den Anteil derjenigen, die die entsprechende Wissensquelle benannten, innerhalb der einzelnen Altersgruppen im jeweiligen Untersuchungsjahr dar.

* Die Frage lautete: „Woher hast Du das meiste, was Du über illegale Drogen weißt?" In der Tabelle sind ausgewählte Items aufgeführt.

Gleichaltrige als zukünftige GesprächspartnerInnen wurden 1993 verstärkt von den bis-14-Jährigen, 1995 von den bis-16-Jährigen gewünscht. Dies ist darauf zurückzuführen, daß unter den jüngeren SchülerInnen zum Ende der Untersuchung der Wunsch nach gleichaltrigen GesprächspartnerInnen stark zunahm, während er unter den ältesten Befragten unverändert blieb. Die Ältesten haben demnach weniger Interesse an Austausch mit vertrauten Personen, ihnen geht es anscheinend v.a. um Erwerb von Expertenwissen.

Festzuhalten bleibt, daß das Drogenthema mit dem Hereinwachsen in jugendkulturelle Bezüge für die Jugendlichen an kommunikativer Relevanz gewinnt. Hier zeigt sich die große Bedeutung, welche die Auseinandersetzung mit der Thematik „Illegalisierte Drogen" für Jugendliche im Ablöseprozeß von den Eltern und für die Erprobung eigener Lebensstile besitzt. Mit zunehmendem Alter der Befragten ist eine stärkere Orientierung auf gleichaltrige GesprächspartnerInnen zu verzeichnen, erwachsene Bezugspersonen werden diesbezüglich unwichtiger.

Tabelle 9-10:

	1990 Alter d. Befragten			1991 Alter d. Befragten			1992 Alter d. Befragten			1993 Alter d. Befragten			1995 Alter d. Befragten		
Gewünschte GesprächspartnerInnen: *	bis 14	15/ 16	ab 17	bis 14	15/ 16	ab 17	bis 14	15/ 16	ab 17	bis 14	15/ 16	ab 17	bis 14	15/ 16	ab 17
Eltern	50	34	32	39	33	15	48	27	13	44	26	15	40	20	11
FreundInnen	31	32	37	43	44	42	36	36	27	45	38	38	49	51	38
LehrerInnen	13	7	7	19	17	12	13	6	5	11	11	7	12	8	3
MedizinerInnen	38	42	71	32	41	48	36	42	54	22	32	48	28	31	59
(Ex-) UserInnen *	66	80	81	74	76	91	49	65	78	59	67	74	65	69	78
kein Interesse *	–	–	–	3	4	3	5	4	7	4	7	6	3	5	6

Angaben in Prozent, Altersangaben in Jahren. Die Prozentzahlen stellen jeweils den Anteil derjenigen, die sich die/den entsprechenden GesprächspartnerIn wünschten, innerhalb der einzelnen Altersgruppen im jeweiligen Untersuchungsjahr dar.

* Die Frage lautete: „Mit wem würdest Du Dich gern ausführlicher unterhalten, wenn Du Fragen zu illegalen Drogen hast?“ In der Tabelle sind ausgewählte Items aufgeführt. Da hier eine Altersdifferenzierung vorgenommen wurde, konnten SchülerInnen aller Klassenstufen in die Auswertung einbezogen werden (vgl. Vorstellung dieser Frage).

„(Ex-) UserInnen“ steht in diesem Falle für die Ausprägung „Leute, die selbst bereits diese Drogen genommen haben“ bzw. „Leute, die selbst Drogen nehmen“ (1992). Mit dieser Itemveränderung ist die relativ geringe diesbezügliche Nennung im Jahre 1992 v.a. unter den jüngsten Befragten zu erklären, die eventuell im größeren Maße als Ältere Scheu hatten, sich mit DrogenkonsumentInnen zu unterhalten.

„Kein Interesse“ steht für die Antwortvorgabe „Ich möchte mich nicht unterhalten“.

9.3 Zur Wirkung von Gesprächen und GesprächspartnerInnen

Im folgenden werden nun die von den SchülerInnen als bisherige GesprächspartnerInnen zum Thema „Illegalisierte Drogen“ genannten Personen in Beziehung gesetzt zu den von den SchülerInnen berichteten Wirkungen ihrer bisherigen Gespräche auf sie. Die Betrachtung der entsprechenden Zusammenhänge und ihrer Entwicklung im Zeitverlauf wird ergänzt durch eine Untersuchung der Zusammenhänge zwischen dem Ausmaß der Kommunikation im Freundeskreis und den Wirkungen der bisherigen Gespräche. Dabei wird sich zeigen, daß Gespräche unter Gleichaltrigen und Gespräche mit Erwachsenen oftmals ganz unterschiedliche Wirkungen auf die Jugendlichen haben, was zum einen alltagskulturell und beziehungsdynamisch bedingt sein mag, was zum anderen aber auch darauf verweist, daß in solchen Gesprächen zu illegalisierten Drogen unterschiedliche Aspekte und Inhalte thematisiert und unterschiedliche Bewertungen vermittelt werden.

Die im Erhebungsinstrument enthaltene Frage nach den Wirkungen der bisherigen Gespräche und die entsprechenden Antwortvorgaben wurden zur 1992er Erhebung so weit umgeändert, daß eine Vergleichbarkeit der Daten mit denen der 1990er und 1991er Erhebung nicht gegeben ist. So erstreckt sich die folgende Betrachtung auf die Untersuchungszeitpunkte 1992, 1993 und 1995.

Die Frage nach ihren bisherigen GesprächspartnerInnen zum Thema illegalisierte Drogen konnten die SchülerInnen mehrfach beantworten (vgl. oben). Um hier an dieser Stelle ein klareres Bild zu erlangen, wurden die Mehrfachantworten der SchülerInnen so zusammengefaßt, daß sich drei Gruppen ergeben: Diejenigen, die auf erwachsene Bezugspersonen (Mutter oder Vater oder LehrerIn) verweisen, ohne gleichzeitig FreundInnen zu nennen, stehen denjenigen gegenüber, die (gleichsam umgekehrt) FreundInnen (KlassenfreundInnen oder andere FreundInnen) als GesprächspartnerInnen benennen, ohne gleichzeitig auf erwachsene Bezugspersonen zu verweisen. Neben diesen SchülerInnen, die so ausschließlich auf erwachsene Bezugspersonen oder ausschließlich auf FreundInnen verweisen, gibt es als dritte Gruppe diejenigen, die sowohl auf solche Erwachsenen als auch auf FreundInnen verweisen.[21] Nun zeigt sich folgendes:

Für alle drei Untersuchungszeitpunkte gilt, daß diejenigen SchülerInnen, die als bisherige GesprächspartnerInnen zum Thema „Illegalisierte Drogen" ausschließlich FreundInnen benennen, weitaus seltener von einer „abschrekkenden" bzw. „warnenden" Wirkung ihrer Gespräche berichten bzw. weitaus häufiger eine solche Wirkung explizit verneinen als diejenigen, die bislang ausschließlich mit erwachsenen Bezugspersonen gesprochen haben (vgl. Ta-

21 Da die SchülerInnen die Möglichkeit hatten, auf die Frage nach bisherigen GesprächspartnerInnen zu illegalisierten Drogen auch noch andere Personen wie bspw. BetreuerInnen im Jugendbereich zu nennen, ergibt sich mit dieser Zusammenfassung noch eine vierte Gruppe: diejenigen, die weder auf Vater oder Mutter oder LehrerInnen noch auf FreundInnen verweisen, ohne allerdings die Frage gänzlich unbeantwortet zu lassen. Da diese Gruppe nur zum Untersuchungszeitpunkt 1990 eine nennenswerte Größe aufweist, und da hier in besonderer Weise die Unterschiede zwischen den obigen drei Gruppen interessieren, bleibt diese vierte Gruppe hier außer Betracht. Eine fünfte, ebenfalls marginale und somit ebenfalls außer Acht bleibende Gruppe stellen diejenigen SchülerInnen dar, die bis zum jeweiligen Zeitpunkt nach eigener Aussage noch nicht über illegalisierte Drogen gesprochen haben. Wenn hier und im folgenden die Rede davon ist, daß Jugendliche „ausschließlich" bspw. auf FreundInnen verweisen, so meint dies, daß sie eben gerade nicht die erwachsenen Bezugspersonen Vater oder Mutter oder LehrerIn nennen. Es ist jedoch möglich, daß solche Jugendlichen dann zusätzlich zu FreundInnen noch hier außer Acht bleibende GesprächspartnerInnen nennen (wobei ein Vergleich derjenigen, die „ausschließlich" erwachsene Bezugspersonen nennen, mit denjenigen, die „ausschließlich" auf FreundInnen verweisen, hinsichtlich solcher hier außer Acht bleibender zusätzlicher GesprächspartnerInnen keinerlei Zusammenhänge erkennen läßt).

belle 9-11). Generell geht der Anteil derjenigen SchülerInnen, die ihre Gespräche als warnend/abschreckend charakterisieren, im Lauf der Zeit zurück, während umgekehrt der Anteil derjenigen, die dies explizit verneinen, deutlich steigt. Diese Entwicklung gilt für alle drei Teilgruppen, ohne allerdings synchron zu verlaufen. Diejenigen SchülerInnen, die sowohl auf Erwachsene als auch auf FreundInnen verweisen, ähneln 1992 und 1993 hinsichtlich einer von ihnen berichteten „warnenden/abschreckenden" Wirkung den nur auf Erwachsene Verweisenden; 1995 nehmen sie diesbezüglich eine Mittelstellung ein zwischen denjenigen, die bislang nur mit Erwachsenen, und denjenigen, die nach eigener Aussage bislang nur mit FreundInnen gesprochen haben. Hier wird somit ein wachsender Einfluß von Gleichaltrigen gegenüber einem zurückgehenden Einfluß von Eltern und LehrerInnen auf die Jugendlichen deutlich. Dabei wirken 1995 Gespräche mit FreundInnen weitaus weniger warnend oder abschreckend als in den Vorjahren, was darauf schließen läßt, daß illegalisierte Drogen in Gesprächen unter Jugendlichen auch zunehmend in nicht abschreckender Weise thematisiert werden.

Tabelle 9-11:

	Wenn Du bereits mit jemanden über illegale Drogen gesprochen hast, wie haben diese Gespräche auf Dich *überwiegend* gewirkt?					
	1992 warnend/ abschreckend		1993 warnend/ abschreckend		1995 warnend/ abschreckend	
	ja	nein	ja	nein	ja	nein
nur mit Erwachsenen gesprochen	83	13	72	19	75	16
nur mit FreundInnen gesprochen	62	30	61	32	44	44
mit beiden gesprochen	80	16	74	22	62	33
insgesamt	78	17	71	23	60	34

Angaben in Prozent. Prozentuierungsbasis ist die jeweilige Zelle. Daß sich die Angaben der jeweiligen Gruppen zu den verschiedenen Zeitpunkten nicht notwendigerweise zu hundert Prozent addieren, erklärt sich hier wie auch bei den folgenden Tabellen daraus, daß SchülerInnen mitunter zu einzelnen Items keine Stellung genommen haben, ohne allerdings die Frage nach den Wirkungen ihrer bisherigen Gespräche gänzlich unbeantwortet zu lassen.

Gleichzeitig zeigt sich für alle drei Zeitpunkte, daß diejenigen SchülerInnen, die ausschließlich auf FreundInnen als bisherige GesprächspartnerInnen verweisen, deutlich häufiger aufgrund ihrer bisherigen Gespräche zu illegalisierten Drogen neugierig geworden sind als diejenigen, die ausschließlich auf Erwachsene verweisen (vgl. Tabelle 9-12). Diejenigen SchülerInnen, die sowohl bereits mit FreundInnen als auch mit Erwachsenen gesprochen haben, nehmen jeweils eine Mittelstellung ein, allerdings sind sie denjenigen, die nur auf FreundInnen verweisen, sehr ähnlich.

Tabelle 9-12:

	Wenn Du bereits mit jemanden über illegale Drogen gesprochen hast, wie haben diese Gespräche auf Dich *überwiegend* gewirkt?					
	1992		1993		1995	
	neugierig geworden		neugierig geworden		neugierig geworden	
	ja	nein	ja	nein	ja	nein
nur mit Erwachsenen gesprochen	7	78	14	70	15	73
nur mit FreundInnen gesprochen	17	74	27	64	40	51
mit beiden gesprochen	13	74	24	71	35	60
insgesamt	13	74	23	70	34	60

Angaben in Prozent. Prozentuierungsbasis ist die jeweilige Zelle. Bei einem Vergleich der verschiedenen Erhebungszeitpunkte ist zu berücksichtigen, daß sich die Formulierung der Antwortvorgabe geändert hat: Diese lautete 1992 „neugierig auf die Drogenwirkung geworden", 1993 und 1995 „neugierig geworden".

Im Lauf der Zeit nimmt generell der Anteil derjenigen, die neugierig geworden sind, zu. Dies läßt sich auch für die Untergruppe derjenigen, die bislang nur mit FreundInnen gesprochen haben, feststellen; ebenso für diejenigen, die sowohl mit FreundInnen als auch mit erwachsenen Bezugspersonen gesprochen haben. Für diejenigen, die nur mit Erwachsenen gesprochen haben, zeigt sich ein entsprechender Anstieg nur von 1992 zu 1993. Allerdings mag dieser „Anstieg" von 1992 zu 1993 hier wie auch in den anderen Gruppen zumindest teilweise der Änderung der Antwortformulierung geschuldet sein. (Diese lautete 1992 „neugierig auf die Drogenwirkung geworden", 1993 und 1995 hingegen „neugierig geworden".) Bedeutsam und aussagekräftiger ist somit, daß die nur auf Erwachsene als bisherige GesprächspartnerInnen Verweisenden 1995 in gleichem Maße von geweckter Neugierde berichten wie 1993, während ihre anderen MitschülerInnen dies 1995 deutlich mehr tun als 1993. Daß diejenigen, die mit FreundInnen gesprochen haben (gleich ob sie darüber hinaus noch mit erwachsenen Bezugspersonen über illegalisierte Drogen gesprochen haben oder nicht), jeweils deutlich häufiger als die anderen, nur auf Erwachsene Verweisenden, davon berichten, aufgrund ihrer Gespräche neugierig geworden zu sein, ist ein deutlicher Hinweis darauf, daß in diesen Gesprächen unter Gleichaltrigen illegalisierte Drogen oftmals in ganz anderer Weise thematisiert werden als in Gesprächen der Jugendlichen mit Erwachsenen. Daß die geweckte Neugierde innerhalb dieser Gruppe deutlich zugenommen hat (1995 geben schließlich 40% derjenigen, die nur mit FreundInnen gesprochen haben, an, neugierig geworden zu sein), verweist darauf, daß im Zeitverlauf der entsprechende faszinativ-positive Thematisierungsmodus unter den SchülerInnen an Verbreitung und Bedeutung gewonnen hat.

Daß Gespräche unter den Jugendlichen oftmals mit anderen Wirkungen einhergehen als Gespräche zwischen Jugendlichen und erwachsenen Bezugspersonen, wird auch bei einer diesbezüglichen Betrachtung des Ausmaßes der Kommunikation im Freundeskreis deutlich, wobei sich bei einer solchen

Betrachtung insbesondere interessante Veränderungen der Zusammenhänge im Zeitverlauf zeigen:

Während die SchülerInnen generell im Lauf der Zeit ihre Gespräche zu illegalisierten Drogen in abnehmendem Maße als „warnend" bzw. „abschreckend" charakterisieren, zeigt sich diese Entwicklung auch innerhalb der einzelnen bei Differenzierung nach dem Ausmaß der Kommunikation im Freundeskreis entstehenden Gruppen (vgl. Tabelle 9-13). Besonders stark zeigt sie sich allerdings unter denjenigen, die von „viel" oder „sehr viel" Kommunikation im Freundeskreis berichten. So bildet sich im Zeitverlauf ein negativer statistischer Zusammenhang zwischen dem Ausmaß der Kommunikation im Freundeskreis und einer warnenden/abschreckenden Wirkung bisheriger Gespräche heraus, der schließlich noch an Stärke gewinnt (vgl. die Entwicklung von Cramérs V, Tabelle 9-13). Hier zeigt sich erneut, daß illegalisierte Drogen unter den Jugendlichen oftmals gerade nicht in einer warnenden oder abschreckenden Weise, sondern eher in einer faszinativ-positiven Weise thematisiert werden, und daß dieser faszinativ-positive Thematisierungsmodus sich im Lauf der Zeit unter den Jugendlichen ausgeweitet hat. Gleichzeitig mag die Kommunikation im Freundeskreis zunehmend dazu beigetragen haben, daß andere Informationen auch nicht (mehr) abschrecken (was wiederum einem zunehmenden Einfluß der Gleichaltrigen entsprechen würde).

Tabelle 9-13:

	Wenn Du bereits mit jemanden über illegale Drogen gesprochen hast, wie haben diese Gespräche auf Dich *überwiegend* gewirkt?					
	1992 warnend/ abschreckend		1993 warnend/ abschreckend		1995 warnend/ abschreckend	
Im Freundeskreis wird über illegalisierte Drogen...	ja	nein	ja	nein	ja	nein
....*sehr viel* gesprochen.	*	*	49	45	29	56
....*viel* gesprochen.	70	21	68	24	47	47
....*wenig* gesprochen.	79	16	73	23	71	25
....*gar nicht* gesprochen.	78	17	73	22	68	25
Insgesamt	78	17	71	23	60	34

Angaben in Prozent. Prozentuierungsbasis ist die jeweilige Zelle.

* 1992 wurden zur Frage nach dem Ausmaß der Kommunikation im Freundeskreis nur die drei Antwortvorgaben „viel", „wenig" und „gar nicht" angeboten. Da dies den SchülerInnen tendenziell nahelegte, mit dem Ankreuzen der mittleren Antwortkategorie von „wenig" Kommunikation zu berichten, war ab 1993 als zusätzliche vierte Antwortvorgabe „sehr viel" im Fragebogen enthalten. Dadurch ist allerdings ein bruchloser Vergleich der diesbezüglichen 1992er Ergebnisse mit den späteren nicht möglich.

Cramérs V: 1992 V nicht signifikant, 1993 V = 0,084, 1995 V = 0,214.

gleich derjenigen, die von wenig, von viel oder von sehr viel Kommunikation im Freundeskreis berichten. Für die Gruppe derjenigen, in deren Freundeskreis gar nicht über illegalisierte Drogen gesprochen wird, läßt sich ein solcher Anstieg allerdings nicht konstatieren, im Gegenteil: Der deutlichen Zunahme an geweckter Neugierde bei all denen, die überhaupt von Kommunikation im Freundeskreis berichten, von 1993 zu 1995 steht ein entsprechender Rückgang bei denjenigen gegenüber, in deren Freundeskreis gar nicht über Drogen gesprochen wird (vgl. Tabelle 9-14a).[22] Da gleichzeitig unter den Erstgenannten der Anteil der Neugieriggewordenen umso stärker zunahm, je mehr im jeweiligen Freundeskreis über illegalisierte Drogen gesprochen wird (was sich auch darin zeigt, daß der schon 1992 bestehende positive Zusammenhang zwischen dem Ausmaß der Kommunikation im Freundeskreis und geweckter Neugierde im Zeitverlauf immer stärker wird – vgl. den entsprechenden Anstieg von Cramérs V), wird hier insgesamt deutlich, daß es diese Gespräche mit Gleichaltrigen sind, die Jugendliche oftmals neugierig werden lassen. Die jeweils dem Ausmaß der Kommunikation im Freundeskreis entsprechende Zunahme der geweckten Neugierde macht erneut deutlich, daß sich dieser entsprechende Thematisierungsmodus unter den Jugendlichen im Lauf der Zeit ausgeweitet hat.

In umgekehrter Perspektive wird deutlich, daß diejenigen SchülerInnen, die aufgrund von Gesprächen zu illegalisierten Drogen neugierig geworden sind, auch relativ viel und im Zeitverlauf zunehmend im Freundeskreis über dieses Thema sprechen (vgl. Tabelle 9-14b). Diese Zunahme im Zeitverlauf verweist darauf, daß Gleichaltrige für Jugendliche zunehmend zu kompetenten GesprächspartnerInnen werden, mit denen die interessierenden Aspekte der Thematik besser erörtert werden können als mit anderen Personen und so auch erörtert werden.

22 Diese Entwicklung von 1993 zu 1995 ist hier bedeutsam, da ein Vergleich der Daten von 1992 mit den Daten der späteren Zeitpunkte auch aufgrund einer Änderung der Antwortvorgabe zur möglicherweise geweckten Neugierde nur bedingt möglich ist: 1992 konnten die SchülerInnen mitteilen, ob sie aufgrund ihrer bisherigen Gespräche „neugierig auf die Drogenwirkung" geworden sind; in den späteren Befragungen teilten sie dann jedoch entsprechend der Antwortvorgabe mit, ob sie „neugierig geworden" sind. So mag sich der gestiegene Anteil von neugierig gewordenen SchülerInnen insbesondere unter denjenigen, in deren Freundeskreis überhaupt nicht über Drogen gesprochen wird, von 1992 zu 1993 zum größten Teil aus dieser Umformulierung der Antwortvorgabe erklären. (Vgl. Tabelle 9-14a.)

Tabelle 9-14 a/b:

Tabelle 9-14a:

Wenn Du bereits mit jemanden über illegale Drogen gesprochen hast, wie haben diese Gespräche auf Dich *überwiegend* gewirkt?	1992		1993		1995	
	neugierig geworden		neugierig geworden		neugierig geworden	
Im Freundeskreis wird über illegalisierte Drogen....	ja	nein	ja	nein	ja	nein
.....*sehr viel* gesprochen.	*	*	47	45	64	30
.....*viel* gesprochen.	23	64	34	60	48	46
.....*wenig* gesprochen.	13	76	21	73	26	68
.....*gar nicht* gesprochen.	9	72	16	74	8	84
Insgesamt	13	74	23	70	34	60

Angaben in Prozent. Prozentuierungsbasis ist die jeweilige Zelle.

Tabelle 9-14b:

Wenn Du bereits mit jemanden über illegale Drogen gesprochen hast, wie haben diese Gespräche auf Dich *überwiegend* gewirkt?	1992		1993		1995	
	neugierig geworden		neugierig geworden		neugierig geworden	
Im Freundeskreis wird über illegalisierte Drogen....	ja	nein	ja	nein	ja	nein
.....*sehr viel* gesprochen.	*	*	8	2	20	5
.....*viel* gesprochen.	17	8	24	14	37	20
.....*wenig* gesprochen.	68	71	57	66	41	59
.....*gar nicht* gesprochen.	15	71	12	18	3	16

Angaben in Prozent. Prozentuierungsbasis ist die jeweilige Spalte. Bei Aufaddierungen zeigen sich möglicherweise Rundungsfehler.

* 1992 wurden zur Frage nach dem Ausmaß der Kommunikation im Freundeskreis nur die drei Antwortvorgaben „viel", „wenig" und „gar nicht" angeboten. Da dies den SchülerInnen tendenziell nahelegte, mit dem Ankreuzen der mittleren Antwortkategorie von „wenig" Kommunikation zu berichten, war ab 1993 als zusätzliche vierte Antwortvorgabe „sehr viel" im Fragebogen enthalten. Dadurch ist allerdings ein bruchloser Vergleich der diesbezüglichen 1992er Ergebnisse mit den späteren nicht möglich. Ein einfacher Vergleich ist hier auch deshalb nicht möglich, da die Antwortvorgabe zur Frage nach den Wirkungen der bisherigen Gespräche 1992 „ich bin neugierig auf die Drogenwirkung geworden" lautete, ab 1993 hingegen „ich bin neugierig geworden".

Cramérs V: 1992 V = 0,095, 1993 V = 0,129, 1995 V = 0,24.

Die hier präsentierten Befunde zeigen eindeutig, daß Gespräche unter Jugendlichen zu illegalisierten Drogen oftmals mit anderen Wirkungen auf die Jugendlichen verbunden sind als entsprechende Gespräche zwischen Jugendlichen und Erwachsenen: Gespräche mit Gleichaltrigen wirken weitaus weniger häufig warnend oder abschreckend auf die SchülerInnen als Gespräche mit erwachsenen Bezugspersonen. Gleichzeitig werden die Jugendlichen aufgrund von Gesprächen mit Gleichaltrigen weitaus häufiger neugierig als aufgrund von Gesprächen mit Eltern oder LehrerInnen. Dies verweist darauf, daß sich die Gespräche der Jugendlichen untereinander von ihren Gesprächen mit Erwachsenen nach Art und Inhalt oftmals unterscheiden, daß in solchen Gesprächen zu illegalisierten Drogen je unterschiedliche Inhalte und Aspekte thematisiert und je unterschiedliche Einschätzungen und Bewertungen vorgetragen werden, daß nämlich in diesen Gesprächen illegalisierte Drogen einerseits in abschreckend-negativer Weise, andererseits in faszinativ-positiver Weise in Erscheinung treten.[23] Die präsentierten Befunde zeigen ferner, daß der faszinativ-positive Thematisierungsmodus unter den SchülerInnen im Lauf der Zeit an Verbreitung und Bedeutung gewonnen hat. Somit werden hier konträre Kommunikationszusammenhänge zu illegalisierten Drogen deutlich: vertikale Kommunikationszusammenhänge, die durch einen abschreckend-negativen Thematisierungsmodus bezüglich illegalisierter Drogen von seiten erwachsener Bezugspersonen gekennzeichnet sind, und horizontale Kommunikationszusammenhänge, die die durch eine faszinativ-positive Thematisierung gekennzeichneten Gespräche unter Jugendlichen umfassen, wobei sich diese horizontalen Kommunikationszusammenhänge im Lauf der Zeit ausweiten.

An anderer Stelle wird deutlich werden, daß mit den diese Kommunikationszusammenhänge jeweils kennzeichnenden Thematisierungsmodi neben unterschiedlichen berichteten Wirkungen der Gespräche auch unterschiedliches Wissen, unterschiedliche Einstellungen und unterschiedliche Verhaltensweisen der SchülerInnen bezüglich illegalisierter Drogen einhergehen.

9.4 GesprächspartnerInnen und akzeptierte Wissensquellen

Der nun folgenden Betrachtung der Zusammenhänge zwischen den GesprächspartnerInnen der SchülerInnen zum Thema „Illegalisierte Drogen“ und den von ihnen benannten Quellen ihres diesbezüglichen Wissens liegt (um auch an dieser Stelle wiederum ein klareres Bild zu erlangen) eine teilweise Zusammenfassung von Antwortvorgaben zugrunde. Zum einen findet hier wiederum die im vorherigen Abschnitt eingeführte Zusammenfassung der SchülerInnen entsprechend ihren bisherigen GesprächspartnerInnen zu illegalisierten Drogen zu drei Gruppen Verwendung (diejenigen, die nach eigener Aussage bislang ausschließlich[24] mit Eltern oder LehrerInnen gesprochen haben, diejenigen, die ausschließlich mit FreundInnen gesprochen haben, diejenigen, die bisher sowohl mit erwachsenen Bezugspersonen als auch mit FreundInnen über illegalisierte Drogen gesprochen haben). Zum anderen sind hier Antwortvorgaben zur Frage nach den Quellen des bisherigen Wissens wie folgt zusammengefaßt: Vater oder Mutter zu Eltern, Klassen- oder

23 Die unterschiedlichen Wirkungen der verschiedenen Gespräche bzw. GesprächspartnerInnen werden zusätzlich zu Art und Inhalt der Gespräche auch durch die alltagskulturellen und beziehungsdynamischen Bezüge, in die die Gespräche jeweils eingebettet sind, befördert.

24 Vgl. zu diesem „ausschließlich“ Fußnote 21.

andere FreundInnen zu FreundInnen, sowie Fernsehen oder Hörfunk oder Bücher/Broschüren oder Zeitungen/Zeitschriften zu Medien.

Während die Bedeutung der Eltern als Wissens- und Informationsquelle der SchülerInnen zu illegalisierten Drogen generell im Lauf der Zeit zurückgeht, zeigt sich dieser Rückgang auch unter denjenigen, die bis zum jeweiligen Zeitpunkt nur mit Erwachsenen über dieses Thema gesprochen haben. Stärker und eindeutiger zeigt sich dieser Rückgang allerdings unter denjenigen, die zum jeweiligen Zeitpunkt sowohl bereits einmal mit Eltern oder LehrerInnen als auch mit FreundInnen über illegalisierte Drogen gesprochen haben (vgl. Tabelle 9-15). Die zurückgehende diesbezügliche Bedeutung der Eltern für Jugendliche und damit auch ein zurückgehender Einfluß der Eltern zeigt sich also insbesondere unter denjenigen SchülerInnen, die sich auch mit Gleichaltrigen zum Thema austauschen.

Diejenigen, die nach eigener Aussage bislang nur mit FreundInnen über illegalisierte Drogen gesprochen haben, berichten erwartungsgemäß zu allen Zeitpunkten weitaus weniger häufig als die anderen, daß sie ein Großteil ihres Wissens zu illegalisierten Drogen von ihren Eltern erlangt haben.[25]

Tabelle 9-15:

Woher hast Du das meiste, was Du über illegale Drogen weißt? – Von Mutter oder Vater:					
	1990	1991	1992	1993	1995
nur mit Erwachsenen gesprochen	66	70	51	50	46
nur mit FreundInnen gesprochen	11	8[a]	4	5	6
mit beiden gesprochen	68	58	46	43	33
insgesamt	56	54	41	38	29

Angaben in Prozent. Die Prozentzahlen stellen jeweils den Anteil derjenigen, die die Eltern als Wissensquelle benennen, innerhalb der mit Differenzierung nach bisherigen GesprächspartnerInnen zum jeweiligen Zeitpunkt entstehenden Gruppen dar. D.h. also bspw.: 66% derjenigen, die 1990 nur auf erwachsene Bezugspersonen als bisherige GesprächspartnerInnen verweisen, geben an, ihr Wissen von den Eltern zu haben.

a Diese Gruppe besteht nur aus fünf SchülerInnen.

Daß die Bedeutung der Eltern als Wissens- und Informationsquelle insbesondere unter denjenigen SchülerInnen zurückgeht, die sich zum Thema illegali-

25 Daß es überhaupt SchülerInnen gibt, die sich einerseits nach eigener Aussage bislang nur mit FreundInnen über illegalisierte Drogen unterhalten haben, die aber andererseits ihre Eltern als diesbezügliche Wissensquelle benennen, ist dadurch erklärbar, daß die SchülerInnen mitunter bei der Beantwortung der Frage nach bisherigen GesprächspartnerInnen ihre *aktuellen* GesprächspartnerInnen vor Augen hatten. Diese Erklärung ist vor allem dadurch plausibel, daß im Zeitverlauf innerhalb von Kohorten (bspw. bei einem Vergleich der 13-jährigen 1990 mit den 14-jährigen 1991 und weiter mit den 15-jährigen 1992, den 16-jährigen 1993 und den 18-jährigen 1995) der Anteil derjenigen, die als bisherige GesprächspartnerInnen nur FreundInnen (und gerade keine erwachsenen Bezugspersonen) benennen, signifikant zunimmt – was keine andere Erklärung als die hier dargebotene zuläßt. Entsprechende Phänomene treten auch an anderer Stelle auf.

sierte Drogen auch mit Gleichaltrigen austauschen, wird auch bei einer entsprechenden Betrachtung des Ausmaßes der Kommunikation im Freundeskreis der Befragten deutlich (vgl. Tabelle 9-16). Während sich 1990 ein positiver Zusammenhang zwischen dem Ausmaß der Kommunikation im Freundeskreis und der Nennung von Mutter oder Vater als Quelle bisherigen Wissens zu illegalisierten Drogen zeigt, schwächt sich dieser Zusammenhang zu 1991 ab und hat sich 1992 aufgelöst. 1995 fällt auf, daß diejenigen, die von „wenig" Kommunikation im Freundeskreis berichten, relativ häufig auf die Eltern als Wissensquelle verweisen.

Tabelle 9-16:

Woher hast Du das meiste, was Du über illegale Drogen weißt? – Von Mutter oder Vater:

	1990	1991	1992	1993	1995
Im Freundeskreis wird.....					
.....*sehr viel*.....	*	*	*	33	23
.....*viel*.....	70	64	38	38	25
.....*wenig*.....	59	55	42	37	34
.....*gar nicht*.....	35	38	39	41	21
.....über illegalisierte Drogen gesprochen.					
insgesamt	56	54	41	38	29

Angaben in Prozent. Die Prozentzahlen stellen jeweils den Anteil derjenigen, die die Eltern als Wissensquelle benennen, innerhalb der mit Differenzierung nach dem Ausmaß der Kommunikation im Freundeskreis zum jeweiligen Zeitpunkt entstehenden Gruppen dar.

* 1990 bis 1992 wurden zur Frage nach dem Ausmaß der Kommunikation im Freundeskreis nur die drei Antwortvorgaben „viel", „wenig" und „gar nicht" angeboten. Da dies den SchülerInnen tendenziell nahelegte, mit dem Ankreuzen der mittleren Antwortkategorie von „wenig" Kommunikation im Freundeskreis zu berichten, war ab 1993 als zusätzliche Antwortvorgabe „sehr viel" im Fragebogen enthalten. Dadurch ist allerdings bei einem Vergleich der Ergebnisse über den gesamten Zeitverlauf Vorsicht geboten.

Cramérs V: 1990 V = 0,207, 1991 V = 0,115, 1992 V nicht signifikant.

Es scheint, daß in der ersten Zeit nach der Wende SchülerInnen, die sich für das Thema „Illegalisierte Drogen" interessierten, zum einen relativ viel in ihren Freundeskreisen darüber sprachen, zum anderen aber auch relativ oft bereits einmal entsprechende Gespräche mit ihren Eltern hatten und die von diesen dargebotenen Informationen auch akzeptierten und solchermaßen als Wissen sich aneigneten. Dies läßt wiederum deutlich werden, *daß in der ersten Zeit nach der Wende zunächst illegalisierte Drogen noch nicht auf unterschiedliche Weise im Rahmen horizontaler und vertikaler Kommunikation thematisiert wurden. Erst im Lauf der Zeit bildet sich im Rahmen horizontaler Kommunikation unter Jugendlichen ein faszinativ-positiver Thematisierungsmodus heraus, der den auf Warnung und Abschreckung zielenden Gesprächsintentionen Erwachsener entgegensteht. So löst sich im Lauf der Zeit die Übereinstimmung zwischen Jugendlichen und Erwachsenen bezüglich illegalisierter Drogen auf* – was auch an der Auflösung des positiven Zusammenhangs zwischen dem Ausmaß der Kommunikation im Freundeskreis und der Akzeptanz von Eltern als

Wissensquelle deutlich wird. Daß es 1995 insbesondere diejenigen sind, die von „wenig" Kommunikation im Freundeskreis berichten, die auf die Eltern als Wissensquelle verweisen, entspricht dieser Entwicklung.

Es gibt vielfache Hinweise darauf, daß illegalisierte Drogen im Schuljahr 1990/91 in besonders ausführlicher Weise im Schulunterricht thematisiert worden sind.[26] Dies zeigt sich auch mit dem Ausmaß der Nennungen von LehrerInnen als Wissensquelle bzw. mit dem diesbezüglichen Verweis auf den Schulunterricht (vgl. Tabelle 9-17). Von 1991 an hat die Bedeutung des Schulunterrichts als Wissensquelle generell kontinuierlich abgenommen, wobei der starke Rückgang von 1993 zu 1995 (generell und in den mit der Differenzierung nach dem Ausmaß der Kommunikation im Freundeskreis sich ergebenden Untergruppen) sich zu einem Teil durch die Änderung der Antwortvorgabe erklären mag.[27] Der generelle Rückgang der Bedeutung der Schule als Wissensquelle zeigt sich auch für diejenigen SchülerInnen, die bis zu den jeweiligen Untersuchungszeitpunkten nur mit erwachsenen Bezugspersonen über illegalisierte Drogen gesprochen hatten. Noch stärker allerdings ist dieser Rückgang unter denjenigen Jugendlichen, die jeweils sowohl mit solchen erwachsenen Bezugspersonen als auch mit FreundInnen gesprochen haben (so daß sich im Zeitverlauf schließlich auch der Unterschied zwischen diesen beiden Gruppen bezüglich der Schule als Wissensquelle auflöst). Dieser stärkere Rückgang unter denjenigen, die sich auch mit Gleichaltrigen austauschen, zeigt wiederum die Auflösung zu Beginn bestehender Übereinstimmung zwischen Jugendlichen und Erwachsenen bezüglich der Bewertung illegalisierter Drogen bzw. der unterschiedlichen mit diesem Thema verbundenen Aspekte an. Auffällig ist, daß für diejenigen SchülerInnen, die zu den verschiedenen Zeitpunkten jeweils nur auf FreundInnen als bisherige GesprächspartnerInnen verweisen, der generell sich zeigende Rückgang ab 1991 so nicht zu verzeichnen ist. Vielmehr bleibt das Ausmaß der Nennungen der Schule als Wissensquelle unter diesen Jugendlichen von 1991 bis 1993 etwa gleich und nimmt erst von 1993 zu 1995 stark ab.[28] Diese Entwicklung, die sich von der der anderen Gruppen unterscheidet, mag sich dadurch erklären, daß von 1991 bis 1993 die Antwortvorgabe „Schulunterricht", die eben auch Beiträge aller Art von MitschülerInnen während des Unterrichts umfaßt, 1995 hingegen die Antwortvorgabe „LehrerIn" angeboten wurde.

Zu allen Zeitpunkten nennen allerdings diejenigen, die ausschließlich auf FreundInnen als bisherige GesprächspartnerInnen verweisen, die Schule deutlich weniger häufig als Wissensquelle zu illegalisierten Drogen als ihre

---

26 Vgl. dazu bspw. die häufigen Nennungen von LehrerInnen als GesprächspartnerInnen 1991 (Abschnitt 9.2). (Die Erhebungen wurden jeweils in der ersten Jahreshälfte durchgeführt.)

27 Vgl. Fußnote 13 in Abschnitt 9.2.

28 Die in Tabelle 9-17 für diese Gruppe sich andeutende diesbezügliche Zunahme von 1991 über 1992 bis 1993 ist nicht signifikant!

MitschülerInnen.[29] Womöglich akzeptieren diese SchülerInnen von LehrerInnen vorgetragene Informationen und Bewertungen bezüglich illegalisierter Drogen dann nicht, wenn sie den im Freundeskreis bzw. in der Gleichaltrigengruppe anerkannten Informationen und Bewertungen widersprechen – womit sich die Konkurrenz horizontaler und vertikaler Kommunikationszusammenhänge zeigt, innerhalb derer entsprechend gänzlich verschiedener Thematisierungsmodi nahezu konträre „Wahrheiten" bezüglich illegalisierter Drogen verhandelt werden.[30]

Tabelle 9-17:

Woher hast Du das meiste, was Du über illegale Drogen weißt? – Aus dem Schulunterricht bzw. von LehrerInnen:[a]					
	1990	1991	1992	1993	1995
nur mit Erwachsenen gesprochen	34	53	50	45	28
nur mit FreundInnen gesprochen	11	25[b]	34	39	7
mit beiden gesprochen	40	67	58	53	27
insgesamt	33	60	53	49	24

Angaben in Prozent. Die Prozentzahlen stellen jeweils den Anteil derjenigen, die die Schule bzw. LehrerInnen als Wissensquelle benennen, innerhalb der mit Differenzierung nach bisherigen GesprächspartnerInnen zum jeweiligen Zeitpunkt entstehenden Gruppen dar.

a) 1990 und auch 1995 lautete die Antwortvorgabe LehrerInnen; 1991, 1992 und 1993 lautete sie Schulunterricht.

b) Diese Gruppe besteht nur aus drei SchülerInnen.

Eine Betrachtung der Nennungen der Schule als Quelle bisherigen Wissens in Zusammenhang mit dem Ausmaß der Kommunikation im Freundeskreis zeigt, daß der generell zu konstatierende Bedeutungsrückgang der Schule als Wissensquelle der SchülerInnen bezüglich illegalisierter Drogen ab 1991 auch für die jeweiligen Untergruppen auszumachen ist, die sich bei Differenzierung nach dem Ausmaß dieser horizontalen Kommunikation ergeben (vgl. Tabelle 9-18).

29 Vgl. dazu, daß es 1995 überhaupt SchülerInnen gibt, die einerseits nach eigenen Angaben bislang nicht mit LehrerInnen über illegalisierte Drogen gesprochen haben, die aber andererseits diese als Wissensquelle zu diesem Thema benennen, die Ausführungen in Fußnote 25.

30 Wenn hier und an anderen Stellen dieses Abschnitts von einer Konkurrenz der beiden Kommunikationszusammenhänge und davon, daß innerhalb dieser konträre „Wahrheiten" bezüglich illegalisierter Drogen gelten, gesprochen wird, so mag dies hier zunächst etwas spekulativ erscheinen. In den folgenden Abschnitten wird ein unterschiedliches Thematisieren unterschiedlicher Aspekte in Gesprächen unter Jugendlichen und solchen zwischen Jugendlichen und Erwachsenen und dementsprechend unterschiedliche geltende Wahrheiten mit einer Fülle empirischen Materials belegt.

Tabelle 9-18:

Woher hast Du das meiste, was Du über illegale Drogen weißt? – Aus dem Schulunterricht bzw. von LehrerInnen: [a]					
	1990	1991	1992	1993	1995
Im Freundeskreis wird.....					
.....*sehr viel*.....	*	*	*	27	11
.....*viel*.....	44	66	49	46	21
.....*wenig*.....	34	61	55	51	28
.....*gar nicht*.....	26	54	47	46	22
über illegalisierte Drogen gesprochen.					
insgesamt	33	61	53	49	24

Angaben in Prozent. Die Prozentzahlen stellen jeweils den Anteil derjenigen, die den Schulunterricht bzw. LehrerInnen als Wissensquelle benennen, innerhalb der mit Differenzierung nach dem Ausmaß der Kommunikation im Freundeskreis zum jeweiligen Zeitpunkt entstehenden Gruppen dar.

a) 1990 und auch 1995 lautete die Antwortvorgabe LehrerInnen; 1991, 1992 und 1993 lautete sie Schulunterricht.

* 1990 bis 1992 wurden zur Frage nach dem Ausmaß der Kommunikation im Freundeskreis nur die drei Antwortvorgaben „viel", „wenig" und „gar nicht" angeboten. Da dies den SchülerInnen tendenziell nahelegte, mit dem Ankreuzen der mittleren Antwortkategorie von „wenig" Kommunikation im Freundeskreis zu berichten, war ab 1993 als zusätzliche Antwortvorgabe „sehr viel" im Fragebogen enthalten. Dadurch ist allerdings bei einem Vergleich der Ergebnisse über den gesamten Zeitverlauf Vorsicht geboten.

Während sich für 1990 (noch) ein positiver Zusammenhang zwischen dem Ausmaß der Kommunikation im Freundeskreis der SchülerInnen und ihren Nennungen der Schule als Wissensquelle zeigt, läßt sich dieser Zusammenhang zu späteren Zeitpunkten nicht mehr feststellen. (1991 deutet sich dieser Zusammenhang noch auf deskriptiver Ebene an, erreicht jedoch auch zu diesem Zeitpunkt kein signifikantes Niveau mehr.) Auffällig ist ferner, daß 1993 und 1995 diejenigen Jugendlichen, die von „sehr vielen" Gesprächen in ihrem Freundeskreis zu illegalisierten Drogen berichten, deutlich weniger als die jeweils anderen auf die Schule als Wissensquelle verweisen, und daß 1993 und schließlich deutlicher noch 1995 diejenigen, in deren Freundeskreis „wenig" über illegalisierte Drogen gesprochen wird, relativ häufig auf die Schule als Wissensquelle verweisen. (Der sich auflösende positive Zusammenhang und der zuletzt für 1995 referierte Befund zeigen sich in nahezu gleicher Weise bezüglich der Eltern als Wissensquelle – vgl. oben Tabelle 9-16 und die entsprechenden Ausführungen.)

Hier wird somit insgesamt erneut deutlich, daß eine anfängliche Übereinstimmung zwischen Jugendlichen und Erwachsenen (hier: LehrerInnen) bezüglich illegalisierter Drogen sich im Lauf der Zeit aufgelöst hat, so daß SchülerInnen schließlich tendenziell entweder relativ viel mit FreundInnen über illegalisierte Drogen sprechen und dann von LehrerInnen vorgetragene Informationen und Bewertungen nicht annehmen oder relativ wenig mit

Gleichaltrigen über illegalisierte Drogen sprechen und dann auch LehrerInnen als Informations- bzw. Wissensquelle akzeptieren.

Hier wird also wieder die Konkurrenz horizontaler und vertikaler Kommunikationszusammenhänge, die durch zwei gänzlich verschiedene Thematisierungsmodi bezüglich illegalisierter Drogen gekennzeichnet sind und innerhalb derer (wie in den folgenden Abschnitten noch eindeutiger belegt wird) nahezu konträre Wahrheiten verhandelt werden, sichtbar. Diese Konkurrenz ist im Lauf der Zeit, ausgehend von einer weitgehenden Übereinstimmung zwischen Jugendlichen und Erwachsenen, mit der Verbreitung eines faszinativ-positiven Thematisierungsmodus unter Jugendlichen entstanden.

Dem entsprechend zeigt sich, daß die Bedeutung von FreundInnen bzw. Gleichaltrigen als Wissensquelle im Zeitverlauf generell stark zunimmt (wenn auch nicht kontinuierlich). Diese Zunahme zeigt sich bei genauerer Betrachtung insbesondere für diejenigen SchülerInnen, die als bisherige GesprächspartnerInnen zum jeweiligen Zeitpunkt sowohl erwachsene Bezugspersonen als auch FreundInnen nennen (vgl. Tabelle 9-19) – für jene SchülerInnen mithin, für die im Lauf der Zeit Eltern und LehrerInnen in ihrer Bedeutung als Wissensquelle stark verlieren.

Tabelle 9-19:

Woher hast Du das meiste, was Du über illegale Drogen weißt? – Von FreundInnen					
	1990	1991	1992	1993	1995
nur mit Erwachsenen gesprochen	18	10	5	7	7
nur mit FreundInnen gesprochen	68	42[a]	49	57	68
mit beiden gesprochen	52	54	46	49	71
insgesamt	35	42	39	42	63

Angaben in Prozent. Die Prozentzahlen stellen jeweils den Anteil derjenigen, die FreundInnen als Wissensquelle benennen, innerhalb der mit Differenzierung nach bisherigen GesprächspartnerInnen zum jeweiligen Zeitpunkt entstehenden Gruppen dar.

Daß 1990 und auch 1991 relativ viele SchülerInnen einerseits als bisherige GesprächspartnerInnen keine FreundInnen nennen, andererseits jedoch angeben, ihr gegenwärtiges Wissen zu Drogen zumindest zum Teil von FreundInnen zu haben, mag sich aus der 1990 und 1991 verwendeten Frageformulierung zu bisherigen GesprächspartnerInnen erklären: „Hat mit Dir schon jemand in Ruhe über Probleme gesprochen, die ....". Vgl. zu diesem Phänomen insbesondere ab 1992 auch die Ausführungen in Fußnote 25.

a) Diese Gruppe besteht nur aus fünf SchülerInnen.

Die generell zunehmende Bedeutung von FreundInnen als Wissensquelle zeigt sich auch und insbesondere für diejenigen SchülerInnen, in deren Freundeskreis zu den jeweiligen Zeitpunkten überhaupt von illegalisierten Drogen gesprochen wird (vgl. Tabelle 9-20). Dabei verweisen die SchülerInnen zu jedem Erhebungszeitpunkt umso eher auf FreundInnen als Informations- und Wissensquelle, je mehr in ihrem jeweiligen Freundeskreis über illegalisierte Drogen gesprochen wird. Dieser positive Zusammenhang verstärkt sich im Zeitverlauf (wenn auch nicht ganz kontinuierlich). Daß 1995 schließlich 85% derjenigen, die in ihren Freundeskreisen „viel" oder „sehr viel" über illegalisierte Drogen sprechen, FreundInnen als entsprechende Wissensquelle benennen, macht die (im Zeitverlauf sich entwickelnde) überragende diesbezügliche Bedeutung Gleichaltriger für diejenigen SchülerInnen, die mit einer Kommunikation im Freundeskreis auch ein Interesse an diesem Thema dokumentieren, deutlich.

Eine generell überragende Bedeutung als Wissensquelle der SchülerInnen bezüglich illegalisierter Drogen kommt den Medien zu. Allerdings ist diesbezüglich seit 1992 ein leichter Rückgang feststellbar. Eine Differenzierung nach bisherigen GesprächspartnerInnen zeigt, daß ab 1992 diejenigen SchülerInnen, die als bisherige GesprächspartnerInnen sowohl auf erwachsene Bezugspersonen als auch auf FreundInnen verweisen, häufiger die Medien als Wissensquelle benennen als diejenigen, die bis zum jeweiligen Zeitpunkt ausschließlich mit Eltern oder LehrerInnen über illegalisierte Drogen gesprochen haben (vgl. Tabelle 9-21). Hier zeigt sich, daß ein größeres Interesse am Thema auch mit einer größeren Aufnahmebereitschaft bezüglich entsprechenden Meldungen der Massenmedien und auch eher mit einer aktiven Lektüre von Publikationen einhergeht.

Tabelle 9-20:

Woher hast Du das meiste, was Du über illegale Drogen weißt? – Von FreundInnen:

	1990	1991	1992	1993	1995
Im Freundeskreis wird.....					
.....*sehr viel*.....	*	*	*	69	85
.....*viel*.....	44	66	70	58	85
.....*wenig*.....	37	42	41	42	56
.....*gar nicht*.....	20	14	19	23	27
.....über illegalisierte Drogen gesprochen.					
insgesamt	35	42	39	42	63

Angaben in Prozent. Die Prozentzahlen stellen jeweils den Anteil derjenigen, die FreundInnen als Wissensquelle benennen, innerhalb der mit Differenzierung nach dem Ausmaß der Kommunikation im Freundeskreis zum jeweiligen entstehenden Gruppen dar.

* 1990 bis 1992 wurden zur Frage nach dem Ausmaß der Kommunikation im Freundeskreis nur die drei Antwortvorgaben „viel", „wenig" und „gar nicht" angeboten. Da dies den SchülerInnen tendenziell nahelegte, mit dem Ankreuzen der mittleren Antwortkategorie von „wenig" Kommunikation im Freundeskreis zu berichten, war ab 1993 als zusätzliche Antwortvorgabe „sehr viel" im Fragebogen enthalten. Dadurch ist allerdings bei einem Vergleich der Ergebnisse über den gesamten Zeitverlauf Vorsicht geboten.

Cramérs V: 1990 V = 0,153, 1991 V = 0,288, 1992 V = 0,277, 1993 V = 0,239, 1995 V = 0,387.

Tabelle 9-21:

Woher hast Du das meiste, was Du über illegale Drogen weißt? – Aus Bücher, Broschüren, Zeitungen, Zeitschriften, aus dem Fernsehen oder Hörfunk:	1990	1991	1992	1993	1995
nur mit Erwachsenen gesprochen	94	93	92	89	82
nur mit FreundInnen gesprochen	95	100[a)]	95	90	91
mit beiden gesprochen	97	97	98	96	93
insgesamt	96	97	96	94	91

Angaben in Prozent. Die Prozentzahlen stellen jeweils den Anteil derjenigen, die die Medien als Wissensquelle benennen, innerhalb der mit Differenzierung nach bisherigen GesprächspartnerInnen zum jeweiligen Zeitpunkt entstehenden Gruppen dar.

a) Diese Gruppe besteht nur aus zwölf SchülerInnen.

Daß den Medien generell eine solch große Bedeutung als Wissens- und Informationsquelle zukommt, erklärt sich auch aus dem anonymen Charakter dieser Informationsträger, der Jugendlichen ein tabu- und sanktionsfreies Sich-Informieren über alle jeweils interessierenden Aspekte erlaubt. Auffallend ist nun, daß diejenigen Jugendlichen, die in ihrem Freundeskreis „sehr viel" über illegalisierte Drogen sprechen, 1993 und insbesondere 1995 deutlich weniger auf die Medien als Wissensquelle verweisen als andere (vgl. Tabelle 9-22), und daß ihre diesbezüglichen Nennungen 1995 schließlich deutlich hinter ihren Nennungen von FreundInnen (vgl. oben) zurückbleiben. Hier zeigt sich zum einen, daß diese Jugendlichen sich in der Gleichaltrigengruppe zu allen interessierenden Aspekten austauschen können und somit weniger auf massenmediale Informationen angewiesen sind.[31] Zum anderen darf jedoch auch angenommen werden, daß diese Jugendlichen von Massenmedien verbreitete Informationen und Darstellungen zu illegalisierten Drogen aufgrund ihres bisherigen Wissens, daß sie sich auch in Gesprächen mit Gleichaltrigen angeeignet haben (was in ihren diesbezüglichen Nennungen von FreundInnen als Wissensquelle zum Ausdruck kommt), in geringerem Maße anerkennen. Das heißt, daß die unter Jugendlichen im Zeitverlauf sich verbreitende faszinativ-positive Art und Weise der Thematisierung illegalisierter Drogen zunehmend auch massenmediale Informationen, die oftmals abschreckend-negative Klischees bedienen, als unglaubwürdig erscheinen läßt, so daß Jugendliche diese dann zurückweisen und eben nicht als Wissen sich aneignen.

31 Daß in jugendkulturelle Bezüge eingebundene Heranwachsende oftmals in weitaus geringerem Maße fernsehen als Jugendliche, die nicht in einer solchen Weise eingebunden sind, wird hier ebenfalls deutlich.

Tabelle 9-22:

Woher hast Du das meiste, was Du über illegale Drogen weißt? – Aus Bücher, Broschüren, Zeitungen, Zeitschriften, aus dem Fernsehen oder Hörfunk					
	1990	1991	1992	1993	1995
Im Freundeskreis wird.....					
.....*sehr viel*.....	*	*	*	85	75
.....*viel*.....	94	96	94	93	92
.....*wenig*.....	96	97	98	95	94
.....*gar nicht*.....	94	97	93	93	93
.....über illegalisierte Drogen gesprochen.					
insgesamt	96	97	96	94	91

Angaben in Prozent. Die Prozentzahlen stellen jeweils den Anteil derjenigen, die Medien als Wissensquelle benennen, innerhalb der mit Differenzierung nach dem Ausmaß der Kommunikation im Freundeskreis zum jeweiligen Zeitpunkt entstehenden Gruppen dar.

* 1990 bis 1992 wurden zur Frage nach dem Ausmaß der Kommunikation im Freundeskreis nur die drei Antwortvorgaben „viel", „wenig" und „gar nicht" angeboten. Da dies den SchülerInnen tendenziell nahelegte, mit dem Ankreuzen der mittleren Antwortkategorie von „wenig" Kommunikation im Freundeskreis zu berichten, war ab 1993 als zusätzliche Antwortvorgabe „sehr viel" im Fragebogen enthalten. Dadurch ist allerdings bei einem Vergleich der Ergebnisse über den gesamten Zeitverlauf Vorsicht geboten.

Aufschlußreich ist schließlich auch eine Betrachtung der Nennungen eigener Beobachtungen als Wissensquelle in Zusammenhang mit bisherigen GesprächspartnerInnen und in Zusammenhang mit der aktuellen Kommunikation im Freundeskreis der SchülerInnen. Es zeigt sich, daß die im Zeitverlauf generell zunehmende Bedeutung eigener Beobachtungen als Wissensquelle sich nur für diejenigen SchülerInnen konstatieren läßt, die als bisherige GesprächspartnerInnen zum Thema „Illegalisierte Drogen" auf FreundInnen verweisen (entweder ausschließlich oder zusätzlich zu erwachsenen Bezugspersonen; vgl. Tabelle 9-23). Für diejenigen SchülerInnen, die bis zum jeweiligen Zeitpunkt nur mit Eltern oder LehrerInnen über dieses Thema gesprochen haben, läßt sich diese Bedeutungszunahme hingegen nicht konstatieren. Somit bildet sich im Zeitverlauf ein deutlicher Unterschied zwischen dieser letztgenannten Gruppe und den jeweiligen MitschülerInnen heraus. Dem entsprechend zeigt sich auch zu jedem Zeitpunkt ein positiver Zusammenhang zwischen dem Ausmaß der Kommunikation im Freundeskreis und dem Verweis auf eigene Beobachtungen als Wissensquelle, wobei dieser Zusammenhang im Zeitverlauf kontinuierlich an Stärke gewinnt (vgl. Tabelle 9-24): Je mehr die Jugendlichen mit FreundInnen über illegalisierte Drogen sprechen bzw. bereits gesprochen haben, umso eher haben sie auch bereits einmal entsprechende eigene Beobachtungen gemacht – und dies im Zeitverlauf zunehmend.

Tabelle 9-23:

Woher hast Du das meiste, was Du über illegale Drogen weißt? – Eigene Beobachtungen	1991	1992	1993	1995
nur mit Erwachsenen gesprochen	10	7	12	8
nur mit FreundInnen gesprochen	17[a]	23	23	31
mit beiden gesprochen	12	16	26	38
insgesamt	12	16	23	33

Angaben in Prozent. Die Prozentzahlen stellen jeweils den Anteil derjenigen, die zu dem jeweiligen Zeitpunkt auf eigene Beobachtungen als Wissensquelle verweisen, innerhalb der mit Differenzierung nach bisherigen GesprächspartnerInnen entstehenden Gruppen dar. Eigene Beobachtungen waren erst ab 1991 als Antwortvorgabe zur Frage nach den Quellen des bisherigen Wissens im Fragebogen enthalten.

a Diese Gruppe besteht nur aus zwei SchülerInnen.

Da solche eigenen Beobachtungen, aufgrund derer sich SchülerInnen Wissen zu illegalisierten Drogen aneignen konnten, eigene Probiererfahrungen ebenso umfassen mögen wie das Beobachten eines Konsums anderer Jugendlicher, zeigt sich hier einerseits, daß unter denjenigen Jugendlichen, die sehr viel mit Gleichaltrigen über illegalisierte Drogen sprechen und auf diese Weise auch ein großes Interesse an diesem Thema deutlich werden lassen, auch eher ein Probierkonsum praktiziert wird als unter ihren anderen AltersgenossInnen. In umgekehrter Perspektive läßt sich allerdings auch sagen, daß die Jugendlichen häufiger auf FreundInnen als bisherige GesprächspartnerInnen verweisen bzw. von häufigeren Gesprächen in ihren Freundeskreisen zu illegalisierten Drogen berichten, wenn sie bereits entsprechende eigene Beobachtungen bzw. eigene Konsumerfahrungen gemacht haben. Dieser im Zeitverlauf zunehmende Zusammenhang läßt sich bezüglich erwachsener GesprächspartnerInnen nicht ausmachen. Somit wird hier deutlich, daß Jugendliche solche von seiten Erwachsener oftmals tabuisierten direkten oder indirekten Erfahrungen eher mit Gleichaltrigen besprechen können und so in zunehmendem Maße eher mit diesen besprechen wollen. Darüberhinaus wird hier deutlich, daß gleichaltrigen GesprächspartnerInnen im Lauf der Zeit zunehmend eine entsprechende Kompetenz, über solche Begebenheiten und generell über illegalisierte Drogen zu sprechen, von seiten Jugendlicher zuerkannt wird. Schließlich zeigt sich auch generell, daß Jugendliche dann viel über illegalisierte Drogen sprechen (und insofern auch ein Interesse an diesem Thema zeigen), wenn solche Substanzen in irgendeiner Weise auch ein real erlebbares (bzw. beobachtbares) Phänomen für sie sind. Daß diese Ergebnisse große Bedeutung für jedes Bemühen um eine angemessene Drogenerziehung haben, ist evident.[32]

32 Überlegungen zu entsprechenden Konsequenzen finden sich weiter unten in Kapitel 11.

Tabelle 9-24:

Woher hast Du das meiste, was Du über illegale Drogen weißt? – Eigene Beobachtungen				
	1991	1992	1993	1995
Im Freundeskreis wird.....				
.....*sehr viel*.....	*	*	66	69
.....*viel*.....	18	36	39	46
.....*wenig*.....	11	15	19	25
.....*gar nicht*.....	7	9	14	8
.....über illegalisierte Drogen gesprochen.				
insgesamt	12	16	23	33

Angaben in Prozent. Die Prozentzahlen stellen jeweils den Anteil derjenigen, die eigene Beobachtungen als Wissensquelle benennen, innerhalb der mit Differenzierung nach dem Ausmaß der Kommunikation im Freundeskreis zum jeweiligen Zeitpunkt entstehenden Gruppen dar. Eigene Beobachtungen waren erst ab 1991 als Antwortvorgabe zur Frage nach den Quellen des bisherigen Wissens im Fragebogen enthalten.

* 1991 und 1992 wurden zur Frage nach dem Ausmaß der Kommunikation im Freundeskreis nur die drei Antwortvorgaben „viel", „wenig" und „gar nicht" angeboten. Da dies den SchülerInnen tendenziell nahelegte, mit dem Ankreuzen der mittleren Antwortkategorie von „wenig" Kommunikation im Freundeskreis zu berichten, war ab 1993 als zusätzliche Antwortvorgabe „sehr viel" im Fragebogen enthalten. Dadurch ist allerdings bei einem Vergleich der Ergebnisse über den gesamten Zeitverlauf Vorsicht geboten.

Cramérs V: 1991 V = 0,096, 1992 V = 0,192, 1993 V = 0,28, 1995 V = 0,356.

Im folgenden Abschnitt werden nun u.a. Zusammenhänge zwischen den Gesprächen bzw. den GesprächspartnerInnen der SchülerInnen einerseits und ihrem Wissen und ihren Einstellungen, die sie sich auch aufgrund ihrer Gespräche zu illegalisierten Drogen angeeignet haben, andererseits untersucht. Während hier bislang eine im Zeitverlauf zunehmende Konkurrenz horizontaler und vertikaler Kommunikationszusammenhänge deutlich wurde (wobei diese Konkurrenz sich ausgehend von einer weitgehenden Übereinstimmung zwischen Jugendlichen und Erwachsenen bezüglich illegalisierter Drogen entwickelt hat), wird im folgenden nun insbesondere deutlich werden, daß innerhalb der beiden durch gegensätzliche Thematisierungsmodi gekennzeichneten Kommunikationszusammenhänge nahezu konträre Wahrheiten (im Sinne subjektiver Gewißheiten) bezüglich illegalisierter Drogen verhandelt und so unterschiedliches Wissen und unterschiedliche Bewertungen vermittelt werden.

9.5 Welche Kommunikation führt zu welchen Ergebnissen?

Dieser Abschnitt behandelt die Frage: Welchen Einfluß hat die bisherige Kommunikation (die bisher geführten Gespräche und die Nutzung der Massenmedien) auf das Wissen und die Einstellungen der Jugendlichen zu illegalisierten

Drogen? Dem Wissen und den Einstellungen unserer Befragten liegen immer aktive Aneignungsprozesse auf seiten der SchülerInnen zugrunde. Es gibt somit zwar Ergebnisse von Gesprächen in Form von Wissens- und Einstellungsinhalten – diese sind ja auch empirisch erfaßbar –, aber es lassen sich im Einzelfall eben nicht bestimmte Gesprächsergebnisse im Vorhinein garantieren.

Wir konzentrieren uns auf das angegebene Ausmaß der horizontalen Kommunikation sowie die Rolle der verschiedenen GesprächspartnerInnen und der Massenmedien als Wissensquelle und setzen diese in Beziehung zum Antwortverhalten auf Fragen, die auf Wissens- und Einstellungsinhalte der Jugendlichen abzielen. Konkret sind das die Fragen nach dem Wissen um die Möglichkeiten des Erwerbs illegalisierter Drogen, nach der Einschätzung von Risiken eines regelmäßigen Gebrauchs illegalisierter Substanzen sowie nach dem Verhalten bei einem Angebot illegalisierter Drogen von FreundInnen oder Bekannten.

9.5.1 Kommunikation zu illegalisierten Drogen und das Wissen um Erwerbsmöglichkeiten

Ab 1992 ist die Frage „Wüßtest Du, wo Du innerhalb von 24 Stunden illegale Drogen bekommen könntest?“ im Fragebogen enthalten und zielt auf die Kenntnisse der Befragten über die Verfügbarkeitsstrukturen illegalisierter Drogen ab.[33]

Je mehr sich Jugendliche mit ihren FreundInnen über illegalisierte Drogen unterhalten, desto häufiger gaben sie zu allen untersuchten Zeitpunkten an, zu wissen, wo sie sich innerhalb von 24 Stunden illegalisierte Drogen besorgen könnten. Im Zeitverlauf nimmt dieser Zusammenhang an Stärke zu (vgl. Tabelle 9-25).

Jugendliche, die sich ihr Wissen zu illegalisierten Drogen durch Gespräche mit den Eltern aneigneten, wußten zu den untersuchten Zeitpunkten seltener als die anderen Befragten, wo sie sich in 24 Stunden illegalisierte Drogen besorgen könnten. Ähnlich antworteten SchülerInnen, die den Schulunterricht als vorrangige Wissensquelle angaben. Gleichzeitig vergrößerte sich die Anzahl derjenigen, die wüßten, wo sie sich innerhalb eines Tages illegalisierte Drogen besorgen könnten, unter den Jugendlichen, die Eltern oder Schulunterricht als Wissensquelle erlebten, im Zeitverlauf.

---

33 Zu beachten ist, daß wir das „Wo“, aber nicht das „Wie“ des Erwerbs illegalisierter Drogen abgefragt haben. Eine Bejahung der Frage durch die SchülerInnen ist also nicht gleichzusetzen mit einem Vermögen, sich diese Drogen auch tatsächlich beschaffen zu können. Dieses Vermögen beinhaltet neben dem Wissen, wo es illegalisierte Drogen gibt, die sozialen Techniken des Erwerbs (Kontaktaufnahme, Verhalten beim Kauf, soziale Codes der „Szene“ usw.), die mit unserem Fragebogen nicht erfaßt wurden.

Tabelle 9-25:

Wüßtest Du, wo *Du* innerhalb von 24 Stunden illegale Drogen bekommen könntest?	1992		1993		1995	
	ja	nein	ja	nein	ja	nein
Im Freundeskreis wird über illegalisierte Drogen...						
...*sehr viel* gesprochen.	*	*	75	25	81	19
...*viel* gesprochen.	41	59	47	54	66	34
...*wenig* gesprochen.	22	78	24	76	30	70
...*gar nicht* gesprochen.	13	87	17	84	12	88
insgesamt	22	78	28	72	43	58

Angaben in Prozent, Prozentuierungsbasis ist die jeweilige Zelle, bei Aufaddierungen zeigen sich möglicherweise Rundungsfehler.

* 1990-92 wurden zur Beantwortung der Frage nach dem Ausmaß der horizontalen Kommunikation nur die drei Antwortvorgaben „viel“, „wenig“, „gar nicht“ angeboten. Da dies den SchülerInnen tendenziell nahelegte, die mittlere Antwortvorgabe anzukreuzen, wurde ab 1993 eine vierte Antwortvorgabe „sehr viel“ zusätzlich vorgeschlagen. Ein bruchloser Vergleich der diesbezüglichen Ergebnisse bis 1992 mit den späteren ist dadurch nicht möglich.

Cramérs V: 1992 V = 0,1783, 1993 V = 0,2929, 1995 V = 0,4438.

Dem steht ein anderes Bild gegenüber, wenn wir die Gleichaltrigen als Wissensquelle betrachten. SchülerInnen, die FreundInnen als vorrangige Quelle ihres Wissens nannten, wußten zu allen relevanten Erhebungszeitpunkten häufiger als andere, wo sie illegalisierte Drogen innerhalb eines Tages bekommen könnten. Der Anteil derjenigen, die Kenntnisse über die Verfügbarkeit illegalisierter Substanzen bejahten, stieg bei den Jugendlichen, die ihr Wissen vorrangig aus Gesprächen mit Gleichaltrigen haben, im Verlauf der Untersuchung wesentlich stärker an als bei den anderen Befragten.

Mädchen und Jungen, die sich ihr Wissen vorrangig durch Nutzung der Massenmedien (Fernsehen, Printmedien) aneigneten, wußten zu allen Untersuchungszeitpunkten seltener als andere, wo sie in 24 Stunden illegalisierte Drogen bekommen könnten. Aber auch unter ihnen wuchs der Anteil derjenigen, welche dies wußten, von 1992 zu 1995.

Am häufigsten meinten SchülerInnen, die ihr „Drogenwissen“ auch aus eigenen Beobachtungen gewonnen haben, zu wissen, wo sie sich illegalisierte Drogen in der angegebenen Frist besorgen könnten.

Tabelle 9-26:

Wüßtest Du, wo *Du* innerhalb von 24 Stunden illegale Drogen bekommen könntest?	1992		1993		1995	
	ja	nein	ja	nein	ja	nein
Angegebene Wissensquellen:*						
Eltern	17	83	21	79	33	67
FreundInnen	30	70	40	61	54	46
Schulunterricht/LehrerIn*	17	84	23	77	28	72
Medien	21	79	27	73	41	59
eigene Beobachtung	51	49	52	48	65	35
insgesamt	22	78	28	72	43	58

Angaben in Prozent, Prozentuierungsbasis ist die jeweilige Zelle, bei Aufaddierungen zeigen sich möglicherweise Rundungsfehler.

* Die Frage lautete: „Woher hast Du das meiste, was Du über illegale Drogen weißt?" In der Tabelle sind ausgewählte Items aufgeführt. Die Ausprägung „LehrerIn" war 1995 an Stelle des Items „Schulunterricht" angegeben.

Die Jugendlichen Ostberlins sind am Ende unserer Untersuchung, unabhängig von der Herkunft ihrer Kenntnisse zu illegalisierten Drogen, eher in der Lage, sich illegalisierte Drogen zu beschaffen als noch 1992. Das ist auf die sich kontinuierlich steigende Verfügbarkeit illegalisierter Substanzen im Osten Berlins zurückzuführen. Dies schließt auch ein, daß sich die Verfügbarkeitsstrukturen illegalisierter Drogen in das territoriale und persönliche Nahfeld der Jugendlichen ausgeweitet haben.[34] Somit ist es nicht verwunderlich, daß besonders in den Gesprächen der Jugendlichen, die sich viel mit der Drogenthematik beschäftigen, derartige Erwerbsmöglichkeiten zunehmend erörtert werden. Tatsächlich scheint v.a. die horizontale Kommunikation den Raum zu bieten, Wissen über die Verfügbarkeit illegalisierter Drogen auszutauschen. Diese Annahme wird noch dadurch erhärtet, daß Mädchen und Jungen, deren vorrangige Wissensquellen Gleichaltrige waren, besser als andere über Möglichkeiten der Drogenbeschaffung informiert sind. SchülerInnen, die einen eigenen Erfahrungshintergrund als Wissensquelle angaben und zumindest beobachtend mit illegalisierten Drogen in „Berührung" kamen[35], besitzen einen weitaus höheren Kenntnisstand über Verfügbarkeitsstrukturen von illegalisierten Drogen als andere Befragte. Es ist also davon auszugehen, daß innerhalb jugendkultureller Zusammenhänge, in die illegalisierter Drogenkonsum integriert und wo ein solcher Konsum beobachtbar ist, detaillierte Kenntnisse zur Möglichkeit der Beschaffung von illegalisierten Drogen weitergegeben werden. Hierbei sei darauf hingewiesen, daß derartige Bezugsmöglichkeiten in den meisten Fällen äußerst unspektakulär mitgeteilt werden.

34 Siehe hierzu die Ausführungen über die Verfügbarkeit illegalisierter Drogen in Kapitel 8.

35 Diese SchülerInnen verwiesen auch besonders häufig auf eine sehr intensive horizontale Kommunikation zu illegalisierten Drogen – vgl. Abschnitt 9.4.

Es handelt sich oft nur um den Verweis auf einen gemeinsamen Bekannten mit guter „connection“ oder auf eine Disco, in welcher Cannabis erworben werden kann.[36]

Weit weniger Einfluß auf konkretes Wissen der Jugendlichen hinsichtlich der Erwerbsmöglichkeiten von illegalisierten Substanzen haben erwachsene Bezugspersonen und die Massenmedien. Die von Erwachsenen angesprochenen Inhalte sind weitaus stärker als die der horizontalen Kommunikation auf eine Drogenkonsumvermeidung ausgerichtet. In den meisten Fällen dürfte Erwachsenen schlicht das Wissen über die Möglichkeiten des Erwerbs illegalisierter Drogen fehlen, da diese Kenntnisse eng mit der Zugehörigkeit zu den entsprechenden jugendkulturellen Bezügen verbunden sind und für Außenstehende nicht ohne weiteres zugänglich sind.

Es bleibt daher zu konstatieren, daß unter Gleichaltrigen Drogenwissen ausgetauscht wird, welches im Rahmen der vertikalen Kommunikation nicht thematisiert wird. Die Entwicklung bis 1995 läßt darauf schließen, daß es für einen Großteil der Jugendlichen zunehmend unspektakulär und selbstverständlich geworden ist, über Bezugsquellen von illegalisierten Drogen Bescheid zu wissen und dieses Wissen auch in der alltäglichen Kommunikation an FreundInnen weiterzugeben. *Daß ein solches Wissen über die Verfügbarkeit nicht automatisch den Konsum dieser Substanzen nach sich zieht, wird an der Entwicklung des tatsächlichen Konsums illegalisierter Drogen deutlich.*[37]

9.5.2 Kommunikation zu illegalisierten Drogen und Risikoabwägungen bezüglich eines regelmäßigen Gebrauchs illegalisierter Drogen [38]

Im folgenden werden wir der Frage nachgehen, ob die GesprächspartnerInnen, die als vorrangige Wissensquellen genannt wurden, Einfluß auf die Abschätzung der Risiken des Gebrauchs illegalisierter Substanzen haben und ob sich diesbezüglich Entwicklungen im Zeitverlauf abzeichnen. Unserem Bild

36 Im Kapitel 4 sind die Antworten der Jugendlichen auf die Frage nach speziellen Zugangsmöglichkeiten zu illegalisierten Drogen analysiert. Am häufigsten wurden dabei Diskotheken und FreundInnen in Ostberlin genannt. Weiterhin stützt sich die Aussage auf Ergebnisse einer qualitativen Studie, welche von zwei Mitarbeiterinnen dieses Projekts im Februar 1994 erstellt wurde. Thema dieser Studie war die Analyse des Verhaltens Jugendlicher in Freizeiteinrichtungen des Ostberliner Stadtbezirks Marzahn.

37 Siehe zur Entwicklung des illegalisierten Drogenkonsums unter den Befragten Kapitel 8.

38 Der Terminus „illegalisierte Drogen“ ist hier in folgender Hinsicht ungenau: Unter „Aufputschmitteln“ subsumieren wir neben illegalisierten Substanzen (XTC, Speed usw. auch legalisierte (Guarana, Koffein usw.). Dies ist bei den entsprechenden Ausführungen zu Aufputschmitteln zu beachten.

zweier konträrer Kommunikationszusammenhänge entsprechend betrachten wir einerseits die Jugendlichen, die sich ihr Wissen vorrangig durch Gespräche mit den Eltern aneigneten, andererseits die SchülerInnen, welche Gleichaltrige als Wissensquelle nannten, und vergleichen sie jeweils mit denjenigen, die Eltern bzw. Gleichaltrige diesbezüglich nicht angaben.[39] Ergänzend untersuchen wir den Zusammenhang zwischen dem Ausmaß der horizontalen Kommunikation zum Drogenthema und der Einschätzung der Gefahren regelmäßigen Gebrauchs illegalisierter Substanzen. Indikator für die o.g. Risikoabwägung ist die Frage „Wie siehst Du die Wirkung des regelmäßigen Gebrauches folgender Rauschmittel?“ mit den Antwortmöglichkeiten „sehr gefährlich“, „wenig gefährlich“, „nicht gefährlich“, „ich weiß nicht“. Die Frage ist seit 1991 im Fragebogen enthalten, es wurden die Einschätzungen zu acht verschiedenen illegalisierten oder legalisierten Drogen abgefragt.[40]

Die Ergebnisse zeigen je nach Drogenart deutlich differierende Entwicklungen. Es erscheint uns daher sinnvoll, die Ergebnisse getrennt nach den jeweiligen Substanzen und beginnend mit Cannabisprodukten vorzustellen.

9.5.2.1 Marihuana und Haschisch

1991 unterschieden sich die SchülerInnen, die Eltern als Wissensquelle angaben, bezüglich der betreffenden Risikoabwägung nicht von denen, die das nicht taten. Ebenso verhielt es sich mit den Befragten, die ihr Wissen aus Gesprächen mit Gleichaltrigen haben. Auch der Anteil derjenigen, die keine Einschätzung abgeben konnten, war in den genannten Gruppen ungefähr gleich hoch. Wir können also von einem hohen Grade der Übereinstimmung im Jahre 1991 ausgehen, was die Gefährlichkeitseinstufung von Cannabisprodukten angeht.

Im Zeitverlauf bis 1995 löst sich diese Übereinstimmung jedoch auf, die Unterschiede zwischen den jeweiligen Gruppen nehmen zu. Zunächst bleibt festzuhalten, daß Cannabisprodukte 1995 weit weniger gefährlich eingeschätzt wurden als noch 1991.[41] Dies gilt für SchülerInnen, die sich ihr Wis-

---

39 Da die Jugendlichen auf die Frage nach den vorrangigen Quellen ihres Drogenwissens Mehrfachantworten geben konnten, überschneiden sich die beiden genannten Gruppen. Zu jedem untersuchten Zeitpunkt gaben rund ein Fünftel der Befragten sowohl die Eltern als auch FreundInnen als Wissensquelle an (1990 20%, 1991 25%, 1992 17%, 1993 16%, 1995 18%). Gleichzeitig waren jedoch die Gruppen derjenigen, die jeweils überhaupt die Eltern (1990 56%, 1991 54%, 1992 41%, 1993 38%, 1995 29%) bzw. FreundInnen (1990 35%, 1991 42%, 1992 39%, 1993 42%, 1995 63%) diesbezüglich nannten, wesentlich größer, was die folgenden Gegenüberstellungen sinnvoll macht. Die weitaus meisten SchülerInnen haben noch weitere Wissensquellen angegeben (vgl. Abschnitt 9.2), was hier unberücksichtigt bleibt.

40 Vgl. Kapitel 10. Bei der folgenden Betrachtung verzichten wir auf die Darstellung der im Forschungsbericht enthaltenen Befunde bezüglich der legalisierten Drogen „Beruhigungsmittel“ und „Schnüffelstoffe“.

41 Zu den Verweisen in den folgenden Abschnitten auf die Entwicklung der Gefährlichkeitseinschätzungen, die sich auf alle SchülerInnen beziehen, vgl. Kapitel 10.

sen durch Gespräche mit den Eltern aneigneten, ebenso wie für Jugendliche, die Gleichaltrige als Wissensquelle angaben. Unterschiede gibt es aber in der Stärke der Entwicklung.

Tabelle 9-27:

		Woher hast Du das meiste, was Du über illegale Drogen weißt?			
		Von den Eltern		Von FreundInnen	
		Ja	Nein	Ja	Nein
Den regelmäßigen Gebrauch von *Marihuana* schätze ich... *					
1991	...*sehr gefährlich* ein	67	64	66	66
	...*wenig gefährlich* ein	19	21	20	20
	...*nicht gefährlich* ein	0	1	0	1
	ich weiß nicht	14	14	14	14
1992	...*sehr gefährlich* ein	54	54	51	56
	...*wenig gefährlich* ein	22	26	26	23
	...*nicht gefährlich* ein	1	3	3	2
	ich weiß nicht	23	17	20	19
1993	...*sehr gefährlich* ein	57	49	48	56
	...*wenig gefährlich* ein	24	32	33	26
	...*nicht gefährlich* ein	3	5	6	3
	ich weiß nicht	16	14	14	16
1995	...*sehr gefährlich* ein	42	35	30	50
	...*wenig gefährlich* ein	29	35	39	24
	...*nicht gefährlich* ein	8	14	16	5
	ich weiß nicht	22	15	16	21

Angaben in Prozent. Prozentuierungsbasis sind die zu den verschiedenen Zeitpunkten jeweils mit Differenzierung nach Benennung oder Nicht-Benennung von Eltern bzw. von FreundInnen als Wissensquelle sich ergebenden Gruppen. Bei Aufaddierungen ergeben sich eventuell Rundungsfehler.

* Der Wortlaut der Frage hieß 1991 „Für wie gefährlich hältst Du den regelmäßigen Gebrauch folgender Substanzen?", ab 1992 wurde folgende Fragestellung verwendet: „Wie siehst Du die Wirkung des *regelmäßigen* Gebrauches folgender Rauschmittel?"

Die SchülerInnen, die ihr Wissen aus Gesprächen mit den Eltern haben, schätzten den regelmäßigen Konsum von Cannabis ab 1992 in zunehmendem Maße gefährlicher ein als die anderen Befragten. Sie wußten 1995 seltener eine Einschätzung zu geben.

Unter denjenigen, die FreundInnen als Wissensquelle angaben, wurde der regelmäßige Gebrauch von Cannabis ab 1992 ungefährlicher eingeschätzt als von den anderen Befragten, wobei die Unterschiede bei Haschisch ab 1992, bei Marihuana ab 1993 signifikant waren und sich jeweils bis 1995 stark vergrößerten. 1995 konnten die SchülerInnen, die sich Drogenwissen durch Gespräche mit Gleichaltrigen aneigneten, Cannabisgebrauch eher einschätzen als die anderen (vgl. die Tabellen 9-27 und 9-28).

Tabelle 9-28:

Woher hast Du das meiste, was Du über illegale Drogen weißt?		Von den Eltern		Von FreundInnen	
		Ja	Nein	Ja	Nein
Den regelmäßigen Gebrauch von *Haschisch* schätze ich... *					
1991	...*sehr gefährlich* ein	86	79	82	82
	...*wenig gefährlich* ein	9	14	11	13
	...*nicht gefährlich* ein	0	1	1	0
	ich weiß nicht	5	7	6	6
1992	...*sehr gefährlich* ein	67	63	63	66
	...*wenig gefährlich* ein	19	23	22	21
	...*nicht gefährlich* ein	1	3	4	1
	ich weiß nicht	13	11	11	12
1993	...*sehr gefährlich* ein	70	58	57	67
	...*wenig gefährlich* ein	18	28	28	21
	...*nicht gefährlich* ein	2	5	6	2
	ich weiß nicht	10	9	9	10
1995	...*sehr gefährlich* ein	56	43	40	59
	...*wenig gefährlich* ein	24	29	30	24
	...*nicht gefährlich* ein	6	19	22	5
	ich weiß nicht	15	9	9	13

Angaben in Prozent. Prozentuierungsbasis sind die zu den verschiedenen Zeitpunkten jeweils mit Differenzierung nach Benennung oder Nicht-Benennung von Eltern bzw. von FreundInnen als Wissensquelle sich ergebenden Gruppen. Bei Aufaddierungen ergeben sich eventuell Rundungsfehler.

* Der Wortlaut der Frage hieß 1991 „Für wie gefährlich hältst Du den regelmäßigen Gebrauch folgender Substanzen?", ab 1992 wurde folgende Fragestellung verwendet: „Wie siehst Du die Wirkung des ***regelmäßigen*** Gebrauches folgender Rauschmittel?"

Welchen Einfluß hat das Ausmaß der horizontalen Kommunikation zur Drogenthematik auf die Einschätzung der Gefahren eines regelmäßigen Cannabiskonsums? Auch hier gab es 1991 keine signifikanten Unterschiede zwischen SchülerInnen, die „viel", „wenig" oder „gar nicht" im Freundeskreis über illegalisierte Drogen sprachen, bezüglich ihrer entsprechenden Gefährlichkeitseinschätzung.

Ab 1992 galt, zunächst mit geringen, 1993 und 1995 sich aber jeweils stark vergrößernden Unterschieden: Je häufiger die Befragten im Freundeskreis zu illegalisierten Drogen kommunizierten, desto häufiger konnten sie eine Risikoabschätzung des Cannabisgebrauchs abgeben und desto weniger gefährlich schätzten sie den regelmäßigen Cannabisgebrauch ein.

Ausschließlich die SchülerInnen, welche nicht im Freundeskreis über das Drogenthema sprachen, gaben von 1992 bis zum Untersuchungsende eine relativ gleiche Einschätzung entsprechender Cannabiskonsumrisiken ab. In den anderen Gruppen ist hingegen eine deutliche Entdramatisierung bezüglich dieser Risiken zu vermerken (vgl. die Tabellen 9-29 und 9-30).

Tabelle 9-29:

		Wir sprechen im Freundeskreis über illegale Drogen....			
Den regelmäßigen Gebrauch von *Marihuana* schätze ich... *		sehr viel	viel	wenig	gar nicht
1991	...*sehr gefährlich* ein	**	70	65	64
	...*wenig gefährlich* ein	**	20	20	18
	...*nicht gefährlich* ein	**	0	1	1
	ich weiß nicht	**	11	14	18
1992	...*sehr gefährlich* ein	**	49	55	53
	...*wenig gefährlich* ein	**	30	26	19
	...*nicht gefährlich* ein	**	5	2	2
	ich weiß nicht	**	17	18	26
1993	...*sehr gefährlich* ein	40	49	52	58
	...*wenig gefährlich* ein	34	34	30	20
	...*nicht gefährlich* ein	18	6	3	3
	ich weiß nicht	8	11	15	19
1995	...*sehr gefährlich* ein	26	23	42	53
	...*wenig gefährlich* ein	40	43	30	21
	...*nicht gefährlich* ein	26	19	9	2
	ich weiß nicht	8	15	19	23

Angaben in Prozent. Prozentuierungsbasis sind zu den verschiedenen Zeitpunkten jeweils die mit Differenzierung nach dem Ausmaß der Kommunikation im Freundeskreis sich ergebenden Gruppen. Bei Aufaddierungen ergeben sich eventuell Rundungsfehler.

* Der Wortlaut der Frage hieß 1991 „Für wie gefährlich hältst Du den regelmäßigen Gebrauch folgender Substanzen?", ab 1992 wurde folgende Fragestellung verwendet: „Wie siehst Du die Wirkung des *regelmäßigen* Gebrauches folgender Rauschmittel?"

** 1990-92 wurden zur Beantwortung der Frage nach dem Ausmaß der horizontalen Kommunikation nur die drei Antwortvorgaben „viel", „wenig", „gar nicht" angeboten. Da dies den SchülerInnen tendenziell das Ankreuzen der mittleren Antwortvorgabe, also „wenig" Kommunikation im Freundeskreis, nahelegte, wurde ab 1993 eine vierte Antwortvorgabe „sehr viel" zusätzlich vorgeschlagen. Ein bruchloser Vergleich der diesbezüglichen Ergebnisse bis 1992 mit den späteren ist dadurch nicht möglich.

Cramérs V: 1991 V nicht signifikant, 1992 V = 0,082, 1993 V = 0,109, 1995 V = 0,178.

Unsere Ergebnisse zeigen, daß sich, ausgehend von einer relativen Übereinstimmung zwischen den Generationen zum Anfang unserer Untersuchung, allmählich unterschiedliche Risiko-Abwägungen bezüglich eines regelmäßigen Cannabisgebrauchs herausgebildet haben. Unter Jugendlichen werden am Untersuchungsende weit weniger als von den Erwachsenen Gefahren und Risiken der Cannabisprodukte besprochen. Wir können aufgrund der referierten Zahlen davon ausgehen, daß ein Großteil der Befragten bei dem Thema „Cannabis" wesentlich seltener an Risiken, dafür mehr an Genuß und Faszination denken. Offensichtlich erwiesen sich die Einschätzungen und Ängste, welche diese Jugendlichen anfangs mit den Erwachsenen teilten, durch Konfrontation mit positiven und unspektakulären Erfahrungen, Beobachtungen, Erlebnisberichten zur Cannabisthematik[42] als unangemessen. Zur Entdramatisierung der Cannabisrisiken hat mit Sicherheit auch die öffentliche Debatte um das Normenkontrollverfahren, welches zum „Haschisch-Urteil" des Bundesverfassungsgerichts führte, beigetragen, in der u.a. in medial breiter Form die Gefahren von Alkohol und Cannabis verglichen wurden. Aus der (unzutreffenden) Rezeption des Urteils des Bundesverfassungsgerichts ergab sich für viele SchülerInnen eine Legalisierung von Haschisch und Marihuana.[43]

Tabelle 9-30:

		Wir sprechen im Freundeskreis über illegale Drogen....			
Den regelmäßigen Gebrauch von *Haschisch* schätze ich... *		sehr viel	viel	wenig	gar nicht
1991	...*sehr gefährlich* ein	**	78	83	83
	...*wenig gefährlich* ein	**	15	12	9
	...*nicht gefährlich* ein	**	1	1	0
	ich weiß nicht	**	6	5	9
1992	...*sehr gefährlich* ein	**	57	66	65
	...*wenig gefährlich* ein	**	28	21	20
	...*nicht gefährlich* ein	**	6	2	1
	ich weiß nicht	**	9	12	14
1993	...*sehr gefährlich* ein	50	57	64	66
	...*wenig gefährlich* ein	23	30	25	17
	...*nicht gefährlich* ein	27	8	2	2
	ich weiß nicht	0	6	10	15
1995	...*sehr gefährlich* ein	28	31	53	68
	...*wenig gefährlich* ein	35	36	25	15
	...*nicht gefährlich* ein	32	27	9	1
	ich weiß nicht	5	6	13	16

Angaben in Prozent. Prozentuierungsbasis sind zu den verschiedenen Zeitpunkten jeweils die mit Differenzierung nach dem Ausmaß der Kommunikation im Freundeskreis sich ergebenden Gruppen. Bei Aufaddierungen ergeben sich eventuell Rundungsfehler.

* Der Wortlaut der Frage hieß 1991 „Für wie gefährlich hältst Du den regelmäßigen Gebrauch folgender Substanzen?", ab 1992 wurde folgende Fragestellung verwendet: „Wie siehst Du die Wirkung des *regelmäßigen* Gebrauches folgender Rauschmittel?"

---

42 Aufgrund der im Zeitverlauf zunehmenden Verfügbarkeit von Haschisch und Marihuana im räumlichen und sozialen Umfeld der Jugendlichen nehmen solche Erfahrungen und Beobachtungen zu, was der beschriebenen Entwicklung zusätzlich Dynamik verleiht.

43 Diese für uns überraschende Feststellung machten wir bei der Befragung 1994, die in Schulen Westberlins stattfand. In Gesprächen mit SchülerInnen verwiesen diese wiederholt auf das gerade veröffentlichte Urteil des Bundesverfassungsgerichts, um zu bekräftigen, daß Cannabis nun legalisiert sei. Wir gehen davon aus, daß wir ähnliche Gespräche auch in Ostberliner Schulen gehabt hätten.

** 1990-92 wurden zur Beantwortung der Frage nach dem Ausmaß der horizontalen Kommunikation nur die drei Antwortvorgaben „viel“, „wenig“, „gar nicht“ angeboten. Da dies den SchülerInnen tendenziell das Ankreuzen der mittleren Antwortvorgabe, also „wenig“ Kommunikation im Freundeskreis, nahelegte, wurde ab 1993 eine vierte Antwortvorgabe „sehr viel“ zusätzlich vorgeschlagen. Ein bruchloser Vergleich der diesbezüglichen Ergebnisse bis 1992 mit den späteren ist dadurch nicht möglich.

Cramérs V: 1991 V nicht signifikant, 1992 V = 0,076, 1993 V = 0,173, 1995 V = 0,215.

Aus der Gesamtheit heben sich deutlich SchülerInnen, die sich viel gemeinsam mit Gleichaltrigen mit der Drogenthematik auseinandersetzen, heraus. Unter ihnen fand in den letzten Jahren eine besonders starke Umbewertung der Gefahren eines regelmäßigen Cannabiskonsums statt. Da es auch diese SchülerInnen sind, die sich verstärkt in jugendkulturellen Zusammenhängen bewegen, in denen Beobachtungen und Erfahrungen zu illegalisierten Drogen möglich sind[44], kann o.g. Zusammenhang hierdurch erhärtet werden: Je mehr sich Jugendliche untereinander zu illegalisierten Drogen unterhalten und je häufiger sie über eigene entsprechende Erfahrungen oder Beobachtungen verfügen, umso seltener schätzen sie einen regelmäßigen Cannabiskonsum als gefährlich ein. Hier zeigt sich also, daß in den horizontalen und vertikalen Kommunikationszusammenhängen zumindest bezüglich Cannabis jeweils andere Aspekte auf unterschiedliche Art und Weise thematisiert und somit unterschiedliche Bewertungen vermittelt werden.

9.5.2.2 LSD/Meskalin

Bezüglich der Gefährlichkeitseinschätzung von regelmäßigem LSD- bzw. Meskalinkonsum gibt es nicht derart eindeutige Ergebnisse.

Insgesamt wird ein regelmäßiger Gebrauch dieser Substanzen im Zeitverlauf zunehmend etwas weniger gefährlich eingeschätzt. Dies gilt gleichermaßen für Jugendliche, die sich ihr vorrangiges Wissen durch Gespräche mit den Eltern aneigneten, wie für Befragte, die Gleichaltrige als Wissensquelle nannten.

Es zeigen sich bei einer Differenzierung nach der Herkunft des Drogenwissens keine nennenswerten Unterschiede. Bemerkenswert ist weiterhin, daß SchülerInnen, die ihr Wissen aus Gesprächen mit den Eltern haben, 1992, 1993 und 1995 seltener die Gefährlichkeit des regelmäßigen LSD-/Meskalinkonsums einschätzen konnten als andere Befragte (von 1992 bis 1995 wachsender Abstand von 6 auf 11 Prozentpunkte), während die Jugendlichen, deren Wissensquelle u.a. FreundInnen sind, 1993 und 1995 seltener als andere die entsprechende Ausprägung „ich weiß nicht“ angaben (von 1993 bis 1995 wachsender Abstand von 5 auf 8 Prozentpunkte).[45]

---

44 Siehe zum Zusammenhang von Kommunikation und der Präsenz illegalisierter Drogen in den lebensweltlichen Bezügen der Befragten Abschnitt 9.7.

45 Zur Größenordnung vgl. Kapitel 10.

Tabelle 9-31:

		Wir sprechen im Freundeskreis über illegale Drogen....			
		sehr viel	viel	wenig	gar nicht
Den regelmäßigen Gebrauch von *LSD(Meskalin* schätze ich... *					
1991	...*sehr gefährlich* ein	**	74	72	67
	...*wenig gefährlich* ein	**	8	12	10
	...*nicht gefährlich* ein	**	1	0	1
	ich weiß nicht	**	17	16	22
1992	...*sehr gefährlich* ein	**	70	68	65
	...*wenig gefährlich* ein	**	14	10	10
	...*nicht gefährlich* ein	**	1	1	1
	ich weiß nicht	**	15	21	25
1993	...*sehr gefährlich* ein	65	70	67	64
	...*wenig gefährlich* ein	22	15	13	10
	...*nicht gefährlich* ein	5	2	1	1
	ich weiß nicht	8	13	19	24
1995	...*sehr gefährlich* ein	58	63	62	61
	...*wenig gefährlich* ein	23	21	15	10
	...*nicht gefährlich* ein	8	1	1	3
	ich weiß nicht	12	16	22	26

Angaben in Prozent. Prozentuierungsbasis sind zu den verschiedenen Zeitpunkten jeweils die mit Differenzierung nach dem Ausmaß der Kommunikation im Freundeskreis sich ergebenden Gruppen. Bei Aufaddierungen ergeben sich eventuell Rundungsfehler.

* Der Wortlaut der Frage hieß 1991 „Für wie gefährlich hältst Du den regelmäßigen Gebrauch folgender Substanzen?", ab 1992 wurde folgende Fragestellung verwendet: „Wie siehst Du die Wirkung des *regelmäßigen* Gebrauches folgender Rauschmittel?"

** 1990-92 wurden zur Beantwortung der Frage nach dem Ausmaß der horizontalen Kommunikation nur die drei Antwortvorgaben „viel", „wenig", „gar nicht" angeboten. Da dies den SchülerInnen tendenziell das Ankreuzen der mittleren Antwortvorgabe, also „wenig" Kommunikation im Freundeskreis, nahelegte, wurde ab 1993 eine vierte Antwortvorgabe „sehr viel" zusätzlich vorgeschlagen. Ein bruchloser Vergleich der diesbezüglichen Ergebnisse bis 1992 mit den späteren ist dadurch nicht möglich.

Bei der Gefährlichkeitseinschätzung des LSD-/Meskalinkonsums zeigt sich also kein deutliches Auseinanderdriften der Bewertungen, die innerhalb der horizontalen bzw. vertikalen Kommunikationszusammenhänge jeweils verhandelt werden. Eher ist hier von einem relativ hohen Grad der Übereinstimmung zwischen Jugendlichen und Erwachsenen auszugehen. Es ist zu vermuten, daß die, im Gegensatz zu Cannabis, geringe alltägliche Relevanz dieser Art des Drogenkonsums für die meisten der Befragten und deren Kommunikation dazu führt, daß zum Bewertungssystem der Erwachsenen alternative Einschätzungen kaum entwickelt werden.

Betrachten wir den Zusammenhang zwischen der Intensität der horizontalen Kommunikation und der Einschätzung der Risiken eines regelmäßigen LSD-/Meskalinkonsums, können wir, gemessen an den großen Unterschieden zwischen den einzelnen Gruppen bei der Einschätzung der Gefährlichkeit von Cannabisgebrauch, nur relativ geringe Differenzen zwischen Jugendlichen mit viel und denen mit wenig Kommunikation im Freundeskreis zu illegalisierten Drogen feststellen.

1991 und 1992 gibt es diesbezüglich keine signifikanten Unterschiede zwischen den einzelnen Gruppen. 1993 und 1995 ist zu erkennen, daß die Jugendlichen, je mehr sie im Freundeskreis über illegalisierte Drogen sprechen, sich desto häufiger eine Einschätzung der Risiken von LSD/Meskalin zutrauen und desto häufiger diese Drogen als „wenig gefährlich" einschätzen.

Es ist nicht zu übersehen, daß Jugendliche, die sich viel mit Gleichaltrigen über illegalisierte Drogen unterhalten, LSD-/Meskalingebrauch nicht so gefährlich einschätzen wie die anderen Befragten. Daß der Unterschied erst nach 1992 signifikant wird und, gemessen an der o.g. Cannabiseinschätzung, relativ gering bleibt, zeigt zum einen erneut, daß sich horizontale Kommunikationszusammenhänge nach der Wende erst herausbildeten, zum anderen, daß sich bezüglich LSD/Meskalin nur verhältnismäßig wenige SchülerInnen in diesen bewegen. Beigetragen dazu hat sicherlich die Entstehung und Entwicklung jugendkultureller Zusammenhänge (z.B. Techno-Szene) im Laufe unserer Untersuchung, in deren Szenario u.a. LSD-Konsum eingebettet ist. Obwohl wir einen auffällig steigenden LSD-Probierkonsum der Befragten mit unserem Zahlenmaterial nicht bestätigen können, zeigt sich eine wachsende Präsenz dieser Droge in den Freundeskreisen der Befragten vor allem im Vergleich der Jahre 1993 und 1995.[46] Es ist anzunehmen, daß das Thema LSD/Meskalin v.a. unter Jugendlichen, die sich in den genannten jugendkulturellen Zusammenhängen bewegen, mit fortschreitender Untersuchungsdauer kommunikative Bedeutung gewinnt. Daß dabei auch die Risiken anders eingeschätzt werden, erklärt sich durch eigene oder vermittelte Erfahrungen und Beobachtungen, welche unter diesen Jugendlichen ausgetauscht werden und in denen auch positive Aspekte des LSD-Gebrauchs zur Sprache kommen.

Trotzdem: Die relativ kleinen Unterschiede in der Bewertung des LSD-/Meskalingebrauchs zeigen einerseits die geringe Alltagsrelevanz dieser Drogen für die Kommunikation der meisten SchülerInnen (s.o.), andererseits aber auch, daß die Jugendlichen durchaus zwischen den einzelnen Drogen unterscheiden können. *Eine Entdramatisierung bezüglich der Cannabisrisiken zieht also nicht automatisch eine Verharmlosung der Gefahren des Konsums anderer illegalisierter Substanzen nach sich.* Von Seiten der Erwachsenen, die mit Jugendlichen über Drogen sprechen, wird in den weitaus meisten Fällen eine undifferenzierte Sichtweise auf die Konsumrisiken der einzelnen illegalisierten Drogenarten vertreten. *Daher können wir das Vermögen der Befragten, die Konsumrisiken einzelner illegalisierter Drogenarten unterschiedlich einzuordnen, als ein „Verdienst" der horizontalen Kommunikation bewerten.*

---

46 Siehe zum illegalisierten Drogenkonsum unter den Befragten und in deren Freundeskreisen Kapitel 8.

9.5.2.3 Heroin und Kokain

Regelmäßiger Heroin- bzw. Kokainkonsum wurde von den Jugendlichen 1991 gefährlicher eingeschätzt als von den Befragten 1995. Die Ausprägung „nicht gefährlich“ wurde jedoch zu allen Untersuchungszeitpunkten bei beiden Drogen gleich selten angegeben, nur zwischen 0% und 0,5% der Befragten entschieden sich jeweils dafür.

Keine Unterschiede bezüglich der Gefährlichkeitseinschätzung des regelmäßigen Konsums von Heroin und Kokain ergeben sich bei der Differenzierung sowohl nach der Herkunft des Drogenwissens als auch nach dem Ausmaß der horizontalen Kommunikation zu illegalisierten Drogen. Eine Ausnahme bildet der folgende Befund, der aber aufgrund des geringen Unterschieds vorsichtig zu interpretieren ist: 1995 schätzten die Jugendlichen, die sich ihr Wissen durch Gespräche mit FreundInnen aneigneten, sowohl Kokain (11% vs. 7%) als auch Heroin (7% vs. 3%) etwas häufiger als die restlichen Befragten als „wenig gefährlich“ ein.

In der Frage nach der Bewertung des Heroin- und Kokainkonsums scheint es im starken Maße eine Übereinstimmung zwischen den Jugendlichen und den Erwachsenen Ostberlins zu geben. Der Konsum „harter“ Drogen wurde in der ideologischen Auseinandersetzung beider deutscher Staaten seit den 70er Jahren von den DDR-Medien als Symbol sowohl des individuellen Scheiterns in der kapitalistischen Gesellschaft als auch des Versagens dieses Gesellschaftskonzeptes an sich instrumentalisiert. Nach dem Fall der Mauer war demzufolge die Angst (auch der Jugendlichen) vor der „Drogenwelle“, die nun über die (Ex-)DDR „schwappen“ würde, v.a. auf diese Drogen gerichtet. Entsprechend drastisch waren die Warnungen der ErzieherInnen vor einem Gebrauch dieser Substanzen. Fünfeinhalb Jahre nach Mauerfall haben Heroin bzw. Kokain für die meisten SchülerInnen keine alltagsrelevante Stellung, d.h. nur sehr wenige der Befragten und – trotz ansteigender Tendenz – nur wenige FreundInnen der Befragten konsumieren diese Drogen, in den jugendkulturellen Bezügen der meisten SchülerInnen spielen diese Substanzen kaum eine Rolle.[47] Diese fehlenden eigenen oder vermittelten Erfahrungen bedingen, daß im Rahmen horizontaler Kommunikation bezüglich Kokain und Heroin – anders als bei Cannabis und andeutungsweise bei LSD – zum Untersuchungsende kaum andere Risikoeinschätzungen gehandelt werden als im Rahmen vertikaler Kommunikation.

Interessant ist die Frage, ob diese Übereinstimmung zwischen Erwachsenen und Jugendlichen bei der Bewertung der Heroin- bzw. der Kokainkonsumrisiken über das Untersuchungsende hinaus stabil bleibt. 1995 berichteten SchülerInnen erstmals von einem nennenswerten Heroin- bzw. Kokainkonsum in ihrem Freundeskreis – wenn auch auf geringem Niveau. 4% (Heroin) bzw. 6% (Kokain) der Befragten gaben einen Gebrauch dieser Drogen

47 Siehe zum illegalisierten Drogenkonsum unter den Befragten und in deren Freundeskreisen Kapitel 8.

im Freundeskreis an.[48] Die Erfahrungen dieser Jugendlichen, die den skandalisierenden Warnungen vor diesen Drogen nicht entsprechen, könnten eventuell für den referierten Befund bezüglich des Untersuchungsjahrs 1995 verantwortlich sein. Dieser Befund zeigt ebenfalls erstmals eine geringe Differenzierung zwischen den Jugendlichen, die sich durch horizontale Kommunikation ihr Wissen aneigneten, und denen, die das durch vertikale Kommunikation taten, bei der Einschätzung der Konsumgefahren von Heroin bzw. Kokain. Ob dies ein Anhaltspunkt dafür ist, daß sich zeitversetzt zur Entwicklung bei den Cannabisprodukten ein zunehmendes Thematisieren positiver Aspekte des Heroin- bzw. Kokaingebrauchs im Rahmen horizontaler Kommunikation etabliert und damit sich der Konsens bezüglich der Heroin- und Kokainrisiken zwischen Erwachsenen und Jugendlichen zunehmend auflöst, kann hier nicht belegt werden.[49]

Daß insgesamt ein regelmäßiger Heroin- bzw. Kokaingebrauch im Zeitverlauf zunehmend weniger gefährlich eingeschätzt wird, ist u.E. einer allmählichen Entdämonisierung der Substanzen unter Jugendlichen Ostberlins geschuldet. Heroin und Kokain sind nicht mehr Bestandteile und Symbole einer „fremden" Gesellschaft, die faktisch unerreichbar ist und nur als Zielscheibe von Feindbildern, Projektionen oder Sehnsüchten alltägliche Bedeutung hat. Vielmehr sind Heroin- und Kokainkonsum trotz fehlender Alltagsrelevanz als kommunizierbare Phänomene den Jugendlichen Ostberlins „nähergerückt", d.h. detailliertere Wissen, alternative Überlegungen zu Umgangsweisen mit Drogen sind Jugendlichen heute eher zugänglich als noch vor fünf Jahren.

---

48 Siehe zum illegalisierten Drogenkonsum in den Freundeskreisen der Befragten Kapitel 8. Eine neuere Untersuchung aus dem Jahre 1996, durchgeführt vom Berliner Sozialpädagogischen Institut (SPI), weist auf einen relativ hohen Anteil von Jugendlichen mit Kokainkonsumerfahrungen in der Techno-Party-Szene hin: 30% der befragten RaverInnen hatten demnach bereits einmal Kokain geschnupft (die tageszeitung, 10.7.1997, S. 3). Diese Zahl ist aufgrund der unterschiedlichen Grundgesamtheiten, auf denen die jeweiligen Stichproben basieren, mit den Ergebnissen unserer Untersuchung nicht direkt vergleichbar, weist aber auf eine zunehmende Verbreitung von Kokain in bestimmten jugendkulturellen Zusammenhängen hin. Entsprechend der Entdramatisierung bei Cannabisprodukten kann vermutet werden, daß auch Jugendliche, die mit Kokain positive Konsumerfahrungen gemacht haben, für übertriebene Warnungen vor einem Gebrauch dieser Substanz nicht empfänglich sind und ihrerseits diesbezüglich positive und entwarnende Einschätzungen an die FreundInnen weitergeben.

49 Es ist jedoch sehr wahrscheinlich, daß in den jugendkulturellen Zusammenhängen, in denen Kokain relativ häufig konsumiert wird (s. vorhergehende Fußnote), bereits andere positivere Einschätzungen des Kokaingebrauchs besprochen werden als unter Jugendlichen, die diesbezüglich „unerfahren" sind. Aber wie bereits ausgeführt: Dies deutet sich zwar für 1995 an, wir können es mit unserem Zahlenmaterial jedoch nicht belegen.

9.5.2.4 Aufputschmittel[50]

Jugendliche bewerteten die Risiken des regelmäßigen Aufputschmittelkonsums 1991 wesentlich höher als 1995.

Tabelle 9-32:

Woher hast Du das meiste, was Du über illegale Drogen weißt?		Von den Eltern		Von FreundInnen	
		Ja	Nein	Ja	Nein
Den regelmäßigen Gebrauch von *Aufputschmitteln* schätze ich... *					
1991	...*sehr gefährlich* ein	44	41	45	40
	...*wenig gefährlich* ein	47	47	44	49
	...*nicht gefährlich* ein	3	4	5	3
	ich weiß nicht	6	8	5	8
1992	...*sehr gefährlich* ein	33	33	31	34
	...*wenig gefährlich* ein	47	50	50	49
	...*nicht gefährlich* ein	4	4	4	4
	ich weiß nicht	16	13	16	13
1993	...*sehr gefährlich* ein	32	30	30	31
	...*wenig gefährlich* ein	48	52	51	50
	...*nicht gefährlich* ein	5	7	8	5
	ich weiß nicht	15	11	10	14
1995	...*sehr gefährlich* ein	28	22	20	29
	...*wenig gefährlich* ein	51	52	55	47
	...*nicht gefährlich* ein	8	15	14	10
	ich weiß nicht	14	11	11	14

Angaben in Prozent. Prozentuierungsbasis sind die zu den verschiedenen Zeitpunkten jeweils mit Differenzierung nach Benennung oder Nicht-Benennung von Eltern bzw. von FreundInnen als Wissensquelle sich ergebenden Gruppen. Bei Aufaddierungen ergeben sich eventuell Rundungsfehler.

* Der Wortlaut der Frage hieß 1991 „Für wie gefährlich hältst Du den regelmäßigen Gebrauch folgender Substanzen?“, ab 1992 wurde folgende Fragestellung verwendet: „Wie siehst Du die Wirkung des ***regelmäßigen*** Gebrauches folgender Rauschmittel?“

1993 und etwas deutlicher 1995 schätzten SchülerInnen, die sich ihr Wissen zu illegalisierten Drogen durch Gespräche mit den Eltern angeeignet haben, Aufputschmittelkonsum gefährlicher ein als die übrigen Befragten. Im gleichen Zeitraum und mit ebenfalls steigendem Abstand bewerteten die Jugendlichen, die FreundInnen als Wissensquelle nannten, Aufputschmittel etwas ungefährlicher als die anderen (vgl. Tabelle 9-32).

50 Mit dem Fragebogen der 1995er Erhebung wurden die SchülerInnen gebeten, auch eine Gefährlichkeitseinschätzung bezüglich eines regelmäßigen Konsum von Ecstasy vorzunehmen. Demnach werden die Befragten 1995 bei der Einschätzung der Aufputschmittelrisiken Ecstasy nicht miteinbezogen haben, während sie dies vermutlich in den Vorjahren taten.

Tabelle 9-33:

		Wir sprechen im Freundeskreis über illegale Drogen....			
Den regelmäßigen Gebrauch von *Aufputschmitteln* schätze ich... *		sehr viel	viel	wenig	gar nicht
1991	...*sehr gefährlich* ein	**	51	41	40
	...*wenig gefährlich* ein	**	32	50	48
	...*nicht gefährlich* ein	**	8	3	4
	ich weiß nicht	**	9	6	9
1992	...*sehr gefährlich* ein	**	35	32	35
	...*wenig gefährlich* ein	**	54	51	42
	...*nicht gefährlich* ein	**	2	4	8
	ich weiß nicht	**	8	15	15
1993	...*sehr gefährlich* ein	32	33	29	33
	...*wenig gefährlich* ein	54	54	52	42
	...*nicht gefährlich* ein	9	6	6	7
	ich weiß nicht	5	7	13	18
1995	...*sehr gefährlich* ein	24	21	23	33
	...*wenig gefährlich* ein	43	52	55	46
	...*nicht gefährlich* ein	22	18	9	8
	ich weiß nicht	11	9	13	14

Angaben in Prozent. Prozentuierungsbasis sind zu den verschiedenen Zeitpunkten jeweils die mit Differenzierung nach dem Ausmaß der Kommunikation im Freundeskreis sich ergebenden Gruppen. Bei Aufaddierungen ergeben sich eventuell Rundungsfehler.

* Der Wortlaut der Frage hieß 1991 „Für wie gefährlich hältst Du den regelmäßigen Gebrauch folgender Substanzen?", ab 1992 wurde folgende Fragestellung verwendet: „Wie siehst Du die Wirkung des *regelmäßigen* Gebrauches folgender Rauschmittel?"

** 1990-92 wurden zur Beantwortung der Frage nach dem Ausmaß der horizontalen Kommunikation nur die drei Antwortvorgaben „viel", „wenig", „gar nicht" angeboten. Da dies den SchülerInnen tendenziell das Ankreuzen der mittleren Antwortvorgabe, also „wenig" Kommunikation im Freundeskreis, nahelegte, wurde ab 1993 eine vierte Antwortvorgabe „sehr viel" zusätzlich vorgeschlagen. Ein bruchloser Vergleich der diesbezüglichen Ergebnisse bis 1992 mit den späteren ist dadurch nicht möglich.

Betrachten wir den Zusammenhang zwischen Ausmaß der horizontalen Kommunikation und der Gefährlichkeitseinschätzung bezüglich eines regelmäßigen Gebrauchs von Aufputschmitteln, zeigt sich eine interessante Entwicklung im Zeitverlauf: 1991 schätzten die SchülerInnen mit wenig Kommunikation im Freundeskreis zu illegalisierten Drogen regelmäßigen Aufputschmittelkonsum tendenziell ungefährlicher ein als die jeweils anderen.[51] 1992 gab es keine derartigen signifikanten Zusammenhänge. 1993 und 1995 waren es dann eher die Jugendlichen mit intensiver entsprechender Kommu-

51 Obwohl Jugendliche mit „viel" horizontaler Kommunikation häufiger als die anderen „nicht gefährlich" ankreuzten, scheint uns diese Aussage wegen der Nennungen der anderen Ausprägungen gerechtfertigt.

nikation, die regelmäßigen Aufputschmittelkonsum als ungefährlicher bewerten als die jeweils anderen (vgl. Tabelle 9-33). Der Zusammenhang hat sich also im Zeitverlauf umgekehrt.

Die angeführten Befunde lassen die Schlußfolgerung zu, daß sich bezüglich der Risikoeinschätzung des Aufputschmittelkonsums im Zeitverlauf unterschiedliche Abwägungen entwickelten. Jugendliche scheinen untereinander tendenziell eher „Entwarnung" zu geben, während Eltern weiterhin auf die Gefahren verweisen. Daß ein regelmäßiger Gebrauch von Aufputschmitteln ab 1991 insgesamt zunehmend weniger gefährlich eingeschätzt wird, mag u.a. in der stärkeren Bedeutung von Jugendszenen (z.B. der Techno-Party-Szene), die einen Aufputschmittelkonsum (z.B. XTC, Speed, Guarana) kulturell integrieren, liegen. Die steigende Verbreitung aufputschender Substanzen in den Freundeskreisen der befragten Mädchen und Jungen[52] v.a. ab 1993 ist dafür ein Beleg und gibt auch in ihrer zeitlichen Entwicklung eine Erklärung dafür, daß sich ab 1993 Anzeichen für unterschiedliche Thematisierungsmodi im Rahmen horizontaler und vertikaler Kommunikation bezüglich der Aufputschmittel finden lassen. Aufputschmittelgebrauch ist durch diese Entwicklung für viele Jugendliche zumindest beobachtbar und wird so auch in der Kommunikation Jugendlicher ein Thema. Die dabei z.T. vermittelten positiven Erfahrungen mögen zu einer solchen Entdramatisierung, insbesondere unter den Jugendlichen, die sich in den angesprochenen kulturellen Bezügen befinden, geführt haben.

Zusammenfassend ist zu konstatieren, daß in horizontalen und vertikalen Kommunikationszusammenhängen zum Untersuchungsende jeweils unterschiedliche Risikoeinschätzungen bezüglich des Gebrauchs einzelner Drogen (Cannabis, Aufputschmittel, andeutungsweise LSD) ausgetauscht werden. Deutlich ist, daß sich derartig differierende Wertungen unter vielen Jugendlichen bei denjenigen Drogen herausgebildet haben, die in jugendkulturellen Zusammenhängen verfügbar und relativ verbreitet sind. Parallel zu deren steigender Verfügbarkeit nahm auch die Tendenz bei den Jugendlichen zu, den Konsum dieser Drogen ungefährlicher einzuschätzen. Ausgangspunkt war eine Übereinstimmung zwischen Erwachsenen und Jugendlichen zu Beginn unserer Befragung, illegalisierten Drogenkonsum als äußerst gefährlich einzuschätzen. Einen solchen Konsens finden wir zum Ende der Befragung nur noch andeutungsweise bei Heroin und Kokain vor. Eigene oder vermittelte Konsumerfahrungen und Beobachtungen ermöglich(t)en den Jugendlichen, die sich in den entsprechenden jugendkulturellen Zusammenhängen bewegen, alternativ zu den Warnungen der Erwachsenen und den bisherigen eigenen Bewertungen Einschätzungen zu den einzelnen Drogen zu entwikkeln, die weitaus weniger Risiken und Gefahren betonen. Hierbei spiel(t)en starke Übertreibungen der Risiken, welche oft von Erwachsenen als Abschreckung an Jugendliche herangetragen wurden und werden, u.E. eher eine

52 Siehe zum illegalisierten Drogenkonsum in den Freundeskreisen der Befragten Kapitel 8.

beschleunigende Rolle. Dies deckt sich mit den Erfahrungen aus bisherigen Sucht- oder Drogenpräventionskampagnen (z.B. bezüglich Nikotin), aber auch aus Programmen der AIDS-Prävention: Eine alleinige Betonung der negativen Aspekte und möglichen Folgen eines Verhaltens (Drogenkonsum, ungeschützter Geschlechtsverkehr usw.) bewirkt in den meisten Fällen nicht, daß dieses Verhalten tatsächlich langfristig aufgegeben wird. In Bezug auf die „Drogenprävention" ist zu bemerken, daß aus der Konzentration der abschreckenden Seiten des Drogengebrauchs und gleichzeitiger Ausblendung aller rekreativen und genußbezogenen Aspekte eine Dämonisierung der Droge durch Erwachsene resultiert. Eventuelle positive Erfahrungen, welche die Jugendlichen mit illegalisierten Drogen gemacht haben, lassen sich in eine solche undifferenzierte Sichtweise nicht integrieren. Da eigene Erfahrungen mit illegalisierten Drogen in weitaus stärkerem Maße die Einstellungen zum illegalisierten Drogengebrauch bestimmen als vermitteltes Wissen aus zweiter Hand[53], werden die SchülerInnen bei eigenem entsprechenden Erfahrungshintergrund die Warnungen der Erwachsenen als haltlos erleben. Es ist daher wichtig, in den Gesprächen mit Jugendlichen derartige negative Überzeichnungen der Drogenkonsumrisiken zu vermeiden und das Wissen der Jugendlichen zu illegalisierten Drogen ernst zu nehmen.

Darüber hinaus lassen die Bewertungen des Konsums der unterschiedlichen Substanzen erkennen, daß die Jugendlichen nicht generell „Entwarnung" geben, sondern nach Art der Droge unterscheiden und z.B. Heroin und Kokain wesentlich gefährlicher einschätzen als Cannabis.

9.5.3 Kommunikation zu illegalisierten Drogen und Konsumbereitschaft

Mit dem Erhebungsinstrument wurde die Verhaltensoption der Jugendlichen bei einem hypothetischen Drogenangebot von FreundInnen oder Bekannten abgefragt.[54]

Das Antwortverhalten ist beeinflußt von den bisherigen Erfahrungen, Beobachtungen und Gesprächen der Befragten zum Drogenthema. Wir untersuchen an dieser Stelle, welchen Einfluß das Ausmaß der horizontalen Kommunikation, die berichteten Wirkungen der geführten Gespräche sowie die

---

53 Vgl. zum stärkeren Einfluß von eigenen Erfahrungen zu illegalisierten Drogen auf das nachfolgende Verhalten Abschnitt 9.1.

54 Die Frage lautete: „Was würdest Du wahrscheinlich machen, wenn Dir Freunde oder Bekannte illegale Drogen anbieten würden?". Die Befragten sollten eine der folgenden Antwortvorgaben ankreuzen: „Ich würde prinzipiell den Gebrauch ablehnen."/ „Es kommt darauf an welche Droge. Die eine würde ich probieren, die andere nicht."/„Ich würde Drogen nehmen."/„Ich weiß nicht recht.". Die Frage wurde in dieser Form ab 1992 gestellt. Die Ausprägung „Ich würde Drogen nehmen" wird zu den drei Untersuchungszeitpunkten nur von jeweils weniger als 20 SchülerInnen genannt; bei der Interpretation werden diese entsprechenden Gruppen vernachlässigt.

Herkunft des Wissens zu illegalisierten Drogen für das Verhalten der Jugendlichen bei einem hypothetischen Drogenangebot haben.[55]

Tabelle 9-34:

		Wir sprechen im Freundeskreis über illegale Drogen....				
Verhalten bei Angebot illegalisierter Drogen: *		*sehr viel*	*viel*	*wenig*	*gar nicht*	insgesamt
1992	...prinzipiell ablehnen	**	72	83	86	83
	...abhängig von Droge	**	18	9	5	9
	...Droge nehmen	**	2	0	2	1
	...ich weiß nicht recht	**	8	8	7	8
1993	...prinzipiell ablehnen	44	69	83	90	81
	...abhängig von Droge	44	23	8	6	12
	...Droge nehmen	4	0	0	1	1
	...ich weiß nicht recht	8	8	8	4	7
1995	...prinzipiell ablehnen	26	42	76	85	63
	...abhängig von Droge	58	44	15	7	26
	...Droge nehmen	9	5	0	0	2
	...ich weiß nicht recht	7	9	9	9	9

Angaben in Prozent. Prozentuierungsbasis sind zu den verschiedenen Zeitpunkten jeweils die mit Differenzierung nach dem Ausmaß der Kommunikation im Freundeskreis sich ergebenden Gruppen (bzw. bezüglich der „insgesamt"-Zahlen alle zum jeweiligen Zeitpunkt befragten SchülerInnen). Bei Aufaddierungen ergeben sich eventuell Rundungsfehler.

* Der Wortlaut der Frage hieß: „Was würdest Du wahrscheinlich machen, wenn Dir Freunde oder Bekannte illegale Drogen anbieten würden?" Eine der vier Antwortvorgaben „Ich würde prinzipiell den Gebrauch ablehnen", „Es kommt darauf an welche Droge. Die eine würde ich probieren, die andere nicht.", „Ich würde Drogen nehmen." oder „Ich weiß nicht recht." sollte von den Befragten angekreuzt werden.

** 1990-92 wurden zur Beantwortung der Frage nach dem Ausmaß der horizontalen Kommunikation nur die drei Antwortvorgaben „viel", „wenig", „gar nicht" angeboten. Da dies den SchülerInnen tendenziell das Ankreuzen der mittleren Antwortvorgabe, also „wenig" Kommunikation im Freundeskreis, nahelegte, wurde ab 1993 eine vierte Antwortvorgabe „sehr viel" zusätzlich vorgeschlagen. Ein bruchloser Vergleich der diesbezüglichen Ergebnisse bis 1992 mit den späteren ist dadurch nicht möglich.

Cramérs V: 1992 V = 0,110, 1993 V = 0,169, 1995 V = 0,268.

55 An dieser Stelle sei darauf hingewiesen, daß wir uns durchaus bewußt sind, daß es eine Vielzahl von Gründen geben kann, sich für oder gegen einen illegalisierten Drogenkonsum zu entscheiden, die von unserem Fragebogen nicht erfaßt wurden. Wir haben uns auf den Einfluß der Kommunikation zu illegalisierten Drogen auf die Konsumbereitschaft der SchülerInnen beschränkt und z.B. die symbolische Bedeutung des Drogengebrauchs nicht betrachtet. Somit können wichtige Aspekte einer Entscheidung für oder gegen einen illegalisierten Drogengebrauch wie z.B. dessen Symbolik bei der Auseinandersetzung mit erwachsenen Bezugspersonen im Ablöseprozeß oder der alltagskulturellen „Nötigung" zum Drogenkonsum in jugendkulturellen Zusammenhängen, die sich u.a. mit Hilfe dieses Drogengebrauchs eine Gruppenidentität schaffen, hier nicht bearbeitet werden.

Es gilt für jeden der drei angegebenen Untersuchungszeitpunkte: Je häufiger die Befragten mit FreundInnen über illegalisierte Drogen sprachen, desto eher würden sie bei einem eventuellen Drogenangebot nicht prinzipiell ablehnen, sondern sich abhängig von der Art der Droge entscheiden. Dieser Zusammenhang nimmt im Zeitverlauf an Stärke zu. Beim Vergleich der Jahre 1993 und 1995[56] fällt auf, daß, außer bei den SchülerInnen mit keinerlei horizontaler Kommunikation, in allen Gruppen die Bereitschaft wuchs, auf eine eventuelle Drogenofferte abhängig von der Drogenart zu reagieren. Diese Entwicklung vollzog sich in den Gruppen mit „sehr viel" bzw. „viel" Gesprächen im Freundeskreis wesentlich stärker als bei denen mit „wenig" Unterhaltung zu Drogen mit Gleichaltrigen (vgl. Tabelle 9-34).

Die Kommunikation unter Gleichaltrigen ist also ein Faktor, der die Bereitschaft zu einem illegalisierten Drogenkonsum beeinflußt. Je mehr sich Jugendliche untereinander über illegalisierte Drogen unterhalten, desto eher würden sie solche Drogen bei einem entsprechenden Angebot probieren. Daß dieser Zusammenhang im Laufe der Zeit stärker wird, zeigt die zunehmende Verbreitung und Bedeutung horizontaler Kommunikationszusammenhänge, innerhalb derer entsprechend des faszinativ-positiven Thematisierungsmodus positive Genuß-Gefahr-Abschätzungen Gültigkeit haben, an.

Den Einfluß, den die Inhalte der geführten Gespräche auf die Konsumbereitschaft der Befragten haben, werden wir nun näher beleuchten.

SchülerInnen, die ihre Gespräche als „warnend/abschreckend" charakterisierten, würden eine Drogenofferte über den gesamten untersuchten Zeitraum weitaus häufiger prinzipiell ablehnen als die anderen Jugendlichen. Der Unterschied bezüglich der Verhaltensoption bei einem Drogenangebot zwischen der Gruppe derjenigen, die warnende bzw. abschreckende Gespräche führten, und den SchülerInnen, die eine solche Gesprächswirkung verneinten, verstärkt sich im Zeitverlauf und insbesondere von 1993 zu 1995 (vgl. Tabelle 9-35).

Entsprechend sieht die Entwicklung bezüglich der Nennung „neugierig geworden" aus: Diejenigen, die Neugier weckende Gespräche führten, würden weitaus seltener ein Drogenangebot prinzipiell ablehnen. In dieser Gruppe (1995 immerhin ein Drittel aller Befragten) vollzieht sich von 1993 zu 1995 eine Umkehrung des Verhältnisses von „Prinzipieller Ablehnung" zu „Abhängig von Art der Droge", so daß 1995 nur noch weniger als ein Drittel dieser Befragten die Drogenofferte prinzipiell ablehnen würde und die Hälfte das Angebot abhängig von der Art der Droge entscheiden würde (vgl. Tabelle 9-36).

56 Das Untersuchungsjahr 1992 ist mit den beiden anderen Zeitpunkten nicht direkt vergleichbar.

Tabelle 9-35:

Wenn Du bereits mit jemanden über illegale Drogen gesprochen hast, wie haben diese Gespräche auf Dich *überwiegend* gewirkt?						
	1992		1993		1995	
	warnend/abschreckend		warnend/abschreckend		warnend/abschreckend	
	ja	nein	ja	nein	ja	nein
Verhalten bei Angebot illegalisierter Drogen: *						
...prinzipiell ablehnen	89	61	88	59	81	35
...abhängig von Droge	4	25	7	25	13	49
...Droge nehmen	0	4	0	2	1	4
...ich weiß nicht recht	7	10	5	15	6	13

Angaben in Prozent. Prozentuierungsbasis ist die jeweilige Spalte. Bei Aufaddierungen zeigen sich eventuell Rundungsfehler.

* Der Wortlaut der Frage hieß „Was würdest Du wahrscheinlich machen, wenn Dir Freunde oder Bekannte illegale Drogen anbieten würden?" Die Befragten sollten eine der folgenden Antwortvorgaben ankreuzen: „Ich würde prinzipiell den Gebrauch ablehnen.", „Es kommt darauf an welche Droge. Die eine würde ich probieren, die andere nicht.", „Ich würde Droge nehmen." oder „Ich weiß nicht recht."

Cramérs V: 1992 V = 0,247, 1993 V = 0,220, 1995 V = 0,325.

Tabelle 9-36:

Wenn Du bereits mit jemanden über illegale Drogen gesprochen hast, wie haben diese Gespräche auf Dich *überwiegend* gewirkt?						
	1992		1993		1995	
	neugierig geworden **		neugierig geworden		neugierig geworden	
	ja	nein	ja	nein	ja	nein
Verhalten bei Angebot illegalisierter Drogen: *						
...prinzipiell ablehnen	42	90	53	89	32	80
...abhängig von Droge	34	4	30	6	50	13
...Droge nehmen	4	0	1	0	5	0
...ich weiß nicht recht	20	5	16	5	12	7

Angaben in Prozent. Prozentuierungsbasis ist die jeweilige Spalte. Bei Aufaddierungen zeigen sich eventuell Rundungsfehler.

* Der Wortlaut der Frage hieß „Was würdest Du wahrscheinlich machen, wenn Dir Freunde oder Bekannte illegale Drogen anbieten würden?" Die Befragten sollten eine der folgenden Antwortvorgaben ankreuzen: „Ich würde prinzipiell den Gebrauch ablehnen.", „Es kommt darauf an welche Droge. Die eine würde ich probieren, die andere nicht.", „Ich würde Droge nehmen." oder „Ich weiß nicht recht."

** 1992 hieß die Ausprägung „bin neugierig auf die Drogenwirkung geworden", womit sich die vergleichsweise geringe Nennung der Ausprägung im Jahre 1992 z.T. erklären läßt.

Cramérs V: 1992 V = 0,310, 1993 V = 0,271, 1995 V = 0,331.

Diese Befunde zeigen einen Zusammenhang zwischen der Art der geführten Gespräche und der Verhaltensoption bei einer Drogenofferte von FreundInnen oder Bekannten. Die warnenden bzw. abschreckenden Gespräche sind eher einer vertikalen, die neugierig machenden Gespräche eher einer horizontalen Kommunikation zuzuordnen.[57] Die faszinativ-positive Thematisierung im Rahmen horizontaler Kommunikation führt offensichtlich zu einer erhöhten Bereitschaft der Jugendlichen, bestimmte illegalisierte Drogen zu probieren; *die geführten Gesprächen sind somit einstellungswirksam.* Für die übergroße Mehrheit der Jugendlichen bedeutet die durch Gespräche angestoßene Bereitschaft zur Annahme eines Drogenangebots keine Option für ein „wahlloses" Ausprobieren sämtlicher illegalisierter Substanzen. Nur sehr wenige SchülerInnen, die durch Gespräche „neugierig geworden" sind, würden das Drogenangebot bedingungslos annehmen.[58]

Daß unter den SchülerInnen, die warnende bzw. abschreckende Gespräche führten, der Anteil der „prinzipiellen Ablehner" über den gesamten Zeitverlauf sehr hoch ist, könnte auf den ersten Blick als Erfolg einer Abschreckungsstrategie gewertet werden. Dabei würden aber zwei wesentliche Aspekte unberücksichtigt bleiben: Erstens berichteten im Laufe der Untersuchung immer weniger Mädchen und Jungen von einer abschreckenden bzw. warnenden Gesprächswirkung.[59] Dies ist sicher nicht darauf zurückzuführen, daß Erwachsene die negativen und abschreckenden Aspekte der Drogenproblematik nicht mehr ansprechen. Ausschlaggebend könnte der bereits mehrfach erörterte Trend sein, daß Erwachsene, auch aufgrund ihrer Abschreckungsstrategie als akzeptierte GesprächspartnerInnen zur Thematik „Illegalisierte Drogen" an Bedeutung verlieren, FreundInnen hingegen wichtiger werden. Die Befragten bezogen sich bei der Beurteilung ihrer Gespräche eher auf die wichtigen Unterredungen, also zunehmend auf Gespräche mit Gleichaltrigen. Zweitens handelt es sich bei den Antworten auf unsere Fragen um Momentaufnahmen. Inwieweit die geäußerte strikte Ablehnung einer stabilen Einstellung gegenüber einem illegalisierten Drogenkonsum entspricht und inwieweit sie verhaltenswirksam wird, bleibt unklar. Insbesondere, wenn Jugendliche eigene positive Erfahrungen (Konsumbeobachtungen, erhaltenes Drogenangebot, eigener Konsum usw.) zu illegalisiertem Drogengebrauch sammeln, werden sie die bisherigen Einstellungen anhand ihrer augenblicklichen Erfahrungen messen und eventuell ändern.[60]

Wir betrachten nun den Einfluß, den die Herkunft des relevanten Drogenwissens auf die Konsumbereitschaft der Jugendlichen hat.

Insgesamt nahm im Zeitverlauf, besonders von 1993 zu 1995, die Bereitschaft der SchülerInnen zu, ein Angebot illegalisierter Drogen genauer zu prüfen und nicht strikt abzulehnen. Dies gilt für Befragte, die sich ihr Drogenwissen durch Gespräche mit Erwachsenen oder durch die Medien ange-

---

57 Vgl. Abschnitt 9.3.

58 Vgl. auch in Kapitel 8 den individuellen Konsum illegalisierter Substanzen, bei dem es sich v.a. um Cannabisgebrauch handelt.

59 Vgl. zu den generellen Einschätzungen der Gespräche Abschnitt 9.2.

60 Vgl. die Zusammenhänge von Kommunikation und Präsenz illegalisierter Drogen in den Bezügen der Befragten in Abschnitt 9.7.

eignet haben, und für diejenigen, die als Quelle ihres Drogenwissens FreundInnen oder eigenen Beobachtungen angegeben haben. Nicht zu übersehen sind aber die Unterschiede zwischen den einzelnen Gruppen, welche über den gesamten Zeitraum Gültigkeit haben: SchülerInnen, die Eltern, den Schulunterricht oder Medien (Printmedien, Hörfunk, Fernsehen) als Wissensquelle angaben, würden häufiger als die jeweils anderen ein Drogenangebot prinzipiell ablehnen. Von Jugendlichen, die sich ihr Wissen in Gesprächen mit FreundInnen aneigneten, würden Drogenangebote wesentlich seltener strikt abgelehnt werden als von den anderen Befragten. Am seltensten würden die Befragten, die auf eigene Beobachtungen als Wissensquelle verwiesen, ein Drogenangebot prinzipiell ablehnen. Tendenziell nahmen die Unterschiede zwischen den Jugendlichen, die ihr Wissen aus Gesprächen mit Erwachsenen haben, und denen, die sich ihre Kenntnisse durch Gespräche mit Gleichaltrigen aneigneten, während der Untersuchung zu. Klein blieb in allen beschriebenen Gruppen die Anzahl derjenigen, die auf alle Fälle das Angebot annehmen würden, wobei sich eine leichte Zunahme von 1993 zu 1995 bei den SchülerInnen mit eigenen Beobachtungen und bei denen mit FreundInnen als Wissensquelle andeutete (vgl. Tabelle 9-37).

Jugendliche, die Gleichaltrige als Wissensquelle zu illegalisierten Drogen angaben, sind eher bereit, solche Drogen zu probieren, als SchülerInnen, die sich durch Gespräche mit Erwachsenen Wissen zu illegalisierten Substanzen aneigneten. Hier läßt sich der Bogen zu den vorher referierten Befunden schlagen. In der Gleichaltrigenkommunikation wird ein anderes Drogenwissen vermittelt als in der vertikalen Kommunikation. Bestimmten illegalisierten Drogen werden dabei positive Eigenschaften zugesprochen und diese in ihrer Funktionalität thematisiert. Es werden Risiko-Genuß-Abwägungen ausgetauscht, die weitaus weniger Risiken eines solchen Drogenkonsums betonen als dies von Erwachsenen meist getan wird. Illegalisierter Drogenkonsum ist in vielen jugendkulturellen Zusammenhängen ein erlebbares Phänomen und wird dadurch in der Wahrnehmung der Jugendlichen entdämonisiert. *Auf der Basis dieser Erfahrungen wird es für die Mädchen und Jungen verstärkt zu einer möglichen Option, im Falle einer Drogenofferte abhängig von der angebotenen Droge zu entscheiden.*[61] *Daß diese Entscheidung je nach Art der Droge unterschiedlich ausfallen kann, unterstreicht noch einmal, wie schon die Risikoeinschätzungen bezüglich der unterschiedlichen Substanzen, daß viele Jugendliche Ostberlins heute ein differenziertes Drogenwissen besitzen, welches es ihnen tendenziell ermöglicht, illegalisierten Drogenkonsum und körperliche Unversehrtheit miteinander zu verbinden. Nur sehr wenige Jugendliche würden jedes Drogenangebot annehmen.*

---

61 Hier sei noch einmal darauf hingewiesen, daß wir hier den Einfluß der Kommunikation zu illegalisierten Drogen auf die Konsumbereitschaft der SchülerInnen untersucht und andere Einflüsse auf die Entscheidung für oder gegen einen illegalisierten Drogenkonsum nicht betrachtet haben.

Tabelle 9-37:

Woher hast Du das meiste, was Du über illegale Drogen weißt?		Eltern		FreundInnen		Schule/ LehrerIn**		Medien**		eigene Beobachtung		insg.
		ja	nein	ja	nein	ja	nein	ja	nein	ja	nein	
Verhalten bei Angebot illegalisierter Drogen: *												
1992	...prinzipiell ablehnen	90	78	79	85	87	79	84	48	64	86	83
	...abhängig von Droge	3	12	13	6	6	11	8	27	24	6	9
	...Droge nehmen	0	1	1	1	0	2	1	9	2	1	1
	...ich weiß nicht recht	7	9	8	8	7	9	8	16	10	7	8
1993	...prinzipiell ablehnen	85	78	72	87	87	74	82	59	65	85	81
	...abhängig von Droge	7	14	18	7	8	15	11	25	24	8	12
	...Droge nehmen	1	1	0	1	0	1	0	3	1	1	1
	...ich weiß nicht recht	7	8	10	5	4	10	7	13	10	6	7
1995	...prinzipiell ablehnen	72	59	53	79	77	59	64	50	41	74	63
	...abhängig von Droge	19	29	35	11	11	31	25	39	46	16	26
	...Droge nehmen	0	3	3	0	1	3	2	4	5	1	2
	...ich weiß nicht recht	9	9	9	9	12	8	9	7	9	9	9

Angaben in Prozent. Prozentuierungsbasis sind die zu den verschiedenen Zeitpunkten jeweils mit Differenzierung nach Benennung oder Nicht-Benennung jeweiliger Wissensquellen sich ergebenden Gruppen (bzw. bei den „insgesamt"-Zahlen alle zum jeweiligen Zeitpunkt befragten SchülerInnen). Bei Aufaddierungen ergeben sich eventuell Rundungsfehler.

* Der Wortlaut der Frage hieß: „Was würdest Du wahrscheinlich machen, wenn Dir Freunde oder Bekannte illegale Drogen anbieten würden?" Eine der vier Antwortvorgaben „Ich würde prinzipiell den Gebrauch ablehnen", „Es kommt darauf an welche Droge. Die eine würde ich probieren, die andere nicht.", „Ich würde Drogen nehmen." oder „Ich weiß nicht recht." sollte von den Befragten angekreuzt werden.

** Die Ausprägung „LehrerIn" war 1995 an Stelle des Items „Schulunterricht" vorgeschlagen. 1992 meinten nur 4% aller Befragten, ihr Wissen zu Drogen nicht aus den Medien zu haben. Die in der Tabelle angegebenen Prozentzahlen bezüglich der Ausprägung „Medien" für den Zeitpunkt 1992 sind nicht signifikant.

Cramérs V bzgl. ausgewählten Items:
- Eltern: 1992 V = 0,181, 1993 V = 0,107, 1995 V = 0,146
- FreundInnen: 1992 V = 0,120, 1993 V = 0,197, 1995 V = 0,287
- eigene Beobachtung: 1992 V = 0,254, 1993 V = 0,226, 1995 V = 0,353.

Als Resümee dieses Kapitels bleiben erneut unterschiedliche Thematisierungsmodi und damit unterschiedliche Kommunikationszusammenhänge festzuhalten: In der Kommunikation zwischen Jugendlichen und erwachsenen Bezugspersonen werden v.a. die Risiken des illegalisierten Drogengebrauchs behandelt, Wissen über Möglichkeiten der Drogenbeschaffung spielt keine Rolle. Folglich sind Jugendliche, die sich vorwiegend mit Erwachsenen zum Drogenthema unterhalten haben, vorsichtiger, wenn es um ein konkretes Drogenangebot geht, sie lehnen eher strikt ab. Anders wird das Drogenthema unter vielen Jugendlichen, also ohne Erwachsene, besprochen. Positive und rekreative Aspekte eines illegalisierten Drogengebrauchs sind ebenso Gegenstand der Gespräche wie Möglichkeiten des Erwerbs illegalisierter Drogen.

Jugendliche, die sich in diesen horizontalen Kommunikationszusammenhängen bewegen, haben ein differenzierteres Drogenwissen und sind „näher“ an illegalisierten Drogen dran, was jedoch nicht automatisch einen eigenen Probierkonsum bedingt. Sie prüfen ein Drogenangebot meist und entscheiden sich für oder gegen einen Konsum je nach Art der Droge.

9.6 Die Fokussierung der Gesprächsinteressen der SchülerInnen

In den vorigen Abschnitten wurde deutlich, daß eine zu Beginn der Untersuchungsreihe bestehende Übereinstimmung zwischen Jugendlichen und Erwachsenen bezüglich illegalisierter Drogen sich im Lauf der Zeit zunehmend aufgelöst hat. Die SchülerInnen sprechen untereinander zunehmend in anderer Weise über illegalisierte Drogen als dies in Gesprächen zwischen Jugendlichen und Erwachsenen geschieht. Dabei eignen sich Jugendliche aufgrund konträrer Thematisierungsmodi im Rahmen horizontaler und im Rahmen vertikaler Kommunikation (bzw. entsprechend den Kommunikationszusammenhängen, in denen sie sich bewegen) unterschiedliche Einstellungen, unterschiedliches Wissen und unterschiedliche Bewertungen bezüglich illegalisierter Drogen an.

Im folgenden wird nun genauer der Frage nachgegangen, inwieweit SchülerInnen in ihrem Alltag sowohl Gespräche mit Gleichaltrigen, in denen illegalisierte Drogen auf eine faszinativ-positive Weise thematisiert werden, als auch Gespräche mit erwachsenen Bezugspersonen, die durch einen abschreckend-negativen Thematisierungsmodus seitens dieser GesprächspartnerInnen gekennzeichnet sind, führen, bzw. inwieweit SchülerInnen in ihrem Alltag ausschließlich solche Gespräche mit Gleichaltrigen oder ausschließlich solche Gespräche mit Erwachsenen führen. Es wird also untersucht, inwieweit sich die SchülerInnen – entsprechend ihren Interessen – ausschließlich in vertikalen bzw. ausschließlich in horizontalen Kommunikationszusammenhängen bewegen. Dementsprechend wird auch der Frage nachgegangen, welche Zusammenhänge zwischen bisherigen Gesprächen bzw. bisherigen GesprächspartnerInnen und künftig gewünschten GesprächspartnerInnen bestehen, und welche Entwicklungen sich diesbezüglich im Zeitverlauf zeigen.

Eine Betrachtung der teilweise zusammengefaßten Antworten der SchülerInnen zur Frage nach ihren bisherigen GesprächspartnerInnen zum Thema „Illegalisierte Drogen“ zeigt, daß zu Beginn der Untersuchungsreihe, 1990, der größte Teil der befragten SchülerInnen ausschließlich[62] auf Eltern oder LehrerInnen verweist (vgl. Tabelle 9-38). Dieser Anteil der zum jeweiligen Zeitpunkt ausschließlich auf erwachsene Bezugspersonen Verweisenden geht im Zeitver-

62 Vgl. zu der vorgenommenen Zusammenfassung der Antworten und damit zu diesem „ausschließlich“ die Ausführungen zu Beginn von Abschnitt 9.3 und die dortige Fußnote 21.

lauf (und insbesondere von 1990 zu 1991) jedoch sehr sehr stark zurück (von 43% auf 9%!). Gleichzeitig nimmt der Anteil derjenigen, die als GesprächspartnerInnen bis zum jeweiligen Zeitpunkt ausschließlich FreundInnen benennen, zu. Der Anteil derjenigen SchülerInnen, die zum jeweiligen Zeitpunkt sowohl auf Eltern oder LehrerInnen als auch auf FreundInnen verweisen, nimmt von 1990 zu 1991 und insgesamt im Zeitverlauf ebenfalls deutlich zu. Der starke Zuwachs dieser Nennungen von 1990 zu 1991 ist einmal mehr ein Hinweis darauf, daß das Thema zu dieser Zeit Hochkonjunktur hatte und auch in den Schulen breiten Raum einnahm (vgl. dazu auch Abschnitt 9.2).

Tabelle 9-38: Mit wem hast Du Dich überhaupt schon 'mal über dieses Thema unterhalten? [a]

	ausschließlich mit Eltern oder LehrerInnen	ausschließlich mit FreundInnen	mit Eltern oder LehrerInnen und mit FreundInnen
1990	43	8	37
1991	18	2	76
1992	15	10	71
1993	17	14	66
1995	9	17	72

Angaben in Prozent. Prozentuierungsbasis ist die jeweilige Zeile. Daß sich die Angaben nicht zu hundert Prozent addieren, liegt daran, daß es zu jedem Zeitpunkt noch zwei weitere Gruppen von SchülerInnen gibt: diejenigen, die weder mit Eltern oder LehrerInnen noch mit FreundInnen, allerdings mit anderen Personen gesprochen haben, und diejenigen, die angeben, sich bislang überhaupt nicht über das Thema unterhalten zu haben. Diese beiden Gruppen umfassen zusammen jeweils 3-5% der SchülerInnen, außer 1990: Zu diesem Zeitpunkt verweisen 13% der SchülerInnen ausschließlich auf andere Personen (z.B. Geschwister oder Großeltern) als bisherige GesprächspartnerInnen.

a 1990 und 1991 lautete die Frageformulierung: „Hat mit Dir schon jemand in Ruhe über Probleme gesprochen, die mit illegalen Drogen in Verbindung stehen können?"

Während also ab 1991 die Mehrzahl der SchülerInnen sowohl auf Erwachsene als auch auf Gleichaltrige als bisherige GesprächspartnerInnen zum Thema „Illegalisierte Drogen" verweist, wächst gleichwohl die Zahl derer, die sich ausschließlich mit Gleichaltrigen zu diesem Thema austauschen. Damit wächst auch die Zahl derjenigen, die sich ausschließlich in horizontalen Kommunikationszusammenhängen bewegen, so daß diese horizontalen Kommunikationszusammenhänge an Bedeutung gewinnen, während die vertikalen Kommunikationszusammenhänge im Zeitverlauf insbesondere hinsichtlich einer entsprechenden Ausschließlichkeit stark an Bedeutung verlieren.

Diese Entwicklung deutet sich auch bei einer Betrachtung der zusammengefaßten[63] Antworten der SchülerInnen auf die Frage nach den von ihnen

63 Die Mehrfachantworten der SchülerInnen auf die Frage nach gewünschten GesprächspartnerInnen sind in ähnlicher Weise zusammengefaßt wie die Mehrfachantworten hinsichtlich bisheriger GesprächspartnerInnen. Auch hier stehen diejenigen

bei Fragen zu illegalisierten Drogen künftig gewünschten GesprächspartnerInnen an (vgl. Tabelle 9-39).

Tabelle 9-39: Mit wem würdest Du Dich gerne ausführlicher unterhalten, wenn Du Fragen zu illegalen Drogen hast?

	ausschließlich[a] mit Eltern oder LehrerInnen	ausschließlich[a] mit FreundInnen	mit Eltern oder LehrerInnen und mit FreundInnen	weder mit Eltern oder LehrerInnen noch mit FreundInnen[a]
1990	21	17	18	44
1991	17	17	26	40
1992	19	20	14	47
1993	16	23	17	44
1995	11	33	15	42

Angaben in Prozent. Prozentuierungsbasis ist die jeweilige Zeile. Bei Aufaddierungen zeigen sich möglicherweise Rundungsfehler. Da 1991 die SiebtklässlerInnen nicht in vergleichend auswertbarer Form nach Gesprächswünschen bei etwaigen Fragen zu illegalisierten Drogen gefragt worden sind, sind hier in dieser Tabelle wie auch in den folgenden Tabellen, in die diese Frage einbezogen ist, keine SiebtklässlerInnen enthalten!

a) Vgl. zu diesen Kategorien die Ausführungen in Fußnote 63.

Hier zeigt sich in ähnlicher Weise ein Rückgang der Wünsche, ausschließlich mit Eltern oder LehrerInnen zu sprechen, und ein insbesondere von 1993 zu 1995 deutlicher Anstieg der Wünsche, mit FreundInnen und gerade nicht mit erwachsenen Bezugspersonen zu sprechen, so daß auch über den Erhebungszeitpunkt 1995 hinaus mit einem weiteren Bedeutungsverlust der vertikalen und mit einem weiteren Bedeutungszuwachs der horizontalen Kommunikationszusammenhänge zu rechnen ist.

Aufschlußreich sind nun die Zusammenhänge zwischen bisherigen und künftig gewünschten GesprächspartnerInnen (vgl. Tabelle 9-40). Diejenigen SchülerInnen, die als bisherige GesprächspartnerInnen ausschließlich FreundInnen benennen, wünschen zu jedem Zeitpunkt auch in Zukunft bei Fragen zu illegalisierten Drogen weitaus häufiger ausschließlich mit FreundInnen zu sprechen als diejenigen, die bis zum jeweiligen Zeitpunkt nur mit Erwachse-

---

SchülerInnen, die mit Eltern oder LehrerInnen zu sprechen wünschen, ohne den Wunsch nach FreundInnen zu äußern, denjenigen gegenüber, die (gleichsam umgekehrt) sich mit FreundInnen, nicht aber mit erwachsenen Bezugspersonen (Eltern oder LehrerInnen) zu unterhalten wünschen. Neben den SchülerInnen, die so ausschließlich auf erwachsene Bezugspersonen oder aber ausschließlich auf FreundInnen verweisen (wobei dieses „ausschließlich" sich nur darauf bezieht, daß eben keine FreundInnen bzw. keine Eltern oder LehrerInnen gewünscht werden; andere GesprächspartnerInnen können jeweils durchaus noch gewünscht sein), gibt es als dritte Gruppe diejenigen, die sowohl mit erwachsenen Bezugspersonen als auch mit FreundInnen (und womöglich auch mit weiteren Personen) zu sprechen wünschen, sowie als vierte Gruppe diejenigen, die weder an Gesprächen mit Eltern oder LehrerInnen noch an Gesprächen mit FreundInnen, hingegen an Gesprächen mit anderen Personen (wie bspw. DrogenberaterInnen) interessiert sind.

nen gesprochen haben; diese letzteren hingegen wünschen jeweils relativ häufig auch in Zukunft mit Eltern oder LehrerInnen und nicht mit FreundInnen zu sprechen. Allerdings zeigt sich andeutungsweise[64] für diejenigen, die jeweils nur mit Erwachsenen gesprochen haben, im Zeitverlauf ein Rückgang der ausschließlichen Wünsche nach Eltern oder LehrerInnen. Ebenso zeigt sich andeutungsweise für diejenigen, die jeweils nur mit FreundInnen gesprochen haben, ab 1992 eine leichte Abnahme der (ohnehin geringen) Wünsche, ausschließlich mit erwachsenen Bezugspersonen zu sprechen, und eine Zunahme der Wünsche, mit FreundInnen und gerade nicht mit Eltern oder LehrerInnen zu sprechen. Für diejenigen SchülerInnen, die zu den jeweiligen Zeitpunkten bereits sowohl einmal mit Eltern oder LehrerInnen als auch mit FreundInnen über illegalisierte Drogen gesprochen haben, ist ein Rückgang der Wünsche, bei künftigen Fragen zu illegalisierten Drogen ausschließlich mit Erwachsenen zu sprechen, und gleichzeitig eine deutliche Zunahme der Wünsche, ausschließlich mit FreundInnen zu sprechen, zu konstatieren. Diese SchülerInnen wünschen sich schließlich deutlich häufiger nur mit Gleichaltrigen als zusätzlich auch mit Eltern oder LehrerInnen zu unterhalten. Somit zeigt sich also auch hier ein Bedeutungsrückgang von Eltern oder LehrerInnen als entsprechende GesprächspartnerInnen für die Jugendlichen und ein entsprechender Bedeutungszuwachs Gleichaltriger, es zeigt sich zugleich eine zunehmende exklusive Attraktivität horizontaler Kommunikationszusammenhänge für immer mehr SchülerInnen.

In ähnlicher Weise zeigt eine Differenzierung gewünschter GesprächspartnerInnen nach dem Ausmaß der aktuellen Kommunikation im Freundeskreis zu den verschiedenen Zeitpunkten insbesondere für diejenigen eine deutliche Zunahme des Wunsches, bei Fragen zu Drogen mit FreundInnen und gerade nicht mit erwachsenen Bezugspersonen zu sprechen, in deren Freundeskreisen viel bzw. sehr viel über illegalisierte Drogen gesprochen wird (vgl. Tabelle 9-41). So läßt sich ab 1992 konstatieren, daß die SchülerInnen umso häufiger ausschließlich mit Gleichaltrigen (genauer: mit Gleichaltrigen und nicht mit Eltern oder LehrerInnen) sprechen wollen, je mehr in ihren Freundeskreisen illegalisierte Drogen Thema sind. Es scheint, daß viele Jugendliche ihre FreundInnen im Lauf der Zeit als kompetente GesprächspartnerInnen kennengelernt haben, mit denen sie – anders als mit Eltern oder LehrerInnen – tabufrei die sie interessierenden Aspekte der Thematik erörtern können. So zeigt sich also auch hier eine zunehmende exklusive Attraktivität der horizontalen Kommunikationszusammenhänge, und dies für immer mehr SchülerInnen, da immer mehr SchülerInnen von vielen bzw. sehr

64 „Andeutungsweise" insofern, als daß die Entwicklungen auf deskriptivem Niveau evident sind, aufgrund nicht ausreichend großer Zellenbesetzungen hier allerdings ein Signifikanzniveau von $p \leq 0{,}05$ nicht ganz erreicht wird. Diese „andeutungsweise" für die Subgruppen konstatierten Entwicklungen entsprechen im übrigen den signifikanten generellen Entwicklungen.

vielen Gesprächen im Freundeskreis zu illegalisierten Drogen berichten (vgl. oben Abschnitt 9.2).

Tabelle 9-40:

Mit wem würdest Du Dich gerne ausführlicher unterhalten, wenn Du Fragen zu illegalen Drogen hast?	ausschließlich mit Eltern oder LehrerInnen	ausschließlich mit FreundInnen	mit Eltern oder LehrerInnen und mit FreundInnen	weder mit Eltern oder LehrerInnen noch mit FreundInnen
bis zum jeweiligen Zeitpunkt ausschließlich mit Eltern oder LehrerInnen gesprochen	1990: 35 1991: 34 1992: 41 1993: 37 1995: 28	1990: 10 1991: 2 1992: 5 1993: 8 1995: 8	1990: 14 1991: 19 1992: 8 1993: 10 1995: 8	1990: 41 1991: 45 1992: 47 1993: 46 1995: 57
bis zum jeweiligen Zeitpunkt ausschließlich mit FreundInnen gesprochen	1990: 4 1991: 0[a)] 1992: 9 1993: 8 1995: 5	1990: 38 1991: 50[a)] 1992: 33 1993: 39 1995: 44	1990: 8 1991: 25[a)] 1992: 7 1993: 9 1995: 7	1990: 50 1991: 25[a)] 1992: 51 1993: 44 1995: 44
bis zum jeweiligen Zeitpunkt sowohl mit Eltern oder LehrerInnen als auch mit FreundInnen gesprochen	1990: 16 1991: 16 1992: 17 1993: 14 1995: 10	1990: 17 1991: 19 1992: 21 1993: 23 1995: 32	1990: 25 1991: 30 1992: 17 1993: 21 1995: 18	1990: 43 1991: 36 1992: 45 1993: 43 1995: 40
insgesamt[b)]	1990: 22 1991: 18 1992: 20 1993: 17 1995: 11	1990: 16 1991: 18 1992: 20 1993: 23 1995: 33	1990: 19 1991: 29 1992: 15 1993: 17 1995: 16	1990: 43 1991: 37 1992: 46 1993: 43 1995: 41

Angaben in Prozent. Prozentuierungsbasis ist die jeweilige Zeile. Bei Aufaddierungen zeigen sich möglicherweise Rundungsfehler. SiebtklässlerInnen sind in dieser Tabelle nicht enthalten.

a) Für 1991 sind in dieser Tabelle nur vier SchülerInnen enthalten, die bis zu diesem Zeitpunkt ausschließlich mit FreundInnen gesprochen haben.

b) Die hier unter „insgesamt" aufgelisteten Zahlen weichen mitunter von den in Tabelle 9-39 enthaltenen Zahlen (wie auch von den entsprechenden Zahlen in noch folgenden Tabellen) leicht ab. Dies erklärt sich hier wie andernorts dadurch, daß in den jeweiligen Tabellen immer nur diejenigen SchülerInnen enthalten sind, die beide jeweils im Zusammenhang betrachteten Fragen beantwortet haben.

Für diejenigen, in deren Freundeskreis gar nicht über illegalisierte Drogen gesprochen wird, zeigt sich von 1993 zu 1995 eine deutliche Abnahme der Wünsche, nur mit Eltern oder LehrerInnen und nicht mit FreundInnen zu sprechen; gleichzeitig zeigt sich eine deutliche Zunahme der Wünsche, bei künftigen Fragen zu Drogen ausschließlich mit FreundInnen („ausschließlich" hier wieder bezogen auf erwachsene Bezugspersonen) zu sprechen. Es scheint, daß auch diejenigen SchülerInnen, für die das Thema „Illegalisierte

Drogen“ zum jeweiligen Zeitpunkt nicht von Interesse ist, um generelle Tabuisierungen im Rahmen vertikaler Kommunikation wissen und somit bei auftauchendem Interesse mit Gleichaltrigen zu sprechen wünschen, so daß auch hier die zunehmende Bedeutung horizontaler Kommunikation deutlich wird.

Tabelle 9-41:

Mit wem würdest Du Dich gerne ausführlicher unterhalten, wenn Du Fragen zu illegalen Drogen hast?

	ausschließlich mit Eltern oder LehrerInnen	ausschließlich mit FreundInnen	mit Eltern oder LehrerInnen und mit FreundInnen	weder mit Eltern oder LehrerInnen noch mit FreundInnen
Im Freundeskreis wird ...				
... *sehr viel* über illegalisierte Drogen gesprochen.	1990:*	1990:*	1990:*	1990:*
	1991:*	1991:*	1991:*	1991:*
	1992:*	1992:*	1992:*	1992:*
	1993: 13	1993: 40	1993: 17	1993: 32
	1995: 13	1995: 46	1995: 10	1995: 31
... *viel* über illegalisierte Drogen gesprochen.	1990: 23	1990: 14	1990: 21	1990: 41
	1991: 13	1991: 18	1991: 33	1991: 36
	1992: 12	1992: 28	1992: 18	1992: 42
	1993: 12	1993: 29	1993: 19	1993: 40
	1995: 8	1995: 39	1995: 15	1995: 38
... *wenig* über illegalisierte Drogen gesprochen.	1990: 20	1990: 18	1990: 20	1990: 43
	1991: 17	1991: 17	1991: 27	1991: 39
	1992: 18	1992: 20	1992: 15	1992: 47
	1993: 16	1993: 22	1993: 16	1993: 46
	1995: 12	1995: 27	1995: 18	1995: 44
... *gar nicht* über illegalisierte Drogen gesprochen.	1990: 23	1990: 16	1990: 10	1990: 51
	1991: 20	1991: 15	1991: 14	1991: 51
	1992: 28	1992: 15	1992: 11	1992: 46
	1993: 25	1993: 15	1993: 16	1993: 45
	1995: 11	1995: 28	1995: 9	1995: 52
insgesamt[b)]	1990: 21	1990: 17	1990: 18	1990: 44
	1991: 17	1991: 17	1991: 26	1991: 40
	1992: 20	1992: 20	1992: 15	1992: 46
	1993: 16	1993: 23	1993: 17	1993: 44
	1995: 11	1995: 33	1995: 15	1995: 42

Angaben in Prozent. Prozentuierungsbasis ist die jeweilige Zeile. Bei Aufaddierungen zeigen sich möglicherweise Rundungsfehler. SiebtklässlerInnen sind in dieser Tabelle nicht enthalten.

* 1990-1992 wurden zur Frage nach dem Ausmaß der Kommunikation im Freundeskreis nur die drei Antwortvorgaben „viel“, „wenig“ und „gar nicht“ angeboten. Da dies den SchülerInnen tendenziell nahelegte, mit dem Ankreuzen der mittleren Antwortkategorie von „wenig“ Kommunikation im Freundeskreis zu berichten, war ab 1993 als zusätzliche Antwortvorgabe „sehr viel“ im Fragebogen enthalten. Dadurch ist allerdings bei einem Vergleich der Ergebnisse über den gesamten Zeitverlauf Vorsicht geboten.

Aufschlußreich ist ferner eine Differenzierung der Wünsche nach erwachsenen Bezugspersonen oder nach FreundInnen als künftigen GesprächspartnerInnen je nach berichteten Wirkungen der bisherigen Gespräche (vgl. Tabelle 9-42): Während generell ab 1992[65] eine Zunahme der Wünsche, ausschließlich mit FreundInnen zu sprechen, zu verzeichnen ist, zeigt sich diese Zunahme insbesondere für diejenigen SchülerInnen, die ihre jeweiligen bisherigen Gespräche explizit als überwiegend nicht warnend bzw. nicht abschreckend charakterisieren oder die aufgrund ihrer jeweiligen bisherigen Gespräche neugierig geworden sind (wobei diese Gruppen sich überschneiden). Es zeigt sich also auch hier, daß schließlich insbesondere diejenigen SchülerInnen, die sich bereits mit Gleichaltrigen zum Thema „Illegalisierte Drogen" austausch(t)en (und aufgrund solcher Gespräche, so kann unter Rückgriff auf obige Ausführungen geschlußfolgert werden, neugierig geworden bzw. nicht gewarnt oder abgeschreckt worden sind), auch künftig mit FreundInnen zu sprechen wünschen, was erneut auf einen weiteren Bedeutungszuwachs und eine zunehmende exklusive Attraktivtät der horizontalen Kommunikationszusammenhänge hinweist. Dementsprechend zeigt sich jeweils auch ein deutlicher Rückgang der ausschließlichen Wünsche nach anderen GesprächspartnerInnen als FreundInnen oder erwachsenen Bezugspersonen. Ferner ist zu konstatieren, daß zu allen Zeitpunkten (1992, 1993 und 1995) diejenigen, die aufgrund ihrer bisherigen Gespräche gewarnt bzw. abgeschreckt wurden, häufiger sowohl mit FreundInnen als auch mit erwachsenen Bezugspersonen zu sprechen wünschen als diejenigen, die eine solche Wirkung ihrer bisherigen Gespräche explizit verneinen.

Insgesamt ist festzuhalten, daß erwachsene Bezugspersonen als GesprächspartnerInnen zu illegalisierten Drogen im Zeitverlauf stark an Bedeutung verlieren, während Gleichaltrige in umgekehrter Weise stark an Bedeutung gewinnen, und somit die horizontalen Kommunikationszusammenhänge an Verbreitung und Bedeutung gewinnen, während die vertikalen Kommunikationszusammenhänge entsprechend verlieren. Festzuhalten ist darüberhinaus, daß sich immer weniger SchülerInnen ausschließlich innerhalb vertikaler Kommunikationszusammenhänge, immer mehr SchülerInnen hingegen ausschließlich innerhalb horizontaler Kommunikationszusammenhänge bewegen, so daß sich für diese letzteren eine zunehmende exklusive Attraktivität für Jugendliche konstatieren läßt. Aufgrund der Wünsche der SchülerInnen hinsichtlich künftiger GesprächspartnerInnen vermuten wir, daß sich diese Entwicklungen auch über den Erhebungszeitpunkt 1995 hinaus fortsetzen. Diese Entwicklungen mögen zum Teil auf eine generell zunehmende Gleichaltrigenorientierung ostdeutscher Jugendlicher zurückzuführen sein. Daß jedoch jeweils insbesondere diejenigen SchülerInnen, die sich bereits mit FreundInnen zum Thema „Illega-

65 Eine Zunahme der Wünsche, mit FreundInnen und nicht mit Eltern oder LehrerInnen zu sprechen, zeigt sich auch insgesamt für den Zeitraum von 1990 bis 1995. Hier an dieser Stelle wird lediglich der Zeitraum von 1992 bis 1995 betrachtet, da die berichteten Wirkungen bisheriger Gespräche nur für die entsprechenden Erhebungszeitpunkte 1992, 1993 und 1995 in vergleichend auswertbarer Form vorliegen.

lisierte Drogen" ausgetauscht haben bzw. die sich relativ viel mit diesen darüber austauschen, Interesse daran bekunden, sich auch künftig mit Gleichaltrigen und nicht mit erwachsenen Bezugspersonen über dieses Thema zu unterhalten (und dies im Zeitverlauf zunehmend), macht auch deutlich, daß die Jugendlichen Gleichaltrige als kompetente GesprächspartnerInnen kennen- und schätzengelernt haben (bzw. kennen- und schätzenlernen), mit denen sie die sie jeweils interessierenden Aspekte der Thematik besprechen können, ohne negative Sanktionen fürchten zu müssen.

Tabelle 9-42:

Mit wem würdest Du Dich gerne ausführlicher unterhalten, wenn Du Fragen zu illegalen Drogen hast?				
	ausschließlich mit Eltern oder LehrerInnen	ausschließlich mit FreundInnen	mit Eltern oder LehrerInnen und mit FreundInnen	weder mit Eltern oder LehrerInnen noch mit FreundInnen
Wirkungen bisheriger Gespräche:				
warnend/ abschreckend	1992: 21 1993: 18 1995: 11	1992: 19 1993: 21 1995: 28	1992: 16 1993: 19 1995: 19	1992: 44 1993: 42 1995: 42
nicht warnend/ abschreckend	1992: 12 1993: 14 1995: 8	1992: 21 1993: 29 1995: 41	1992: 9 1993: 12 1995: 11	1992: 59 1993: 45 1995: 40
neugierig geworden *	1992: 6 1993: 10 1995: 9	1992: 26 1993: 30 1995: 46	1992: 12 1993: 18 1995: 16	1992: 57 1993: 43 1995: 29
nicht neugierig geworden *	1992: 21 1993: 18 1995: 11	1992: 18 1993: 21 1995: 25	1992: 15 1993: 18 1995: 16	1992: 45 1993: 43 1995: 48
insgesamt	1992: 20 1993: 16 1995: 10	1992: 20 1993: 23 1995: 33	1992: 14 1993: 17 1995: 15	1992: 46 1993: 44 1995: 42

Angaben in Prozent. Prozentuierungsbasis ist die jeweilige Zeile. Bei Aufaddierungen zeigen sich möglicherweise Rundungsfehler. Die Tabelle enthält bezüglich berichteter Wirkungen bisheriger Gespräche ausgewählte Items. SiebtklässlerInnen sind in dieser Tabelle nicht enthalten.

* 1992 war das Item „bin neugierig auf die Drogenwirkung geworden" angegeben.

Über diese Zusammenhänge hinaus ist nun noch von Interesse, welche anderen GesprächspartnerInnen (andere Personen als FreundInnen oder erwachsene Bezugspersonen)[66] sich die SchülerInnen je nach ihren bisherigen GesprächspartnerInnen und Gesprächserfahrungen bei etwaigen Fragen zu illegalisierten Drogen wünschen. Hier zeigt sich folgendes:

66 Diese anderen GesprächspartnerInnen werden von einem Teil der SchülerInnen zusätzlich zu FreundInnen oder erwachsenen Bezugspersonen gewünscht, von einem anderen Teil der SchülerInnen werden sie ausschließlich gewünscht (vgl. Fußnote 63). Die folgende Betrachtung nimmt diesbezüglich keine Differenzierung vor.

Während sich die SchülerInnen insgesamt in abnehmendem Maße MedizinerInnen als künftige GesprächspartnerInnen zu illegalisierten Drogen wünschen (wobei dies keine ganz kontinuierliche Entwicklung ist; vgl. Tabelle 9-43), zeigt sich ein entsprechender (diskontinuierlicher) Rückgang auch für die jeweiligen Untergruppen derjenigen, die ausschließlich auf FreundInnen als bisherige GesprächspartnerInnen, derjenigen, die ausschließlich auf erwachsene Bezugspersonen als bisherige GesprächspartnerInnen, und derjenigen, die diesbezüglich sowohl auf FreundInnen als auch auf Eltern oder LehrerInnen verweisen. Zu jedem Zeitpunkt (außer 1991[67]) wünschen diejenigen, die bislang nach eigener Aussage nur mit FreundInnen über illegalisierte Drogen gesprochen haben, seltener als die jeweils anderen mit MedizinerInnen zu sprechen. Diejenigen, die sowohl bereits einmal mit erwachsenen Bezugspersonen als auch mit FreundInnen gesprochen haben, wünschen sich zu jedem Zeitpunkt relativ häufig MedizinerInnen.

Ähnlich wie die Wünsche nach MedizinerInnen gehen im Lauf der Zeit auch die Wünsche nach DrogenberaterInnen als künftigen GesprächspartnerInnen unter den SchülerInnen insgesamt wie auch in den jeweiligen Subgruppen zurück (Tabelle 9-43). Besonders stark ist dieser Rückgang unter denjenigen SchülerInnen, die sich überhaupt bereits einmal mit FreundInnen zum Thema ausgetauscht haben. Für diejenigen, die sowohl auf FreundInnen als auch auf erwachsene Bezugspersonen als bisherige GesprächspartnerInnen verweisen, wie auch für die Gesamtgruppen zeigt sich der Rückgang insbesondere von 1992 zu 1993. Während für 1990 keine signifikanten Unterschiede zwischen den mit Differenzierung nach bisherigen GesprächspartnerInnen sich ergebenden Untergruppen feststellbar sind, wünschen 1991, 1992 und 1993 insbesondere diejenigen SchülerInnen, die bis zum jeweiligen Zeitpunkt sowohl mit FreundInnen als auch mit erwachsenen Bezugspersonen gesprochen haben, bei etwaigen Fragen mit DrogenberaterInnen zu sprechen. In ähnlicher Weise läßt sich für 1995 feststellen, daß die ausschließlich auf FreundInnen Verweisenden relativ selten mit diesen Professionellen zu sprechen wünschen.

Auch für die Wünsche der SchülerInnen, mit Personen zu sprechen, die über Konsumerfahrungen hinsichtlich illegalisierter Drogen verfügen, ist insgesamt ein (diskontinuierlicher) Rückgang von 1990 zu 1995 zu verzeichnen (Tabelle 9-43). Dieser Rückgang zeigt sich am wenigsten unter denjenigen, die zum jeweiligen Zeitpunkt sowohl mit FreundInnen als auch mit Erwachsenen gesprochen haben, am stärksten unter denjenigen, die ausschließlich erwachsene Bezugspersonen als bisherige GesprächspartnerInnen benennen. Für jeden Zeitpunkt (außer 1991[68]) gilt, daß diejenigen, die sowohl bereits mit FreundIn-

67 1991 haben nur vier SchülerInnen der 8.-11. Klassen angegeben, daß sich bis zu diesem Zeitpunkt ausschließlich FreundInnen (und nicht auch Eltern oder LehrerInnen) über illegalisierte Drogen mit ihnen unterhalten haben, und gleichzeitig die Frage nach gewünschten GesprächspartnerInnen beantwortet. Somit kann hier aufgrund zu geringer Zellenbesetzung für 1991 keine Aussage getroffen werden.

68 Da 1991 auch nur sehr wenige SchülerInnen ausschließlich auf Eltern oder LehrerInnen (und nicht gleichzeitig auch auf FreundInnen) als bisherige GesprächspartnerIn-

nen als auch mit Eltern oder LehrerInnen gesprochen haben, relativ häufig, diejenigen, die bislang nur mit diesen Erwachsenen gesprochen haben, relativ selten sich mit entsprechend konsumerfahrenen Personen zu unterhalten wünschen.

Tabelle 9-43:

Mit wem würdest Du Dich gerne ausführlicher unterhalten, wenn Du Fragen zu illegalen Drogen hast?			
	Mit MedizinerInnen:	Mit DrogenberaterInnen:	Mit (ehemaligen) DrogenkonsumentInnen:[a)]
bis zum jeweiligen Zeitpunkt ausschließlich mit Eltern oder LehrerInnen gesprochen	1990: 45 1991: 36 1992: 38 1993: 25 1995: 36	1990: 53 1991: 47 1992: 48 1993: 34 1995: 42	1990: 68 1991: 68 1992: 41 1993: 47 1995: 32
bis zum jeweiligen Zeitpunkt ausschließlich mit FreundInnen gesprochen	1990: 31 1991: 50[b)] 1992: 27 1993: 20 1995: 22	1990: 54 1991: 25[b)] 1992: 49 1993: 39 1995: 30	1990: 79 1991: 75[b)] 1992: 70 1993: 69 1995: 63
bis zum jeweiligen Zeitpunkt sowohl mit Eltern oder LehrerInnen als auch mit FreundInnen gesprochen	1990: 50 1991: 41 1992: 48 1993: 36 1995: 39	1990: 62 1991: 63 1992: 67 1993: 47 1995: 43	1990: 84 1991: 80 1992: 70 1993: 71 1995: 77
insgesamt	1990: 46 1991: 41 1992: 44 1993: 32 1995: 36	1990: 57 1991: 60 1992: 63 1993: 44 1995: 41	1990: 77 1991: 79 1992: 66 1993: 67 1995: 72

Angaben in Prozent. Die Prozentzahlen stellen zu den verschiedenen Zeitpunkten jeweils den Anteil derjenigen, die mit den jeweiligen Personen zu sprechen wünschen, innerhalb der mit Differenzierung nach bisherigen GesprächspartnerInnen sich ergebenden Gruppen dar. So wünschen 1990 bspw. 45% derjenigen, die ausschließlich auf Eltern oder LehrerInnen als bisherige GesprächspartnerInnen verweisen, mit MedizinerInnen zu sprechen. SiebtklässlerInnen sind in dieser Tabelle nicht enthalten.

a) Zu den verschiedenen Erhebungszeitpunkten waren den SchülerInnen bezüglich (ehemaliger) KonsumentInnen illegalisierter Drogen unterschiedliche Antwortmöglichkeiten vorgegeben. 1990 und 1991 lautete die Antwortvorgabe „Leute, die selbst mal Drogen genommen haben", 1992 „Leute, die selbst Drogen nehmen", 1993 und 1995 schließlich „Leute, die selbst bereits diese Drogen genommen haben". Ein Teil des Rückgangs der Wünsche nach konsumerfahrenen Personen von 1991 zu 1992 (wobei ein solcher Rückgang insbesondere für die erste SchülerInnengruppe in der Tabelle zu verzeichnen ist) ist mit der Veränderung der Antwortvorgabe von 1991 zu 1992 zu begründen.

b) Für 1991 sind in dieser Tabelle nur vier SchülerInnen enthalten, die bis zu diesem Zeitpunkt ausschließlich mit FreundInnen gesprochen haben.

---

nen verweisen, kann auch hier aufgrund zu geringer Zellenbesetzung für diesen Zeitpunkt keine Aussage getroffen werden.

Diejenigen SchülerInnen, die zu den jeweiligen Zeitpunkten sowohl auf FreundInnen als auch auf Eltern oder LehrerInnen als bisherige GesprächspartnerInnen verweisen, wünschen also – so läßt sich zusammenfassend sagen – immer wieder relativ häufig MedizinerInnen, DrogenberaterInnen und bezüglich illegalisierten Drogen konsumerfahrene Personen als künftige GesprächspartnerInnen. Hier dokumentiert sich generell ein Interesse am Thema „Illegalisierte Drogen“, das sich (noch) nicht ausschließlich auf bestimmte Kommunikationszusammenhänge und auch nicht auf bestimmte sonstige GesprächspartnerInnen richtet. Gleichwohl sind auch unter diesen SchülerInnen die Wünsche nach MedizinerInnen und DrogenberaterInnen im Zeitverlauf abnehmend, ebenso sind ihre Wünsche nach konsumerfahrenen Personen insgesamt leicht abnehmend.

Unter diesen SchülerInnen, die zu den jeweiligen Zeitpunkten sowohl auf FreundInnen als auch auf erwachsene Bezugspersonen als bisherige GesprächspartnerInnen verweisen, nehmen damit im Zeitverlauf allein die Wünsche nach FreundInnen zu (vgl. oben), genauer: die Wünsche nach FreundInnen, ohne daß gleichzeitig erwachsene Bezugspersonen als GesprächspartnerInnen gewünscht werden. Dies gilt ebenso für diejenigen, die jeweils ausschließlich FreundInnen als bisherige GesprächspartnerInnen benennen („ausschließlich“ hier wiederum auf erwachsene Bezugspersonen bezogen). Für diese SchülerInnen zeigt sich im Zeitverlauf neben einem klaren Rückgang der Wünsche nach MedizinerInnen und DrogenberaterInnen auch ein klarer Rückgang der Wünsche, mit bezüglich illegalisierten Drogen konsumerfahrenen Personen zu sprechen, während eben allein die Wünsche, bei etwaigen Fragen zu Drogen mit FreundInnen (und nicht mit erwachsenen Bezugspersonen) zu sprechen, zunehmen. FreundInnen ersetzen somit zunehmend Professionelle und nichtbefreundete konsumerfahrene Personen und auch erwachsene Bezugspersonen als gewünschte GesprächspartnerInnen von Jugendlichen bei Fragen zu illegalisierten Drogen. Dies verweist darauf, daß Jugendliche zunehmend Gleichaltrigen ein entsprechendes Wissen und entsprechende Kenntnisse zuerkennen (bzw. Gleichaltrige zunehmend als kompetente GesprächspartnerInnen schätzengelernt haben), und sich daher weniger mit (nicht persönlich bekannten) Professionellen zu unterhalten wünschen; dies verweist ferner darauf, daß Jugendliche zunehmend entsprechend konsumerfahrene Personen in ihrem jeweiligen Freundeskreis haben, und sich daher weniger mit fremden konsumerfahrenen Personen zu unterhalten wünschen.[69] So äußern 1995 schließlich diejenigen SchülerInnen, die als bisherige GesprächspartnerInnen überhaupt auf FreundInnen verweisen, häufiger den Wunsch, auch künftig mit FreundInnen zu

69 Es ist davon auszugehen, daß die geäußerten Wünsche der Jugendlichen nach „Leuten, die selbst bereits einmal diese Drogen genommen haben“ bzw. nach „Leuten, die selbst diese Drogen nehmen“ nicht auf konsumerfahrene FreundInnen zielen, da die SchülerInnen „FreundInnen“ gesondert als gewünschte GesprächspartnerInnen benennen konnten. Vgl. im übrigen zu der Zunahme von Konsumerfahrungen der Jugendlichen Kapitel 8, vgl. zu Zusammenhängen zwischen Konsumerfahrungen und der Kommunikation von SchülerInnen auch weiter unten Abschnitt 9.7.3.

sprechen, als den Wunsch, sich mit professionellen DrogenberaterInnen oder MedizinerInnen zu unterhalten. Auch hier zeigt sich also die zunehmende Verbreitung und zunehmende Bedeutung horizontaler Kommunikationszusammenhänge für Jugendliche.

Fremde Personen mit Konsumerfahrungen bezüglich illegalisierten Drogen sind gleichwohl auch 1995 noch diejenigen, die am häufigsten von den SchülerInnen als künftige GesprächspartnerInnen gewünscht werden – womit sich ein verbreitetes Interesse an authentischen Erfahrungsberichten und auf persönlichen direkten Erfahrungen basierender Kompetenz zeigt. Dies gilt jedoch nicht für die Untergruppe derjenigen, die als bisherige GesprächspartnerInnen ausschließlich auf erwachsene Bezugspersonen verweisen. *Diese Jugendlichen, die sich bis zu diesem Zeitpunkt ausschließlich in vertikalen Kommunikationszusammenhängen bewegt haben, wünschen relativ selten mit konsumerfahrenen Personen zu sprechen. Sie wünschen auch relativ selten mit FreundInnen zu sprechen. Häufiger als mit diesen Genannten wünschen sie mit Eltern oder LehrerInnen, mit MedizinerInnen und mit DrogenberaterInnen zu sprechen. Diese SchülerInnen (und das sind eher Jüngere) haben, so scheint es, noch wenig Interesse am Thema „Illegalisierte Drogen", haben dementsprechend bislang noch nicht mit FreundInnen darüber gesprochen, zeigen noch keine Neugierde bezüglich Informationen zu positiven Aspekten des Themas und auch noch keine Neugierde bezüglich authentischer Erfahrungsberichte.*

Dementsprechend zeigt auch eine Betrachtung der Zusammenhänge zwischen dem Ausmaß der Kommunikation im Freundeskreis und den Wünschen, mit bezüglich illegalisierten Drogen konsumerfahrenen Personen zu sprechen, daß die SchülerInnen zu jedem Zeitpunkt sich umso mehr mit diesen Genannten zu unterhalten wünschen und auf diese Weise umso eher ein Interesse an authentischen Erfahrungsberichten dokumentieren, je mehr in ihren Freundeskreisen über illegalisierte Drogen gesprochen wird. Diese Wünsche gehen unter denjenigen, die von wenig bis gar keiner Kommunikation zu illegalisierten Drogen in ihrem Freundeskreis berichten, im Lauf der Zeit zurück (vgl. Tabelle 9-44).

1991 und 1992 wünschen die SchülerInnen auch umso häufiger mit DrogenberaterInnen und auch mit MedizinerInnen zu sprechen, je mehr in ihren Freundeskreisen über illegalisierte Drogen gesprochen wird. Da die Wünsche, mit diesen Professionellen zu sprechen, nach 1992 insbesondere unter denjenigen, die von relativ viel Kommunikation im Freundeskreis berichten, stark zurückgehen, sind diese Zusammenhänge (die sich auch 1990 bereits auf deskriptiver Ebene andeuten) in der Folgezeit dann allerdings nicht mehr feststellbar.

So zeigt sich hier, entsprechend den bisherigen Befunden, daß die SchülerInnen schließlich umso mehr mit FreundInnen (vgl. oben) und mit entsprechend konsumerfahrenen Personen zu sprechen wünschen, je mehr in ihren Freundeskreisen über illegalisierte Drogen gesprochen wird – was bezüglich anderer potentieller GesprächspartnerInnen gerade nicht gilt –, und daß diejenigen SchülerInnen, in deren Freundeskreis überhaupt über illegalisierte Drogen gesprochen wird, schließlich bei etwaigen Fragen zu illegalisierten

Drogen häufiger mit FreundInnen als mit DrogenberaterInnen, mit MedizinerInnen oder mit Eltern oder LehrerInnen sprechen wollen (wobei konsumerfahrene Personen auch 1995 noch diejenigen sind, die von allen SchülerInnen am häufigsten gewünscht werden).

Tabelle 9-44:

Mit wem würdest Du Dich gerne ausführlicher unterhalten, wenn Du Fragen zu illegalen Drogen hast?	Mit MedizinerInnen:	Mit DrogenberaterInnen:	Mit (ehemaligen) DrogenkonsumentInnen:[a]
Im Freundeskreis wird ...			
... *sehr viel* über illegalisierte Drogen gesprochen	1990:*	1990:*	1990:*
	1991:*	1991:*	1991:*
	1992:*	1992:*	1992:*
	1993: 15	1993: 38	1993: 87
	1995: 26	1995: 42	1995: 82
... *viel* über illegalisierte Drogen gesprochen	1990: 52	1990: 68	1990: 82
	1991: 45	1991: 68	1991: 85
	1992: 56	1992: 71	1992: 80
	1993: 40	1993: 48	1993: 86
	1995: 36	1995: 43	1995: 76
... *wenig* über illegalisierte Drogen gesprochen	1990: 46	1990: 57	1990: 80
	1991: 38	1991: 57	1991: 77
	1992: 45	1992: 65	1992: 69
	1993: 32	1993: 44	1993: 66
	1995: 38	1995: 39	1995: 71
... *gar nicht* über illegalisierte Drogen gesprochen	1990: 40	1990: 51	1990: 65
	1991: 23	1991: 42	1991: 55
	1992: 34	1992: 46	1992: 43
	1993: 24	1993: 40	1993: 43
	1995: 32	1995: 39	1995: 46
insgesamt	1990: 45	1990: 57	1990: 77
	1991: 37	1991: 56	1991: 75
	1992: 44	1992: 62	1992: 65
	1993: 31	1993: 44	1993: 67
	1995: 36	1995: 41	1995: 72

Angaben in Prozent. Die Prozentzahlen stellen zu den verschiedenen Zeitpunkten jeweils den Anteil derjenigen, die mit den jeweiligen Personen zu sprechen wünschen, innerhalb der mit Differenzierung nach dem Ausmaß der Kommunikation im Freundeskreis sich ergebenden Gruppen dar. So wünschen 1990 bspw. 52% derjenigen, in deren Freundeskreis viel über illegalisierte Drogen gesprochen wird, mit MedizinerInnen zu sprechen. SiebtklässlerInnen sind in dieser Tabelle nicht enthalten.

* 1990-1992 wurden zur Frage nach dem Ausmaß der Kommunikation im Freundeskreis nur die drei Antwortvorgaben „viel", „wenig" und „gar nicht" angeboten. Da dies den SchülerInnen tendenziell nahelegte, mit dem Ankreuzen der mittleren Antwortkategorie von „wenig" Kommunikation im Freundeskreis zu berichten, war ab 1993 als zusätzliche Antwortvorgabe „sehr viel" im Fragebogen enthalten. Dadurch ist allerdings bei einem Vergleich der Ergebnisse über den gesamten Zeitverlauf Vorsicht geboten.

a) Vgl. zu den verschiedenen Antwortvorgaben bezüglich (ehemaliger) KonsumentInnen illegalisierter Drogen die entsprechende Erläuterung zu Tabelle 9-43.

Den referierten Befunden entsprechend wünschen auch diejenigen SchülerInnen, die aufgrund ihrer bisherigen Gespräche gewarnt bzw. abgeschreckt wurden (wobei diese berichtete Wirkung auf Gespräche mit erwachsenen Bezugspersonen verweist) zu allen Zeitpunkten (1992, 1993 und 1995; vgl. Tabelle 9-45) häufiger als diejenigen, die eine solche vorrangige Wirkung ihrer bisherigen Gespräche explizit verneinen, mit MedizinerInnen zu sprechen. Ab 1993 wünschen sie auch häufiger als die Gegengruppe mit DrogenberaterInnen zu sprechen. Diejenigen, die aufgrund ihrer bisherigen Gespräche zu illegalisierten Drogen neugierig geworden sind (was eher auf Gespräche mit Gleichaltrigen verweist), wünschen zu jedem Zeitpunkt deutlich häufiger mit entsprechend konsumerfahrenen Personen zu sprechen als die SchülerInnen, die eine entstandene Neugierde verneinen. Die aufgrund ihrer Gespräche bis zum jeweiligen Zeitpunkt neugierig gewordenen SchülerInnen nennen schließlich 1995 auch deutlich weniger MedizinerInnen als gewünschte GesprächspartnerInnen als die Gegengruppe (dies nach einer starken entsprechenden Abnahme in dieser Gruppe der neugierig Gewordenen).

Tabelle 9-45:

Mit wem würdest Du Dich gerne ausführlicher unterhalten, wenn Du Fragen zu illegalen Drogen hast?			
	Mit MedizinerInnen:	Mit DrogenberaterInnen:	Mit (ehemaligen) DrogenkonsumentInnen:[a)]
Wirkungen bisheriger Gespräche:			
warnend/abschreckend	1992: 47	1992: 46	1992: 67
	1993: 35	1993: 48	1993: 68
	1995: 40	1995: 48	1995: 71
nicht warnend/ abschreckend	1992: 33	1992: 56	1992: 63
	1993: 23	1993: 35	1993: 64
	1995: 31	1995: 32	1995: 76
neugierig geworden*	1992: 46	1992: 60	1992: 82
	1993: 31	1993: 44	1993: 81
	1995: 28	1995: 38	1995: 80
nicht neugierig geworden*	1992: 44	1992: 63	1992: 62
	1993: 33	1993: 44	1993: 64
	1995: 42	1995: 33	1995: 69
insgesamt	1992: 44	1992: 62	1992: 66
	1993: 31	1993: 44	1993: 67
	1995: 36	1995: 41	1995: 72

Angaben in Prozent. Die Prozentzahlen stellen zu den verschiedenen Zeitpunkten jeweils den Anteil derjenigen, die mit den jeweiligen Personen zu sprechen wünschen, innerhalb der mit Differenzierung nach den Wirkungen der bisherigen Gespräche sich ergebenden Gruppen dar. So wünschen 1990 bspw. 47% derjenigen, die durch ihre bisherigen Gespräche gewarnt oder abgeschreckt wurden, mit MedizinerInnen zu sprechen. SiebtklässlerInnen sind in dieser Tabelle nicht enthalten.

* 1992 war das Item „bin neugierig auf die Drogenwirkung geworden" angegeben.

a) Vgl. zu den verschiedenen Antwortvorgaben bezüglich (ehemaliger) KonsumentInnen illegalisierter Drogen die entsprechende Erläuterung zu Tabelle 9-43.

Unter den jeweils neugierig gewordenen SchülerInnen nehmen somit einzig die Wünsche nach FreundInnen als künftigen GesprächspartnerInnen stark zu (vgl. oben), Wünsche nach (fremden) GesprächspartnerInnen, die über Konsumerfahrungen hinsichtlich illegalisierter Drogen verfügen, werden von diesen SchülerInnen zu allen Zeitpunkten sehr häufig und etwa gleichbleibend geäußert. Stark zurück gehen unter diesen SchülerInnen die Wünsche nach MedizinerInnen und auch nach DrogenberaterInnen (wobei letzteres allerdings der allgemeinen Entwicklung entspricht). Ähnlich zeigt sich unter denjenigen, die nach eigener Aussage durch ihre bisherigen Gesprächen nicht gewarnt oder abgeschreckt wurden, eine starke Zunahme der Wünsche nach FreundInnen (vgl. oben) und auch eine Zunahme der Wünsche, mit (fremden) entsprechend konsumerfahrenen Personen zu sprechen. Entsprechend der allgemeinen Entwicklung zeigt sich eine Abnahme der Wünsche nach DrogenberaterInnen im Zeitverlauf.

Insgesamt wird somit sichtbar, daß SchülerInnen, die sich in horizontalen Kommunikationszusammenhängen bewegen, zum einen an weiteren Gesprächen mit Gleichaltrigen sehr interessiert sind, zum anderen auch an einem Austausch mit nichtbefreundeten konsumerfahrenen Personen. An Gesprächen mit anderen Personen sind sie zunehmend weniger interessiert. Die zu konstatierende zunehmende exklusive Attraktivität horizontaler Kommunikationszusammenhänge für immer mehr Jugendliche (wobei sich „exklusiv“ auf vertikale Kommunikationszusammenhänge bezieht) und die – anders als bezüglich DrogenberaterInnen oder MedizinerInnen – bezüglich konsumerfahrenen Personen nicht abnehmenden Gesprächswünsche dokumentieren ein zunehmend starkes Interesse unter den SchülerInnen an bestimmten, positiven, Aspekten des Themas „Illegalisierte Drogen“, an authentischen Erfahrungsberichten, an kompetenten GesprächspartnerInnen und an einer tabufreien Kommunikation.

9.7 Die Kommunikation zu illegalisierten Drogen in Abhängigkeit von der Präsenz solcher Substanzen in den Lebenswelten Jugendlicher

Da eigene Erfahrungen zu illegalisierten Drogen die Einstellungen zu und die Kommunikation über solche Drogen beeinflussen, ist es notwendig, die Präsenz illegalisierter Drogen in den Bezügen Jugendlicher als einen Aspekt des lebensweltlichen Hintergrunds der Befragten zu betrachten.

In den folgenden Abschnitten soll untersucht werden, welchen Einfluß eine relative Nähe oder Distanz zu illegalisierten Drogen auf die Kommunikation und die kommunikativen Interessen der SchülerInnen hat. Als Indikatoren für die Nähe oder Distanz zu diesen Substanzen verwenden wir zunächst Variablen, welche direkte Begegnungen mit Erscheinungen illegalisierten Drogenkonsums (beobachteter illegalisierter Drogenkonsum, erhaltenes Angebot illegalisierter Drogen) beschreiben. Darauffolgend betrachten wir das Antwortverhalten auf Fragen, welche einerseits die Verbreitung von illegalisiertem Drogenkonsum im Freundeskreis, andererseits den eigenen Konsum von illegalisierten Substanzen erfassen.

9.7.1 Kommunikation in Abhängigkeit von direkten Begegnungen mit Erscheinungen illegalisierten Drogenkonsums sowie von Kenntnissen zu Erwerbsmöglichkeiten

Im Verlaufe der Untersuchung gaben zunehmend mehr Jugendliche an, einen illegalisierten Drogenkonsum schon einmal beobachtet zu haben bzw. selber ein Angebot illegalisierter Drogen erhalten zu haben.[70]

SchülerInnen, die auf einen beobachteten Drogenkonsum verwiesen bzw. ein Drogenangebot erhielten, unterhalten sich mehr mit ihren FreundInnen über illegalisierte Drogen als die anderen (siehe Tabellen 9-46 und 9-47). Diese Zusammenhänge verstärkten sich im Zeitverlauf, der Zusammenhang zwischen dem Ausmaß der horizontalen Kommunikation und einer erhaltenen Drogenofferte ist allerdings erst ab 1992 signifikant (vgl. Entwicklung von Cramérs V). Von 1993 zu 1995 nimmt die Kommunikation in den Freundeskreisen der SchülerInnen, die von direkten Begegnungen mit Erscheinungen illegalisierten Drogenkonsums berichten, stark zu.

Tabelle 9-46:

	Hast Du schon einmal selbst erlebt, daß jemand illegale Drogen nimmt?											
	1991			1992			1993			1995		
	ja	unsicher	nein	ja	unsicher	nein	ja	unsicher	nein	ja	unsicher	nein
Im Freundeskreis wird...												
...sehr viel...	*	*	*	*	*	*	10	1	1	20	3	3
...viel...	20	22	11	22	6	5	26	16	11	39	28	11
...wenig...	67	70	73	65	74	68	56	70	64	37	63	65
...gar nicht...	13	8	16	13	21	27	8	14	23	5	7	21
....über illegalisierte Drogen gesprochen.												

Angaben in Prozent. Prozentuierungsbasis ist die jeweilige Spalte. Bei Aufaddierungen zeigen sich eventuell Rundungsfehler.

Cramérs V: 1991 V = 0,109, 1992 V = 0,195, 1993 V = 0,231, 1995 V = 0,324.

---

70 Die Frage „Hast Du schon einmal selbst erlebt, daß jemand illegale Drogen nimmt?" wurde ab 1991 gestellt. Die Befragten konnten mit „ja", „nein", „vielleicht, sicher bin ich nicht" antworten. Die Frage „Wurden Dir auch schon 'mal illegale Drogen angeboten?" ist ab 1990 im Fragebogen enthalten und war mit „Ja" oder „Nein" zu beantworten. Zu dem allgemeinen Antwortverhalten der SchülerInnen auf diese Frage siehe Kapitel 8.

Tabelle 9-47:

	Wurden Dir auch schon 'mal illegale Drogen angeboten?									
	1990		1991		1992		1993		1995	
	ja	nein	ja	nein	ja	nein	ja	nein	ja	nein
Im Freundeskreis wird										
...sehr viel...	*	*	*	*	*	*	12	2	22	3
...viel...	12	11	24	16	28	7	31	13	44	15
...wenig...	76	68	67	70	60	70	49	65	31	65
...gar nicht...	12	21	9	15	12	24	9	20	4	17
....über illegalisierte Drogen gesprochen.										

Angaben in Prozent. Prozentuierungsbasis ist die jeweilige Spalte. Bei Aufaddierungen zeigen sich eventuell Rundungsfehler.

Cramérs V: 1990/91 V nicht signifikant, 1992 V = 0,254, 1993 V = 0,294, 1995 V = 0,489.

* 1990-92 wurden zur Beantwortung der Frage nach dem Ausmaß der horizontalen Kommunikation nur die drei Antwortvorgaben „viel", „wenig", „gar nicht" angeboten. Da dies tendenziell den SchülerInnen nahelegte, die mittlere Antwortvorgabe, also „wenig", anzukreuzen, wurde ab 1993 eine vierte Antwortvorgabe „sehr viel" zusätzlich vorgeschlagen. Ein bruchloser Vergleich der diesbezüglichen Ergebnisse bis 1992 mit den späteren ist dadurch nicht möglich.

Das verstärkte Eingebundensein in horizontale Kommunikationszusammenhänge, welches bei den „drogennahen" SchülerInnen zu verzeichnen ist, wird auch bei einer Analyse der bisherigen GesprächspartnerInnen bestätigt. Ab 1992 sind folgende Zusammenhänge signifikant: SchülerInnen, die ein Drogenangebot bzw. eine Drogenkonsumbeobachtung verneinten, hatten häufiger nur Gespräche mit Erwachsenen und seltener schon einmal Unterredungen mit Gleichaltrigen (vgl. die Tabellen 9-48 und 9-49).

Tabelle 9-48:

	Hast Du schon einmal selbst erlebt, daß jemand illegale Drogen nimmt?											
	1991			1992			1993			1995		
	ja	unsicher	nein	ja	unsicher	nein	ja	unsicher	nein	ja	unsicher	nein
nur mit Erwachsenen gesprochen	11	6	13	8	14	20	8	14	22	5	8	14
nur mit FreundInnen gesprochen	0	0	1	12	10	9	16	13	13	17	19	15
mit beiden gesprochen	84	87	82	76	73	67	74	72	62	77	70	67

Angaben in Prozent. Prozentuierungsbasis ist die jeweilige Spalte. Die Gruppe der SchülerInnen, welche weder mit Erwachsenen noch mit FreundInnen gesprochen haben, bleibt hier außer Betracht. Daher addieren sich die Prozentzahlen für die entsprechenden Gruppen zum jeweiligen Zeitpunkt nicht notwendigerweise zu hundert Prozent.

Es ist somit feststellen, daß Jugendliche, die ein Angebot illegalisierter Drogen erhielten oder einen solchen Konsum beobachteten, stärker als die anderen Befragten auf horizontale Kommunikationszusammenhänge verweisen.

Tabelle 9-49:

	Wurden Dir auch schon 'mal illegale Drogen angeboten?									
	1990		1991		1992		1993		1995	
	ja	nein	ja	nein	ja	nein	ja	nein	ja	nein
nur mit Erwachsenen gesprochen	29	34	8	18	5	17	10	19	4	12
nur mit FreundInnen gesprochen	12	9	2	2	17	9	18	13	19	15
mit beiden gesprochen	54	43	87	75	73	71	71	66	76	69

Angaben in Prozent. Prozentuierungsbasis ist die jeweilige Spalte. Die Gruppe der SchülerInnen, welche weder mit Erwachsenen noch mit FreundInnen gesprochen haben, bleibt hier außer Betracht. Daher addieren sich die Prozentzahlen für die entsprechenden Gruppen zum jeweiligen Zeitpunkt nicht notwendigerweise zu hundert Prozent.

Uns interessiert nun, ob Jugendliche, in deren Lebenswelt illegalisierte Drogen ein beobachtbares Phänomen darstellen, ihre wesentlichen Kenntnisse zu Drogen aus anderen Quellen beziehen als die übrigen Befragten.

SchülerInnen, die bereits einmal illegalisierten Drogenkonsum beobachteten bzw. ein Angebot illegalisierter Drogen erhielten, gaben 1993 und insbesondere 1995 seltener als die jeweils restlichen Befragten an, sich ihr vorrangiges Wissen durch Gespräche mit den Eltern angeeignet zu haben. Auch Schulunterricht wurde ab 1991 von ersteren Gruppen seltener als Kenntnisquelle zu illegalisierten Drogen angegeben als von den entsprechenden Gegengruppen. Die Bedeutung der Eltern als Wissensquelle nahm in allen Gruppen im Zeitverlauf ab, besonders stark geschah dies unter denjenigen, welche bereits ein Drogenangebot erhalten bzw. einen illegalisierten Drogenkonsum beobachtet haben.

Ab 1992 gaben die Jugendlichen, die von einer Drogenkonsumbeobachtung berichteten, und ab 1991 die Mädchen und Jungen, die bereits eine Drogenofferte erhielten, wesentlich häufiger als die jeweils anderen Befragten FreundInnen als Wissensquelle an. Diese Unterschiede wurden im Laufe der Untersuchung stärker. FreundInnen wurden von allen Gruppen im Laufe der Untersuchung immer häufiger genannt (eine Ausnahme bildet das „Ausreißerjahr“ 1991 – s. Abschnitt 9.2), die Steigerung war unter den Befragten mit direkten Erfahrungen zu illegalisierten Gruppen besonders hoch.

V.a. die Jugendlichen, die bis zum jeweiligen Befragungszeitpunkt keine eigenen Erfahrungen mit Erscheinungen illegalisierten Drogenkonsums gemacht hatten, bezogen aus den Medien ihr Drogenwissen. Verstärkt berichteten ab 1992 diejenigen, die kein Angebot illegalisierter Drogen erhalten hatten, ab 1993 diejenigen, welche keinen illegalisierten Drogengebrauch beobachtet hatten, von der wissensvermittelnden Funktion der Medien.

Wenig verwunderlich ist, daß die SchülerInnen, die eine illegalisierte Drogenofferte erhielten bzw. einen illegalisierten Drogengebrauch beobachteten, über den gesamten Zeitraum häufiger als die jeweils anderen Befragten angaben, ihre Kenntnisse zu Drogen aus eigenen Beobachtungen zu haben. Bemerkenswert ist jedoch die zunehmende Stärke dieses Zusammenhangs, welche mit einem überdurchschnittlichen Anstieg der entsprechenden Nennungen unter den Jugendlichen mit den Erfahrungen eines erhaltenen Drogenangebots bzw. eines beobachteten illegalisierten Drogenkonsums zu begründen ist (vgl. die Tabellen 9-50 und 9-51).

Tabelle 9-50:

Hast Du schon einmal selbst erlebt, daß jemand illegale Drogen nimmt?												
		1991			1992			1993			1995	
	ja	unsi-cher	nein	ja	unsi-cher	nein	ja	unsi-cher	nein	ja	unsi-cher	nein
Das meiste, was ich über illegale Drogen weiß, habe ich von:												
Eltern	42	54	48	39	42	42	32	38	40	21	36	35
FreundInnen	46	50	39	49	42	32	59	42	34	79	61	45
Schulunterricht*)	46	70	63	45	53	57	40	54	52	16	29	30
Medien	98	96	97	94	97	97	89	97	96	87	93	96
eigene Beobachtungen	32	20	6	37	9	6	49	28	9	54	26	13

Angaben in Prozent. Die Prozentzahlen stellen jeweils den Anteil derjenigen, die die entsprechende Wissensquelle benennen, innerhalb der mit Differenzierung nach bisherigen Beobachtungen illegalisierten Drogenkonsums zum jeweiligen Zeitpunkt entstehenden Gruppen dar.

* 1995 war anstatt der Ausprägung „Schulunterricht" das Item „LehrerIn" vorgeschlagen.

Cramérs V bezüglich einiger Items: – Eltern: 1991/92 V n.s., 1993 V = 0,078, 1995 V = 0,155 /– FreundInnen: 1991 V n.s., 1992 V = 0,149, 1993 V = 0,228, 1995 V = 0,329/ – eigene Beobachtungen: 1991 V=0,290, 1992 V=0,375, 1993 V=0,419, 95 V=0,405.

Tabelle 9-51:

Wurden Dir auch schon 'mal illegale Drogen angeboten?										
	1990		1991		1992		1993		1995	
	ja	nein	ja	nein	ja	nein	ja	nein	ja	nein
Das meiste, was ich über illegale Drogen weiß, habe ich von:										
Eltern	44	51	50	54	36	42	33	39	20	35
FreundInnen	51	38	56	40	61	35	62	38	85	49
Schulunterricht *	20	30	49	61	40	55	33	52	12	31
Medien	93	98	94	97	90	97	85	96	86	95
eigene Beobachtungen	*	*	33	9	44	11	53	16	58	18

Angaben in Prozent. Die Prozentzahlen stellen jeweils den Anteil derjenigen, die die entsprechende Wissensquelle benennen, innerhalb der mit Differenzierung nach einem etwaig erhaltenen illegalisierten Drogenangebot zum jeweiligen Zeitpunkt entstehenden Gruppen dar.

* 1990 und 1995 war anstatt der Ausprägung „Schulunterricht" das Item „LehrerIn" vorgeschlagen.

Cramérs V bezüglich einiger Items: – Eltern: 1990-92 V n.s., 1993 V = 0,050, 1995 V = 0,155/– FreundInnen: 1990 V n.s., 1991 V = 0,088, 1992 V = 0,181, 1993 V = 0,193, 1995 V = 0,356/– Schulunterricht/LehrerIn: 1990 V n.s., 1991 V = 0,723, 1992 V = 0,105, 1993 V = 0,145, 1995 V = 0,214/– eigene Beobachtungen: 1991 V = 0,205, 1992 V = 0,310, 1993 V = 0,342, 1995 V = 0,405.

Es zeigt sich also, daß sich für Jugendliche, die bereits Erscheinungen illegalisierten Drogenkonsums begegnet sind, die Bedeutung der Eltern für die Wissensvermittlung zu illegalisierten Drogen im Zeitverlauf stark verringert. Diese Abnahme geht über den Bedeutungsverlust der Eltern hinaus, welcher diesbezüglich allgemein im Zeitverlauf zu verzeichnen war, und korrespondiert mit einem in dieser Gruppe überproportional steigenden Stellenwert, welchen Gleichaltrige als Quelle der relevanten Drogenkenntnisse im Verlauf der Untersuchung einnehmen. Die oben referierte starke Einbindung in horizontale Kommunikationszusammenhänge der SchülerInnen, welche ein illegalisiertes Drogenangebot bzw. einen illegalisierten Drogenkonsum erlebten, geht also einher mit einem verstärkten Wissensaustausch unter Jugendlichen zur Drogenthematik.

Daß die SchülerInnen, die bereits eigene Beobachtungen zu illegalisierten Drogen machten, vom Unterricht weniger Kenntnisse „mitnahmen", deutet darauf hin, daß für Mädchen und Jungen mit einer größeren „Drogennähe" das im Schulalltag vermittelte Drogenwissen wenig relevant ist bzw. LehrerInnen diesbezüglich für sie keine adäquaten AnsprechpartnerInnen darstellen.

Auch Jugendliche, die eine Drogenofferte erhielten oder einen illegalisierten Drogengebrauch beobachteten, geben am häufigsten Massenmedien als Wissensquelle an. Die im Vergleich zu den MitschülerInnen geringe diesbezügliche Nennung läßt jedoch vermuten, daß sie Medien oft die Glaubwürdigkeit aberkennen, weil sie Zugang zu den massenmedialen Darstellungen widersprechenden Informationen haben. Dieses Wissen stammt in zunehmendem Maße, wie eben beschrieben, zum einen von den Gleichaltrigen. In der Kommunikation mit FreundInnen können die SchülerInnen anders als in einer einseitigen Sender-Empfänger-Konstellation, auf welcher die mediale Massenkommunikation basiert, sie interessierende Aspekte der Drogenthematik und speziell die gemachten Beobachtungen besprechen. Zum anderen steigt besonders für Jugendliche, die über Begegnungen mit Erscheinungen illegalisierten Drogenkonsums berichteten, die Bedeutung eigener Beobachtungen für den Wissensstand im Zeitverlauf stark. Es handelt sich daher, so ist zu vermuten, weniger als zum Anfang unserer Erhebung um einmalige, sondern oftmals um häufigere und mitunter um alltägliche Beobachtungen, aufgrund derer sich Jugendliche Wissen aneigneten. Anscheinend bewegten sich die Befragten, die von eigenen Erfahrungen zu illegalisierten Drogen berichteten, 1995 viel stärker in, sich während des Untersuchungszeitraums entwickelnden, jugendkulturellen Zusammenhängen, in welche auch illegalisierter Drogenkonsum integriert ist, als dies am Anfang unserer Befragung der Fall war.[71] Daß solche Erfahrungen für die Einstellungen der Befragten zu illegalisierten Drogen eine größere Bedeutung haben als reine Wissensvermittlung oder einseitige Warnungen, wurde bereits ausgeführt.

---

71 Vgl. dazu die Entwicklung des illegalisierten Drogenkonsums unter den Befragten und in deren Freundeskreisen in Kapitel 8.

Es soll nun untersucht werden, ob sich Jugendliche, die bereits illegalisierten Drogenkonsum beobachteten bzw. ein illegalisiertes Drogenangebot erhielten, andere GesprächspartnerInnen wünschen, wenn sie Fragen zur Drogenthematik haben, als andere SchülerInnen.

Wir benutzen hierfür die Zusammenfassung der Antwortvorgaben, welche bereits im Abschnitt 9.6 verwendet wurde, wobei hier die Gruppe derjenigen, die sich weder erwachsene noch gleichaltrige Bezugspersonen wünschen, unberücksichtigt bleibt.

An Gesprächen mit ausschließlich erwachsenen Bezugspersonen zeigten sich bis 1993 v.a. die SchülerInnen ohne eigene Erfahrungen zu illegalisierten Drogen interessiert. Jugendliche, die illegalisierten Drogenkonsum nicht beobachteten, gaben 1993 einen solchen Wunsch öfter an als Befragte mit einer entsprechenden Erfahrung. 1990, 1992, 1993 gilt dasselbe für Befragte, die kein Angebot illegalisierter Substanzen erhielten, im Vergleich mit der entsprechenden Gegengruppe. 1995 hat sich der Unterschied aufgelöst. Dies ist der starken Abnahme des Wunsches nach ausschließlich erwachsenen Bezugspersonen unter denjenigen SchülerInnen, die über keine direkten Erfahrungen zu illegalisierten Drogen verfügen, von 1993 zu 1995 geschuldet (vgl. die Tabellen 9-52 und 9-53).

Ausschließlich mit gleichaltrigen Bezugspersonen wollten verstärkt die Jugendlichen sprechen, die über eigene Erfahrungen mit illegalisierten Drogen verfügen. 1993 und 1995 bekundeten diejenigen, die einen illegalisierten Drogengebrauch erlebten, diesen Wunsch stärker als die anderen Befragten, wobei der Unterschied im Laufe dieser zwei Jahre stark zunahm. Bei den Mädchen und Jungen, die eine illegalisierte Drogenofferte erhielten, war ein solcher, in Relation zu den anderen Befragten verstärkter, Wunsch nach Kommunikation mit FreundInnen 1990, 1993 und 1995 zu verzeichnen, wobei auch hier der Unterschied von 1993 zu 1995 zunahm. Die zunehmende Stärke des Unterschieds resultiert in beiden Fällen aus einer von 1991 zu 1995 zu registrierenden überproportionalen Steigerung der Nennung von ausschließlich Gleichaltrigen unter den Befragten, die einen Drogenkonsum beobachteten bzw. ein Drogenangebot erhielten.

Sowohl mit Gleichaltrigen als auch mit Eltern oder LehrerIn wünschten die Jugendlichen, die bisher kein Angebot illegalisierter Drogen erhalten (über den gesamten Untersuchungszeitraum signifikant) bzw. keine Drogenkonsumbeobachtung gemacht (ab 1992 signifikant) hatten, häufiger zu sprechen als die jeweilige Gegengruppe. Unter den SchülerInnen, die einen illegalisierten Drogenkonsum beobachteten bzw. ein illegalisiertes Drogenangebot erhielten, ist jeweils eine Abnahme des Wunsches von 1993 zu 1995 nach sowohl erwachsenen als auch gleichaltrigen GesprächspartnerInnen zu konstatieren, was mit der o.g. Zunahme des Wunsches nach ausschließlicher Kommunikation mit FreundInnen im gleichen Zeitraum korrespondiert.

Der Wunsch nach professionellen SpezialistInnen (PolizistInnen, MedizinerInnen, JugendbetreuerInnen, DrogenberaterInnen) schien bei den Befragten, die schon illegalisierten Drogenkonsum erlebten bzw. ein illegalisiertes Drogenangebot erhielten, gleich dem der anderen Mädchen und Jungen zu sein. Zum Ende der Untersuchung deutete sich diesbezüglich jedoch ein Wandel an. 1995 wollten sowohl diejenigen, die ein Drogenangebot erhalten hatten, als auch jene, die illegalisierten Drogengebrauch beobachtet hatten, seltener als die jeweiligen anderen SchülerInnen Gespräche mit DrogenberaterInnen, erstere gaben in diesem Jahr auch seltener als die übrigen Befragten MedizinerInnen als gewünschte GesprächspartnerInnen an.

Tabelle 9-52:

Hast Du schon einmal selbst erlebt, daß jemand illegale Drogen nimmt?	1991			1992			1993			1995		
	ja	unsicher	nein	ja	unsicher	nein	ja	unsicher	nein	ja	unsicher	nein
Am liebsten würde ich darüber 'mal länger reden mit: *												
nur Erwachsene	13	16	18	15	24	21	12	10	20	9	10	14
nur FreundInnen	14	21	17	19	22	19	28	27	19	41	26	23
Erwachsene & FreundInnen	29	41	40	24	39	34	24	27	35	16	32	32
MedizinerIn	38	48	34	44	40	45	30	39	31	33	32	41
DrogenberaterIn	58	60	55	61	62	63	42	37	46	35	51	44
(Ex-)UserInnen *	77	84	72	74	59	62	76	63	62	77	70	65

Angaben in Prozent. Die Prozentzahlen stellen jeweils den Anteil derjenigen, die die/den entsprechende(n) GesprächspartnerIn benennen, innerhalb der mit Differenzierung nach bisherigen Beobachtungen illegalisierten Drogenkonsums zum jeweiligen Zeitpunkt entstehenden Gruppen dar. In diese Auswertung sind nur SchülerInnen der 8.-11. Klassen einbezogen.

* Die Frage lautete: „Mit wem würdest Du Dich gern ausführlicher unterhalten, wenn Du Fragen zu illegalen Drogen hast?" „(Ex-)UserInnen" steht hier für die Ausprägung „Leute, die selbst bereits diese Drogen genommen haben" (1990/91/ 93/95). 1992 war das Item „Leute, die selbst Drogen nehmen", womit sich die relativ geringen Nennungen der Ausprägung in jenem Jahr z.T. erklären lassen.

Cramérs V bezüglich einiger Items:

- nur Erwachsene: 1991/92 nicht signifikant, 1993 V = 0,122, 1995 nicht signifikant
- nur FreundInnen: 1991 nicht signifikant, 1992 V = 0,117, 1993 V = 0,102, 1995 V = 0,180
- Erwachsene & FreundInnen: 1991 nicht signifikant, 1992 V = 0,143, 1993 V = 0,116, 1995 V = 0,209.

Favorisiert wurden (ehemalige) KonsumentInnen illegalisierter Drogen als künftige GesprächspartnerInnen verstärkt von Jugendlichen, die die Erfahrung eines erhaltenen Drogenangebots gemacht (signifikant ab 1992) bzw. einen illegalisierten Drogengebrauch beobachtet hatten (signifikant über den gesamten Untersuchungszeitraum; vgl. die Tabellen 9-52 und 9-53)[72].

72 Zum Verständnis der tabellarisch dargestellten Ergebnisse auf den nächsten Seiten und in den folgenden Abschnitten sei an dieser Stelle nochmals auf die Zusammenfassung

Tabelle 9-53:

	Wurden Dir auch schon 'mal illegale Drogen angeboten?									
	1990		1991		1992		1993		1995	
	ja	nein	ja	nein	ja	nein	ja	nein	ja	nein
Am liebsten würde ich darüber 'mal länger reden mit: *										
nur Erwachsene	5	21	9	17	11	21	11	18	8	12
nur FreundInnen	32	16	18	17	22	19	33	20	42	25
Erwachsene & FreundInnen	15	39	24	40	21	34	22	33	15	31
MedizinerIn	49	45	40	37	44	44	31	31	26	44
DrogenberaterIn	51	58	55	57	60	63	40	45	35	46
(Ex-)UserInnen *	81	77	84	74	77	63	76	64	77	68

Angaben in Prozent. Die Prozentzahlen stellen jeweils den Anteil derjenigen, die die/den entsprechende(n) GesprächspartnerIn benennen, innerhalb der mit Differenzierung nach etwaig erhaltenem Angebot illegalisierter Drogen zum jeweiligen Zeitpunkt entstehenden Gruppen dar. In diese Auswertung sind nur SchülerInnen der 8.-11. Klassen einbezogen.

* Die Frage lautete: „Mit wem würdest Du Dich gern ausführlicher unterhalten, wenn Du Fragen zu illegalen Drogen hast?" „(Ex-)UserInnen" steht hier für die Ausprägung „Leute, die selbst bereits diese Drogen genommen haben" (1990/91/ 93/95). 1992 war das Item „Leute, die selbst Drogen nehmen", womit sich die relativ geringen Nennungen der Ausprägung in jenem Jahr z.T. erklären lassen.

Cramérs V bezüglich einiger Items:
- nur Erwachsene: 1990 V = 0,110, 1991 V n.s., 1992 V = 0,097, 1993 V = 0,077, 1995 V n.s.
- nur FreundInnen: 1990 V = 0,110, 1991/92 V n.s., 1993 V = 0,102, 1995 V = 0,180
- Erwachsene & FreundInnen: 1990 V = 0,136, 1991 V = 0,099, 1992 V = 0,102, 1993 V = 0,093, 1995 V= 0,180.

SchülerInnen mit eigenen Erfahrungen zu illegalisierten Drogen sind also weitaus weniger an Gesprächen mit erwachsenen Bezugspersonen interessiert als die anderen Befragten. Wie schon gezeigt wurde, sind sie stärker in horizontale Gesprächszusammenhänge eingebunden als die anderen SchülerInnen. Die Befunde bezüglich des Wunsches nach ausschließlich gleichaltrigen

der Antwortvorgaben, wie sie bereits im Abschnitt 9.6 verwendet wurde, hingewiesen: Diejenigen SchülerInnen, die mit Eltern oder LehrerInnen zu sprechen wünschen, ohne den Wunsch nach FreundInnen zu äußern, stehen denjenigen gegenüber, die (gleichsam umgekehrt) sich mit FreundInnen, nicht aber mit erwachsenen Bezugspersonen (Eltern oder LehrerInnen) zu unterhalten wünschen. Neben den SchülerInnen, die so ausschließlich auf erwachsene Bezugspersonen oder aber ausschließlich auf FreundInnen verweisen (wobei dieses „ausschließlich" sich nur darauf bezieht, daß eben keine FreundInnen bzw. keine Eltern oder LehrerInnen gewünscht werden; andere GesprächspartnerInnen können jeweils durchaus noch gewünscht sein), gibt es als dritte Gruppe diejenigen, die sowohl mit erwachsenen Bezugspersonen als auch mit FreundInnen (und womöglich auch mit weiteren Personen) zu sprechen wünschen. Somit können sich z.B. SchülerInnen, deren Antworten wir zu dem Gesprächswunsch nach „nur FreundInnen" zusammengefaßt haben, gleichzeitig Gespräche mit MedizinerInnen o.a. Personen (aber eben nicht mit Eltern oder LehrerIn) gewünscht haben.

GesprächspartnerInnen sowie die geringe Nennung des Wunsches nach sowohl erwachsenen als auch gleichaltrigen GesprächspartnerInnen machen deutlich, daß horizontale Kommunikationszusammenhänge für „drogennahe" SchülerInnen weitaus attraktiver sind als vertikale Kommunikationszusammenhänge und daß im Laufe der Untersuchung die exklusive Attraktivität der horizontalen Kommunikationszusammenhänge für diese Jugendlichen zugenommen hat. Es läßt sich so prognostizieren, daß auch über den Zeitraum unserer Untersuchung hinaus SchülerInnen, in deren Lebenswelt illegalisierte Drogen ein erlebbares Phänomen darstellen, sich in immer stärkeren Maße auf horizontale Kommunikationszusammenhänge orientieren und entsprechenden Gesprächen mit erwachsenen Bezugspersonen immer weniger Stellenwert einräumen.

Daß der Wunsch nach professionellen „DrogenspezialistInnen" bei Jugendlichen mit einer relativen Drogennähe nie höher und 1995 sogar niedriger war als bei den anderen Befragten, mag auf den ersten Blick überraschen. Daß sich darin aber nicht Desinteresse an detailliertem Drogenwissen ausdrückt, macht die Präferenz für Unterhaltungen mit (ehemaligen) KonsumentInnen illegalisierter Drogen deutlich. Scheinbar erwarten Jugendliche, die selber schon über Erfahrungen zu illegalisierten Drogen verfügen, von diesen eher als von den Professionellen authentische Berichte und Hinweise zu illegalisierten Drogen.

Jugendliche, die Erfahrungen mit Erscheinungen illegalisierten Drogenkonsums gemacht haben, unterhalten sich mehr mit Gleichaltrigen über illegalisierte Substanzen als andere. Einerseits wenden sich Jugendliche, die einen illegalisierten Drogenkonsum beobachtet haben oder ein illegalisiertes Drogenangebot erhielten, verstärkt an ihre FreundInnen, um das Erlebte zu bereden. Daß sie sich gerade nicht an die Erwachsenen wenden, läßt darauf schließen, daß es mit jenen nicht möglich ist, die jeweils interessanten und womöglich auch faszinierenden Aspekte zu besprechen. Andererseits bedeutet das, daß SchülerInnen, die dem Drogenthema viel kommunikative Aufmerksamkeit widmen, sich auch eher in kulturellen Zusammenhängen bewegen, in denen derartige Erfahrungen möglich sind.

Mit der Hinwendung zu gleichaltrigen GesprächspartnerInnen geht einher, daß die Jugendlichen untereinander verstärkt gerade die positiven Seiten des Drogengebrauchs thematisieren. Durch Gespräche mit den Gleichaltrigen werden sowohl die konkreten Erwerbsmöglichkeiten als auch Risiko-Genuß-Abschätzungen, die konträr zu den in den vertikalen Kommunikationszusammenhängen vorgenommenen Abschätzungen sind[73], vermittelt. Jugendliche, die auf eine relative Nähe zu illegalisierten Drogen verweisen, sind auf vertikale Kommunikationszusammenhänge auch wesentlich weniger orientiert als andere SchülerInnen. Sie erwerben wenig Wissen von erwachsenen Bezugspersonen und wollen auch seltener mit diesen über illegalisierte Drogen reden. Ihr Interesse bezüglich der Drogenthematik richtet sich v.a. auf detail-

---

73 Vgl. zu den unterschiedlichen Inhalten der horizontalen und vertikalen Kommunikation Abschnitt 9.5.

lierte und authentische Berichte von Personen, die selber bereits illegalisierte Substanzen konsumiert haben. Bei dem Wunsch nach Gesprächen mit vertrauten Personen wenden sich diese SchülerInnen an ihre FreundInnen, kaum jedoch an Eltern oder LehrerInnen. Es zeigt sich also eine relative Eindeutigkeit der kommunikativen Interessen der „drogennahen" SchülerInnen in dem Sinne, daß sie sich v.a. mit Gleichaltrigen zu illegalisierten Drogen austauschen und dies auch künftig tun werden.

Dies ist für pädagogisches Handeln ein besonders wichtiger Befund: SchülerInnen, welche über eigene Erfahrungen zu illegalisierten Drogen verfügen (seien es Konsumbeobachtungen, erhaltene Drogenangebote oder, wie später noch gezeigt wird, ein eigener Konsum) – also jene SchülerInnen, die mit suchtpräventiven Bemühungen sinnvollerweise erreicht werden sollten, da sie relativ nahe an illegalisierten Drogen dran sind –, zeigen nur noch ein sehr geringes Interesse an einem Austausch mit erwachsenen Bezugspersonen, da sie mit diesen ihre Erfahrungen aufgrund von drohenden Sanktionen und Tabuisierungen nicht besprechen können und wollen. Es wird somit deutlich, daß sich erwachsene Bezugspersonen mit ihrer einseitig-negativen Thematisierung von illegalisierten Drogen und dem Nichtakzeptieren entsprechender positiver Erfahrungen von Jugendlichen selber die Möglichkeit nehmen, auf Jugendliche einzuwirken, bei denen das Experimentieren mit illegalisierten Substanzen in problematische Konsumformen mündet.

Es zeigt sich also, daß sich unterschiedliche kommunikative Interessen zu illegalisierten Drogen unter Jugendlichen entwickelt haben. Die einen sind bereit, der Drogenthematik viel Aufmerksamkeit entgegenzubringen, wie sich in ihrer diesbezüglich starken horizontalen Kommunikation zeigt. Diese Bereitschaft geht oft einher mit einem Eingebundensein in jugendkulturelle Zusammenhänge, in denen illegalisierter Drogenkonsum erlebbar ist und konkretes Drogenwissen angeeignet werden kann, sei es durch Beobachtungen, Erzählungen, eigenen Konsum. Die anderen reden mit ihren FreundInnen wenig über illegalisierte Drogen. Sie sind in die genannten kulturellen Zusammenhänge seltener eingebunden, illegalisierter Drogenkonsum wird von ihnen nur selten erlebt. Das bedeutet jedoch nicht unbedingt eine stabile Abstinenzhaltung bezüglich illegalisierter Drogen, da gerade eine direkte Begegnung mit Erscheinungen illegalisierten Drogenkonsums eine zunehmende Beschäftigung mit und eine Veränderung der bisherigen Einstellungen zu diesem Thema bewirken kann.

Trotz der Entwicklung dieser unterschiedlichen kommunikativen Interessen lassen die o.g. Zahlen darauf schließen, daß auch für Jugendliche, die sich wenig mit dem Drogenthema befassen, illegalisierte Drogen im Laufe der Untersuchung nähergerückt sind. Dies deckt sich mit der Entwicklung des Konsums (insbesondere von Cannabis) unter den Befragten sowie der steigenden Verfügbarkeit von illegalisierten Drogen.[74]

---

74 Vgl. zum Ausmaß des illegalisierten Drogenkonsums und zur Verfügbarkeit illegalisierter Substanzen Kapitel 8.

9.7.2 Kommunikation in Abhängigkeit von der Verbreitung illegalisierten Drogenkonsums im Freundeskreis [75]

Im Laufe unserer Untersuchung nahm die Verbreitung von illegalisiertem Drogenkonsum in den Freundeskreisen der Befragten stark zu.[76] Es soll an dieser Stelle untersucht werden, ob und wie sich die Kommunikation der SchülerInnen, deren FreundInnen illegalisierte Drogen konsumieren, von der der anderen Jugendlichen unterscheidet.[77] Wir betrachten dabei die Verbreitung des Gebrauchs von Cannabis, LSD/Meskalin sowie Aufputschmitteln.

SchülerInnen, die in ihren Freundeskreisen illegalisierten Drogengebrauch erlebten, gaben, unabhängig um welche Substanzen es sich dabei handelte, ab 1992 häufiger als die anderen Befragten an, sich oft mit FreundInnen über illegalisierte Drogen zu unterhalten (vgl. die Tabellen 9-54 bis 9-56). Die jeweiligen Unterschiede nahmen im Zeitverlauf stark zu.

Es ist deutlich, daß in Freundeskreisen, in denen illegalisierte Drogen konsumiert werden, auch intensiv über diese Substanzen gesprochen wird. Dieser Drogengebrauch ist also in horizontale Kommunikationszusammenhänge eingebettet. So befinden sich auch Jugendliche, die in ihrem Freundeskreis illegalisierten Drogenkonsum erleben, heute sehr viel stärker in horizontalen Kommunikationszusammenhängen als die restlichen Befragten.

---

75 Der Terminus „illegalisierte Drogen“ ist hier in folgender Hinsicht ungenau: Unter „Aufputschmitteln“ subsumieren wir neben illegalisierten Substanzen (XTC, Speed auch legalisierte (Guarana, Koffein usw.). Dies ist bei den entsprechenden Ausführungen zu Aufputschmitteln zu beachten.

76 Vgl. zum illegalisierten Drogenkonsum unter den Befragten Kapitel 8.

77 Auf die Frage „Wenn Du Deinen Freundeskreis betrachtest, wieviele nehmen die folgenden Rauschmittel?“ sollten die Befragten bezüglich jeder aufgeführten Substanz eine Ausprägung auf einer vierstufigen Skala ankreuzen. Die Skalierung wurde im Laufe der Untersuchung geändert (1990/91: „Keiner“, „Einige“, „Der größte Teil“, „Fast alle“; 1992-95: „Keiner“, „Einige“, „Fast alle“, „Ich weiß nicht“). Die Antworten der Befragten wurden so zusammengefaßt, daß sich drei Gruppen ergeben: Diejenigen, die einen Gebrauch der entsprechenden Droge im Freundeskreis verneinen, stehen denjenigen gegenüber, welche einen solchen Drogenkonsum unter ihren FreundInnen angeben (unabhängig davon ob „einige“ oder „fast alle“ FreundInnen). Die dritte Gruppe bilden diejenigen Mädchen und Jungen, die bezüglich dieser Droge „Ich weiß nicht“ ankreuzen, wobei dies erst ab 1992 möglich war. Um dieser Zusammenfassung Rechnung zu tragen, wird in den Tabellen die Fragestellung modifiziert erscheinen: „Wird in Deinem Freundeskreis Cannabis (LSD/Meskalin usw.) konsumiert?“ Trotz der Zusammenfassung sind die Gruppen derjenigen, welche einen entsprechenden Drogengebrauch im Freundeskreis bejahten, am Anfang unserer Untersuchung klein. Bei Cannabis waren es 1990/91, bei LSD/Meskalin 1990-92, bei Aufputschmitteln 1991 nicht mehr als 30 Befragte, die einen Konsum im Freundeskreis angaben. Die Items „Haschisch“ und „Marihuana“ wurden zur Ausprägung „Cannabis“ zusammengefaßt.

Tabelle 9-54:

Wird in Deinem Freundeskreis *Cannabis* konsumiert?	1990		1991		1992			1993			1995		
	nein	ja	nein	ja	nein	ja	weiß nicht	nein	ja	weiß nicht	nein	ja	weiß nicht
Im Freundeskreis wird													
...sehr viel...	*	*	*	*	*	*	*	2	16	3	4	19	9
...viel...	10	18	14	31	7	40	9	14	33	13	15	44	16
...wenig...	69	77	71	63	70	49	74	66	46	60	63	35	59
...gar nicht...	21	6	15	6	23	11	18	19	5	25	19	1	15
....über illegalisierte Drogen gesprochen.													

Angaben in Prozent. Prozentuierungsbasis ist die jeweilige Spalte. Bei Aufaddierungen zeigen sich eventuell Rundungsfehler.

* 1990-92 wurden zur Beantwortung der Frage nach dem Ausmaß der horizontalen Kommunikation nur die drei Antwortvorgaben „viel“, „wenig“, „gar nicht“ angeboten. Da dies tendenziell den SchülerInnen nahelegte, die mittlere Antwortvorgabe, also „wenig“, anzukreuzen, wurde ab 1993 eine vierte Antwortvorgabe „sehr viel“ zusätzlich vorgeschlagen. Ein bruchloser Vergleich der diesbezüglichen Ergebnisse bis 1992 mit den späteren ist dadurch nicht möglich.

Cramérs V: 1990/91 V nicht signifikant, 1992 V = 0,209, 1993 V = 0,232, 1995 V = 0,325.

Tabelle 9-55:

Wird in Deinem Freundeskreis *LSD/Meskalin* konsumiert?	1990		1991		1992			1993			1995		
	nein	ja	nein	ja	nein	ja	weiß nicht	nein	ja	weiß nicht	nein	ja	weiß nicht
Im Freundeskreis wird													
...sehr viel...	*	*	*	*	*	*	*	2	33	3	5	32	13
...viel...	10	33	14	20	9	50	13	15	31	19	20	45	28
...wenig...	69	67	71	80	69	41	70	65	30	59	60	22	49
...gar nicht...	20	0	15	0	22	9	17	18	5	19	15	1	10
....über illegalisierte Drogen gesprochen.													

Angaben in Prozent, Prozentuierungsbasis ist die jeweilige Spalte. Bei Aufaddierungen zeigen sich eventuell Rundungsfehler.

* 1990-92 wurden zur Beantwortung der Frage nach dem Ausmaß der horizontalen Kommunikation nur die drei Antwortvorgaben „viel“, „wenig“, „gar nicht“ angeboten. Da dies tendenziell den SchülerInnen nahelegte, die mittlere Antwortvorgabe, also „wenig“, anzukreuzen, wurde ab 1993 eine vierte Antwortvorgabe „sehr viel“ zusätzlich vorgeschlagen. Ein bruchloser Vergleich der diesbezüglichen Ergebnisse bis 1992 mit den späteren ist dadurch nicht möglich.

Cramérs V: 1990/91 V nicht signifikant, 1992 V = 0,137, 1993 V = 0,251, 1995 V = 0,290.

Tabelle 9-56:

Werden in Deinem Freundeskreis *Aufputschmittel* konsumiert?	1991		1992			1993			1995		
	nein	ja	nein	ja	weiß nicht	nein	ja	weiß nicht	nein	ja	weiß nicht
Im Freundeskreis wird											
...*sehr viel*...	*	*	*	*	*	3	13	3	5	22	10
...*viel*...	14	13	7	31	15	13	35	16	20	40	23
...*wenig*...	70	88	70	48	68	65	47	63	59	36	56
...*gar nicht*...	15	0	23	21	17	19	5	18	17	3	11
....über illegalisierte Drogen gesprochen.											

Angaben in Prozent, Prozentuierungsbasis ist die jeweilige Spalte. Bei Aufaddierungen zeigen sich eventuell Rundungsfehler.

* 1990-92 wurden zur Beantwortung der Frage nach dem Ausmaß der horizontalen Kommunikation nur die drei Antwortvorgaben „viel“, „wenig“, „gar nicht“ angeboten. Da dies tendenziell den SchülerInnen nahelegte, die mittlere Antwortvorgabe, also „wenig“, anzukreuzen, wurde ab 1993 eine vierte Antwortvorgabe „sehr viel“ zusätzlich vorgeschlagen. Ein bruchloser Vergleich der diesbezüglichen Ergebnisse bis 1992 mit den späteren ist dadurch nicht möglich.

Cramérs V: 1991 V nicht signifikant, 1992 V = 0,134, 1993 V = 0,189, 1995 V = 0,245.

Ob diese starke Orientierung auf horizontale Kommunikationszusammenhänge unter den SchülerInnen, deren FreundInnen illegalisierten Drogenkonsum praktizieren, über die Untersuchung hinaus weiterbesteht und welche anderen GesprächspartnerInnen bei etwaigen Fragen zu illegalisierten Drogen gewünscht werden, wird jetzt behandelt.

Ausschließlich erwachsene Bezugspersonen[78] wurden ab 1992 verstärkt von SchülerInnen gewünscht, in deren Freundeskreisen kein Cannabis konsumiert wird. Bezüglich der anderen Drogen ist ein solcher Befund nur für das Untersuchungsjahr 1993 feststellbar.

Hingegen gilt für alle drei untersuchten Substanzen bzw. Substanzgruppen, daß der ausschließliche Wunsch nach gleichaltrigen Bezugspersonen ab 1993 bei denjenigen, die einen entsprechenden Drogenkonsum im Freundeskreis erlebten, stärker ausgeprägt war als bei der jeweiligen Gegengruppe. Dieser Zusammenhang nahm von 1993 zu 1995 bezüglich aller Substanzen bzw. Substanzgruppen an Stärke zu (vgl. die Entwicklung von Cramérs V).

Außerdem gaben SchülerInnen, in deren Freundeskreis illegalisierte Drogen konsumiert werden, seltener als die jeweils anderen Befragten an, sich sowohl erwachsene als auch gleichaltrige Bezugspersonen zum Gespräch zu wünschen (bezüglich Cannabis ab 1991, bezüglich LSD/Meskalin ab 1992, bezüglich Aufputschmittel ab 1993 signifikant). (Vgl. hierzu die Tabellen 9-57 bis 9-59.)

78 Vgl. die in Abschnitt 9.6 vorgestellte Zusammenfassung der Gesprächswünsche bezüglich erwachsener bzw. gleichaltriger Bezugspersonen.

Unterschiede bei der Nennung von professionellen AnsprechpartnerInnen ergeben sich nur bezüglich Cannabis und LSD/Meskalin: SchülerInnen, in deren Freundeskreisen Cannabis konsumiert wird, gaben ab 1993 seltener als die entsprechende Gegengruppe an, sich mit MedizinerInnen unterhalten zu wollen. Befragte, deren FreundInnen LSD/Meskalin konsumieren, meinten dies 1992 und 1995 seltener als andere. Diejenigen, die von Cannabisgebrauch im Freundeskreis berichteten, wollten zudem 1991 und ab 1993 seltener als andere mit DrogenberaterInnen sprechen.

Der Wunsch nach Gesprächen mit Leuten, die bereits selber illegalisierte Drogen genommen haben, ist unter den Jugendlichen stärker, in deren Freundeskreisen illegalisierte Drogen konsumiert werden. Dieser Unterschied war bezüglich Cannabis ab 1993, bezüglich Aufputschmittel ab 1992, bezüglich LSD/Meskalin 1993 signifikant.

Tabelle 9-57:

	Wird in Deinem Freundeskreis *Cannabis* konsumiert?												
	1990		1991		1992			1993			1995		
	nein	ja	nein	ja	nein	ja	weiß nicht	nein	ja	weiß nicht	nein	ja	weiß nicht
Gewünschte GesprächspartnerIn *													
nur Erwachsene	21	18	16	0	21	9	20	18	9	15	14	7	11
nur FreundInnen	17	29	18	19	19	29	17	21	38	15	25	44	17
Erwachsene & FreundInnen	38	41	39	13	34	13	33	34	17	27	32	14	34
MedizinerIn	45	53	37	56	45	34	39	34	21	30	42	29	33
DrogenberaterIn	58	47	57	31	63	52	70	46	35	40	47	35	37
(Ex-)UserInnen	77	71	75	88	65	74	66	64	80	63	67	78	62

Angaben in Prozent. Die Prozentzahlen stellen jeweils den Anteil derjenigen, die die/den entsprechende(n) GesprächspartnerIn angaben, innerhalb der mit Differenzierung nach Cannabiskonsum im Freundeskreis zum jeweiligen Zeitpunkt entstehenden Gruppen dar. In diese Auswertung sind nur die SchülerInnen der 8. – 11. Klassen einbezogen.

* Die Frage lautete: „Mit wem würdest Du Dich gern ausführlicher unterhalten, wenn Du Fragen zu illegalen Drogen hast?" In den Tabelle sind jeweils ausgewählte Items aufgeführt. „(Ex-)UserInnen" steht in diesem Falle für die Ausprägung „Leute, die selbst bereits diese Drogen genommen haben" bzw. „Leute, die selbst Drogen nehmen" (ausschließlich 1992). Mit dieser Itemveränderung ist die relativ geringe diesbezügliche Nennung im Jahre 1992 zu erklären.

Cramérs V bezüglich einzelner Items:
- nur Erwachsene: 1990/91 V nicht signifikant, 1992 V = 0,089, 1993 V = 0,090, 1995 V = 0,116
- nur FreundInnen: 1990-92 V nicht signifikant, 1993 V = 0,161, 1995 V = 0,228
- FreundInnen und Erwachsene: 1990 V n.s., 1991 V = 0,093, 1992 V = 0,137, 1993 V = 0,136, 1995 V = 0,213.

Tabelle 9-58:

Wird in Deinem Freundeskreis *LSD/Meskalin* konsumiert?	1990		1991		1992			1993			1995		
	nein	ja	nein	ja	nein	ja	weiß nicht	nein	ja	weiß nicht	nein	ja	weiß nicht
Gewünschte GesprächspartnerIn *													
nur Erwachsene	21	0	16	0	20	0	22	18	6	12	11	6	12
nur FreundInnen	17	0	18	20	20	17	20	22	42	22	28	47	31
Erwachsene & FreundInnen	38	67	39	0	33	0	34	33	14	23	28	10	27
MedizinerIn	45	100	37	80	45	15	40	33	21	29	40	28	31
(Ex-)UserInnen	77	100	76	100	65	82	69	66	90	65	69	76	76

Angaben in Prozent. Die Prozentzahlen stellen jeweils den Anteil derjenigen, die die/den entsprechende(n) GesprächspartnerIn angaben, innerhalb der mit Differenzierung nach LSD-/Meskalinkonsum im Freundeskreis zum jeweiligen Zeitpunkt entstehenden Gruppen dar. In diese Auswertung sind nur die SchülerInnen der 8.-11. Klassen einbezogen.

* Die Frage lautete: „Mit wem würdest Du Dich gern ausführlicher unterhalten, wenn Du Fragen zu illegalen Drogen hast?" In den Tabelle sind jeweils ausgewählte Items aufgeführt. „(Ex-) UserInnen" steht in diesem Falle für die Ausprägung „Leute, die selbst bereits diese Drogen genommen haben" bzw. „Leute, die selbst Drogen nehmen" (ausschließlich 1992). Mit dieser Itemveränderung ist die relativ geringe diesbezügliche Nennung im Jahre 1992 zu erklären.

Cramérs V bezüglich einzelner Items:

- nur Erwachsene: 1990-92 V nicht signifikant, 1993 V = 0,086, 1995 V nicht signifikant
- nur FreundInnen: 1990-92 V nicht signifikant, 1993 V = 0,109, 1995 V = 0,155
- FreundInnen und Erwachsene: 1990/91 V nicht signifikant, 1992 V = 0,110, 1993 V = 0,109, 1995 V = 0,160.

Tabelle 9-59:

Werden in Deinem Freundeskreis *Aufputschmittel* konsumiert?	1991		1992			1993			1995		
	nein	ja	nein	ja	weiß nicht	nein	ja	weiß nicht	nein	ja	weiß nicht
Gewünschte GesprächspartnerIn *											
nur Erwachsene	16	0	21	9	20	18	8	15	11	7	14
nur FreundInnen	18	0	20	15	22	21	34	20	28	44	27
Erwachsene & FreundInnen	39	13	33	20	32	34	18	25	27	17	27
(Ex-)UserInnen	76	100	64	83	69	63	84	67	66	79	74

Angaben in Prozent. Die Prozentzahlen stellen jeweils den Anteil derjenigen, die die/den entsprechende(n) GesprächspartnerIn angaben, innerhalb der mit Differenzierung nach Aufputschmittelkonsum im Freundeskreis zum jeweiligen Zeitpunkt entstehenden Gruppen dar. In diese Auswertung sind nur die SchülerInnen der 8.-11. Klassen einbezogen.

* Die Frage lautete: „Mit wem würdest Du Dich gern ausführlicher unterhalten, wenn Du Fragen zu illegalen Drogen hast?" In den Tabelle sind jeweils ausgewählte Items aufgeführt. „(Ex-) UserInnen" steht in diesem Falle für die Ausprägung „Leute, die selbst bereits diese Drogen genommen haben" bzw. „Leute, die selbst Drogen nehmen" (aus-

schließlich 1992). Mit dieser Itemveränderung ist die relativ geringe diesbezügliche Nennung im Jahre 1992 zu erklären.

Cramérs V bezüglich einzelner Items:

- nur Erwachsene: 1991/92 V nicht signifikant, 1993 V = 0,097, 1995 V nicht signifikant
- nur FreundInnen: 1991/92 V nicht signifikant, 1993 V = 0,101, 1995 V = 0,157
- FreundInnen und Erwachsene: 1991/92 V nicht signifikant, 1993 V = 0,130, 1995 V = 0,111.

Somit ist festzustellen, daß die starke Orientierung auf horizontale Kommunikationszusammenhänge bei den Jugendlichen, die im Freundeskreis illegalisierten Drogenkonsum erleben[79], sich auch in den Wünschen nach zukünftigen GesprächspartnerInnen niederschlägt und, so läßt die Entwicklung der Zusammenhänge vermuten, über das Untersuchungsende hinaus noch zunimmt. Für diese SchülerInnen werden die Erwachsenen immer weniger wichtig, was Fragen zum Themenkomplex „Illegalisierte Drogen“ betrifft. Hingegen nimmt der diesbezügliche Stellenwert der Gleichaltrigen beständig zu, was sich in der Nennung von ausschließlich gleichaltrigen Bezugspersonen ausdrückt. Zu beachten ist hierbei, daß die gewünschten FreundInnen häufig über eigene Konsumerfahrungen mit illegalisierten Drogen verfügen. Der gesteigerte Wunsch nach gleichaltrigen GesprächspartnerInnen drückt also u.a. Interesse an authentischen Erfahrungsberichten und einem Austausch über den im Freundeskreis erlebten Drogenkonsum aus. Dieses Interesse an authentischen Berichten bildet sich auch im verstärkten Wunsch nach Unterredungen mit (fremden) Personen, die über entsprechende Konsumerfahrungen verfügen, ab.

Eine interpretative Würdigung der Ergebnisse erfolgt wegen des engen inhaltlichen Zusammenhangs am Ende des folgenden Abschnitts.

9.7.3 Kommunikation in Abhängigkeit von eigenem illegalisierten Drogenkonsum

Ab 1992 vergrößerte sich die Gruppe der ProbiererInnen bzw. KonsumentInnen illegalisierter Drogen unter den befragten SchülerInnen kontinuierlich: 1992 gaben 5%, 1993 8% und schließlich 1995 22% der Befragten an, solche Substanzen bereits einmal konsumiert zu haben.

Wie unterscheidet sich die Kommunikation dieser Jugendlichen von dem der „drogenunerfahrenen“ SchülerInnen, deuten sich Trends im Zeitverlauf an?

Deutlich unterscheiden sich diese beiden Gruppen in dem Ausmaß der horizontalen Kommunikation. Zu allen drei Untersuchungszeitpunkten unterhielten sich die SchülerInnen, die bereits illegalisierte Drogen probiert haben, in ihrem Freundeskreis wesentlich häufiger als die anderen Befragten

79 Daß sich bezüglich Cannabis mehr und deutlichere signifikante Befunde zeigen als bezüglich der anderen Substanzen, ist auch auf das unterschiedliche Ausmaß entsprechender Nennungen und damit auf unterschiedliche Zellenbesetzungen zurückzuführen.

über solche Drogen. Der Unterschied nimmt im Zeitverlauf stark zu (vgl. Tabelle 9-60), was aus der überproportionalen Zunahme der horizontalen Kommunikation unter den DrogenprobiererInnen von 1992 bis 1995 resultiert.[80]

Tabelle 9-60:

	Hast Du schon einmal illegale Drogen probiert?					
	1992		1993		1995	
	ja	nein	ja	nein	ja	nein
Im Freundeskreis wird über illegalisierte Drogen...						
...*sehr viel* gesprochen.	*	*	22	2	29	5
...*viel* gesprochen.	33	9	36	14	52	19
...*wenig* gesprochen.	50	69	34	65	18	61
...*gar nicht* gesprochen.	18	22	9	18	1	15

Angaben in Prozent. Prozentuierungsbasis ist die jeweilige Spalte. Bei Aufaddierungen zeigen sich möglicherweise Rundungsfehler.

* 1990-92 wurden zur Beantwortung der Frage nach dem Ausmaß der horizontalen Kommunikation nur die drei Antwortvorgaben „viel", „wenig", „gar nicht" angeboten. Da dies tendenziell den SchülerInnen nahelegte, die mittlere Antwortvorgabe, also „wenig" Kommunikation im Freundeskreis, anzukreuzen, wurde ab 1993 eine vierte Antwortvorgabe „sehr viel" zusätzlich vorgeschlagen. Ein bruchloser Vergleich der diesbezüglichen Ergebnisse bis 1992 mit den späteren ist dadurch nicht möglich.

Cramérs V: 1992 V = 0,175, 1993 V = 0,333, 1995 V = 0,498.

Es zeigt sich also, daß illegalisierter Drogenkonsum von Jugendlichen in der Regel in intensive horizontale Kommunikation eingebettet ist.

Interessant ist die Nennung von JugendbetreuerInnen als bisherige GesprächspartnerInnen: Sie wurden 1993 (21% vs. 6%) und 1995 (20% vs. 7%) verstärkt von den SchülerInnen, die über eigene Konsumerfahrungen mit illegalisierten Drogen verfügen, genannt.[81]

Bei den Angaben zur Herkunft der Kenntnisse zu illegalisierten Drogen bildet sich ein Trend ab, der im Zeitverlauf an Stärke zunimmt:

Zwar wurden FreundInnen bzw. eigene Beobachtungen als Wissensquelle im Zeitverlauf sowohl von den DrogenprobiererInnen als auch von den anderen Befragten immer häufiger genannt, „drogenerfahrene" Jugendliche gaben jedoch zu allen Untersuchungszeitpunkten diese Ausprägungen weitaus öfter an. Außerdem verwiesen sie 1993 und 1995 häufiger als die übrigen Mädchen und Jungen auf JugendbetreuerInnen als Quelle ihres Drogenwissens. Durch Gespräche mit den Eltern und durch den Schulunterricht (bzw. 1995 durch Gespräche mit LehrerInnen) haben sich verstärkt die SchülerInnen Wissen zu illegalisierten Drogen angeeignet, die nicht über entsprechende Drogenkonsumerfahrungen verfügen, obwohl auch in dieser Gruppe der Einfluß Erwachsener

80 Der Vergleich der Nennungen der Untersuchungsjahre 1992 und 1993 erfolgte hier ohne inferenzstatistische Prüfung, da die Skalen geändert wurden.

81 Die Ausprägung „Jugendbetreuer/-in" wurde ausschließlich 1993 und 1995 vorgeschlagen.

auf das Wissen zu illegalisierten Drogen im Zeitverlauf sank. SchülerInnen mit entsprechenden Konsumerfahrungen gaben diese Ausprägungen zu allen Zeitpunkten sehr viel seltener an. Auch Massenmedien (Hörfunk, Printmedien, Fernsehen) wurden von den Mädchen und Jungen ohne Konsumerfahrungen zu allen drei Befragungszeitpunkten wesentlich häufiger als Wissensvermittler benannt als von „drogenerfahrenen" SchülerInnen (vgl. Tabelle 9-61).

Tabelle 9-61:

Hast Du schon einmal illegale Drogen probiert?	1992		1993		1995	
	ja	nein	ja	nein	ja	nein
Das meiste, was ich über illegale Drogen weiß, habe ich von... *						
Eltern	12	42	26	39	18	32
FreundInnen	70	37	70	40	89	56
Schulunterricht/LehrerIn	23	55	25	51	7	28
JugendbetreuerIn	–	–	6	3	10	4
Medien	78	97	76	96	84	93
eigene Beobachtung	54	14	66	19	71	23

Angaben in Prozent. Die Prozentzahlen stellen jeweils den Anteil derjenigen, die die entsprechende Wissensquelle benennen, innerhalb der mit Differenzierung nach bisherigen eigenen Konsumerfahrungen mit illegalisierten Drogen zum jeweiligen Zeitpunkt entstehenden Gruppen dar.

* Die Frage lautete: „Woher hast Du das meiste, was Du über illegale Drogen weißt?" In der Tabelle sind ausgewählte Items aufgeführt. Die Ausprägung „JugendbetreuerIn" wurde ab 1993 vorgeschlagen, die Ausprägung „Lehrer/-in" war 1995 an Stelle des Items „Schulunterricht" angegeben.

Cramérs V bezüglich ausgewählter Items:

- FreundInnen: 1992 V = 0,143, 1993 V = 0,165, 1995 V = 0,278
- Schulunterricht/LehrerIn: 1992 V = 0,132, 1993 V = 0,139, 1995 V= 0,203
- eigene Beobachtungen: 1992 V = 0,233, 1993 V = 0,304, 1995 V = 0,411.

Die bezüglich illegalisierter Drogen komsumerfahrenen SchülerInnen unterschieden sich von den übrigen Befragten erheblich bei den Wünschen nach bestimmten GesprächspartnerInnen:

Ausschließlich erwachsene Bezugspersonen[82] wurden 1992 und 1993 v.a. von denjenigen Befragten, die einen eigenen illegalisierten Drogengebrauch verneinten, gewünscht. Da in der genannten Gruppe die Nennung dieses Wunsches bis 1995 stark zurückging, löste sich der Unterschied zu den DrogenprobiererInnen schließlich auf.

Ausschließlich gleichaltrige Bezugspersonen wurden 1993 und 1995 von den ProbiererInnen illegalisierter Drogen häufiger gewünscht als von den übrigen Befragten. Der entsprechende Wunsch wuchs in beiden Gruppen im Zeitverlauf, jedoch unter denjenigen, die bereits illegalisierte Drogen konsumierten, stärker.

82 Vgl. die im Abschnitt 9.6 vorgestellte Zusammenfassung der Gesprächswünsche bezüglich erwachsener und gleichaltriger Bezugspersonen.

Gleichzeitig wünschten sich Befragte, die einen eigenen illegalisierten Drogenkonsum verneinten, über den gesamten Zeitraum verstärkt Gespräche sowohl mit erwachsenen als auch mit gleichaltrigen Bezugspersonen (vgl. Tabelle 9-62).

Jugendliche, die bereits illegalisierte Drogen konsumierten, möchten seltener mit professionellen SpezialistInnen reden als andere: Zu allen Zeitpunkten war der Wunsch nach Gesprächen mit MedizinerInnen, 1992 und 1993 der nach Gesprächen mit DrogenberaterInnen bei Ersteren deutlich geringer als bei der zweiten Gruppe.

Favorisiert wurden von den ProbiererInnen illegalisierter Drogen Unterhaltungen mit Personen, die selbst schon illegalisierte Drogen genommen haben. Solche Gespräche wünschten sie sich 1993 und 1995 wesentlich öfter als die SchülerInnen, welche keine illegalisierten Substanzen konsumiert haben.

Tabelle 9-62:

Hast Du schon einmal illegale Drogen probiert?	1992		1993		1995	
	ja	nein	ja	nein	ja	nein
Am liebsten würde ich darüber 'mal länger reden mit... *						
nur Erwachsene	5	20	8	17	8	12
nur FreundInnen	25	19	39	21	45	28
Erwachsene & FreundInnen	13	33	20	32	13	28
MedizinerIn	28	45	23	32	24	39
DrogenberaterIn	49	63	31	45	36	42
(Ex-) UserIn	73	65	80	65	83	68

Angaben in Prozent. Die Prozentzahlen stellen jeweils den Anteil derjenigen, die die/den entsprechende(n) GesprächspartnerIn benennen, innerhalb der mit Differenzierung nach bisherigen eigenen Konsumerfahrungen mit illegalisierten Drogen zum jeweiligen Zeitpunkt entstehenden Gruppen dar. In diese Auswertung sind nur die SchülerInnen der 8.-11. Klassen einbezogen.

* Die Frage lautete: „Mit wem würdest Du Dich gern ausführlicher unterhalten, wenn Du Fragen zu illegalen Drogen hast?" In der Tabelle sind ausgewählte Items aufgeführt. „(Ex-)UserInnen" steht in diesem Falle für die Ausprägung „Leute, die selbst bereits diese Drogen genommen haben (1993/95) bzw. „Leute, die selbst Drogen nehmen" (1992). Diese Itemveränderung erklärt eventuell die relativ geringe Nennung dieser Ausprägung im Jahre 1992.

Craméṙs V bzgl. ausgewählter Items:

- nur Erwachsene: 1992 V = 0,090, 1993 V = 0,079, 1995 V nicht signifikant
- nur FreundInnen: 1992 V nicht signifikant, 1993 V = 0,128, 1995 V = 0,156
- FreundInnen und Erwachsene: 1992 V = 0,097, 1993 V = 0,075, 1995 V = 0,150.

Obwohl sich der Stellenwert Gleichaltriger für die Kommunikation und Wissensvermittlung insgesamt im Zeitverlauf erhöht hat[83], läßt sich zunächst zusammenfassend feststellen, daß SchülerInnen, welche über Konsumerfahrungen mit illegalisierten Drogen verfügen oder in deren Freundeskreis solche

83 Siehe hierzu die allgemeinen Befunde in Abschnitt 9.2.

Drogen konsumiert werden, sich stärker in horizontalen Kommunikationszusammenhängen befinden als Jugendliche ohne diese Erfahrungen. Für sie werden vertikale Kommunikationszusammenhänge unbedeutender; nicht nur als GesprächspartnerInnen, sondern auch als Wissensquelle sind Gleichaltrige für drogenkonsumerfahrene Mädchen und Jungen weitaus wichtiger und nehmen im Zeitverlauf noch an Bedeutung zu. Es ist anzunehmen, daß mit den erwachsenen GesprächspartnerInnen die Erfahrungen, die die SchülerInnen mit illegalisiertem Drogenkonsum gemacht haben, nicht offen besprochen werden können und daß den Erwachsenen häufig detaillierte Kenntnisse fehlen (bzw. den Erwachsenen von Jugendlichen diese fehlende Sachkompetenz unterstellt wird), so daß sie für diese SchülerInnen keine kompetenten, eventuell beratenden GesprächspartnerInnen darstellen.[84]

Es wurde bereits ausgeführt, daß in horizontalen Kommunikationszusammenhängen andere Risiko-Genuß-Abwägungen bezüglich eines illegalisierten Drogenkonsums vorgenommen werden als in vertikalen Kommunikationszusammenhängen. Es werden weitaus stärker die angenehmen Seiten eines Gebrauchs psychoaktiver Substanzen erörtert, Warnungen und Abschreckungen spielen kaum eine Rolle. Dabei haben sicher die eigenen oder die von anderen vermittelten Konsumerfahrungen eine katalytische Bedeutung: Anhand dieser erweisen sich einseitige Abschreckungsszenarien, welche von Erwachsenen an die Jugendlichen herangetragen werden, als haltlos; die meisten ProbiererInnen illegalisierter Drogen machen positive Erfahrung beim Konsum dieser Substanzen, bei denen es sich fast immer um Cannabis handelt.[85] Solche positiven Erfahrungen werden in den Gesprächen unter Jugendlichen besprochen und sind stärker einstellungsrelevant als die Informationen und Warnungen der Erwachsenen, welche sich zudem als z.T. übertrieben und einseitig erwiesen haben. Somit haben die negativen Darstellungen der Erwachsenen beim Vorliegen gegenteiliger Erfahrungen für die Jugendlichen kaum Bedeutung. Dies wird noch verstärkt durch die starke Einbindung der drogenkonsumerfahrenen Befragten in jugendkulturelle Bezüge. Sie bewegen sich in Zusammenhängen, in die illegalisierter Drogenkonsum integriert ist und dieser somit auch in seiner Funktionalität und mit positiven wie auch negativen Seiten wahrnehmbar wird. Die starke Nennung eigener Beobachtungen als Wissensquelle durch die ProbiererInnen illegalisierter Drogen verweist auf solche Wahrnehmungen, die für viele Jugendliche regelmäßig möglich sind und zu einer Veralltäglichung des Drogenthemas beitragen.

Es ist somit nicht verwunderlich, daß besonders die Gruppe der Jugendlichen, die selbst oder deren FreundInnen illegalisierte Substanzen gebrau-

---

84 Die Hinwendung zu gleichaltrigen Gesprächspartnerinnen und die Abkehr von erwachsenen Bezugspersonen bei der Kommunikation zu illegalisierten Drogen vollzieht sich freilich nicht nur vor dem Hintergrund fehlender Kompetenz der Erwachsenen und deren negativer Thematisierung illegalisierter Drogen, sondern auch im Rahmen von Ablösungsprozessen und der kulturellen Verselbständigung der Jugendlichen.

85 Siehe zum illegalisierten Drogenkonsum unter den Befragten Kapitel 8.

chen, wenig Interesse an vertikaler Kommunikation zeigt und sich von dieser auch, zumindest was das Wissen zu illegalisierten Drogen angeht, wenig beeinflußt zeigt. Mit dem zu konstatierenden verstärkten ausschließlichen Wunsch nach gleichaltrigen GesprächspartnerInnen zeigt sich also eine zunehmende exklusive Attraktivität horizontaler Kommunikationszusammenhänge gegenüber vertikalen Kommunikationszusammenhängen für SchülerInnen mit eigenen oder von FreundInnen vermittelten illegalisierten Drogenerfahrungen.

JugendbetreuerInnen scheinen in diesem Zusammenhang eine Sonderstellung unter den Erwachsenen einzunehmen und für die ProbiererInnen illegalisierter Drogen wichtige AnsprechpartnerInnen zu sein (siehe die entsprechenden Nennungen als bisherige GesprächspartnerInnen und als vorrangige Wissensquelle). Dies begründet sich v.a. dadurch, daß JugendbetreuerInnen professionell eher mit einem bestimmten Jugendklientel Kontakt haben, welches relativ häufig bereits illegalisierte Drogenerfahrungen gesammelt hat. Die diesbezügliche Bedeutung der JugendbetreuerInnen für die Jugendlichen mit Drogenkonsumerfahrungen wird dadurch relativiert, daß sie von diesen nicht verstärkt als KommunikationspartnerInnen gewünscht werden. Hier scheinen JugendbetreuerInnen das „Los" der anderen Erwachsenen zu teilen.

Jugendliche, die illegalisierten Drogenkonsum praktizieren oder bei FreundInnen erleben, sind verstärkt auf der Suche nach authentischen Informationen und detailliertem Drogenwissen. Sie sind also bereit, sich intensiv mit der Drogenthematik zu beschäftigen. Daher favorisieren sie Gespräche mit Personen, die selbst über Konsumerfahrungen mit illegalisierten Drogen verfügen. Offensichtlich richtet sich dieses Interesse jedoch nicht auf die professionellen SpezialistInnen. Dies mag daran liegen, daß die von uns vorgegebenen Berufsstände (MedizinerInnen, DrogenberaterInnen) im Drogenhilfesystem fest etabliert sind und die betreffenden Jugendlichen bei Unterhaltungen mit diesen eher Beratungs- als Informationsgespräche erwarten, woran sie aufgrund ihrer zum großen Teil positiven Beobachtungen und Konsumerfahrungen wenig interessiert sind.

In Würdigung dieser Befunde ist davon auszugehen, daß illegalisierter Drogenkonsum Jugendlicher in der Regel in kommunikative und jugendkulturelle Zusammenhänge eingebettet ist. Es handelt sich bei einem solchen Konsum weder um ein überrumpelndes „Angefixt-Werden" durch Unbekannte noch um ein wahlloses Ausprobieren sämtlicher verfügbarer psychoaktiver Substanzen. *Vielmehr nähern sich die SchülerInnen, meist gemeinsam mit ihren FreundInnen, der Drogenthematik kommunikativ an. Auslösend bzw. verstärkend wirken eigene oder vermittelte Wahrnehmungen von illegalisiertem Drogenkonsum. Der Probierkonsum findet meist gemeinsam mit FreundInnen oder Bekannten statt, die Erfahrungen werden besprochen und an andere Jugendliche weitergegeben.*

Im Zeitverlauf könnte man die Gruppe der Mädchen und Jungen, welche selbst oder deren FreundInnen Erfahrungen mit illegalisierten Drogen gemacht haben, in einem gewissen Sinne als eine „Vorausgruppe“ beschreiben: Eher als die anderen Befragten sind diese SchülerInnen in ihrem kommunikativen Verhalten v.a. auf horizontale Zusammenhänge orientiert und erörtern in der alltäglichen Kommunikation verstärkt die positiven und rekreativen Aspekte des Drogengebrauchs. *Diese Tendenz trifft mit zeitlicher Verzögerung und etwas weniger deutlich auch für die Gesamtheit der SchülerInnen zu. Entsprechend den obigen Ausführungen vermuten wir, daß ein auslösendes Moment für diese allgemeine Entwicklung die stärkere Verfügbarkeit illegalisierter Drogen in den jugendkulturellen Bezügen im Ostteil Berlins und die damit größer werdende Chance zu eigenen Wahrnehmungen zur Drogenthematik ist. Diese Wahrnehmungen und innerhalb der jugendkulturellen Bezüge vermittelte Erfahrungen, Einschätzungen, Erlebnisberichte führen dazu, daß den einseitig negativen Darstellungen Erwachsener kein Glaube mehr geschenkt wird und sich das kommunikative Interesse der Jugendlichen eher auf solche GesprächspartnerInnen richtet, mit denen die interessierenden und positiven Aspekte von illegalisiertem Drogenkonsum besprochen werden können. Folglich werden sich diese Jugendliche verstärkt in horizontalen Kommunikationszusammenhängen bewegen.*

9.8 Zusammenfassende Betrachtung

Zu Beginn der Untersuchungsreihe, 1990/91, besteht ein weitgehender Konsens zwischen Jugendlichen und erwachsenen Bezugspersonen bezüglich der Bewertung illegalisierter Drogen. Dies zeigt sich bspw. in der zu dieser Zeit generell übereinstimmenden Gefährlichkeitseinschätzung eines Konsums solcher Substanzen von seiten Jugendlicher, die als entsprechende Wissensquelle auf die Eltern verweisen, wie von seiten Jugendlicher, die diesbezüglich auf FreundInnen verweisen (vgl. Abschnitt 9.5.2). Entsprechend dieses Konsenses eignen sich die SchülerInnen ihr Wissen zu illegalisierten Drogen zu dieser Zeit auch dann oftmals von Eltern oder LehrerInnen an, wenn sie sich intensiv mit Gleichaltrigen über dieses Thema austauschen bzw. ausgetauscht haben (vgl. Abschnitt 9.4).

In der Folgezeit löst sich dieser intergenerationelle Konsens jedoch zunehmend auf: Illegalisierte Drogen werden in zunehmendem Maße in Gesprächen unter Jugendlichen auf eine andere Art und Weise thematisiert als in Gesprächen zwischen Jugendlichen und Erwachsenen (vgl. Abschnitt 9.3). Neben den durch einen abschreckend-negativen Thematisierungsmodus gekennzeichneten vertikalen Kommunikationszusammenhängen etablieren sich so konkurrierende horizontale, durch einen faszinativ-positiven Thematisierungsmodus gekennzeichnete Kommunikationszusammenhänge, die im Lauf der Zeit an Verbreitung und Bedeutung gewinnen (vgl. auch Abschnitt 9.6). Im Rahmen dieser verschiedenen Kommunikationszusammenhänge werden konträre Wahrheiten verhandelt und unterschiedliches Wissen und unterschiedliche Bewertungen bezüglich illegalisierter Drogen vermittelt. Dies zeigt sich bspw. darin, daß diejenigen SchülerInnen, die sich vorrangig innerhalb horizontaler Kommunikationszusammenhänge bewegen und sich dort ihr Wissen zu Drogen angeeignet haben – und das sind eher die Älteren (vgl. Abschnitt 9.2) –, einen Konsum von Cannabis, von Aufputschmitteln und mitunter auch von LSD/Meskalin deutlich weniger gefährlich einstufen als diejenigen SchülerInnen, die sich ihr Wissen vorrangig innerhalb vertikaler Kommunikationszusammenhänge angeeignet haben (vgl. Abschnitt 9.5.2). Ferner zeigt sich dies darin, daß diejenigen SchülerInnen, die sich vorrangig innerhalb horizontaler Kommunikationszusammenhänge bewegen, entsprechend solch unterschiedlicher Genuß-Gefahr-Abschätzungen eine größere Konsumbereitschaft signalisieren als ihre jeweiligen MitschülerInnen (wobei sich eine solche Konsumbereitschaft keineswegs undifferenziert bezüglich aller Substanzen zeigt; vgl. Abschnitt 9.5.3). Darüberhinaus ist zu konstatieren, daß die sich intensiv mit Gleichaltrigen austauschenden SchülerInnen deutlich häufiger wissen, wo sie innerhalb von 24 Stunden illegalisierte Drogen erwerben könnten (vgl. Abschnitt 9.5.1).

Mit der Auflösung des zu Beginn der Untersuchung zu konstatierenden Konsenses zwischen Jugendlichen und erwachsenen Bezugspersonen und der Etablierung horizontaler Kommunikationszusammenhänge geht einher, daß die SchülerInnen sich ihr Wissen zu illegalisierten Drogen immer weniger aufgrund eines Austauschs mit Eltern oder LehrerInnen, immer mehr hingegen aufgrund eines solchen Austauschs mit Gleichaltrigen aneignen. Dies zeigt sich insbesondere für diejenigen SchülerInnen, die relativ häufig mit FreundInnen über dieses Thema sprechen (vgl. Abschnitt 9.4). Somit wird deutlich, daß erwachsene Bezugspersonen aufgrund dessen, daß eine von ihnen vorgetragene pauschal abschreckend-negative Darstellung und Bewertung illegalisierter Drogen im Widerspruch zu einer innerhalb horizontaler Kommunikationszusammenhänge sich findenden faszinativ-positiven Darstellung und Bewertung und im Widerspruch zu direkten oder indirekten Erfahrungen Jugendlicher steht, immer weniger von Jugendlichen als Wissens- und Informationsquelle akzeptiert und anerkannt werden. Dementsprechend werden schließlich insbesondere von denjenigen SchülerInnen, die sich relativ häufig mit FreundInnen zu diesem Thema austauschen, erwachsene Bezugspersonen nur noch relativ selten als künftige GesprächspartnerInnen bei etwaigen Fragen zu illegalisierten Drogen gewünscht (vgl. Abschnitt 9.6). Solche Fragen wünschen die SchülerInnen zunehmend mit Gleichaltrigen zu erörtern. So zeigt sich, daß die Jugendlichen oftmals Gleichaltrige als kompetente GesprächspartnerInnen kennen- und schätzengelernt haben, mit denen sie – anders als mit erwachsenen Bezugspersonen und besser auch als mit DrogenberaterInnen oder MedizinerInnen (vgl. ebd.) – die sie interessierenden Aspekte der Thematik tabufrei erörtern können. Daß die SchülerInnen, die sich vorrangig in horizontalen Kommunikationszusammenhängen bewegen, neben FreundInnen insbesondere mit (anderen) Personen, die über Konsumerfahrungen hinsichtlich illegalisierter Drogen verfügen, zu sprechen wünschen (vgl. ebd.), macht zusätzlich deutlich, daß sie an authentischen Erfahrungsberichten, an kompetenten GesprächspartnerInnen und an einer tabufreien Kommunikation auch bezüglich positiver Aspekte interessiert sind.

Dies schlägt sich in einem generellen Bedeutungsrückgang erwachsener Bezugspersonen bzw. in einem generellen Bedeutungsrückgang vertikaler Kommunikationszusammenhänge und in einem entsprechenden Bedeutungszuwachs der horizontalen Kommunikationszusammenhänge nieder. Horizontale Kommunikationszusammenhänge gewinnen schließlich gegenüber vertikalen Kommunikationszusammenhängen für immer mehr SchülerInnen (und insbesondere für diejenigen, die sich bereits vorrangig innerhalb dieser erstgenannten Zusammenhänge bewegen) eine exklusive Attraktivität (vgl. Abschnitt 9.6). Die von den SchülerInnen geäußerten Wünsche hinsichtlich der Personen, mit denen sie sich eventuell künftig gerne zum Thema „Illegalisierte Drogen" unterhalten würden, machen deutlich, daß diese Entwicklungen sich auch noch über den Erhebungszeitpunkt 1995 hinaus fortsetzen.

Die Gesprächsinteressen der SchülerInnen sowie ihre Anerkennung bestimmter GesprächspartnerInnen und dementsprechend bestimmter Darstellungen und Bewertungen bezüglich illegalisierter Drogen stehen in einem engen Zusammenhang mit den Lebenswelten der Jugendlichen und insbesondere mit dem Ausmaß ihres Eingebundenseins in jugendkulturelle Zusammenhänge, in die auch illegalisierte Drogen bzw. ein Konsum solcher Substanzen integriert sind. So steht auch die Auflösung des zu Beginn der Untersuchung zu konstatierenden intergenerationellen Konsenses bzw. die zunehmende Verbreitung und Bedeutung horizontaler Kommunikationszusammenhänge in enger Verbindung mit Veränderungen dieser jugendkulturellen Zusammenhänge: Die Auflösung des intergenerationellen Konsenses erfolgt mit der zunehmenden Integration illegalisierter Drogen in jugendkulturelle Zusammenhänge, wobei diese Integration mit den ab 1991 zunehmenden Beobachtungen eines Konsums illegalisierter Drogen und den ab dieser Zeit ebenfalls zunehmenden Berichten, selbst bereits einmal illegalisierte Drogen angeboten bekommen zu haben (vgl. Abschnitt 9.7.1), ebenso deutlich wird wie mit der Zunahme des Konsums illegalisierter Drogen in den Freundeskreisen der Befragten wie unter den Befragten selbst (vgl. auch Kapitel 8).

Daß es sich hierbei keineswegs um eine zufällige Koinzidenz handelt, wird daran deutlich, daß insbesondere für diejenigen SchülerInnen, die sich in starkem Maße mit Gleichaltrigen zum Thema „Illegalisierte Drogen" austauschen, illegalisierte Drogen ein real erlebbares Phänomen sind – was gerade darauf verweist, daß diese Jungen und Mädchen in jugendkulturelle Szenen eingebunden sind, in die illegalisierter Drogenkonsum integriert ist, und sich dort mit FreundInnen zu diesem Thema austauschen. Umgekehrt zeigt sich, daß die SchülerInnen, für die illegalisierte Drogen ein real erlebbares (bzw. ein in Form eines erhaltenen Drogenangebots, eines beobachteten Drogenkonsums anderer oder eines eigenen Drogenkonsums ein bereits real erlebtes) Phänomen darstellen, generell ein großes kommunikatives Interesse am Thema zeigen (vgl. die Abschnitte 9.4 und 9.7). Diese SchülerInnen wünschen sich allerdings kaum noch mit erwachsenen Bezugspersonen auszutauschen, hingegen in überragendem Maße mit FreundInnen, was sich zum einen daraus erklärt, daß entsprechende Erfahrungen Jugendlicher im Rahmen vertikaler Kommunikation oftmals tabuisiert sind und Jugendliche mit negativen Reaktionen seitens der Erwachsenen rechnen müssen, was zum anderen deutlich werden läßt, daß Jugendliche Gleichaltrigen oftmals auch – anders als erwachsenen Bezugspersonen – eine entsprechende fachliche Kompetenz zuerkennen.

Die Auflösung des intergenerationellen Konsenses und die Etablierung und zunehmende Bedeutung horizontaler Kommunikationszusammenhänge wird also dadurch befördert, daß Jugendliche in ihren Lebenswelten mehr und mehr illegalisierten Drogen begegnen, daß dementsprechend zunehmend innerhalb jugendkultureller Zusammenhänge über diese Thematik gesprochen wird und daß dabei Erfahrungsberichte bezüglich dieser Substanzen weitergegeben werden und viele Jugendliche schließlich eigene Probiererfahrungen machen, die einseitig-negativen Darstellungen Erwachsener widersprechen. Im Austausch zwischen Jugendlichen werden so zunehmend andere Einschätzungen und Bewertungen bezüglich illegalisierter Drogen und auch andere Genuß-Gefahr-Relationen vermittelt als im Rahmen vertikaler Kommunikation. Dementsprechend werden innerhalb horizontaler Kommunikationszusammenhänge gerade die in jugendkulturelle Zusammenhänge integrierten illegalisierten Drogen, keineswegs aber pauschal sämtliche illegalisierten Substanzen anders bewertet als innerhalb vertikaler Kommunikationszusammenhänge (vgl. Abschnitt 9.5.2). Eine entsprechende Kommunikation, eine faszinativ-positive Thematisierung illegalisierter Drogen bzw. eines Konsums solcher Drogen fördert wiederum auch eine entsprechende Konsumbereitschaft unter den Jugendlichen und mag somit schließlich auch mit zu einem entsprechenden Konsum führen (vgl. Abschnitt 9.5.3).

Die in Abschnitt 9.1 entwickelte Grundhypothese ist mit den präsentierten empirischen Befunden hinreichend belegt. Aus der Erfassung der Entwicklungen von der Zeit vor der Währungsunion, in der illegalisierten Drogen in der DDR noch keine reale Bedeutung zukam, bis 1995 (und mit der Frage nach künftig gewünschten GesprächspartnerInnen noch über diesen Zeitpunkt hinaus) ergeben sich auch wichtige Hinweise und Denkanstöße für ein angemessenes drogenerzieherisches Handeln. Daß schließlich gerade diejenigen SchülerInnen, für die illegalisierte Drogen überhaupt ein erlebbares Phänomen darstellen, an einem Austausch mit erwachsenen Bezugspersonen nur noch sehr geringes Interesse zeigen, daß sie etwaige eigene direkte oder auch nur indirekte Erfahrungen aufgrund von Tabuisierungen und drohenden Sanktionen oft nicht mit Erwachsenen austauschen können und wollen, ist ein Faktum von ganz besonderer Bedeutung. Überlegungen zu entsprechenden pädagogisch-praktischen Konsequenzen finden sich weiter unten in Kapitel 11.

10 Zwischen Angst, Neugier und tradierten Konsummustern – die Einstellungen von Jugendlichen in Ostberlin zu illegalisierten Drogen

10.1 Vorbemerkung

In diesem Kapitel wird die Entwicklung von Einstellungen zu Drogen und Drogenkonsum im Zeitraum von 1990 bis 1995 beschrieben. Die Einstellungen von Jugendlichen zu illegalisierten Drogen sind ein wichtiger Aspekt bei der „Etablierung" illegalisierter Drogen im Ostteil Berlins nach Öffnung der Mauer.

Die Herausbildung unterschiedlicher individueller Umgangsweisen mit legalisierten und illegalisierten Drogen unter Jugendlichen setzt bei jedem einzelnen die Bereitschaft voraus, sich mit der „Drogenthematik" zu beschäftigen. Dies geschieht in einem gesellschaftlichen Kontext von:

- Kommunikationsbeziehungen zu verschiedenen GesprächspartnerInnen, über die Informationen zu Drogen ausgetauscht und auf ihre Authentizität geprüft werden, gleichzeitig Wissen erworben und der bisherige Kenntnisstand hinterfragt wird,
- vorhandenen Bedingungen von konkreter Gelegenheit zu Drogenkonsum und allgemeiner Verfügbarkeit gesellschaftlich legitimierter und auch nicht legitimierter Drogenarten bzw. Konsumformen,
- Beobachtungen zu Drogengebrauch im sozialen Umfeld und eigenen Erfahrungen mit verschiedenen Drogen.

Der hier zugrunde gelegte Einstellungsbegriff orientiert sich an Überlegungen von Rosenberg und Hovland (vgl. Frey/Möhle 1989). Einstellungen haben nach diesem Modell einen kognitiven Aspekt, womit Kenntnisse zum Einstellungsobjekt gemeint sind. Auch die gefühlsmäßige Beziehung zum Einstellungsgegenstand ist für die Annäherung an eine Thematik von Bedeutung. Ein dritter Aspekt, mit dem sich Einstellungen näher erfassen lassen bzw. dem Verständnis Außenstehender zugänglicher werden, ist das Verhalten.

Verschiedene Untersuchungen haben jedoch gezeigt, daß die Beziehungen zwischen Einstellungen und Handeln keinesfalls kausal sein müssen. Dementsprechend wäre es nicht hinreichend gewesen, Einstellungen Jugendlicher zu illegalisierten Drogen nur anhand einer Fragestellung abbilden zu wollen, die *allein* auf die soziale Handlung, sich gegenüber einem Angebot illegalisierter Drogen zu verhalten, orientiert.

Über geeignete Indikatoren sollten zunächst Rückschlüsse auf Kenntnisse der Jugendlichen zur Drogenthematik möglich werden und von ihnen wahrgenommene und verarbeitete Inhalte der öffentlichen Debatte zum Thema abgebildet werden. Dabei haben wir uns bemüht, daß Jugendliche unsere Fragen mit ihrem Erfahrungshorizont verbinden können.

Dazu wurden im Fragebogen beispielsweise Vorstellungen der Jugendlichen zum künftigen gesellschaftlichen Umgang mit der Drogenthematik erfragt. Außerdem sollten die Jugendlichen Wirkungen des regelmäßigen Gebrauchs legalisierter und illegalisierter Drogen einschätzen. Mit weiteren Indikatoren wollten wir in Erfahrung bringen, welche Gründe es für Jugendliche geben könnte, illegalisierte Drogen zu konsumieren bzw. aus welchen Gründen heraus sie einen solchen Konsum ablehnen würden. Die entsprechenden Antworten sollten uns helfen, zu erkennen, ob die Vorstellungen Jugendlicher zu Drogenkonsum sich inhaltlich eher an gesellschaftlich gängigen Klischees orientieren, oder ob unsere Vermutung belegt werden kann, daß Einstellungen zu illegalisierten Drogen weitgehend in einem jugendkulturellen Kontext entstehen, in dem sich subjektive Motivationen für oder gegen den Konsum illegalisierter Drogen entwickeln.

Auch die Überlegungen von Fishbein und Ajzen, wonach die Überzeugungen der Befragten in hohem Maße davon beeinflußt sind, welche Erwartungen die soziale Umwelt gegenüber dem Einstellungsgegenstand vertritt (vgl. Frey/Möhle 1989), sind hier von großer Bedeutung: Zu berücksichtigen ist zum einen die ständige Präsenz solcher oft unausgesprochenen Normen, zum anderen die Bereitschaft der Jugendlichen, diesen Erwartungen zu entsprechen oder aber sie zurückzuweisen.

Die Anwendung dieser Überlegungen auf die Interpretation unserer Befunde erfordert eine ständige Rückkopplung zu der Tatsache, daß die Entwicklung von Einstellungen zu *legalisierten* Drogen im Kontext gesellschaftlicher Akzeptanz dieser Drogen erfolgt. Die Gesellschaft erwartet von den Heranwachsenden, daß sie den akzeptierten Umgang mit diesen Stoffen erlernen (Konsumrituale, Konsumformen etc.). Die Entwicklung von Einstellungen gegenüber *illegalisierten* Drogen unterliegt im Unterschied dazu einer verbreiteten Nicht- Akzeptanz, die in der ständig erhobenen und wiederholten Forderung nach Beibehaltung und Durchsetzung des gesetzlich festgeschriebenen Verbots dieser Drogen, der Verfolgung von KonsumentInnen und dem Gebot strikter Abstinenz zum Ausdruck kommt.

10.2 Zusammenfassende Betrachtung zu wichtigen Ergebnissen

Ausgangspunkt unserer Forschungen zu Einstellungen von SchülerInnen Ostberlins bezüglich illegalisierter Drogen war das Interesse zu erfahren, mit welchem Wissen, welchen Erfahrungen und welchen Phantasien Jugendliche sich den nun (nach der politischen und ökonomischen Wende 1989/90) für sie verfügbaren illegalisierten Drogen zuwenden würden, welche Handlungsbereitschaften sie entwickeln würden und welche Veränderungen sich diesbezüglich im Zeitverlauf ergeben würden.

Kommunikation mit Erwachsenen und Gleichaltrigen zu Drogen, eigene Beobachtungen, individuelle Konsumerfahrungen – all dies findet sich in den Einstellungen der Jugendlichen als Ausdruck von Gehörtem, Gesehenem, Gefühltem und Gedachtem wieder. Während der Pubertät und Adoleszenz unterliegt die Herausbildung eines Verhaltensentwurfs zu Drogen einer besonderen Dynamik. Für unseren Untersuchungszeitraum ist diese Dynamik stark gekoppelt mit den gesellschaftlichen Entwicklungen der Wendezeit.

Die Ergebnisse der Statusuntersuchung 1990 und der Folgeuntersuchung 1991 bestätigten noch die weitgehende Übereinstimmung von Erwachsenen und Jugendlichen in der Ablehnung von illegalisierten Drogen. Nahezu die Gesamtheit der befragten SchülerInnen hätte zu diesen Untersuchungszeitpunkten ein Angebot verbotener Drogen kategorisch zurückgewiesen. Nur ein sehr kleiner Teil der Jugendlichen äußerte sich gegenüber einer solchen möglichen Offerte aufgeschlossener. Die Befragung von 1992 zeigte, daß dieser Konsens zwischen Jugendlichen und Erwachsenen zu bröckeln begann. Entgegen allen Bemühungen, in den neuen Bundesländern weitgehend an Präventionskonzepte der alten Bundesrepublik mit dem Ziel „vollständiger Abstinenz“ gegenüber illegalisierten Drogen unkritisch anzuknüpfen, begann die bisher vorhandene „stille Übereinkunft“ zwischen Erwachsenen und Heranwachsenden zu verbotenen Drogen aufzubrechen. Eine nicht unwesentliche Rolle mag dabei die unterschiedliche Herangehensweise von Jugendlichen und Erwachsenen gespielt haben: Das Interesse der erwachsenen Bevölkerung, deren Experimentierphase mit (nahezu ausschließlich legalen) Drogen in der Vergangenheit lag und zur Zeit der Wende 1989/1990 lange abgeschlossen war, wurde vor allem durch die negativen Prophezeiungen einer „heranrollenden bzw. überschwappenden Drogenwelle“ durch „DrogenexpertInnen“ aus dem Westen und durch die Berichterstattung in den Medien geweckt und für einige Zeit aufrechterhalten.

Das war bei den meisten Jugendlichen anders. Für sie handelte es sich um ein Thema, mit dem sie kaum Erfahrungen bzw. Erlebnisse verbanden. Mit der Hysterie und den Überreaktionen der meisten Erwachsenen konnten sie wenig anfangen. Als illegalisierte Drogen in jugendkulturellen Bezügen zum „Thema“ wurden, konnten Jugendliche auf der Basis eines eigenständig entwickelten Interesses überkommene und von den Erwachsenen an sie herangetragene Vorstellungen hinterfragen.

So nahm die anfangs vorhandene kategorische Ablehnungshaltung gegenüber einem (hypothetischen) Angebot illegalisierter Drogen aus dem Freundes- bzw. Bekanntenkreis in den Untersuchungen bis zum Jahr 1995 immer mehr ab. Fast ein Drittel der Befragten würde 1995 bei einem entsprechenden Angebot über Konsum bzw. Nicht-Konsum substanzspezifisch, in Abhängigkeit von der Art und der Wirkungsweise der angebotenen Droge, entscheiden. Dieser selbstverantwortlichen, in jedem Fall ernstzunehmenden Entscheidung für oder gegen den Konsum illegalisierter Drogen liegt ein dynamischer Prozeß der Einstellungsbildung zugrunde, der seine Energien aus dem allgemeinen Entwicklungsprozeß der Jugendlichen bezieht. Die Möglichkeiten und Chancen von Jugendlichen, sich selbstbestimmte Räume anzueignen oder in Räumen zugelassen zu sein, in denen Drogen eine Rolle spielen, sind wesentliche Aspekte dieses Prozesses.

Die zunehmende Aufgeschlossenheit der Jugendlichen gegenüber illegalisierten Drogen geht, im Zeitverlauf betrachtet, mit einer stärkeren Differenzierung der Risiken eines regelmäßigen Konsums von legalisierten wie auch von illegalisierten Drogen einher. Dabei werden Aufputsch- und Beruhigungsmittelgebrauch in ihrer Wirkung zunehmend weniger problematisch eingeschätzt. Risiken, die mit einem regelmäßigen Gebrauch illegalisierter Drogen verbunden sind, bewerten SchülerInnen 1995 weitaus häufiger in Abhängigkeit von der jeweiligen Drogenart als in den Vorjahren. Einem regelmäßigen Konsum von Cannabisprodukten wird 1995 weniger häufig ein problematisches Potential zugeschrieben, wogegen zu diesem Zeitpunkt in einem regelmäßigen Gebrauch von Heroin und Kokain nach wie vor hohe Risiken für die KonsumentInnen vermutet werden.

Die Befunde der Zeitreihe zeigen, daß SchülerInnen, die den Gebrauch der meisten in unserem Fragebogen genannten Drogen weniger problematisch bewerten als andere Jugendliche, dem Konsum illegalisierter Drogen aufgeschlossener gegenüberstehen (dieser Unterschied wird im Zeitverlauf für einige Drogenarten größer). Es zeigt sich aber, daß auch von den Jugendlichen, die den Konsum illegalisierter Drogen kategorisch ablehnen, von Jahr zu Jahr der Konsum von Cannabis immer weniger oft als „sehr gefährlich" eingeschätzt wird.

Jugendliche, die dem Konsum illegalisierter Drogen aufgeschlossener gegenüberstehen, haben zu jedem Untersuchungszeitpunkt:

- häufiger als andere bereits beobachtet, daß solche Drogen konsumiert wurden,
- öfter als andere Jugendliche selbst bereits illegalisierte Drogen probiert,
- häufiger berichtet, zu wissen, wo sie sich innerhalb von 24 Stunden verbotene Drogen besorgen könnten.

Im Vergleich zu diesen Jugendlichen wußten diejenigen, die ein Angebot illegalisierter Drogen kategorisch ablehnen würden, weniger oft, wo sie sich innerhalb der genannten Frist verbotene Drogen beschaffen könnten. Die „Nähe" der „aufgeschlosseneren" Jugendlichen zu illegalisierten Drogen wird in jugendkulturellen Bezügen hergestellt, in denen sich diese Jugendlichen bewegen. Die Entwicklung von Einstellungen zu Drogen und die Bereitschaft, legalisierte und illegalisierte Drogen zu probieren, wird nach unseren Erkenntnissen in hohem Maße vom jeweiligen jugendkulturellen Bezug, genauer: von der Bedeutung, die Drogen unter Gleichaltrigen in diesen Zusammenhängen haben, bestimmt. Die mögliche Kommunizierbarkeit des „Drogen-Themas", die spezifischen Bedeutungen, die verschiedene Drogen für die Gruppe haben, und die Chance, im jugendkulturellen Zusammenhang durch Beobachtung und eigenen Konsum Genaueres über die Wirkungen der von der Gesellschaft willkürlich mit unterschiedlichem rechtlichen Status ausgestatteten Drogen zu erfahren, beeinflussen in entscheidender Weise den Prozeß der Einstellungsbildung.

Unsere Untersuchungsergebnisse zeigen auch, daß die hier dargestellte jugendkulturell vermittelte „Nähe" nicht allein Kriterium für die „Aufgeschlossenheit" gegenüber dem Gebrauch illegalisierter Drogen ist: Auch kategorische AblehnerInnen verbotener Drogen wußten im Zeitverlauf mehr und mehr, wo sie sich innerhalb eines Tages diese Drogen besorgen könnten, haben 1995 häufiger als 1992 bzw. 1993 den Konsum solcher Drogen bei anderen beobachtet und auch öfter bereits selbst illegalisierte Drogen angeboten bekommen.

Zusammenfassend kann gesagt werden, daß ein immer größer werdender Teil der Jugendlichen in Ostberlin über Zugangsmöglichkeiten zu illegalisierten Drogen verfügt. Diese allein sind jedoch noch kein hinreichendes Motiv, verbotene Drogen wirklich zu erwerben und zu konsumieren. Die Verbreitung verbotener Drogen unter Jugendlichen geschieht weitgehend in einem von ihnen selbst inszenierten, jugendkulturellen Kontext. Die Aufgeschlossenheit gegenüber einem Angebot illegalisierter Drogen korrespondiert in hohem Maße, wenn auch nicht allein, mit der „Nähe" zu diesen Drogen (verfügbares Wissen, Beobachtung, Angebot, Konsum) in der jeweiligen Gleichaltrigengruppe. Nicht weniger bedeutsam bei der Entscheidung Jugendlicher für oder gegen den Konsum sind die individuell ganz unterschiedlich ausgeprägten Erwartungen, Sehnsüchte, Ängste oder auch einfach Neugier.

Die Entwicklung im Zeitverlauf zeigt, daß Jugendliche in Ostberlin ihre Entscheidungen für oder gegen den Gebrauch illegalisierter Drogen gegenwärtig längst nicht mehr in dem Maße von den Auffassungen Erwachsener abhängig machen wie zu Beginn unserer Untersuchungen, sondern in eigener Verantwortung handeln, die es verdient, von Erwachsenen ernstgenommen zu werden.

10.3 Zu den empirischen Befunden

10.3.1 Das Interesse der Jugendlichen an der Drogenthematik

Zu allen Untersuchungszeitpunkten zeigt der überwiegende Teil der Jugendlichen Interesse am „Drogenthema".[1] Die subjektive Bedeutung der Thematik

1 Die Frage nach der subjektiven Bedeutsamkeit der Drogenthematik – „Sind Fragen, die mit illegalen Drogen zusammenhängen, für Dich wichtig?" – sollte einen Hinweis auf die Zuwendungsbereitschaft der Jugendlichen erbringen. Die Plazierung der Frage an den Anfang des Fragebogens verlangte von den Befragten eine spontane

hat sich im Zeitverlauf relativiert, so daß 1995 eine „nicht-aufgeregte" Zuwendung erkennbar ist (vgl. Tabelle 10-1). „Drogen" – dies scheint für Jugendliche nur *ein* Thema unter vielen zu sein, denen sie im Alltag Aufmerksamkeit schenken.

Die während der gesellschaftlichen Wende von Medien und den Erziehungsinstanzen (Schule, Elternhaus, Jugendarbeit) inszenierte Aufregung um illegalisierte Drogen hat dazu geführt, daß Jugendliche in jener Zeit zahlreiche Warnungen und Aufforderungen von Erwachsenen erhalten haben, „von diesem Zeug die Finger zu lassen".

Tabelle 10-1: Sind Fragen, die mit illegalen Drogen zusammenhängen, für Dich wichtig?

Das Thema ist für mich:	1990	1991	1992	1993	1995
sehr wichtig	35,0	36,6	24,7	21,3	12,5
wichtig	55,2	53,9	58,2	46,1	45,2
wenig wichtig *	–	–	–	24,6	33,1
unwichtig	9,7	9,4	16,8	8,0	9,3

Angaben in Prozent. Prozentuierungsbasis ist die jeweilige Spalte.

* 1990-92 wurden zur Beantwortung der Frage die drei Antwortvorgaben „sehr wichtig", „wichtig" und „unwichtig" angeboten. Da dies den Befragten tendenziell nahelegte, mit dem Ankreuzen der mittleren Kategorie das Thema als „wichtig" einzustufen, wurde 1993 die vierte Antwortvorgabe „wenig wichtig" eingeführt. Dies ist bei einem Vergleich über den Zeitverlauf zu berücksichtigen.

Zu allen Untersuchungszeitpunkten bekunden über die Hälfte der SchülerInnen, daß das Drogenthema in irgendeiner Weise ihre Aufmerksamkeit beansprucht bzw. beansprucht hat. Nur für einen relativ kleinen Teil der Jugendlichen trifft dies nicht zu. Wir gehen davon aus, daß neben Gesprächen mit Erwachsenen im Zeitverlauf in zunehmendem Maße eine jugendkulturell vermittelte Annäherung stattgefunden hat. Entsprechende Phänomene wie peer-group-Orientierung, Risikobereitschaft, Neugierde oder auch unterschiedlich motivierte Ängste beeinflussen die Intensität der Auseinandersetzung mit diesem Thema.

10.3.2 Die Vertrautheit der Jugendlichen mit Drogenbezeichnungen bzw. Szenenamen

Die Vertrautheit der SchülerInnen mit Drogenbezeichnungen bzw. die Einordnung von Substanzen in die Kategorie „Droge" kann ein wichtiger Hinweis darauf sein, in welcher Weise Jugendliche unterschiedliche Informationen zum Drogenthema aufnehmen und so verschiedene Stoffe im Alltag als

Einschätzung der Bedeutung, die dieses Thema für sie hat. Gleichzeitig diente die Frage als „Anstoß" für die Beantwortung nachfolgender Fragestellungen.

Drogen wahrnehmen.[2] Aus Gründen der Übersichtlichkeit sind an dieser Stelle die Ergebnisse von 1995 dargestellt (vgl. Grafik 10-1).

Grafik 10-1: Wichtige, den Jugendlichen bekannte illegalisierte Drogen 1995

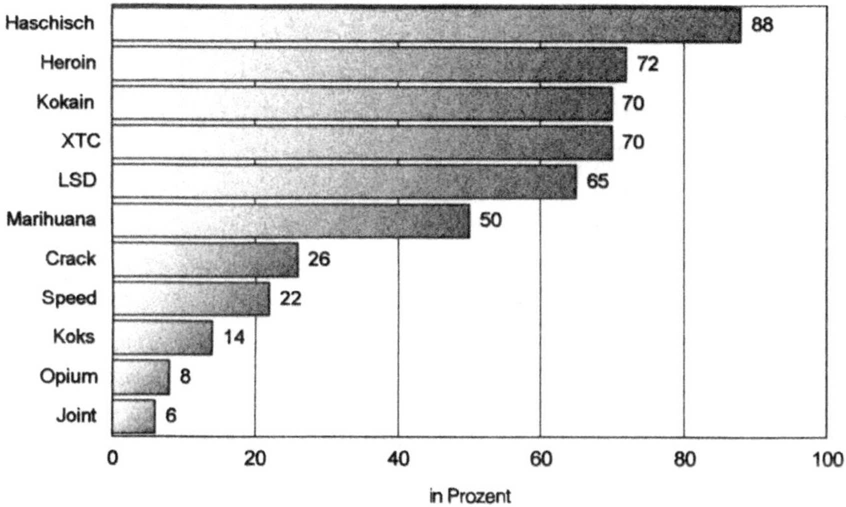

Die Grafiken 10-1 und 10-2 zeigen, daß den befragten SchülerInnen eine breite Palette von Drogenbezeichnungen vertraut sind. Mit dem Begriff „Drogen" assoziieren Jugendliche zu einem großen Teil *illegalisierte* Drogen. Diese werden gegenüber *legalisierten* Drogen differenzierter in bezug auf die Substanz (z.B. Heroin, Opium, Morphium statt Opiate) benannt. Dabei sind traditionelle Drogennamen wie Haschisch, Heroin und Kokain unter den SchülerInnen sehr bekannt. Demgegenüber werden legalisierte Drogen eher als Stoffgruppe, z.B. alle Alkoholika als „Alkohol" und alle Psychopharmaka als „Tabletten", zusammengefaßt. Es ist interessant, daß die befragten SchülerInnen bezogen auf illegalisierte Drogen differenzierte Angaben machen, d.h. die verschiedenen Drogenarten und die mit ihrem Konsum möglicherweise verbundenen Probleme unterscheiden, während mögliche Risiken im Zusammenhang mit dem Gebrauch von Spirituosen nicht in dieser differenzierten Form benannt werden.

2 Die erste Frage sollte als „Einstiegsfrage" zeigen, welche Stoffe bzw. Stoffgruppen von Jugendlichen unter dem Stichwort „Drogen" verstanden werden und welche Drogenbezeichnungen bzw. Szenenamen ihnen geläufig sind. 1990 und 1991 wurde die Frage in geschlossener, ab 1992 in offener Form gestellt. 1990/91 lautete die Frage: „Welche der folgenden Mittel sind Deiner Meinung nach Drogen?". In den Antwortvorgaben waren sowohl legalisierte Drogen (wie Alkohol und Aufputsch-, Schlaf- und Beruhigungsmittel als auch illegalisierte Drogen (Cannabis, LSD, Heroin, Kokain berücksichtigt. Ab 1992 wurde gefragt: „Von welchen legalen und illegalen Drogen hast Du schon mal gehört?". An dieser Stelle gehen in den Zeitvergleich nur die Untersuchungen von 1992 bis 1995 ein.

Grafik 10-2: Wichtige, den Jugendlichen bekannte legale Drogen 1995

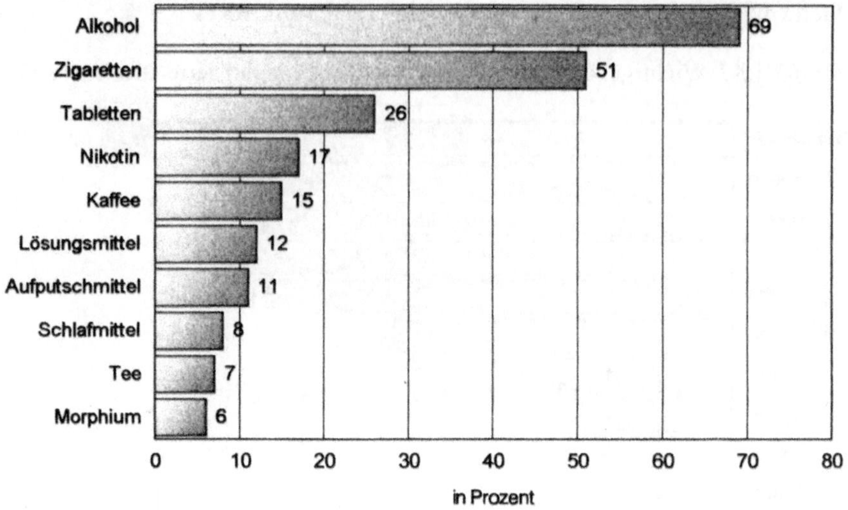

Dieser Befund überraschte uns nicht, da mit der Bezeichnung „Drogen" im umgangssprachlichen Gebrauch oftmals ausschließlich *illegalisierte* psychoaktive Substanzen gemeint werden. In der von Erwachsenen organisierten „Drogenerziehung" wird heute wenig Wert darauf gelegt, Informationen zu Eigenschaften, Aussehen, Applikationsformen und Wirkungsweisen der Drogen sowie ihrer Zugehörigkeit zu konkreten Stoffgruppen zu vermitteln, nachdem die auf Abschreckung orientierenden „Aufklärungsmethoden" der Polizei bereits vor geraumer Zeit zurecht als kontraproduktiv in die pädagogische Kritik geraten sind.

Im Zeitvergleich zeigen die Untersuchungsergebnisse einen Wandel in den Nennungen: Werden 1992 noch zu einem weitaus größeren Teil legalisierte Drogen, wie Bier, Schnaps, Kaffee, Schlaf- und auch Lösungsmittel unter dem Stichwort „Drogen" aufgezählt, finden sich 1995 vermehrt illegalisierte Drogen in den Antworten der Befragten. Stoffe bzw. Stoffbezeichnungen wie Haschisch, LSD, Crack, Gras sowie Speed gehören 1995 häufiger als zu den vorhergehenden Untersuchungszeitpunkten zu den Nennungen. Besonders die Häufigkeitsunterschiede bei der Erwähnung von LSD (1992: 44% zu 1995: 63%) und von Speed (1992: 3% zu 1995: 20%) und auch die sehr häufige Benennung von Ecstasy 1995[3] (69%) sind beeindrukkend. Die Ergebnisse zeigen aber deutlich, daß allein aus dem Bekanntheitsgrad einer Droge nicht auf ihre tatsächliche Verbreitung bzw. ihren Gebrauch geschlossen werden kann. (Vgl. zu Verfügbarkeit und Konsum Kapitel 8.)

3 Nennungen von Ecstasy wurden zu den vorherigen Untersuchungszeitpunkten unter „Aufputschmittel" subsumiert – ohne daß Aufputschmittel inklusive Ecstasy 1990 bis 1993 eine vergleichbare Größenordnung erreichten.

Die spontane Nennung von Drogen unter ihren Szenenamen verstehen wir als ein Antwortverhalten, mit dem Jugendliche mitunter zum Ausdruck bringen, daß diese Drogen „in“ sind. Der von Jugendlichen benutzte Szenejargon verweist unseres Erachtens auch auf „Anlehnungsbedürfnisse“ an jugendkulturelle Milieus.

Im Zeitverlauf nehmen besonders die Nennungen von Koks, Speed und „Joint“ zu. Die häufigere Verwendung des Begriffs „Joint“ resultiert, so vermuten wir, aus der Zunahme erster Cannabis-Erfahrungen unter OstberlinerInnen. Für Koks bzw. Speed kann diese These nicht gelten. Beide Drogen spielen im Drogenszenarium Ostberlins unter Jugendlichen kaum eine Rolle. Aufgrund der unüberhörbaren Wortverwandtschaft zwischen „Koks“ und „Kokain“ und der bevorzugten Verwendung der Bezeichnungen Koks und Speed in US-amerikanischen Filmproduktionen mag die Popularität dieser Bezeichnungen unter Jugendlichen eher aus den Medien herrühren. Ansonsten scheint es, als ob Szenebezeichungen für Drogen wie beispielsweise Trips, H (Äitsch), Schnee oder Shit auch 1995 unter den SchülerInnen Ostberlins nicht sehr verbreitet sind.

Unsere Vermutung, daß die Verwendung von Szenenamen im Prozeß der Annäherung an illegalisierte Drogen zum „üblichen Verständigungsvokabular“ avanciert, hat sich nicht generell bestätigt. Es deutet sich vielmehr an, daß Jugendlichen illegalisierte Drogen hauptsächlich unter ihren klassischen Bezeichnungen geläufig sind. Die Verwendung von Szenejargon scheint stark beeinflußt von der kommunikativen Popularität, die einerseits von den Medien und der Öffentlichkeit (mit-)produziert wird, die sich andererseits auch aus Konsumerfahrungen ergibt.

10.3.3 Jugendliche Ostberlins zur Problematik regelmäßigen Drogenkonsums

Die Frage zur Gefährlichkeitseinschätzung von Drogen wurde in den Fragebogen aufgenommen, als sich abzeichnete, daß die Jugendlichen eine differenzierte und differenzierende Sichtweise auf Drogen und Drogenkonsum entwickelten. Die undifferenzierte Sicht, die ein großer Teil der Erwachsenen bezogen auf Drogen und Drogenkonsum den Jugendlichen vermittelt, bedient den Mythos von der *absoluten Gefährlichkeit* illegalisierter Drogen und verstellt den Blick auf unterschiedliche Wirkungen in Abhängigkeit von Set und Setting, von Konsummustern und von der Art der Einbindung des Konsums in den Lebensstil der KonsumentInnen (vgl. Kapitel 8). Erste Ergebnisse der Untersuchungen 1990 und 1991 ließen vermuten, daß die Kommunikation zwischen Erwachsenen und Jugendlichen einerseits und der Jugendlichen untereinander andererseits verschiedene Sichtweisen bezüglich der Risikopotentiale einzelner Drogen und Konsumformen hervorbringen würden. Wir wollten wissen, ob Jugendliche nach ersten Probiererfahrungen oder auch aufgrund von Gesprächen mit FreundInnen Warnungen vor Drogengebrauch bzw. damit verbundenen Risiken, die sie von Erwachsenen erhalten (haben), vollständig „über Bord werfen" oder ob sie unterschiedliche Aspekte des Drogenkonsums berücksichtigen und eine differenzierte Sichtweise zu Risiken und Chancen des Drogenkonsums entwickeln.[4]

Die Befunde der Zeitreihe zeigen, daß die Jugendlichen einen jeweils regelmäßigen Konsum einer Vielzahl von Drogen immer weniger häufig als problematisch („sehr gefährlich") beurteilen. Waren sich 1992 noch über die Hälfte der Jugendlichen darin einig, daß der regelmäßige Gebrauch von Haschisch, Marihuana, Heroin oder Kokain oder von LSD bzw. Meskalin „sehr gefährlich" ist, so hat sich diese Ansicht 1995 vor allem bezüglich Haschisch und Marihuana sehr verändert (vgl. Tabelle 10-2). Über ein Viertel der SchülerInnen vertritt nun die Ansicht, daß der regelmäßige Konsum beider Stoffe „wenig gefährlich" ist. Ein nicht unwesentlicher Teil der Jugendlichen geht in seiner Auffassung noch weiter: über 10% teilen die Meinung, daß mit dem regelmäßigen Gebrauch dieser Cannabisprodukte keine Risiken verbunden sind. Auch für den Heroin- und Kokainkonsum deutet sich 1995 im Vergleich zu 1992 an, daß hier von den Befragten eher die Auffassung vertreten wird, daß der Gebrauch mit weniger problematischen Auswirkungen für die KonsumentInnen verbunden ist. Die Jugendlichen wählen bei der Beurteilung zunehmend die Antwortvorgaben „wenig gefährlich" bzw. „ich weiß nicht". Ein ähnlicher Befund zeigt sich bezüglich der Einschätzungen des regelmäßigen Gebrauchs von LSD/Meskalin. Ein Großteil der SchülerInnen scheint sehr unsicher in der

4 Die Formulierung der Frage und die Vorgabe der Antwortmöglichkeiten, für jeden Untersuchungszeitpunkt im Forschungsteam neu diskutiert, stellte einen Spagat dar: Es bestand zum einen der Anspruch, eine Frage zu formulieren, die Risiken, die mit dem Gebrauch von Drogen verbunden sind, nicht nur aus deren stofflichen Beschaffenheit ableitet, sondern Applikationsformen, Konsumgelegenheiten, Einflüsse des sozialen Umfelds auf die KonsumentInnen, Dosierungen und Konsumfrequenzen berücksichtigt. Dieses Anliegen erwies sich im Rahmen der quantitativen Befragung als nicht umsetzbar, da die Frage für die Jugendlichen verständlich sein mußte. Dies verlangte, die den Jugendlichen bislang „vertraute Drogensprache" zu berücksichtigen, hatte jedoch zur Folge, daß damit in der Fragestellung ganz stark die von uns infragegestellte und wissenschaftlich nicht haltbare Sichtweise der Öffentlichkeit transportiert wurde. Die bei der Formulierung der Frage notwendig gewordenen Kompromisse zeigen die Grenzen der Interpretation dieser Befunde. Ältere SchülerInnen kritisierten während der Befragung mitunter die fehlende Differenzierung nach Set und Setting und nach Konsummustern in der Fragestellung.
Die Frage nach der Wirkung des regelmäßigen Gebrauchs von Drogen wurde 1991 im Wortlaut „Für wie gefährlich hälst Du den regelmäßigen Gebrauch folgender Substanzen?" gestellt. Die Befragten waren angehalten, ausgewählte Drogen anhand einer Gefährlichkeitsskala („sehr gefährlich", „wenig gefährlich", „nicht gefährlich", „mir unbekannt" einzuschätzen. 1992 wurde die Frage verändert. Es wurde gefragt: „Wie siehst Du die Wirkung des regelmäßigen Gebrauchs folgender Rauschmittel?" Die Antwortmöglichkeit „Ich weiß nicht" ersetzte die an dieser Stelle bisher aufzufindende Antwortmöglichkeit „mir unbekannt". Hier werden nur die Ergebnisse von 1992-1995 dargestellt.

Einschätzung dieser Halluzinogene. Der Anteil derer, die diese Drogen als „wenig gefährlich" beurteilen, ist 1995 um 7 Prozentpunkte höher als 1992.

Tabelle 10-2: Wie siehst Du die Wirkung des regelmäßigen Gebrauchs folgender Rauschmittel?

	1992	1993	1995
Marihuana			
sehr gefährlich	54,0	52,4	37,0
wenig gefährlich	24,4	28,7	33,2
nicht gefährlich	2,3	4,2	12,3
weiß nicht	19,3	14,7	17,4
Haschisch			
sehr gefährlich	64,9	62,6	46,7
wenig gefährlich	21,4	24,0	27,5
nicht gefährlich	2,3	3,8	15,3
weiß nicht	11,7	9,6	10,5
Heroin			
sehr gefährlich	88,8	87,9	85,8
wenig gefährlich	2,8	3,5	5,4
nicht gefährlich	0,2	0,2	0,5
weiß nicht	8,2	8,3	8,3
Kokain			
sehr gefährlich	88,0	84,6	80,4
wenig gefährlich	4,4	6,0	9,8
nicht gefährlich	0,4	0,4	0,5
weiß nicht	7,2	9,0	9,4
LSD / Meskalin			
sehr gefährlich	67,7	66,9	61,4
wenig gefährlich	10,6	13,3	17,0
nicht gefährlich	0,8	1,4	1,8
weiß nicht	20,9	18,5	19,8
Beruhigungsmittel			
sehr gefährlich	25,0	25,9	21,2
wenig gefährlich	52,2	50,1	48,6
nicht gefährlich	11,5	14,2	18,2
weiß nicht	11,4	9,8	12,0
Aufputschmittel			
sehr gefährlich	32,9	30,4	23,4
wenig gefährlich	48,9	50,5	51,9
nicht gefährlich	4,3	6,5	12,6
weiß nicht	14,0	12,6	12,1
Schnüffelstoffe			
sehr gefährlich	46,6	45,5	40,7
wenig gefährlich	32,8	35,6	36,3
nicht gefährlich	3,2	3,6	5,1
weiß nicht	17,7	15,4	17,9

Angaben in Prozent. Prozentuierungsbasis ist die jeweilige Zelle.

Im Vergleich zu den o.g. illegalisierten Drogen wird bereits 1992 der regelmäßige Gebrauch von Aufputsch- und Beruhigungsmitteln weniger oft als mit hohen Risiken für die KonsumentInnen verbunden eingeschätzt. Auch diese Art des Drogenkonsums wird bis 1995 immer weniger häufig als problematisch beurteilt. Über 60% der Jugendlichen halten schließlich den regelmäßigen Konsum dieser Medikamente für wenig bzw. nicht gefährlich. Nicht einmal ein Viertel der Befragten erkennt im regelmäßigen Pharmakagebrauch ein großes Risikopotential. Ein ähnlicher Trend deutet sich auch für den Konsum von Schnüffelstoffen an. Allerdings ist auch hier, ähnlich wie bei LSD/Meskalin, der Anteil derjenigen, die diese Substanzen nicht sicher beurteilen können, relativ hoch. Im Vergleich zu den Einschätzungen des Konsums aufputschender bzw. beruhigender Drogen bewerten Jugendliche einen regelmäßigen Gebrauch von LSD/Meskalin oder von Schnüffelstoffen seltener als „nicht gefährlich". Dieser Unterschied wird im Zeitverlauf größer.

Eine 15jährige Schülerin eines Gymnasiums aus Ostberlin äußert sich 1995 während eines Interviews zur Gefährlichkeit von Drogen so:
„Ja also Heroin würd' ich nicht probieren und Kokain wahrscheinlich nicht und dann die ganzen Designer-Drogen; hier XTC und Crack und solche Dinge ....
Na, mit Heroin, also da kann ich mir vorstellen, daß das ganz schön gefährlich ist und ich möchte noch 'ne Weile leben und da würd' ich nur Sachen nehmen wo ich auch weiß, daß es nicht lebensgefährlich ist und ich nicht körperlich abhängig werde ....
Also wir [die peer-group; die Verfasserin] sind eigentlich alle darüber einig, daß Heroin gefährlich ist und Crack und Kokain auch und XTC und die ganzen Speed-Mischungen. Und wir sind uns auch darüber einig, daß Haschisch und Marihuana völlig harmlos sind und daß LSD und so 'ne Sachen da irgendwo – daß die da irgendwo in der Mitte liegen. Ja, Alkohol, das ist bei uns 'ne große Streitfrage eigentlich: Die meisten trinken alles, egal wie's schmeckt – Hauptsache irgendwelcher Alk ist drin, nur um irgendwie Rausch zu kriegen und ich ... wenn ich Alkohol trinke, dann ist das was, was mir schmeckt. Das ist irgendwie die Voraussetzung dafür. Sonst ... mir nützt kein Rausch was, wo ich nicht ein angenehmes Gefühl bei hab' und das hab' ich nicht, wenn ich irgendwelchen Kram runterschütte, den ich absolut eklig finde."

Die Befunde zeigen, daß die bis heute noch von einem großen Teil der Bevölkerung geteilte Auffassung, illegalisierte Drogen seien per se gefährlich, von immer mehr Jugendlichen *substanzspezifisch* korrigiert wird. Wir nehmen an, daß Gespräche mit Gleichaltrigen über illegalisierte Drogen (vgl. Kapitel 9), entsprechende Beobachtungen zu diesen Substanzen und auch eigene direkte Erfahrungen (vgl. Kapitel 8) diese mehr und mehr die Spezifik der jeweiligen Drogen berücksichtigende Sichtweise zum Gebrauch dieser Drogen ermöglichen.

Um einen Überblick dazu zu bekommen, wie Jugendliche den Gebrauch legalisierter und frei verfügbarer Drogen wie Alkoholika und Nikotin einschätzen, formulierten wir eine Frage, die die Meinungen der Befragten zu problematischen oder nichtproblematischen Wirkungen in Abhängigkeit von Konsummengen und Konsumfrequenzen erhebt.[5]

---

5 Die Frage „Wie siehst Du die Wirkung folgender legaler Rauschmittel?" wurde 1992 in den Fragebogen aufgenommen. Es sollten die Wirkungen von Bier, Wein, Schnaps und Zigaretten in Abhängigkeit von den konsumierten Mengen („kleine"

Grafik 10-3: Einschätzung der Risiken des Spirituosenkonsums durch die Jugendlichen 1995

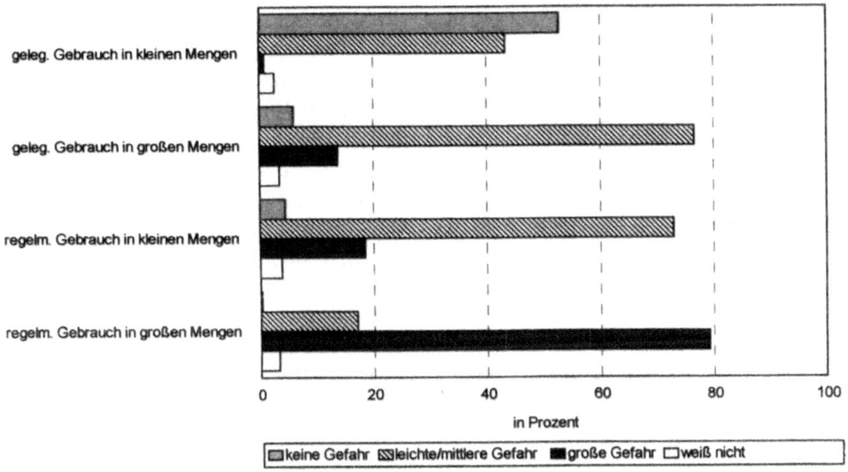

Grafik 10-4: Einschätzung der Risiken des Bierkonsums durch die Jugendlichen 1995

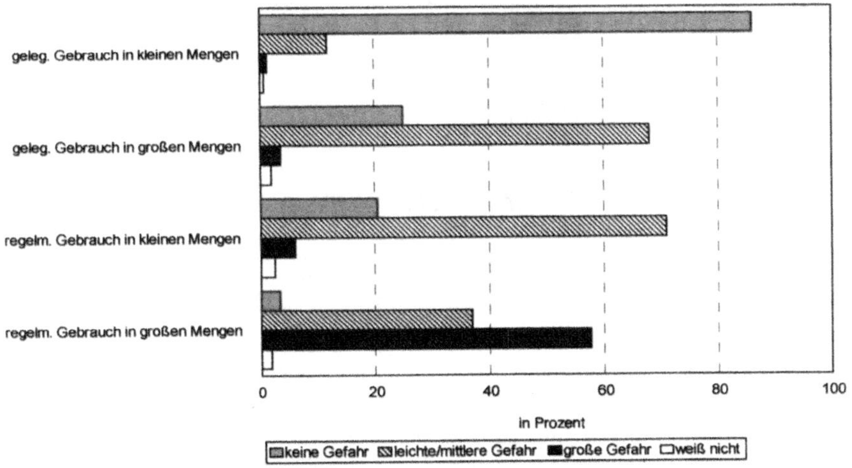

1993 und 1995 teilt ein Großteil der Jugendlichen die Ansicht, daß der jeweils regelmäßige Gebrauch verschiedener Alkoholika und auch von Zigaretten, jeweils in großen Mengen, mit hohen Gesundheitsrisiken verbunden ist. Dabei

---

versus „große" Mengen und von der Regelmäßigkeit des Konsums („gelegentlicher" versus „regelmäßiger" Gebrauch eingeschätzt werden.

wird der regelmäßige Gebrauch großer Mengen von Spirituosen besonders häufig als problematisch bewertet (vgl. Grafik 10-3). 1995 ist über die Hälfte der Jugendlichen der Ansicht, daß der gelegentliche Konsum von Spirituosen in kleinen Mengen keine Risiken für die GebraucherInnen mit sich bringt.

Mit dem Konsum von Bier assoziieren weniger Befragte ähnlich hohe Risiken. Annähernd 90% teilen 1995 die Meinung, daß ein gelegentlicher Konsum kleiner Mengen keine problematischen Wirkungen auf die KonsumentInnen hat. Weitaus häufiger wird dagegen der regelmäßige Konsum großer Mengen Bier als riskant bewertet (vgl. Grafik 10-4).

Sowohl 1993 als auch 1995 sieht über die Hälfte der Befragten im regelmäßigen Konsum einer großen Anzahl von Zigaretten hohe gesundheitliche Risiken. Der Anteil derjenigen, die im Konsum großer Zigarettenmengen keine Risiken erkennen können, ist im Vergleich zu Spirituosen höher (vgl. Grafik 10-5).

Grafik 10-5: Einschätzung der Risken des Zigarettenkonsums durch die Jugendlichen 1995

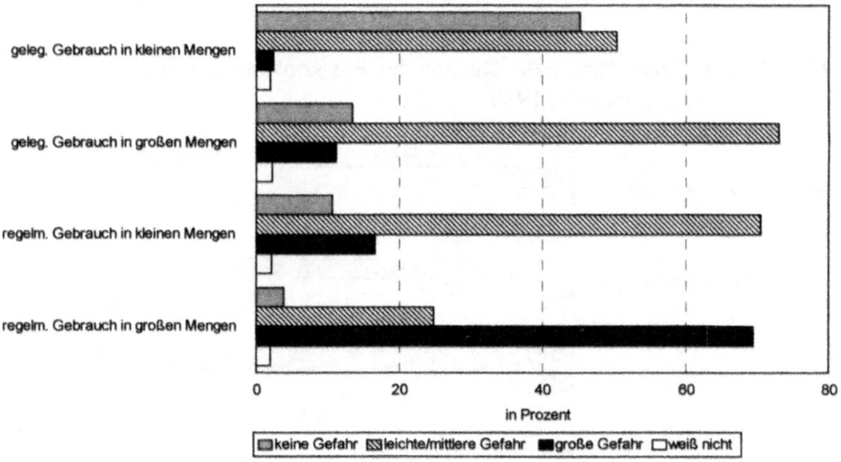

Es scheint, daß bei der Einschätzung der Konsumrisiken legalisierter Drogen für die Jugendlichen in erster Linie die Regelmäßigkeit eines Konsums und weniger die Konsummengen von Bedeutung sind.

Wir gehen davon aus, daß in den Einschätzungen von Risiken und Chancen des Konsums legaliserter Drogen eigene Konsumerfahrungen der befragten Jugendlichen eine Rolle spielen. Der gelegentliche Konsum von Bier, Wein oder Sekt, auch in größeren Mengen (beispielsweise auf selbstinitiierten Parties, in Jugendfreizeiteinrichtungen oder in kommerziellen Diskothe ken), stellt für einen großen Teil der Mädchen und Jungen eine eigene direkte Erfahrung, zumindest jedoch ein bei anderen beobachtbares Phänomen dar. So wird von fast zwei Dritteln der befragten Jugendlichen – entsprechend ihren eigenen Erfahrungen – auch der regelmäßige Konsum der genannten Alkoholika in kleinen Mengen als wenig problematisch beurteilt. Entsprechende Konsumerfahrungen von Jugendlichen sollen hier mit einigen Passagen aus einem unveröffentlichten Manuskript belegt werden, das im Rahmen eines Studienauftrages zum Drogenkonsum in Jugendfreizeiteinrichtungen eines Ostberliner Stadtbezirks 1993 entstand:

„Innerhalb der Woche bezieht sich der Umgang mit Rauschmitteln im wesentlichen auf Nikotin. Ein Großteil der KlubbesucherInnen ab 13 Jahren raucht regelmäßig Zigaretten .... Vereinzelt wird jedoch von den Jugendlichen, insbesondere von Jungen, am frühen Abend Bier in geringen Mengen konsumiert .... Während der Diskotheken trinken die Jungen bevorzugt Bier oder in Klubs, wo kein Bier ausgeschenkt wird, ‚Mixgetränke' (Alkoholfreies zusammen mit höherprozentigen Alkoholika). Die männlichen Besucher trinken auch kontinuierlicher über den ganzen Abend. Die Mädchen setzen eher auf Cola, Sekt oder auf Mixgetränke. Sie sind kaum mit Bier anzutreffen .... Jungen und Mädchen rauchen gleichermaßen. Auch beim Tanzen wird geraucht, allerdings fast ausschließlich, wenn man mit dem gleichen Geschlecht tanzt. Hier trinken auch die Jungen eher mal Bier beim Tanzen, bewegen sie sich mit einem Mädchen, was meist aber erst zu späterer Stunde zu sehen ist, wird weder geraucht noch getrunken .... Es ist nur selten beobachtet worden, daß exzessiv getrunken wurde bzw. jemand während der Diskothek völlig betrunken war." (Gaffron/Ulbricht 1994)

10.3.4 Repression oder Legalisierung? Vorstellungen von Jugendlichen zum zukünftigen gesellschaftlichen Umgang mit Drogen

Individuelle Vorstellungen zu gesellschaftlichen Umgangsweisen mit illegalisierten Drogen entwickeln sich in der Auseinandersetzung mit Ziel- und Wertvorstellungen verschiedener sozialer Gruppierungen in der Gesellschaft zu Rausch und Rauschmitteln überhaupt, sowie speziell zum Umgang mit illegalisierten Drogen und deren KonsumentInnen.

Im Zeitverlauf ab 1992 zeigt sich bezüglich der Vorstellungen der SchülerInnen zum zukünftigen gesellschaftlichen Umgang mit Drogen folgendes:[6]

---

6 Seit 1992 wurden die SchülerInnen über einen offenen Indikator gefragt, welche Vorstellungen sie zum künftigen Umgang mit Drogen in der Gesellschaft haben. Die spontanen, ungestützten Antworten wurden über eine dem Spektrum der Antworten angemessene Kategorisierung der statistischen Auswertung zugänglich gemacht. Durch die mitunter gleichzeitige Nennung von verschiedenen Umgangsweisen ist der Effekt von Mehrfachantworten gegeben. Die Fragestellung lautete: „Wie sollte Deiner Meinung nach in Zukunft mit dem Rauschmittelproblem umgegangen werden?" Der Begriff „Rauschmittelproblem" ist unsere Operationalisierung für gesellschaftliche Kontrollstrategien bezüglich illegalisierter Drogen. Ähnlich wie bei der Frage nach der Wirkung von Drogen bei ihrem regelmäßigen Gebrauch (vgl. Fußnote 4)

Tabelle 10-3: Wie sollte Deiner Meinung nach in Zukunft mit dem Rauschmittelproblem umgegangen werden?

	1992	1993	1995
Repression	25,7	42,6	41,4
Hilfe für Betroffene	24,6	22,9	17,3
Akzeptanz/Legalisierung	7,5	18,6	25,7
Prävention	20,2	17,0	11,9
unklare Antworten	16,9	13,9	12,6
keine Angaben	24,2	15,2	13,1

Angaben in Prozent. Die Prozentzahlen stellen jeweils den Anteil derjenigen, die entsprechende Umgangsweisen vorgeschlagen haben, unter den SchülerInnen dar, die zum jeweiligen Untersuchungszeitpunkt die Frage beantwortet haben. Daß sich die Angaben teilweise zu mehr als hundert Prozent addieren, resultiert aus Mehrfachantworten.

Der Anteil der Befragten, die sich zu dieser Frage nicht äußern, hat von 1992 zu 1995 um 10 Prozentpunkte abgenommen (vgl. Tabelle 10-3). Auch ein Rückgang unklarer Antworten bis 1995 zeigt, daß die Unsicherheit der SchülerInnen, sich zu dieser Frage zu positionieren, rückläufig ist. Zu allen hier betrachteten Untersuchungszeitpunkten drückt sich in den Vorstellungen der Befragten häufig die Forderung nach repressiven Maßnahmen aus. Ein besonders hoher Anstieg diesbezüglich zeigt sich von 1992 zu 1993. Das betrifft sowohl Forderungen nach hohen Strafen, nach stärkeren Kontrollen durch die Polizei und den Zoll als auch nach Repressionen speziell gegen HändlerInnen und AnbauerInnen bzw. HerstellerInnen, und (in geringerem Maße) auch Strafforderungen gegen KonsumentInnen. Dieses Antwortverhalten ist Spiegelbild einer öffentlich geführten Diskussion zu Drogen, die oftmals keineswegs offen als inhaltliche Auseinandersetzung zu Funktionalität bzw. Dysfunktionalität von Drogenkonsum stattfindet, sondern stark ideologisiert geführt wird. So werden von den SchülerInnen auch differenzierte Hilfen für KonsumentInnen, die in eine Abhängigkeit von illegalisierten Drogen geraten sind, (wie etwa Therapieplätze, Ausbau niedrigschwelliger Hilfsangebote, Substitution und Spritzentausch) im Zeitverlauf immer seltener gefordert.

1995 werden jedoch auch in sehr viel höherem Maße als 1992 Standpunkte vertreten, die die Akzeptanz von Drogenkonsum einfordern. So wird häufiger die Legalisierung bislang illegalisierter Drogen, besonders von sogenannten weichen Drogen, vorgeschlagen. Vor dem Hintergrund zunehmenden Interesses und eigener Erfahrungen mit illegalisierten Drogen plädieren die Jugendlichen stärker für solche alternativen Umgangsweisen. Es scheint, daß von einem Teil der Jugendlichen der bisher praktizierte repressive Umgang mit der Drogenthematik immer weniger akzeptiert wird.

---

war es auch bei der Formulierung dieser Frage eine schwierige Gratwanderung, einerseits eine den SchülerInnen geläufige Sprache zu finden, andererseits aber nicht schon mit der Art der Frageformulierung entsprechende Sachverhalte zu verkürzen.

Das Plädoyer von immer mehr Jugendlichen für Akzeptanz, Liberalisierung und Legalisierung von illegalisierten Drogen zeigt sich in einer generellen Zunahme entsprechender Forderungen in allen Altersgruppen (vgl. Grafik 10-6). Die Zunahme der Forderungen nach einem liberaleren gesellschaftlichen Umgangs mit bisher verbotenen Drogen zeigt sich dabei besonders bei den 14-16jährigen Jugendlichen. Die Jugendlichen dieser Altersgruppe setzen sich auch mit ersten eigenen Probiererfahrungen bzw. Beobachtungen zum Drogenkonsum im nahen sozialen Umfeld auseinander. Dies deutet darauf hin, daß Jugendliche im Zusammenhang mit der Forderung nach Freigabe bestimmter illegalisierter Drogen bzw. nach deren Akzeptanz in erster Linie individuelle Interessen verfolgen, die auf die Befriedigung ihrer ganz persönlichen Bedürfnisse gerichtet sind. Die mit einem Verbot einhergehende Stigmatisierung und Kriminalisierung von DrogenkonsumentInnen und deren Ausgrenzung aus gesellschaftlichen Bezügen scheinen für Jugendliche in diesem Zusammenhang weniger bedeutend.

Grafik 10-6: Forderung nach Akzeptanz/Legalisierung von Drogenkonsum

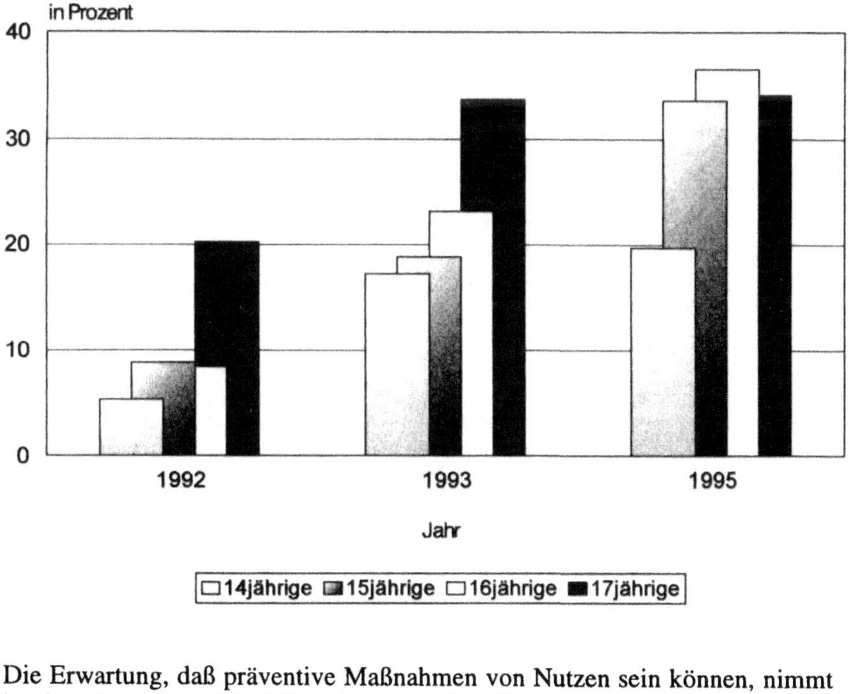

Die Erwartung, daß präventive Maßnahmen von Nutzen sein können, nimmt in den Antworten bis 1995 ab (vgl. oben Tabelle 10-3). Dieser Befund könnte ein ernstzunehmender Hinweis darauf sein, daß die Jugendlichen den etablierten Präventionsprogrammen, deren erklärtes Ziel die *absolute Abstinenz* von illegalisierten Drogen ist, zunehmend skeptisch gegenüberstehen.

10.3.5 Ja und nein, vielleicht, vielleicht auch nicht...? Ostberliner Jugendliche zum Für und Wider eines Konsums von illegalisierten Drogen

Konsummuster für legalisierte Drogen werden Jugendlichen in dieser Gesellschaft relativ tabufrei vermittelt. Der Gebrauch dieser Drogen wird in einem Spektrum von Sichtweisen diskutiert, in dem ihre Funktionalität bei der „Bewältigung" von Lebenskrisen und ihre kommunikative Bedeutung in geselligen Zusammenhängen betont werden und auch ihr Wert als Genußmittel anerkannt wird. Auf mögliche Risiken eines exzessiven Gebrauchs dieser Drogen wird hingewiesen. Die unterschiedlichen Funktionen und Bedeutungen legalisierter Drogen werden im Verlauf der Sozialisation und im Zuge des Erlernens der gesellschaftlich akzeptierten Gebrauchsmuster verinnerlicht. Konsumgewohnheiten, die Regelmäßigkeit des Konsums und mit dem Konsum verbundene Risiken finden dabei zumeist Berücksichtigung.

Illegalisierten Drogen wird dagegen oftmals eine ausschließlich negative Bedeutung zugeschrieben. Ihnen wird, ohne Berücksichtigung von Wirkungsspektren, Konsumformen bzw. Applikationstechniken, Dosen oder Konsumfrequenzen, allein aus ihren stofflichen Eigenschaften heraus ein gefährdendes bzw. zerstörendes Potential unterstellt.

Dieser Einteilung von Drogen in legalisierte und illegalisierte Stoffe liegt eine Doppelmoral zugrunde, die illegalisierte Drogen tabuisiert und dämonisiert, und die von einem großen Teil der erwachsenen Bevölkerung und von der dominanten Drogenpolitik weiter aufrechterhalten wird.

Im folgenden soll nun der Frage nachgegangen werden, welche Gründe sich Ostberliner Jugendliche für den Konsum illegalisierter Drogen vorstellen könnten bzw. aus welchen Gründen heraus sie einen solchen Konsum ablehnen würden.[7]

---

7 Im Untersuchungsverlauf wurde die Frage nach Gründen, die für einen Konsum illegalisierter Drogen sprechen könnten, mehrfach verändert. 1990 lautete die Frage: „Was meinst Du, weshalb werden Drogen genommen?" Die Einleitung zu den Antwortvorgaben: „Manche Menschen benutzen Drogen..." verwies zu diesem Zeitpunkt auf andere, den Befragten nicht unbedingt nahestehende Personen und spricht sie somit nicht direkt auf ihre ganz persönlichen Motive an. Um genau diese ganz persönlichen (potentiellen Motive in Erfahrung zu bringen, wurde die Frage 1991 folgendermaßen umformuliert: „Stell' Dir mal vor, Du würdest in eine Situation kommen, in der Du Rauschmittel probieren würdest! Was glaubst Du, könnten dann Gründe dafür sein?" Die Bereitschaft der SchülerInnen, auf diese, sie direkt ansprechende Frage zu antworten, war sehr gering. Wir entschlossen uns 1992 daher, die Frage wieder „weiter weg" von den Befragten zu stellen. Es wurde die Formulierung „Welche Gründe könnte es geben, verbotene Drogen zu nehmen?" gewählt. Diese Fragestellung wurde bis 1995 beibehalten. Es blieb den Jugendlichen überlassen, sich ganz allgemein zu äußern oder aber Gründe, die für sie persönlich bei der Entscheidung für den Konsum illegalisierter Drogen von Bedeutung wären, zu berücksichtigen. Es muß davon ausgegangen werden, daß beide Gesichtspunkte in die Be-

Die Ergebnisse im Zeitverlauf deuten darauf hin, daß unter Jugendlichen Aspekte, bei denen illegalisierten Drogen die Funktion der Unterstützung von Geselligkeit („um mit anderen in Stimmung zu kommen") oder eines Katalysators für starke sinnliche Erfahrungen („um etwas Tolles zu erleben") zukommt, an Bedeutung gewinnen (vgl. Tabelle 10-4). Gleichaltrigenzusammenhänge stellen für Jugendliche bezüglich des Erlernens von Drogengebrauchsmustern einen unverzichtbaren Experimentierraum dar, der Gelegenheit für Gespräche über Drogen und für den Austausch von Erfahrungen, für einen gemeinsamen Probierkonsum sowie die Möglichkeit der Suche nach und der Weitergabe von Risikominimierungsstrategien beinhaltet.

In jugendkulturellen Zusammenhängen haben Drogen auch eine symbolische Bedeutung. Dabei geht es um Identitätsbildung, Zusammenhalt und Abgrenzung. Die illegalisierten Drogen eignen sich geradezu ideal für symbolische Besetzungen, gerade weil sie verboten sind, weil sie in den Auffassungen der meisten Erwachsenen für Verweigerung, Protest und Aussteigen stehen und weil es hier um die Aneignung bisher unbekannter Wirkungen und Erfahrungen geht. Diese symbolischen Funktionen illegalisierter Drogen, die durch die gesellschaftliche Ächtung der Stoffe und ihrer KonsumentInnen eine ständige Energiezufuhr erhalten, erschweren allerdings einen selbstverantwortlichen und pragmatischen Umgang mit den Stoffen, der ja in individuellen Aneignungsprozessen entwickelt werden muß, weil die Wirkung der psychoaktiven Substanzen von Set und Setting und somit auch von den individuellen Bedingungen/Voraussetzungen der jeweiligen GebraucherInnen abhängig sind. Jugendliche, die sich entschieden haben, illegalisierte Drogen zu nehmen, müssen lernen, ihre Wünsche mit ihren finanziellen Möglichkeiten in Übereinstimmung zu bringen, und sie müssen die Zeiten und Gelegenheiten in ihrem Alltag finden, die einen integrierten selbstverantwortlichen Konsum psychoaktiver Substanzen ermöglichen.

Zum Kontext der „Annäherung" von Jugendlichen an Drogen und Drogenkonsum gehört es, daß heute die meisten Erwachsenen diese Bewegung ihrer Kinder wenig souverän begleiten. Die Fähigkeit, das auf den Konsum von psychoaktiven Substanzen bezogene Fühlen, Denken und Handeln der Kinder pädagogisch mit einer offenen Haltung zu begleiten, ist von Eltern und anderen Erziehenden kaum entwickelt und endet allermeist spätestens beim ersten tatsächlichen Kontakt mit bzw. dem Gebrauch von illegalisierten Drogen.

In den Gleichaltrigengruppen der Jugendlichen spielt der rechtliche Status (legal/illegal) bei der Entscheidung für oder gegen bestimmte Drogen eine untergeordnete Rolle, abgesehen von der Konstituierung ihrer symbolischen Funktionen, wie sie oben angedeutet worden sind. Für die Entscheidung der Jugendlichen ist es wichtiger, ob die jeweilige Droge die Unverwechselbarkeit ihres gerade aktuellen Lebensstils (mit-)ausdrückt bzw. unter-

---

antwortung eingegangen sind. Dementsprechend sorgfältig muß mit den Ergebnissen zu dieser Frage umgegangen werden.

stützt. Die im Zeitverlauf seit 1990 häufigere Nutzung der Antwortkategorie „weil man nicht so spießig sein will“ kann als ein Hinweis auf diesen Zusammenhang gelten (vgl. Tabelle 10-4).

Tabelle 10-4: Welche Gründe könnte es geben, verbotene Drogen zu nehmen?

Illegale Drogen werden genommen:	1990	1992	1993	1995
um zufrieden und glücklich zu sein	72,9	52,0	48,8	58,8
weil man sich irgendwie krank fühlt	20,4	22,4	19,5	14,4
um mehr leisten zu können	39,5	49,7	48,1	55,2
um Probleme vergessen zu können	91,6	86,2	83,2	80,7
weil der beste Freund/Freundin Drogen nimmt	37,1	27,2	32,3	33,3
weil andere Leute, die man kennt, auch Drogen nehmen	–	32,0	23,0	30,6
einfach so, aus Langeweile	12,8	23,6	25,5	33,2
aus Neugier	63,2	81,3	77,4	82,6
um mehr Freunde/Freundinnen zu haben	–	20,8	23,2	25,0
um mit anderen in Stimmung zu kommen	–	35,5	43,6	56,1
weil man nicht so spießig sein will	–	13,9	19,1	22,9
um etwas Tolles zu erleben	–	43,6	40,2	49,4
weil man nicht nein sagen kann	–	30,6	30,4	27,4

Angaben in Prozent. Die Prozentzahlen stellen jeweils den Anteil derjenigen Befragten dar, die die einzelnen Motive zum jeweiligen Untersuchungszeitpunkt nannten. Mehrfachantworten waren möglich.

Die Vorstellung, über den Konsum illegalisierter Drogen, eine Kompensation unangenehmer psychischer und physischer Befindlichkeiten zu erreichen, wird zum Untersuchungszeitpunkt 1995 von weniger Jugendlichen geteilt als 1992.

Bis zum letzten Untersuchungszeitpunkt 1995 wählt ein großer Teil der Jugendlichen im Zusammenhang mit Drogenkonsum das Item „um Probleme vergessen zu können“. Im Zeitverlauf nimmt die Häufigkeit der Nennung dieses Items um 10 Prozentpunkte ab. Auch Krankheitsbewältigung („weil man sich irgendwie krank fühlt“) durch illegalisierten Drogengebrauch wird von 1992 bis 1995 zunehmend seltener von den Jugendlichen erwähnt. Wesentlich öfter und im Zeitverlauf zunehmend wird dagegen ein günstiger Einfluß psychoaktiver Substanzen auf die Aufrechterhaltung bzw. Steigerung der Leistungsfähigkeit („um mehr leisten zu können“) vermutet. Da davon auszugehen ist, daß in die Antworten der Jugendlichen sowohl ganz persönliche Gründe, die für den Konsum illegalisierter Drogen sprechen können, als auch Gründe, die dem Konsum solcher Drogen von der Gesellschaft zugeschrieben werden, eingegangen sind, kann vermutet werden, daß der bis 1995 zunehmend häufiger hergestellte Zusammenhang zwischen Leistungsfähigkeit und Drogenkonsum stark durch die aktuelle gesellschaftliche Situation beeinflußt ist. Der auf den Jugendlichen lastende, zunehmende Leistungsdruck durch die enorme Konkurrenz auf dem Ausbildungs- und Arbeitsmarkt – eine Situation, auf die Jugendliche, die in der DDR aufgewachsen sind, nicht vorbereitet waren – scheint sich hier widerzuspiegeln.

Wir denken, daß gesellschaftlich strukturierte Lebensbedingungen in hohem Maße mitbestimmen, welche Drogen zu einer bestimmten Zeit bevorzugt werden bzw. das öffentliche Interesse finden. Das aktuelle journalistische Interesse an Leistungsdrogen scheint uns kein Zufall zu sein: leistungsfördernde psychoaktive Substanzen „passen“ zur derzeitigen Geschwindigkeit des Lebens und kommen den Anforderungen entgegen, die der Alltag den Individuen stellt, indem sie die Illusion unterstützen, ständig leistungsbereit zu sein.

Daß man illegalisierte Drogen „einfach so, aus Langeweile“ konsumiert, können sich im Jahre 1995 Jugendliche häufiger vorstellen als zu den vorhergehenden Untersuchungszeitpunkten. Dieser Befund verdient insofern Beachtung, als es 1995 immerhin für über ein Drittel der Jugendlichen denkbar ist, unausgefüllte freie Zeit „einfach so“ mit Unterstützung illegalisierter Drogen zu füllen.

Ein wichtiges Motiv illegalisierte Drogen zu konsumieren, ist für Jugendliche die Neugier. Führen 1992 über die Hälfte der Befragten diesen Grund an, so sind es 1995 bereits mehr als zwei Drittel der SchülerInnen (vgl. Tabelle 10-4).

Insgesamt zeigt eine altersdifferenzierende Betrachtung, daß sich mit wachsender Bedeutung jugendkultureller Zusammenhänge auch Erwartungen, die sich mit dem Konsum illegalisierter Drogen verbinden, verändern (vgl. Tabelle 10-5).

Tabelle 10-5:

Welche Gründe könnte es geben, verbotene Drogen zu nehmen?

Illegale Drogen werden genommen:	1992			1993			1995		
	Alter der Befragten			Alter der Befragten			Alter der Befragten		
	bis 14	15/16	ab 17	bis 14	15/16	ab 17	bis 14	15/16	ab 17
weil man sich irgendwie krank fühlt	26,0	19,8	13,3	21,8	17,9	16,5	16,8	13,3	14,0
um mehr leisten zu können	48,9	49,2	64,8	42,7	51,8	55,7	53,7	55,6	58,3
einfach so, aus Langeweile	19,7	26,5	32,0	22,3	27,3	32,3	28,5	37,8	31,6
um mit anderen in Stimmung zu kommen	33,4	35,7	45,6	37,7	48,8	56,0	49,0	60,4	65,8
um nicht so spießig zu sein	11,4	15,9	19,7	17,1	20,6	23,9	23,6	21,6	28,5

Angaben in Prozent. Die Prozentzahlen stellen jeweils den Anteil derjenigen Befragten in den hier gebildeten Altersgruppen dar, die die Gründe zum jeweiligen Untersuchungszeitpunkt ausgewählt haben. Mehrfachantworten waren möglich. Es werden in der Tabelle nur Motive aufgeführt, für die im Zeitverlauf signifikante Unterschiede zwischen bzw. in den jeweiligen Altersgruppen feststellbar waren. (12./13. Klassen sind enthalten.)

Bis 1993 sind es vor allem die älteren Befragten, die mit illegalisiertem Drogenkonsum eine erhöhte Leistungsfähigkeit verbinden. 1995 sind zwischen den hier gebildeten Altersgruppen diesbezüglich keine Unterschiede mehr feststellbar, über die Hälfte der SchülerInnen aller Altersstufen vermuten zu diesem Zeitpunkt in diesen Drogen leistungssteigernde Potentiale.

Von 1992 bis 1995 geht bei den Jugendlichen unter 17 Jahren die Auffassung zurück, daß die Bewältigung von Krankheit („weil man sich irgendwie krank fühlt") ein Motiv sein könnte, illegalisierte Drogen zu konsumieren. Es verbinden sich in diesen Altersgruppen bis 1995 mit dem Konsum verbotener Substanzen zunehmend Vorstellungen, die auf die Erhöhung von Leistungsfähigkeit („um mehr leisten zu können") gerichtet sind. Auch das Motiv, freie Zeit mit Unterstützung verbotener Drogen auszufüllen („einfach so, aus Langeweile"), wird von den 13-16jährigen Jugendlichen 1995 weitaus häufiger als 1992 angegeben.

Die Bedeutung, die Jugendliche illegalisierten Drogen im Rahmen von Geselligkeit („um mit anderen in Stimmung zu kommen") in der Gleichaltrigengruppe zuerkennen, hat in allen hier dargestellten Altersgruppen (bis 14 Jahre, 15/16 Jahre, ab 17 Jahre) bis 1995 zugenommen.

Auch die Möglichkeit, sich durch illegalisierten Drogenkonsum („weil man nicht so spießig sein will") abzugrenzen, ist für Jugendliche aller Altersgruppen bis 1995 zunehmend ein möglicher Grund für die Entscheidung, Verbotenes zu probieren.

Die SchülerInnen wurden von uns auch gefragt, welche Gründe dafür sprechen könnten, illegalisierte Drogen nicht zu nehmen.[8]

Die Ergebnisse der Zeitreihe zeigen, daß die allgemeinen Ängste vor Abhängigkeit 1995 etwas weniger bedeutend für die Jugendlichen sind als 1992, wobei auch zu diesem letzten Untersuchungszeitpunkt 1995 über fünf Sechstel der Befragten dieses Motiv benennen (vgl. Tabelle 10-6). Wesentlich weniger häufig werden 1995 Befürchtungen einer HIV-Infektion („weil man dadurch AIDS bekommen kann") im Zusammenhang mit dem Konsum illegalisierter Drogen deutlich. Diese Befürchtungen (in denen Drogenkonsum reflektiert oder unreflektiert als intravenöser Konsum unterstellt wird) werden im Lauf der Zeit in abnehmendem Maße von den Jugendlichen als mögliche Gründe gegen

---

8 Die Frage nach Gründen, die gegen den Konsum illegalisierter Drogen sprechen, lautete 1990: „Hättest Du ein schlechtes Gewissen, wenn Du 'mal illegale Drogen ausprobieren würdest? Wenn Du ein schlechtes Gewissen hättest, warum?" Die Einleitung der Antwortvorgaben dazu hieß: „Ich hätte wohl Angst, weil ...." Die Antworten zu den jeweiligen Kategorien waren unter Verwendung von „ja", „teils/teils" oder „nein" zu geben. 1991 wurde die Frage umformuliert, sie lautete: „Und welche Gründe gibt es für Dich, keine illegalen Drogen zu nehmen?" Die Antwortkategorien sollten von den SchülerInnen unter Berücksichtigung von „viel", „etwas" und „gar nicht" bearbeitet werden. Ab 1992 wurde die Frage im Wortlaut „Und welche Gründe könnte es geben, keine illegalen Drogen zu nehmen?" gestellt. (Vgl. zu diesen Veränderungen der Frageformulierung auch Fußnote 7.) Mehrfachantworten waren möglich. Auch hier ist bei der Interpretation der Befunde zu berücksichtigen, daß in die Antworten sowohl allgemeine Vorstellungen, die gegen den Konsum verbotener Drogen sprechen können, eingeflossen sind als auch individuell für den einzelnen zutreffende Motive benannt werden. Hier werden nur die Befunde von 1992-1995 vorgestellt.

einen Konsum illegalisierter Drogen genannt. Bedenken, die mit dem Gebrauch illegalisierter Drogen das Abgleiten in ein kriminelles Leben verbinden („weil man in ein kriminelles Leben rutschen könnte"), sind in den Vorstellungen der Jugendlichen von 1992 zu 1995 weniger häufig präsent.

Dagegen wird von den SchülerInnen im Zeitverlauf öfter die Antwortkategorie „weil man von Drogen krank werden kann" berücksichtigt. Etwa zwei Drittel der Befragten denken 1995 über unerwünschte gesundheitliche Folgen im Zusammenhang mit illegalisiertem Drogenkonsum nach.

Das Motiv „weil Drogen so teuer sind" gewinnt im Zeitverlauf für Jugendliche an Bedeutung. 1995 ist es für über die Hälfte der Jugendlichen vorstellbar, daß dies ein möglicher Grund ist, illegalisierte Drogen nicht zu konsumieren.

Die mögliche warnende oder strafende Reaktion der Eltern auf den Drogenkonsum ihrer Kinder ist im Zeitverlauf weniger häufig ein Grund, diesen abzulehnen (vgl. Tabelle 10-6).

Tabelle 10-6:

Und welche Gründe könnte es geben, keine illegalen Drogen zu nehmen?			
	1992	1993	1995
weil Drogen so teuer sind	53,9	46,8	63,3
weil Drogen eigentlich verboten sind	43,6	42,1	41,3
weil man von Drogen krank werden kann	62,2	70,9	69,1
weil man dadurch AIDS bekommen kann	66,4	68,2	55,3
weil man von diesen Mitteln abhängig werden kann	91,2	87,7	87,7
weil die Eltern dagegen sind	24,3	18,0	18,8
weil man nicht mehr so viel leisten kann	27,8	25,7	26,4
weil man in ein kriminelles Leben rutschen könnte	81,0	76,5	70,0
weil man nicht weiß, wo Drogen zu bekommen sind	20,7	12,0	12,5

Angaben in Prozent. Die Prozentzahlen stellen jeweils den Anteil derjenigen Befragten dar, die die einzelnen Motive zum jeweiligen Untersuchungszeitpunkt nannten. Mehrfachantworten waren möglich.

Die altersdifferenzierende Auswertung der jeweils genannten Gründe gegen den Konsum illegalisierter Drogen zeigt folgendes:

Für die jüngsten Befragten (Altersgruppe der bis 14jährigen) scheint das Verbot illegalisierter Drogen bzw. eventuell anstehende elterliche Sanktionen im Falle ihres Konsums im Vergleich zu älteren Befragten im gesamten Zeitverlauf häufiger ein Grund zu sein, auf Drogenkonsum zu verzichten (vgl. Tabelle 10-7).

Ängste vor Krankheit, speziell vor einer HIV-Infektion, durch den Konsum illegalisierter Drogen sind in den Vorstellungen Jugendlicher bis 1992 in allen Altersgruppen in etwa gleichermaßen präsent. Ab 1993 werden diese Ansichten dann öfter von den Jugendlichen bis zu 14 Jahre geäußert. Vorstellungen, daß der Gebrauch verbotener Drogen AIDS verursacht, haben bei den Jugendlichen bis zu 16 Jahren von 1993 zu 1995 abgenommen. Daneben vermuten die jüngsten Befragten 1995 ebenso häufig wie die älteren, daß illegalisierte Drogen ein hohes Abhängigkeitspotential haben und Krankheiten verursachen können.

In allen Altersgruppen hat sich von 1992 bis 1995 verstärkt die Meinung herausgebildet, daß der hohe Preis illegalisierter Drogen auf dem Schwarzmarkt ein wesentlicher Grund sein könnte, auf den Konsum dieser Drogen zu verzichten.

Tabelle 10-7:

Und welche Gründe könnte es geben, keine illegalen Drogen zu nehmen?	1992			1993			1995		
	Alter der Befragten			Alter der Befragten			Alter der Befragten		
	bis 14	15/16	ab 17	bis 14	15/16	ab 17	bis 14	15/16	ab 17
weil Drogen so teuer sind	54,3	57,0	54,8	47,5	47,4	46,8	60,6	65,7	63,2
weil Drogen verboten sind	48,3	41,4	28,7	49,6	37,6	24,8	47,3	37,0	33,2
weil man von diesen Mitteln abhängig werden kann	40,8	91,7	91,2	84,6	91,3	88,0	97,8	86,7	87,8
weil man von Drogen krank werden kann	64,0	60,5	61,7	75,5	67,1	69,0	76,3	62,1	72,0
weil man dadurch AIDS bekommen kann	66,6	68,4	59,0	69,4	68,6	61,2	59,4	48,5	58,1

Angaben in Prozent. Die Prozentzahlen stellen jeweils den Anteil derjenigen, die das entsprechende Motiv genannt haben, innerhalb der einzelnen, hier gebildeten Altersgruppen zum jeweiligen Untersuchungszeitpunkt dar. Mehrfachantworten waren möglich. Es werden in der Tabelle nur Motive aufgeführt, für die im Zeitverlauf signifikante Unterschiede zwischen und in den jeweiligen Altersgruppen feststellbar waren. (12./13. Klassen sind enthalten.)

10.3.6 Antworten auf eine schwierige Frage: „Was würdest Du wahrscheinlich machen, wenn Dir Freunde oder Bekannte illegale Drogen anbieten würden?“

Um Aufschluß darüber zu bekommen, wie hoch der Anteil unter Ostberliner Jugendlichen ist, der dem Konsum illegalisierter Drogen gegenüber aufgeschlossen ist, wurde die Frage gestellt, wie sich der/die Einzelne in der konkreten Situation eines Angebots illegalisierter Drogen aus dem Freundes- oder Bekanntenkreis verhalten würde. Wir vermuteten, daß solche Angebote weniger von Unbekannten gemacht werden, sondern eher im engeren sozialen Umfeld der Jugendlichen erfolgen, deshalb wurden in der Frageformulierung (ab 1991)[9] FreundInnen bzw. Bekannte als potentielle AnbieterInnen gewählt.

9 Auch an dieser Frage läßt sich der Entwicklungsprozeß unseres Fragebogens verfolgen: Wurde 1990 in der Statusuntersuchung bei der Formulierung der Frage auf einen Bezug zu konkreten Personen als potentielle AnbieterInnen illegalisierter Drogen verzichtet, so findet sich dieser seit 1991 in der Fragestellung. Die Frage lautete

Bezüglich illegalisierter Drogen kann generell davon ausgegangen werden, daß die ersten Erfahrungen in von Gleichaltrigen bestimmten Räumen gemacht werden. Wir sind uns sicher, daß der Drogenkonsum von Jugendlichen so gut wie nie isoliert als „Ersatzhandeln“ von Vereinsamten beginnt. Damit ist auch der positive Effekt verbunden, daß im sozialen Zusammenhang der Jugendlichen die eigenen Risikominimierungsmöglichkeiten von Jugendlichen durch den Erfahrungsaustausch in der Gruppe noch verstärkt werden.

Während 1992 bei den Befragten noch eine kategorische Ablehnungshaltung gegenüber illegalisierten Drogen vorherrscht, wird diese im Zeitverlauf von immer mehr Jugendlichen aufgegeben. 1995 machen bereits über ein Viertel der Befragten die Entscheidung für oder gegen einen Konsum illegalisierter Drogen von der Art der angebotenen Droge abhängig. Der Anteil derjenigen, die bei dieser Frage unsicher sind und nicht wissen, wie sie sich entscheiden würden, verändert sich von 1992 bis 1995 kaum (vgl. Tabelle 10-8). Diese Befunde deuten vielschichtige Prozesse der Auseinandersetzung mit der Drogenthematik unter Jugendlichen an: Die zunehmende pragmatische Haltung gegenüber illegalisierten Drogen und die abnehmende kategorisch-ablehnende Haltung bewerten wir als Ausdruck von wachsender Kompetenz auf der Basis von differenziertem Wissen und eigenen Erfahrungen.

Tabelle 10-8:

Was würdest Du wahrscheinlich machen, wenn Dir Freunde oder Bekannte illegale Drogen anbieten würden?			
	1992	1993	1995
Ich würde prinzipiell den Gebrauch ablehnen.	82,8	80,5	62,9
Es kommt darauf an, welche Droge. Die eine würde ich probieren, die andere nicht.	8,5	10,7	25,9
Ich würde Drogen nehmen.	0,8	0,6	2,2
Ich weiß nicht recht.	7,8	8,2	9,0

Angaben in Prozent. Prozentuierungsbasis ist die jeweilige Spalte.

Altersdifferenzierende Auswertungen zu der Frage zeigen, daß sowohl unter den jeweils 15/16Jährigen als auch unter den Jugendlichen, die zum jeweiligen Untersuchungszeitpunkt 14 Jahre oder jünger waren, von 1992 bis 1995 die kategorisch-ablehnende Haltung gegenüber einem Angebot verbotener

1990: „Was würdest Du wahrscheinlich machen, wenn man Dir solche Drogen anbieten würde?“ Als mögliche Antworten (ohne Mehrfachnennungen wurden vorgegeben: „Ich würde prinzipiell den Gebrauch ablehnen.“/„Ich würde ablehnen, aber es wäre schwer, der Verlockung zu widerstehen – interessieren würde es mich schon.“/ „Ich glaube, ich würde mal eine Droge probieren.“/„Ich würde Drogen nehmen.“/ „Ich weiß nicht recht.“ Ab 1991 wurde gefragt: „Was würdest Du wahrscheinlich machen, wenn Dir Freunde oder Bekannte illegale Drogen anbieten würden?“ Die Befragten sollten sich für eine der folgenden Antworten entscheiden: „Ich würde den Gebrauch prinzipiell ablehnen.“/„Es kommt darauf an. Die eine Droge würde ich probieren, die andere nicht.“/„Ich würde Drogen nehmen.“/„Ich weiß nicht.“ Hier werden die Ergebnisse von 1992-1995 vorgestellt.

Drogen zurückgeht. Immer häufiger behalten die Befragten dieser Altersgruppen es sich vor, bei einer solchen Offerte in Abhängigkeit von der jeweiligen Droge zu entscheiden (vgl. Tabelle 10-9).

Dieser bedeutsame Befund weist darauf hin, daß auch jüngere SchülerInnen zunehmend die Entscheidung für oder gegen den Konsum illegalisierter Rauschmittel differenzierend abwägen und auch in einer Befragungssituation so ihre Kompetenz demonstrieren.

Die Ergebnisse im Zeitverlauf zeigen jedoch weiterhin hinsichtlich der Entwicklung dieser Aufgeschlossenheit auch wachsende Unterschiede zwischen den Altersgruppen der bis 14jährigen auf der einen und der 15/16jährigen auf der anderen Seite. Es sind von 1992 bis 1995 häufiger die etwas älteren Jugendlichen (15/16 Jahre), die einem Angebot verbotener Drogen aufgeschlossener gegenüberstehen, als jüngere Jugendliche (≤ 14 Jahre). Dieser Unterschied zwischen den beiden Altersgruppen wird im Zeitverlauf größer. Dies zeigt, daß Einstellungsentwicklungen gegenüber illegalisierten Drogen in entscheidendem Maße vom Alter und somit von der jugendkulturellen Einbindung abhängig sind.

Tabelle 10-9:

Was würdest Du wahrscheinlich machen, wenn Dir Freunde oder Bekannte illegale Drogen anbieten würden?	1992 Alter		1993 Alter		1995 Alter	
	bis 14	15/16	bis 14	15/16	bis 14	15/16
Ich würde prinzipiell den Gebrauch ablehnen.	83,8	82,9	83,3	79,0	71,0	54,1
Es kommt darauf an, welche Droge. Die eine würde ich probieren, die andere nicht.	6,5	9,6	7,9	14,1	15,9	34,2
Ich würde Drogen nehmen.	1,18	0,4	0,4	0,9	0,9	4,2
Ich weiß nicht recht.	8,6	7,1	8,4	6,0	12,1	7,5

Angaben in Prozent. Prozentuierungsbasis ist die jeweilige Spalte.

Die differenzierende Herangehensweise der Jugendlichen als ein Ausdruck von Selbstverantwortlichkeit ist nicht weniger ernstzunehmen als die ebenso selbstverantwortliche Entscheidung, ein Angebot illegalisierter Drogen auszuschlagen. Welche Aspekte in diesem Entscheidungsprozeß eine Rolle spielen können, wird im nachfolgenden Abschnitt weiter ausgeführt.

10.3.7 Hintergründe einer Entscheidung Jugendlicher für oder gegen den Konsum illegalisierter Drogen

Um darzustellen, wieweit eigene direkte Erfahrungen Jugendlicher mit Drogen, entsprechende Beobachtungen dazu oder auch eigenes Wissen die Aufgeschlossenheit Jugendlicher gegenüber illegalisierten Rauschmitteln beeinflussen, werden im folgenden zwei, bezüglich eines entsprechenden Angebots unterschiedliches Verhalten signalisierende Gruppen miteinander verglichen: denjenigen, die eine Offerte illegalisierter Drogen kategorisch ablehnen würden, im folgenden „AblehnerInnen“ genannt, werden jene gegenübergestellt, die in Abhängigkeit von der ihnen angebotenen Droge über eventuellen Konsum entscheiden möchten, nachfolgend „Aufgeschlossenere“ genannt.

10.3.7.1 Aufgeschlossenheit und Gefährlichkeitseinschätzungen

Die Einschätzung von Risiken des regelmäßigen Gebrauchs legalisierter und illegalisierter Drogen erfolgt in beiden Gruppen auf verschiedene Weise. Die Gruppe der Jugendlichen, die einem Angebot illegalisierter Drogen aufgeschlossener gegenübersteht, beurteilt die Wirkung des regelmäßigen Konsums verbotener Drogen insgesamt weniger problematisch als die Gruppe, die diese Drogen kategorisch ablehnen würde (vgl. Tabelle 10-10).

Zu allen Untersuchungszeitpunkten schätzen „Aufgeschlossenere“ den Konsum der meisten hier abgefragten Drogen weniger risikoreich ein. Dieser Unterschied zu „AblehnerInnen“ vergrößert sich im Zeitverlauf. Dabei zeigt sich jedoch auch innerhalb der Gruppe der „AblehnerInnen“ 1995 die Tendenz, daß die Jugendlichen den regelmäßigen Cannabisgebrauchs zunehmend seltener als problematisch bewerten. Dieses Ergebnis ist Ausdruck der wachsenden Alltagsbedeutung von Cannabisprodukten. Es hat sich nicht nur ihre Verbreitung unter Jugendlichen erhöht, es hat auch eine kommunikative Annäherung stattgefunden, in die auch jene Jugendliche miteinbezogen sind, die zum Zeitpunkt der Befragung prinzipiell keine illegalisierten Drogen probieren würden. Auch sie entwickeln in der Auseinandersetzung mit dem Thema in der Gleichaltrigengruppe eine Herangehensweise an die Drogenthematik, bei der Risiken des regelmäßigen Konsum verbotener Drogen in Abhängigkeit von der Art der Droge bewertet werden.

Ähnliche Tendenzen zeigen auch die Einschätzungen des regelmäßigen Gebrauchs der Halluzinogene LSD/Meskalin. Auch diesen Konsum bewerten die „Aufgeschlosseneren“ zu jedem Untersuchungszeitpunkt weniger problematisch als die „AblehnerInnen“. Es scheint jedoch für die Jugendlichen insgesamt schwierig, diese Substanzen einzuschätzen. Ein großer Teil der Befragten wählt hier die Antwortvorgabe „ich weiß nicht“. Über den gesamten Zeitverlauf sind innerhalb der beiden unterschiedlichen Gruppen keine Veränderungen in der Bewertung der Risiken auszumachen. Dies mag daran liegen, daß der Konsum von LSD/Meskalin unter Jugendlichen bislang wenig verbreitet ist. Auch ein Standpunkt dazu, welche Informationen bzw. Erfahrungsberichte zu LSD als authentisch anzusehen sind, scheint unter Jugendlichen noch nicht vorhanden zu sein.

Tabelle 10-10:

Wie siehst Du die Wirkung des regelmäßigen Gebrauchs folgender Rauschmittel?	1992		1993		1995	
	Ablehnung	Art der Droge entscheidend	Ablehnung	Art der Droge entscheidend	Ablehnung	Art der Droge entscheidend
Marihuana						
sehr gefährlich	57,0	33,8	56,7	28,1	45,8	17,2
wenig gefährlich	22,1	39,3	26,4	43,3	29,9	43,0
nicht gefährlich	0,9	13,5	2,3	16,3	4,2	30,4
ich weiß nicht	20,1	13,0	14,6	12,8	20,0	9,3
Haschisch						
sehr gefährlich	68,0	42,3	67,8	35,8	57,9	22,0
wenig gefährlich	19,0	34,1	21,1	40,0	23,8	36,0
nicht gefährlich	0,3	17,3	1,3	18,5	4,9	39,1
ich weiß nicht	12,7	6,1	9,9	5,7	13,5	2,8
LSD/Meskalin						
sehr gefährlich	68,5	62,1	69,5	58,0	64,5	60,2
wenig gefährlich	8,6	21,4	11,1	26,1	12,5	24,8
nicht gefährlich	0,8	0,3	0,9	2,6	1,0	1,6
ich weiß nicht	22,2	16,2	18,7	13,3	22,0	13,3
Aufputschmittel						
sehr gefährlich	33,6	33,1	32,4	20,5	26,9	20,5
wenig gefährlich	47,9	52,7	49,7	55,7	51,0	52,9
nicht gefährlich	4,0	5,6	4,8	14,8	8,4	19,4
ich weiß nicht	14,5	8,6	13,1	9,0	13,7	7,3
Beruhigungsmittel						
sehr gefährlich	24,0	36,0	26,7	21,0	20,4	24,7
wenig gefährlich	52,4	47,1	50,3	50,5	51,5	45,6
nicht gefährlich	11,6	9,3	13,2	14,6	14,8	21,4
ich weiß nicht	12,0	7,6	9,9	8,7	13,3	8,3
Schnüffelstoffe						
sehr gefährlich	46,2	50,0	46,7	41,2	41,4	43,8
wenig gefährlich	32,8	31,8	35,3	38,1	36,9	36,3
nicht gefährlich	2,3	10,0	2,6	9,4	2,5	8,0
ich weiß nicht	18,7	8,7	15,4	11,2	19,2	11,9

Angaben in Prozent. Die Prozentzahlen stellen den Anteil derjenigen, die bezüglich der jeweiligen Substanz(en) eine entsprechende Einschätzung vornehmen, innerhalb der Gruppe der „AblehnerInnen" bzw. der Gruppe der „Aufgeschlosseneren" zum jeweiligen Untersuchungszeitpunkt dar.

An dieser Stelle noch eine Passage aus einem Interview von 1995 mit einer 15jährigen Schülerin aus Berlin, die zeigt, welche unterschiedliche „Wahrheiten" zu LSD im Umlauf sind:
Frage: „Und wie ist Eure Meinung zu LSD?"
Antwort: „Also da weichen wir eigentlich ziemlich voneinander ab. Ich würde LSD probieren und andere würden das eben nicht machen, weil sie sagen: ‚Du kannst da eine Psychose kriegen oder Du kannst da irgendwie ins Irrenhaus kommen, kannst einen Horrortrip kriegen und so....' Also da haben wir verschiedene Meinungen. Ich würde es probieren."

Daß ein regelmäßiger Konsum von Aufputschmitteln mit Risiken verbunden ist, wird sowohl von den Jugendlichen, die illegalisiertem Drogenkonsum aufgeschlossener gegenüberstehen, als auch von denjenigen, die solchen Drogenkonsum kategorisch ablehnen würden, im Zeitverlauf immer weniger vermutet. Es sind ab 1993 häufiger die „Aufgeschlosseneren", die regelmäßigen Aufputschmittelgebrauch als wenig problematisch einschätzen. Dies mag damit zu tun haben, daß die Jugendlichen dieser Gruppe unter diese Substanzen öfter als Jugendlichen aus der Gruppe der „AblehnerInnen" Ecstasy subsumiert haben.

Auch der regelmäßige Gebrauch von Beruhigungsmitteln wird in beiden Gruppen 1992 noch häufiger als „sehr gefährlich" bezeichnet als dies zu späteren Untersuchungszeitpunkten jeweils der Fall ist. Die mit dem Konsum solcher Psychopharmaka verbundenen Risiken werden in beiden Gruppen im Zeitverlauf immer weniger reflektiert. Dies trifft besonders auf die Gruppe der SchülerInnen zu, die sich dem Konsum illegalisierter Drogen gegenüber aufgeschlossener zeigt, jedoch auch für die Ablehnung signalisierende Gruppe (vgl. Tabelle 10-10).

10.3.7.2 Aufgeschlossenheit und Erfahrungen im Umgang mit illegalisierten Drogen

In der Einleitung zu diesem Kapitel wurde darauf hingewiesen, daß neben Wissensinhalten und Gesprächen zur Drogenthematik mit verschiedenen KommunikationspartnerInnen eigene Probiererfahrungen bzw. Beobachtungen oder andere Erlebnisse mit Drogen für das künftige Verhalten von Bedeutung sein können.

Die Analyse der Daten zeigt zunächst einen sehr deutlichen Zusammenhang zwischen der Aufgeschlossenheit gegenüber illegalisiertem Drogenkonsum und einem bereits erfolgten Probierkonsum solcher Drogen (vgl. Tabelle 10-11).

Tabelle 10-11:

	Hast Du schon mal illegale Drogen probiert?					
	1992		1993		1995	
	Ablehnung	Art der Droge entscheidend	Ablehnung	Art der Droge entscheidend	Ablehnung	Art der Droge entscheidend
bereits selbst Drogen probiert:						
trifft zu	1,3	34,8	1,7	47,0	2,6	62,5
trifft nicht zu	98,7	65,2	98,3	53,0	97,4	37,5

Angaben in Prozent. Prozentuierungsbasis ist die jeweilige Spalte.

So haben kategorische AblehnerInnen illegalisierter Drogen zu einem sehr viel geringeren Teil als Aufgeschlossenere bislang eigene Konsumerfahrungen gesammelt. Während sich der Anteil an DrogenprobiererInnen in der Gruppe der AblehnerInnen von 1993 bis 1995 nicht wesentlich verändert, zeigen die Ergebnisse für die Gruppe der Aufgeschlosseneren eine starke Zunahme eigener Drogenprobiererfahrungen. Der Unterschied zwischen beiden Gruppen wird diesbezüglich größer. Jugendliche, die sich zu einem Angebot verbotener Drogen in Abhängigkeit von der Art der ihnen angebotenen Droge verhalten würden, sind also wesentlich „drogenerfahrener" als andere Jugendliche. Umgekehrt äußern sich auch diejenigen Befragten aufgeschlossener gegenüber einem (hypothetischen) Angebot illegalisierter Drogen, die bereits selbst solche konsumiert haben (vgl. Kapitel 8.3.3.3). Somit beeinflussen sich individuelle Erfahrungen mit illegalisierten Drogen und eine ihnen gegenüber aufgeschlossene Haltung, die substanzspezifisch differenziert, wechselseitig.

Auch hinsichtlich der individuellen Verfügbarkeit illegalisierter Drogen zeigen sich deutliche Unterschiede zwischen „AblehnerInnen" und „Aufgeschlosseneren": Jugendliche, die sich eher ablehnend bezüglich eines Drogenangebots verhalten würden, sind zu allen hier dargestellten Untersuchungszeitpunkten deutlich seltener in der Lage, innerhalb eines Tages nichterlaubte Drogen zu besorgen. Innerhalb beider Gruppen besteht im Zeitverlauf jedoch die Tendenz, daß es für die Jugendlichen zunehmend häufiger möglich ist, sich Zugang zu illegalisierten Drogen zu schaffen (vgl. Tabelle 10-12).

Tabelle 10-12:

Wüßtest Du, wo Du Dir innerhalb von 24 Stunden illegale Drogen besorgen könntest? – Mit „ja" antworteten:			
	1992	1993	1995
Ablehnung	15,5	20,7	24,7
Art der Droge entscheidend	69,3	63,9	82,3

Angaben in Prozent. Die Prozentzahlen stellen den jeweiligen Anteil der AblehnerInnen bzw. Aufgeschlossenen gegenüber einem illegalisierten Drogenangebot dar, die sich zum jeweiligen Untersuchungszeitpunkt illegalisierte Drogen besorgen könnten.

Jugendliche, die illegalisiertem Drogenkonsum aufgeschlossener gegenüberstehen als andere, haben einen solchen Konsum in ihrem sozialen Umfeld auch weitaus häufiger bereits einmal beobachtet. In beiden Gruppen nimmt im Zeitverlauf der Anteil derer, die selbst erlebt haben, daß jemand verbotene Drogen konsumiert, zu – in der Gruppe der „AblehnerInnen" ab 1993 in geringem, in der Gruppe der „Aufgeschlosseneren" dagegen in sehr hohem Maße (vgl Tabelle 10-13). Weiterhin zeigen die Ergebnisse, daß jene Jugendlichen, die angeben, illegalisierten Drogengebrauch bereits selbst bei anderen beobachtet zu haben, häufiger bei einem entsprechenden Angebot verbotener Drogen in Abhängigkeit von der Drogenart entscheiden wollen.

In ähnlicher Weise zeigt sich hinsichtlich eines bereits einmal erhaltenen Angebots illegalisierter Drogen, daß „AblehnerInnen" illegalisierter Drogen weniger häufig bereits einmal einer solchen Offerte begegnet sind als „Aufgeschlossenere" (vgl. Tabelle 10-14). Im Zeitverlauf von 1992 bis 1995 hat allerdings für beide Gruppen die Häufigkeit eines Angebots zugenommen (dies auch wiederum in stärkerem Maße in der Gruppe der „Aufgeschlosseneren").

Tabelle 10-13:

Hast Du schon einmal selbst erlebt, daß jemand illegale Drogen nimmt?						
	1992		1993		1995	
	Ablehnung	Art der Droge entscheidend	Ablehnung	Art der Droge entscheidend	Ablehnung	Art der Droge entscheidend
illegalisierten Drogenkonsum beobachtet:						
ja	25,0	61,1	22,3	71,1	27,4	86,2
unsicher	15,4	17,1	10,6	6,6	15,3	7,9
nein	59,7	21,7	67,1	22,3	57,3	5,9

Angaben in Prozent. Prozentuierungsbasis ist die jeweilige Spalte.

Tabelle 10-14:

Wurden Dir auch schon mal illegale Drogen angeboten? – Mit „ja" antworteten:					
1992		1993		1995	
Ablehnung	Art der Droge entscheidend	Ablehnung	Art der Droge entscheidend	Ablehnung	Art der Droge entscheidend
9,3	48,5	10,9	58,1	17,6	79,7

Angaben in Prozent. Die Prozentzahlen stellen jeweils den Anteil derjenigen Befragten aus den Gruppen der „AblehnerInnen" bzw. der „Aufgeschlosseneren" zu den verschiedenen Untersuchungszeitpunkten dar, die bereits ein Angebot illegalisierter Drogen erhalten haben.

Die obigen Befunde zu Aufgeschlossenheit gegenüber illegalisiertem Drogenkonsum einerseits und indirekten Erfahrungen, individueller Verfügbarkeit und eigenen Konsumerfahrungen andererseits weisen darauf hin, daß die Jugendlichen, die sich verstärkt in jugendkulturellen Zusammenhängen und dementsprechend in selbstbestimmten Räumen bewegen und sich dort gemeinsam mit anderen mit illegalisierten Drogen auseinandersetzen, sich eine differenzierte Sichtweise und dementsprechend ein differenzierendes Verhaltenskonzept bezüglich dieser Substanzen aneignen.

10.4 Einstellungen Jugendlicher in Ost- und Westberlin zu illegalisierten Drogen – ein Vergleich*

Die Bereitschaft vieler Jugendlicher in beiden Stadthälften, sich mit der Drogenthematik auseinanderzusetzen, ist hoch. Ein großer Teil der Jugendlichen

* Bei diesem Abschnitt ist zu berücksichtigen, daß hier Daten eingehen, die zu unterschiedlichen Zeitpunkten erhoben wurden: Es werden die Ergebnisse der Untersuchung 1994 in Westberlin mit denen der Untersuchung 1995 in Ostberlin verglichen.

bringt Fragen, die mit Drogen zusammenhängen, Interesse entgegen (vgl. Grafik 10-7). Der Anteil derjenigen Jugendlichen, denen die Thematik eher „unwichtig“ erscheint, liegt in beiden Stadthälften unter einem Zehntel der Befragten. Dabei sind Jugendliche aus Westberlin noch in höherem Maße interessiert als OstberlinerInnen.

Grafik 10-7: Die Bedeutung der Drogenthematik für Jugendliche [inkl. 12./13. Klassen]

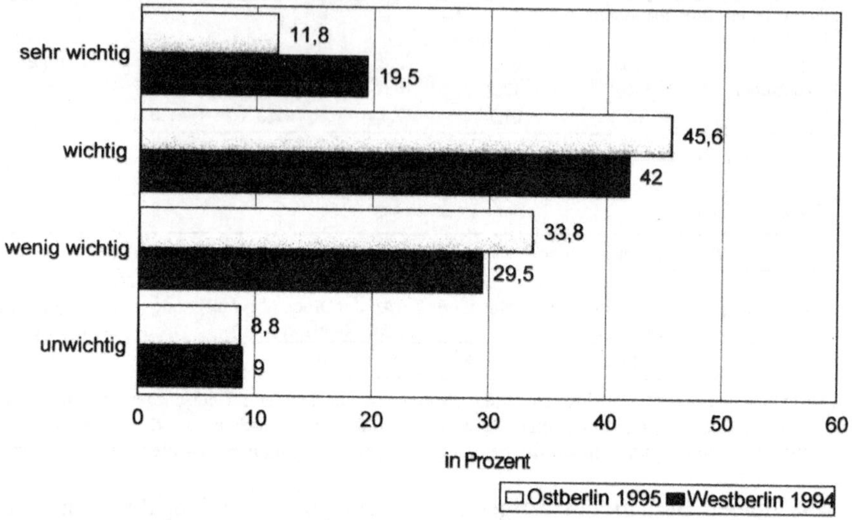

Frage: „Sind Fragen, die mit illegalen Drogen zusammenhängen, für Dich wichtig?“

Dieser Unterschied erklärt sich vielleicht auch dadurch, daß zum Zeitpunkt der Untersuchung in Westberlin 1994 gerade das „Lübecker Urteil“ in der öffentlichen Diskussion stand und somit das Thema „Legalisierung von Cannabis“ in den Gesprächen der Jugendlichen größere Beachtung fand als in Zeiten der alltäglichen Vermeldung von spektakulären Razzien, Drogenfunden, KonsumentInnenzahlen oder an einer Überdosis Heroin verstorbener KonsumentInnen[10]. Die durch die Debatte um die Freigabe von Cannabisprodukten erzeugte Aufmerksamkeit unter den Jugendlichen wurde für uns als InterviewerInnen spürbar, als beispielsweise durch Jugendliche wiederholt behauptet wurde, daß Haschisch durch den Beschluß des Bundesverfassungsgerichts nun legalisiert worden sei. In diesem Zusammenhang wurde uns immer

10 Entsprechende Todesfälle sind oftmals (entgegen den verkürzenden Darstellungen in den Medien darauf zurückzuführen, daß KonsumentInnen unter Schwarzmarktbedingungen die Qualität des erworbenen Stoffes nicht einschätzen können, weder hinsichtlich des Anteils reinen Heroins noch hinsichtlich der eventuellen Toxizität zugesetzter Streckungsmittel. Insofern wird bezüglich entsprechender Todesfälle mitunter auch von „Drogenpolitiktoten“ (statt von „Drogentoten“) gesprochen.

wieder die Frage gestellt, wie Haschisch oder Marihuana denn nun bei der Bearbeitung des Fragebogens einzuordnen sind, da sie dort „noch“ als illegale Drogen bezeichnet werden. Dieses Beispiel zeigt, wie sehr das Interesse an einem Thema ganz wesentlich von der Bedeutung abhängt, die ihm zu einem bestimmten Zeitpunkt von der Öffentlichkeit und den Medien zugeschrieben wird.

Die Aufgeschlossenheit der SchülerInnen gegenüber einem Angebot illegalisierter Drogen aus dem Freundes- oder Bekanntenkreis unterscheidet sich in Ostberlin und Westberlin nicht wesentlich. Während in beiden Stadthälften mehr als die Hälfte der Befragten den Konsum illegalisierter Drogen kategorisch ablehnen würde, zeigt sich jeweils etwa ein Viertel der Jugendlichen in Ost und West aufgeschlossener und macht die Entscheidung für oder gegen den Konsum von der Art der jeweils angebotenen Droge abhängig (vgl. Grafik 10-8).

Grafik 10-8: Die Aufgeschlossenheit Jugendlicher gegenüber einem Angebot illegalisierter Drogen aus dem Freundes- und Bekanntenkreis [inkl. 12./13. Klassen]

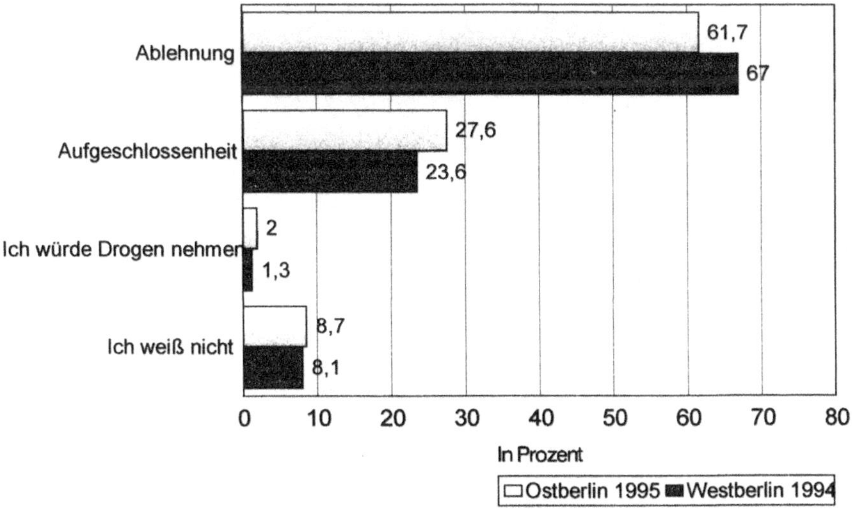

Frage: „Was würdest Du wahrscheinlich machen, wen Dir Freunde oder Bekannte illegale Drogen anbieten würden?“

Dagegen scheint es, als ob für Ostberliner Jugendliche eine jeweils breitere Palette von Gründen, die für oder die gegen den Konsum illegalisierter Drogen sprechen könnten, denkbar wäre. Wir vermuten, daß dies mit der relativ jungen Bedeutung des Themas im Osten zusammenhängt. In den Vorstellungen von OstberlinerInnen finden sich häufiger als bei WestberlinerInnen Aspekte, die mit Drogenkonsum Geselligkeit mit Gleichaltrigen, erhöhte Leistungsfähigkeit oder ein allgemeines Glücks- bzw. Zufriedenheitsgefühl verbinden (vgl. Grafik 10-9). Auch Neugier erscheint OstberlinerInnen öfter als WestberlinerInnen als ein Motiv, illegalisierte Drogen zu probieren.

Grafik 10-9: Gründe, die für den Konsum illegalisierter Drogen sprechen [inkl. 12./13. Klassen]

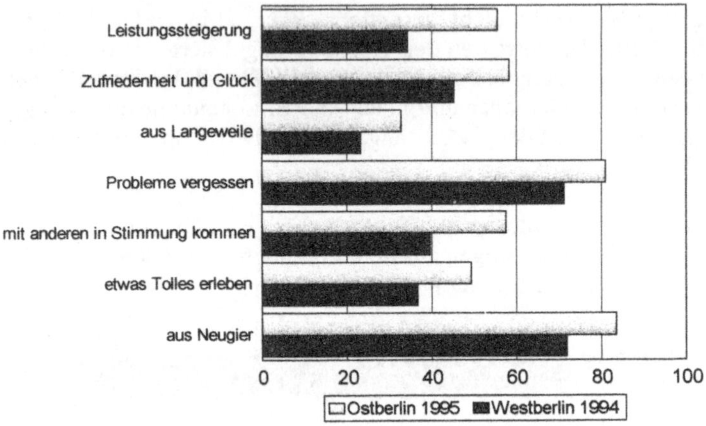

Grafik 10-10: Gründe, die gegen den Konsum illegalisierter Drogen sprechen [inkl. 12./13. Klassen]

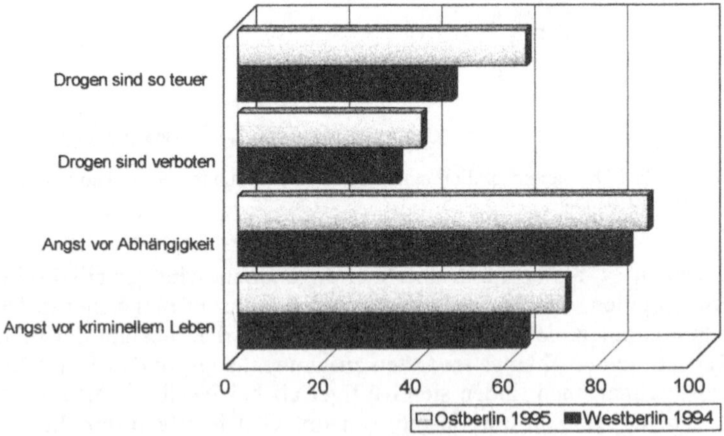

Gründe für einen Verzicht auf illegalisierte Drogen sehen Jugendliche aus dem Ostteil Berlins häufiger als die SchülerInnen im Westteil im Verbot dieser Drogen bzw. in Ängsten, durch den Konsum dieser Drogen in die „kriminelle Szene abzudriften" (vgl. Grafik 10-10). Auch der hohe Preis für illegalisierte Drogen auf dem Schwarzmarkt ist für Jugendliche aus der östlichen Stadthälfte häufiger ein denkbares Motiv, auf den Konsum dieser Drogen zu verzichten. Aufgrund des geringeren Taschengeldbudgets der Jugendlichen in Ostberlin überlegen diese noch sorgfältiger als ihre AltersgenossInnen im Westteil der Stadt, für welche ihrer Freizeit- und Konsumbedürfnisse sie ihr Geld ausgeben wollen.

Die Risiken des regelmäßigen Konsums von Drogen werden von Jugendlichen in Ost und West zum Teil verschieden bewertet. Der regelmäßige Konsum von Haschisch wird 1994 von den WestberlinerInnen insgesamt als weniger problematisch eingeschätzt als von OstberlinerInnen, die diesen häufiger als „sehr gefährlich" bewerten (vgl. Tabelle 10-15).

Tabelle 10-15:

Wie siehst Du die Wirkung des regelmäßigen Gebrauchs folgender Rauschmittel?

	Ostberlin 1995	Westberlin 1994
Haschisch		
sehr gefährlich	44,9	29,8
wenig gefährlich	29,6	38,7
nicht gefährlich	15,9	21,7
weiß nicht	9,7	9,8
LSD/ Meskalin		
sehr gefährlich	64,4	60,6
wenig gefährlich	16,2	13,7
nicht gefährlich	1,7	1,2
weiß nicht	17,7	24,5
Aufputschmittel		
sehr gefährlich	25,7	32,5
wenig gefährlich	51,8	41,6
nicht gefährlich	11,5	8,4
weiß nicht	11,0	17,5
Beruhigungsmittel		
sehr gefährlich	23,8	31,4
wenig gefährlich	48,4	41,9
nicht gefährlich	17,1	12,0
weiß nicht	10,8	14,7
Schnüffelstoffe		
sehr gefährlich	44,3	52,9
wenig gefährlich	34,4	25,4
nicht gefährlich	4,6	3,5
weiß nicht	16,7	18,5

Angaben in Prozent. Die Prozentzahlen stellen jeweils den Anteil derjenigen, die bezüglich der jeweiligen Substanz(en) eine entsprechende Einschätzung vornehmen, unter den Ost- bzw. Westberliner SchülerInnen dar.

Der Gebrauch von Aufputsch- und von Beruhigungsmitteln wird dagegen wesentlich häufiger von Jugendlichen aus Ostberlin mit geringen Risiken für die KonsumentInnen verbunden. Die Sichtweise Westberliner SchülerInnen läßt öfter ein Problembewußtsein für diese Drogen erkennen.

Interessant ist in diesem Zusammenhang ein Blick auf die Ansichten in den verschiedenen Altersgruppen in beiden Stadthälften Berlins: In allen Altersgruppen sind Ostberliner Jugendliche bezüglich des Konsums von Haschisch häufiger als WestberlinerInnen der Ansicht, daß dieser „sehr gefährlich" für die KonsumentInnen ist. Der Anteil derjenigen, die im Haschischgebrauch keine Risiken vermuten, unterscheidet sich in der Altersgruppe der 15-16jährigen zwischen Ost und West nicht. Fast ein Viertel der Jugendlichen dieser Altersgruppe in beiden Teilen Berlins teilt die Meinung, daß der regelmäßige Konsum dieser Droge „nicht gefährlich" ist (vgl. Tabelle 10-16).

Jugendliche aus Ostberlin schätzen den Gebrauch von Beruhigungs- und von Aufputschmitteln – von Substanzen also, die überwiegend erlaubt (genauer: verkehrsfähig) sind – weniger problematisch ein, als dies Gleichaltrige aus dem Westteil der Stadt Berlin tun.

Tabelle 10-16:

Wie siehst Du die Wirkung des regelmäßigen Gebrauchs folgender Rauschmittel?

	Ostberlin Alter der Befragten			Westberlin Alter der Befragten		
	bis 14	15/16	ab 17	bis 14	15/16	ab 17
Haschisch						
sehr gefährlich	57,1	40,6	34,1	42,0	28,5	18,2
wenig gefährlich	25,4	25,8	42,1	31,5	38,0	46,9
nicht gefährlich	5,8	23,8	18,1	11,2	24,6	30,5
ich weiß nicht	11,8	10,3	5,7	15,3	8,9	5,7
Aufputschmittel						
sehr gefährlich	23,9	21,3	34,9	27,2	34,2	37,7
wenig gefährlich	51,2	51,6	52,9	41,6	40,1	41,7
nicht gefährlich	11,8	15,2	5,7	10,2	6,7	8,6
ich weiß nicht	13,1	11,8	6,5	21,0	19,0	11,9
Beruhigungsmittel						
sehr gefährlich	16,7	23,0	34,8	22,3	34,7	39,8
wenig gefährlich	49,0	48,1	46,8	41,3	41,6	42,1
nicht gefährlich	21,2	16,7	12,2	16,5	10,6	7,5
ich weiß nicht	13,1	12,2	5,3	19,9	13,0	10,6

Angaben in Prozent. Die Prozentzahlen stellen den Anteil derjenigen, die bezüglich der jeweiligen Substanz(en) entsprechende Einschätzungen vorgenommen haben, in den jeweiligen Ost- bzw. Westberliner Altersgruppen dar. (12./13. Klassen sind enthalten.)

Diese Befunde zeigen, daß trotz der deutlichen Veränderungen der Drogenkonsumgewohnheiten Jugendlicher in Ostberlin, die sich mit der zunehmenden Integration illegalisierter Drogen in jugendkulturelle Zusammenhänge ergeben, bis 1994/95 Unterschiede in der Einschätzung von Risiken regelmäßigen Drogenkonsums zwischen Ost- und WestberlinerInnen bestehen. Die dem gesellschaftlichen Umgang mit Drogen zugrunde liegende Doppelmoral, die sich in unterschiedlichen rechtlichen Stati (legal/illegal) zeigt, scheint für Jugendliche Ostberlins noch eine stärkere Bedeutung zu haben als für WestberlinerInnen. In Westberlin ist der Konsum illegalisierter Drogen neben dem Konsum legalisierter Drogen seit längerer Zeit „erlebbares" Phänomen. In Ostberlin vollzieht sich erst in den letzten Jahren eine Annäherung an illegalisierte Drogen. Unsere Ergebnisse weisen darauf hin, daß auch Ostberliner Jugendliche sich in ihren Einschätzungen der Risiken von Drogenkonsum mehr und mehr von einer „juristischen" Betrachtungsweise lösen, und wir vermuten, daß Ost- und Westberliner Jugendliche sich in naher Zukunft diesbezüglich aneinander angeglichen haben werden.

11 Resümee und Ausblick: Für einen sozialpädagogischen Umgang mit Jugendlichen, die psychoaktive Substanzen gebrauchen

Zu den Zielen dieses Forschungsprojektes gehörte es vorrangig, mit seinen Ergebnissen die weithin irrational geführte Diskussion über „Prävention des Drogenmißbrauchs" bei Kindern und Jugendlichen zu versachlichen. Das Thema „Drogenkonsum" ist bei erziehenden Erwachsenen und solchen, die sich überhaupt im weiten Feld der Sozialisation und der Jugendpolitik für die Entwicklung und die Zukunft der heranwachsenden Generation in irgendeiner Weise verantwortlich fühlen oder auch nur interessieren, hochgradig mit Angst besetzt. Die dominierenden Sichtweisen folgen tradierten Denkmustern, die nicht überprüft werden. Danach wird mit Drogenkonsum bei Laien, Eltern und professionellen ErzieherInnen, aber auch bei WissenschaftlerInnen, in der Regel der Gebrauch von verbotenen psychoaktiven Substanzen, also illegalisierten Stoffen, gemeint, während die erlaubten psychoaktiven Substanzen in der Regel als Genußmittel mit einem Risikopotential verstanden werden. Dieser Einteilung psychoaktiver Substanzen in verbotene Drogen und erlaubte Genußmittel, die durch den Gesetzgeber mit dem Betäubungsmittelgesetz (BtMG 1981) extrem sanktioniert ist, entspricht die für den gesamten Umgang mit den illegalisierten Stoffen verabschiedete drogenpolitische Leitlinie: der „Nationale Rauschgiftbekämpfungsplan" von 1990/91. In ihm wird für die in der Sorge um Kinder und Jugendliche formulierten Präventionsbemühungen ein klares Schema vorgegeben und für verbindlich erklärt: Ziel der „Prävention des Suchtmittelmißbrauchs" (wie es dort heißt) soll

- bezogen auf verbotene Stoffe die „totale Abstinenz",
- bezogen auf erlaubte Stoffe (Nikotin/Alkohol) der „selbstkontrollierte Umgang",
- bezogen auf Medikamente (vor allem Psychopharmaka) der „bestimmungsgemäße Gebrauch" sein.

Erzieherische Bemühungen und Forschungsvorhaben, die diese Grundlage akzeptieren, sollen politisch, fachlich und materiell gefördert werden. Alternative Ansätze werden implizit diskriminiert, sollen nicht gefördert und nicht geduldet werden.

Die Rede von der „Prävention des Suchtmittelmißbrauchs" wird durch die skizzierte drogenpolitische Leitlinie transparent gemacht: Verbotene psychoaktive Substanzen sind Drogen – der Konsum von Drogen führt zwangsläufig zu Abhängigkeit und Sucht – mithin sind die in der Anlage zum BtMG inkriminierten Stoffe Mittel, die zur Sucht führen – also Suchtmittel. In diesem Drogenbegriff wird jeder Konsum illegalisierter Stoffe mit Sucht in einer Weise legiert, daß das eine für das andere steht und eine Differenzierung zwischen Drogenkonsum und Sucht schon im Denken nicht mehr möglich ist. Mit anderen Worten: Die verbotenen Drogen fungieren als Symbol für Sucht schlechthin, das Bedürfnis nach ihnen steht für „süchtiges Verlangen", der Gebrauch selbst für „süchtiges Handeln". Nach dieser Auffassung ist der Konsum illegalisierter Drogen immer und in jeder Form mißbräuchlich, eben „Suchtmittelmißbrauch", der identisch mit „Abhängigkeit" gesehen wird, einem psychischen und physischen Zustand des Menschen, der in dieser Sichtweise mit dem Verlust des freien Willens, extremem Persönlichkeitsabbau, mit dem Verlust der menschlichen Würde und jeglicher Entwicklungsperspektive verbunden wird. Die hohe Angstbesetzung, die diese Sichtweise kennzeichnet, wird durch sie selbst notwendig produziert. Wir bezeichnen diesen „Drogenbegriff" daher als „Angstsyndrom". Die Angst als zentrales Motiv für solchermaßen begründetes präventives Denken und Handeln verhindert, daß die AutorInnen und AnwenderInnen dieser Begrifflichkeit die auf der Hand liegende Paradoxie der Wortgestalt von „Suchtmittelmißbrauch" erkennen können: Der Bedeutungsgehalt von *Mißbrauch* setzt logisch die Möglichkeit von *Gebrauch* voraus. In der Kombination von *Suchtmittel* und *Mißbrauch* wird die Möglichkeit des *Gebrauchs* ausgeschlossen, weil der Umgang mit Mitteln, die angeblich zwangsläufig Sucht erzeugen, also in die „Drogenabhängigkeit" führen, nur als „mißbräuchlich" gedacht werden kann und tatsächlich landläufig auch so verstanden wird.

Mit „Prävention des Suchtmittelmißbrauchs" oder des „Drogenmißbrauchs" ist in Wirklichkeit die Verhinderung bzw. Verhütung jeglichen Konsums von illegalen Drogen, also auch des selbstkontrollierten Gebrauchs, gemeint: „Totale Abstinenz im Hinblick auf illegale Drogen" soll mit Prävention erreicht werden, so daß es korrekt eigentlich „Prävention des Drogenkonsums" heißen müßte. Bei den legalen psychoaktiven Substanzen wird dagegen ein „selbstkontrollierter Umgang" für möglich gehalten und als Ziel von Prävention angestrebt.

Die unseres Erachtens für jede sachlich begründete und wissenschaftlich vertretbare Auffassung von „Prävention" grundlegende Differenzierung von *Gebrauch* und *Mißbrauch* geht in diesem Denken verloren, scheint aber in der Paradoxie von „Suchtmittelmißbrauch" noch als Verlorenes auf.

Der den ganzen Umgang mit psychoaktiven Substanzen in dieser Gesellschaft prägenden Klassifizierung in legale und illegalisierte Stoffe liegt die Auffassung zugrunde, daß den verbotenen Drogen Kräfte innewohnen, deren Wirkungen auf Körper, Seele und Geist die Individuen hilf- und willenlos ausgesetzt seien. In der Fachsprache ist in diesem Zusammenhang vom „Suchtpotential" solcher Stoffe die Rede. Damit ist eine Kraft gemeint, die die Fähigkeit besitze, die Selbst-Steuerungsfähigkeiten auszuschalten (den sogenannten freien Willen!) und die Individuen in die „Abhängigkeit" von den konsumierten Stoffen zu treiben. In dieser Sichtweise bewegen sich die KonsumentInnen von illegalisierten Drogen nicht mehr selbst, sie werden vielmehr bewegt von diesen Drogen. „Er/sie hängt an der Nadel“ – eine verdinglichte Sprache unterstellt einen verdinglichten Zustand. In dieser Sichtweise werden Drogen zu geheimnisvollen Wesen gemacht. Einer „toten Materie“ wird Einfluß und Macht über den lebendigen Menschen zugeschrieben („Er/sie handelt unter dem Einfluß von Drogen!“). Mit einem Wort: Diese Substanzen/Stoffe werden dämonisiert und mystifiziert, sie bekommen für sehr entgegengesetzte Bedeutungen Symbolcharakter. Das mag in der Poesie und in der Mystik hingehen – in einem wissenschaftlichem Denken verpflichteten pädagogischen Handeln und als Grundlage für wissenschaftliche Untersuchungen haben solche Sichtweisen fatale Folgen. Wir haben unseren Forschungsarbeiten einen prinzipiell anderen Drogenbegriff zugrundegelegt.

In unserem Verständnis sind *alle* psychoaktiven Substanzen Drogen. Es handelt sich um Stoffe, die von Menschen konsumiert werden, über den Stoffwechselprozeß auf das zentrale Nervensystem wirken und über diesen Weg zu Veränderungen der Gestimmtheit, der Selbstwahrnehmung, der sinnlichen Wahrnehmung überhaupt, letztlich des Befindens insgesamt führen können. Diese Stoffe unterscheiden sich durch ihre spezifische Wirkung (ihren besonderen Gebrauchswert) von anderen Stoffen, die Menschen als Lebensmittel konsumieren, und sie werden gerade wegen ihrer besonderen, deutlich herausgehobenen Wirkung von Menschen begehrt, gesucht, hergestellt, gehandelt und erworben und schließlich konsumiert.

Der aktive Umgang von Menschen mit diesem Angebot der äußeren Natur wurde von der Archäologie in allen inzwischen bekannt gewordenen und erforschten sogenannten frühen Kulturen nachgewiesen und ist selbstverständlicher Teil jeder kulturellen Entwicklung. Das entscheidende Kriterium, das einen Stoff prädestiniert, in den Händen des Menschen zu einer Droge zu werden, ist seine psychoaktive Wirkung über das zentrale Nervensystem.

Dieser „stoffgebundene“ Drogenbegriff ist unseres Erachtens der einzige wissenschaftlich haltbare. Es finden sich in ihm keine Anhaltspunkte, die eine Einteilung in erlaubte und verbotene Drogen rechtfertigen könnten. Das entscheidende gemeinsame Merkmal *aller* Stoffe, die als Drogen gebraucht werden, unabhängig davon, wie sie politisch bzw. rechtlich und moralisch klassifiziert werden, ist ihre psychoaktive Wirkung: sie sind also psychoaktive Substanzen. Erst auf dieser Grundlage können und müssen weitere Differenzierungen der Wirkungsweise, des Wirkungsspektrums und der körperlichen Verträglichkeit von Drogen mithilfe pharmakologischer und medizinischer Forschung und Erkenntnisse vorgenommen werden, sofern diese nicht für sich stehen bleiben, sondern eingeordnet werden in den kulturellen und individuellen Kontext der DrogenkonsumentInnen, die als „Set und Setting“ in der Fachliteratur beschrieben sind und die von großer Bedeutung für die Wirkungen psychoaktiver Substanzen bei den einzelnen KonsumentInnen sind.

Nach unserem Verständnis sind die in den verschiedenen Gesellschaften und zu unterschiedlichen Zeiten entwickelten mannigfachen Umgangsformen mit Drogen (Drogenkonsumweisen, Barsch 1996a) kulturelle Manifestationen, deren Funktionen sich dem Forscher/der Forscherin nur in einer kulturhistorischen Analyse und durch kulturphilosophische Interpretationen erschließen. Wir verstehen die Kulturgeschichte als die Gesamtheit der „sich wandelnden Lebensformen von Ethnien, Gemeinschaften, Völkern und Nationen zu allen Zeiten und überall auf der Erde", zu der auch die verschiedenen Versuche gehören, mit denen „sich die Menschen ihre Praxis und die durch sie hervorgebrachten kulturellen Manifestationen deuten, um sie sich zu erklären" (Kappeler 1996a). Kulturgeschichtliche Forschungen und Betrachtungsweisen sind ein Versuch, die „Mißstände des heutigen Tages als ein selbstverschuldetes Leiden bewußt" zu machen (Stichwort „Kultur/Kulturphilosophie" in „Historisches Wörterbuch der Philosophie", Perpeet 1984), damit wir uns die neue, die uns aufgegebene Welt, also den Weg in die Zukunft klarer vorstellen können. Das Bewußtmachen der „selbstverschuldeten Leiden" bedarf der Annäherung an die Vergangenheit, um das Gegenwärtige als Gewordenes, als von Menschen Hergestelltes verstehen zu können. In der dominierenden Drogenpolitik und in weiten Teilen der Erziehungs- und Jugendhilfepraxis herrscht, um mit dem Philosophen Ernst Cassirer zu sprechen, ein quasi natürliches Kulturverständnis von den Bedeutungen des Drogenkonsums, das scheinbar aus der unmittelbaren Erfahrung, der Lebenspraxis selbst, resultiert: ein „distanzloses Werkverständnis" (Cassirer) in weitgehender Übereinstimmung mit den gesellschaftlichen Vorgaben. Damit werden tradierte Vorstellungen, Sitten und Gebräuche perpetuiert und ein Beitrag zur Aufrechterhaltung eines fragwürdigen „Kulturkonsenses" bezogen auf den gesellschaftlichen Umgang mit psychoaktiven Substanzen geleistet. Wir begreifen demgegenüber die kulturellen Erscheinungen, zu denen auch die jeweilige Gestalt des Drogenkonsums gehört, als von Menschen gemachte und von Menschen zu verändernde Ausdrucksformen.

Mit unserem auf mehrere Jahre angelegten Forschungsprozeß haben wir den aktuellen Ausdrucksformen des Drogenkonsums gegenüber, wie sie sich auf dem Gebiet der ehemaligen DDR entwickeln würden, eine gelassene Haltung eingenommen. Wir sind der Meinung, daß jede aufgeregte Hektik, z.B. das Beschwören der nächsten „Drogenwelle", wissenschaftliche Erkenntnis und angemessenes pädagogisches Handeln verhindert, was gegenwärtig wieder an der Skandalisierung sogenannter designer drugs und des experimentierenden Umgangs mit ihnen durch Jugendliche und junge Erwachsene (Gebrauch von Ecstasy im Kontext jugendkultureller Entwicklungen) studiert werden kann. „Erst mit einer zunächst *anschauenden* Gelassenheit gewinnen wir die für eine behutsame Annäherung an das Fremde und für verstehendes Interpretieren notwendige Distanz zu den tradierten Verkehrsformen und Beurteilungssystemen" (Kappeler 1996a). In diesem Sinne verstehen wir unseren Forschungsprozeß und seine Ergebnisse als einen Beitrag zur Ent-Dämonisierung und Ent-Mystifizierung von Drogen und Drogenkonsum. In unserem wissenschaftlichen und ideologiekritischen Kulturverständnis sind alle kulturellen Formen Durchgangspunkte. Absolute kulturelle Formen gibt es in diesem Denken nicht – wohl aber übergeordnete Prinzipien/Werte, an denen sich die jeweils aktuelle, aber auch die vergangene und die für die Zukunft gedachte kulturelle Praxis messen lassen muß: Zum Beispiel die in der Charta der Vereinten Nationen und im Grundgesetz der Bundesrepublik Deutschland kodifizierten Menschenrechte, die alle dem Grundsatz der Unverletzbarkeit, Unantastbarkeit und Unteilbarkeit der Würde des Menschen verpflichtet sind, demgegenüber sich auch Drogenforschung, Drogenpolitik und Drogenhilfe ausweisen müssen (vgl. Kappeler 1993). Bei der Konzipierung unseres Forschungsprojekts gingen wir von dem 1991 von Kappeler formulierten kulturgeschichtlichen Ansatz zum Drogenkonsum aus, der hier in einer Zusammenfassung zitiert werden soll:

„Menschen nahmen und nehmen Drogen als Medium kultischer Handlungen, als kollektiv integriertes oder auf dem Markt als Ware angebotenes Genußmittel, als spirituelles Mittel zur Erweiterung der Wahrnehmungs- und Erkenntnismöglichkeiten und als Mittel zur Befriedigung zwanghafter Impulse (Sucht).

Drogen wurden entdeckt, erforscht, produziert und gehandelt. Sie dienen dem Menschen als Mittel zur Machtausübung und als Mittel des Widerstands gegen Ausbeutung, Kolonialisierung und andere Formen der Unterdrückung. Drogen dienen dem Menschen auch als Medizin und schließlich als Mittel der Profitmaximierung in der universalen Gestalt der Ware, in der sie heute dominieren und in der sie fast überall auf der Welt anzutreffen sind.

Es gibt Zusammenhänge zwischen den verschiedenen Funktionen, Wirkungen und Gestalten der Drogen, auch viele fließende Übergänge in der Entwicklungsgeschichte von Ethnien, Kollektiven und Einzelnen, aber diese Zusammenhänge werden nicht von den stofflichen Eigenschaften der Drogen gestiftet, und es gibt in ihnen auch keine innere Gesetzmäßigkeit, die die Benutzer von Drogen zwangsläufig in die Drogenabhängigkeit – die nur *eine* Erscheinungsform der Sucht ist – treiben würde. Jede der verschiedenen Funktionen und Formbestimmtheiten existiert auch für sich allein, ohne Weiterungen und ohne Übergänge in Richtung Abhängigkeit bzw. Sucht. Es handelt sich bei der Geschichte des Drogenkonsums *nicht um die fortschreitende Entfaltung eines Wirkungszusammenhanges*, etwa von der Neugierde des Steinzeitmenschen bis hin zur ‚Jagd des Junkies nach dem nächsten Schuß' auf dem illegalen Drogenmarkt im Jahre 1990 in Frankfurt, Amsterdam, San Francisco und Kleinkleckersdorf in der Oberpfalz. Ein allgemeines Gesetz geschichtlicher Entwicklungen gilt es allerdings bei der historischen Analyse des Drogenkonsums zu beachten: ‚Die Verwendung der Produkte wird bestimmt durch die sozialen Verhältnisse, in welchen sich die Konsumenten befinden ...' (Karl Marx)" (Kappeler 1991, S. 46f.).

Der skizzierte kulturtheoretische Ansatz wurde in unserem Antrag an die Deutsche Forschungsgemeinschaft im Hinblick auf den gewählten Untersuchungsgegenstand konsequent umgesetzt. Es heißt dort: „Es bleibt also zu prüfen, wieweit die genannten Wirkungszusammenhänge an der entscheidenden kulturellen Öffnung der Bevölkerung zum Drogengebrauch und seiner Etablierung als jugendspezifisches Phänomen in den neuen Bundesländern beteiligt sein werden. Angesichts der Vielfalt der Entwicklungsmöglichkeiten gilt die besondere Aufmerksamkeit im beantragten Projekt dem Wechselspiel ganz verschiedener sozialer Faktoren bei der Entwicklung eines Rauschmittelszenariums: Verfügbarkeit neuartiger Drogen, kommunikative Bearbeitung und Einstellungsbildung zum Drogenkonsum, Entwicklung sozialer Kontakte zu Drogengebrauchern, Umfang und Art und Weise der Übernahme drogenspezifischer Wertestrukturen und Handlungsmuster durch verschiedene Subgruppen, Problemwahrnehmung und -definition durch die öffentliche Meinung, soziale Antwort verschiedener Bevölkerungsgruppen auf erstes Drogenprobieren in Abhängigkeit vom Konsumententyp, Selbstreflektion besonderer Problembelastungen im Zusammenhang mit drogenspezifischen Bewältigungsstrategien u.a." (Barsch/Kappeler 1992).

Im Jahre 1993 beantragten wir beim Bundesministerium für Forschung und Technologie (BMFT) ein Forschungsvorhaben mit dem Ziel, unser im wesentlichen mit quantitativen Methoden der empirischen Sozialforschung arbeitendes DFG-Projekt mit differenzierenden qualitativen langfristig angelegten Untersuchungen zu ergänzen und so den Ertrag unserer „quantitativen" Langzeitstudie zu optimieren. In diesem Antrag – der leider zugunsten psychiatrisch-klinisch ausgerichteter Forschungsvorhaben in der Schlußauswahl scheiterte – schreiben wir, daß es uns um den Versuch geht, „den verschiedenen Konsumformen von Drogen – Gebrauch, Mißbrauch und Abhängigkeit – unter Zugrundelegen eines dynamischen Modells nachzugehen, dessen methodischer Ausgangspunkt nicht die Annahme von aufeinanderfolgenden Durchgangsstufen ist, sondern eine Betrachtung, die von differenzierenden Verläufen mit multiplen Erscheinungsformen und jeweils eigenständigen Wertigkeiten ausgeht". Dabei werde vorausgesetzt, „daß die Formen des Drogenkonsums für die KonsumentInnen physische, psychische und soziale Funktionalität besitzen, die in ihrem Wirkungszusammenhang die jeweiligen, auch wechselnden Gebrauchsformen begründen". Ein mechanistisch-kausales Modell zur Erklärung der Ätiologie des Drogenkonsums wurde von uns verworfen, weil mit einem solchen Ansatz die komplizierten Interdependenzen aus physischen, psychischen und sozialen Einflüssen und Faktoren, die das Zustandekommen der jeweiligen Konsumformen beeinflussen, nicht erfaßt werden können. (Barsch/Kappeler 1993)

Erst in jüngster Zeit setzt sich in der Jugend- und Sozialisationsforschung unsere Auffassung allmählich durch, daß Drogenkonsum in all seiner Vielfalt ein kulturelles Phänomen ist, dem nicht mit Theorien und Strategien begegnet werden kann, die aus dem Abstinenz-Paradigma abgeleitet sind. Leider bleibt diese begrüßenswerte Veränderung des Denkens aber auf halbem Wege stehen, wenn es sich dabei um eine widerwillige und resignierte Anerkennung des Drogenkonsums als Kulturtatsache handelt, um einen pessimistischen Realismus nach dem Motto: Eine „drogenfreie Gesellschaft" wird es leider nicht geben, das lehrt uns die Kulturgeschichte, aber das Ziel jeder erzieherischen Einflußnahme muß gerade deswegen die Herbeiführung individueller Entscheidungen zur *Abstinenz* bleiben, und je früher mit dieser Erziehung begonnen wird, desto größer sind die Erfolgsaussichten. Das ist der Tenor des aktuellen Diskurses über Prävention. In der 1995 vom Drogenreferat des Berliner Senats herausgegebenen Dokumentation „Ganzheitliche organisationsbezogene Suchtprävention in Kindertagesstätten" heißt es beispielsweise: „Die Vorboten späteren süchtigen Verhaltens lassen sich bereits in der frühen Kindheit finden. Natürlich kennen auch Kinder kleine Tröster. Süssigkeiten oder das Fernsehen sind häufig erfolgreiche Helfer bei der Bewältigung des Alltags. Vielleicht haben die Eltern gerade keine Zeit, sich um die Konflikte und Nöte ihres Kindes zu kümmern. Sie bieten Bonbons, Schokolade oder Zeichentrickfilme als Ersatz an für Zuwendung und Unterstützung – und es funktioniert. Kinder verlangen bald in ähnlichen Situationen gleich nach dem Ersatz." Hier werden alle möglichen Handlungen und Konsumformen von Kindern als Drogenkonsum definiert, der prinzipiell als „Ersatz"-Handlung zur Kompensation von psychischen Defiziten/Mangelerfahrungen verstanden wird. In diesen Ansätzen wird Drogenkonsum zwar als zur Kultur gehörig anerkannt, aber kulturpessimistisch und in kulturkritischer Absicht weiterhin einseitig als negative Kulturerscheinung, als prinzipiell problematisch gewertet.

Erst wenn Drogenkonsum in seiner Ambivalenz, als Chance und Risiko zugleich gesehen werden kann, eröffnen sich theoretisch und praktisch neue Möglichkeiten des gesellschaftlichen und individuellen Umgangs mit psychoaktiven Substanzen und damit auch für erzieherische Bemühungen zur Vermeidung des mißbräuchlichen Konsums von Drogen durch Einzelne.

Wir sind in unserer Forschungsarbeit von der ambivalenten Struktur und Bedeutung des Drogenkonsums ausgegangen und haben uns bemüht, dem auch bei uns immer wieder deutlich werdenden Bedürfnis nach Reduzierung oder gar Auflösung dieser Ambivalenzen – einmal in Richtung einer Überbetonung des Gefährdungs- bzw. Risikoaspektes und dann wieder, in einer Gegenreaktion, der Überzeichnung der positiven kulturellen Aneignungsmöglichkeiten – zu widerstehen. Schließlich sind auch wir als mit dem „Angstsyndrom" sozialisierte Erwachsene in den Rollen und Funktionen von Müttern, Vätern, WissenschaftlerInnen und SozialpädagogInnen nicht frei von den von uns analysierten und kritisierten ideologischen Auffassungen und daraus resultierenden Besorgnissen. Ambivalenzen können Menschen nur schwer ertragen, zumal wenn sie, wie im Falle des Drogenkonsums, aus einer Mischung von Faszination und Angst bestehen, die immer vorliegt, wenn es sich um die Rausch- und Liebesbedürfnisse von Menschen handelt. Zygmunt Bauman hat darauf hingewiesen, daß die abendländische Geistesgeschichte und damit auch die Kulturgeschichte von einer zunehmenden und starken Tendenz der *Abwehr von Ambivalenzen* und dem Bemühen um die *Herstellung von Eindeutigkeiten* geprägt ist, die im Ergebnis zu einer radikalen und schließlich in die Vernichtung führenden Ausgrenzung alles Fremden, der eigenen dominanten Kultur nicht Einzuverleibenden, führte. Ambivalenz definiert Bauman „als die Möglichkeit, einen Gegenstand oder ein Ereignis mehr als nur einer Kategorie zuzuordnen" (Bauman 1995). Die „Erfahrung von Ambivalenz" beinhalte bzw. bewirke einen angstbesetzten Zustand der Unentschiedenheit, der als *Unordnung* erlebt werde. Die Moderne versteht Bauman als eine Zeit, die sich als Hauptaufgabe die Herstellung von *Ordnung* gesetzt hat, als herausragende Aufgabe, „als die am wenigsten mögliche unter den unmöglichen und die am wenigsten entbehrliche unter den unentbehrlichen, ja als Archetyp für alle anderen Aufgaben; eine, die alle anderen Aufgaben zu bloßen Metaphern ihrer selbst macht" (Bauman 1995, S. 16f.). Im Denken und Handeln der Moderne ist „Ordnung was nicht Chaos ist; Chaos ist, was nicht ordentlich ist" (ebenda). In diesem Denken kann das Chaos nicht als eine andere Ordnung, als mögliche Alternative zur bestehenden oder auch nur als die zugehörige andere Seite der bestehenden Ordnung zugelassen werden.

„Der Kampf um Ordnung ist nicht ein Kampf der einen Definition gegen eine andere, einer Möglichkeit, Realität auszudrücken, gegen eine andere. Es ist ein Kampf der Bestimmung gegen die Mehrdeutigkeit, (...) der Durchsichtigkeit gegen Dunkelheit, der Klarheit gegen Verschwommenheit. Ordnung als ein Konzept, als eine Vision, als ein Zweck konnte nicht ausgedrückt werden, hätte es nicht die Einsicht in die totale Ambivalenz, die Zufälligkeit des Chaos gegeben. Ordnung ist ständig im Überlebenskampf begriffen (...), das Andere der Ordnung ist das Miasma des Unbestimmten und Unvorhersagbaren. Das Andere ist die Ungewißheit, jener Ursprung und Archetyp aller Furcht. Entsprechungen für das ‚Andere der Ordnung' sind: Undefinierbarkeit, Unkohärenz, Widersinnigkeit, Unvereinbarkeit, Unlogik, Irrationalität, Mehrdeutigkeit, Verwirrung, Unvereinbarkeit, Ambivalenz. (...) Es ist die Verneinung all dessen, was Ordnung zu sein sucht. Gegen eben diese Negativität konstituiert sich die Positivität der Ordnung. Aber die Negativität des Chaos ist ein Produkt der Selbstkonstitution der Ordnung: ihre Nebenwirkung, ihr Abfall, und gleichwohl die conditio sine qua non ihrer (reflexiven) Möglichkeit. Ohne Negativität des Chaos gibt es keine Positivität der Ordnung; ohne Chaos keine Ordnung" (Bauman 1995, S. 19f.).

Wie sehr die dominierende Tendenz der Moderne zum bestimmenden Prinzip unserer Drogenpolitik geworden ist und durch diese Politik den gesellschaftlichen „Umgang" mit den KonsumentInnen illegalisierter Drogen im Alltag prägt, liegt für jeden, der diesen Alltag kennt und ihn mit einem offenen Blick betrachten kann, auf der Hand. Aber auch die Sozialisationstheorie und das erziehungswissenschaftliche Denken, die „suchtpräventives" pädagogisches Handeln rational begründen wollen und in der Öffentlichkeit legitimieren, sind, weit vor jeder pädagogischen Praxis, im „Ordnungsparadigma" der Moderne gefangen und befangen. In ihnen wird Drogenkonsum bei Jugendlichen als Symptom und Symbol für „nicht geglückte Sozialisation", für ein „Versagen der Erziehung", für eine „Abweichung vom angestrebten Verhalten" (abweichendes Verhalten!), für eine „psychische Fehlentwicklung", mit einem Wort, als Ausdruck der Zerrüttung von Personen und Verhältnissen, als Un-Ordnung, verstanden. Wen wunderts, daß auf dieses „Symptom" mit Angst, Schuldgefühlen, Aggression, barmherziger Strenge und Hilfe-Angeboten (die nicht nach dem Selbst-Verständnis der „Betroffenen" fragen, sondern den Weg zur Wiederherstellung der Ordnung als einen Weg zur „Rettung" vorschreiben) reagiert wird?

Auf die Problematik von Ambivalenz und Eindeutigkeit gehen wir hier so ausführlich ein, weil sie den Kern des dominanten gesellschaftlichen Umgangs mit Drogen trifft, der in der Dichotomie von erlaubten und verbotenen Stoffen gipfelt. Uns selbst ist diese Spannung im ganzen Forschungsprozeß bis in die letzten Auswertungs- und Formulierungsarbeiten hinein zu einer permanenten Herausforderung im Sinne einer ständigen Reflexion eigener

Eindeutigkeitssehnsüchte geworden. Wir glauben, daß nur mit einer positiven Anerkennung der mit dem Drogenkonsum verbundenen Ambivalenzen die für die längst überfälligen Veränderungen im professionellen Denken und Handeln notwendigen neuen Sichtweisen bezogen auf die Bedeutungen und Funktionen des Konsums psychoaktiver Substanzen bei Jugendlichen – aber auch bei Erwachsenen, deren Drogenkonsum wir hier aber nicht untersucht haben – erreicht werden können.

Zu den unseres Erachtens wichtigsten Ergebnissen unserer Längsschnittstudie gehört die Abbildung einer Dynamik, die für die Entwicklung von Sicht- und Verfahrensweisen zur Reduzierung der mit Drogenkonsum verbundenen Risiken von geradezu entscheidender Bedeutung ist: Die Veränderungen in der *Kommunikation* zwischen Heranwachsenden und Erwachsenen einerseits und Jugendlichen untereinander andererseits zum Thema „illegalisierte Drogen“ im Zeitverlauf. Wir haben den komplexen Zusammenhang „Kommunikation“ zum Fokus unserer Untersuchungsarbeit gemacht, weil wir davon ausgehen, daß präventive erzieherische Bemühungen, als intentionales pädagogisches Handeln verstanden, ganz überwiegend in kommunikative Prozesse zwischen im weitesten Sinne erziehenden Erwachsenen und Jugendlichen eingebettet sind. Sie haben ganz überwiegend die Form verbaler Kommunikation. Dabei sind wir uns bewußt, daß Sprache als gesprochenes und geschriebenes Wort auch unbewußte Botschaften/Signale vermittelt. Weiter gehen wir davon aus, daß die Kommunikation unter Gleichaltrigen für die Herausbildung von Einstellungen/Sichtweisen und Handlungsbereitschaften zum Drogenkonsum im allgemeinen und zum Konsum von verbotenen Drogen im besonderen von großer Bedeutung ist. Diese erschließt sich der Interpretation allerdings nur, wenn die „drogenbezogene Kommunikation“ nicht als ein eigenständiges bzw. voraussetzungsloses soziales Phänomen betrachtet wird, sondern im Rückbezug auf den Kontext lebensweltlicher Zusammenhänge der befragten Mädchen und Jungen versucht wird, eine Annäherung zu erreichen, die „Verstehen“ im hermeneutischen Sinne (den Dingen ihr inhärentes Maß ablauschen, Dilthey) erst ermöglicht. Aus diesem Grunde haben wir die familiären, schulischen und jugendkulturellen Kontexte der Jugendlichen erfaßt und sie in ihrer Bedeutung für die „drogenbezogene Kommunikation“ und damit letztlich für die Ausprägung von Sichtweisen/Einstellungen/Handlungsbereitschaften und Handlungen interpretiert. Die mit den einzelnen Fragenkomplexen erhobenen Befunde können zwar auch für sich genommen interessant sein, für ein angemessenes Verständnis der Ergebnisse des Forschungsprozesses müssen sie allerdings immer wieder mit allen anderen in Beziehung gesetzt werden.

Das gilt ganz besonders für alle Ergebnisse zum Fragenkomplex „Verfügbarkeit und Konsum von Drogen“. Im Spektrum von faktischer Erreichbarkeit psychoaktiver Substanzen, besonders der illegalisierten Drogen, und tatsächlichem Konsum vollzieht sich die unmittelbare Begegnung von Jugendlichen mit den Stoffen, treffen sie ihre individuellen Entscheidungen über die Art ihres Umgang mit Drogen. Es entspräche der traditionellen und weithin üblichen Rezeption von Forschungsergebnissen zum Untersuchungsgegenstand, das nachfragende Interesse auf diesen einen Punkt zu konzentrieren und damit zu *reduzieren*: Wieviele Jugendliche haben, vielleicht noch aufgeschlüsselt nach Jahrgangsstufen, Schultypen, Geschlecht und sozialer Herkunft, zu welchem Zeitpunkt des Längsschnitts in welchem Ausmaß welche verbotenen Drogen genommen? Dieses Interesse entspräche genau dem oben dargestellten und stets zu Skandalisierungen neigenden „Angstsyndrom", das sich in der Spannung von „Horrormeldungen und Entwarnungen" hin und her bewegt und damit dem verbreiteten Bild von den „Drogenwellen" folgt, die immer wieder von „ExpertInnen" angekündigt werden (vgl. dazu Barsch 1996b und Kappeler 1996b).

Wir halten die Ergebnisse zu „Verfügbarkeit und Konsum" zwar für wichtig, insofern sie einen materiellen Bezugspunkt unserer Fragestellungen bilden, an dem wir wichtige Zusammenhänge erläutern können, unser Hauptinteresse liegt aber gerade nicht bei *diesen* Zahlen/Ergebnissen (die leider als die drogenpolitische Hardware quantitativer Forschungen einseitig als Beitrag zur „Epidemiologie des Drogenkonsums" konsumiert werden), sondern bei den hinter ihnen liegenden Prozessen, von denen sie nur *ein* Aspekt sind, der leider im drogenpolitischen Geschäft isoliert wird, um besser politisch benutzt werden zu können.

Unser sozialwissenschaftliches und sozialpädagogisches Interesse konzentrierte sich auf den kulturellen Entstehungszusammenhang der Umgangsformen von Jugendlichen in den neuen Bundesländern (am Beispiel Ostberlins) mit illegalisierten Drogen und ihrer Bedeutungen im politischen Kontext der sogenannten Wende. Wir wollten herausfinden, wie die „Drogen-Praxis" von Jugendlichen erzieherisch, schulpädagogisch und sozialpädagogisch begleitet werden kann, mit dem Ziel, die Jugendlichen bei der Herausbildung eines subjektiv-verantwortlichen Gebrauchs von psychoaktiven Substanzen, legalen wie illegalen, zu unterstützen. Im Zwischenbericht von 1992/93 an die DFG heißt es dazu:

„Ein realistisches Ziel für präventive Arbeit in Elternhäusern, Schulen und Jugendeinrichtungen ist das Erlernen von individuell verantwortlichem Gebrauch auf der Basis von Vertrauen und sachlicher Information für alle, denen die Erfahrungen mit psychoaktiven Substanzen wichtig sind, und denen weder ihre Neugier noch ihre Bedürfnisse nach nicht-alltäglichen Erfahrungen von Erwachsenen ausgeredet werden können. Der Mißbrauch von Drogen – und das gilt für alle Drogen, ob sie verboten oder erlaubt sind – kann am ehesten verhindert werden, wenn denjenigen Jugendlichen, die die Wirkung psychoaktiver Substanzen erfahren wollen, von der Gesellschaft der Erwachsenen die Chance eingeräumt wird, psychisch unbelastet, unter den Bedingungen von Vertrauen und Zuwendung, den individuell verantwortlichen Gebrauch dieser Stoffe zu erlernen. Für die ganz große Mehrheit der Jugendlichen wird es dabei bei Alkohol, Nikotin und Cannabis bleiben."

In einer *kulturellen Aneignung* von Drogen, unter der wir sozial eingebundene kultivierte Konsumformen verstehen, die geeignet sind, die genießende, lustbetonte Seite des Drogenkonsums zu erschließen und die mit ihm verbundenen individuellen Risiken zu reduzieren bzw. zu vermeiden, sehen wir einen erfolgversprechenden Weg aus der Sackgasse der letztlich immer noch, trotz aller zu konstatierenden Bewegung, abstinenzorientierten „Suchtprävention". Wir gehen mit Christian Marzahn (1994) davon aus, daß Menschen den Weg der Kultivierung des Drogenkonsums gehen konnten und können, „wenn der Drogengebrauch nicht sozial ausgegrenzt, sondern integrierter Bestandteil einer gemeinsamen Drogenkultur ist, die ihrerseits fest in der jeweiligen Lebensweise wurzelt (...). Von *Kultur* soll die Rede sein, weil es sich um ein behutsames, sorgsam pflegendes Verhältnis zu etwas Elementarem und Wagnishaftem handelt. *Gemein* soll diese Kultur heißen, weil *gemein* ein ‚altes hoch wichtiges und edles Wort, nun aber übel heruntergekommen' ursprünglich nichts anderes bedeutet als: ‚allgemein, was alle angeht, von allen ausgeht' (Deutsches Wörterbuch 1897, S. 3169/70)" (Marzahn 1994, S. 25; Hervorhebungen im Text). „Gemeine Drogenkultur", so Marzahn weiter, „beruht weder auf Verbot noch auf Verführung, sie enteignet nicht Individuen und Gemeinschaft, indem sie ihnen Wissen, Bewertung und Entscheidung nimmt, sondern sie gibt ihnen Autonomie, Teilhabe und Selbstverantwortung" (Marzahn 1994, S. 47). Die Kultivierung des Drogenkonsums zu einer „Drogenkultur" böte die Chance, daß Menschen nicht mehr „blind und unwissend in etwas hineinstolpern (müßten), worauf sie nicht vorbereitet sind und dessen Konsequenzen sie nicht ermessen können" (ebenda), und sie wäre eine Alternative zur gegenwärtig dominanten repressiven und ausgrenzenden Drogenpolitik mit ihren negativen Konsequenzen für die KonsumentInnen.

Die Öffnung und dann die Aufhebung der innerdeutschen Grenze bot die Chance, neben anderen Politikbereichen auch die Drogenpolitik auf der Basis einer zu diesem Zeitpunkt in der alten Bundesrepublik von der drogenpolitischen Opposition bereits entwickelten Kritik neu zu bedenken, um von einer abstinenzorientierten Prohibition zu einer die Kultivierung des Drogenkonsums fördernden Öffnung zu kommen und den politischen und kulturellen Umbruch in der DDR als Chance für das Ausprobieren neuer Wege zu nutzen. Die „Gestaltung" der „Vereinigung" als „Beitritt" der „neuen Länder" zur alten Bundesrepublik bewirkte aber das Gegenteil. Der von West nach Ost als Einbahnstraße angelegte „Transformationsprozeß" übertrug nicht nur die alte, in der damaligen BRD bereits gescheiterte, abstinenzorientierte prohibitive Drogenpolitik in die ehemalige DDR, wo sie als vertrautes Muster im ganzen bereitwillig angenommen wurde, sondern verstärkte auch in den alten Bundesländern die schon in die Defensive geratenen konservativen Positionen noch einmal. Diese Entwicklung spiegelt sich in allen unseren Befunden zum Komplex „Kommunikation" in eindrucksvoller Weise.

Bereits in dem von uns 1993 vorgelegte Zwischenbericht an die DFG, der auf einer Auswertung der im Jahre 1992 durchgeführten Erhebung und ersten Vergleichen mit der Statusuntersuchung von 1990 und der ersten Wiederholungsuntersuchung im Jahre 1991 beruhte, zeigten die Befunde, die einen Einblick in die Entwicklung der Kommunikation zum „Drogenthema" geben, wie schwer es den erziehenden Erwachsenen (Mütter, Väter, LehrerInnen, JugendarbeiterInnen etc.) und den diversen Instanzen sozialer Kontrolle fällt, „realitätsgerechtes Wissen und glaubwürdige Informationen mit den Jugendlichen zu verhandeln".

1989/90 bestand zwischen Jugendlichen und Erwachsenen aller Alters- und Bevölkerungsgruppen in der DDR noch eine fast 100%ige Übereinstimmung in der Beurteilung des Konsums illegalisierter Drogen. Diesen Konsens beschrieben wir im Zwischenbericht als

- hohe innere Zuwendung zur Drogenproblematik allgemein und zu den illegalisierten Drogen im besonderen als sozial neuartige Fragestellung
- hohe Einigkeitsgrade in den Wissenstandards zum illegalisierten Drogenkonsum in allen Gruppierungen, auch der jugendlichen Bevölkerung
- Ausrichtung der Wissensvermittlung auf Abstinenz, so daß die Inhalte Warnung, Abschreckung, Angst dominieren und andere Dimensionen von Drogenkonsum tabuisiert werden
- Zustimmung und vollständige Akzeptanz zu einem Verhaltenskonzept, das auf Konsumablehnung orientiert, weil diese Forderung nicht auf das eigene Verhalten bezogen werden muß, sowie unkritische Übernahme aktivierter Klischee-Vorstellungen zu Sucht/Abhängigkeit und DrogenkonsumentInnen.

In der Folgezeit löste sich die intergenerationelle Übereinstimmung zur Bedeutung illegalisierter Drogen und ihres Konsums bei einer von Jahr zu Jahr wachsenden Zahl von Jugendlichen auf:

„Über drei Untersuchungszeitpunkte kann in den Befunden nachvollzogen werden, wie die Erwachsenen zunehmend einen Kompetenzverlust hinnehmen müssen, wodurch sie von den Jugendlichen als GesprächspartnerInnen zum Drogenthema immer weniger akzeptiert werden. Unsere Forschungsergebnisse deuten die Entwicklung zweier sich gegenseitig abschottender und negativ verstärkender Kommunikationskreise an: Auf der einen Seite die Erwachsenen mit der geballten, sachlich nicht haltbaren und deshalb unglaubwürdigen ‚Information' über alle gefährlichen Aspekte des Drogenkonsums, einschließlich einer ganzen Palette von frei erfundenen Horror-Wirkungen. Auf der anderen Seite Jugendlichen mit der geballten, sachlich nicht haltbaren, aber – weil sie von Gleichaltrigen vermittelt werden – sehr bereitwillig angenommenen ‚Informationen' über alle positiven Aspekte des Drogenkonsums, einschließlich einer ganzen Palette von erfundenen ‚Wunder-Wirkungen', während die damit verbundenen Risiken von den Jugendlichen eher verdrängt bzw. abgewertet werden. In der Folge schließen sich die beiden Kommunikationssysteme (Jugendliche unter sich – Erwachsene mit Jugendlichen/Einbahnkommunikation) immer mehr voneinander ab, was auf der Seite der Jugendlichen den Akzeptanzverlust der Erwachsenen steigert und allmählich zu einer subkulturähnlichen ‚Szene-Kommunikation' führen könnte und bei den Erwachsenen die Tendenz zu abschreckenden Warnungen und mehr oder weniger offenen Sanktionsdrohungen verstärken wird." Diese „Zwischenergebnisse" ließen uns schon 1992/93 befürchten, daß bei einer weiteren Ausprägung dieser Polarisierungstendenzen „präventive Arbeit", der es darum gehen müßte, einen individuell verantwortlichen Umgang mit psychoaktiven Substanzen zu erreichen (zu erlernen) – d.h. die Chancen und Risiken des Gebrauchs von Drogen abzuwägen und bei einer Entscheidung für den Konsum Setting und Dosierung verantwortlich handhaben zu können –, kaum noch eine Chance habe. Wir befürchteten, daß bei einem Zusammenbruch der auf den Drogenkonsum bezogenen Kommunikation zwischen Jugendlichen und Erwachsenen „wesentliche Informationen, die den unmittelbaren, schadenverhütenden Umgang mit illegalisierten Rauschmitteln betreffen – Funktionalität und Disfunktionalität, Applikationstechniken, Risiken u.ä. –, schließlich nur noch im Tabu- und Illegalitätsbereich verhandelt und weitergegeben werden können". Vor vier Jahren äußerten wir in unserem Forschungsbericht noch die Hoffnung, daß „diese Entwicklungen durch eine Aktivierung in der Prävention tätiger ErzieherInnen, durch mutige drogenpolitische Entscheidungen und eine engagierte pädagogische Praxis gestoppt" werden könnten.

Die Wiederholungsuntersuchungen 1993 und 1995 in Verbindung mit der vergleichenden Studie 1994 unter Westberliner Jugendlichen und schließlich die mit diesem Bericht vorgelegte Gesamtauswertung der Entwicklung im Zeitverlauf haben diese Hoffnung erst einmal zerstört, bzw. nur unsere Befürchtungen bestätigt. Heute müssen wir feststellen, daß sich im Laufe von sechs Jahren zwei deutlich kontrastierende Kommunikationsmuster herausgebildet und fest etabliert haben:

- *vertikale Kommunikationszusammenhänge* (Erwachsene ⇒ Jugendliche als „Einbahnkommunikation"), die von einem *abschreckend-negativen Thematisierungsmodus* bestimmt sind und
- *horizontale Kommunikationszusammenhänge* (Jugendliche ⇔ Jugendliche), die durch einen *faszinativ-positiven Thematisierungsmodus* gekennzeichnet sind.

Das bedeutet, daß illegalisierte Drogen „in zunehmendem Maße in Gesprächen unter Jugendlichen auf eine andere Art und Weise thematisiert werden als in Gesprächen zwischen Jugendlichen und Erwachsenen (...). Im Rahmen dieser verschiedenen Kommunikationszusammenhänge werden *konträre Wahrheiten* verhandelt und unterschiedliches Wissen und unterschiedliche Bewertungen bezüglich illegalisierter Drogen vermittelt." (Vgl. Abschnitt 9.3 und Abschnitt 9.6.)

Am Ende unseres Untersuchungszeitraumes werden erwachsene Bezugspersonen als KommunikationspartnerInnen zum „Drogenthema" aufgrund der von ihnen vertretenen einseitigen pauschal abschreckend-negativen Darstellung und Bewertung illegalisierter Drogen und ihres Konsums immer weniger akzeptiert, weil sich ihre Auffassungen und Haltungen im Widerspruch befinden zur Kommunikation unter Gleichaltrigen und in jugendkulturellen

Zusammenhängen, in denen faszinativ-positive Darstellungen und Bewertungen dominieren, aber auch im Widerspruch zu direkten oder indirekten Erfahrungen Jugendlicher im Umgang mit illegalisierten Drogen und ihren KonsumentInnen. In Kapitel 9 haben wir gezeigt, daß immer mehr Jugendliche Gleichaltrige als kompetente GesprächspartnerInnen kennen- und schätzenlernen, mit denen sie „anders als mit erwachsenen Bezugspersonen und besser auch als mit DrogenberaterInnen oder MedizinerInnen die sie interessierenden Aspekte der Thematik tabufrei erörtern können. Daß die SchülerInnen, die sich vorrangig in horizontalen Kommunikationszusammenhängen bewegen, neben FreundInnen insbesondere mit ‚anderen' Personen, die über Konsumerfahrungen hinsichtlich illegalisierter Drogen verfügen, zu sprechen wünschen, macht zusätzlich deutlich, daß sie an authentischen Erfahrungsberichten, an kompetenten GesprächspartnerInnen und an einer tabufreien Kommunikation auch bezüglich positiver Aspekte des Drogenkonsums interessiert sind."

Wir konstatieren also sieben Jahre nach der Öffnung der innerdeutschen Grenze einen generellen Bedeutungsrückgang erwachsener Bezugspersonen bzw. vertikaler Kommunikationszusammenhänge und einen entsprechenden Bedeutungszuwachs gleichaltriger Bezugspersonen bzw. horizontaler Kommunikationszusammenhänge. Diese haben schließlich für immer mehr Mädchen und Jungen, besonders aber für diejenigen, die sich vorrangig in jugendkulturellen Zusammenhängen bewegen, eine exklusive Attraktivität gewonnen. Die von Jugendlichen geäußerten Wünsche, mit welchen Personen sie sich künftig gerne über illegalisierte Drogen und ihren Konsum unterhalten würden, zeigen, daß die konstantierte Entwicklung sich über den Erhebungszeitraum (letzte Befragung 1995) fortsetzen wird.

Diese bedauerliche Entwicklung signalisiert das Scheitern klassischer, aus der alten Bundesrepublik übertragener Präventionsstrategien und -konzepte auf die neuen Bundesländer. Dieser Prozeß kann aber nur verstanden werden, wenn die dargestellte Entwicklung in den Zusammenhang der Lebenswelten von Jugendlichen und ihre Veränderungen seit der Wende gestellt wird, also im Kontext der Erfahrungen betrachtet wird, die Jugendliche im Elternhaus, in der Schule und in ihrer freien Zeit machen. In vielen Abschnitten unseres Forschungsberichts weisen wir darauf hin, daß die sich herausbildenden Einstellungen/Sichtweisen und Handlungsbereitschaften Jugendlicher bezogen auf illegalisierte Drogen (das gilt natürlich uneingeschränkt auch für die legalen Drogen) „in einem engen Zusammenhang mit den Lebenswelten der Jugendlichen und insbesondere mit dem Ausmaß ihres Eingebundenseins in jugendkulturelle Zusammenhänge stehen", in die auch ihre Erfahrungen mit psychoaktiven Substanzen integriert sind. Unsere Forschungsergebnisse zeigen, daß die Auflösung des „intergenerationellen Konsenses" in der Bewertung illegalisierter Drogen mit der zunehmenden Integration dieser Stoffe in jugendkulturelle Zusammenhänge einhergeht. In den nicht so sehr von Erwachsenen strukturierten und kontrollierten Lebenswelten der Jugendlichen, also außerhalb von Schule und Elternhaus, bekommen illegalisierte Drogen und ihr Konsum (daß es sich dabei ganz überwiegend um Cannabis-Produkte handelt, muß immer wieder betont werden) wachsende Bedeutung. Unter den Jugendlichen werden Berichte über Erfahrungen mit diesen Substanzen weitergegeben und in dem Maße, wie Jugendliche eigene Probiererfahrungen machen, verlieren die einseitig-negativen Darstellungen erwachsener Bezugspersonen ihre Glaubwürdigkeit. Der Austausch von Informationen und Erfahrungen über illegalisierte Drogen ist also eingebettet in jugendkulturelle Zusammenhänge, die seit der Wende durch die Auflösung der durch Schule und staatlichen Jugendverband weitgehend bestimmten Zeitstrukturen und kontrollierten Räume immer mehr Bedeutung gewonnen haben. In diesen Zusammenhängen werden zunehmend andere Einschätzungen und Bewertungen illegalisierter Drogen und ihres Konsums und auch andere Genuß-Gefahr-Relationen vermittelt als im Rahmen vertikaler Kommunikation. Der Bedeutungszuwachs selbstbestimmter jugendlicher Lebensformen im Kontext jugendkultureller Entwicklungen korrespondiert mit der von heranwachsenden Mädchen und Jungen in Pubertät und Adoleszenz sich vollziehenden Ablösung von Eltern und anderen einflußreichen Erwachsenen. Das „Drogenthema" ist eben auch Teil einer Dynamik, die unabhängig von der „Glaubwürdigkeit" der erziehenden Erwachsenen in Sachen Drogenkonsum wirkt. In der Jugendforschung der alten Bundesrepublik wurde seit Ende der 60er Jahre eine Entwicklung beschrieben, die von einer dominierenden Familienorientierung von ca. 75% der Jugendlichen im Laufe von 20 Jahren zu einer dominierenden „Gleichaltrigenorientierung" geführt hat. 1989 hatte sich das Verhältnis umgekehrt: nur noch etwa 25% der Jugendlichen orientierte sich in Fragen des Lebensstils an den kulturellen Standards ihrer Herkunftsfamilie. Diese „kulturelle Selbständigkeit" – bei sich gleichzeitig verlängernder ökonomischer Abhängigkeit! – hat zu einem erheblichen Bedeutungsverlust erwachsener Bezugspersonen geführt. Zwischen DDR-Jugendlichen und BRD-Jugendlichen lag hier einer der auffallendsten Unterschiede, der sich in den vergangenen sieben Jahren jedoch bis auf eine geringe Differenz nivelliert hat. Da nun die Jugendlichen mit der größten „Nähe" zu illegalisierten Drogen auch die größte kulturelle Selbständigkeit zeigten (starke Gleichaltrigenorientierung/die freie Zeit in kulturellen Szenen verbringen/kritische Distanz zur Familie), kann angenommen werden, daß der Glaubwürdigkeitsverlust z.B. der Eltern in Sachen illegalisierter Drogenkonsum durch diese allgemeinen Trends verstärkt wurde bzw. ein Aspekt des umfassenderen Bedeutungsverlusts erziehender Erwachsener, besonders der Eltern, ist, und daß diese Gruppe auch als sichtbar gewordene Spitze einer das Generationenverhältnis allgemein verändernden Entwicklung aufgefaßt werden kann. Wir haben hier ein exemplarisches Beispiel für den genuinen unauflösbaren Zusammenhang zwischen Drogenkonsum, jugendlichen Lebenswelten und allgemeinen Prozessen gesellschaftlicher und kultureller Veränderung.

Es muß aber immer bedacht werden, daß die Bedeutung psychoaktiver Substanzen für Jugendliche nicht für sich alleine steht, sondern nur *ein* Aspekt des für die Pubertät charakteristischen „Hungers nach sinnlichen Erfahrungen" ist, der insgesamt Ausdruck der diese Lebensphase kennzeichnenden besonderen Dynamik in der Entwicklung von Rausch- und Liebesbedürfnissen ist. Nun sind es aber gerade die sinnlichen Bedürfnisse und Erfahrungen von Jugendlichen, die vor dem ängstlichen und kontrollierenden Blick erwachsener Bezugspersonen verborgen werden und die als das ganz „Eigene" und „Andere" zur Lebenspraxis der Erwachsenen den Schutz des Geheimnisses geradezu brauchen, um ihre Funktionen in der Herausbildung von Individualität und Unabhängigkeit entfalten zu können. Schon diese entwicklungsbedingten Distanzierungen von Jugendlichen gegenüber Erwachsenen bringen es mit sich, daß in der Kommunikation der Gleichaltrigen Inhalte und Aspekte thematisiert werden, die in der Regel mit Erwachsenen, die ja im Schnitt gerade nicht freundlich-interessiert und gelassen, sondern ängstlich-mißtrauisch und hektisch auf die Bedürfnisse, Wünsche und Erfahrungen ihrer Kinder mit Liebe/Sexualität und Rausch/Drogenkonsum reagieren, nicht kommunizierbar sind. Dieses „Abschotten" ist aber nicht nur eine Reaktion auf den besorgten ausforschenden Blick der Erwachsenen, sondern auch das Bestehen der Jugendlichen auf einen „eigenen inneren Bezirk", auf Intimität, auf ein Recht auf „Geheimnisse" und damit Teil und Bedingung notwendiger Ablösungsprozesse. Auf diesem Hintergrund ist es verständlich, wenn auch kontraproduktiv, daß viele Erwachsene versuchen, die Entscheidungen von Jugendlichen, mit welchen Gleichaltrigen sie ihre freie Zeit verbringen möchten, in welchen jugendkulturellen Zusammenhängen sie sich bewegen wollen, zu beeinflussen und zu kontrollieren. Die peer-group ist leider der Schrecken vieler Eltern, LehrerInnen und ErzieherInnen.

Wir haben in unserer Auseinandersetzung mit der Bedeutung der Lebenswelten, besonders der jugendkulturellen Zusammenhänge, für heranwachsende Mädchen und Jungen während des Forschungsprozesses gelernt, daß es gerade diese Zusammenhänge waren und sind, die der 1990 prophezeiten schnellen Etablierung einer illegalen Drogenszene in den neuen Bundesländern widerstanden haben. Das liegt an der mit unseren Ergebnissen zu belegenden Tatsache, daß der Konsum psychoaktiver Substanzen, ganz unabhängig von ihrer drogenpolitischen Klassifizierung, immer als kommunikatives Handeln beginnt, wichtige kommunikative Funktionen erfüllt, also auf Integration und Teilhabe und nicht, wie landläufig unterstellt wird, auf Rückzug, Isolation und Abschalten/Aussteigen gerichtet ist. Diesen sozialintegrativen Funktionen des Drogenkonsums unter Gleichaltrigen ist es zu verdanken, daß die in den Jahren seit der „Wende" hergestellte allgemeine *Verfügbarkeit* von illegalisierten psychoaktiven Substanzen nicht automatisch einen dieser Verfügbarkeit entsprechenden Konsum solcher Substanzen bewirkt hat. Die Tatsache, daß die große Mehrheit der Jugendlichen, die sich für illegalisierte psychoaktive Substanzen interessieren und eigene entsprechende Drogenerfahrungen seither gemacht haben, durchaus nach Art und Wirkungsweise der Drogen unterscheiden, führt dazu, daß die wesentlich schwerer zu besorgenden und zu handhabenden sogenannten harten Drogen wie Heroin und Kokain, im Unterschied zu Cannabis, und neuerdings Ecstasy, keine nennenswerte Bedeutung haben.

Die insgesamt langsame, aber stetige Entwicklung der Zuwendung von Jugendlichen zu in der alten DDR kaum bekannten illegalisierten psychoaktiven Substanzen ist also eingebettet in Prozesse der Veränderung und Entwicklung jugendlicher Lebenswelten und kann nicht gegen diese oder über sie hinweg, z.B. durch die Profitinteressen des illegalen Drogenhandels, einfach etabliert werden. Die langsame Entwicklung des sich differenzierenden Umgangs mit psychoaktiven Substanzen unter Jugendlichen eröffnet auch die Möglichkeit einer kultivierten Aneignung, wie wir sie oben skizziert haben, die allerdings auch durch eine in den vergangenen Jahren deutlich wirksam werdende allmähliche Abschwächung der Pönalisierung des Konsums von Cannabis „Spiel-Räume" bekommt, die von den Jugendlichen heute, im Unterschied zu ihren AltersgenossInnen in den 70er und 80er Jahren, genutzt werden können. Unter Jugendlichen zeichnet sich im Zeitverlauf unseres Forschungsprozesses eine begrüßenswerte „Normalisierung" in den Sichtweisen/Einstellungen und Handlungsbereitschaften im Hinblick auf die Bedeutung und den Konsum illegalisierter Drogen ab, die die klassischerweise mit illegalisiertem Drogenkonsum verbundenen psychischen Belastungen reduziert und damit einen freieren Umgang, ein gelasseneres Experimentieren mit psychoaktiven Substanzen ermöglicht. Auf diese Weise konnten die zweifellos vorhandenen problematischen Wirkungen der sich gegeneinander abschottenden Kommunikationszusammenhänge zumindest in Grenzen gehalten werden.

Ein zu beachtendes Ergebnis unserer Untersuchung ist die in der Längsschnittauswertung deutlich gewordene – überraschende? – Tatsache, daß *die* Jugendlichen in den neuen Bundesländern, die sich für illegalisierte psychoaktive Substanzen interessieren, einen insgesamt eher *vorsichtigen* und *langsamen* Annäherungsprozeß an illegalisierte Drogen vollziehen, obwohl gerade von ihnen die von den erziehenden Erwachsenen in der „drogenbezogenen" Kommunikation intendierten präventiven Botschaften/Absichten nicht angenommen wurden und die von uns konstatierten und ausführlich dargelegten problematischen „Vereinseitigungen" als Konsequenz der kontrastierenden horizontalen und vertikalen Kommunikationszusammenhänge zu belegen sind.

Die glorifizierenden und mystifizierenden Bedeutungszuschreibungen an illegale psychoaktive Substanzen haben also deshalb nicht zu einer spektakulären Konsumpraxis geführt, weil tradierte Konsummuster, der Umgang mit Zeit und Geld, die „kontrollierenden" und schützenden Wirkungen der Integration Einzelner in den sozialen Zusammenhang der Gleichaltrigen-Gruppe dem entgegenstehen, und *nicht*, weil die präventiven Anstrengungen der erziehenden Erwachsenen und die Botschaften und Wirkungen abstinenzorientierter Drogenpolitik auf geheimnisvollen Wegen doch noch, wenn auch nicht abschreckend so doch abschwächend, gewirkt hätten.

Es handelt sich nach unseren Befunden hier um eine kulturelle „Eigenleistung" der Heranwachsenden in der ehemaligen DDR, die übrigens – das zeigt die Vergleichsstudie 1994 in Westberlin – mit ähnlichen Entwicklungen unter Jugendlichen in der ehemaligen BRD korrespondiert.

Erziehende Erwachsene und JugendpolitikerInnen könnten daraus lernen, daß eine bedeutende Anzahl von Mädchen und Jungen im Jugendalter ExpertInnen für den Umgang mit psychoaktiven Substanzen sind, daß sie über selbsterworbenes Wissen und vor allem über Erfahrungen verfügen, die Erwachsenen in der Regel abgehen oder, wenn sie in der eigenen Jugend erworben wurden – z.B. in der Generation der 68er Eltern –, in der Sorge um die Zukunft der eigenen Kinder im Kontext pessimistischer Beurteilungen allgemeiner gesellschaftlicher Entwicklungen (die ihre Gründe hat und hier nicht diskriminiert werden soll) in ihren präventiven Bemühungen nicht zum tragen kommen können oder dem Bewußtsein ganz verloren gegangen sind bzw. verdrängt werden, weil sie in die Sichtweisen und das „drogenerzieherische" Konzept nicht passen, zu Widersprüchen und Unsicherheiten führen würden, die man sich in diesem wichtigen Punkt „nicht leisten" zu können glaubt. Dieses falsche Verständnis von Authentizität, das der alten Vorbild-Ideologie folgt, nach der sich viele Erwachsene ihren Kindern in einem „glatt gestrickten Pullover" präsentieren, ist der untaugliche Versuch, den Ambivalenzen zu entkommen. In „präventiver" Hinsicht ist dieses Verhalten kontraproduktiv, weil Jugendliche für die Widersprüche erziehender Erwachsener seismographische Fähigkeiten besitzen und die bemühten Versuche Erwachsener, ihnen gegenüber mit der Attitüde von Klarheit und Wahrheit aufzutreten – immer in bester erziehender Absicht natürlich –, verabscheuen und als „spießig" (eines der vernichtendsten Urteile aus dem Munde von Jugendlichen) ablehnen.

Wenn also die 1989/90 prognostizierte „Drogenwelle" die Jugendlichen in der ehemaligen DDR nicht „überrollt" hat, wenn sich die „illegale Drogenszene" nicht nach dem Muster tradierter westlicher illegaler Märkte etablieren konnte – was ja besonders für Ostberlin in der unmittelbaren Nachbarschaft mit Westberlin durchaus bemerkenswert ist – und dieses Ergebnis nicht den drogenpolitischen und präventiven erzieherischen Strategien zu verdanken ist, könnte der Schluß naheliegen, auf „Prävention" überhaupt zu verzichten und das Geschehen im „Drogenbereich" den selbstregulierenden Kräften jugendkultureller Zusammenhänge zu überlassen und damit auch noch die sogenannten Prophylaxemittel („Drogentöpfe") in den Jugendetats der öffentlichen Haushalte einzusparen.

Dagegen sprechen drei Gründe, mit dem die Auswertung unserer Forschungsvorhabens vorläufig abgeschlossen werden soll:

1. Wir haben in unserer Studie Entwicklungen einer jugendlichen „Durchschnittsbevölkerung" abgebildet und interpretiert und für die Befragung den einzigen organisierten Ort gewählt, an dem dieser „Durchschnitt" auf jeden Fall repräsentiert ist: die Schule. Ganz bewußt sind wir nicht an den anderen organisierten Ort jugendlichen Lebens, die Einrichtungen der außerschulischen Jugendarbeit, gegangen, und auch nicht in die Räume (sozial-geo-

graphisch verstanden) jugendkultureller oder gar subkultureller Szenen, weil wir dort nicht den „Durchschnitt", sondern eine durch hier nicht weiter auszuführende Selektionskriterien hergestellte Konzentration von Jugendlichen mit „Drogennähe" (mit aufgrund lokaler Gegebenheiten freilich sehr unterschiedlicher Dichte und Schwankungen), angetroffen hätten und eine Verallgemeinerung der an diesen Orten zu erwartenden Befunde zu sehr „verzerrten" Ergebnissen geführt hätte.

Unsere Absicht, aufbauend auf und begleitend zu unserer quantitativen Längsschnittuntersuchung mit Methoden der qualitativen empirischen Sozialforschung diese „Konzentrationen" auf ihre Entstehungsbedingungen und Bedeutungen für die involvierten Jugendlichen hin zu untersuchen, wurde, wie bereits in der Einleitung erwähnt, von der DFG, vor allem aber von der GutachterInnen-Kommission des BMFT für unseren genau für diesen Zusammenhang konzipierten Forschungsantrag abgelehnt, so daß wir viele wichtige weiterführende Fragestellungen, die gerade für die PraktikerInnen der Jugendarbeit von großer Bedeutung sind, nicht untersuchen konnten und können.

In der vorliegenden Studie haben wir also „nur" die Entwicklungen im „Durchschnitt" der jugendlichen Bevölkerung in Ostberlin untersucht bzw. untersuchen können und „nur" auf dieser allgemeinen Ebene haben unsere Forschungsergebnisse eine Relevanz. Daß aus dieser „Gesamtheit" eine sich ständig verändernde (schwankende) Zahl von Mädchen und Jungen Formen eines für sie problematischen Drogenkonsums entwickeln und in den Jahren seit der „Wende" auch entwickelt haben, zeigt der bloße Augenschein und bestätigt die Alltagserfahrung von SozialpädagogInnen in stationären und mobilen Projekten der offenen Jugendarbeit und der Drogenhilfe. Diese einfache Tatsache, daß es Jugendliche gibt (und immer geben wird!), die aufgrund welcher biographisch-gesellschaftlichen Erfahrungen und ihrer subjektiven Verarbeitung auch immer, einen überdurchschnittlich riskanten Drogenkonsum als Teil ihres Lebensstils entwickeln und dann auf angemessene professionelle Hilfe angewiesen sein können, zeigt, daß es zur Sozialisation und vor allem zu ihrem bewußten Teil, der Erziehung, gehören muß, Jugendliche in einem Lernprozeß zu befähigen, einen subjektiv verantwortlichen, d.h. die positiven und negativen Möglichkeiten des Konsums psychoaktiver Substanzen beurteilenden und in eine realistische Beziehung setzenden Umgang mit Drogen zu entwickeln.

Die außerschulische Jugendarbeit verfügt gegenwärtig (und schon seit langem) weder über die rechtlichen noch über die materiellen Rahmenbedingungen für einen sozialintegrativen und sozialpädagogisch aktiven Umgang mit dem „Drogenthema". Die Herstellung der dafür erforderlichen Voraussetzungen (gemischtgeschlechtliche pädagogische Teams, attraktive nichtpädagogisierte Räume, gute Sachmittelausstattung etc.) auf der Grundlage von Regelförderung statt der gegenwärtig weit verbreiteten „Programmfinanzierung" (befristete sogenannte Präventionsprojekte als hektische Reaktion auf politisierte „Jugendprobleme", vgl. Kappeler 1994) verlangt eine erhebliche Aufstockung des Jugendhilfeetats.

In den Schulen müßten Lehr-Lern-Bedingungen hergestellt werden, die einen motivierenden und angemessen problematisierenden Unterricht ermöglichen, in dem das „Drogenthema" interdisziplinär und nicht nur in „Biologie" und „Religion" mit den Jugendlichen erarbeitet werden könnte.

Auch die Elternarbeit der Schule müßte sich sehr verändern. Auf den obligatorischen „Elternabenden" bringen Lehrer und Lehrerinnen das „Drogenthema" in der Regel als hochstilisiertes Problem auf den Tisch. Die Schule wird als „drogenfreier Ort" reklamiert, die Eltern werden in die Verantwortung für das Handeln ihrer Kinder genommen, und es werden Konsequenzen angedroht für den Fall, daß ein Junge oder ein Mädchen „mit dem Zeug" in der Schule „erwischt" wird. Immer wieder werden zu diesen Veranstaltungen solche „ExpertInnen" eingeladen, die den abstinenzorientierten, verbietenden und kontrollierenden Standpunkt der Schule vertreten (sogenannte Drogenfahnder des Rauschgiftdezernats, MitarbeiterInnen der städtischen Gesundheitsämter, des Jugendpsychiatrischen Dienstes, der Jugendämter etc.). LehrerInnen und Eltern bestätigen sich auf den Elternabenden gegenseitig in ihrer von Vorurteilen und Angst bestimmten ablehnenden und diskriminierenden Haltung gegenüber jeglicher Form des illegalisierten Drogenkonsums bei Jugendlichen, schieben sich gegenseitig die Verantwortung für „Vorkommnisse" zu und sind sich einig, daß auf jeden Fall „durchgegriffen" werden müsse. Diese Haltung führt immer wieder im Schulalltag zu panischen Reaktionen gegenüber einzelnen Mädchen und Jungen, die völlig unangemessen sind, für die betroffenen Jugendlichen schwerwiegende Konsequenzen haben (Bloßstellung, Schulstrafen bis hin zum Verweis von der Schule) und die Gesamtheit der Schüler und Schülerinnen dazu bringen, einen offenen Diskurs über die Bedeutung des Konsums von illegalisierten Drogen bzw. von psychoaktiven Substanzen überhaupt zu verweigern. Die Schule ist an der Herausbildung der von uns beschriebenen sich gegeneinander abschottenden Kommunikationszusammenhänge erheblich beteiligt.

Eine Veränderung dieser unter präventiven Gesichtspunkten kontraproduktiven Situationen erfordert viel Engagement, Zeit und Geld.

2. Eine „Drogenerziehung" als Erziehung zu einem kultivierten Drogenkonsum, die die Möglichkeit individueller Abstinenzentscheidungen immer mit einschließt, aber nicht zum primären Ziel erhebt, bedarf zu allererst erziehender Erwachsener, die ihrer pädagogischen Verantwortung im ausgeführten Sinne auch gewachsen sind und sie nicht an alle möglichen SpezialistInnen und DrogenexpertInnen abschieben. Es geht also um eine Re-Integration von „Drogenerziehung" in die allgemeine alltägliche Erziehungspraxis, die nur auf der Basis entwickelter „drogenerzieherischer" Kenntnisse und Fähigkeiten möglich ist. Die längst überfällige „präventive Wende" muß bei den erziehenden Erwachsenen und bei den DrogenpolitikerInnen ansetzen. Sie beginnt mit einer kostenaufwendigen und umfassend zu organisierenden Erwachsenenbildung auf der Basis der Anerkennung des Drogenkonsums als einer kulturellen Tatsache.

3. In jugendkulturellen Zusammenhängen/Szenen entwickeln sich, trotz der mit dem BtMG gesetzten Verbote und Behinderungen, selbstbestimmte Formen des Drogenkonsums, deren vielversprechende Ansätze durch den Diskriminierungs- und Kriminalisierungsdruck immer wieder zerstört werden, was wir gegenwärtig am medialen, polizeilichen und jugendpolitischen Umgang mit der Ecstasy-Szene studieren können. Solchen selbstbestimmten Aneignungsversuchen von Jugendlichen müßte von der Gesellschaft Raum und freundliche Unterstützung gegeben werden, sind sie es doch, die den wirksamsten Schutz vor der Vereinzelung und Isolierung jugendlicher DrogenkonsumentInnen und riskanter Konsumpraktiken bieten können. Die Förderung und Einrichtung von selbstorganisierten „Drogenkonsum-Beratungsstellen", die wichtiges Wissen zu Drogen und know-how im Umgang mit psychoaktiven Substanzen an interessierte Jugendliche vermitteln könnten und kulturelle Orte des Austausches über *alle* mit dem Konsum psychoaktiver Substanzen zusammenhängenden Fragen sein könnten, wäre ein Schritt zur Entwicklung einer kulturellen Integration des Drogenkonsums in jugendkulturelle und darüber hinaus in gesamtgesellschaftliche Zusammenhänge (vgl. Kappeler 1995b).

Fragestellungen für weiterführende Forschungsvorhaben

Die Grenzen unserer mit quantitativen Methoden der empirischen Sozialforschung arbeitenden Untersuchung sind von uns an verschiedenen Stellen dieses Berichtes angedeutet worden. Wir konnten Aussagen darüber machen, wie sich

- Kenntnisse, Einstellungen und Handlungen bezogen auf psychoaktive Substanzen entwickeln, die vor der „Öffnung der Mauer" in der DDR nicht verfügbar waren, seither unter der jugendlichen Bevölkerung der neuen Bundesländer aber kontinuierlich an Bedeutung gewinnen,
- die „kommunikative" Bearbeitung des „Drogenthemas" unter Gleichaltrigen und zwischen Gleichaltrigen und Erwachsenen (Herausbildung horizontaler und vertikaler Kommunikationszusammenhänge und ihrer Beziehungen zueinander) entwickelt hat,
- Verfügbarkeit und Verfügbarkeitsstrukturen illegalisierter Drogen im Zeitverlauf entwickeln.

Mit diesen Ergebnissen wurde eine wissenschaftliche Grundlage für die Bearbeitung von wichtigen weiterführenden Fragestellungen geschaffen, die aber nur mit einem anderen forschungsmethodischen Ansatz und Instrumentarium bearbeitet werden können (qualitative empirische Sozialforschung). Solche Fragen werden hier abschließend referiert:

- In welcher Art und Weise und mit welcher Heterogenität und Dynamik entwickeln sich Wege der Verbreitung und der Durchsetzung neuer Formen des Drogenkonsums innerhalb von jugendkulturellen Gruppen, die zu Innovatoren einer multivariablen Umgangsweise mit Drogen werden?

- Wie werden neue, bisher nicht gekannte Formen des Drogenkonsums in soziale Zusammenhänge, Biographien und Lebensstile Jugendlicher eingeordnet? In welcher Weise werden dabei geschlechtsspezifische Unterschiede deutlich?
- Welche Regelhaftigkeiten (Personen, Ort, Zeit, Drogenart, Menge, Konsumintervalle) werden für den Drogengebrauch entwickelt, wie werden diese innerhalb der jugendkulturellen Gruppen sozial integriert und welche Formen des sozialen Lernens und des Risikomanagements im Illegalitätsbereich lassen sich finden?
- Wie werden die neu entwickelten Formen von Drogenkonsum innerhalb der jugendgruppenspezifischen Lebensstile subkulturell-ideologisch untermauert und in welchem Verhältnis steht diese Legitimation zur Mehrheitskultur?

In diesem Zusammenhang interessieren:

- zentrale Bezugspunkte der Gruppenaktivitäten und das Verhältnis zwischen drogenspezifischen und drogenunspezifischen Gruppenaktivitäten,
- die aus spezifischen Werte- und Normenkonstellationen heraus entwickelten symbolischen Bedeutungen des Konsums oder auch die bewußte Ablehnung des Gebrauchs bestimmter Drogen,
- gruppentypische Erlebnismuster, insbesondere soziale Umstände und Interaktionen um den Drogenkonsum,
- die Herausbildung von gruppenspezifischen Konsumritualen,
- Wertungen und Reaktionen der sozialen Umwelt auf den praktizierten Drogenkonsum,
- Einflüsse der Kriminalisierung bestimmter Formen des Gebrauchs von Drogen auf den Umgang der Gruppe damit und die Gestaltung der Interaktionen mit der Mehrheitskultur.

Für die Analyse von *individuellen* Entwicklungsverläufen im Umgang mit legalen und illegalen Drogen müßten folgende Sachverhalte besondere Bachtung finden:

- das soziale Umfeld, in dem der erste Kontakt zu Drogen erfolgt,
- Einstiegs- und den Drogenkonsum erhaltende Motive,
- Phasen des Gebrauchs verschiedener Rauschmittel und deren Zusammenhang zur Integration in peer-groups,
- Lernen von Applikationstechniken,
- Deutung der aktuellen Lebenssituation,
- Wirkungszusammenhänge zwischen drogenspezifischen und drogenunspezifischen Lebensbereichen.

Im Hinblick auf eine sozialintegrative „Drogenerziehung“ gilt es zu erkennen, daß das Möglichkeitsfeld für jugendliche InnovatorInnen der Drogenpraxis wesentlich konstituiert wird durch die Bewertungen des Drogenkonsums im sozialen Umfeld, durch die Einstellungen Erwachsener, durch soziale Kontrolle und Sanktionen sowie durch die aktuell vorhandenen präventiven Potentiale.

Wichtig sind die Erziehungseinstellungen und Kontrollstrategien von ErzieherInnen (Mütter, Väter, LehrerInnen, SozialpädagogInnen). Diese entscheiden mit darüber, wie Drogenmißbrauch und -abhängigkeit als dysfunktionale Formen des Drogenkonsums verhindert werden können.

Von großer Bedeutung ist ein weiterer Fragenkomplex:

- Wie erfolgt der Prozeß der Wahrnehmung, Definition und Konzeptionalisierung von Drogenerziehung und -bildung als neu zu erschließende pädagogische Aufgabe durch die erwachsenen Bezugspersonen der Jugendlichen (Mütter und Väter, LehrerInnen, SozialpädagogInnen), wie wird er durch die Gestaltung der Rahmenbedingungen geprägt und in seiner Widersprüchlichkeit durch die Jugendlichen selbst reflektiert?
- Welche informelle soziale Haltung gegenüber Drogenkonsum entwikkeln Eltern, LehrerInnen und SozialpädagogInnen, wie unterscheiden sich diese Haltungen in bezug auf bestimmte Formen des Drogenkonsums durch bestimmte Gruppen von Jugendlichen (u.a. Mädchen/Jungen, Altersgruppen, soziales Herkunftsmilieu u.ä.), und wo bestehen zwischen den Intentionen der verschiedenen BetreuerInnengruppen Konsens, wo Unterschiede?
- Wie definieren Eltern, LehrerInnen und SozialpädagogInnen ihren Anteil an der Gesamtheit aller intentionalen, drogenbezogenen Erziehungsleistungen, welche Grenzen und Möglichkeiten sehen sie für ihren Aufgabenbereich?

Schließlich und endlich müßte folgender Fragenkomplex untersucht werden: Wie erfolgt die Ausgestaltung der intentionalen, drogenbezogenen Erziehungsleistungen der Sozialisationsinstanzen Familie, Schule und Jugendarbeit in bezug auf

- die Definition von Drogenproblemen und damit in der Festlegung der Ziele von Drogen-Sozialisation (Zielebene),
- Themen, die in Zusammenhang mit Drogenerziehung und -bildung behandelt werden (Inhaltsebene),
- Repertoire der Formen der Vermittlung des gesellschaftlichen und kulturellen Rahmens für Drogenkonsum, einschließlich der gewählten Kontroll- und Sanktionsstrategien der Erwachsenen gegenüber den Jugendlichen (Methodenebene),
- eine Differenzierung entsprechend der angezielten Gruppe der jugendlichen Bevölkerung (Adressatenebene),

und welche Gemeinsamkeiten und welche Differenzierungen zeichnen sich für die einzelnen Sozialisationsinstanzen ab?

Eine an diesen, aus unserem jetzt abgeschlossenen Forschungsprojekt hergeleiteten Fragestellungen orientierte Untersuchung der jugendkulturellen Entstehungsbedingungen und Funktionen des Drogenkonsums unter Jugendlichen und seiner vielfältigen individuellen Bedeutungen könnte weitere wichtige Erkenntnisse bringen, die für notwendige neue Sichtweisen und Handlungsmöglichkeiten pädagogischer Professionen bezogen auf den komplexen Zusammenhang „Jugend und Drogen“ wissenschaftliche Grundlagen bieten. Von einer lediglich an der Epidemiologie des illegalisierten Drogenkonsums interessierten Forschungspolitik, wie sie gegenwärtig dominiert und die Bedürfnisse der regierungsamtlichen Drogenpolitik erfüllt, ist allerdings für diesen Ansatz – das zeigen unsere Erfahrungen – vorläufig keine Unterstützung zu erwarten.

Literatur

Akademie der Wissenschaften der DDR, Institut für Soziologie und Sozialpolitik (Hg.): Zur Situation von Kindern und Jugendlichen in der DDR. (Materialsammlung.) Im Auftrag des Volkskammerausschusses Familie und Frauen. Berlin 1990.

Amendt, G.: Sucht-Profit-Sucht. In: Konkret Nr. 1-4, 1981.

Amendt, G. und Stiehler: Politische Ökonomie des Drogenhandels. Frankfurt/M. 1972.

Autorenkollektiv (unter der Leitung von Rudi Weidig): Sozialstruktur der DDR. Berlin 1988.

Bäuerle, D.: Drogenberatung in der Schule. Stuttgart 1981.

Bäuerle, D.: Im Kampf gegen die Drogensucht. Hilfen für Eltern und ihre Kinder. Frankfurt/M. 1991.

Barsch, G.: Drogen – Wissen, Einstellungen und kommunikative Prozesse in einer drogennaiven jugendlichen Bevölkerung. Forschungsbericht zum Projekt „Drogen '90", Berlin 1990.

Barsch, G.: Forschungsbericht zur Wiederholungsuntersuchung „Die Entwicklung des Konsums illegalisierter Drogen in der jugendlichen Bevölkerung Ostberlins". Unveröffentlichtes Manuskript, Berlin 1991.

Barsch, G.: Drogenkonsum und Drogenpolitik in modernen Gesellschaften – Modernisierungserfordernisse und -chancen, dargestellt an Transformationsprozessen in Ostdeutschland. Habilitationsschrift an der Technischen Universität Berlin, Fachbereich Erziehungs- und Unterrichtswissenschaften, Berlin 1996. (1996a)

Barsch, G.: Die Mythen zu „Drogenwellen". In: Wissenschaftlicher Beirat des Bundesverbandes für akzeptierende Drogenarbeit und humane Drogenpolitik – akzept e.V. (Hg.): Wider besseres Wissen. Die Scheinheiligkeit der Drogenpolitik. Bremen 1996. (1996b)

Barsch, G. und M. Kappeler: Die Karriere des illegalisierten Drogenkonsums als soziales Problem in den neuen Bundesländern. Projektantrag an die Deutsche Forschungsgemeinschaft, Berlin 1992.

Barsch, G. und M. Kappeler: Prozesse der Differenzierung des Drogenkonsums in der jugendlichen Bevölkerung der neuen Bundesländer. Forschungsantrag an das BMFT 1993.

Bauman, Z.: Moderne und Ambivalenz. Frankfurt/M. 1995.

Beck, U.: Risikogesellschaft. Auf dem Weg in eine andere Moderne. Frankfurt/M. 1986.

Becker, H.S.: History, culture, and subjektive experience – an exploration of drug-induced experiences. In: Journal of Health and Social behavior 8 (1967), S. 163-176.

Behnken, I., C. Günther, O. Kabat vel Job, S. Keiser, U. Karig, H.-H. Krüger, B. Lindner, H.-J. v. Wensierski und J. Zinnecker: Schülerstudie '90. Weinheim und München 1991.

Behr, H.-G.: Von Hanf ist die Rede. Basel 1980.

Berger, P.A. und St. Hradil: Lebensläufe, Lebenslagen, Lebensstile. Sonderband 7 der Sozialen Welt. München 1990.

Bierhoff, H.W.: Sozialpsychologie. Stuttgart 1984.
Blauth, J., E. Holthaus, J. Korporal, A. Leicht und H. de Ridder: Das Gesundheitsmobil – Implementierung eines AIDS-präventiven Gesundheitsservice für SpritzdrogengebraucherInnen. Berlin 1995.
Böhnisch, L.: Sozialpädagogik des Kindes- und Jugendalters. Eine Einführung. Weinheim und München 1992.
Böhnisch, L.: Pädagogik des Jugendraums. Weinheim und München 1993.
Bourdieu, P.: Die feinen Unterschiede. Kritik der gesellschaftlichen Urteilskraft. Frankfurt/M. 1989.
Cohen, P.: Schadensminimierung durch Selbstregulierung. Ein Grundkonzept für die allgemeine Drogenpolitik. In: Neumeyer/Schaich-Walch 1992, a.a.O., S. 43-56.
Diewald, M.: Von Klassen und Schichten zu Lebensstilen – Ein neues Paradigma für die empirische Sozialforschung? In: Arbeitsgruppe Sozialberichterstattung, Wissenschaftszentrum Berlin für Sozialforschung, Paper P90-105. Berlin 1990.
Dudek, P. und H.-E. Tenorth: Transformationen der deutschen Bildungslandschaft. Rückblick in prospektiver Absicht. In: Zeitschrift für Pädagogik, 1993/Beiheft 30, S. 301-327.
Eckerle, G.A.: Kriterien der Anwendbarkeit von Forschungsergebnissen. In: Zeitschrift für internationale erziehungs- und sozialwissenschaftliche Forschung, Heft 2 (1986), S. 225-238.
Engel, U. und K. Hurrelmann: Was Jugendliche wagen. Weinheim und München 1994.
Fink, E.: Nähe und Distanz. Freiburg, München 1976.
Hennig, W. und W. Friedrich (Hg.): Jugend in der DDR. Weinheim und München 1991.
Hirschi, T.: Procedual rules and the study of deviant behavior. In: Social Problems 21 (1973) 33, S. 80-81.
Fahrenkrug, W.H.: Alkohol, Individuum und Gesellschaft – zur Sozialgeschichte des Alkoholproblems in den USA. Frankfurt/M., New York 1984.
Ferchhoff, W.: (Neu-)Bestimmung von Professionalität in der Sozialpädagogik. In: H.-J. Krause (Hg.): Geschichte, Gegenwart und Zukunft sozialer Berufe. Schriftenreihe der Fachhochschule Düsseldorf. Düsseldorf 1989, S. 113-140.
Forschungsgruppe Jugend und Drogen (G. Barsch, K. Gaffron, E. Hayner, M. Kappeler, P. Leinen, J. Schlotter, S. Ulbricht): Die Karriere des illegalisierten Drogenkonsums als soziales Problem in den Neuen Bundesländern. Veränderungen und Entwicklungen von Wissen, Einstellungen und Handlungsweisen bezüglich legalisierten und insbesondere illegalisierten Drogen unter den Jugendlichen in Ostberlin in der Nach-Wende-Zeit 1990 bis 1995. Abschlußbericht an die Deutsche Forschungsgemeinschaft, Berlin 1996.
Franzkowiak, P.: Alltäglicher Genußmittelkonsum und medizinische Risikodefinitionen – eine kultursoziologische Kritik an epidemiologischen und gesundheitserzieherischen Konzepten zum sozialintegrierten Zigarettenrauchen und Alkoholkonsum. Göttingen 1985.
Frey, D. und Chr. Möhle: Einstellung. In: G. Endruweit und G. Trommsdorff (Hg.): Wörterbuch der Soziologie. Stuttgart 1989.
Friedrich, W.: Mentalitätswandlungen der Jugend in der DDR. In: Aus Politik und Zeitgeschichte. Beilage zur Wochenzeitung Das Parlament, B16-17, 1990, S. 25-37.
Gaffron, K. und S. Ulbricht: Zum Umgang mit legalisierten und illegalisierten Drogen in ausgewählten Marzahner Einrichtungen offener Jugendarbeit. Unveröffentlichtes Manuskript, Berlin 1994.
Geißler, R.: Die soziale Schließung der Hochschulen in der DDR und ihre Ursachen. Referat für die Arbeitstagung der Deutschen Vereinigung für Politische Wissenschaft, Arbeitskreis Sozialistische Gesellschaften, „Intelligenz und gesellschaftlicher Wandel" in Marburg, 13.-17.2.1990.
Georgescu, V.: Vorbeugende Spritze gegen Drogensucht. In: Berliner Zeitung vom 30./31.12.1995.

Gerdes, K. und Chr. v. Wolffersdorf-Ehlert: Drogenszene – Auf der Suche nach Gegenwart. Ergebnisse teilnehmender Beobachtung in der jugendlichen Drogensubkultur. Stuttgart 1974.

Gruschka, A. und M. Tiedtke: Faites votre jeu. Bericht über die hellen Ost-Berliner Eltern. In: Pädagogische Korrespondenz, Heft 11, Sommer 1992, S. 24-33.

Happel, H.-V.: Selbstorganisierter Ausstieg. In: akzept e. V. (Hg.): Leben mit Drogen. Dokumentation des 1. Kongresses des Bundesverbandes für akzeptierende Drogenarbeit und humane Drogenpolitik. Berlin 1991, S. 25-37.

Hartwig, K.-H.: Rationale Drogenpolitik in der Demokratie. Wirtschaftswissenschaftliche und wirtschaftstheoretische Perspektiven einer Heroinvergabe. Tübingen 1995.

Heckmann, W.: Eigentlich ist dieses Leben ein ständiger Hilferuf. In: C. Schaefers (Hg.): Notausgänge. Berichte, Protokolle, Analysen. Hannover 1980, S. 59-83.

Heckmann, W., K. Püschel, A. Schmodt, V. Schneider, W. Schulz-Schaeffer, R. Soellner, Ch. Zenker und J. Zenker: Drogentodesfälle in Berlin, Bremen und Hamburg, Drogennotfälle in Bremen und Hamburg. In: Schriftenreihe des Bundesministeriums für Gesundheit, Bd. 28, Baden-Baden 1993.

Heiligenmann, U.: Einzelfallstudien in der erziehungswissenschaftlichen Forschung. In: Zeitschrift für internationale erziehungs- und sozialwissenschaftliche Forschung, Heft 1 1989, S. 175-192.

Hellwig, G.: Jugend und Familie in der DDR. Köln 1984.

Hess, H.: Rauchen – Geschichte, Geschäfte, Gefahren. Frankfurt/M. 1987.

Hradil, St.: Die „objektive" und die „subjektive" Modernisierung – der Wandel der westdeutschen Sozialstruktur und die Wiedervereinigung. In: Aus Politik und Zeitgeschichte. Beilage zur Wochenzeitung Das Parlament, B29-30/92, 10.6.1992.

Hübner, M.: Die deutsche Arbeiterbewegung und „die" Alkoholfrage 1890 bis 1914. Berlin 1985.

Hurrelmann, K.: Lebensbedingungen, Drogenkonsum und Sucht – soziologische und sozialisationstheoretische Erklärungsversuche. In: Bayerische Schule 3 (1989), S. 19-22.

Hurrelmann, K. und B. Holler: Gesundheitliche Beschwerden und soziales Netzwerk bei Jugendlichen. In: J. Seiffke-Krenke (Hg.): Krankheitsverarbeitung bei Kindern und Jugendlichen. Jahrbuch der medizinischen Psychologie. Band 4, Berlin 1990.

Hurrelmann, K., B. Holler und E. Nordlohne: Die psycho-sozialen „Kosten" verunsicherter Statuserwartungen im Jugendalter. In: Zeitschrift für Pädagogik 34 (1988) 1, S. 25-42.

Hurrelmann, K. und I. Vogt: Warum Kinder und Jugendliche zu Drogen greifen. Ein Überblick über Untersuchungsergebnisse und Erklärungsversuche. In: Deutsche Jugend 33 (1985), S.30-39.

INFO: Befindlichkeiten, Lebensentwürfe, Zukunftsperspektiven von Kindern und Jugendlichen in Berlin Prenzlauer Berg. Berlin 1996.

Joas, H.: Das Risiko der Gegenwartsanalyse. (Besprechung von Beck 1986, a.a.O..) In: Soziologische Revue 1 (1988), S. 1-6.

Jugendwerk der Deutschen Shell (Hg.): Jugend '92. Lebenslagen, Orientierungen und Entwicklungsperspektiven im vereinigten Deutschland. 4 Bände, Opladen 1992.

Jugendwerk der Deutschen Shell (Hg.): Jugend '97. Zukunftsperspektiven, gesellschaftliches Engagement, politische Orientierungen. 12. Shell-Jugendstudie, Opladen 1997.

Kabat vel Job, O.: Zum Wandel familialer Lebensformen in Ostdeutschland. In: P. Büchner und H.H. Krüger (Hg.): Aufwachsen hüben und drüben. Opladen 1991.

Kappeler, M.: Drogen und Kolonialismus. Zur Ideologiegeschichte des Drogenkonsums. Frankfurt/M. 1991.

Kappeler, M.: Die Würde des Menschen ist unantastbar! Aber wer sich berauscht.... In: Bundesverband für akzeptierende Drogenarbeit und humane Drogenpolitik – akzept e.V. (Hg.): Menschenwürde in der Drogenpolitik. Hamburg 1993.

Kappeler, M.: Gefährdung und Prävention. In: Berliner Arbeitskreis Jugendarbeit, Jugendforschung, Jugendpolitik (Hg.): Jeder für sich oder Alle gegen alle? Materialien zur Fachtagung vom 6. und 7. Oktober 1994 in Berlin. Berlin 1994.

Kappeler, M.: Wie war das bei Euch? ... So wars bei uns! In: Derselbe: Plädoyer für das umherschweifende Leben. Sozialpädagogische Essays zu Jugend, Drogen und Gewalt. Frankfurt/M. 1995. (1995a)

Kappeler, M.: Argumente für eine soziale und ökologische Drogenpolitik. In: Derselbe: Plädoyer für das umherschweifende Leben. Sozialpädagogische Essays zu Jugend, Drogen und Gewalt. Frankfurt/M. 1995. (1995b)

Kappeler, M.: Drogenkultur und Recht – Ideologiekritik am Beispiel des BtMG. In: H. Wegehaupt und N. Wieland (Hg.): Kinder, Drogen, Jugendliche, Pädagogen – In Kontakt bleiben. Dokumentation des 1. Europäischen Drogenkongresses in Münster 1996. Münster 1996. (1996a)

Kappeler, M.: Widerstände gegen eine neue Drogenpolitik bei professionellen Helferinnen und Helfern. In: Wissenschaftlicher Beirat des Bundesverbandes für akzeptierende Drogenarbeit und humane Drogenpolitik – akzept e.V. (Hg.): Wider besseres Wissen. Die Scheinheiligkeit der Drogenpolitik. Bremen 1996. (1996b)

Kardorff, E. v.: Qualitative Sozialforschung – Versuch einer Standortbestimmung. In: U. Flick, E. v. Kardorff, H. Keupp, L. v. Rosenstiel und St. Wolff (Hg.): Handbuch Qualitative Sozialforschung. Grundlagen, Konzepte, Methoden und Anwendungen. München 1991, S. 3-8.

Kastner, P. und R. Silbereisen: Drogengebrauch Jugendlicher aus entwicklungstheoretischer Sicht. In: Forschungsberichte aus der Arbeitsgruppe TUdrop Jugendforschung 36/1984. Berlin 1984.

Keiser, S.: Die Familie als Faktor der politischen Sozialisation in der DDR Ende der 80er Jahre. In: Hennig/Friedrich 1991, a.a.O., S. 39-50.

Keiser, S.: Familiale Lebenslagen und Kommunikation. In: H.-J. Stiehler und U. Karing (Hg.): angekommen?! Freizeit- und Medienwelten von Jugendlichen in den neuen Bundesländern. Berlin 1993.

Kleiber, D. und A. Pant: HIV – Needle-sharing – Sex. In: AIDS-Forschung. Arbeitsberichte Nr. 25, Berlin 1992.

Köhler, B.M.: Gibt es eine soziale Differenzierung des Ernährungsverhaltens? Sekundäranalytische Untersuchung sozialer Bestimmungsgrößen des Ernährungsverhaltens Erwachsener. In: Veröffentlichungsreihe der Forschungsgruppe des Wissenschaftszentrums Berlin für Sozialforschung, Paper P91-208. Berlin 1991.

König, E.: Aufgaben und Probleme handlungsleitender Erziehungswissenschaft. In: Ders. und P. Zedler (Hg.): Erziehungswissenschaftliche Forschung: Positionen, Perspektiven, Probleme. Paderborn und München 1982, S. 80-103.

Krafeld, F.J.: Cliquenorientierte Jugendarbeit. Weinheim und München 1992.

Krauss, G.H.: Drogenkonsum als Handlung. In: Wiener Zeitschrift für Suchtforschung 3 (1985) 8, S. 23-31.

Kreuzer, A.: Drogen und Delinquenz. Eine jugendkriminologisch-empirische Untesuchung der Erscheinungsformen und Zusammenhänge. Wiesbaden 1975.

Kuczynski, J.: Bemühungen um die Soziologie. Berlin 1986.

Ladewig D., V. Hobi, D. Kleiner, H. Dubacher und V. Faust: Drogen unter uns. Medizinische, psychologische und juristische Aspekte des Drogenkonsums unter Berücksichtigung des Alkohol- und Tabakkonsums. Basel 1979.

Lamnek, S.: Theorien abweichenden Verhaltens. München 1990.

Lange, G.: DDR-Jugend im politischen Wandel der 80er Jahre. In: Melzer u.a. 1991, a.a.O., S.184ff..

Lessing, H.: Jugendarbeit als Wi(e)deraneignung von Arbeit, Umwelt und Kultur. In: Deutsche Jugend 10/1984, S. 450-459.

Mader, R. und H. Strotzka (Hg.): Drogenpolitik zwischen Therapie und Strafe. Wien 1980.
Malhotra, W.: Wuppertaler Schüler mit Drogenerfahrung. In: Öffentliches Gesundheitswesen 36 (1984), S. 256-271.
Mandl, H., H.F. Friedrich und A. Hron: Psychologie des Wissenserwerbs. In: B. Weidenmann, A. Krapp u.a. (Hg.): Pädagogische Psychologie. München und Weinheim 1986.
Mannheim, K.: Das Problem der Generationen. In: Kölner Vierteljahreshefte für Soziologie, 1928 (7. Auflage), S. 157-185 und 309-330.
Marzahn, Chr.: Bene Tibi – Über Genuß und Geist. Bremen 1994.
Melzer, W., W. Heitmeyer, L. Liegle und J. Zinnecker (Hg.): Osteuropäische Jugend im Wandel. Weinheim und München 1991.
Melzer, W. und L. Schmidt: Jugend und Familie in beiden Teilen Deutschlands. In: Melzer u.a. 1991, a.a.O., S. 207-219.
Neubauer, G., W. Melzer und K. Hurrelmann (Hg.): Jugend im deutsch-deutschen Vergleich. Weinheim 1992.
Neumeyer J. und G. Schaich-Walch (Hg.): Zwischen Legalisierung und Normalisierung. Ausstiegsszenarien aus der repressiven Drogenpolitik. Marburg 1992.
Neunter Jugendbericht. Herausgegeben vom Bundesministerium für Familie, Senioren, Frauen und Jugend, Bonn 1994.
Nietzsche, F.: Zur Genealogie der Moral. In: Kritische Gesamtausgabe, hrsgg. von G. Colli und M. Montinari. Band 6/2, Berlin 1968.
Nordlohne, E.: Die Kosten jugendlicher Problembewältigung. Weinheim 1992.
Pankow, J.: Über das psycho-hygienische Verhalten und das gesundheitliche Wissen bei älteren Schülern. Kiel 1970.
Perpeet, W.: Kultur/Kulturphilosophie. In: J. Ritter und K. Gründer (Hg.): Historisches Wörterbuch der Philosophie. Basel 1984.
Pittmann, D.J. und R.L. Tate: A comparison of two treatment programs for alcoholics. 1974. Entnommen aus: C.D. Emrick: A review of psychological treatment of alcoholism. Quart. J. Stud. Alcohol 35 (1974), S. 523-549.
Probst, A.: Ressentiment. In: J. Ritter und K. Gründer (Hg.): Historisches Wörterbuch der Philosophie. Darmstadt 1987.
Probst, P. und A. Leenhouwers: Naivität. In: J. Ritter und K. Gründer (Hg.): Historisches Wörterbuch der Philosophie. Basel 1984.
Quensel, St.: Mit Drogen leben. Frankfurt/M., New York 1985.
Quensel, St.: Substanz und Bedeutung des Drogenkonsums – eine Einleitung. In: Kappeler 1991, a.a.O., S. 9-15.
Quensel, St. und E. Quensel: Delinquenzbelastungsskalen für männliche Jugendliche. In: Kölner Zeitschrift für Soziologie und Sozialpsychologie, (1970), S. 75-97.
Raschke, P. und J. Kalke: Substitutionstherapie in der Bundesrepublik Deutschland: Länderkonzepte und Resultate wissenschaftlicher Begleitforschung im Vergleich. In: Neue Praxis 3 (1993) 21, S. 207-219.
Reißig, M.: Gesellschaftliche Bedingungen für den Alkoholmißbrauch Jugendlicher in der DDR. In: Hennig/Friedrich 1991, a.a.O., S. 133-142.
Renn, H.: Von der Gesundheitserziehung zur Gesundheitsförderung am Beispiel der Suchtprävention. In: B. Stumm und A. Trojan (Hg.): Perspektiven für Gesundheitswissenschaften. Frankfurt/M. 1990.
Reuband, K.-H.: Exzessives Trinken bei Jugendlichen. Über den Einfluß von Problemlagen, sozialer Partizipation und Lebensstil. In: H. Berger, A. Legnaro und K.-H. Reuband (Hg.): Jugend und Alkohol. Trinkmuster, Suchtentwicklung und Therapie. Stuttgart 1980, S. 76-93.
Reuband, K.-H.: Soziale Determinanten des Drogengebrauchs. Eine empirische Untersuchung in der Bundesrepublik Deutschland unter besonderer Berücksichtigung soziologischer Theorien abweichenden Verhaltens. Köln 1990.

Richter, G. und B.-R. Fischer: Städtischer Schulalltag im Wandel. Eine Lehrerperspektive. In: Zeitschrift für Pädagogik, 1993/Beiheft 30, S. 37-48.
Riedel, K., M. Griwatz, H. Leutert und J. Westphal: Schule im Vereinigungsprozeß. Probleme und Erfahrungen aus Lehrer- und Schülerperspektive. Frankfurt/M. 1994.
Roski, G.: Beweggründe Jugendlicher zum Verlassen der DDR. Unveröffentlichtes Manuskript, Leipzig 1988.
Rost, P. und A. Wessel: Schulwahl – Ein neues Problem für Schüler und Eltern in Ostberlin. In: Die deutsche Schule, 1992/3, S. 272-281.
Sachverständigenkommission Neunter Jugendbericht: Hearing „Kindheit und Jugend in der DDR". November 1992 in Gosen bei Berlin. (Unveröffentlichtes Manuskript)
Schäffer, B.: Die Unangemessenheit jugendsoziologischer Forschung für die sozialpädagogische Praxis. In: Berliner Arbeitskreis Jugendarbeit, Jugendforschung, Jugendpolitik (Hg.): Jeder für sich oder Alle gegen alle? Materialien zur Fachtagung vom 6. und 7. Oktober 1994 in Berlin. Berlin 1994, S. 33-39.
Scheerer, S.: Die Genese der Betäubungsmittelgesetze in der Bundesrepublik Deutschland und in den Niederlanden. Göttingen 1982.
Scheerer, S. und I. Vogt (Hg.): Drogen und Drogenpolitik. Ein Handbuch. Frankfurt/M., New York 1989.
Scheler, M.: Das Ressentiment im Aufbau der Moralen. Gesammelte Werke III, Bern 1955.
Scheuch, E.K.: Die Frage Lebensstil. In: Berliner Zeitung vom 6./7.1.1996.
Schmerl, Ch.: Drogenabhängigkeit. Kritische Analyse psychologischer und soziologischer Erklärungsmodelle. Opladen 1984.
Schmidt-Semisch, H.: Drogen als Genußmittel. Ein Modell zur Freigabe illegaler Drogen. München 1992.
Schütze Y. und M. Wagner: Familiensoziologie. In: H. Kerber und A. Schmieder (Hg.): Spezielle Soziologien. Hamburg 1994.
Schule im Spiegel der öffentlichen Meinung. Ausgewählte Ergebnisse der siebten Repräsentativbefragung der bundesdeutschen Bevölkerung. In: Deutsche Lehrerzeitung, 39. Jg., 15/1992, S. 3.
Schwarz, J.: Feststellungen zum Rauschmittelgebrauch Jugendlicher in Schleswig-Holstein. In: H. Schäfer (Hg.): Grundlagen der Kriminalistik. Bd. 9: Rauschgiftmißbrauch, Rauschgiftkriminalität. Hamburg 1972, S. 195-208.
Seiring, K.: Jugendliche im Transformationsprozeß. Vorbedingungen, Probleme und Chancen zur Integration ostdeutscher Jugendlicher im vereinten Deutschland. In: Veröffentlichungsreihe der Forschungsgruppe des Wissenschaftszentrums Berlin für Sozialforschung, Paper P94-103. Berlin 1994.
Stamm, K.-D.: Zeittafel zu den Veränderungen im Schulwesen auf dem Gebiet der ehemaligen DDR im Zeitraum November 1989 bis 1991. In: Pädagogik und Schulalltag, 47 (1992) 5, S. 501-506.
Stosberg, K.: Sozialisation und Sozialisationsstörungen – ein soziologischer Ansatz. In: W. Feuerlein (Hg.): Sozialisationstörungen und Sucht. Entstehungsbedingungen, Folgen, therapeutische Konsequenzen. Wiesbaden 1981, S. 5-15.
Sutherland, E.H.: Principles of criminology. 4. Auflage, Chicago 1947.
Sutherland, E.H.: Die Theorie der differentiellen Kontakte. In: F. Sack und R. König (Hg.): Kriminalsoziologie. Frankfurt/M. 1968, S. 395-399. (Original: A Sociological Theory of Criminal Behavior. In: A.K. Cohen, A. Lindesmith, K. Schuessler (Hg.): The Sutherland Papers. Bloomington 1956, S. 30-41 (zuerst 1944).)
Terhart, E.: Das Einzelne und das Allgemeine. Über den Umgang mit Fällen im Rahmen erziehungswissenschaftlicher Forschung. In: Zeitschrift für internationale erziehungs- und sozialwissenschaftliche Forschung, Heft 2 (1985), S. 283-312.
Tiedke, M.: Vielfalt statt Einheit. In: Pädagogische Korrespondenz, Heft 13, Frühjahr 1994, S. 5-21.

Tillmann, K.-J.: Staatlicher Zusammenbruch und schulischer Wandel. Schultheoretische Reflexionen zum deutsch-deutschen Einigungsprozeß. In: Zeitschrift für Pädagogik, 1993/Beiheft 30, S. 29-36.

Tillmann, K.-J.: Von der Kontinuität, die nicht auffällt: Das Schulsystem im Übergang von der DDR zur BRD. In: Zeitschrift für Pädagogik, 1994/Beiheft 32, S.264-266.

van Vliet, H.-J.: Mit Risiken kann man leben. Grundlagen der niederländischen Drogenpolitik. In: Neumeyer/Schaich-Walch 1992, a.a.O., S. 65-77.

Viebahn, P.: Psychologie des studentischen Lernens. Ein Entwurf der Hochschulpsychologie. Weinheim 1990.

Vogt, I. und S. Scheerer: Drogen und Drogenpolitik. In: Scheerer/Vogt 1989, a.a.O., S. 5-52.

Vollbrecht, R.: Ost-west-deutsche Widersprüche. Opladen 1993.

Wanke, K.: Neue Aspekte zum Suchtproblem. Multifaktorielle Analysen klinischer Erfahrungen mit jungen DrogenkonsumentInnen. Frankfurt/M. 1971.

Watzlawick, P., J.H. Beavin und D.D. Jackson: Menschliche Kommunikation. Formen, Störungen, Paradoxien. 8. unveränderte Auflage Bern/Stuttgart/Toronto 1990.

Weber, G. und W. Schneider: Herauswachsen aus der Sucht illegaler Drogen. Selbstheilung, kontrollierter Gebrauch und therapiegestützter Ausstieg: ein Resümee. Münster 1992.

Weber, M.: Soziologische Grundbegriffe. Tübingen 1960.

Welck, K. und A. Legnaro: Rausch und Realität. Drogen im Kulturvergleich. Köln 1981.

Weller, K.: Sexualität und Partnerschaft der 16- bis 18jährigen Ostdeutschen im Vergleich 1980-1990. Leipzig 1992. (Kommission für die Erforschung des sozialen und politischen Wandels in den neuen Bundesländern e.V., Graue Reihe, Nr. 520.)

Willis, P.: Jugend-Stile. Zur Ästhetik der gemeinsamen Kultur. Hamburg 1991.

Zedler, P.: Erziehungswissenschaftliche Theoriebildung am Beginn der 80er Jahre – Problemstrukturen und Perspektiven. In: E. König und P. Zedler (Hg.): Erziehungswissenschaftliche Forschung: Positionen, Perspektiven, Probleme. Paderborn und München 1982, S. 266-289.

Zenker, Ch., P. Lang, P. Kruse, G. Meyer, B. Pavlekovic, E. Greiser, U. Maschewski-Schneider, H. Stadler und G. Vetter: Zwischenbericht der Begleitforschung zur Methadon-Substitution im Land Bremen. Universität Bremen und Bremer Institut für Präventionsforschung und Sozialmedizin, Bremen 1992.

Fragebogen 1995[1]

1 Die „Grundform" des Fragebogens war zu allen Untersuchungszeitpunkten gleich; wie erwähnt gab es jeweils kleine Abweichungen in Details wie etwa der Formulierung einer Antwortvorgabe etc.. In dem der Deutschen Forschungsgemeinschaft vorliegenden Forschungsbericht zur Längsschnittuntersuchung (Forschungsgruppe Jugend und Drogen 1996) ist der Fragebogen für alle Untersuchungszeitpunkte in seiner jeweiligen Form enthalten.

Forschungsgruppe „Jugend und Drogen" (01)
(02)
(03)
(04)
(05)
(06)
(07)

Liebe Schülerin! Lieber Schüler!

Wir bitten Dich, an dieser anonymen Umfrage teilzunehmen. Deine Antworten werden vertraulich behandelt. Den ausgefüllten Fragebogen bekommen weder die Eltern noch Lehrerinnen und Lehrer zu sehen.

Die Teilnahme ist freiwillig. Schreibe bitte keinen Namen auf den Fragebogen. Wenn Du Fragen hast, dann wende Dich bitte an die Mitarbeiterinnen bzw. Mitarbeiter des Forschungsteams. Wir bitten Dich, keine Fragen auszulassen, weil das sehr auf die Qualität der Ergebnisse Einfluß nimmt.

Wir danken für Deine Hilfe !

In diesem Fragebogen soll es vor allem um Drogen/Rauschmittel gehen. Sie verändern das Befinden. Es gibt erlaubte und verbotene Drogen. Die Verbotenen werden auch als *illegale* Drogen bezeichnet. Der Gebrauch anderer Substanzen (z.B. Alkohol) ist erlaubt, also *legal*. Alle Drogen unabhängig davon, ob sie erlaubt oder verboten sind, können als Rauschmittel genutzt werden.

1. Von welchen legalen und illegalen Drogen hast Du schon 'mal gehört?
(Bitte alles angeben!)
....
....
....
....
....

2. Sind Fragen, die mit illegalen Drogen zusammenhängen, für Dich wichtig?

Für mich sind diese Fragen:

- sehr wichtig ( )1(12)
- wichtig ( )2
- wenig wichtig ( )3
- unwichtig ( )4

3. Wird in Deinem Freundeskreis – also ohne Erwachsene – über illegale Drogen gesprochen?

Wir sprechen darüber:

- sehr viel ( )1(13)
- viel ( )2
- wenig ( )3
- gar nicht ( )4

4. **Mit wem hast Du Dich überhaupt schon 'mal über dieses Thema unterhalten?** (Bitte alles Zutreffende ankreuzen!)
Ich habe mich bereits unterhalten mit:

– Mutter	( )	(14)
– Vater	( )	(15)
– Klassenfreundin/-freund	( )	(16)
– andere Freundin/Freund	( )	(17)
– Lehrerin/Lehrer	( )	(18)
– Betreuerin/Betreuer im Jugendbereich	( )	(19)
– andere z.B.	( )	(20)
Ich habe mich noch nie darüber unterhalten	( )	(21)

Wenn Du bereits mit jemanden über illegale Drogen gesprochen hast, wie haben diese Gespräche auf Dich <u>überwiegend</u> gewirkt? (Bitte jede Zeile beantworten!)

	ja (1)	nein (2)	
– warnend/abschreckend	( )	( )	(22)
– bin neugierig geworden	( )	( )	(23)
– es war interessant	( )	( )	(24)
– es war glaubhaft	( )	( )	(25)
– konnte Wissen erweitern	( )	( )	(26)
– anderes z.B.	( )	( )	(27)

5. **Sein Wissen über Drogen hat man nicht nur aus Gesprächen. Woher hast Du das meiste, was Du über illegale Drogen weißt?** (Mehrere Antworten möglich!)
Den <u>größten</u> Teil weiß ich durch:

– Mutter	( )	(28)
– Vater	( )	(29)
– Klassenfreundin/-freund	( )	(30)
– andere Freundin/Freund	( )	(31)
– eine Drogenberaterin/-berater	( )	(32)
– eine Polizistin/Polizist	( )	(33)
– Lehrerinnen/Lehrer	( )	(34)
– Betreuerin/Betreuer im Jugendbereich	( )	(35)
– Kino	( )	(36)
– Radio	( )	(37)
– Bücher/Broschüren	( )	(38)
– Fernsehen	( )	(39)
– Zeitungen/Zeitschriften	( )	(40)
– eigene Beobachtungen	( )	(41)
– anderes z.B.	( )	(42)

6. **Mit wem würdest Du Dich gern ausführlicher unterhalten, wenn Du Fragen zu illegalen Drogen hast?** (Bitte alles Zutreffende ankreuzen!)
Am liebsten würde ich darüber 'mal länger reden mit:

– Eltern	( )	(43)
– Freundinnen/Freunden	( )	(44)
– Lehrerinnen/Lehrer	( )	(45)
– Betreuerinnen/Betreuer im Jugendbereich	( )	(46)
– Medizinerinnen/Mediziner	( )	(47)
– Polizistinnen/Polizisten	( )	(48)
– Drogenberaterinnen/-berater	( )	(49)
– Leuten, die selbst bereits diese Drogen genommen haben	( )	(50)
– anderen z.B.		(51)
Ich möchte mich <u>nicht</u> darüber unterhalten.	( )	(52)

7. **Wie sollte Deiner Meinung nach in Zukunft mit dem Rauschmittelproblem umgegangen werden?**

....
....
....

8. **Was würdest Du wahrscheinlich machen, wenn Dir Freunde oder Bekannte illegale Drogen anbieten würden?** (Nur eine Antwort möglich!)

– Ich würde prinzipiell den Gebrauch ablehnen.	( )1	(59)
– Es kommt darauf an welche Droge. Die eine würde ich probieren, die andere nicht.	( )2	
– Ich würde Drogen nehmen.	( )3	
– Ich weiß nicht recht.	( )4	

9. **Hast Du schon einmal illegale Drogen probiert?**
- ja ( )1 - nein ( )2 (60)

↓ **wenn nein, dann weiter mit *<u>Frage 10</u>*➔**

<u>Wenn ja:</u> Welche illegalen Rauschmittel hast Du schon 'mal probiert?

1. ______________________________ (61)

2. ______________________________ (62)

3. ______________________________ (63)

<u>Wenn ja:</u> Wie oft hast Du diese illegalen Rauschmittel probiert? (Bitte entsprechend der oben angegebenen Reihenfolge einordnen!)

	einmal 1	wenige Male 2	häufiger 3
– erstes genanntes Rauschmittel	( )	( )	( )
– zweites genanntes Rauschmittel	( )	( )	( )
– drittes genanntes Rauschmittel	( )	( )	( )

<u>Wenn ja:</u> Wie hast Du Dich beim Probieren der jeweiligen illegalen Rauschmitteln gefühlt?

....

....

....

10. Welche Gründe könnte es geben, verbotene Drogen zu nehmen? (Bitte alles Zutreffende ankreuzen!)

Illegale Drogen werden genommen:

– um zufrieden und glücklich zu sein	( )	(67)
– weil man sich irgendwie krank fühlt	( )	(68)
– um mehr leisten zu können	( )	(69)
– um Probleme vergessen zu können	( )	(70)
– weil die beste Freundin/der beste Freund Drogen nimmt	( )	(71)
– weil andere Leute, die man kennt, auch Drogen nehmen	( )	(72)
– einfach so/aus Langeweile	( )	(73)
– aus Neugier	( )	(74)
– um mehr Freundinnen/Freunde zu haben	( )	(75)
– um mit anderen in Stimmung zu kommen	( )	(76)
– weil man nicht so spießig sein will	( )	(77)
– um etwas Tolles zu erleben	( )	(78)
– weil man nicht Nein-sagen kann	( )	(79)
– anderes z.B..	( )	(80)
– ich weiß nicht	( )	(81)

11. Und welche Gründe könnte es geben, <u>keine</u> illegalen Drogen zu nehmen? (Bitte alles Zutreffende ankreuzen!)

– weil Drogen so teuer sind	( )	(82)
– weil Drogen eigentlich verboten sind	( )	(83)
– weil man von Drogen krank werden kann	( )	(84)
– weil man dadurch AIDS bekommen kann	( )	(85)
– weil man von diesen Mitteln abhängig werden kann	( )	(86)
– weil die Eltern dagegen sind	( )	(87)
– weil man nicht mehr so viel leisten kann	( )	(88)
– weil man in ein kriminelles Leben rutschen könnte	( )	(89)
– weil man nicht weiß, wo Drogen zu bekommen sind	( )	(90)
– andere z.B...	( )	(91)
– ich weiß nicht	( )	(92)

12. Was machst Du in Deiner Freizeit? (Bitte jede Zeile ankreuzen!)

	häufig (1)	manchmal (2)	nie (3)	
– fernsehen	()	()	()	(93)
– Bücher, Fachzeitschriften lesen	()	()	()	(94)
– Comics, Illustrierte lesen	()	()	()	(95)
– Musik hören	()	()	()	(96)
– ins Kino gehen	()	()	()	(97)
– ausruhen, ohne etwas zu tun	()	()	()	(98)
– mit *der* Freundin/dem Freund zusammensein	()	()	()	(99)
– einfach so mit anderen zusammensein	()	()	()	(100)
– Sport treiben	()	()	()	(101)
– Besuch von Jugendeinrichtungen	()	()	()	(102)
– Besuch von Cafes/Kneipen	()	()	()	(103)
– zur Disko gehen	()	()	()	(104)
– Beschäftigung mit anderen Hobbies	()	()	()	(105)
– anderes z.B.	()	()	()	(106)

13. Oft ist die Freizeit mit dem Gebrauch von legalen Drogen, die als Genußmittel bezeichnet werden, verbunden. Wie ist das bei Dir? (Bitte jede Zeile ankreuzen!)

ich benutze:	täglich (1)	mehrmals in der Woche (2)	mehrmals im Monat (3)	seltener (4)	nie (5)	
– Bier	()	()	()	()	()	(107)
– Wein/Sekt	()	()	()	()	()	(108)
– Schnaps/Likör	()	()	()	()	()	(109)
– Zigaretten	()	()	()	()	()	(110)
– Kaffee	()	()	()	()	()	(111)
– schwarzer Tee	()	()	()	()	()	(112)

14. Mit wem verbringst Du den <u>überwiegenden</u> Teil Deiner Freizeit?

Meine freie Zeit verbringe ich meist:

– allein	()	(113)
– mit den Eltern	()	(114)
– nur mit meiner Freundin/meinem Freund	()	(115)
– mit mehreren Freundinnen/Freunden	()	(116)
– mit Leuten, die ich oft nur flüchtig kenne	()	(117)
– mit anderen z.B....................................	()	(118)

15. Woher kennst Du die meisten Deiner Freundinnen/Freunde?
(Nur eine Antwort möglich!)
In der Mehrheit kenne ich meine Freundinnen/Freunde:

- aus meiner Klasse ( )1 (119)
- nicht aus meiner Klasse, aber aus meinem Wohngebiet ( )2
- weder aus meiner Klasse, noch aus meinem Wohngebiet ( )3

16. Wo leben Deine Freundinnen/Freunde? (Nur eine Antwort möglich!)

- nur in Ostberlin/neue Bundesländer ( )1 (120)
- überwiegend in Ostberlin/neue Bundesländer ( )2
- halbe/halbe ( )3
- überwiegend in Westberlin/alte Bundesländer ( )4
- nur in Westberlin/alte Bundesländer ( )5

17. Wie setzt sich Dein Freundeskreis zusammen? (Nur eine Antwort möglich!)

- nur Mädchen ( )1 (121)
- überwiegend Mädchen ( )2
- halbe/halbe ( )3
- überwiegend Jungen ( )4
- nur Jungen ( )5

18. Wenn Du Deinen Freundeskreis betrachtest, wieviele nehmen die folgenden Rauschmittel? (Bitte jede Zeile ankreuzen!)

	keiner (1)	einige (2)	fast alle (3)	ich weiß nicht (4)	
Marihuana (Gras)	()	()	()	()	(122)
Haschisch (Shit)	()	()	()	()	(123)
LSD/Meskalin (Trips)	()	()	()	()	(124)
Ecstasy/XTC	()	()	()	()	(125)
Heroin (Äitsch)	()	()	()	()	(126)
Kokain (Koks/Schnee)	()	()	()	()	(127)
Schnüffelstoffe	()	()	()	()	(128)
Aufputschmittel	()	()	()	()	(129)
Schmerzmittel	()	()	()	()	(130)
Beruhigungs-/Schlafmittel	()	()	()	()	(131)

19. Hast Du schon einmal <u>selbst erlebt</u>, daß jemand illegale Drogen nimmt?

- ja ( )1 – nein ( )3 (132)
- vielleicht, sicher bin ich nicht ( )2

wenn nein, weiter mit Frage 20

Wenn ja: Wie wurden diese Drogen genommen?

Sie wurden:
- geraucht ( ) (133)
- gespritzt ( ) (134)
- geschluckt ( ) (135)
- geschnupft ( ) (136)
- geschnüffelt ( ) (137)
- ich weiß nicht/bin mir nicht sicher ( ) (138)

Wenn ja: Bei welchen Leuten hast Du selbst schon einmal beobachten können, daß sie illegale Drogen nehmen?

- bei Freunden, mit denen ich fast täglich zusammen bin ( ) (139)
- bei anderen Freundinnen/Freunden ( ) (140)
- bei flüchtigen Bekannten ( ) (141)
- bei mir unbekannten Personen ( ) (142)
- bei anderen z.B. .... ( ) (143)

Wenn ja: Wo hast Du schon einmal erlebt, daß illegale Drogen genommen wurden?

- in Ostberlin/neue Bundesländer ( ) (134)
- in Westberlin/alte Bundesländer ( ) (145)
- in anderen Ländern ( ) (146)

20. Wurden Dir auch schon 'mal illegale Drogen angeboten?

- ja ( )1 (147)
- nein ( )2

Wenn ja: Von wem wurden Dir illegale Drogen angeboten?

- von meiner besten Freundin/meinem besten Freund ( ) (148)
- von anderen Freunden ( ) (149)
- von flüchtigen Bekannten ( ) (150)
- von mir unbekannten Jugendlichen/Erwachsenen ( ) (151)
- von anderen z.B.:.. ( ) (152)

21. Welche Gelegenheiten gibt es, sich illegale Drogen zu besorgen?

* In Ostberlin gibt es folgende Gelegenheiten:

....

....

....

* In Westberlin gibt es folgende Gelegenheiten:

....

....

....

* Ich weiß nicht. ( ) (156)

22. Wüßtest Du, wo <u>Du</u> innerhalb von 24 Stunden illegale Drogen bekommen könntest?

– ja ( )1 (157)
– nein ( )2

23. Wie siehst Du die Wirkung des <u>regelmäßigen</u> Gebrauches folgender Rauschmittel? (Bitte jede Zeile ankreuzen!)

	sehr gefährlich (1)	wenig gefährlich (2)	nicht gefährlich (3)	ich weiß nicht (4)	
Marihuana (Gras)	( )	( )	( )	( )	(158)
Haschisch (Shit)	( )	( )	( )	( )	(159)
LSD (Trips)	( )	( )	( )	( )	(160)
Ecstasy/XTC	( )	( )	( )	( )	(161)
Heroin (Aitsch)	( )	( )	( )	( )	(162)
Kokain (Koks)	( )	( )	( )	( )	(163)
Aufputschmittel	( )	( )	( )	( )	(164)
Schlaf-/Beruhigungsmittel	( )	( )	( )	( )	(165)
Schnüffelstoffe	( )	( )	( )	( )	(166)

24. In Zusammenhang mit legalen und illegalen Drogen wird oft auch von Sucht bzw. Abhängigkeit gesprochen. Was stellst Du Dir unter „süchtig" bzw. „abhängig-sein" vor? Versuche bitte, in Stichworten Deine Vorstellungen zu umreißen!

....

....

....

....

25. Wie siehst Du die Wirkung folgender legaler Rauschmittel? (Bitte jede Zeile ankreuzen!)

		keine Gefahr (1)	leichte Gefahr (2)	mittlere Gefahr (3)	große Gefahr (4)	ich weiß nicht (5)	
Bier	bei gelegentlichem Gebrauch in kleinen Mengen	( )	( )	( )	( )	( )	(174)
	bei gelegentlichem Gebrauch in großen Mengen	( )	( )	( )	( )	( )	(175)
	bei regelmäßigem Gebrauch in kleinen Mengen	( )	( )	( )	( )	( )	(176)
	bei regelmäßigem Gebrauch in großen Mengen	( )	( )	( )	( )	( )	(177)
Wein/ Sekt	bei gelegentlichem Gebrauch in kleinen Mengen	( )	( )	( )	( )	( )	(178)
	bei gelegentlichem Gebrauch in großen Mengen	( )	( )	( )	( )	( )	(179)
	bei regelmäßigem Gebrauch in kleinen Mengen	( )	( )	( )	( )	( )	(180)
	bei regelmäßigem Gebrauch in großen Mengen	( )	( )	( )	( )	( )	(181)
Schnaps	bei gelegentlichem Gebrauch in kleinen Mengen	( )	( )	( )	( )	( )	(182)
	bei gelegentlichem Gebrauch in großen Mengen	( )	( )	( )	( )	( )	(183)
	bei regelmäßigem Gebrauch in kleinen Mengen	( )	( )	( )	( )	( )	(184)
	bei regelmäßigem Gebrauch in großen Mengen	( )	( )	( )	( )	( )	(185)
Ziga-retten	bei gelegentlichem Gebrauch in kleinen Mengen	( )	( )	( )	( )	( )	(186)
	bei gelegentlichem Gebrauch in großen Mengen	( )	( )	( )	( )	( )	(187)
	bei regelmäßigem Gebrauch in kleinen Mengen	( )	( )	( )	( )	( )	(188)
	bei regelmäßigem Gebrauch in großen Mengen	( )	( )	( )	( )	( )	(189)

26. Wie würdest Du Dein Leben beurteilen, das Du gegenwärtig führst?

Ich bin mit meinem Leben zur Zeit:

– sehr zufrieden	( )1	(190)
– zufrieden	( )2	
– teils/teils	( )3	
– nicht so zufrieden	( )4	
– unzufrieden	( )5	

27. Wie würdest Du das Zusammenleben zwischen Dir und Deinen Eltern einschätzen? (Bitte jede Zeile ankreuzen!)

	immer (1)	oft (2)	mitunter (3)	selten (4)	nie (5)	
Ich fühle mich zu Hause wohl.	( )	( )	( )	( )	( )	(191)
Ich kann mit meinen Eltern über meine Probleme sprechen.	( )	( )	( )	( )	( )	(192)
Probleme in der Familie lösen wir gemeinsam.	( )	( )	( )	( )	( )	(193)
Wir versuchen Lösungen zu finden, die allen gerecht werden.	( )	( )	( )	( )	( )	(194)
Meine Eltern nehmen sich für mich Zeit.	( )	( )	( )	( )	( )	(195)
Ich kann mich bei Schwierigkeiten auf meine Eltern verlassen.	( )	( )	( )	( )	( )	(196)
Meine Eltern interessieren sich für alles, was ich mache.	( )	( )	( )	( )	( )	(197)

28. Was sind gegenwärtig Deine größten Sorgen?

....

....

....

....

Soweit unsere Fragen!

Um die Antworten auswerten zu können, brauchen wir noch folgende Angaben:

29. Bei wem wohnst Du ?

Ich wohne

– nur bei meiner Mutter	( )1	(200)
– nur bei meinem Vater	( )2	
– bei meinen Eltern	( )3	
– bei meinen Großeltern oder anderen Verwandten	( )4	
– in einem Heim	( )5	
– eigene Wohnung, Wohngemeinschaft, oder ähnliches	( )6	

30. Ich bin

– weiblich	( )1	(201)
– männlich	( )2	

31. Ich bin (...........) Jahre alt. (202)

32. Welchen höchsten (!) Berufs- oder Bildungsabschluß haben Deine Mutter und Dein Vater?

	Mutter (203)	Vater (204)
– ohne Berufsabschluß	( )1	( )1
– Facharbeiterschluß	( )2	( )2
– Meisterin/Meister	( )3	( )3
– Studium		
– Fachschule	( )4	( )4
– Hochschule	( )5	( )5
– ich weiß nicht	( )6	( )6

33. Wie arbeiten Deine Mutter und Dein Vater?

	meine Mutter (205)	mein Vater (206)
Vollbeschäftigung/auch Umschulung	( )1	( )1
Teilzeitarbeit	( )2	( )2
arbeitslos	( )3	( )3
nicht erwerbstätig (Rentner/Rentnerin, Hausfrau/Hausmann)	( )4	( )4

Damit wären wir am Ende unserer Befragung angekommen.
Vielleicht sagst Du uns noch:

Sind Dir die Antworten schwer gefallen?

– ja ( )1(207)
– teils/teils ( )2
– nein ( )3

Bei welchen Fragen hattest Du Schwierigkeiten?

....

....

....

Sollten wir mit einer solchen Befragung 'mal wiederkommen?

– ja ( )1 (214)
– nein ( )2
– ist mir egal ( )3

Falls Du schon 'mal an dieser Untersuchung teilgenommen und eine Geheimzahl angegeben hast, dann notiere dieselbe doch bitte wieder! Damit wäre es uns möglich, Antworten zu vergleichen, ohne konkrete Personen zu kennen.

_____ _____ _____ _____ _____ _____
(215)

Wir bedanken uns bei Dir recht herzlich für Deine Unterstützung. Solltest Du uns noch etwas mitteilen wollen, was für Dich eigentlich ganz wichtig ist, aber noch nicht gefragt wurde, dann kannst Du das natürlich noch auf die letzte Seite des Fragebogens schreiben.

Vielen Dank

AutorInnenverzeichnis

Gundula Barsch, Dr. habil, Jahrgang 1958. Privatdozentin an der Technischen Universität Berlin, Leiterin des Referats „Drogen und Menschen in Haft“ bei der Deutschen AIDS-Hilfe. Mitglied des Bundesvorstands von akzept e.V. – Bundesverband für akzeptierende Drogenarbeit und humane Drogenpolitik. Diverse Lehraufträge an verschiedenen Hochschulen und Fachhochschulen. Zahlreiche Veröffentlichungen zu Prävention, Drogenpolitik und Drogenhilfesystem.

G.B. hat in diesem Buch die Ausführungen zu Drogennaivität ostdeutscher Couleur (Kapitel 3.1) und zum konzeptionellen Ansatz des Forschungsprojekts (Drogenkonsum als kulturelles Phänomen, Kapitel 4) verfaßt. In Kapitel 2 schildert sie die Geschichte des Forschungsprojekts aus ihrer Perspektive.

Katrin Gaffron, Diplom-Soziologin, Jahrgang 1965. 1990 bis 1996 wissenschaftliche Mitarbeit in Forschungsprojekten zum Umgang mit Drogen in den neuen Bundesländern und zum Aufbau des Drogenhilfesystems (u.a. im DFG-Forschungsprojekt zu Jugend und Drogen in den neuen Bundesländern). Promoviert derzeit über die Krise der Arbeitsgesellschaft und deren Auswirkungen auf das Geschlechterverhältnis. Lehraufträge an der TU Berlin und an der Fachhochschule Zittau/Görlitz.

K.G. ist Autorin des Kapitel 8 zu Verfügbarkeit und Konsum. In Kapitel 2 schildert sie die Geschichte des Forschungsprojekts aus ihrer Perspektive.

Ekkehard Hayner, Student der Erziehungswissenschaften/Fachrichtung Sozialpädagogik, Jahrgang 1969. Studienschwerpunkt „Psychosoziale Betreuung substituierter Heroinabhängiger“, 1993 bis 1996 studentischer Mitarbeiter im DFG-Forschungsprojekt zu Jugend und Drogen in den neuen Bundesländern.

E.H. hat in Kapitel 7 (Veränderungen der Lebenssituationen der Jugendlichen im gesellschaftlichen Wandel) die Abschnitte über Schule (7.2) und über Freizeit (7.3) verfaßt. Ferner hat er zusammen mit P.L. Kapitel 9 zur Kommunikation der Jugendlichen verfaßt.

Manfred Kappeler, Prof. Dr., Jahrgang 1940. Sozialarbeiter, Erziehungswissenschaftler. 25 Jahre Praxis in der Jugend- und Drogenarbeit. Professor für Erziehungswissenschaften und Sozialpädagogik am Fachbereich Erziehungs- und Unterrichtswissenschaften der TU Berlin. Schwerpunkte: außerschulische Jugendarbeit, Drogenarbeit und Fremdunterbringung von Kindern und Jugendlichen. Zahlreiche Buch- und Zeitschriftenveröffentlichungen.

M.K. hat die orientierenden Hinweise zu Beginn (Kapitel 1), den Abschnitt 3.2 zur Drogennaivität westdeutscher Couleur, die Ausführungen zu den Drogen-Ängsten Erwachsener (Kapitel 5) und die resümierenden Überlegungen zu einem angemessenen sozialpädagogischen Umgang mit drogenkonsumierenden Jugendlichen (Kapitel 11) verfaßt. In Kapitel 2 schildert er die Geschichte des Forschungsprojekts aus seiner Perspektive.

Peter Leinen, Diplom-Pädagoge, Jahrgang 1962. Seit 1992 Betreuer einer Therapeutischen Wohngemeinschaft für psychisch gestörte junge Erwachsene, 1992 bis 1996 wissenschaftlicher Mitarbeiter im DFG-Forschungsprojekt zu Jugend und Drogen in den neuen Bundesländern. Lehrbeauftragter am Institut für Sozialpädagogik der Technischen Universität Berlin.

P.L. hat die methodologischen bzw. methodischen Ausführungen (Kapitel 6) verfaßt. Ferner hat er zusammen mit E.H. Kapitel 9 zur Kommunikation der Jugendlichen verfaßt.

Sabina Ulbricht, Diplom-Soziologin, Jahrgang 1967. 1992 bis 1996 wissenschaftliche Mitarbeiterin im DFG-Forschungsprojekt zu Jugend und Drogen in den neuen Bundesländern, seit 1994 medizinische Dokumentationsassistentin im Krankenhaus Prenzlauer Berg Berlin mit Schwerpunkt HIV/AIDS.

S.U. hat Abschnitt 7.1 über den familiären Wandel und Kapitel 10 über die Einstellungen der Jugendlichen verfaßt.